बिहारी रत्नाकर

'बिहारी सतसई'
पर रत्नाकर की टीका

प्रणेता
श्री जगन्नाथदास 'रत्नाकर'

भूमिका
प्रो. त्रिभुवननाथ शुक्ल

वाणी प्रकाशन

प्रकाशन के उत्कृष्टतम 61 वर्ष

vaniprakashan.com

पेपरबैक पहला संस्करण : 2024

वाणी प्रकाशन

4695, 21-ए, दरियागंज, नयी दिल्ली-110 002

फ़ोन : +91 11 23273167, 23275710

शाखाएँ

अशोक राजपथ, पटना-800 004, बिहार

कॉफ़ी हाउस कैम्पस, महात्मा गांधी मार्ग, प्रयागराज-211 001, उत्तर प्रदेश

महात्मा गांधी अन्तरराष्ट्रीय हिन्दी विश्वविद्यालय, वर्धा-442 001, महाराष्ट्र

sales@vaniprakashan.in
vaniprakashan@gmail.com

Bihari-Ratnakar
Praneta : Shree Jagannathdas 'Ratnakar'

ISBN : 978-93-6287-126-8
Criticism

मूल्य : ₹ 175

जी.एस. ऑफ़सेट द्वारा दिल्ली-110 095 में मुद्रित

वाणी प्रकाशन का लोगो मक़बूल फ़िदा हुसेन की कूची से

भूमिका

मुक्तक काव्य मानवीय अनुभूतिगत सत्य के अधिक निकट हैं। बिहारी की प्रसिद्धि का एक आधार यह भी माना जा सकता है। पाँचवीं शताब्दी के सबसे प्राचीन मुक्तक-संग्रह हाल कवि के 'सप्तशतिका' से इसका प्रारंभ माना जाना चाहिए। इसकी भाषा प्राकृत है। इसमें सात सौ मुक्तक संगृहीत हैं। इसके विकासक्रम में धनपाल की 'ऋषभ पंचाशिका' और अपभ्रंश में उपलब्ध मात्र एक मुक्तक 'गाथा सप्तशती' को देखना होगा। इसके कवि हैं आनन्दवर्धनाचार्य। बिहारी के पूर्व हिंदी साहित्य में हमें शृंगार मुक्तक काव्य रहीम के बरवै के रूप में मिलता है। जो हो, 'सतसई' की परंपरा को हिंदी में प्रतिष्ठित करने का श्रेय केवल बिहारी को जाता है। 'सतसई' में 700 से कुछ ऊपर छंद हैं। इनमें विषयों की विभिन्नता है। 'सतसई' के दो प्रमुख कथ्य हैं–'प्रेम और भक्ति'। श्री रत्नाकर जी ने बिहारी के मूलपाठ का उद्धार कर एक महत्त्वपूर्ण काम किया है। इससे स्पष्ट हो जाता है कि बिहारी प्रेम के साथ भक्ति और नीति को भी सामने रखते हैं और वे यह नहीं चाहते कि वे शृंगारिक कवि मात्र मान लिये जाएँ। प्रत्येक 10-20 दोहों के बाद एक नीतिसूक्ति अथवा भक्तिसूक्ति कवि की रुचि की विभिन्नता पर प्रकाश डालती है और यह भी बताती है कि कवि का मूल, सत्यरूप वह नहीं था, जो मान लिया गया। इसीलिए बिहारी के शृंगार को हमें सतर्कता से परखना होगा। बिहारी का काव्य मुख्यत: उस समन्वय का दर्पण है, जो हिंदू-मुसलमान दरबारों में चल रहा था। मुझे बिहारी के काव्य में सांस्कृतिक समन्वय की झलक स्पष्टत: दृष्टिगोचर होती है।

बिहारी का सौंदर्यांकन अत्यंत सूक्ष्म, कुशल एवं विस्तृत है। इसका एक कारण तो यह है कि बिहारी ने नागरी, गँवारी, विभिन्न रंग की नायिकाओं आदि के रूप में आलंबन माने हैं। बिहारी सौंदर्य के साथ प्रेम के भी कवि हैं। उनके प्रेम का आदर्श कितना ऊँचा है, निम्नलिखित दोहे से स्पष्ट है–

गिरि ते ऊँचे रसिक मन, बूड़े जहाँ हजार।
बहै सदा पसु नरन को प्रेम पयोधि पगार।।

(पर्वत से ऊँचे रसिकों के मन जिस प्रेम समुद्र में हजारों की संख्या में डूब गए हैं, वह प्रेम-समुद्र अरसिकों को उथला है।)

बिहारी ने जिस प्रेम का वर्णन किया है। वह दृढ़ प्रेम है। वे रूपरंग और सौंदर्य के चितेरे होते हुए भी उसकी असारता जानते हैं। इनका विप्रलंभ काव्य भी विशद है। उसमें रूढ़ि और परम्परा का अधिक प्रभाव पड़ा है। बिहारी के युग की रुचि दूषित हो चुकी थी। 'अली कली सों बिंध रह्यौ'–यह दोहा उस समय की मनोवृत्ति का ठीक-ठीक चित्र हमारे सामने उपस्थित करता है।

बिहारी राधाकृष्ण के कट्टर भक्त नहीं थे। उनका कृष्णभक्ति पर दुराग्रह नहीं दिखाई देता। वे रीतिशास्त्र के पंडित थे। उनके प्रत्येक दोहे में एक अलंकार मिलेगा। इनके दोहों में उपमा-उत्प्रेक्षा का प्रयोग बड़ी मात्रा में हुआ है। 'सतसई' की भाषा ब्रजभाषा है, परन्तु उसमें बुंदेलखंडी, फारसी, अरबी, पूर्वी और खड़ी बोली के शब्द एवं प्रयोग भी मिलते हैं। इनकी भाषा अत्यंत विविधतापूर्ण और बलवती है। यही कारण है कि बावन टीकाएँ हुई हैं। इसके बाद 'बिहारी रत्नाकर' टीका आती है। बिहारी के संबंध में आलोचना भी बहुत पहले समय से चली आई है। प्रारंभिक आलोचना का एक अंश यहाँ गोस्वामी धाराचरण का उद्धृत है–

"यदि 'सूर-सूर तुलसी शशि, उडगन केशवदास' हैं तो बिहारी पीयूषवर्षिणी मेघ हैं जिनके उदय होते ही सबका प्रकाश आच्छन्न हो जाता है, फिर जिसकी वृष्टि से कवि-कोकिल कुहकने, मनोमयूर नृत्य करने और चतुर चातक चहकने लगते हैं, फिर बीच-बीच में जो लोकोत्तर भावों की विद्युत चमकती है, वह हृदय में छेद कर जाती है।"

इस प्रारंभिक आलोचना के बाद अनेक आलोचकों ने बिहारी पर स्वमत का प्रतिपादन किया है।

—प्रो. त्रिभुवननाथ शुक्ल

5 जून 2024
जबलपुर

बिहारी रत्नाकर

"बिहारी रत्नाकर" बिहारी सतसई पर लिखी हुई एक अद्वितीय टीका है। यह अपने आप में स्वयं क्लासिक हो गई है। इसके लेखक जगन्नाथ दास रत्नाकर की (१८६६-१९३२) बनारस के शिवाला घाट के रईस थे। उन पर बनारसी विद्वता की गहरी छाप थी। संस्कृत, अपभ्रंश के साथ ब्रजभाषा की बारीकियों को जानने वाले व्यक्तियों में वे बेजोड़ थे। उन्हें ब्रजभाषा का परिनिष्ठत ब्रजभाषा का अंतिम श्रेष्ठ कवि कहा जा सकता है। यों ब्रजभाषा में कविता लिखने का क्रम चलता रहा, पर बिहारी की चुस्ती, मतिराम-पद्माकर का टकसालीपन केवल उन्ही में दिखता है। इसके लिए उनका उद्धवशतक और गंगावतरण द्रष्टव्य हैं। किन्तु कहना न होगा कि रत्नाकर की यश: कीर्ति का आधार 'बिहारी सतसई' ही है।

'बिहारी सतसई' केवल टीका नहीं है, सतसई का संपादन भी है। टीका का जितना महत्व है उससे कम संपादन का नहीं है। मानस का संपादन कई बार हुआ है, जायसी के पद्मावत का भी। पर रत्नाकरी संपादन के बाद बिहारी-सतसई का संपादन नहीं हुआ। लाला भगवान दीन ने बिहारी-बोधनी नाम से सतसई की टीका लिखी है। इसकी मौलिकता इसी में है कि इस 'सतसई' को नायिका-भेद के रूप में सजा दिया गया है जो वह है नहीं। लाला जी की देखा देखी कई लोगों ने सतसई को रीति के खाते में हाँक दिया। आश्चर्य है कि आचार्य शुक्ल जैसे पंडित ने इन्हें रीति ग्रंथकार कवियों के खाते में डाल दिया है। आचार्य हजारी प्रसाद द्विवेदी का कहना है, साधारणत: विश्वास किया जाता है कि इस कवि ने अपने सतसई की रचना रीति-काव्य की दृष्टि से ही की थी क्योंकि उनके दोहों को देखकर यही अनुमान होता है कि किसी न किसी नायिका का लक्षण उनके मन में अवश्य उपस्थित था पुराने सहृदयों को भी यह बात लगी थी (क्योंकि कभी-कभी इन दोहों को नायिका-भेद के उपक्रम से सजाया गया है) और नए सहृदयों को भी अनुभूति हुई है। परंतु इस बात से केवल यही सिद्ध होता है कि बिहारी के प्रशंसक रीति-मनोवृत्ति के सहृदय थे। स्वयं बिहारी भी रीतिग्रंथो के अच्छे जानकार रहे होंगे, इसमें सन्देह नहीं, किन्तु उनके प्रत्येक दोहे में किसी न किसी नायिका को खोज लेना यह नहीं सिद्ध करता कि वे रीतिग्रंथ लिख रहे थे। यदि बिहारी रत्नाकर की शोधपरक भूमिका को ठीक ढंग से पढ़ लिया जाता तो यह कहने की जरूरत नहीं पड़ती कि वे रीतिग्रंथ लिख रहे थे। स्वयं रत्नाकर ने उन्हें कहीं रीतिग्रंथकार नहीं कहा है।

बिहारी में विशेष रुचि के कारण वे दो-तीन दशकों तक बिहारी को पढ़ते रहे। उनके पास पाँच टीकाएं थीं-१ कृष्ण कवि की कवियों वाली टीका, २-हरि प्रकाश टीका, ३-लालचन्द्रिका, ४-परमानन्द की संस्कृत टीका, ५-सरदार कवि की टीका

(हस्तलिखित)। इन टीकाओं में अनेक अर्थभेद मिले। पूर्वा पर क्रम, संख्या और पाठभेद दिखाई पड़े। इन टीकाओं के पाठों से सतसई का कोई प्रमाणिक पाठ निर्धारित नहीं हो सकता था। अत: उन्होंने और प्रतियों की तलाश शुरू की। कुछ प्रतियां मिली भी। एक प्रति उन्हें लक्ष्मीनारायण जी से मिली थी जिसे वे रत्नकुवरिवाली प्रति कहा गया है, दूसरी प्रति गोविन्द नारायण जी मिश्र से प्राप्त हुई जो किसी गिरिलाल जी के पढ़ने के लिए लिखी गयी थी। इन दोनों में रचनाक्रम एक ही प्रकार का है। रत्नाकर जी के एक विश्वस्त पंडित जयपुर पुस्तकालय (राजकीय पुस्तकालय) से सतसई की दो प्रतियाँ ले आएं, एक और प्रति उन्हें एक गाँव से मिल गई राजकीय पुस्तकालय की कुँवर रामजी सिंह वाली प्रति विशेष महत्वपूर्ण है। कहते हैं इसे बिहारी स्वयं मिर्जाराजा जयशाह के पुत्र रामजी सिंह के लिए स्वयं लिखवा दिया था किन्तु इसमें केवल ४९३ दोहे हैं। खास बात यह है कि इन पाँचों प्रतियों में दोहों का क्रम एक सा है। रत्नाकर का अनुमान है कि रामजी सिंह वाली प्रति का क्रम स्वयं बिहारी ने ही लगवाया होगा। पर यह महज अनुमान है। वे स्वयं लिखते हैं—यदि बिहारी ने अपनी सतसई में दोहों का कोई साहित्यक या अन्य प्रकार का क्रम बाँध दिया होता तो फिर उन्हें (अन्य टीकाकार से) इस प्रकार का घालमेल करके क्रमहीन कर देने का न तो किसी को साहस ही होता और न कोई आवश्यकता रहती। अस्तु सतसई का जो क्रम पहले पहल कोविद कवि ने संवत १७४२ में लगाया उसके अंत में यह दोहा लिखा है—

किए सात सौ दोहरा सुकवि बिहारीदास।
बिनहि अनुक्रम ए भए महि, मंडल सुप्रकास।।

रत्नाकर को सतसई की जो प्रतियाँ मिली थीं उनका क्रम एक ही तरह का है। बिहारी रत्नाकर में वही क्रम रखा गया है। पर अपने संपादन के लिए उन्होंने मुख्य रूप से दो ग्रंथों को लिया है—लाल चन्द्रिका और सरदार कवि की टीका। बिहारी रत्नाकर में कुल ७१३ दोहे हैं। दोहों की संख्या का निधारण मानसिंह वाली टीका और रत्नकुंवरि वाली पुस्तक के आधार पर किया गया है।

पाठ को शुद्ध करने में रत्नाकर को बहुत श्रम करना पड़ा है। जैसे, नैक, नैकं, नैकु, नेक शब्द। रत्नाकर ने प्रतियों में आई संख्या तथा व्यावरणिक नियमों के परिप्रेक्ष में इन्हें शुद्ध किया है। जहाँ इसे क्रिया-विशेषण के रूप में प्रयोग किया गया वहाँ इसे उकारान्त लिखा गया है। इसी तरह अन्य शब्द भी हैं। टीकाओं के पाठों में दस-दस अथवा बीस-बीस दोहों के बाद कोई भक्तिपरक या नीतिपरक दोहा रखा गया है। कहीं-कहीं इसमें अनवधानता दीख पड़ती। रत्नाकरी पाठ में इसे ठीक कर लिया गया है। संपादन और टीका में ऐसी अवघानता हिन्दी में अन्यत्र नहीं मिलेगी। आज के वैज्ञानिक पाठालोचक रत्नाकरी टीका से बहुत कुछ प्राप्त कर सकते हैं।

जहाँ तक बिहारी के दोहों के अर्थ का सवाल है बिहारी-रत्नाकर के अतिरिक्त कोई विकल्प नहीं है।

सी-१०७ कालका, नई दिल्ली — **बच्चन सिंह**
२३.०४.२००७

प्राक्कथन

प्राय: ३२-३३ वर्ष हुए हमने महाकवि श्री बिहारीदासजी की सतसई का विधिवत् अध्ययन किया था। उस समय हमारे पास उक्त ग्रंथ की ५ टीकाएँ थीं—(१) नवलकिशोर प्रेस की छपी हुई कृष्ण कवि की कवित्तों वाली टीका, (२) भारतजीवन प्रेस की छपी हुई हरि प्रकाश टीका, (३) लल्लूलालजी कृत तथा उन्हीं की छपवाई हुई लालचंद्रिका टीका, (४) विद्योदय प्रेस की छपी हुई पं० परमानन्दजी-कृत शृंगार-सप्तशती नाम की संस्कृत टीका तथा (५) सरदार कवि की टीका (हस्त-लिखित)।

इन पुस्तकों में किये गये अर्थों का मिलान करने पर कितने ही दोहों के अर्थों में मतभेद पाया गया और अनेक दोहों के विषय में यह भी भावना हुई कि उनके यथार्थ अर्थों का बोध उनमें से किसी टीका से भी नहीं हो सकता। उक्त पुस्तकों में दोहों के पूर्वापर क्रम, संख्या तथा कहीं-कहीं पाठों में भी भेद मिला और शब्दों के रूपों तथा लेखन-प्रणाली में तो बहुत बड़ा अन्तर पाया गया। एक ही पुस्तक में कोई शब्द अथवा कारक एक दोहे में एक प्रकार से और दूसरे में दूसरे प्रकार से लिखा दिखाई दिया।

इन्हीं बातों के कारण एवं बिहारी की कोमल-कांत पदावली और प्रशस्त प्रतिभा से प्रभावित होकर हमारा विचार हुआ कि सतसई का एक ऐसा संस्करण प्रकाशित किया जाये जिसमें यथासंभव दोहों का पाठ शुद्ध हो और उस पर एक ऐसी टीका भी लिखी जाय, जिससे दोहों के यथार्थ भावार्थ पाठकों की समझ में सहज ही आ सकें। सन् १८९६ ईसवी में लालचन्द्रिका का जो संस्करण सर जार्ज ग्रियर्सन साहब ने प्रकाशित किया उसमें कई स्थानों पर अपना नाम देखकर हमारा उत्साह और भी बढ़ा और सन् १८९७ ई० में हमने उक्त विचार से सतसई के दोहों के भावार्थों की सामान्य टिप्पणियाँ भी, छपी हुई हरिप्रकाश टीका की एक प्रति के पार्श्व भाग में, लिख डालीं। इस टीका का नाम 'बिहारी-रत्नाकर' रखने का विचार था। उसे देखकर हमारे मित्र स्वर्गीय साहित्याचार्य श्रीयुत पं० अंबिकादत्त व्यासजी ने, अपने 'बिहारी-विहार' नामक ग्रंथ की भूमिका के ३८वें पृष्ठ पर, यह लिखा था—

''**बिहारी-रत्नाकर**'—यह टीका थोड़े ही दिन हुए कि बनकर प्रस्तुत हुई है और शीघ्र ही छपने वाली है। टीका बहुत ही छोटी है, परन्तु लगभग पचीस दोहों के अर्थ बहुत ही अपूर्व हैं और दोहों के पाठ जहाँ तक हो सका बहुत ही शुद्ध किये गये हैं। इसके ग्रंथकार इस समय के काशी के प्रसिद्ध मधुर कवि हैं। इनका वास्तविक नाम बाबू जगन्नाथदास है। वे इस समय लगभग पचीस वर्ष के होंगे। अंग्रेजी में इन्होंने बी०ए० पास किया है जिन्हें उर्दू और फारसी में बहुत अच्छा अभ्यास है। सन् १८९३ में साहित्य-सुधानिधि नामक मासिक पत्र निकाला था। उसे ये और बाबू देवकीनंन्दन (उपन्यास लहरी के वर्तमान संपादक) खत्री मिल के संपादित करते थे। इनकी कविता का नाम 'रत्नाकर' है।

इन्होंने और भी कई ग्रंथ रचे हैं। उनमें समालोचनादर्श हिंडोला, घनाक्षरी-नियम-रत्नाकर आदि कई एक छप चुके हैं। ये अग्रवाल बनिये हैं और काशी में शिवाले घाट पर रहते हैं।''

उस समय, यथेष्ट प्राचीन प्रतियों की अप्राप्ति के कारण पाठ-शुद्धि का कार्य सम्यक् रूप से न हो सका। फिर हम कुछ सांसारिक झंझटों में ऐसे फँसे कि साहित्यिक संसार से बहिर्गत ही हो गये और उक्त कार्य के संपादन का ध्यान भी जाता रहा। सन् १९१७ के जाड़ों में संयोगवश महीने डेढ़ महीने, हमें लखनऊ रहना पड़ा। हमारे प्रिय मित्र बाबू श्यामसुन्दरदासजी बी० ए० उस समय वहाँ के कालीचरन हाईस्कूल में हेड मास्टर थे। अतः उनसे मिलने का प्रायः संयोग होता था। उन्हें सतसई के विषय में हमारे संकल्प तथा टिप्पणियों का वृतान्त विदित था, अतएव उन्होंने हमसे उक्त टीका के समाप्त करने का इतने प्रेम-पूरित हठ के साथ अनुरोध किया कि अन्त में हमें इस कार्य के संपादन में तत्पर होना ही पड़ा।

लखनऊ से लौटकर हमने जो अपने सतसई-सम्बन्धी ग्रंथों तथा लेखों को एकत्रित किया तो विदित हुआ कि उक्त पाँच टीकाओं में से सरदार कवि-कृत टीका तो कीड़ों ने सर्वथा नष्ट ही कर दी है और भावार्थ-टिप्पणियों वाली पुस्तक का भी पता नहीं है। इसलिए पुनः भावार्थ सोचने तथा लिखने की आवश्यकता पड़ी और यह धारणा हुई कि पहले यथासंभव पाठ-शुद्धि कर ली जाये, तब भावार्थ लिखने में हाथ लगाया जाये क्योंकि भावार्थ-शुद्धि का पाठ-शुद्धि से आन्तरिक सम्बन्ध है। बस, इसी विचार की पूर्ति के लिये हमने सतसई की प्राचीन प्रतियों तथा अन्य टीकाओं का संग्रह करना आरम्भ कर दिया, और ईश्वरानुग्रह से शनैः-शनैः कृतकार्य भी होने लगे। इस अनुसंधान में अनेक हस्तलिखित मूल तथा सटीक प्रतियाँ प्राप्त हुईं, जिनमें कई बड़े महत्त्व की हैं। उनका यथास्थान विवरण दिया जायेगा।

उक्त प्रतियों में एक प्रति पूज्य स्वर्गीय पं० लक्ष्मीनारायणजी (उपनाम कमलापति कवि) से मिली। यह प्रति संवत् १७९६ की लिखी हुई है। यह अचलगढ़ (अलवर) में किसी बखतकुंवरिजी की पुत्री रत्नकुंवरिजी के पढ़ने के निमित्त, लक्ष्मीरत्न नामक किसी लेखक के द्वारा लिखी गई थी। इस पुस्तक में कहीं-कहीं दोहों के भावों के चित्र भी दिये हुए हैं और इसके लिखने की परिपाटी मारवाड़ी लेखकों की सी है। इसमें दोहों का क्रम किसी साहित्यिक परिपाटी अथवा विषय के अनुसार नहीं है, अर्थात् इसमें दोहे किसी क्रम विशेष से नहीं रखे गये हैं, प्रत्युत यह बिहारी के दोहों का एक सामान्य संग्रह मात्र है। इसे देखने से एकाएक यह भावना उत्पन्न हुई कि कदाचित् इसमें दोहों का पूर्वापर क्रम वही हो, जिससे बिहारी ने उनकी रचना की थी।

उसके पश्चात् एक उससे भी सात वर्ष पूर्व की लिखी हुई प्रति हमें अपने पूज्य मित्र स्वर्गीय पं० गोविंदनारायणजी मिश्र से मिली। यह प्रति सं० १७८९ में, किसी गुलालकीर्तिजी के शिष्य पं० शम्भूनाथ के द्वारा, लखनऊ में, किसी केसरीसिंहजी के पुत्र गिरधर लाल जी के पढ़ने के निमित्त लिखी गई थी। इस प्रति के अक्षर भी मारवाड़ियों के से हैं और ५-७ दोहों को छोड़कर शेष दोहों का क्रम इसमें भी वही है, जो पं० लक्ष्मीनारायणजी वाली प्रति में है। इन दोनों पुस्तकों का क्रम एक ही होने से हमारी यह धारणा और भी पुष्ट हो गई कि यही क्रम दोहों की रचना का है। ज्ञात होता है, उस समय बिहारी के स्फुट दोहे देश देशांतरों में फैल गये थे और काव्य-प्रेमियों द्वारा सादर पढ़े-सुने जाते थे, पर सतसई की पूरी पुस्तक दुष्प्राप्य थी। अतएव जयपुर और अलवर के कवियों को उसके द्वारा द्रव्योपार्जन करने का अच्छा अवसर मिलता था। जयपुर अथवा अलवर का कोई कवि अथवा सामान्य पढ़ा-लिखा मनुष्य, सतसई की कोई प्रति प्राप्त करके, देशाटन को निकल पड़ता था और किसी नगर में

पहुँचकर वहाँ के धनाढ्य कविता प्रेमियों को बिहारी के दोहे तथा उनके अर्थ सुनाता और रिझाता था। इसी ब्याज से वह वहाँ कुछ दिनों तक टिकता और सम्मानित होता था और चलते समय यदि किसी गुणग्राहक की अभिलाषा होती थी, तो सतसई की प्रतिलिपि लिख, उन्हें भेंट कर और गहरी दक्षिणा ले आगे बढ़ता था। यह पुस्तक भी इसी प्रकार लिखी हुई प्रतीत होती है।

ऊपर लिखी हुई दोनों पुस्तकों से जब यह धारणा पुष्ट हुई कि उनके क्रम का दोहों की रचना का क्रम होना सम्भावित होता है, तो उसी के साथ यह बात भी चित्त में उठी कि जयपुर के राज-पुस्तकालय में सम्भवतः बिहारी की स्वहस्त-लिखित सतसई विद्यमान होगी। अतः उक्त पुस्तकालय में सतसई की जो प्राचीन प्रतियाँ उपस्थित हैं, उनकी प्रतिलिपि प्राप्त करने का उद्योग आरम्भ किया गया, पर पता लगाने पर ज्ञात हुआ कि यह कार्य बड़ा दुःसाध्य है। उक्त राज्य में दो पुस्तकालय हैं—एक सार्वजनिक और दूसरा निजी। सार्वजनिक पुस्तकालय से तो सर्वसाधारण लाभ उठा सकते हैं, पर मिजी पुस्तकालय में बिना महाराज की विशेष आज्ञा के कोई प्रवेश नहीं कर पाता और प्राचीन हस्त-लिखित ग्रंथ विशेषतः निज ही के पुस्तकालय में, बड़े यत्न तथा चौकसी से संरक्षित हैं। यह जानकर पहले तो जी कुछ कचिया सा गया, पर फिर हम यह सोचकर कि उद्योग से कदाचित् कुछ सफलता प्राप्त हो जाय, उक्त कार्य में लगे रहे।

जब और कोई उद्योग सफल होता न दिखाई दिया, तो हमने श्रीमती महारानी अवधेश्वरी से एक पत्र श्रीमान् महाराजाधिराज दरभंगा नरेश को लिखवाया कि वह श्रीमान् जयपुराधीश से पत्र व्यवहार करके उनके निजी पुस्तकालय में उपस्थित सतसई की प्रतियाँ हमें देखने का उपाय कर दें। यही प्रार्थना हमने अपने मित्र श्रीमान् कर्नल विंध्येश्वरी प्रसाद सिंहजी से भी की। ये दोनों उद्योग ईश्वर की कृपा से फलीभूत हुए और दोनों स्थानों से सूचना मिली कि श्रीमान् महाराज साहब बहादुर जयपुराधीश ने आज्ञा दे दी है कि यदि कोई व्यक्ति यहाँ से भेजा जाये, तो सतसई की प्राचीन प्रतियों को देख सकता है।

श्रीमान् महाराजाधिराज दरभंगा-नरेश के पास जो उत्तर स्वर्गवासी श्रीमान् जयपुराधीश सवाई श्री महाराजा माधवसिंहजी का आया था, उसकी प्रतिलिपि यह है—

Jaipur Palace, Rajputana
2nd December 1918

My dear Maharaja Sahib,

I regret very much that yours of the 2nd October last, enclosing one from the Maharani of Ajodhya, regarding Bihari Lal's Satsai, remains unacknowledged. The delay was due on account of the difficulty the Librarian had in searching the original manuscript. Copies have been found, but the Librarian cannot say definitely any one of the manuscripts, is in the author's own handwriting. Though Bihari Lal was a famous poet of the time, yet there were several other contemporary poets who had also won renown. It appears from an inspection of the manuscripts that in some of the copies they had inserted some of their own Dohas. The Manuscripts in question can be shown to a Pandit deputed for the purpose. The duty of the Pandit will be to compare the texts and find out which of the manuscripts is original.

With kindest regards and all good wishes.

I remain,
Your sincerely,
(Sd.) S. MADHO SINGH

The Hon'ble Maharaja Sir Rameshwar Singh Bahadur,
G.C.I.E., K E.B. of Darbhanga

श्रीयुत् कर्नल विंध्येश्वरी प्रसाद सिंहजी ने, श्रीमान् महाराज काशी-नरेश के प्राइवेट सेक्रेटरी श्री बाबू ललित मोहनजी सेनराय से, जो पत्र जयपुर की कौंसिल के मेम्बर रायबहादुर श्री अविनाश चन्द्र सेन को लिखवाया था, उसके उत्तर की प्रतिलिपि यह है—

Jaipur Palace.
22nd December, 1918

My dear Lalit Babu,

I am duly in receipt of your kind letter of the 10th November, but as I was out of the station for a long time, I am sorry I could not reply to it earlier.

As regards the Satsaya of Bihari, the Librarian reports that some manuscript copies of the book are in the Palace Library but he cannot definitely say if any one of the manuscripts is in the author's own handwriting. Bihari Lal was a famous poet of the time, and it appears from an inspection of the manuscripts that in some of the copies some contemporary poets had inserted several Dohas of their own. The manuscripts in question can be shown to the Pandit whom you may depute for the purpose. The duty of the Pandit will be to compare the texts and find out which of the manuscripts is the original one.

I may add in this connection that similar enquiries have been made by the Hon'ble the maharaja of Darbhanga, and a reply to the above effect has been given to him. It would therefore be convinient if you enquire from the Private Secretary to the maharaja of Darbhanga, when they are going to send their Pandit for the purpose, you can arrange to send your Pandit with him at the same time. I may also say that at least a week's notice should be given to us as His Highness the Maharaja is shortly going out on a long tour, and His Highness' permission will be required before the manuscripts are shown to the Pandit.

(Sd.) ABINASH CHANDRA SEN
Rai Bahadur, Member of Council (Foreign Department)

B. LALIT MOHAN SEN RAY
private Secretary to his Highness Maharaja of Benares.
Fort Ramnagar, BENARES.

यह शुभ समाचार पाकर हमने अयोध्या के राज-पुस्तकालय के अध्यक्ष श्री विद्याभूषण पं० रामनाथजी ज्योतिषी को जयपुर भेजने का प्रबन्ध किया, क्योंकि उस समय हमारा जाना कई कारणों से न हो सका। सन् १९१९ के मार्च महीने में उक्त पंडितजी ने जयपुर को प्रस्थान

किया। वहाँ पहुँचकर पहले तो उन्हें बहुत कठिनाइयाँ उठानी पड़ीं, जो हिन्दुस्तानी दरबारों में प्राय: उपस्थित होती हैं, पर उक्त पंडितजी महाशय बड़े उद्योगी, चतुर तथा कर्म कुशल हैं। शनै: शनै: सब कठिनाइयाँ दूर करके वह प्राचीन प्रतियों के अवलोकन तथा उनकी प्रतिलिपि प्राप्त करने में सफल हुए। राजपुस्तकालय के अतिरिक्त और भी कई स्थानों से उन्हें सतसई की प्रतियाँ मिलीं। उनमें से मुख्य-मुख्य का वर्णन आवश्यकतानुसार यथास्थान किया जायेगा।

यों तो उक्त पुस्तकालय में सतसई की कई प्रतियाँ हैं, पर बिहारी के हाथ की लिखी कोई नहीं निकली। जो प्रति सबसे प्राचीन है, उसकी प्रतिलिपि पंडितजी को बड़ी कठिनता से उतारने को मिली। इस प्रति में केवल ४९३ दोहे हैं। यह मिर्जा राजा जयशाह के पुत्र कुँवर श्री रामसिंहजी के पढ़ने के निमित्त लिखी गई थी। इसकी जिल्द चमड़े की है और इसके अंत मे कुछ पन्ने अलग से सिए हुए हैं। इसमें ४९३वें दोहे के पश्चात् और उसी पृष्ठ पर, जिस पर ४९३वाँ दोहा है, कुछ स्थान छोड़कर, ये तीन दोहे, कुछ कच्चे अक्षरों में लिखे हैं—

श्री रानी चौहानि कौ करतब देखि रसाल।
फूलति है मन में सिया, पहिरि फूल की माल॥ १॥
दान ग्यान हरि-ध्यान कौं सावधान सब ठौर।
श्री रानी चौहानि है रानिनु की सिरमौर॥ २॥
नित असीस हौं देत हौं उर मनाइ जगदीस।
राम कुँवर जयसिंह कौ जीयौ कोरि बरीस॥ ३॥

इसके पश्चात् के पृष्ठों पर सुन्दर, गोपाललाल, मुकुन्द, गंग, चतुरलाल, मंडन तथा ब्रह्म इन कवियों की थोड़ी-थोड़ी कविताएँ ऊपर लिखे हुए दोहों ही के जैसे भद्दे अक्षरों में, दी हुई हैं, फिर 'अनुभव-प्रकाश' शीर्षक से ११२ दोहे लिखे हुए हैं। इन दोहों के कर्ता का कोई नाम नहीं दिया है। तद्नन्तर ९ दोहे फुटकर हैं जिनमें ५ तो बिहारी के हैं और शेष और किसी के। फिर कुछ बुझौवले हैं और अन्त में ये दोहे—

एक बयस, एकै बिरछ, एकै भोग बिलास।
सोन चिरैया उड़ि गई, (अब) गहौ राम-कर आस।
चौहानी रानी लता, राम-रूप फल-फूल॥
खग-मृग-मधुकर-बृंद सद, परे रहौ गहि मूल।
सुचि सिंगार मैं बूड़ि कै भयौ बिहारी-दास।
जग तैं फिरत उदास अब सुकबि बिहारी-दास।
मंडन मंडन के जगत... ... ...

इसके पश्चात् के कुछ पन्ने नहीं हैं। हाँ, इसी पन्ने पर एक स्थान पर क, ख, ग, घ, च, छ, झ, ट, ड, ण, य, र, ल, श, ष, ह, लड़कों के से अक्षरों में लिखा है। फिर एक पृष्ठ पर यह लिखा है—

शुक्लांबरधरं विष्णुं शशिवर्णं चतुर्भुजं।
प्रसन्नवदनं ध्यायेत्सर्वविघ्नोपशांतये॥
देवान् पितृन् द्विजान्हव्यकव्याद्यैः करुणामया।
ततः प्रभृति पूज्यैते त्रैलोक्ये सचराचरे॥
ॐ विष्णे भास्वद् क्रीट।

जल मैं बसै कमोदनी, चंदा बसै अकास।
जो जाके मन मैं बसै, सो ताही के पास॥

इस पुस्तक के आरम्भ में जो एक पन्ना छूटा हुआ है, उसके पृष्ठ पर लड़कों के से अक्षरों में ऊपर 'रामसिंह जी' लिखा है। फिर राग केदारा के शीर्षक से एक गीत की दो तुकें वैसे ही अक्षरों में लिखी हैं, जो स्पष्ट पढ़ी नहीं जातीं। उस गीत का आरम्भ यह है—

जाके दरस कुँजी तरसत।

फिर वैसे ही अक्षरों में एक दोहा लिखा है, जो कुछ पढ़ा जाता है—

बौरी, बहकि न बोलियै, रहियै मन की गोइ।
जग सौं कछु कहियै नहीं, जो हरि-प्यारी होइ॥

तदनन्तर वर्णमाला के कुछ अक्षर अंट-संट लिखे हैं। उनके अन्त में 'राम' शब्द वैसे ही अक्षरों में है। फिर वैसे ही अक्षरों में यह लिखा है—

अचल बिराजै पातसाही राव....
अस्तुति कहि न जात पेख्यौ रसना। क, ख, ग, घ॥

यह लिखना वैसा ही है, जैसे बहुधा आठ दस वर्ष के बालक अपनी पुस्तकों के पांडुपत्रों (पन्नों) पर लीपा-पोती करते हैं।

इस पुस्तक के विषय में, जयपुर में, यह प्रसिद्ध है कि इसे बिहारी ने कुँवर रामसिंहजी के पढ़ने के निमित्त लिखवा दिया था, जिनको वह स्वयं पढ़ाते भी थे। इसमें ५०० दोहे तो उन्होंने आदि में अपने रखे थे और फिर थोड़ी-थोड़ी कविता अन्य कवियों की संग्रह कर दी थी। दोहे तो इस पुस्तक में अच्छे अक्षरों में और बहुत कुछ शुद्ध भी लिखे हुए हैं, किन्तु अन्य कविताओं के अक्षर भद्दे तथा कच्चे हैं, और कई लेखकों के लिखे प्रतीत होते हैं। ज्ञात होता है, बिहारी ने अपने दोहे तो अपनी शुद्ध लिखी हुई चौपतियों में से किसी अच्छे लेखक से उतरवा दिये और शेष कविताएँ भिन्न-भिन्न चौपतियों में से कई लेखकों द्वारा लिखी गईं।

यह पुस्तक कुँवर रामसिंहजी के पढ़ने के निमित्त लिखी गई थी, यह बात उसमें जहाँ तहाँ की गई लीपापोती से भी पुष्ट होती है; क्योंकि बाल-वृंद प्राय: इसी प्रकार अपनी पाठ पुस्तकों पर अपना नाम लिखते और चीतचात किया करते हैं। इस चीतचात को कुँवर रामसिंहजी के हाथ की मानने में कोई असंगति भी नहीं प्रतीत होती, क्योंकि एक तो इसमें रामसिंहजी का नाम दो एक स्थानों पर लिखा हुआ है, दूसरे पुस्तक की आकृति से उसका ढाई तीन सौ वर्ष का लिखा हुआ होना भी ठीक जँचता है, और तीसरे बिहारी के दोहों के अतिरिक्त और जिन-जिन कवियों की कविताएँ उनमें संगृहीत हैं, वे बिहारी के समकालीन अथवा कुछ पूर्व के हैं।

इस पुस्तक के अन्तिम दोहे पर ५०० का अंक लगा हुआ है पर गिनती में वस्तुत: इसमें केवल ४९३ ही दोहे हैं। लेखक के प्रमाद से बीच-बीच के अंकों में गड़बड़ हो गई है और उसी गड़बड़ के अनुसार जहाँ ५००वाँ अंक पूरा हुआ, वहीं उसने बिहारी के दोहों का लिखना समाप्त कर दिया, क्योंकि उसे कदाचित् ५०० ही दोहे लिखने की आज्ञा मिली थी।

इस संग्रह में भी जो दोहे बिहारी के हैं, उनका पूर्वापर क्रम वही है, जो रत्नकुँवरि वाली प्रति में। केवल दो चार स्थानों पर कुछ उलट-पुलट है। अत: इस पुस्तक से भी यही लक्षित

होता है कि यही क्रम बिहारी के दोहों के निर्माण का है।

इस पुस्तक की प्रतिलिपि प्राप्त करने में बड़ी कठिनाइयाँ पड़ीं। उनका यहाँ वर्णन करने से कुछ लाभ नहीं, केवल इतना ही कहना अलम् है कि हमारे पंडितजी महाशय को इस कार्य के निमित्त जयपुर में ३ महीने १० दिन लग गये। इस अवसर में उन्होंने जयपुर के कई प्रतिष्ठित महानुभावों से परिचय प्राप्त किया और अन्य पुस्तकों का भी पता लगाया। इस खोज में उनको अनेक पुस्तकें दृष्टिगोचर हुईं। उनमें से जो विशेष महत्त्वपूर्ण समझी गईं, उनकी प्रतिलिपियाँ भी वह ले आए। जयपुर के जिन सज्जनों से पंडितजी ने परिचय प्राप्त किया, उनमें से मुख्य ये हैं—

(१) रायबहादुर बाबू अविनाश चन्द्र सेन सी० आई० ई०, मेंबर कौंसिल तथा प्राइवेट सेक्रेटरी महाराज साहब बहादुर,
(२) ठाकुर श्रीनन्दकिशोर सिंह साहब, रईस और मेंबर कौंसिल,
(३) रायबहादुर पं० श्री गोपीनाथजी पुरोहित एम० ए०, सी० आई० ई०,
(४) पं० श्री हरनारायणजी पुरोहित बी० ए० दरोगा ड्योढ़ी रनिवास,
(५) श्रीयुत बालदत्तजी खवास।

ये सब महाशय बड़े सज्जन तथा विद्याव्यसनी हैं। इन्होंने हमारे पंडितजी को अनेक सहायताएँ पहुँचाईं जिनके लिये हम उनके हृदय से कृतज्ञ हैं।

इन महानुभावों के अतिरिक्त कई सहृदय कवि-कोविदों से भी हमारे पंडितजी को सहायता मिली। उनमें से मुख्य ये हैं—

(१) महामहोपाध्याय पं० श्री दुर्गाप्रसादजी द्विवेदी मुख्याध्यापक राजकीय पाठशाला,
(२) पं० श्री रामनारायणजी मिश्र, अध्यापक महाराजा कालेज,
(३) पं० श्री गौरीदत्तजी कवि,
(४) श्री विनोदीलालजी कवि,
(५) श्री पं० मथुरानाथजी कवि।

इन विद्वानों के भी हम कृतज्ञ हैं।

जो पुस्तकें हमारे पंडितजी जयपुर से लाए, उनमें बिहारी के किसी शिष्य की लिखी हुई सतसई की एक प्रतिलिपि भी है। श्रीरामसिंहजी के राज्यकाल में 'सम्राटजी' नाम के एक राजगुरु थे। बिहारी के किसी शिष्य ने सं० १७३९ में सतसई की एक प्रति लिखकर उन्हें अर्पित की थी। उसकी एक प्रतिलिपि संवत् १८०० के भाद्र-कृष्ण ३० चंद्रवार की लिखी हुई इस समय जयपुर के निजी पुस्तकालय में विद्यमान है। उसी की प्रतिलिपि हमारे पंडितजी ले आये हैं। संवत् १८०० की लिखी हुई इस सतसई के अन्त में उड़े हुए से अक्षरों में, कुछ लिखा है, जिसका अभिप्राय यह है कि यह पुस्तक ब्रह्मपुरी के राजगुरु की संवत् १७३९ की प्रति से लिखी गई है, जिसे बिहारी के शिष्य ने लिखकर गुरु जी को दिया था, पर शोधने को रह गई है।

इस पुस्तक के बीच-बीच में किसी-किसी शब्द के ऊपर अथवा पार्श्व में कुछ उर्दू अक्षरों में लिखा है, किन्तु उड़ जाने के कारण स्पष्ट पढ़ा नहीं जाता। प्रतीत होता है, कहीं-कहीं शब्दार्थ लिखा गया है।

इस शिष्य वाली पुस्तक में भी दोहों का पूर्वापर क्रम वही है, जो रत्नकुँवरिजी वाली पुस्तक में है। केवल ५-७ दोहों में स्थानांतर दिखाई पड़ती है और २२ दोहे, जिनमें प्राय: भगवत् सम्बन्धी कविता है और जो इस क्रम की अन्य पुस्तकों में बीच-बीच में आए हैं, इस पुस्तक के अन्त में रखे हुए मिलते हैं। रत्नकुँवरि वाली पुस्तक से इसमें ये ५ दोहे न्यून हैं...

संपति केस, सुदेस, नर नमत दुहुँन इक बानि।
विभव सत्ा कुच, नीच नर, नरम बिभव की हानि॥ १॥
औंधाई सी : सु लखि बिरह-बरत बिललात।
बीचहिं सूखि गुलाब गो, छींटौ छुई न गात॥ २॥
सीस-मुकट, कटि-काछनी, कर-मुरली, उर-माल।
इहिं बानक मो मन सदा, बसौ बिहारी लाल॥ ३॥
ग़ेरी, यह तेरी, दई, क्यौं हूँ प्रकृति न जाइ।
नेह-भरैं हिय राखिये, तउ रुखियै लखाइ॥ ४॥
हुकुम पाइ जयसाहि कौ, हरि-राधिका-प्रसाद।
करी बिहारी सतसई भरी अनेक सवाद॥ ५॥

६८९ दोहों के पश्चात् इस प्रति में ७३ दोहे ऐसे दिये हैं, जो इस क्रम की और किसी प्रति में नहीं मिलते और बिहारी-रचित भी प्रतीत नहीं होते। वे बिहारी-रत्नाकर के द्वितीय उपस्करण में दिये गये हैं।

इन दोनों पुस्तकों के अतिरिक्त एक पुस्तक संवत् १७७२ की लिखी हुई भी हमारे पंडितजी जयपुर से किसी अन्य कवि से ले आये। यह उदयपुर प्रान्त के बेलागाछी निवासी मानसिंह कवि की टीका-समेत है। खेद की बात है, इसमें आदि के कुछ पन्ने नहीं हैं, जिससे २५० दोहों की टीका इसमें नहीं मिलती, पर जो दोहे इसमें हैं, उनका पूर्वापर क्रम ठीक वही है, जो रत्नकुँवरिजी वाली पुस्तक में।

यों तो जयपुर तथा अन्यान्य स्थानों से सतसई की कितनी ही मूल तथा सटीक प्रतियाँ प्राप्त हुईं, पर ऊपर कही हुई पाँचों प्रतियों से प्राचीनतर प्रति हमारे देखने में नहीं आई। इनके अतिरिक्त सतसई की एक और सटीक प्रति भी हमें अभी थोड़े दिन हुए, बिहारी-रत्नाकर का मुख्य भाग छप जाने के पश्चात्, मित्रवर श्रीयुत् पं० दुलारे लाल जी भार्गव के द्वारा जयपुर-निवासी श्रीयुत् हनुमान शर्माजी से प्राप्त हुई है। हमारे अनुमान से बिहारी सतसई पर यही सबसे पहली टीका है। इसमें भी ५-७ दोहों को छोड़कर शेष दोहों का पूर्वापर क्रम वही है, जो रत्नकुँवरिजी वाली पुस्तक में है।

इन पाँचों प्रतियों में दोहों का पूर्वापर क्रम प्राय: एक-ही सा दृष्टिगोचर होता है, और ये हैं भी बहुत प्राचीन, अतएव यह अनुमान करना युक्तियुक्त ही है कि यही क्रम बिहारी की दोहा-रचना का है और उन्होंने अपनी सतसई इसी क्रम में छोड़ी। यदि बिहारी ने अपनी सतसई में दोहों का कोई साहित्यिक अथवा अन्य प्रकार का क्रम बाँध दिया होता, तो फिर उन्हें इस प्रकार घाल-मेल करके क्रमहीन कर देने का न तो किसी को साहस ही होता और न कोई आवश्यकता ही रहती। अस्तु, सतसई का जो क्रम पहले पहल कोविद कवि ने संवत् १७४२ में लगाया, उसके अन्त में यह दोहा लिखा है—

किए सात सौ दोहरा, सुकवि बिहारीदास।
बिनहि अनुक्रम ए भए महि-मंडल सुप्रकास॥

इससे भी बिहारी का अपनी सतसई को बिना किसी विशेष क्रम ही के छोड़ जाना सिद्ध होता है और यही बात पुरुषोत्तमजी के इस दोहे से भी व्यंजित होती है—

जद्यपि है सोभा सहज मुकतनि, तऊ सु देखि।
गुहैं ठौर की ठौर तैं लर मैं होति बिसेखि॥

बिहारी के अपनी सतसई को इसी क्रम में—बिना किसी विशेष क्रम लगाए छोड़ जाने के कारण अनेक कवियों तथा टीकाकारों ने अपने-अपने मत के अनुसार उसके क्रम बाँध लिये। इनका विवरण भूमिका में यथास्थान होगा।

बिहारी-रत्नाकर में इन्हीं पाँचों प्रतियों के आधार पर दोहों के पूर्वापर क्रम, पाठ तथा संख्या का निर्धारण किया गया है। इनका विशेष विवरण भी भूमिका[१] में दिया जायेगा।

उल्लेख की सरलता के अभिप्राय से ये पुस्तकें १, २ इत्यादि संख्याओं के नाम से विशिष्ट कर दी गई हैं। रामसिंहजी वाली पुस्तक के निमित्त १, बिहारी के शिष्य वाली प्रति के निमित्त २, मानसिंह की टीका वाली पुस्तक के निमित्त ३, गिरधरलालजी वाली प्रति के निमित्त ४ और रत्नकुँवरिजी वाली प्रति के निमित्त ५ संख्या मानी है। बिहारी-रत्नाकर में पाद-टिप्पणियों में, इन्हीं संख्याओं का ब्रेकेट में उपयोग किया गया है।

बिहारी-रत्नाकर का क्रम

जैसा ऊपर कहा जा चुका है, हमारी पाँचों प्राचीन पुस्तकों में दोहों का पूर्वापर क्रम प्राय: एक ही सा है—केवल दो चार दोहों के स्थानों में कुछ भेद पाया जाता है। ३ तथा ५ अंकों वाली पुस्तकों के क्रम तथा संख्या सर्वथा एक ही हैं और १ अंक की पुस्तक में जो ४९३ दोहे हैं, उनका पूर्वापर क्रम भी उनके अनुसार ही है। अत: बिहारी-रत्नाकर के दोहों की संख्या तथा क्रम के निमित्त तृतीय तथा पंचम पुस्तकें ही आधारभूत मानी गई हैं, परन्तु प्राचीन प्रतियों से बिहारी का अपने क्रम में दस-दस अथवा बीस-बीस पर एक भगवत्-सम्बन्धी अथवा नीति-विषयक दोहा रखना अभीष्ट समझकर जहाँ-जहाँ इन स्थानों से उक्त प्रकार के दोहे कुछ विचलित मिले, वहाँ-वहाँ उनके स्थान, अपनी बुद्धि के अनुसार, हमने ठीक कर दिये हैं, किन्तु संभव है, जिस स्थान पर हमने कहीं दूर का कोई दोहा स्थापित किया है, वहाँ के निमित्त बिहारी ने कोई अन्य दोहा सोचा हो। अतएव यह दिखलाने के लिये कि किस-किस दोहे में स्थान परिवर्तन किया गया है हमने पहले उपस्करण में एक कोष्ठ तीसरी पुस्तक (मानसिंहजी की टीका वाली) का भी रख दिया है।

यद्यपि बिहारी ने सतसई में दोहों का पूर्वापर क्रम तो वही रहने दिया, जिस क्रम से उनकी रचना हुई थी, तथापि, जैसा हम ऊपर कह आए हैं, प्राचीन पुस्तकों के देखने से भाषित होता है कि इनके हृदय में इतना क्रम स्थापित करने की अभिलाषा अवश्य थी कि प्रति दस-दस अथवा बीस-बीस दोहों के पश्चात् एक-एक भगवत्-संबंधी अथवा नीति विषयक दोहा रहे। बनाते समय भी उन्होंने इस बात पर ध्यान रखा था और रचनाकाल में, भावों के उद्गार

---

१. यह भूमिका "कविवर बिहारी" नाम से प्रकाशित हो गई है।

के कारण जहाँ-जहाँ वे इस बात को न कर सके, वहाँ-वहाँ उन्होंने उसकी पूर्ति ग्रंथ समाप्त होने पर कर दी, अर्थात् जहाँ-जहाँ दस-दस अथवा बीस-बीस पर भगवत् संबंधी अथवा नीतिविषयक दोहे नहीं पड़े, वहाँ-वहाँ नए दोहे बनाकर अथवा अन्य स्थानों से उठाकर रखने का प्रयत्न किया। इस कार्य में, ज्ञात होता है, उन्होंने ऐसे अधिकांश दोहों को तो अपनी चौपतिया के पार्श्व भाग में, जिन स्थानों पर ऐसे दोहे स्थापित होने चाहिए थे उनके सन्मुख लिख दिया और किसी-किसी दोहे के सामने केवल वह संख्या लिख दी, जिन पर उस दोहे का रखना अभीष्ट था। चौपतिया की प्रतिलिपि उतारने वाले ने उन दोहों को जो, पार्श्व भाग पर लिखे थे, बिहारी का अभिप्राय न समझकर, कहीं-कहीं उचित स्थानों से दो एक संख्या आगे पीछे लिख दिया और जिन दोहों के सामने वे अंक मात्र लिखे थे, जिन पर वे दोहे जाने चाहिए थे, उनको प्रमाद से जहाँ का तहाँ रहने दिया, अर्थात् अभीष्ट स्थान पर नहीं रखा। इन चूकों में पहली चूक का कारण तो यह अनुमानित हो सकता है कि पार्श्व भाग में लिखे हुए दोहे एक ही दोहे के सामने नहीं समा सकते, वरन् तीन चार दोहों के सामने पड़ जाते हैं, अतः ऐसे किसी लेखक का जिसे इस बात का भान न रहा हो कि पार्श्व भाग पर दोहे किस स्थान पर रखने के अभिप्राय से लिख दिये गये हैं, उनका उचित अंकों के दो चार अंक आगे पीछे समावेश कर देना पूर्णतया सम्भव और स्वाभाविक ही है। ऐसी चूकों के उदाहरण ११, ४१, ६१, ७१, ९१ इत्यादि अंकों के दोहों में दृष्टिगोचर होते हैं, जो ३ तथा ५ संख्यक पुस्तकों में १०. ४२, ६२, ६९, ८७ इत्यादि अंकों पर लिखे मिलते हैं। दूसरी चूक का कारण लेखक का पार्श्व अंकों पर ध्यान न देना या उनका अभिप्राय न समझना अथवा, यदि कोई दोहा पीछे से आगे आया है तो उसे पीछे वाले दोहे के सामने के अंक का, उचित स्थान के आस-पास के दोहों के लिखते समय, न देखना प्रतीत होता है। ऐसी चूकों के उदाहरण १३१, १२१, १८१, २६१, ४०१ इत्यादि अंकों के दोहों में दिखाई देते हैं. जो ३ तथा ५ अंकों की पुस्तकों में ५२, ११७, १६२, ३६८ इत्यादि अंकों पर हैं।

बिहारी-रत्नाकर में दोहों की संख्या

मानसिंह वाली टीका अर्थात् हमारी तीसरी प्राचीन प्रति में ७१३ दोहे मिलते हैं, और अंत में टीकाकार ने स्पष्ट रूप से लिख भी दिया है कि सतसई में ७१३ दोहे हैं। रत्नकुँवरि वाली पुस्तक अर्थात् पाँचवीं प्राचीन प्रति में भी ये ही ७१३ दोहे देखने में आते हैं। बिहारी के शिष्य वाली प्रति अर्थात् दूसरी प्राचीन प्रति में इन ७१३ दोहों में से ११७, ३०१, ६०४ और ७१३ अंकों के दोहे नहीं हैं, पर इनमें से ११७ तथा ३०१ अंकों के दोहे तो अन्य प्राचीन प्रतियों में विद्यमान हैं और ६०४ अंक वाला दोहा तीसरी, चौथी तथा पाँचवीं पुस्तकों में उपलब्ध है, और पहली प्रति में केवल ४९३ तक दोहे हैं, अतः उसमें भी इसकी उपस्थिति मान लेना असंगत नहीं है। अब रहा ७१५ अंक वाला दोहा। यह चौथे अंक की पुस्तक में भी नहीं है, पर कृष्णलाल की गद्य टीका वाली प्रति में, जिसका कथन ऊपर हो चुका है, यह ७१३ ही अंक पर पाया जाता है, अतः इसकी उपस्थिति दो सटीक प्रतियों तथा एक मूल प्रति में है। इसके अतिरिक्त पहले अंक की प्रति में इसकी उपस्थिति तथा अनुपस्थिति, दोनों संदिग्ध हैं। सटीक पुस्तकें सामान्यतः मूल पुस्तकों से अधिक प्रामाणिक मानी जाती हैं, अतः इस ७१३ अंक वाले दोहे को बिहारी-कृत मानना समीचीन प्रतीत होता है। २ अंक को पुस्तक में जो ७३ दोहे अधिक हैं, वे इनमें से अन्य किसी प्राचीन प्रति में नहीं मिलते और न वे अपनी रचना-प्रणाली ही से बिहारी कृत प्रतीत होते हैं। चौथे अंक की प्रति में ४६४, ४९८ और ५६३ से

लेकर ५६९ तक एवं ७१३ अंक के दोहे नहीं हैं। इनमें से ५६३ से लेकर ५६९ अंकों तक के दोहों के न होने के विषय में तो यह प्रतीत होता है कि लेखक ने जिस प्रति से लिखा उसका एक पृष्ठ भूल से छोड़ दिया, क्योंकि ये दोहे अन्य सब प्राचीन प्रतियों में मिलते हैं। ४६४ तथा ४९८ अंकों के दोहे बिहारी के प्रसिद्ध दोहे हैं और प्रायः सतसई की सभी प्रतियों में प्राप्त होते हैं। अतः इनके इस प्रति में छूट जाने का कारण लेखक का प्रमाद मात्र मानना संगत है, और ७१३ अंक के दोहे के विषय में ऊपर लिखा जा चुका है। इस प्रति में ये दोहे बिहारी-रत्नाकर' से अधिक हैं—

मान छुटैगौ मानिनी, पिय-मुख देखि उदोतु।
जैसैं लागैं घाम के पाला पानी होतु॥ ७॥

प्यौ बिछुरत तन थकि रह्यौ, लागि चल्यौ चितु गैल।
जैसैं चीर चुराइ लै, चलि नहिं सकै चुरैल॥ ४६॥

पर ये दोनों दोहे न तो हमारी किसी अन्य प्राचीन प्रति ही में मिलते हैं और न बिहारी की रचना ही से टक्कर खाते हैं, अतः इनको बिहारी-कृत मानना समीचीन नहीं ज्ञात होता।

ऊपर लिखे हुए कारणों से बिहारी-रत्नाकर| में वे ही ७१३ दोहे स्वीकृत किये गये हैं जो मानसिंह वाली टीका तथा रत्नकुँवरिजी वाली प्रति अर्थात् हमारी तीसरी तथा पाँचवीं पुस्तकों में हैं।

बिहारी-रत्नाकर का पाठ-संशोधन

दोहों के पाठ शुद्ध करने में हमको बड़ा श्रम उठाना पड़ा। प्रत्येक दोहे के पाठ का मिलान पाँचों प्राचीन प्रतियों से करने के अतिरिक्त जो शब्द सतसई में अथवा अन्यान्य ब्रजभाषा ग्रंथों में कई-कई रूपों में लिखे मिलते हैं, उनके बिहारी स्वीकृत रूपों के निर्धारित करने में बहुत समय व्यय हुआ और बड़ी कठिनाई उठानी पड़ी। जैसे 'नैक' शब्द ब्रजभाषा की अन्यान्य पुस्तकों तथा सतसई की अनेक प्रतियों में 'नेक', 'नैक' तथा 'नैकु' रूपों में लिखा मिलता है। इसका बिहारी-स्वीकृत रूप स्थिर करने के लिये पहले तो यह निर्धारित किया गया कि सतसई भर में यह १५ दोहों में आया है और उनके अतिरिक्त ४ दोहों में यह 'नैकौ' के रूप में मिलता है। पहली पुस्तक में केवल ४९३ दोहे हैं, अतः उसमें यह शब्द बारह दोहों में आया है। इनमें से आठ दोहों में तो यह 'नैक' रूप में लिखा है और चार दोहों में 'नैकँ' रूप में। दूसरी पुस्तक में यह एक स्थान पर 'नैक', दस स्थानों पर 'नैकँ', दो स्थानों पर 'नैकुँ' तथा दो स्थानों पर 'नैन' के रूप में मिलता है। तीसरी पुस्तक में आदि के २५० दोहे खंडित हैं, अतः उसमें यह शब्द केवल छः दोहों में आया है। उनमें से एक दोहे में 'नेक' एक में 'नैक' तथा चार में 'नेंक' रूप में है। चौथी पुस्तक में यह एक स्थान पर 'नेकु' तथा चौदह स्थानों पर 'नेक' लिखा मिलता है। पाँचवीं पुस्तक में इसका रूप छः स्थानों पर 'नेंक' और नव स्थानों पर 'नेक' पाया जाता है।

यहाँ यह कह देना आवश्यक है कि हमारी प्राचीन प्रतियों में से भी पहली तथा दूसरी प्रतियाँ विशेष प्रामाणिक तथा शुद्ध हैं। अतः शब्दों के रूप-निर्धारण में विशेषतः इन्हीं से सहायता ली गई है। इन दोनों पुस्तकों को मिलाकर ९ स्थानों पर इसका पाठ 'नैक', १४ स्थानों पर 'नेंक' और दो स्थानों पर 'नैकु' तथा 'नैंन' मिलता है। अतएव सतसई में प्रयोगाधिक्य के विचार से इस शब्द का 'नैंक' पाठ ही ठीक ठहरता है, फिर इस बात पर विचार करने से भी

कि यह शब्द संस्कृत शब्द ईषदर्थवाचक 'नञ्' में 'क' प्रत्यय लगाकर बना हुआ प्रतीत होता है, इसका 'नैंक' रूप शुद्ध जँचता है! इसका कहीं 'नेक', कहीं 'नैक' इत्यादि लिखना लेखकों की असावधानी मात्र है। अब रह गया इस बात पर विचार करना कि 'नैंक' तथा 'नैंकु' रूपों में कौन विशेष ग्राह्य है। इसके विषय में यह वक्तव्य है कि प्राचीन प्रतियों के किसी-किसी दोहे में यह शब्द उकारांत लिखा मिलता है और ब्रजभाषा की अन्यान्य पुस्तकों में भी कहीं-कहीं यह उकारांत ही दिखाई देता है। इसका कारण यह प्रतीत होता है कि यह शब्द प्राय: क्रियाविशेषणवत् ही प्रयुक्त किया जाता है और ऐसे क्रियाविशेषण संस्कृत में कर्मकारक रूप में रखे जाते हैं। अपभ्रंश तथा प्राचीन साहित्कि ब्रजभाषा में अकारांत पुल्लिग शब्द के कर्मकारक का एकवचन रूप उकारांत होता था, अत: 'नैंक' शब्द का उसके क्रियाविशेषण होने की अवस्था में, उकारांत प्रयोग समीचीन है। इस विचार से ऐसे अवसरों पर उसका पाठ 'नैंकु' रखा गया है, पर जहाँ वह क्रिया विशेषण रूप से नहीं आया है—जैसे १९ अंक के दोहे में—वहाँ वह अकारांत ही रखा गया है।

इसी प्रकार सतसई की प्राचीन प्रतियों तथा ब्रजभाषा के अन्यान्य ग्रंथों में अनेक अकारांत शब्दों को कहीं अकारांत तथा कहीं उकारांत लिखा पाकर—जैसे स्याम, रूप इत्यादि तथा स्यामु, रूपु इत्यादि—इस बात के निर्णय की आवश्यकता पड़ी कि उकारांत लिखने की प्रथा किसी सिद्धान्त पर निर्भर है अथवा कवि तथा लेखक की रुचि की अनुसारिणी। पाँचों प्रतियों के ऐसे उकारांत लिखे हुए शब्दों की जाँच करने पर ज्ञात हुआ कि ऐसा उकार एकवचन शब्दों ही में लगाया गया है। इसके अतिरिक्त यह भी निर्धारित हुआ कि वे शब्द पुल्लिग कर्ताकारक अथवा कर्मकारक हैं। यद्यपि किसी-किसी प्रति में कहीं-कहीं कर्ता तथा कर्मकारकों के अतिरिक्त अन्य प्रकार के कोई-कोई शब्द भी उकारांत लिखे दृष्टिगोचर हुए पर उनकी संख्या इतनी न्यून है कि वे परिगणनीय नहीं। उनके लेख में लेखक का प्रमाद मात्र मानना ही समुचित प्रतीत हुआ। प्रथम तथा द्वितीय पुस्तकों में तो यह लेखन-प्रणाली भलीभाँति निबाही गई है, केवल परिगणित-स्थानों पर यथेष्ट उकार लगा नहीं निकलता, जो कि लेखक की असावधानी मात्र कही जा सकती है। तृतीय पुस्तक में और भी अधिक उकार छोड़ दिये गये हैं, और चतुर्थ तथा पंचम पुस्तकों में बहुत अधिक, पर यह बात ध्यान देने की है कि जिन-जिन स्थानों पर प्रथम अथवा द्वितीय पुस्तक में उकार छूट गया है, उनमें से कितने ही स्थानों पर तृतीय, चतुर्थ अथवा पंचम पुस्तक में वह लगा मिलता है। अत: सब मिलाकर जाँच करने से ऐसे स्थान बहुत ही कम रह जाते हैं, जहाँ पाँचों पुस्तकों में किसी में यथेष्ट स्थान पर उकार न लगा हो। इस जाँच से यह बात सिद्ध हुई कि बिहारी ने एक विशेष प्रकार के अकारांत पुल्लिग शब्दों के कर्ता तथा कर्मकारकों के एकवचन का प्रयोग उकारांत रूप में किया है और इस नियम का निर्वाह उन्होंने केवल दोहों के मध्य ही में नहीं, जहाँ कि अकारांत को उकारांत अथवा उकारांत को अकारांत लिखने में बाधा नहीं पड़ती, प्रत्युत तुकांतों में भी किया है। जहाँ अन्त्यानुप्रास लेख-प्रणाली को स्वेच्छाचारिणी नहीं होने देता, जैसा कि ११८, ६२५, ६७५ इत्यादि अंकों के दोहों से विदित होता है। सतसई में इस नियम का निरीक्षण करने पर इस बात पर ध्यान गया कि अपभ्रंश में भी उसी प्रकार के अकारांत पुल्लिग तथा नपुंसक लिंग शब्दों के कर्ता तथा कर्मकारकों के एकवचन रूप उकारांत होते थे। अत: ऐसे रूपों का इस संस्करण में उकारांत स्वीकृत करना समुचित समझा गया, और तदनुसार वर्तमानकालिक कृदन्त के एकवचन रूप की भी जाँच करके वह भी उकारांत ही स्वीकृत किया गया, जैसे—

१० अंक के दोहे में 'रहतु', २७ अंक के दोहे में 'बेधतु', ३६ अंक के दोहे में 'आवतु' इत्यादि। इस उकारांत प्रथा के ग्रहण करने में इस बात का भी विचार कर लिया गया है कि ऐसे पाठ से पुस्तक भर में कहीं पांठ-साम्य में बाधा नहीं पड़ सकती, प्रत्युत बिना इस परिपाटी के ग्रहण किये पाठ साम्य स्थापित नहीं हो सकता।

सामान्य कारक के बहुवचन का रूप, सतसई की भिन्न-भिन्न प्रतियों में कहीं इकारांत और कहीं उकारांत देखने में आता है, जैसे—दृगनि, दृगनु, भागनि, भागनु इत्यादि। कहीं-कहीं ऐसे शब्द अकारांत लिखे हुए भी मिलते हैं जैसे—दृगन, भागन इत्यादि। हमारी प्रथम प्राचीन पुस्तक में, जैसा कि ऊपर कहा गया है, केवल ४९३ दोहे हैं। उनमें ऐसे शब्द अनुमान से १३०-१३५ स्थानों पर आए हैं। उनमें से २८-३० स्थानों पर तो वे अकारांत लिखे हैं, ४ स्थानों पर इकारांत तथा शेष स्थानों पर उकारांत। अकारांत रूपों के विषय में तो यह कहा जा सकता है कि लेखक की असावधानी से उनमें उकार लगाना रह गया है, इकारांत रूप इतने कम हैं कि उनको भी लेखक का प्रमाद मानना ही समुचित है। अतः प्रथम पुस्तक के अनुसार सतसई में ऐसे रूपों का उकारांत प्रयोग सिद्ध होता है। द्वितीय पुस्तक में ऐसे शब्द अनुमान से २६ स्थानों पर अकारांत, १७ स्थानों पर उकारांत तथा १३८ स्थानों पर इकारांत मिलते हैं। अतः इस पुस्तक के अनुसार ऐसे शब्दों का इकारांत होना कहा जा सकता है। तृतीय पुस्तक में ऐसे शब्द ३१ स्थानों पर अकारांत, ४० स्थानों पर इकारांत तथा ५६ स्थानों पर उकारांत हैं और चतुर्थ पुस्तक में ६६ स्थानों पर अकारांत, ३६ स्थानों पर इकारांत तथा ८१ स्थानों पर उकारांत हैं। पाँचवीं पुस्तक में ऐसे शब्द ८१ स्थानों पर अकारांत, ३१ स्थानों पर इकारांत तथा ७४ स्थानों पर उकारांत हैं। पाँचों पुस्तकों को मिलाकर ऐसे शब्द २२३ स्थानों पर अकारांत, २५० स्थानों पर इकारांत तथा ३२८ स्थानों पर उकारांत ठहरते हैं।[१] यह बात भी ध्यान देने योग्य है कि जो शब्द एक प्रति में इकारांत लिखा मिलता है, वह अन्य प्रति में उकारांत दिखाई देता है। अतः ऐसे शब्द बहुत न्यून रह जाते हैं, जो अधिक प्रतियों में इकारांत हों और ऐसे बहुत अधिक, जो अधिकांश प्रतियों में उकारांत। इस गणना से सतसई में ऐसे रूपों का पाठ-साम्य के अनुरोध से उकारांत ही स्वीकृत करना समीचीन प्रतीत हुआ। इसके अतिरिक्त पाठ-साम्य की दृष्टि से विचार करने पर ऐसे शब्दों के अकारांत तथा इकारांत रूपों का निर्वाह सतसई भर में होता दिखाई नहीं दिया, जैसे—६७५, ४८६ इत्यादि दोहों में, पर उनके उकारांत रूप रखने में कहीं कोई बाधा नहीं पड़ी, अतः सतसई भर में ऐसे शब्द उकारांत ही रखे गये हैं। केवल दो एक स्थानों पर वे असावधानी से इकारांत छप गये हैं और ३२०—संख्यक दोहे में 'दृगनि' शब्द जानबूझकर इकारांत छोड़ दिया गया है, जिसका कारण टीका में दिखा दिया गया है, पर हमारी समझ में उसको भी पाठ-साम्य के अनुरोध से 'दृगनु' ही होना युक्त है।

कारणसूचक ऐसे शब्द, जैसे—चलैं, परैं, कीनैं, लखैं इत्यादि जिनका अर्थ, चलने से, चलने में, चलने पर इत्यादि होता है, सतसई तथा ब्रजभाषा के अन्याय ग्रंथों में कई रूपों में लिखे दिखाई देते हैं। इनके बिहारी स्वीकृत रूपों के निर्धारित करने के निमित्त भी पांचों प्रतियों में आये हुए रूपों की संख्याओं की जाँच की गई और अनुप्रास में आए हुए ऐसे रूपों पर

---

१. **स्थानों की संख्याएँ जो दी गई हैं, उनकी जाँच भलीभाँति नहीं की गई है, अतः सम्भावना है कि इनमें दो एक संख्याओं की भूल हो, पंर जो निष्कर्ष निकाला गया है उसमें इस अल्प भूल से किसी बाधा की सम्भावना नहीं है।**

भी विचार किया गया, जैसे १८४ अंक के दोहे के 'करैं' शब्द पर। इन अनुसंधानों से ऐसे शब्दों का 'चलैं', 'परैं' इत्यादि रूप स्वीकृत करना युक्त प्रतीत हुआ, फिर ऐसे रूपों की व्युत्पत्ति पर विचार किया गया, तो ज्ञात हुआ कि ये रूप संस्कृत के क्रियार्थक संज्ञा 'चलन', 'पतन' इत्यादि अथवा भूतकालिका कृदंत 'चलित', 'पतित' इत्यादि के सामान्य कारक के रूपों के—अर्थात् 'चलनहिं, पतनहिं' अथवा चलितहिं', पतिहिं' इत्यादि के—रूपान्तर मात्र हैं, जो करण-कारक के अर्थ में प्रयुक्त किये जाते हैं, जैसे संस्कृत के 'चलनेन, पतनेन' इत्यादि। 'चलनहिं' अथवा 'चलितहिं' इत्यादि से 'चलैं' इत्यादि रूप उसी प्रकार बन जाते हैं, जैसे 'रामहिं' से 'रामैं'। ऐसे शब्दों के 'चलैं, परैं' इत्यादि रूप ही ग्राह्य ठहरते हैं।

बिहारी—रत्नाकर की पाठ-शुद्धि के निमित्त इसी प्रकार प्रत्येक शब्द के यथार्थ रूप पर यथाशक्ति भली-भाँति विचार किया गया है, जिसके निदर्शनार्थ दो चार शब्दों की संशोधन विधि 'स्थालीपुलाकन्याय' से ऊपर कथन कर दी गई है।

यद्यपि पाठ की शुद्धि तथा साम्य में यथाशक्ति श्रम किया गया है, पर फिर भी कहीं-कहीं असावधानी अथवा भ्रम से अशुद्धियाँ तथा पाठ-विषमताएँ रह गई हैं। कहीं उकार छूट गया है, तो कहीं अधिक लग गया है, कहीं ऐ के स्थान पर 'ए' अथवा 'ए' के स्थान पर 'ऐ' छपं गया है, तो कहीं 'ए' के स्थान पर 'ये' अथवा 'ये' के स्थान पर 'ए' हो गया है, इत्यादि। यद्यपि ऐसी अशुद्धियों की संख्या अधिक नहीं है वे उँगलियों पर गिनी जा सकती हैं, तथापि हम उनके निमित्त प्रिय पाठकों से क्षमाप्रार्थी हैं। हमारा विचार था कि पुस्तकांत में एक शुद्धाशुद्ध पत्र लगा दिया जाये, पर फिर यह उचित प्रतीत हुआ कि दूसरे संस्करण में फिर से और भी भली-भाँति विचार करके पाठ-परिवर्तन किया जाय, और इस संस्करण में जो कुछ है वही रहने दिया जाये।

बिहारी-रत्नाकर टीका

इस ग्रंथ का टीका-भाग, सं० १९७८ के माघ मास से श्री अयोध्यापुरी में आरम्भ होकर संवत् १९७९ के भाद्रपद की ऋषि-पंचमी को, हमारी ५६वीं वर्षगाँठ के दिन, कश्मीर प्रांत के निशातबाग नामक स्थान में समाप्त हुआ।

पहले हमारा विचार था कि इस टीका में प्रत्येक दोहे पर साहित्य के सब अंग—अलंकार, लक्षणा, व्यंजन, ध्वनि इत्यादि—भी लिखें पर अवकाशाभावात् उक्त संकल्प के पूरे होने में बहुत दिनों की आवश्यकता थी। अत: हमारे कई सज्जन मित्रों ने सम्मति दी कि इस ग्रंथ का प्रथम संस्करण केवल दोहों की पाठ-शुद्धि करके तथा अर्थ मात्र देकर प्रकाशित कर दिया जाय, क्योंकि पाठ-शुद्धि तथा अर्थ ही पर अलंकारादि निर्भर रहते हैं। उनके अनुरोध तथा सम्मति से हमने भी ऐसा ही करना उचित समझा, जिसमें जो श्रम हो चुका है, वह वृथा न जाय। यदि अवकाश प्राप्त हुआ और इस ग्रंथ के पुन: संस्करण का अवसर आया तो यथासंभव कुछ साहित्यिक विषय भी प्रेमी पाठकों की सेवा में उपस्थित किये जायेंगे।

इस टीका में विशेषत: इस बात का ध्यान रखा गया है कि पाठकों की समझ में शब्दार्थ तथा भावार्थ भली-भाँति आ जायें। दोहे के शब्दों के पारस्परिक व्याकरणिक संबंध तथा कारक इत्यादि के, स्पष्ट रूप से, प्रकट करने का भी यथासंभव प्रयत्न किया गया है। प्रत्येक दोहे के पश्चात् उसके कठिन शब्दों के अर्थ हैं और फिर उस दोहे के कहे जाने का अवसर, वक्ता, बोधव्य इत्यादि, 'अवतरण' शीर्षक के अन्तर्गत बतलाये गये हैं। उसके पश्चात् 'अर्थ' शीर्षक

के अंतर्गत दोहे का अर्थ लिखा गया है। अर्थ लिखने में जो कोई शब्द अथवा वाक्यांश कठिन ज्ञात हुआ, उसका अर्थ, उसके पश्चात्, गोल कोष्ठक में दे दिया गया है और जिस किसी शब्द अथवा वाक्यखंड का अध्याहार करना उचित समझा गया, वह चौखूँटे कोष्ठक में रख दिया गया है। जहाँ कहीं कोई विशेष बात कहने की आवश्यकता प्रतीत हुई, वहाँ टिप्पणी-रूप से एक भिन्न वाक्य-विच्छेद (पैराग्राफ) में लिखी गई है।

पाँचों प्रतियों के आवश्यक पाठांतर भी, दोहे के शब्दों पर १, २ आदि अंक लगाकर पाद टिप्पणियों में दे दिये गये हैं। पाद-टिप्पणियों में जो अंक कोष्ठक के बाहर हैं, वे तो वे हैं, जो दोहों पर दिये गये हैं, पाठांतर के पश्चात् जो अंक कोष्ठक में हैं, वे पाँचों प्रतियों के सांकेतिक अंक हैं।

इस टीका में अधिकांश दोहों के अर्थ अन्यान्य टीकाओं से भिन्न हैं। उनके यथार्थ होने की विवेचना पाठकों की समझ, रुचि तथा न्याय पर निर्भर है।

हमारे विद्याभूषण पं० रामनाथजी ज्योतिषी बिहारी सतसई की अनेक प्रतियों के साथ बिहारी के एक चित्र की अनुकृति भी जयपुर से लाये हैं। उक्त चित्र किसी अंत:पुर में लगा हुआ है। उसका पता पंडितजी को संयोग से लग गया और उन्होंने बड़े यत्न तथा उद्योग से उसकी अनुकृति प्राप्त कर ली। उसमें उस समय का दृश्य दिखलाया गया है, जब बिहारी ने 'नहिं पराग, नहिं मधुर मधु' इत्यादि दोहा लिखकर महाराज जयसिंह के पास भेजा था। आमेरगढ़ के विनायक-पौरि तथा उसके सामने के प्रशस्त चबूतरे का दृश्य उसमें दिखलाया गया है। बिहारी के चित्र उसमें दो जगह हैं। एक तो बिहारी के आते समय का चित्र है जिसके पीछे लाल ढाल वाला एक मिरदहा, जो बिहारी को बुलाने गया था, खड़ा है, और सामने कोई राजकर्मचारी बिहारी का स्वागत कर रहा है। दूसरे स्थार पर कतिपय और कर्मचारियों के साथ बिहारी का बैठा हुआ चित्र है। इसमें बिहारी उक्त दोहा लिखकर एक वर्षवर (खोजे) को देते हुए दिखलाये गये हैं और वह वर्षवर वह दोहा ले जाकर किसी दासी को दे रहा है। इस चित्र के विषय में जयपुर में यह कहा जाता है कि जब बिहारी के दोहे के प्रभाव से राजा नवोढ़ा रानी के प्रेम-पाश से मुक्त होकर बाहर निकल आये और अपना काम काज करने लगे, तो चौहानी रानी ने प्रसन्न होकर आज्ञा दी कि उस समय की घटना का ज्यों का त्यों चित्र बनाया जाये। बस उसी, आज्ञा के अनुसार उक्त चित्र तैयार किया गया। उसके नीचे के भाग में दोनों पार्श्वों पर दो-दो अंक लिखे हुए हैं, अर्थात् वाम पार्श्व पर १६ तथा दक्षिण पार्श्व पर ९२। इन चारों अंकों को मिलाकर हम इसको विक्रम संवत् १६९२ अनुमानित करते हैं।

उक्त चित्र बहुत बड़ा है। उसे छोटा करके पुस्तक में देने योग्य बनवाने में बिहारी के चित्र के बहुत छोटे हो जाने की आशंका थी। अत: हमने उक्त चित्र में से केवल बिहारी का खड़ा चित्र अलग करके बिहारी-रत्नाकर में दे दिया है। मिर्जा राजा जयशाह का भी एक चित्र पाठकों के अवलोकनार्थ इस पुस्तक में दिया गया है। यह चित्र भी हमारे पंडितजी जयपुर से लाये थे।

अब हम श्रीमान् महाराजाधिराज दरभंगा-नरेश, श्रीमान् महाराजाधिराज काशी-नरेश, श्रीयुत कर्नल विंध्येश्वरीप्रसाद सिंह सी० आई० ई० तथा स्वर्गवासी श्रीमान् महाराजाधिराज सवाई जयपुराधीश एवं जयपुर के उन सज्जनों को, जिनका नाम ऊपर कथन किया गया है, इस

संस्करण की सामग्री एकत्र करने में सहायता पहुँचाने के निमित्त, अनेकानेक हार्दिक धन्यवाद देते हैं, और राजराजेश्वरी श्रीमती महारानी अवधेश्वरी की असीम कृतज्ञता स्वीकृत करते हैं, जिनके व्यय तथा उत्साह-प्रदान से यह टीका संपादित हो सकी। अपने वि० भू० पंडित श्री रामनाथ ज्योतिषी को भी हम, कष्ट उठाकर अनेक अमूल्य प्रतियाँ संग्रह करने के निमित्त, साधुवाद का अधिकारी समझते हैं। माधुरी तथा गंगापुस्तकमाला के संपादक, हमारे मित्र श्री दुलारेलालजी भार्गव ने इस ग्रंथ को प्रकाशित करने में बड़ा उत्साह प्रदर्शित किया और इसके संशोधन में बहुत बड़ी सहायता दी, जिसके निमित्त हम उनको अनेकानेक धन्यवाद देते हैं और इस संस्करण की भूल-चूक के निमित्त अपने सुधी पाठकों से क्षमा-प्रार्थना करके यह प्राक्कथन समाप्त करते हैं।

श्री राजसदन, अयोध्या; **श्री जगन्नाथ दास** (रत्नाकर)

भाद्र-कृष्ण जन्माष्टमी, भौमवार, संवत् १९८२ वि०

(तारीख ११ अगस्त, सन् १९२५ ई०)

बिहारी-रत्नाकर

॥ श्री गणेशाय नमः॥

दोहा

मेरी भव-बाधा हरौ, राधा नागरि सोइ।
जा तन की झाँईं परैं स्यामु हरित-दुति होइ॥ १॥

॥ श्रीगोपीजनवल्लभाय नमः॥

टीकाकार का मंगलाचरण

कृपा-कौमुदी कौ करौ श्रीब्रजचंद प्रकास।
उमगै रतनाकर-हियैं बानी-बिमल-बिलास॥

शब्दार्थ—भव = संसार। **बाधा** = रुकावट, विघ्न। **भव-बाधा** = संसार के विघ्न। अर्थात् दुःख, दारिद्र तथा अनेक प्रकार की चिन्ताएँ इत्यादि, जो बाधा-रूप में उपस्थित होकर संसार के मनुष्यों को किसी उत्तम अभीष्ट का एकाग्रता-पूर्वक साधन नहीं करने देतीं। स्मरण रहे कि कवि परिपाटी में दुःख दारिद्रादि का रंग काला माना जाता है। 'भव-बाधा' का अर्थ टीकाकारों ने बहुधा जन्म-मरण का दुःख लिखा है। वह भी ठीक है, पर यहाँ पर शब्द ग्रंथ के मंगलाचरण में आया है। अतः यहाँ कवि की यही प्रार्थना विशेष संगत है कि हमारे अनेक प्रकार के चिन्तादि-जनित विघ्नों का निवारण कीजिए जिसमें ग्रंथ के पूर्ण होने में विघ्न न हो। **झाँईं**—इस शब्द के यहाँ तीन अर्थ लिये गये हैं—(१) परछाँही, आभा; (२) झाँकी, झलक; (३) ध्यान। प्राकृत व्याकरणों के 'ध्यह्योर्झः', इस सूत्र के अनुसार 'ध्य' के स्थान में 'झ' होकर 'ध्यान' शब्द से झाँईं बन जाता है। त्रिविक्रम ने अपने प्राकृत व्याकरण में 'ध्यान' शब्द का 'झाण' रूप लिखा भी है। 'न' के स्थान में बहुधा 'यँ' भाषा के शब्दों में देखा जाता है; जैसे 'दाहिने' के स्थान पर 'दायें'। हेमचन्द्र ने अपने प्राकृत-व्याकरण में जो निम्नलिखित छंद अपभ्रंश के उदाहरण में रखा है, उसमें ध्यात्वा का अपभ्रंश रूप 'झाइवि' प्रयुक्त हुआ है—

दहमुहु भुवण-भयंकरु तोसिअ-संकरु णिग्गउ रह-वरि चडिअउ।
चउमुहु छंमुहु झाइवि एक्कहिं लाइवि णावइ दइवें घडिअउ॥

परैं पड़ने से। इस शब्द के भी निम्नलिखित तीन भावार्थ 'झाँईं' के तीनों अर्थों से यथाक्रम अन्वित होते हैं—(१) तन पर पड़ने से; (२) दृष्टि में पड़ने से; (३) हृदय में पड़ने से॥ **स्यामु** (श्याम)—यह शब्द भी यहाँ तीन अर्थों में प्रयुक्त हुआ है—(१) श्याम वर्ण वाले श्रीकृष्णचंद्र; (२) श्रीकृष्णचंद्र; (३) काले रंग वाला पदार्थ अर्थात् कल्मष, पातक, दुःख, दारिद्रादि, जिनका रंग कवि परिपाटी में काला नियत है। उपादान लक्षणा शक्ति से 'श्याम' का अर्थ श्याम रंग का पदार्थ होता है, जैसे 'सुरंग दौड़ता है' वाक्य में 'सुरंग' शब्द का अर्थ सुरंग

घोड़ा होता है। फिर साहित्य की परिपाटी के अनुसार काले पदार्थ से पातक, कल्मष इत्यादि का ग्रहण हो जाता है॥ **हरित-दुति** (हरित-द्युति)—इस शब्द के भी इस दोहे में तीन अर्थ ग्रहण किये गये हैं—(१) हरे रंग वाला; (२) हराभरा, डहडहा अर्थात् प्रसन्न-बदन; (३) हतद्युति, गतद्युति, हतप्रभ अर्थात् तेज-हीन, प्रभा-शून्य, अथवा भयंकरता-रहित। द्युति का अर्थ नाटकों में भयंकर चेष्टा भी होता है। इस अर्थ में 'हरित' शब्द हृत का अपभ्रंश है।

अवतरण—अपनी सतसई की निर्विघ्न समाप्ति की कामना से कवि, इस मंगलाचरण-रूप दोहे में, श्रीराधिकाजी से सांसारिक बाधा दूर करने की प्रार्थना करता है। सतसई में यद्यपि और रसों के भी दोहे हैं, तथापि प्रधानता शृंगार ही रस की है। इसके अतिरिक्त शृंगार रस में सब रसों की स्थायियाँ संचारी होकर संचरित होती हैं, जिसके कारण वह रसराज कहलाता है। अतः सतसई में शृंगार रस के मुख्य प्रवर्तक श्रीराधाकृष्ण ही का मंगलाचरण रहना समीचीन है। श्रीराधा तथा श्रीकृष्ण में भी, शृंगार रस में प्रधानता श्रीराधिकाजी ही की है और कवि जिस सम्प्रदाय का अनुयायी था, उसमें भी श्रीराधिकाजी ही प्रधान मानी जाती हैं। अतः उसने श्रीराधिकाजी ही से अपनी 'भव-बाधा' हरने की प्रार्थना की है—

अर्थ—जिसके तन की झाँईं पड़ने से श्याम हरित-द्युति हो जाता है, "राधा नागरि सोइ" (हे वही राधा नागरी, अथवा वही राधा नागरी) मेरी भव-बाधा हरो (तुम हरो, अथवा हरें)॥

इस दोहे में 'राधा नागरि' पद संबोधन भी माना जाता है और प्रथम पुरुषवाची भी; क्योंकि 'हरौ' क्रिया का अन्वय, प्रार्थनात्मक वाक्य में, मध्यम पुरुष से भी हो सकता है और प्रथम पुरुष से भी। फिर मंगलाचरण में, आराध्य देवता से, मध्यम पुरुष तथा प्रथम पुरुष, दोनों ही रूपों में प्रार्थना करने की प्रणाली प्रशस्त है॥

यह दोहा बिहारी की प्रतिभा का अत्युत्कृष्ट उदाहरण है। इसमें कवि ने 'झाँईं', 'स्यामु' तथा 'हरित-दुति' शब्दों के तीन-तीन अर्थ रखकर एक ही वाक्य से तीन भाव निकाले हैं, जो तीनों ही उसके इष्टार्थ के साधक हैं॥

पहला अर्थ तो इस दोहे का यह हुआ—

हे वही राधा नागरी, जिसके तन की परछाँहीं अर्थात् आभा पड़ने से श्याम वर्ण वाले श्रीकृष्णचंद्र हरे रंग की द्युति वाले हो जाते हैं, मेरी भव-बाधा हरो॥

इस अर्थ से कवि श्रीराधिकाजी के शरीर की गुराई की प्रशंसा करता है कि वह ऐसे सुनहरे रंग की हैं कि उसकी आभा पड़ने से श्रीकृष्णचंद का श्याम रंग हरा हो जाता है। पीले तथा नीले रंगों के मेल से हरे रंग का बनना लोक-प्रसिद्ध ही है। इसी भाव को कवि ने अपने "नित प्रति एकत ही इत्यादि" दोहे में भी कहा है, और माघ का एक श्लोक भी गौर तथा श्याम छवियों के, पारस्परिक आभा से, हरी हो जाने के वर्णन में है, जो कि "नित प्रति एकत ही इत्यादि" दोहे की टीका में उद्धृत किया गया है। इस भाँति उनके रूप की प्रशंसा करके कवि उनसे अपनी भव-बाधा दूर करने की विनती करता है।

अब दूसरा अर्थ नीचे लिखा जाता है—

हे वही राधा नागरी, जिसके तन की झाँकी अर्थात् झलक [आँखों में] पड़ने से (दिखाई देने से) श्रीकृष्णचन्द्र हरे-भरे अर्थात् प्रसन्न-वदन हो जाते हैं, मेरी भव-बाधा हरो॥

इस अर्थ से कवि, श्रीराधिकाजी के श्रीकृष्णचन्द्र की अत्यन्त प्रेमपात्री होने की प्रशंसा करता हुआ उनसे अपनी भव-बाधा निवारण करने की प्रार्थना करता है॥

ऊपर कहे हुए दोनों अर्थों से कवि, श्रीराधिकाजी के रूप तथा प्रियतम-प्रियता की प्रशंसा करता हुआ, निम्नलिखित तीसरे अर्थ से उनमें भव-बाधा हरने का सामर्थ्य सिद्ध करके, उनको अपनी भव-बाधा हरने पर उद्यत करता है। इस सामर्थ्य के सिद्ध करने से कवि का यह तात्पर्य है कि, अपने सामर्थ्य का स्मरण करके, वह शीघ्र ही उसकी भव-बाधा हरने के लिये उत्साहित हो जायें॥

वह तीसरा अर्थ यह है—

हे वही राधा नागरी, जिसके तन (रूप) का ध्यान पड़ने से (भक्त के हृदय में आने से) काले रंग वाला [पदार्थ अर्थात् कल्मष, पातक इत्यादि] हृतद्युति (गतद्युति अर्थात् अपनी कल्मषता से रहित) हो जाता है (अर्थात् अपना दुःखद प्रभाव छोड़ देता है), मेरी भव-बाधा (सांसारिक दुःख, दारिद्र, चिंता इत्यादि, जिनका रंग कवि-परिपाटी में काला माना जाता है) हरो॥

ऊपर के तीनों अर्थों में 'राधा नागरि' पद संबोधन माना गया है। उसे प्रथम पुरुष-वाची मानकर भी इस दोहे के यही तीनों अर्थ हो सकते हैं॥

हमारी पाँचों प्राचीन पुस्तकों में से चार में "मेरी भव-बाधा" यही पाठ है, और तीसरे अंक की पुस्तक आदि में खंडित है। कृष्ण कवि की टीका के अनुसार भी यही पाठ ठीक ठहरता है। कृष्ण कवि ने, अपनी टीका में, प्रत्येक दोहे की जाति का नाम तथा उसके गुरु और लघु अक्षरों की संख्या लिख दी है। इस दोहे में उन्होंने 'करभ' लिखा है, जिसमें ३२ अक्षर अर्थात् १६ गुरु और १६ लघु होते हैं। यह संख्या 'भव-बाधा' ही पाठ मानने से चरितार्थ होती है, अथवा 'भौ-बाधा हरहु' पाठ रखने से। पर 'हरहु' पाठ किसी पुस्तक में नहीं मिलता। एक पुरानी लिखी हुई पुस्तक, जिसमें दोहों का क्रम पुरुषोत्तमदासजी के बाँधे हुए क्रम के अनुसार है, हमको वृन्दावन में मिली है। उसमें 'भौ-बाधा' पाठ तो है, 'हरहु' पाठ उसमें भी नहीं है। अतः यदि 'भौ-बाधा' पाठ शुद्ध माना जाय, तो यह दोहा करभ जाति का नहीं रहता, जैसा कि कृष्ण कवि ने इसको लिखा है। कृष्ण कवि ने अपनी टीका संवत् १७८२ में समाप्त की थी। अतः यह बात स्पष्ट है कि उस समय, जब कि बिहारी को मरे बहुत दिन नहीं बीते थे, भव-बाधा ही पाठ प्रसिद्ध था, पर विचारने की बात यह है कि मंगलाचरण के दोहे के आदि में बिहारी ने मेरी 'भव-बाधा' कैसे रखा होगा; क्योंकि इस पाठ के आदि में त-गण पड़ता है, जो कि अशुभ माना जाता है। इसी को यदि वह 'मेरी भौ-बाधा' कर देते, तो आदि में शुभ गण म-गण पड़ जाता और छन्द में भी कोई त्रुटि न पड़ती। यह कहना तो असंगत ही होगा कि बिहारी गण विचार नहीं जानते थे; क्योंकि यह तो ऐसी सामान्य बात है कि इसको थोड़ा पढ़े हुए लोग भी जानते हैं। इसके अतिरिक्त 'भव-बाधा' को 'भौ-बाधा' कर देने में कोई कठिनाई भी न थी। फिर बिहारी ने, मंगलाचरण के दोहे के आदि में 'भव-बाधा' क्यों लिखा? इसके दो कारण हो सकते हैं—पहला तो यह कि बिहारी के दोहे बहुधा, उनके मुख से सुनकर, राजसभा के लेखक अथवा बिहारी के शिष्य लिख लिया करते थे, अतः संभव है कि यह पाठ लिखने वालों के प्रमाद से प्रचलित हो गया हो; दूसरा यह कि बिहारी ने इस दोहे को मंगलाचरण में रखने के अभिप्राय से न बनाया हो, पर सतसई संकलित करते

समय, इसको इस योग्य देखकर, मंगलाचरण में रख दिया हो, और इसके आदि के गण पर ध्यान न दिया हो। जो हो, हमारी समझ में 'मेरी भौ-बाधा हरौ' पाठ होता, तो अच्छा होता। पर प्राचीन पुस्तकों में 'मेरी भव-बाधा हरौ' ही पाठ होने के कारण यही पाठ इस संस्करण में रखा गया है॥

अपने अँग के जानि कै[1] जोबन-नृपति प्रबीन।
स्तन, मन, नैन, नितंब की बड़ौ इजाफा कीन॥ २॥

शब्दार्थ—अपने अँग के (अपने अंग के)—राजा के प्रधान, अमात्य, सेनापति तथा सेना इत्यादि राजा के अंग अर्थात् सहायक कहलाते हैं। अत: अंग का अर्थ यहाँ सहायक अथवा पक्षी होता है। 'अपने अँग के' का अर्थ अपने पक्षियों के दल में हुआ॥ **इजाफा (इज़ाफ़ा)**—अरबी भाषा में इज़ाफ़ा बढ़ती अर्थात् वृद्धि को कहते हैं। जब कोई बादशाह, अपने किसी सरदार अथवा कर्मचारी को अपना शुभचिन्तक समझकर अथवा उसके किसी अच्छे काम से प्रसन्न होकर, उसकी जागीर अथवा वेतनादि में वृद्धि कर देता है, तो यह वृद्धि इज़ाफ़ा कहलाती है॥

अवतरण—नायक नवयौवना मुग्धा के शरीर तथा उत्साह में वृद्धि देख, रीझकर, उसकी प्रशंसा करता हुआ, अपने मन में कहता है—

अर्थ— यौवन-रूपी प्रवीन (दान, दंड इत्यादि उपायों में निपुण) नृपति (राजा) ने [उनको] अपने अँग का (दल का, पक्ष का) समझकर, स्तनों (कुचों), मन, नयनों [और] नितंबों का बड़ा इज़ाफ़ा कर दिया है॥

टीकाकारों ने प्राय: ऐसे दोहों को सखी का वचन सखी से, नायक से, अथवा स्वयं नायिका से माना है, पर हमारी समझ में ऐसे दोहों को, सखी का वचन मानने की अपेक्षा, नायक का वचन मानने में विशेष रस है; क्योंकि किसी गुण-ग्राहक की प्रशंसा से किसी वस्तु के गुणों की जैसी वास्तविकता प्रकट होती है, वैसी किसी अभिप्राय से प्रशंसा करने वाले की प्रशंसा से नहीं हो सकती। इसलिए ऐसे दोहों में हमने प्राय: नायक का स्वगत वचन माना है।

अर तैं टरत न बर-परे, दई मरक मनु मैन।
होड़ाहोड़ी[2] बढ़ि चले चितु, चतुराई, नैन॥ ३॥

शब्दार्थ—अर (अँड़) = किसी बात के निमित्त हठ-पूर्वक डट जाना। यहाँ 'अर' का अर्थ अपने गौरव के निमित्त हठ करना है॥ बर-परे—'बर' का अर्थ बल है। यहाँ इसका अर्थ उत्साह, उमंग है। अत: 'बर-परे' का अर्थ उमंग से भरे हुए होता है॥ **मरक** = बढ़ावा, चाँटी॥ **होड़ाहोड़ी**—होड़ बराबरी करने की स्पृहा—लागडाट—को कहते हैं। 'होड़ाहोड़ी' का अर्थ परस्पर की लागडाट होता है।

अवतरण—नवयौवना नायिका की शोभा से रीझकर नायक, उसकी प्रशंसा करता हुआ, अपने मन में कहता है—

अर्थ— [अहा! इस स्त्री के शरीर में यौवनागमन के कारण] उमंग से भरे हुए चित्त, चतुराई और नयन [अपने-अपने] हठ से नहीं हटते, [और] होड़ा-

---

१. कैं (२)।
२. होड़ीहोड़ा (२, ४)।

होड़ी (परस्पर लागडाट करके) बढ़ चले हैं, मानो मदन ने [इन्हें] बढ़ावा दे रखा है।

औरै-ओप कनीनिकनु गनी घनी-सिरताज।
मनीं[१] धनी के नेह की बनीं छनीं पट लाज॥ ४॥

शब्दार्थ—औरै-ओप = कुछ और ही ओप वाली। यह समस्त पद 'कनीनिकनु' का विशेषण है॥ **कनीनिकनु**—कनीनिका आँख की पुतली को कहते हैं। 'कनीनिकनु' कनीनिका शब्द के संबंधकारक का बहुवचनांत रूप होता है। इसके पश्चात् की तृतीया की विभक्ति का लोप है, अत: इसका अर्थ कनीनिकाओं से, अर्थात् कनीनिकाओं के कारण, हुआ॥ **गनी** = गिनी गई है, मानी गई है॥ घनी-सिरताज-घनी का अर्थ अनेक होता है। यहाँ इसका अर्थ अनेक सपत्नी है। 'सिरताज' फारसी समस्त शब्द 'सरताज' का रूपान्तर है। इसका अर्थ शिरोमणि अर्थात श्रेष्ठतम होता है। इसलिए 'घनी-सिरताज' का अर्थ अनेक सपत्नियों में शिरोमणि अर्थात् श्रेष्ठतम पत्नी हुआ॥ **मनीं (मणि)** = हीरा, नीलम इत्यादि, अथवा सर्प इत्यादि से निकली हुई मणियाँ। मणियों में अनेक प्रकार के प्रभाव माने जाते हैं। किसी मणि के पहनने से लक्ष्मी की प्राप्ति, किसी से अन्य मनुष्यों का सम्मोहन इत्यादि माना जाता है॥ **धनी** = प्रभु, स्वामी अर्थात पति॥ मनीं धनी के नेह की—इसका अर्थ पति के स्नेह को आकर्षित करने वाली मणियाँ होती हैं॥ **छनीं** = आच्छादित, छिपी हुई। मणि, मंत्र इत्यादि का प्रभाव छिपे रहने पर विशेष होता है और खुल जाने पर जाता रहता है। इसी प्रकार लज्जा से आच्छादित नेत्रों में भी आकर्षण-शक्ति विशेष होती है। इसीलिए कवि ने कनीनिकाओं को मणि बनाकर लज्जा रूपी पट से ढाँप रखा है।

अवतरण—नवयौवना मुग्धा की आँखों की पुतलियों में यौवनागमन के कारण विलक्षण प्रभा तथा लज्जा का संचार हो गया है। उनकी प्रशंसा सखी उसके हृदय में उत्साह बढ़ाने के निमित्त करती है—

अर्थ—[अब तू अपनी] और ही ओप (प्रभा) वाली कनीनिकाओं के कारण अनेक [सपत्नियों] में शिरोमणि गिनी गई है, [क्योंकि ये तेरी कनीनिकाएँ] लज्जा-रूपी पट में छिपी हुई (लिपटी हुई) पति के स्नेह की (पति के स्नेह को तेरी ओर आकर्षित करने वाली) मणियाँ बन गई हैं॥

सनि-कज्जल[२] चख-झख-लगन उपज्यौ सुदिन सनेहु।
क्यौं न नृपति ह्वै भोगवै लहि सुदेसु सबु देहु॥ ५॥

शब्दार्थ—सनि (शनि) = शनैश्चर नामक ग्रह। इस ग्रह का रंग काला माना जाता है और वस्तुत: भी इस तारे का रंग देखने में श्याम प्रतीत होता है। **सनि-कज्जल** = जिसमें कज्जल शनि है ऐसी। यह समस्त पद 'चख-झख लगन' का विशेषण है। इसमें बहुव्रीहि समास है। **चख (चक्षु)** = आँख। **झख (झष)** = मछली॥ **लगन (लग्न)**—इस शब्द का धा वर्थ लगा रहना, मिला रहना है। ज्योतिष की परिभाषा में क्रांतिवृत्त के क्षितिज में लगे रहने को लग्न कहते हैं। भारतीय ज्योतिषाचार्यों के अनुसार सूर्य पृथ्वी की परिक्रमा करता है।

---

१. मनी (१, ४, ५)।
२. कज्जलु (१)।

उस परिक्रमा-पथ को क्रांतिवृत्त कहते हैं, जो स्वयं भी प्रवह वायु द्वारा चलायमान होकर, पृथ्वी के चारों ओर घूमा करता है। यह क्रांतिवृत्त बारह सम भागों में विभक्त माना गया है। एक-एक भाग एक-एक राशि के नाम से ख्यात है। उन बारह राशियों के नाम ये हैं—मेष, वृष, मिथुन, कर्क, सिंह, कन्या, तुला, वृश्चिक, धनु, मकर, कुम्भ और मीन। जो राशि जितने काल तक पूर्व क्षितिज से सम्मिलित रहती है, उतने काल तक उस राशि की लग्न मानी जाती है। जैसे यदि सूर्योदय के समय क्रांतिवृत्त की मीन राशि क्षितिज से सम्मिलित हो, तो उस समय मीन लग्न मानी जायेगी और जब तक क्रांतिवृत्त के भ्रमण के कारण, वह राशि घूमकर क्षितिज रेखा का उल्लंघन न कर जायेगी और मेष लग्न रेखा पर न पहुँच जायेगी, तब तक मीन लग्न का मान रहेगा। उसके पश्चात् मेष लग्न का मान आरम्भ होगा। जन्मकुण्डली के सम्बन्ध में लग्न उस लग्न को कहते हैं, जो किसी के जन्म के समय होती है। जैसे यदि किसी के जन्म समय मीन लग्न हो तो मीन लग्न कहने से उसके जन्म-काल की लग्न समझी जायेगी। यदि उस मनुष्य के जन्म के समय मीन लग्न हो और शनि ग्रह भी उस समय मीन राशि ही में हो, तो उस मनुष्य की लग्न में मीन राशि के शनि का होना कहा जायेगा। ऐसा मनुष्य ज्योतिष शास्त्र के अनुसार राजा होता है, यथा—

तुलाकोदण्डमीनस्थो लग्न स्थोऽपि शनैश्चरः।
करोति भूपतेर्जन्म वंशे च नृपतिर्भवेत्॥

(जातक संग्रह, राजयोग-प्रकरण, श्लोक १३)

शब्दार्थ—'लगन' शब्द इस दोहे में श्लिष्ट है। इसका एक अर्थ तो वही है, जो ऊपर लिखा गया है और दूसरा लगन अथवा मिलना है॥ **सुदिन** = अच्छा दिन अर्थात् ऐसा समय, जो कि ग्रहों की स्थिति के कारण राजयोग के अनुकूल हो। यद्यपि शनि का मीन लग्न में होना मनुष्य को राजा बनाता है, तथापि केवल एक यही योग इस कार्य के लिये पर्याप्त नहीं है। और भी ग्रहों का यथेष्ट स्थानों में होना आवश्यक है अर्थात् और प्रकार से भी वह समय सानुकूल होना चाहिए। यही सानुकूलता बिहारी ने 'सुदिन' कहकर व्यंजित की है। नेत्रों से देखने के विषय में सुदिनता का यह भाव है कि नायिका के नायक को कज्जल-कलित नेत्रों से देखने के समय ऐसा सुअवसर था कि वह आँखें भरकर उसकी ओर देख सकी॥ **सनेहु (स्नेह)** = स्नेह रूपी बालक। इस दोहे में, 'उपज्यौ', 'लगन' इत्यादि शब्दों के पड़ने के कारण, अर्थ बल से बालक शब्द का ग्रहण हो जाता है। **भोगवै** = भोगे, भोग करे॥ **सुदेसु** = सुन्दर देश। देश का सौष्ठव उसका धनधान्य तथा सानुकूल प्रजा से संपन्न होना इत्यादि है और देह का सौष्ठव सुन्दर, युवा तथा स्निग्ध होना है॥

अवतरण—किसी सुअवसर पर नायिका के कज्जल कलित नेत्रों से देखने से नायक के हृदय में स्नेह उत्पन्न हुआ, जिसने उसके सर्वांग पर अधिकार जमा लिया। उसकी इसी दशा का वर्णन सखी, बड़ी चातुरी से नायिका प्रति करके, उसको नायक से मिलाना चाहती है—

अर्थ—जिसमें कज्जल-रूपी शनि [स्थित] है, ऐसी चख-रूपी मीन लग्न में (१. पृथ्वी तथा सूर्य की विशेष स्थिति के समय; २. आँखों के आँखों से मिलने के समय) शुभ दिन [नायक के हृदय में] उत्पन्न स्नेह-रूपी बालक सब देह-रूपी सुदेश (देह-रूपी सुदेश का सार्वभौमिक राज्य) पाकर राजा बनकर क्यों न [उस पर] भोग करे (पूर्ण अधिकार जमावे)॥

इस दोहे में सखी नायक के स्नेह की व्यवस्था का वर्णन करती हुई, वाक्य चातुरी द्वारा, 'सुदेश' शब्द के प्रयोग से उसका सुंदर, युवा इत्यादि होना तथा 'सब' शब्द के प्रयोग से उसके सर्वांग पर स्नेह का आधिपत्य हो जाना व्यंजित करके, नायिका के हृदय में रुचि उपजाना चाहती है॥

सालति है नटसाल सी, क्यौं हूँ निकसति नाँहि।
मनमथ-नेजा-नोक सी खुभी खुभी जिय[1] माँहि॥ ६॥

शब्दार्थ—सालति है = चुभकर पीड़ा देती है॥ **नटसाल (नष्ट शल्य)** = बर्छी, बाण इत्यादि की अथवा काँटे की नोक, जो टूटकर घाव के भीतर रह जाती है॥ **मनमथ-नेजा-नोक** = कामदेव के भाले की नोक। कई एक टीकाकारों ने, यह कहकर कि कामदेव के आयुध बाण प्रसिद्ध हैं अत: 'मनमथ नेजा' का अर्थ कामदेव का भाला करने में प्रसिद्धि-विरुद्ध दूषण पड़ता है, ''मनमथ'' का अर्थ मन को मथने वाला अर्थात् पीड़ा देने वाला किया है, पर शृंगार रस के दोहे में 'मनमथ-नेजा-नोक' का अर्थ कामदेव के भाले की नोक ही करना विशेष सरस है। यद्यपि कामदेव के मुख्य आयुध तो अवश्य बाण ही माने जाते हैं, पर उनके और आयुधों—खड्ग-कुन्तादि—का भी वर्णन कवि करते हैं। अत: उसके भाले का वर्णन दूषित नहीं समझा जा सकता॥ **खुभी** = कान में पहनने का एक भूषण, जो भाले के फल के आकार का होता है॥ **खुभी** = चुभी हुई, धँसी हुई॥

अवतरण—खुभी पर रीझे हुए नायक का, नायिका की किसी सखी अथवा दूती से, मिलनोत्कंठा-व्यंजक वचन—

अर्थ—[उसकी] कामदेव के भाले की नोक सी खुभी [मेरे] जी में धँसी हुई नटसाल सी सालती (खटकती) है, [और] किसी प्रकार निकलती नहीं॥

जुवति जोन्ह मैं मिलि गई, नैंक न होति लखाइ।
सौंधे कैं डोरैं लगी अली[2] चली सँग जाइ॥ ७॥

शब्दार्थ—जोन्ह (ज्योत्स्ना) = चाँदनी॥ **लखाइ** = लक्षित॥ **सौंधे** = सुगंध॥ **डोरैं** = डोर में। जिस प्रकार दीपक की किरणें तार की भाँति चारों ओर फैलती हैं, उसी प्रकार सुगन्धित वस्तु की सुगंध के तार वायु के बहाव की ओर प्रसरित होते हैं। इन्हीं तारों को डोर कहते हैं॥ **अली** = सखी। यदि यह शब्द यहाँ श्लिष्ट माना जाय, तो चमत्कार बढ़ जाता है। एक अर्थ सखी और दूसरा अर्थ भ्रमर करने से इसका अर्थ भ्रमर सी सखी हो जाता है॥

अवतरण—शुक्लाभिसारिका नायिका की अंतरंगिनी सखियाँ उसके शरीर की गुराई तथा सुगंध का वर्णन करती हैं—

अर्थ—[देखो, यह] युवती [अपनी गौर द्युति के कारण] चाँदनी में [कैसी] मिल गई है [कि] किंचित्मात्र भी लक्षित नहीं होती। [अत: उसको दृष्टि द्वारा लक्षित करके उसके संग चलना असंभव है, पर] अली (भ्रमर सी सखी) [उसके शरीर की] सुगंध के डोर से लगी हुई (डोर के सहारे पर) [उसके] संग चली जा रही है॥

---

१. मन (२), हिय (४)।
२. चली अली (१)।

हौं रीझी, लखि रीझिहौ छबिहिं छबीले लाल।
सोनजुही सी ह्वोति दुति-मिलत[1] मालती माल॥ ८॥

शब्दार्थ—दुति-मिलत = द्युति अर्थात् आभा से मिलते ही। यह पद समस्त है॥

अवतरण—नायिका की सखी अथवा दूती नायिका के शरीर की सुनहरी आभा की प्रशंसा करके नायक के हृदय में उसके देखने की उत्कण्ठा उत्पन्न किया चाहती है—

अर्थ—मैं [तो उस पर] रीझ गई, [और तुम भी,] हे [अपने को] छबीले [समझने वाले] लाल, [उसकी] छवि देखकर रीझ जाओगे। [उसकी गुराई ऐसे पीत वर्ण की है कि उसकी] आभा से मिलते ही [उसकी] माला में [लगी हुई] मालती सोनजुही सी [सुनहरी] हो जाती है॥

बहके[2], सब जिय[3] की कहत, ठौरु कुठौरु लखैं न।
छिन[4] औरै, छिन और से, ए छबि छाके नैन॥ ९॥

शब्दार्थ—बहके = अपने वश से बाहर हुए। **छबि-छाके** = छवि रूपी मदिरा से छके हुए। छकना पीने को कहते हैं। पंजाब में अभी तक लोग 'जल छक लो' को जल पी लो के अर्थ में बोलते हैं। जैसे पियक्कड़ का अर्थ बहुत मदिरा पीने वाला होता है, वैसे ही 'छाके' का अर्थ मदिरा पीकर मतवाले होना है। अत: 'छबि छाके' का अर्थ छवि रूपी मदिरा पीकर मतवाले हुआ॥

अवतरण—सखी नायिका से कहती है कि तुझे अपना अनुराग छिपाए रखना चाहिए; इस तरह प्रेमोन्मत्त देखकर लोग तुझे क्या कहेंगे। उसकी यह शिक्षा सुनकर पूर्वानुरागिनी नायिका उससे कहती है—

अर्थ—[मैं क्या करूँ,] ये छवि-रूपी मदिरा पीकर मतवाले, बहके, [और इसी कारण] क्षण-क्षण पर और ही और प्रकार के होने वाले नयन जी की सब [छिपी हुई बातें] कह देते हैं (प्रकाशित कर देते हैं), [और], ठौर कुठौर (अवसर अनवसर) नहीं देखते (समझते)॥

यह बात प्रसिद्ध ही है कि मदिरा पान करने पर मनुष्य अपने जी की सब बातें कह देता है। इसलिए चोर से उसकी चोरी कहला लेने के लिये उसको प्राय: मदिरा पिला दी जाती है॥

फिरि फिरि चितु उत हीं रहतु, टुटी[5] लाज की लाव।
अंग - अंग - छबि - झौंर मैं भयौ भौंर की नाव॥ १०॥

शब्दार्थ—लाव = रस्सी, नाव बाँधने की लहासी॥ **लाज की लाव**—लज्जा-कृत लाव, लज्जा से बनी हुई लाव अर्थात् लज्जा रूपी लाव॥ **छबि** = छवि-रूपी नद। यहाँ आरोप्यमान नद का अर्थोपक्षेपण है॥ **झौंर** = यह शब्द झूमर का रूपांतर है। किसी वस्तु के झूमते हुए गोलाकृति समूह को झूमर अथवा झौंर कहते हैं। हेमचन्द्र की देशी नाममाला में

---

१. मिलित (५)।
२. बहकैं (२)।
३. जी (४)।
४. छिनु (१, ५)।
५. तुटी (२, ५)।

यही शब्द 'झाँ डलिया' के रूप में मिलता है। उसका अर्थ रास के सदृश एक नाच है, जिसमें अनेक व्यक्ति मंडल बाँधकर नाचते हैं॥

अवतरण—पूर्वानुरागिनी नायिका अंतरंगिनी सखी से अपनी स्नेह दशा कहती है—

अर्थ—[नायक के] अंग-अंग की छवि के झूमर में [फँसकर मेरा] चित्त, भँवर की (भँवर में पड़ी हुई) नाव बना हुआ, फिर फिर कर (घूम फिर कर), उसी ओर (नायक ही की ओर) रहता है, [और किसी ओर नहीं जाता, क्योंकि उसको नायक की ओर से खींचने वाली] लज्जा-रूपी रस्सी टूट गई है।

नीकी[1] दई अनाकनी, फीकी परी गुहारि।

तज्यौ मनौ तारन-बिरदु बारक बारनु तारि॥ ११॥

शब्दार्थ—**अनाकनी** = अनसुनी। **आनाकानी देना** = बात को सुनकर भी न सुनना। **फीकी** = प्रभाव-रहित॥ **गुहारि** = पुकार॥ **बिरदु** = प्रशंसा, प्रशस्ति। **तारन-बिरदु** = तारने वाले होने की विख्याति॥ **बारक** = एक बार ही, सर्वथा॥ **बारनु** = हाथी।

अवतरण—भक्त का उलाहना भगवान् से—

अर्थ—[हे नाथ! आप ने तो] अच्छी आनाकानी दी, [हमारी] पुकार फीकी पड़ गई; मानो हाथी को तार कर [आपने] एक बार ही [अपना] तारन-विरद (तारने वाले कहलाना) छोड़ दिया॥

चितई ललचौहैं चखनु डटि[2] घूँघट-पट माँह।

छल सौं चली छुवाइ कै छिनकु छबीली छाँह॥ १२॥

शब्दार्थ—**चितई**—इस शब्द का प्रयोग बिहारी ने सब ठौर अकर्मक ही किया है। १४४, ३१९, ४९३ तथा ६२३ अंकों के दोहों में इस शब्द का प्रयोग हुआ है और सब में अकर्मक ही प्रयोग है॥

अवतरण—नायक को देखकर नायिका ने जो अनुरागोत्पादक तथा अनुराग व्यंजक चेष्टाएँ की हैं, उन पर रीझकर नायक स्वगत, अथवा उसकी सखी से, कहता है—

अर्थ—घूँघट के पट में से [पहले तो उसने] डटकर (स्थिरता-पूर्वक, आँखों से आँखें भली-भाँति मिलाकर) [मुझे] ललचाते हुए चक्षुओं से देखा, [और फिर किसी] व्याज से [वह] छबीली [मुझको अपनी] छाया क्षण मात्र छुआ कर (छुआती हुई) चली॥

'छबीली' शब्द को 'छाँह' का विशेषण भी मान सकते हैं॥

छाया पृथ्वी पर पड़ती है। 'छुवाइ' शब्द से छाया के अंतिम भाग मात्र का स्पर्श और उससे नायिका का अपने सिर की छाया से नायक के पावों का स्पर्श करना, अर्थात् नायक को प्रणाम करने का भाव, व्यंजित होता है। छाया छुआने से यह भी सूचित होता है कि नायक उसको ऐसा प्रिय लगा कि यद्यपि वह उसको अपना शरीर लज्जावश न छुआ सकी, तथापि छाया ही को उसके शरीर से छुआकर उसने स्पर्शाभास का सुख प्राप्त किया॥

---

१. नीकं (२)।

२. दुरि (४)।

जोग-जुगति सिखए सबै मनौ महामुनि मैन।
चाहत पिय-अद्वैतता काननु सेवत[१] नैन॥ १३॥

शब्दार्थ—जोग-जुगति (योग-युक्ति)—योग शब्द यहाँ श्लिष्ट है। इसके दो अर्थ हैं—(१) नायक का मिलाप; (२) चित्त वृत्तियों के निरोध द्वारा जीवात्मा का परमात्मा में लीन करना। **जुगति** उपाय। जोग जुगति (१) प्रियतम संयोग की प्राप्ति के उपाय; (२) योग क्रिया करने के विधान॥ **पिय** इस शब्द के भी दो भावार्थ हैं—(१) प्रियतम, नायक; (२) परमप्रेमास्पद परमात्मा॥ **अद्वैतता** अभिन्नता। नायक पक्ष में इसका अर्थ अपने सामने से अलग न होने देना है और ब्रह्म पक्ष में ब्रह्म तथा जीव का ऐक्य भाव। **काननु** इस शब्द के भी यहाँ दो अर्थ हैं—(१) कानों को। इस अर्थ में यह शब्द कान शब्द के संबंधकारक का बहुवचन रूप है, जो कि कर्मकारक वत् प्रयुक्त हुआ है; (२) वन। इस अर्थ में यह शब्द कानन शब्द के कर्मकारक का एकवचन रूप है॥ **नैन** (नयन)—यह शब्द भी यहाँ श्लिष्ट है। इसका पहला अर्थ नेत्र है और दूसरा उचित आचार तथा संयम रखने वाले अर्थात् योगी। इन दोनों अर्थों के संयोग से 'नैन' शब्द में श्लिष्टपद मूलक रूपक हुआ॥

अवतरण—नवयौवना मुग्धा के नेत्रों के सौंदर्य तथा बढ़ाव को देखकर सखियाँ, उनकी प्रशंसा करती हुई, उससे परिहासात्मक तथा उत्साहवर्द्धक वाक्य कहती हैं—

अर्थ—[अब तेरे] नयन-रूपी योगी 'काननु' (श्रवण-रूपी वन) का सेवन करने लगे हैं, मानों मदन-रूपी महायोगी के द्वारा योग (१. संयोग। २. योग-क्रियाओं) की सब युक्तियाँ सिखाए हुए [ये] प्रिय-अद्वैतता (१. प्रियतम से अलग न होना; २. परमात्मा से एकता) चाहते हैं [एवं इनकी शोभा पर रीझकर नायक सदैव तेरे सामने उपस्थित रहेगा]॥

यह सखियों का परिहास उसी प्रकार का है, जैसा सम-वयस्क युवतियाँ आपस में किया करती हैं कि अब तो मेरे मन में और ही चाव बढ़ने लगे हैं, और तेरा प्रियतम तुझ पर मोहित हो रहा है॥

खरी पातरी कान की, कौन[२] बहाऊ बानि।
आक-कली न रली करै अली, अली, जिय जानि॥ १४॥

शब्दार्थ—खरी बहुत, बड़ी, अत्यन्त॥ **पातरी** = पतली, सुकुमार अर्थात् जिस पर किसी बात का प्रभाव शीघ्र पड़े। **'पातरी कान की'** - कान की पतली अर्थात् किसी बात को सुनकर, बिना विचारे, उस पर शीघ्र विश्वास कर लेने वाली। इस विशेषण से नायिका और अप्रौढ़ता व्यंजित होती है॥ **बहाऊ** बहा देने के योग्य अथवा बहा देने वाली, अर्थात् नष्ट करने वाली॥ **आक (अर्क)** - मदार॥ **रली** आनंद, विहार, सुख॥

अवतरण—मध्या नायिका ने, नायक को अन्य स्त्री-रत सुनकर, मान किया है। सखी उसको समझाती है—

अर्थ—[तू] कान की बड़ी पतली है। [यह तेरी] कौन (किस अर्थ की अर्थात् बहुत निकम्मी) बहाऊ (बहा देने के योग्य अथवा तुझको नष्ट करने

---

१. सेवति कानन (४), सेवत कानन (५)।
२. कौनु (१), कौनि (२)।

वाली) बान (प्रकृति) है [कि तू बिना विचार किये सबकी बातों पर विश्वास कर लेती है]। हे अली (सखी) [तू अपने] जी में यह बात जान ले (निश्चित कर ले) [कि] अली (भ्रमर) मदार की कली सैं रली (विहार) नहीं करता॥

पिय-बिछुरन कौ दुसहु दुखु, हरषु जात प्यौसार।
दुरजोधन[1] लौं देखियति[2] तजत[3] प्रान इहि[4] बार॥ १५॥

शब्दार्थ—प्यौसार (पितृशाला) = बाप के घर, नैहर। दुरजोधन (दुर्योधन) कौरवपति धृतराष्ट्र का पुत्र। उसको शाप था कि जब उसको हर्ष तथा शोक, दोनों एक साथ ही व्यापेंगे, तब उसकी मृत्यु होगी। एक ऐसे ही अवसर पर उसके प्राण छूटे थे॥ **देखियति** = देखी जाती है॥ **इहि बार** = इस बार अर्थात् अब की बार नैहर जाते समय॥

अवतरण—पहले तो नायिका मुग्धा थी, अतः उसे नैहर जाते समय नायक-वियोग का दुःख नहीं होता था, पर अब वह मध्यावस्था को प्राप्त हो रही है, अतएव इस बार उसको नैहर जाने के हर्ष के साथ ही नायक के विछोह का दुःख भी व्याप्त हो रहा है। अर्थात् उसको हर्ष तथा दुःख एक साथ ही हुए हैं, जिससे उसके प्राण बड़े संकट में पड़े हुए हैं। उसकी इसी दशा का वर्णन सखी सखी से करती है—

अर्थ—नैहर जाते [समय एक तो इसको नैहर वालों की दर्शन-संभावना का] हर्ष है, [और दूसरे] प्रियतम से बिछुड़ने का दुःसह दुःख है। [अतः] इस बार [की जवाई में यह] दुर्योधन की भाँति प्राण तजते समय की दशा में देखी जाती है॥

झीनैं पट मैं झुलमुली[5] झलकति[6] ओप अपार।
सुरतरु की मनु[7] सिंधु मैं लसति[8] सपल्लव डार॥ १६॥

शब्दार्थ—झुलमुली = इस शब्द का अर्थ, कृष्ण कवि को छोड़कर, सभी टीकाकारों ने कर्ण भूषण विशेष, जिसको झाला अथवा पीपलपत्ता कहते हैं, लिखा है और इसी अर्थ के अनुसार दोहे का भी अर्थ किया है। कृष्ण कवि ने इसका अर्थ और कोई भूषण-कदाचित् उरबसी-माना है। ईसवी खाँ ने इसका अर्थ उरबसी किया है और यह भी लिखा है कि "जो नायिका को कहैं झीने पट में ऐसी झलमलै है, तो भी हो सकै है।" हमारी समझ में 'झुलमुली' का अर्थ झुलमुलाती हुई, अर्थात् झीने पट मे ढँप रहने के कारण कभी झलकती और कभी छिप जाती हुई करके इसको 'ओप' शब्द का विशेषण मानना चाहिए। १८८ तथा ५३८ अंकों के दोहा में जो 'झलमलै' शब्द क्रिया रूप में पड़ा है, उसी शब्द से यह 'झुलमुली'

१. दुर्ज्जोधन (२), दुर्जोधन (५)।
२. देखियत (३), देखिए (५)
३. तजति (४, ५)।
४. जिहि (२), एहि (४)।
५. झलमली (५)।
६. झलकत (४)।
७. जनु (२)।
८. लसी (१, ४), लसैं (५)।

शव्द विशेषण बना है। झलमलाना, झिलमिलाना तथा झुलमुलाना, ये तीनों शब्द वस्तुतः एक ही शब्द के रूपान्तर मात्र हैं और थोड़े-थोड़े अर्थ भेद से प्रयुक्त होते हैं॥ **लसति** = बिलास करती है, अर्थात् मन्द-मन्द हिलती हुई सुशोभित होती है॥

अवतरण—झीने पट में फूटकर निकलती हुई नायिका के शरीर की झलक पर रीझकर नायक स्वगत कहता है—

अर्थ—[अहा! इसकी] झुलमुली (झुलमुलाती हुई) अपार ओप झीने पट में से [ऐसी] झलकती है, मानो कल्पवृक्ष की पल्लव-सहित डार समुद्र में विलास कर रही है॥

'सपल्लव डार' इसलिए कहा है कि हाथों, पावों, ओठों तथा कानों की उपमा पल्लवों से दी जाती है॥

डारे ठोड़ी - गाड़, गहि नैन - बटोही, मारि।
चिलक-चौंध मैं रूप-ठग, हाँसी-फाँसी डारि॥ १७॥

शब्दार्थ—ठोड़ी-गाड़ = ठुड्डी का गड़हा॥ **बटोही** = बाट चलने वाले, पथिक॥ **चिलक** = चमक। **चौंध** = पथिकों को जो किसी रात को, अधिक रात्रि रहने पर भी, तारों इत्यादि के प्रकाश के कारण सबेरा होता सा प्रतीत होने लगता है और जिससे चौंधिया कर, अर्थात् धोखा खाकर, उसी समय मार्ग चल पड़ते हैं, उस धोखा देने वाले प्रकाश को चौंधा अथवा चौंध, अर्थात् चमक से आँखों को अन्धा करने वाला, भ्रम में डालनेवाला कहते हैं। इसी का नाम फारसी भाषा में 'सुबहे काजिब' है। ऐसे चौंधे से धोखा खाकर जब पथिक अधिक रात्रि रहने पर भी चल पड़ते हैं, तो ठगों की बन आती है। वे उनको फाँसी डालकर मार डालते और किसी गड़हे में डाल देते हैं।

अवतरण—नायक के नेत्र नायिका के शरीर की शोभा देखते-देखते मोहित होकर उसकी ठुड्डी के गड़हे में पड़ गये हैं; और अब वहाँ से शोभाधिक्य के कारण नहीं टल पाते। अपने नयनों की यह व्यवस्था नायक, नायिका की शोभा का वर्णन करता हुआ, स्वगत कहता है—

अर्थ—[उसके] सौंदर्य-रूपी ठग ने चिलक-रूपी चौंध में [मेरे] नयन-रूपी पथिकों को घेरकर, हँसी-रूपी फाँसी डाल, मारकर ठोड़ी के गड़हे में डाल दिया [एवं वे बेचारे अब वहीं पड़े हुए हैं]॥

इस दोहे के भाव से २६वें अंक के दोहे का भाव बहुत मिलता है॥

कीनैं हूँ[१] कोरिक जतन अब कहि काढ़ै कौनु।
भो मन मोहन-रूपु[२] मिलि पानी मैं कौ लौनु॥ १८॥

शब्दार्थ—मन = मानस। यह शब्द यहाँ श्लिष्ट है। इसका पहला अर्थ मन और दूसरा अर्थ मानसरोवर है। इस श्लेष के कारण 'मन' शब्द में श्लेष-मूलक रूपक है। अतः मन का अर्थ यहाँ मनरूपी मानसरोवर हुआ। १५० अंक के दोहे में भी 'मन' शब्द का ऐसा ही प्रयोग है।

---

१. ऊ (४, ५)।
२. रूप (१, २, ४, ५)।

अवतरण—सखी की शिक्षा सुनकर नायिका कहती है कि अब मेरे मन से मोहन का लावण्यमय रूप किसी रूप से निकल नहीं सकता। तेरा शिक्षा देना वृथा है—

अर्थ—मोहन का [लावण्यमय] रूप [मेरे] मनरूपी मानसरोवर में मिलकर पानी में का (पानी में घुला हुआ) लवण हो गया है। अब [तू] कह (बतला) [तो सही कि] कोटिक यत्न करने पर भी [उसको उसमें से] कौन निकाले (निकाल सकता है)॥

प्राय: टीकाकारों ने 'मन' को कर्ता और मोहन रूप को अधिकरण मानकर अर्थ किया है। वह भी बुरा नहीं है। इस अर्थ में 'मन' को उकारांत तथा 'मोहन-रूपु' को अकारांत मानना होगा॥

लाग्यो सुमनु ह्वै है सफलु[१] आतप[२]-रोसु निवारि।
बारी, बारी आपनी सींचि सुहृदता-बारि॥ १९॥

शब्दार्थ—सुमनु = (१) सो मन; (२) पुष्प॥ **सफलु** = (१) प्राप्ताभीष्ट, प्राप्तकामना; (२) फलयुत॥ **आतप**-रोसु (आतप-रोष) (१) ताप देने वाला अर्थात् दु:ख देने वाला रोष; (२) आतप अर्थात् घाम का रोष अर्थात् तीक्ष्णता, प्रचंडता। **बारी** = (१) बालिका अर्थात् अनुभव रहित स्त्री; (२) माली, उद्यान का रक्षक। वाट का अर्थ उद्यान है। अत: वाटी का अर्थ उद्यान-संबंधी मनुष्य अर्थात् माली हुआ। इसी शब्द से, 'ट' को 'र' आदेश होकर, बारी शब्द बना है जो कि इस समय एक जाति विशेष का वाचक है। इस समय बारियों का मुख्य काम पत्तल, दोना बनाना है। यह काम पहले उपवन रक्षकों ही का था। **बारी** = पारी अर्थात् अपने यहाँ नायक के आने की पारी, (२) वाटिका॥ **सुहृदता** = (१) मैत्री, प्रेम; (२) सात्म्य, उपयोगिता। **बारि (वारि)** = (१) वाक्, सरस्वती। यहाँ इसका अर्थ वचन लेना चाहिए; (२) जल॥ **सुहृदता-बारि** = (१) मित्रता के वचन; (२) सुहृदता का जल, सात्म अर्थात् सानुकूल जल अर्थात् ऐसा जल, जो बारी को यथेष्ट लाभदायी हो। जिस प्रकार सुहृदता के वारि (वचन) का अर्थ ऐसा वचन, जिसमें मित्रता की सरसता हो, होता है, उसी प्रकार सुहृदता के वारि (जल) का अर्थ ऐसा जल होता है, जिसमें सानुकूलता के गुण हों, अर्थात् स्वच्छ, शीतल तथा मधुर जल, जो बारी के निमित्त हितकारी होता है॥

कवि इस पूरे दोहे में श्लेष-बल से दो अर्थ रखकर, नायिका से उसके इष्ट की गुप्त बात, सखी द्वारा, माली तथा बहिरंगिनी सखियों के सामने ही, कहला देता है; पर उन लोगों का ध्यान, दूसरे ही अर्थ में उलझकर, मुख्य अभिप्राय की ओर नहीं जाने पाता।

अवतरण—आज इस नायिका के घर नायक के पधारने की पारी है, पर अभी तक वह आया नहीं है। नायिका का मन उसी में लगा हुआ है और विलंब के कारण कुछ रुष्ट सी होकर वह, जी बहलाने के निमित्त, वाटिका में भ्रमण कर रही है, जहाँ माली तथा कुछ बहिरंगिनी सखियाँ भी उपस्थित हैं। इतने में उसकी अंतरंगिनी सखी, जो नायक के पास गई थी, आकर यह दोहा चातुरी से पढ़ती है कि नायिका तो अपना इष्टार्थ समझ ले, पर माली तथा बहिरंगिनी सखियाँ समझें कि वह यह वाक्य माली से कह रही है। नायिका-प्रति तो वह यह कहती है—

---

१. **सुफल (४, ५)।**

२. **आतपु-रोस (१, २), आतप-रोस (४, ५)।**

अर्थ १—हे बारी (भोली स्त्री), [तेरा] मन [जो] लगा है, सो सफल (प्राप्ताभीष्ट) होगा। [तू इस] दुःखदायी रोष को निवारित कर के बारी (पारी) सुहृदता (मैत्री) के वारि (वाक्य) से सींच (सरस कर)॥

पर अन्य व्यक्तियों की जान में वह माली से यह कहती है—

अर्थ २—हे बारी (माली), [तेरी वाटिका में] लगा हुआ सुमन (फूल) सफल (फलयुत) होगा। [तू] अपनी बारी (वाटिका) सुहृदयता के वारि (सानुकूल जल) से सींचकर घाम के रोष (प्रचंड प्रभाव) को निवारित कर॥

हरिचरणदास ने लिखा है कि यह दोहा बिहारी का नहीं है। यह उनका शुद्ध भ्रम है। एक तो यह दोहा सब प्राचीन पुस्तकों में तथा हरिचरणदास के पूर्व की टीकाओं में मिलता है; और दूसरे ऐसी उच्च कोटि का है कि बिहारी के अतिरिक्त कोई बिरला ही इसका रचयिता हो सकता है। इसमें उन्होंने जो क्रमभंग दोष बतलाया है, वह उनको अर्थ न समझने के कारण भासित हुआ है।

अजौं[1] तर्‌यौना[2] हीं[3] रह्यौ श्रुति सेवत इक[4]-रंग[5]।
नाक-बास बेसरि[6] लह्यौ बसि मुकुतनु[7] कैं संग॥ २०॥

शब्दार्थ—अजौं (अद्यापि) = आज तक भी, अब तक भी। **तर्‌यौना**—यह शब्द श्लिष्ट है। इसका एक अर्थ अधोवर्ती है और दूसरा कर्ण-भूषण विशेष, जिसको तालपर्ण तथा ताटंक भी कहते हैं और भाषा में उसी को तरकी कहते हैं॥ **श्रुति** = (१) वेद की श्रुति; (२) कान॥ **इकरंग** = एक रीति पर, अविच्छिन्न रूप से॥ **नाक-बास** = स्वर्ग-निवास; (२) नासिका का निवास॥ **बेसरि** = (१) नासिका-भूषण विशेष; (२) बेसरी, खच्चरी, अर्थात् महा अधम प्राणी। बेसर संस्कृत में खच्चर को कहते हैं। उसी से वेसरी, स्त्रीलिंग रूप, बनता है। यहाँ यह रूप अत्यन्त तिरस्कार तथा लघुता का व्यंजक है। लक्षणा शक्ति से 'बेसरि' का अर्थ यहाँ बेसरी-सदृश महा अधम प्राणी होता है॥ **मुकुतनु** = (१) जीवन मुक्त सज्जनों; (२) मुक्ताओं॥

अवतरण—इस दोहे में कवि बेसर का वर्णन करता हुआ श्लेष-बल से सत्संग की प्रशंसा करता है। बेसर पक्ष में इस दोहे का अर्थ यह होता है—

अर्थ १—आज तक तरयौना (कर्ण-भूषण) एक ढंग से (ज्यों का त्यों) कानों का सेवन करता हुआ (अधोवर्ती अर्थात् अमुख्यस्थान-स्थित) तर्‌यौना ही रहा, [और] बेसर ने मोतियों का संग पाकर नाक-बास (१. नासिका का बास; २. उच्च पद) प्राप्त किया॥

---

१. अज्यौं (१, ४)।
२. तरौंना (५)।
३. ई (१, ५)।
४. एक (४)।
५. अंग (५)।
६. वेशर (५)।
७. मुक्तन (२), मुक्तनि (५)।

कान की स्थिति पार्श्व भाग में होने के कारण कवि ने उसे अमुख्य स्थान मानकर तर्‌यौने को अमुख्य स्थान स्थित वर्णित किया है और नाक शब्द का अर्थ लक्षणा शक्ति से प्रधान, मुख्य, श्रेष्ठ इत्यादि किया है, जैसे ऐसे वाक्यों में होता है—'यह देश सब देशों की नाक है ॥'

सतसंग पक्ष में इस दोहे का अर्थ होता है—

अर्थ २—अविच्छिन्न रूप से श्रुति (वेद) का सेवन करता हुआ [मनुष्य] आज तक भी तर्‌यौना (अधोवर्ती) ही [बना] रहा, [और] बेसरी (महा अधम प्राणी) ने [भी] मुक्तों (जीवन-मुक्त सज्जनों) के संग बसकर नाक-बास (स्वर्ग-निवास) प्राप्त किया ॥

टीकाकारों ने प्राय: सत्संगति-प्रशंसा के पक्ष में, 'तर्‌यौनाहीं' का अर्थ 'तरा नहीं' किय है। वह अर्थ भी इस प्रकार लग सकता है—

एक रूप से श्रुति का सेवन करता हुआ [मनुष्य] आज तक भी बिना तरा ही रहा, [और] बेसरी (महा अधम प्राणी) ने मुक्तों (जीवन-मुक्त सज्जनों) के संग बसकर स्वर्ग निवास प्राप्त किया ॥

जम-करि-मुँह-तरहरि[१]पर्‌यौ, इहिं धरहरि चित लाउ[२]।
विषय-तृषा परिहरि अजौं नरहरि के गुन गाउ[३] ॥ २१ ॥

शब्दार्थ—**तरहरि** = नीचे ॥ **धरहरि** = निश्चय ॥ **नरहरि** = (१) नरसिंह भगवान्; (२) कवि के दीक्षागुरु नरहरिदास। इनके विषय में विशेष जानने के लिये, भूमिका[४] में बिहारी की जीवनी द्रष्टव्य है ॥

अवतरण—कवि की उक्ति अपने मन से—

अर्थ—[तू] यम-रूपी हाथी के मुँह के नीचे पड़ा हुआ है, इस निश्चय पर चित्त लगा, [और] अब भी विषय-तृष्णा छोड़कर नरहरि के गुणों का गान कर ॥

पलनु पीक, अंजनु अधर, धरे महावरु भाल।
आजु[५] मिले, सु भली करी; भले बने हौ लाल ॥ २२ ॥

शब्दार्थ—**महावरु**—पहली तथा दूसरी प्रतियों के अनुसार यह शब्द उकारांत ठहरता है और चौथी तथा पाँचवीं प्रतियों के अनुसार अकारांत। हमने पहली तथा दूसरी प्रतियों का अनुसरण करके इसको उकारांत रखा है ॥ **'आजु' (अद्य)**—अव्यय होने के कारण यद्यपि इस शब्द के उकारांत होने की कोई आवश्यकता नहीं है, पर ब्रजभाषा के कवियों ने इसको प्राय: उकारांत ही लिखा है। सतसई में यह शब्द छ: दोहों में आया है और छवों स्थानों पर बिहारी ने इसको उकारांत ही लिखा है ॥

अवतरण—प्रौढ़ा-धीरा-खंडिता नायिका की उक्ति नायक से—

---

१. तरिहरि (१)।
२. लाव (४)।
३. गाव (४)।
४. यह भूमिका 'कविवर बिहारी' नाम से प्रकाशित हो गई है।—प्रकाशक।
५. आज (५)।

अर्थ—पलकों में [पान की] पीक, अधर पर अंजन, [तथा] भाल पर महावर धारण किये हुए (अर्थात् पलकों में अधर रँगनेवाली वस्तु, अधर पर पलकों में देने वाली वस्तु एवं भाल पर पैरों में लगानेवाली वस्तु धारण किये हुए) आज [जो तुम] मिले हो, सो अच्छी बात की; [वाहजी वाह!] अच्छे बने हो॥

इस दोहे में 'भली' तथा 'भले' शब्द व्यंग्यात्मक हैं।

लाज-गरब-आलस-उमग-भरै नैन मुसकात[१]।
रति-रमी रति देति[२] कहिं औरै प्रभा प्रभात॥ २३॥

अवतरण—प्रात:काल सखी, नायिका के नेत्रों की कुछ विलक्षण ही शोभा से रात्रि में रमी हुई रति के विधान को, अर्थात् विपरीत रति को, लक्षित करके कहती है—

अर्थ—लाज, गर्व आलस्य और उमंग से भरे हुए [तेरे] नेत्र मुस्कुराते हैं, [जिससे तेरी कुछ] और ही [प्रकार की बनी हुई] शोभा रात्रि की रमी हुई रति [के प्रकार को] प्रात:काल कहे देती है (तेरा विपरीत रति का करना प्रगट किये देती है)॥

लज्जा, गर्व तथा आलस्य, उमंग, इन विरुद्ध भावों का संघटन, यही इस दोहे में विलक्षणता है। गर्व तथा उमंग से विपरीत रति लक्षित होती है, और लज्जा तथा आलस्य से प्रमाणित होता है कि उक्त गर्व तथा उमंग रति ही के कारण हैं॥

पति रति की बतियाँ कहीं, सखी लखी मुसकाइ[३]।
कै कै सबै टलाटलीं[४], अलीं[५] चलीं[६] सुखु पाइ॥ २४॥

शब्दार्थ—टलाटलीं = टालमटोल, ब्याज, मिष॥

अवतरण—नायक और नायिका रंगमहल में बैठे विनोद कर रहे थे। वहाँ सखियाँ भी उपस्थित थीं। उसी समय नायक ने बातों ही बातों में रति की इच्छा प्रकट की। नायिका ने यह सुनकर अपनी मुस्कराहट से प्रसन्नता लक्षित कराते हुए अंतरंगिनी सखी की ओर इस भाव से देखा कि अब उक्त कार्य का अवसर हो जाना चाहिए। यह लक्षित करके सब सखियाँ वहाँ से एक-एक करके, किसी न किसी मिस से, टलने लगीं। सखी का वचन सखी से—

अर्थ—पति ने रति की बातें कहीं (बातों में रति की इच्छा प्रकट की), [जिसको सुनकर नायिका ने] मुस्कुरा कर [अपनी मुख्य] सखी हो देखा। [यह देख] सब सखियाँ सुख पाकर, टलाटली (अनेक प्रकार के ब्याज) कर करके, [वहाँ से] चलीं (हटने लगीं)॥

---

१. **मुसिकात (१, २), मुसुक्यात (५)।**
२. **देत (४, ५)।**
३. **मुसुकाइ (४)।**
४. **टलाटली (२, ४, ५)।**
५. **अली (२, ४, ५)।**
६. **चली (२, ४, ५)।**

सखी तथा अली (आलि) शब्द यद्यपि भाषा में प्राय: एक ही अर्थ में प्रयुक्त होते हैं, पर बिहारी ने इस दोहे में 'सखी' शब्द में 'अली' की अपेक्षा कुछ मुख्यता रखी है॥

तो पर वारौं उरबसी, सुनि, राधिके सुजान।

तू मोहन कैं उर बसी ह्वै उरबसी-समान॥ २५॥

शब्दार्थ—उरबसी = उर्वशी अप्सरा। **उरबसी** = हृदय पर पहनने का भूषण विशेष॥

अवतरण—राधिकाजी ने श्रीकृष्णचंद्र को अन्य-रत सुनकर मान किया है। सखी मान छुड़ाने के निमित्त कहती है—

अर्थ—हे प्रवीण राधे! सुन, [तू तो ऐसी सुन्दर है कि और की कौन कहै, इन्द्र की अप्सरा] उर्वशी को [भी] मैं तुझ पर वार दूँ। तू [तो] मोहन के उर में उरबसी [भूषण] के समान होकर बसी है [फिर दूसरी उनके उर में कैसे बस सकती है]॥

कुच-गिरि चढ़ि, अति थकित ह्वै, चली डीठि[१] मुँह[२]-चाड़।

फिरि न टरी, परियै[३] रही, गिरी[४] चिबुक की गाड़॥ २६॥

शब्दार्थ—चाड़ = लालच। यह शब्द चाट का रूपान्तर है; जैसे शाटी का साड़ी, कीट का कीड़ा इत्यादि। चिबुक = अधर के नीचे का भाग॥

अवतरण—नायिका की शोभा का निरीक्षण करता हुआ तथा चिबुक के गड़हे पर अत्यन्त रीझा हुआ नायक स्वगत कहता है—

अर्थ—[मेरी] दृष्टि कुच रूपी पहाड़ पर चढ़कर, अति थकित (शोभा से मुग्ध) होकर [भी], मुख की चाड़ (चाट, लालच) से [उधर] चली। [पर] चिबुक की गाड़ (गर्त, गढ़े, खाड़ी) में गिर गई, [और] फिर [वहाँ से, अत्यन्त थकित होने के कारण,] टली नहीं, [वहीं] पड़ी ही रही॥

बेधक अनियारे नयन, बेधत करि[५] न निषेधु।

बरबट बेधतु मो हियौ तो नासा कौ बेधु॥ २७॥

शब्दार्थ—अनियारे = अनी वाले, नुकीले॥ **निषेधु** = वह कार्य जो अपने लिये वर्जित हो, अनुचित कार्य॥ **बरबट (बलवत्)** = बलपूर्वक, बरबस॥ **बेधु** = छिद्र॥

अवतरण—नायिका के सर्वांग-सौन्दर्य पर रीझा हुआ नायक कहता है—

अर्थ—[तेरे] नुकीले नयन [तो] बेधक [हैं ही, अत: वे कोई] निषेध (अपने निमित्त निषिद्ध अर्थात् वर्जित काम) करके [मेरे हृदय को] नहीं बेधते (अर्थात् वे मेरा हृदय बेधने में कोई अपने कर्तव्य के विरुद्ध काम नहीं करते)। [पर] [तेरा] [तो] नासा का बेध [भी, जो कि स्वयं बेधा हुआ है, और जिसका काम बेधना नहीं है] बरबट (बरबस, अपने लिये अविहित काम करके) मेरे हृदय

---

1. दीठि (१)।
2. मुख (२)।
3. अरीयै (५)।
4. परी (१, ४, ५)।
5. कर (४, ५)।

को बेधता है [भावार्थ यह हुआ कि तेरे सब अंग की शोभा हृदय को बेधती है, यहाँ तक कि तेरी नासा का छिद्र भी]॥

लौनैं[1] मुहुँ दीठि[2] न लगै[3], यौं कहि दीनौ ईठि।
दूनी ह्वै लागन लगी, दियैं दिठौना, दीठि॥ २८॥

शब्दार्थ—दीठि = कुदृष्टि॥ **दीनौ** = इस शब्द को कवि लोग प्राय: दीन्यो अथवा दीन्यौं बोलते और लिखते हैं। हमारी प्राचीन पुस्तकों के अनुसार 'दीनौ' ही पाठ ठीक ठहरता है। सतसई में और कहीं यह शब्द नहीं आया है, अत: और दोहों से इसके यथार्थ रूप का पता नहीं चलता। 'लीनौ' शब्द अवश्य ४४३वें दोहे में आया है। उसका पाठ भी 'लीनौं' ही ठहरता है। इसलिए यहाँ 'दीनौ' ही पाठ रखा गया है॥ **ईठि** = इष्ट शब्द से ईठ बनता है, जिसका अर्थ मित्र है। उसी का स्त्रीलिंग—रूप 'ईठि' है। इसका अर्थ हितकारिणी, अर्थात् सखी है॥ **दिठौना** = काजल इत्यादि की काली टीकी, जो मुख पर इस अभिप्राय से लगा दी जाती है कि कुदृष्टि न लगे॥

अवतरण—दिठौना के कारण नायिका के मुख पर अधिक शोभा हो जाने का वर्णन नायक परिहासात्मक वाक्य में, उससे करता है—

अर्थ—[तेरी] सखी ने [तो तुझे दिठौना] यों कहकर (यह विचार कर) दिया [कि तेरे] सलोने (लावण्यमय) मुख पर दृष्टि (कुदृष्टि) न लगे, [पर इस] दिठौना देने से [तो तेरे मुख की ऐसी शोभा बढ़ गई कि उस पर] दृष्टि (आँख) दूनी होकर (और भी अधिक) लगने लगी (जमने लगी)॥

चितवनि रूखे दृगनु की, हाँसी-बिनु मुसकानि[4]।
मानु जनायौ मानिनी, जानि लियौ पिय, जानि॥ २९॥

शब्दार्थ—हाँसी-बिनु = बिना किसी हँसी की बात की॥

अवतरण—मानिनी नायिका की चेष्टा से उसके मान को समझकर खिसियाए हुए नायक की व्यथा सखी सखी से कहती है—

अर्थ—[नायिका की] रूखे दृगों की चितवन, [और नायक की] बिना किसी हँसी की बात ही की मुस्कुराहट (अर्थात् खिसियानपने की मुस्कुराहट) से [तू] समझ ले कि मानिनी ने [तो] मान जनाया, [और] प्रियतम ने [उसका यह मान जनाना] जान लिया (समझ लिया)॥

सब ही त्यौं[5] समुहाति छिनु, चलति सबनु दै पीठि।
वाही त्यौं ठहराति यह, कविलनवी[6] लौं, दीठि॥ ३०॥

---

१. लीनै (१), लौंनै (२, ३, ५), लौने (४)।
२. डीठि (२, ४, ५)।
३. लगौ (१)।
४. मुसुकानि (१)।
५. सौं (२)।
६. कवलनबी (४), कवलनवी (५)।

शब्दार्थ—त्यौं = ओर॥ **समुहाति** = सामने होती है॥ **कविलनवी** = पाँचों प्राचीन पुस्तकों के अनुसार इस शब्द का पाठ यही अर्थात् 'कविलनवी' ठीक ठहरता है। बिहारी के सबसे पहले टीकाकार मानसिंह ने इसका अर्थ यह लिखा है—'कविलनवी, कठपुतरी श्रीसीताजी की मूर्ति श्रीराम चित्रपट में देखि पीठ फेरै।' कृष्ण कवि का पाठ तो निश्चित रूप से नहीं ज्ञात होता, पर उन्होंने इस शब्द का अर्थ 'मन्त्र की कटोरी' किया है। जब किसी की कोई वस्तु चोरी जाती है, तो उसका पता लगाने के लिये वे लोग, जिन पर संदेह होता है, मंडल बाँधकर बैठा दिये जाते हैं और उनके बीच में एक कटोरी जल भरकर रख दी जाती है। तान्त्रिक के मन्त्र पढ़ने पर वह कटोरी चलायमान होती है और सबकी ओर जा जाकर लौट आती है, पर जो उनमें से चोर होता है, उसके सामने ठहर जाती है। यह क्रिया अब भी कोई-कोई करते हैं, इसको कटोरी चलाना कहते हैं। कृष्ण कवि का अभिप्राय इसी कटोरी से है। यह शब्द और कहीं देखने में नहीं आया, अतः इसके मूल रूप तथा अर्थ के विषय में निश्चयपूर्वक कुछ नहीं कहा जा सकता। परन्तु यह अर्थ यहाँ लगता बहुत अच्छा है। यदि कृष्ण कवि का अर्थ ठीक माना जाय, तो इसका 'कौल' शब्द से, जो कि एक तान्त्रिक सम्प्रदाय का वाचक है, अथवा 'कवल' शब्द से, जो कटोरा-वाचक है, किसी प्रकार बनना संभव है। प्रतीत होता है कि बिहारी के समय में भी यह शब्द एक क्रिया विशेष से सम्बन्ध रखने के कारण, सर्वसाधारण में प्रचलित नहीं था। अतः कृष्ण कवि को तो यद्यपि इसका ठीक अर्थ ज्ञात था; किन्तु अनवरचंद्रिकाकारों को इस शब्द के अर्थ में भ्रम हुआ, और उन्होंने इसका पाठ 'कविलनुमा' कर लिया। बाद को और टीकाकारों ने भी वैसा ही किया। फारसी भाषा में 'किब्ल:नुमा' दिक्प्रदर्शक यंत्र को कहते हैं। यह 'कविलनुमा' उसी 'किब्ल:नुमा' का अपभ्रंश है। यद्यपि 'कविलनुमा' पाठ से भी इस दोहे का अर्थ अच्छा लग जाता है, तथापि यहाँ मन्त्र की कटोरी का भाव विशेष संगत ज्ञात होता है। अतः हमने, अपनी प्राचीन पुस्तकों के अनुसार, 'कविलनवी' ही पाठ रखकर उसका अर्थ मन्त्र की कटोरी किया है।

अवतरण—परकीया नायिका की दृष्टि इधर-उधर से घूम फिर कर उपपति ही की ओर जा ठहरती है, जिससे सखी उसका प्रेम लक्षित करके कहती है—

अर्थ—[तेरी] यह दृष्टि क्षण मात्र सभी की ओर समुहाती (सामने जाती) है, [पर फिर] सबको पीठ देकर चलती है (सबकी ओर से लौट पड़ती है), [एक] उसी [नायक] की ओर [जाकर] कविलनवी (मंत्र की कटोरी) की भाँति ठहरती है [जिससे लक्षित होता है कि तेरा चितचोर वही है]॥

कौन भाँति रहिहै बिरदु अब देखिवी[१], मुरारि।
बीधे मोसौं आइ कै गीधे गीधहिं तारि॥ ३१॥

शब्दार्थ—बिरदु = प्रशस्ति, किसी उत्तम कार्य करने से प्रसिद्ध नाम॥ **देखिवो** = देखने के योग्य है, देखना है॥ **बीधे** = बिद्ध हुए, उलझे॥ **गोधे** = ललचाए हुए, परचे हुए॥ **गीधहिं** = गिद्ध को, संपाती गिद्ध को॥

अवतरण—कवि अथवा किसी भक्त का वचन भगवान् से—

---

१. जानवी (२), देखवी (४, ५)।

अर्थ—हे मुरारि! अब देखना है [कि आपका तारन] विरद किस प्रकार रहेगा; [क्योंकि आप एक सामान्य पापी] गिद्ध (संपाती) को तार कर परचे हुए मुझ [महापापी] से आ उलझे हैं॥

कहत, नटत, रीझत, खिझत[१], मिलत, खिलत, लजियात[२]।
भरे भौन मैं करत[३] हैं, नैननु हीं सब[४] बात॥ ३२॥

शब्दार्थ—मिलत = मेल कर लेते हैं॥ **खिलत** = खिल उठते हैं, प्रसन्नता प्रकट करते हैं॥

अवतरण—नायक और नायिका की चातुरी से, आँखों की चेष्टा ही के द्वारा, हृदय के सब भावों को परस्पर प्रकट कर देने का वर्णन सखी-सखी से करती है—

अर्थ—[देखो, कैसी चातुरी से ये दोनों गुरुजन से] भरे हुए भवन में आँखों ही में सब [अपने अभीष्ट की] बात कर लेते हैं (अपने अभिप्राय परस्पर प्रकट कर देते हैं) [कभी कुछ] कहते हैं, [कभी] नटते हैं (निषेध करते हैं), [कभी] रीझते हैं, [कभी] खीझते हैं, [कभी फिर] मेल कर लेते हैं, [कभी] खिलते हैं (प्रफुल्लित होते हैं), [और कभी] लजाते हैं॥

अथवा पूर्वार्द्ध का अर्थ यों किया जाये—

[नायक कुछ] कहता है (रति की प्रार्थना करता है), [जिस पर नायिका "मन में भावै, मुड़ी हिलावै" न्याय से] नटती है (निषेध करती है)। [नायक उसकी इस निषेध करने की चेष्टा पर] रीझता है, [तब नायिका उसकी रीझने की चेष्टा पर बनावट से] खीझती है। [फिर दोनों] मेल कर लेते हैं, [जिस पर नायक, नायिका के चटपट खीझ छोड़ देने पर,] हँस देता है, [और नायिका उसके हँस देने पर] लज्जित हो जाती है॥

वाही की चित चटपटी, धरत अटपटे पाइ।
लपट बुझावत बिरह की कपट-भरेऊ[५] आइ॥ ३३॥

शब्दार्थ—चटपटी = उत्कट अभिलाषा के कारण कोई काम करने में आतुरता॥ **अटपटे** = कहीं के कहीं, लड़खड़ाते हुए॥ **लपट** = ज्वाला॥

अवतरण—उत्तमा खंडिता की उक्ति नायक से—

अर्थ—[जिसके यहाँ रात भर रहे हो,] उसी [से फिर मिलने] की [तुम्हारे] चित्त में [आतुरता है, इसीलिए तुम] अटपटे पाँव रखते हो। [पर तो भी मुझे कुछ दुःख नहीं है, क्योंकि तुम तो] कपट-भरे भी आकर [मेरी] विरह-ज्वाला बुझाते हो [तात्पर्य यह है कि सपत्नी का दुःख मुझे तुम्हारे दर्शन-सुख के आगे भूल जाता है]॥

---

१. **खिजन (४, ५)।**
२. **लजि जात (२)।**
३. **कहत (१)।**
४. **सौं (२)।**
५. **भरे उर (२)।**

लखि गुरुजन-बिच कमल सौं सीसु छुवायौ[1] स्याम।
हरि-सनमुख करि आरसी हियैं लगाई बाम॥ ३४॥

अवतरण—नायक और नायिका की चेष्टा सखी सखी से कहती है—

अर्थ १—[नायिका को] गुरुजनों के बीच में देखकर श्याम ने [अपना] सिर कमल से छुवाया (पाँव पड़ने की चेष्टा करके अपना अनुराग प्रकट किया)। बाम (वामा अर्थात् नायिका) ने [वह भाव समझकर अपनी] आरसी, हरि (नायक) के सामने करके, हृदय में लगा ली (आरसी में नायक का प्रतिबिम्ब लेकर उसे हृदय में लगाने से यह सूचित किया कि मैं तुमको अपने हृदय में बसाती हूँ)॥

अथवा यों अर्थ किया जाये—

अर्थ २—[नायिका को] गुरुजनों के बीच में देखकर श्याम ने [अपना] सिर कमल से छुवाया (पाँव पड़ने की चेष्टा करके मिलने की प्रार्थना सूचित की)। बाम (वामा अर्थात् नायिका) ने [वह भाव समझकर अपनी] आरसी, हरि (सूर्य) के सामने करके, हृदय में लगा ली (आरसी में सूर्य का प्रतिबिम्ब लेकर कुच-रूपी पहाड़ों के बीच में लगाने से यह सूचित किया कि सूर्य के अस्ताचल में छिपने पर, अर्थात् रात्रि को मिलूँगी)॥

पाइ महावर दैंन[2] कौं नाइनि बैठी आइ।
फिरि फिरि, जानि महावरी, एड़ी मीड़ति[3] जाइ॥ ३५॥

शब्दार्थ—महावरी = महावर के गाढ़े रंग में रुई को भलीभाँति भिगोकर नाइनें गोली सी बना लेती हैं और पाँव में महावर लगाते समय वे इसे ही मल मल कर रंग निचोड़ती और लगाती हैं। इसी रुई की गोली को महावरी (महावर-वटी) कहते हैं॥ **मीड़ति जाइ** = मलती जाती है, मसलती जाती है॥

अवतरण—सखियाँ नाइन का परिहास करती हुई नायिका को एड़ी की ललाई की आपस में प्रशंसा करती हैं—

अर्थ—पाँव में महावर देने को नाइन आकर बैठी। [पर नायिका की एड़ी का रंग ऐसा लाल है कि उसको उसमें तथा महावर की गोली में कुछ भेद नहीं प्रतीत होता, अतः भ्रम के कारण वह] एड़ी को फिर फिर, महावर की गोली समझकर, मोड़ती जाती है॥

तोहीं, निरमोही, लग्यौ मो ही इहैं[4] सुभाउ।
अनआऐं[5] आवै नहीं, आऐं आवतु[6] आउ॥ ३६॥

---

१. छिवायौ (२)।
२. देन (४, ५)।
३. मीजत (४)।
४. यहै (१, २, ५), इहे (४)।
५. अनआयौ (१)।
६. आवति (१, २, ५)।

अवतरण—उपपति नायक को नायिका की उलाहने से भरी हुई पत्री—

अर्थ—हे निरमोही, मेरा हृदय तुझी से इस स्वभाव (रीति) से लगा है [कि तेरे] न आने से [वह भी मेरे पास] नहीं आता (मेरा चित्त ठिकाने नहीं रहता), [और तेरे] आने से आता है। अत: निवेदन है कि तू] आ (पधार)॥

नेहु न, नैननु, कौं कछू उपजी बड़ी बलाइ।
नीर-भरे नितप्रति रहैं, तऊ न प्यास बुझाइ॥ ३७॥

शब्दार्थ—**नेहु (स्नेह)** = यह शब्द यहाँ श्लिष्ट है। इसके दो अर्थ—प्रेम तथा तेल हैं। अतएव इसमें श्लेष-मूलक रूपक है, जिससे इसका अर्थ यहाँ प्रेम-रूपी तेल हुआ॥ **बलाइ (फा० बला)** = विपत्ति, आपत्ति॥

अवतरण—पूर्वानुरागिनी नायिका अपने नेत्रों की व्यवस्था अन्तरंगिनी सखी से कहती है—

अर्थ—[यह] प्रेम-रूपी तेल नहीं है, [प्रत्युत मेरे] नयनों के निमित्त कोई बड़ी बलाय उपजी है। [क्योंकि यद्यपि मेरे नयन] नित्यप्रति नीर (आँसू) से भरे हुए रहते हैं, तथापि [इनकी] प्यास (दर्शन की तृषा) नहीं बुझती॥

शरीर-शुद्धि के निमित्त वैद्यक में जो पंचकर्म बतलाए गये हैं, उनमें एक स्नेहन भी है। इसमें रोगी को तेल अथवा घृत इत्यादि पिलाया जाता है। यदि स्नेह-पान में कुछ व्यतिक्रम पड़ जाता है, तो रोगी को बहुत तृषा लगती है। पानी से उसका पेट भर जाता है, पर तृषा बनी ही रहती है। इसी बात को नायिका ने अपने नेत्रों पर घटा कर कहा है॥

नहिं परागु नहिं मधुर मधु नहिं बिकासु इहिं काल।
अली, कली ही सौं बंध्यौ, आगैं कौन हवाल॥ ३८॥

शब्दार्थ—**बिकासु** = खिलावट। **हवाल** = दशा। यह अरबी शब्द हाल के बहुवचन अहवाल का अपभ्रंश है॥

अवतरण—इस दोहे में भ्रमर के व्याज से, कोई किसी मुग्धासक्त को शिक्षा देता है—

अर्थ—न [तो इसमें] अभी पराग (पुष्प-रज अर्थात् जवानी की रंगत), न मधुर मधु (मीठा मकरन्द अर्थात् सरसता) [और] न विकास [खिलावट अर्थात् यौवन के कारण अंगों में प्रफुल्लता) [ही] है। हे भ्रमर, [तू ऐसी कंज की] कली ही से बँधा है (अपने सब कर्तव्य छोड़कर उसी में लवलीन हो रहा है), [तो] आगे [चलकर जब उसमें पराग, मकरंद तथा विकास का आगमन होगा, तो फिर तेरी] क्या दशा होगी॥

लाल, तुम्हारे विरह की अगनि[१] अनूप, अपार।
सरसै बरसैं नीर हूँ, झर हूँ मिटै न झार॥ ३९॥

शब्दार्थ—**अगनि** = अग्नि॥ **अनूप** = जिसकी उपमा न हो, अद्भुत, विलक्षण॥ **अपार** = जिसका पार न पाया जाये, जो समाप्त न हो, बहुत॥ **सरसै** = बढ़ती है। **झर**—इस शब्द

---

१. आगि (२), अगिनि (४)।

का अर्थ अन्य टीकाकारों ने मेघ का झड़ी बाँधकर लगातार बरस्ना किया है, पर यहाँ इसका यह अर्थ नहीं है। यहाँ इसका अर्थ है ताप अर्थात् ग्रीष्म का प्रचण्ड ताप अथवा लूअ। बिहारी ने इस शब्द का प्रयोग इस दोहे के अतिरिक्त और पाँच दोहों में छ: बार किया, जिनमें से तीन बार (देखो दोहे ४०२, ५७०, ६४६) इसका प्रयोग पावक लपट के अर्थ में हुआ है, एक बार (देखो दोहा ९८) विरह-ताप के अर्थ में और दो बार (देखो दोहे ४०२, ४८४) मेह की झड़ी के अर्थ में॥ **झार** = जलन॥

अवतरण—सखी अथवा दूती नायक से नायिका का विरह निवेदन करती है—

अर्थ—हे लाल, तुम्हारे विरह की अग्नि विलक्षण [तथा] अपार है। [इसकी] झार (जलन) नीर बरसने से भी बढ़ती है, [और] झर (ग्रीष्म के ताप) से भी नहीं मिटती॥

पानी से उसकी जलन का बढ़ना तो विरहाग्नि की विलक्षणता है, और ताप से उसकी जलन का न मिटना उसकी अपारता। यदि कोई अंग थोड़ा बहुत जल जाता है तो सेंक देने से उसकी जलन मिट जाती है; पर यदि बहुत जल जाता है; तो सेंकने से कोई लाभ नहीं होता, प्रत्युत हानि ही होती है॥

देह दुलहिया की बढ़ै[१] ज्यौं ज्यौं जोबन-जोति।
त्यौं त्यौं लखि सौत्यैं[२] सबैं बदन[३] मलिन दुति होति॥ ४०॥

शब्दार्थ—**सौत्यैं** = सौतों को। यह पद सौति शब्द के संप्रदानकारक का बहुवचन रूप हैं॥

अवतरण—नवयौवना मुग्धा की सखियाँ आपस में सहर्ष कहती हैं—

अर्थ—[इस] दुलहिन की देह में ज्यौं ज्यौं यौवन की ज्योति बढ़ती है, त्यों त्यों [इसको] देखकर [इसकी] सब ही सौतों के बदन में द्युति मलिन होती है।

जगतु जनायौ जिहिं सकलु, सो हरि जान्यौ नाँहि।
ज्यौं आँखिनु सबु[४] देखियै, आँखि न देखी जाँहि॥ ४१॥

शब्दार्थ—**जिहिं** = जिसके द्वारा॥ **देखियै** = देखा जाता है॥

अवतरण—किसी आत्मज्ञानी की उक्ति स्वगत अथवा शिष्य से—

अर्थ—जिस [चिन्मय परमात्मा] के द्वारा (जिसके हृदय में स्थित होने के कारण) सकल जगत् [तुझसे] जाना गया, वह हरि [तूने] नहीं जाना। जैसे आँखों के द्वारा सब [कुछ] देखा जाता है, [पर] आँखें [स्वयं] नहीं देखी जातीं॥

---

१. चढ़ै (१)।
२. सोंते (४), सोत्यौं (५)।
३. मलिन बदन दुति (२)।
४. जगु (२)।

सोरठा

मंगलु बिंदु सुरंगु, मुखु ससि, केसरि[१] आड़ गुरु।
इक नारी लहि संगु, रसमय किय लोचन-जगत॥ ४२॥

शब्दार्थ—सुरंग = सुन्दर रंगवाला। यहाँ इसका अर्थ लाल है॥ **आड़** = आड़ा तिलक॥ **नारी** = यह शब्द यहाँ श्लिष्ट है—(१) नारी, स्त्री। (२) चंडा, समीरा इत्यादि सात नाड़ियों में से कोई नाड़ी। वर्षाज्ञान के निमित्त ज्योतिष में सात नाड़ियाँ मानी जाती हैं। इनमें से प्रत्येक की गति चार-चार नक्षत्रों में सर्पाकार होती है। जब चंद्रमा, मंगल तथा बृहस्पति ग्रहों की स्थिति ऐसी होती है कि वे एक ही नाड़ी के चारों नक्षत्रों में से किसी पर होते हैं—चाहे चारों नक्षत्रों में से किसी एक ही पर, अथवा भिन्न-भिन्न पर—तो जगद्व्यापिनी वृष्टि होती है, यथा—

एकनाड़ीसमारूढ़ौ चंद्रमाधरणीसुतौ।
यदि तत्र भवेज्जीवस्तदैकार्णविता मही॥

(नरपतिजयचर्या, अध्याय ३, श्लो० २९)

रस—यह शब्द भी श्लिष्ट है—(१) अनुराग, शृंगार-रस, (२) जल। इसमें भी श्लिष्टपदमूलक रूपक है, और इसका अर्थ अनुराग-रूपी जल है॥ **किय** = यह रूप कियौ के स्थान पर बिहारी ने २१२ संख्यक दोहे में भी प्रयुक्त किया है। अन्य कवियों तथा गोस्वामी तुलसीदास ने भी इस अर्थ में इस रूप का प्रयोग किया है॥ **लोचन-जगत्** = लोचन-रूपी जगत्।

अवतरण—नायिका के मुख पर लाल बिन्दु तथा केसर की पीली आड़ देखकर नायक की आँखें अनुरागमय हो रही हैं। अपनी यही दशा वह स्वगत अथवा नायिका की किसी अन्तरंगिनी सखी से कहता है—

अर्थ—लालबिंदु-रूपी मंगल, मुख-रूपी चन्द्र, [एवं] केसर की [पीली] आड़-रूपी बृहस्पति [इन तीनों ग्रहों] को एक [ही] नारी (स्त्री-रूपी नाड़ी) ने साथ ही प्राप्त करके [मेरे] लोचन-रूपी जगत् को रसमय (१. अनुरागमय; २. जलमय) कर दिया।

मंगल ग्रह का रंग लाल तथा बृहस्पति का पीला माना जाता है और मुख का उपमान चन्द्र प्रसिद्ध ही है।

दोहा

पिय तिय सौं हँसि कै कह्यौ, लखैं दिठौना दीन[२]।
चंदमुखी, मुखचंदु तैं भलौ[३] चंद-समु कीन[४]॥ ४३॥

शब्दार्थ—भलौ = पूर्ण रूप से, पूरा पूरा॥

अवतरण—सखी का वचन सखी से—

---

१. केसर (४, ५)।
२. दीन्ह (४)।
३. भले (४)।
४. कीन्ह (४?)।

अर्थ— प्रियतम ने नायिका से, [यह] देखने पर [कि उसने] दिठौना दिया है, हँसकर कहा [कि] हे चन्द्रमुखी, तूने [अपने] मुखचन्द्र को [इस दिठौने के द्वारा] भला [पूरा पूरा] चन्द्र के समान कर दिया॥

कई टीकाकारों ने अनेक शंका समाधान करके इस दोहे के अर्थ को बहुत घुमाया फिराया है, पर हमारी समझ में यह अर्थ सीधा और स्पष्ट है॥

कौंहर सी एड़ीनु की लाली देखि सुभाइ।
पाइ महावरु देइ[1] को आपु भई बे-पाइ॥ ४४॥

शब्दार्थ—कौंहर (कटुफल) = इन्द्रायन का फल॥ **बे-पाइ** = बिना पाँव की अर्थात् मतिपंगु, स्तब्ध॥

अवतरण—सखी-वचन सखी से—

अर्थ— इन्द्रायन के फल सी एड़ियों की स्वाभाविक लाली देखकर [नाइन] स्वयं बेपाइ (बिना हाथ पैर की अर्थात् मति-पंगु) हो गई। [फिर भला] पाँव में महावर [दे, तो] कौन दे॥

खेलन सिखए, अलि, भलैं चतुर अहेरी मार।
कानन-चारी नैन-मृग नागर नरनु सिकार॥ ४५॥

शब्दार्थ—भलैं = भली-भाँति। यहाँ इसका अर्थ बड़ी विलक्षणता से होता है॥ **अहेरी** = शिकारी॥ **काननचारी**—कानों तक विचरने वाले अर्थात् दीर्घ। (२) जंगल में विचरने वाले। प्राचीन परिपाटी तथा बिहारी की लेख-प्रणाली के अनुसार पहले अर्थ के निमित्त 'कानन' शब्द को उकारांत, अर्थात् 'काननु' होना चाहिए, पर बिहारी के समय में ऐसे शब्दों को अकारांत लिखने की प्रथा प्रचलित हो चली थी और यद्यपि बिहारी इस प्रथा का अनुकरण स्वतंत्रतापूर्वक तो नहीं करते थे, पर इस दोहे में श्लेष के निर्वाहार्थ, उन्होंने उक्त प्रचार से लाभ उठाकर, कान के बहुवचन काननु को भी अकारांत ही मान लिया, क्योंकि दूसरे अर्थ के निमित्त 'कानन-चारी' समस्त पद का 'कानन' (जंगल) शब्द उकारांत नहीं हो सकता। श्लेषालंकार में ऐसे प्रयोगों का निर्वाह माना भी जाता है॥

अवतरण—नायिका की अंतरंगिनी सखी उसके नेत्रों द्वारा नायक के घायल होने का वृतान्त उससे, परिहासात्मक वाक्य में, कहती है। वह चातुरी से नायक का नाम नहीं लेती, प्रत्युत घायल होने वाले के निमित्त बहुवचन 'नागर नरनु' पद प्रयुक्त करके सामान्यत: कहती है कि तेरे नेत्रों से प्रवीण नरों का शिकार होता है। वह सोचती है कि यह सुनकर जब नायिका पूछेगी कि मेरे नेत्रों ने किसका शिकार किया है, तब नायक का नाम बतला दूँगी—

अर्थ— हे अली! कामदेव रूपी चतुर अहेरी ने [तेरे] कानन-चारी (कानों तक जाने वाले, वन-चारी) नयन-रूपी मृगों को भली-भाँति (बड़ी विलक्षण रीति से) नगर-निवासी (सुघर) नरों का शिकार करना सिखलाया है॥

मृगों का आखेट करना तो नगर-निवासी नरों को सामान्यत: अहेरी सिखलाते ही हैं, पर काम-रूपी अहेरी ने यह विलक्षण चातुरी की है कि कानन-चारी नयन-रूपी मृगों को नगर-निवासी (सुघर) नरों का आखेट करना सिखलाया है॥

---

१. देन कों (५)।

रससिंगार-मंजनु किए, कंजनु भंजनु दैन।
अंजनु रंजनु हूँ बिना खंजनु गंजनु, नैन॥ ४६॥

शब्दार्थ—रस सिंगार मंजनु किए = शृंगार रसोचित हाव, भाव, कटाक्षादि में निमग्न, अथवा उनको माँजे हुए अर्थात् उनमें दक्ष॥ **कंजनु** = कंजों को॥ **भंजनु** = मान-भंग, पराजय॥ **अंजनु रञ्जनु हूँ बिना** = अंजन रँगने (लगाने) के बिना भी॥ **खंजनु** = भाषा में खंजन तथा खंज, दोनों रूप खंजन के अर्थ में प्रयुक्त होते हैं। 'खंजनु' पद यहाँ खंज शब्द का बहुवचन है। इसके पश्चात् के संप्रदानार्थक कौं का लोप है, अत: यह पद यहाँ संप्रदानकारक-वत् प्रयुक्त हुआ है। इसका अर्थ यहाँ खंजों को होता है॥ **गंजनु** = तिरस्कार। यह पद यहाँ कर्मकारक-रूप से प्रयुक्त हुआ है। इसके पश्चात् 'दैन' का अध्याहार होता है, और उसी "दैन" पद का यह कर्म है॥

अवतरण—नायिका के नेत्रों की प्रशंसा नायक अथवा सखी द्वारा—

अर्थ—शृंगार-रस में मज्जन किये हुए (शृंगार-रसोचित हाव, भाव, कटाक्षादि से परिष्कृत—पानी दिये हुए अथवा उनमें निमग्न) [ये तेरे] नयन [अपनी स्वच्छता से] कंजों को [जो कि सदैव जल में मज्जित रहने के कारण स्वच्छ रहते हैं] भंजन (मान-मर्दन, पराजय) देने वाले हैं, [और अपनी स्वाभाविक श्यामता से] अंजन लगाने के बिना भी खंजों को तिरस्कार [देने वाले]।

साजे मोहन-मोह कौं, मोहीं करत[1] कुचैन।
कहा करौं, उलटे परे टोने[2] लोने[3] नैन॥ ४७॥

शब्दार्थ—साजे = किसी कार्य विशेष के उपयुक्त बनाए॥ **कुचैन** = विकल॥ **टोने** = जादू। विशेष: दृष्टि द्वारा किसी पर प्रभाव डालने की क्रिया अथवा उस डाले हुए प्रभाव, को टोना कहते हैं॥ **लोने** = लुनाए हुए, लवण दिये हुए, लवण द्वारा तुष्ट किये हुए, नायक के लावण्य द्वारा उसके पक्ष में किये हुए। जब किसी पर टोने अथवा कुदृष्टि का प्रभाव प्रतीत होता है, तो लवण और राई अथवा केवल लवण उस पर से वार कर टोने के निमित्त फेंक अथवा अग्नि में डाल दिया जाता है। इस क्रिया को स्त्रियाँ राई नोन करना अथवा लोनाना कहती हैं। इस लोनाने से टोना लौट जाता है, और जो प्रभाव टोना करने वाला किसी पर डालना चाहता है, वही स्वयं करने वाले पर, उसकी ओर से, पड़ जाता है। यही टोने का उलटना कहलाता है॥

अवतरण—पूर्वानुरागिनी नायिका का वचन अंतरंगिनी सखी से—

अर्थ—[मैंने तो अपने नयन] मोहन के मोहने को [उपयुक्त उपस्करणों, अंजन तिलोंछ आदि, से] सुसज्जित किये, [पर ये तो मोहन को मोहने के पलटे] मुझी को [मोहन पर मोहित करके] विकल किये डालते हैं। [अब मैं] क्या करूँ, [मोहन के लावण्य से] लोने हुए (लोनाए जाकर) [मेरे] नयन उलटे टोने [होकर मुझी पर] पड़े॥

---

१. **करी (२)।**
२. **टौने (२, ५)।**
३. **लौने (२, ५)।**

याकैं उर औरै कछू लगी बिरह की लाइ।
पजरै नीर गुलाब कैं, पिय की बात बुझाइ॥ ४८॥

शब्दार्थ—औरै कछू = कुछ विलक्षण प्रकार की॥ **लाइ** = लवर, अग्नि॥ **पजरै** = प्रज्वलित होती है॥ **बात** = (१) वार्ता। (२) वायु॥

अवतरण—विरहिनी नायिका की व्यवस्था सखियाँ आपस में कहती हैं—

अर्थ—इसके हृदय में विरह की कुछ विलक्षण आग लगी है, [जो] गुलाब-जल [छिड़कने] से [तो] प्रज्वलित होती है, [और] प्रियतम की बात (चर्चा-रूपी वायु) से बुझती है॥

विलक्षणता यह है कि सामान्य अग्नि तो जल से बुझती और वायु से प्रज्वलित होती है, पर यह अग्नि जल से प्रज्वलित होती एवं बात (वायु) से बुझती है॥

कहा लेहुगे खेल पैं, तजौ अटपटी बात।
नैंक हँसौंही हैं भई भौंहैं, सौंहैं खात॥ ४९॥

शब्दार्थ—खेल पैं = 'पैं' यहाँ करणकारकार्थक है। 'खेलपैं' का अर्थ खेल से होता है॥ **अटपटी** = कुढंगी॥

अवतरण—नायिका ने मान किया था। सखी बड़ी कठिनता से, शपथ खा-खाकर, उसको कुछ ढंग पर ला रही थी। इतने में नायक ने उसी स्त्री का नाम ले लिया, जिसकी ईर्ष्या से मान हुआ था। सखी, यह सोचकर कि कहीं मान फिर न बढ़ जाय, बड़ी वाक्यचातुरी से, नायक के उस नाम लेने को उसका खिलवाड़ ठहराकर, इधर तो नायिका के रोष को उभरने नहीं देती और उधर नायक को सचेत करती है—

अर्थ—[तुम] खेल से क्या लोगे (इस खेल में क्या पाओगे! [यह] कुढंगी बात (अर्थात् खिलवाड़ के निमित्त अन्य स्त्री का नाम लेकर नायिका को चिढ़ाना) छोड़ दो। [देखो, बड़ी कठिनता से] शपथ खाते खाते [नायिका की सरोष] भौंहें कुछ हँसौंहीं (हास्योन्मुखी) हुई हैं [ऐसा न हो कि वे कहीं फिर चिढ़ जाएँ]॥

इस दोहे की व्याख्या श्रीयुत पंडित पद्म सिंहजी शर्मा ने बहुत अच्छी की है। नायक के अन्य स्त्री का नाम लेने का एक कारण यह भी हो सकता है कि उसे नायिका की मान-चेष्टा बहुत अच्छी लगी, अत: वह फिर वही चेष्टा देखने के निमित्त, खिलवाड़ में, अन्य स्त्री का नाम लेकर उसको रुष्ट करना चाहता है। इस प्रकार का भाव इस कवित्त में भी है—"घरी द्वैक परम सुजान पिय प्यारौ रीझि मान न मनायौ, मानिनी कौ मान देखि रह्यौ॥"

डारी[1] सारी नील की ओट अचूक, चुकैंन।
मो मन-मृगु करबर गहैं अहे! अहेरी नैन॥ ५०॥

शब्दार्थ—डारी = वृक्ष की पतली शाखा, टहनी॥ **नील की** = नीली॥ **करबर (कर्वर)** = चीते। इस शब्द में सारोपा लक्षणा है। यहाँ वर्ण्यमान नयन की अप्रकृत कर्वर के साथ तादात्म्य प्रतीति है॥ अहे = इस शब्द का प्रयोग किसी को संबोधित करने में होता है, विशेषत: आश्चर्य से संबोधित करने में॥

---

१. सारी-डारी (२, ४)।

अवतरण—नायक-वचन नायिका से—

अर्थ—हे [प्यारी, तेरे] कर्वर (चीते) [अर्थात्] अहेरी नयन नीली साड़ी रूपी डारी (डाल-पत्तों) की अचूक (कभी व्यर्थ न होने वाली) ओट में मेरे मन रूपी मृग को पकड़ लेते हैं, चूकते नहीं॥

चीता जब मृग को पकड़ना चाहता है, तो डाल-पत्तों तथा झाड़ियों की ओट में छिप-छिप कर उसके अत्यन्त समीप पहुँच जाता है, और फिर एकाएकी झपटकर उसको छोप लेता है॥

दीरघ साँस न लेहि दुख, सुख साईंहिं[१] न भूलि।
दई दई क्यौं करतु[२] है, दई दई सु कबूलि॥ ५१॥

शब्दार्थ—**दीरघ साँस** = लम्बी साँस, जैसी दुःख में मनुष्य लेता है॥ **साईंहिं** = स्वामी को। **कबूलि** = अंगीकृत कर॥

अवतरण—किसी विपत्ति-ग्रस्त को उसका गुरु अथवा कोई मित्र धैर्य देता है—

अर्थ—[तू इस विपत्ति में] दई दई (हा दैव! हा दैव!) क्यों कर रहा है [जो विपत्ति] दैव ने दी है, उसको [धैर्य धर कर] अंगीकृत कर (अर्थात् सहन कर)। [तू] दुःख में लम्बी साँस न ले, [और] सुख में स्वामी को न भूल॥

बैठि रही अति सघन बन, पैठि सदन-तन[३] माँह[४]।
देखि दुपहरी जेठ की छाँहौं चाहति छाँह[५]॥ ५२॥

शब्दार्थ—**सदन-तन** = घर का पिण्ड।

अवतरण—स्वयंदूतिका नायिका का वचन नायक से—

अर्थ—[ऐसी प्रचंड घाम के समय तुम कहाँ जा रहे हो? आओ, इस घर में घाम का निवारण कर लो। देखो,] जेठ की दुपहरी देखकर छाया भी छाया (आच्छादन) [के नीचे छिपना] चाहती है। [वह इस समय] अति सघन वन में बैठ रही है (विश्राम ले रही है), (अथवा) घर के तन (पिण्ड) के भीतर पैठ रही है (घुस रही है, अर्थात् वृक्षों के घेर की भित्ति के तथा घरों की भित्तियों के बाहर नही दिखलाई देती)॥

जेठ के दिनों में मध्याह्न के समय सूर्य ठीक सिर पर आ जाता है, अतः वृक्षों की छाया उनके घेरे के बाहर नहीं आती, और घरों की छाया भी छतों के नीचे ही रहती है, भित्तियों के बाहर नहीं पड़ती॥

---

१. **साईं नहिं** (२, ४)।
२. **करत** (४)।
३. **मन** (२)।
४. **माँहि** (२, ५)।
५. **छाँहि** (२, ५)।

हा हा! बदनु उघारि, दृग सफल[१] करैं[२] सबु कोइ[३]।
रोज सरोजनु कैं परै[४], हँसी ससी की होइ[५]॥ ५३॥

शब्दार्थ—हा हा! = यह ब्रजभाषा में किसी को सविनय संबोधन करने में प्रयुक्त होता है॥ **बदनु (वदन)** = मुख। यहाँ इसका अर्थ मुख-रूपी चन्द्र है॥ **रोज (फारसी रोज)** = दिन। उर्दू में रोज पड़ना एवं भाषा में दिन पड़ना विपत्ति तथा काठिन्य पड़ने के अर्थ में बोला जाता है॥ **सरोजनु कैं** = कमलों के निमित्त। सरोज शब्द का अर्थ यहाँ गोणी साध्य बसाना लक्षणा से नयन-रूपी सरोज होता है॥ **ससी (शशि)** = चन्द्रमा। 'ससि' का अर्थ भी यहाँ गौणी साध्यवसाना लक्षण से मुख-रूपी शशि होता है॥

अवतरण—खंडिता नायिका ने नायक को देखकर, अपनी उदासीनता प्रकट करने के लिये घूँघट काढ़ लिया है। सखी, यह सोचकर कि चार आँखें हों तो शील से मान छूट जाये, उससे घूँघट हटाने को प्रार्थना करती है। वह उसी प्रार्थना-वाक्य में, चातुरी से, नायिका के प्रभाव तथा सौन्दर्य की प्रशंसा भी, उसकी प्रसन्नता के निमित्त, करती है, और अपनी प्रार्थना का निमित्त अपनी मंडली की सखियों के नेत्रों के सफल, नायक को लज्जित एवं सपत्नी को उपहास पात्री बनाने की अभिलाषा ठहराती है।

अर्थ—हा हा! [सखी, घूँघट हटाकर अपना] मुख खोल [जिसमें हम] सब [सखी] जन [अपने] दृग सफल करें (तेरे मुख का सौन्दर्य, अपने पति पर तेरा प्रभाव एवं तेरी सपत्नी के सौन्दर्य का उपहास देखकर हम सब आँखें पाने का फल पावैं), [नायक के] नेत्र-रूपी सरोजों पर काठिन्य पड़े (वे तुझे सरोष देखकर झेंप जाएँ), [और उसकी दृष्टि में तेरी सपत्नी के] मुख-रूपी चंद्र की हँसी हो (अर्थात् वह उपहास-पात्र जान पड़ने लगे॥

कई एक टीकाकारों ने, इस दोहे का कुछ और ही अर्थ समझकर, अनेक शंकाएँ तथा उनका समाधान करने के व्यर्थ प्रयत्न किये हैं, पर ऊपर जो अर्थ लिखा गया है, उसमें न किसी शंका का अवसर है, और न समाधान की आवश्यकता॥

होमति सुखु, करि कामना तुमहिं मिलन की, लाल।
ज्वालमुखी सी जरति लखि लगनि-अगनि की ज्वाल॥ ५४॥

शब्दार्थ—होमति = हवन करती है, आहुति देती है॥ **ज्वालमुखी** = ज्वालामुखी॥ **लगनि** = चित्त की लगावट, अनुराग॥ **अगनि** = अग्नि॥

अवतरण—पूर्वानुरागिनी नायिका की सखी अथवा दूती नायक से विरह निवेदन करती हैं—

अर्थ—हे लाल, [वह] अनुराग-रूपी अग्नि की ज्वालामुखी सी ज्वाला को प्रज्वलित देखकर, तुमसे मिलने की कामना करके, [अपने] सुख को [उस ज्वाला में] होमती है॥

---

१. सुफल (४)।
२. करौ (१, ४)।
३. कोउ (१)।
४. परौ (१)।
५. होउ (१)।

ज्वालामुखी में लोग अनेक प्रकार की कामनाएँ करके उत्तमोत्तम शाकल्य की आहुतियाँ देते हैं॥

सायक[१]-सम मायक[२] नयन, रँगे त्रिबिध रँग गात।
झखौ बिलखि दुरि[३] जात जल, लखि जलजात लजात॥ ५५॥

शब्दार्थ—सायक = इस शब्द का अर्थ अन्य टीकाकारों ने बाण किया है, पर बाण से झष के छिपने तथा जलजात के संकुचित होने का वर्णन विशेष संगत नहीं है और न बाण के तीन रंग ही प्रसिद्ध हैं। हमारी समझ में यहाँ सायक का अर्थ सायंकाल करना उचित है। 'साय' शब्द का अर्थ सायंकाल होता है। 'सायक' शब्द को उसी में स्वार्थिक 'क' लगकर बना हुआ समझना चाहिए अथवा 'सायक' शब्द को शायक का अपभ्रंश रूप मानकर उसका अर्थ सुलाने वाला समय, अर्थात् सायंकाल करना चाहिए। कवि सायंकाल की लाली से नेत्रों की लाली की उपमा देते भी हैं। स्वयं बिहारी ने भी ४१० अंक के दोहे में ऐसा किया है। **मायक** = माया करने वाले। नेत्रों के पक्ष में इसका अर्थ अनेक प्रकार के हावभावादि करने वाले और सायंकाल के पक्ष में अनेक प्रकार के रंग बदलने में निपुण होता है। सायंकाल को 'मायक' इस कारण भी कहा जा सकता है कि उस समय मायावी जन माया विशेषत: फैलाते हैं और वह समय सुहावना भी होता है। **त्रिबिध रँग** = तीन प्रकार के रंग अर्थात् श्वेत, श्याम एवं अरुण। नेत्रों में यह तीनों रंग वर्णित होते हैं और सायंकाल के समय भी ये तीनों रंग आकाश में दिखलाई देते हैं॥ **झखौ** = झष भी॥ **बिलखि** = दुखी होकर॥ **दुरि जात जल** = जल में छिप जाते हैं। मछलियाँ दिन को आहार की खोज में इधर-उधर विचरती और जल तल पर आती जाती रहती हैं, पर सायंकाल को जल के भीतर, पृथ्वी पर आश्रय लेती हैं॥ **लजात** = संकुचित होते हैं। संध्या-समय कमलों का संकुचित होना प्रसिद्ध ही है॥

अवतरण—दूती नायिका को किसी जलाशय के तट पर, संकेत-स्थल में बैठाकर और नायक के पास जाकर उससे नायिका के नेत्रों की प्रशंसा करती हुई, उसके उक्त स्थान में स्थित होने का वृत्तांत व्यंजित करती है—

अर्थ—सायंकाल के समय मायावी, [तथा] तीन रंगों से रँगे हुए गात्र वाले [उसके] नेत्र देखकर [उस जलाशय के] कमल लजाते हैं, [और] झष भी दुखित होकर जल में छिप जाते हैं।

मरी डरी कि टरी बिथा, कहा[४] खरी, चलि चाहि।
रही कराहि कराहि अति, अब मुँह[५] आहि न आहि॥ ५६॥

शब्दार्थ—कराहि कराहि = दु:खाधिक्य से हाय हाय करके॥

---

१. साइक (१)।
२. पाइक, नायक (५)।
३. जल जात दुरि (२)।
४. खरी कहा (२)।
५. मुख (२, ४)।

अवतरण—प्रोषितपतिका नायिका की जड़ता-दशा का वर्णन सखी सखी से करती है—

अर्थ—[हे सखी, तू यहाँ] खड़ी क्या कर रही है, चलकर देख, [तो कि वह] मरी पड़ी है अथवा [उसकी] व्यथा टल गई है। [वह] बहुत कराह कराह कर [एकाएकी] रह गई (चुप हो गई)। अब [तो उसके] मुँह में आह [भी] नहीं है॥

कहा भयौ, जौ बीछुरे, मो मनु तोमन-साथ।
उड़ी जाउ[१] कित[२] हूँ, तऊ गुड़ी[३] उड़ाइक[४] हाथ॥ ५७॥

शब्दार्थ—गुड़ी = गुड्डी, पतंग॥ **उड़ाइक** = उड़ाने वाला॥

अवतरण—गणिका नायिका गाने बजाने के लिये कहीं परदेश गई है। वहाँ से अपने प्रेमी वैशिक नायक को उसने पत्र में यह दोहा लिखा है—

अर्थ—यदि [हम लोग इस समय] बिछुड़े हैं, तो क्या हुआ; [कोई विशेष चिंता तथा घबराने की बात नहीं है, क्योंकि] मेरा मन [तो] आपके मन के साथ [बँधा हुआ] है। [जब आपका मन चाहे, मुझे आकर्षित कर सकता है, जैसे] गुड्डी (पतंग) किसी ओर [चाहे कहीं] उड़ती हुई चली जाये, तो भी [वह] उड़ाने वाले के हाथ में है (वश में रहती है)॥

लखि लोने[५] लोइननु कैं, कौइनु, होई न आजु।
कौनु गरीबु निवाजिबौ, कित तूठ्यौं रतिराजु॥ ५८॥

शब्दार्थ—लोने = लावण्य युत॥ **लोइननु** = लोचनों॥ **कोइनु** = कोयों से। आँख की श्याम पुतली के दोनों ओर जो श्वेत भाग होते हैं वे आँख के कोए कहलाते हैं॥ **गरीबु (गरीब)**—यह शब्द अरबी भाषा का है। इसका अर्थ नया, अज्ञात इत्यादि है। फारसी तथा उर्दू में यह शब्द निर्धन तथा वंश-हीन के अर्थ में प्रयुक्त होता है। इसी अर्थ में बिहारी ने भी इसको, इस दोहे में लिया है॥ **निवाजिबौ** = निवाज शब्द फारसी का है, जिसका अर्थ कृपा करना, पालना है। उसी से निवाजिवौ बना लिया गया है॥ **तूठ्यौं** = तुष्ट हुआ है॥ **रतिराजु** = कामदेव॥ **होइ** = 'लखि' का अन्वय 'होइ' से है। 'लखि होइ' का अर्थ है लक्षित होता है, देख पड़ता है॥

अवतरण—कुलटा नायिका के कार्यों में कामदेव की झलक तथा उपपति से मिलने का चाव लक्षित करके सखी परिहास पूर्वक कहती है—

अर्थ—आज [तेरे] लोने लोचनों के कोयों से [यद्यपि नायक से मिलने का चाव तो प्रकट होता है, पर यह] नहीं लक्षित होता कि किस बेचारे (दया पात्र) पर तुझे कृपा करनी है, [और] किस पर कामदेव प्रसन्न हुआ है॥

---

१. **जाहु (२), जात (४)।**
२. **कितऊ (५)।**
३. **गुड़ी तहूँ (२)।**
४. **उड़ायक (५)।**
५. **लोयन (४)।**

सीतलताऽरु सुबास कौ[१] घटै न महिमा-मूरु।
पीनस वारैं जौ[२] तज्यौ सोरा जानि कपूरु॥ ५९॥

शब्दार्थ—मूरु (मूल) = जड़, मूलधन॥ **पीनस वारैं** = पीनस रोग वाले ने। पीनस एक नासा-रोग विशेष है, जिससे रोगी को गंध का अनुभव होना रुक जाता है॥ **सोरा (शोरा)** = मिट्टी में से निकाला हुआ एक खारा पदार्थ॥

अवतरण—कवि की प्रास्ताविक उक्ति है कि गुण के न जानने वाले के निरादर से गुणी के गुण की महिमा नहीं घटती—

अर्थ—यदि पीनस रोग वाले ने कपूर को शोरा समझ कर तज दिया है (ग्रहण नहीं किया है), [तो उसकी] सीतलता और सुगंध की महिमा का मूल नहीं घटता॥

कागद[३] पर लिखत न बनत[४], कहत सँदेसु लजात।
कहिहै सबु तेरौ हियौ मेरे हिय की बात॥ ६०॥

अवतरण—प्रोषितपतिका नायिका ने पत्री में अपने विरह का कुछ वृत्तांत निवेदित करके, यह बात जताने के लिए कि ज़ो कुछ लिखा गया है, उससे विरह-व्यथा की पूर्ण व्यवस्था विदित नहीं हो सकती, अंत में यह दोहा लिख दिया—

अर्थ—[कंप, स्वेद, अश्रु इत्यादि के कारण] कागज पर [तो विरह-वृत्तांत] लिखते नहीं बनता, [और] संदेश [रूप से उस वृत्तांत को] कहते (अर्थात् किसी को दूत रूप से तेरे पास भेजने के निमित्त उससे अपनी मार्मिक दशा कहते) [हृदय] लजाता है। [अतः मैं यही लिखकर संतोष करती हूँ कि यदि तू विचार करेगा, तो] तेरा हृदय मेरे हृदय की सब बातें [तुझसे] कह देगा (अर्थात् अपने हृदय की व्यथा से तुझको मेरे हृदय की सच्ची दशा का अनुमान हो जायेगा॥

बंधु भए का दीन के, को तार्‌यौ, रघुराइ।
तूठे तूठे फिरत हौ झूठे[५] बिरद कहाइ[६]॥ ६१॥

अवतरण—भक्त का वक्र वचन भगवान् से—

अर्थ—हे रघुराइ (रघुकुल-तिलक रामचंद्र), [तुम] किस दीन के बंधु हुए, [और तुमने] किस [पतित] को तारा। [दीन-बंधु तथा पतित-तारण, ये] झूठे-झूठे विरद क़हलाकर [तुम] तूठे-तूठे (प्रसन्न हुए) फिरते हो॥

अभिप्राय यह है कि जिनके आप बंधु हुए, वे वास्तव में दीन और दुखी नहीं थे, पूरा दीन दुखी तो मैं हूँ, तथा जिनको आपने तारा, वे पूर्ण पतित नहीं थे, सच्चा पतित तो मैं हूँ।

---

१. **की (५)।**
२. **ज्यौं (२)।**
३. **कागर (१)।**
४. **बनै (४, ५)।**
५. **जूठे (२)।**
६. **बुलाइ (२)।**

अतः ऐसे लोगों के बंधु होकर दीन-बंधु तथा ऐसे को तारकर पतित-तारण कहलाना और ऐसे कामों पर इन विरदों से तुष्ट होना तो झूठी प्रशंसा से फूल उठने के समान है। सच तो यह है कि ये विरद आप पर तब फबें, जब आप मुझ महा दीन के बंधु बनें और मुझ घोर पापी को तारें॥

जब जब वै सुधि कीजियै, तब[1] तब सब सुधि जाँहि।
आँखिनु आँखि लगी रहैं[2] आँखें लागति नाँहि॥ ६२॥

शब्दार्थ—वै = वे नायक॥ **सुधि कीजियै** = स्मरण किए जाते हैं॥ **सुधि** = चेतनाएँ॥

अवतरण—वियोगिनी नायिका अपनी दशा सखी से कहती है—

अर्थ—जब जब वे [नायक] स्मरण किए जाते हैं, तब तब सब चेतनाएँ जाती रहती हैं। [उनकी] आँखों [के ध्यान] में [मेरे हृदय की] आँखें लगी रह जाती हैं, [और] आँखें नहीं लगतीं [नींद नहीं आती]॥

यह विरही नायक का वचन स्वगत अथवा अपने अंतरंग सखा से भी हो सकता है॥

कौन सुनै, कासौं कहौं, सुरति बिसारी नाह।
बदाबदी ज्यौ[3] लेत हैं ए[4] बदरा बदराह॥ ६३॥

शब्दार्थ—बदाबदी = कह वद कर, खुल्लमख़ुल्ला॥ **बदराह** = यह फारसी का समस्त पद है। इसका अर्थ कुमार्गगामी, दुर्वृत्त, बदमआश है। यहाँ इसका अर्थ डाकू है॥

अवतरण—प्रोषितपतिका नायिका का वचन सखी से—

अर्थ—[हे सखी,] नाह [नाथ, प्राणनाथ] ने [तो अपनी थाती अर्थात् मेरे प्राण] की सुरति (स्मृति) विस्मृत कर दी, [और] ये बदराह बादल बदाबदी [वह] प्राण [लूटे] लेते हैं। [ऐसी दशा में उस थाती को बचाने के लिए मैं] किसे पुकारूँ, [और उसका स्वामी तो यहाँ है ही नहीं, अतएव मेरी पुकार] कौन सुने॥

मैं हो जान्यौ, लोइननु जुरत बाढ़िहै जोति।
को हो जानतु, दीठि[5] कौं दीठि किरकिटी[6] होति॥ ६४॥

शब्दार्थ—किरकिटी = किरकिरी, जो आँख में पड़कर पीड़ा देती है॥

अवतरण—पूर्वानुराग में नायक अथवा नायिका का वचन स्वगत अथवा सखा या सखी से—

अर्थ—मैंने [तो] जाना था कि आँखों के मिलने से (दो और दो चार हो जाने से) ज्योति बढ़ेगी (प्रसन्नता होगी)। [यह] कौन जानता था [कि] दृष्टि

---

१. तबै सबै (२)।
२. रहैं (१)।
३. जिय (४)।
४. ये (४)।
५. डीठि (२)।
६. करकटी (५)।

के निमित्त दृष्टि किरकिटी हो जाती है (अर्थात् मैंने तो समझा था कि उसके देखने से आनंद होगा, पर आँख से आँख लग जाने से अब तो दु:ख से आँसू बहा करता है, जैसे किरकिटी पड़ जाने से आँखों से पानी बहता है)॥

गहकि, गाँसु औरै गहें, रहे अधकहे बैन।
देखि खिसौं हैं पिय-नयन[१] किए रिसौं हैं नैन॥ ६५॥

शब्दार्थ—गहकि = उमग कर॥ **गाँसु (ग्रास)** = पकड़। किसी की ओर से, उसके अपराध के कारण, चित्त में पड़ी हुई आँट॥ **खिसौहैं** = अपराध से संकुचित॥ **रिसौहैं (रोषोन्मुख)** = रिसाए हुए से॥

अवतरण—नायक प्रात:काल नायिका के घर आया। नायिका पहले तो उमंग के साथ अपनी प्रेम कहानी कहने लगी, किन्तु शीघ्र ही नायक के नेत्र खिसियाए हुए देखकर और उनसे उसका रात को अन्य स्त्री के यहाँ रहना निश्चित कर के, उसने आँखें चढ़ा लीं। इसीलिए दूसरा ही भाव उदय हो जाने के कारण उसके वचन अधकहे ही रह गए। सखी वचन सखी से—

अर्थ—[नायिका के] वचन उमग कर, और ही गाँस से गहे हुए, अधकहे [ही] रह गये। [उसने] प्रियतम के नयन खिसौंहैं देखकर [अपने] नयन रिसौंहैं कर लिए॥

मैं तोसौं कैवा कह्यौ, तू जिन इन्हैं पत्याइ।
लगालगी करि लोइननु उर मैं लाई लाइ॥ ६६॥

शब्दार्थ—कैवा = कै बार॥ **जिन** = मत॥ **पत्याइ** = विश्वास कर॥ **लगालगी** = लगाव-बझाव, मेलजोल॥ **लाइ** = लाग, घर में चोरों के पहुँचने की घात। और टीकाकारों ने इसका अर्थ अग्नि किया है! पर यहाँ, 'पत्याइ' तथा 'लगालगी' शब्दों पर ध्यान देने से, इसका अर्थ लाग ही करना उचित प्रतीत होता है—

अवतरण—पूर्वानुराग में विकल नायिका से सखी कहती है—

अर्थ—मैंने तुझसे कै बार कहा [कि] तू इन [लोचनों] का विश्वास मत कर (यह विश्वास मत कर कि ये नयन मेरे अंग हैं, किसी से मिलकर मुझे हानि न पहुँचावेंगे); [पर तूने नहीं माना और इनको नायक से मिलने-जुलने दिया, जिसका परिणाम अंत को यह हुआ कि] लोचनों ने [उस चितचोर से] लगालगी (मिलाप) कर के [तेरे] उर में [उसके पैठने के लिए] लाइ (लाग) लगा दी [जिससे तेरे चित्त की चोरी हो गई]॥

बर जीते सर मैन के, ऐसे देखे मैं न।
हरिनी के नैनानु तैं, हरि, नीके ए[२] नैन॥ ६७॥

अवतरण—सखी नायक से नायिका के नेत्रों की प्रशंसा करती है—

---

१. बदन (४)।
२. यै (२), ये (४)।

अर्थ— हे हरि, ये नयन (इस नायिका के नयन) [तो] हरिणी के नयनों से [भी] अच्छे हैं। [इन्होंने तो] मदन के बाणों को [भी] बरबस जीत लिया है। मैंने [तो] ऐसे [नयन कभी] नहीं देखे॥

थोरैं ही गुन रीझते, बिसराई वह बानि।
तुमहूँ, कान्ह, मनौ भए आजकाल्हि के दानि॥ ६८॥

अवतरण— कवि, इस दोहे में, श्रीकृष्णचंद को अपने पर न रीझने का उलाहना देता हुआ, बड़ी चातुरी से, अपने समय के दानियों की अगुणग्राहकता तथा अपना गुणाधिक्य व्यंजित करता है—

अर्थ— हे श्रीकृष्ण, [पहिले तो तुम] थोड़े ही गुण पर रीझ जाते थे, [पर अब तुमने] वह बान (प्रकृति) बिसरा दी (भुला दी); मानो तुम [परम उदार होकर] भी आजकल के [कृपण] दानी हो गये हो॥

'थोरे ही गुन रीझते' तथा 'भए आज काल्हि के दानि', इन खंड-वाक्यों से व्यंजित होता है कि पहले तो तुम थोड़े ही गुण पर रीझ जाते थे, पर अब यद्यपि मुझमें बहुत गुण है, तथापि उस पर तुम नहीं रीझते, जैसे कि आजकल के दानी कितना ही गुण हो, पर उसका आदर नहीं करते॥

अंग-अंग-नग जगमगत[१] दीपसिखा सी देह।
दिया बढ़ाऐं हूँ रहै बड़ौ उज्यारौ[२] गेह॥ ६९॥

शब्दार्थ—बढ़ाऐं = बुझाने पर। दीपक बढ़ाना दीपक बुझाने के अर्थ में शिष्ट प्रयोग है॥

अवतरण— सखी नायक से नायिका की छवि-प्रशंसा करती है—

अर्थ— [उसके] अंग अंग के [आभूषणों के] नग [उसकी] दीपशिखा सी देह से जगमगाते हैं। [अतः] दीपक बुझा देने पर भी घर में बड़ा उजाला [प्रकाश] रहता है॥

जिस घर में बहुत से दर्पण लगे रहते हैं, उसमें एक ही दीपक रखने से, सब दर्पणों में उसका प्रतिबिम्ब पड़ने के कारण, बहुत प्रकाश हो जाता है॥

छुटी न सिसुता की झलक, झलक्यौ जोबनु अंग।
दीपति देह दुहून मिलि[३] दिपति[४] ताफता-रंग॥ ७०॥

शब्दार्थ—दीपति (दीप्ति) = चमक, झलक। यह पद 'दिपति' क्रिया का कर्ता है। **देह** = देह में। **दुहूनु** = दोनों से॥ **ताफता-रंङ्ग** = ताफते के रंगवाली अथवा ताफता की भाँति। ताफता एक प्रकार का रेशमी कपड़ा होता है, जिसका ताना और रंग का तथा बाना और रंग का होता है। दोनों रंगों के मेल से उसमें दोनों रंगों की झलक लहराती है। यह शब्द फारसी भाषा का है। भारती भाषा में इसको धूपछाँह कहते हैं॥

---

१. सँग जगति (१)।
२. उज्जारौ (२, ५)।
३. की (५)।
४. होत (५)।

अवतरण—नायिका की वय:संधि का वर्णन सखी द्वारा नायक से, अथवा नायक द्वारा स्वगत—

अर्थ—[अभी उसके शरीर में से] शिशुता (लड़कपन) की झलक नहीं छूटी है (लड़कपन तो चला गया है, पर उसकी आभा रह गई है), [और] जोबन अंग में झलक आया है (जोबन आया तो नहीं है, पर आभा देने लगा है)। दोनों [झलकों] से मिलकर [उसकी] देह में ताफते के रंग की दीप्ति दीपती (चमकती) है॥

कब कौ टेरतु दीन रट[१], होत न स्याम सहाइ।
तुमहूँ लागी जगत-गुरु, जग-नाइक[२], जग-बाइ॥ ७१॥

शब्दार्थ—जग-बाइ = संसार की वायु, अर्थात् संसार का बुरा प्रभाव॥

अवतरण—इस दोहे में भी बिहारी ने श्रीकृष्णचंद को उलाहना देते हुए जगत् के रंग-ढंग पर कटाक्ष किया है—

अर्थ—हे श्याम, [मैं] कब का (बहुत समय से) दीन रट (दीनता से भरी हुई रट) से [तुमको] टेर (पुकार) रहा हूँ, [पर तुम] सहाय नहीं होते। [ज्ञात होता है कि] तुमको भी, हे जगद्गुरु! जगन्नायक! जगत् की हवा (प्रभाव) लग गई है [अर्थात् निर्दय संसार निवासियों का प्रभाव तुम पर भी पड़ गया है, यद्यपि यह बात न होनी चाहिए थी। क्योंकि गुरु तथा नायक का प्रभाव शिष्यों तथा सामान्य जनों पर पड़ना चाहिए, पर यह उलटी बात हुई कि उनका प्रभाव तुम, जगद्गुरु तथा जगन्नायक, पर पड़ा]॥

सकुचि न रहियै, स्याम, सुनि ए सतरौहैं[३] बैन।
देत रचौंहौं चित कहे नेह-नचौहैं नैन॥ ७२॥

शब्दार्थ—सतरौहैं = तनेने, कड़े, रोष-भरे॥ **रचौंहौं** = रचने पर आया हुआ, अनुराग की ओर ढला हुआ॥ **नेह-नचौहैं** = स्नेह से चंचल हुए, स्नेह, भाव उदय होने के कारण एकटक पृथ्वी की ओर देखना छोड़कर चंचलता से, बीच-बीच में, नायक की ओर जाते हुए॥

अवतरण—मानिनी नायिका को मनाते मनाते नायक कुछ दुखी सा हो गया है। सखी, यह सोचकर कि वह कहीं विशेष दुखी होकर चला न जाये, उसका उत्साह बढ़ाने तथा नायिका को हँसा देने के निमित्त यह दोहा कहती है। जैसे रूठ कर मुँह फुलाए हुए बैठे मनुष्य से, उसे हँसा देने के लिए, लोग प्राय: कहते हैं कि "यह देखो, अब नाक पर हँसी आई" और ऐसे वाक्यों से वह बहुधा हँस भी देता है—

अर्थ—हे घनश्याम, [आप इसके] ये सतरौहैं वचन सुनकर संकुचित न हो रहिए (निराश होकर मनाना छोड़ न बैठिए)। [देखिए, अब उसके] नेह से नचौहैं [हुए] नयन [उसके] चित्त का रचौंहाँ होना कहे (प्रकाशित किए) देते हैं। तात्पर्य यह है कि कुछ देर और मनाइए, तो यह अवश्य मान जायेगी॥

---

१. **रत (४)।**
२. **नायक (४, ५)।**
३. **रिसरौहैं (२)।**

पत्रा हीं तिथि पाइयै[१] वा[२] घर[३] कैं चहुँ पास।
नितप्रति पून्यौई रहै[४] आनन-ओप-उजास॥ ७३॥

शब्दार्थ—पत्रा = तिथि-पत्र॥ **चहुँ पास** = चारों ओर॥ **पून्यौं** = पूर्णिमा॥

अवतरण—नायिका के मुख की प्रशंसा सखी नायक से करती है, अथवा नायक स्वगत कहता है—

अर्थ—[तिथि के जानने के दो साधन हैं—एक तो तिथि-पत्र और दूसरा चंद्रमा के उजास होने का समय।] पर उस [नायिका] के घर के आसपास [केवल] पत्रे ही से तिथि पाई (जानी) जाती है, [क्योंकि वहाँ तो] मुख की चमक के उजाले से नित्यप्रति पूर्णिमा ही रहती है (रात भर चाँदनी का सा प्रकाश रहता है,) [जिससे किस समय चाँदनी का उजाला आरंभ हुआ, यह लक्षित नहीं होता]॥

बसि संकोच-दसबदन-बस, साँचु दिखावति बाल।
सियलौं[५] सोधति तिय तनहिं लगनि-अगनि की ज्वाल॥ ७४॥

शब्दार्थ—सकोच (संकोच) = लज्जा, कुलकानि का विचार॥ **दसबदन (दशवदन)** = दस मुँह वाला, अर्थात् रावण। यहाँ रावण का और नाम न रखकर 'दसवदन' इसलिए रखा गया है कि संकोच दसों दिशाओं से, अर्थात् दस मुख वाला होकर, नायिका को अपने वश में किए हुए है। उसको नायक से मिलने नहीं देता॥ **सिय** = सीता॥ **सोधति** = तपा कर शुद्ध प्रमाणित करती है॥

अवतरण—पूर्वानुरागिनी नायिका की दशा सखी नायक से कहती है कि अब तक तो वह संकोच के वश में पड़े रहने के कारण आपसे मिल न सकी और अपने अनुराग को छिपाए रही, पर अब शनैः शनैः प्रेम के बढ़ जाने के कारण संकोच उसको दबा नहीं सकता और उसका विरहाग्नि से संतप्त होना प्रकट हो गया है, जिससे प्रमाणित होता है कि आप पर उसका प्रेम पूर्ण तथा सच्चा है—

अर्थ—[इतने दिनों तक] संकोच-रूपी दशवदन के वश में बसकर, [और आपसे मिलने में तथा अपना प्रेम परिचय देने में असमर्थ रहकर, अब वह] बाला [अपने प्रेम का] सच्चापन दिखलाती है, [क्योंकि अब वह] स्त्री [संकोच के वश के बाहर होकर अपने] शरीर को विरहाग्नि की ज्वाला से, सीताजी की भाँति, सोधती है, (तपाती है, अर्थात् संकोच के वश में रहने का प्रायश्चित करती है)॥

---

१. पाइयतु (५)।
२. या (२)।
३. ग्रह (४)।
४. रहैं (१), रहित (२)।
५. ज्यौं (२)।

जौ न जुगति[1] पिय मिलन की, धूरि मुकति[2]-मुँह दीन।
जौ लहियै सँग सजन, तौ धरक नरक हूँ की न॥ ७५॥

शब्दार्थ—जुगति (युक्ति) = उपाय॥ **सजन (सज्जन अथवा स्वजन)** = अपना प्यारा॥ **धरक** = डर॥

अवतरण—उद्धवजी से गोपियों का वचन—

अर्थ—यदि [मुक्ति] प्रियतम-प्राप्ति की युक्ति नहीं है (अर्थात् प्रियतम प्राप्ति की युक्ति के अतिरिक्त कोई और वस्तु है), [तो हमने ऐसी] मुक्ति के मुँह में धूल झोंकी (अर्थात् ऐसी मुक्ति से हम बाज आईं); [और] यदि प्रियतम संग में प्राप्त हो, तो [हमको] नरक की भी धड़क नहीं है॥

चमक, तमक, हाँसी, ससक, मसक, झपट, लपटानि।
ए जिहिं रति, सो रति मुकति; और मुकति अति[3] हानि॥ ७६॥

शब्दार्थ—चमक = चौंक, अंगों को एकाएकी, शीघ्रता से, चंचल करना॥ **तमक** = उत्तेजित होना॥ **ससक** = सिसकी॥ **मसक** = अंगों को दबाना, मर्दन करना॥

अवतरण—कोई कामी रति की प्रशंसा करता है—

अर्थ—जिस रति में चमक, तमक इत्यादि [भाव] हों, वह रति [ही] मुक्ति (परमानंददायिनी) है। अपर मुक्ति [तो] अति हानि (पूर्ण विनाश) [मात्र] है।

मोहूँ सौं तजि मोहु, दृग चले लागि उहिं गैल।
छिनकु छ्वाइ छबि-गुर[4]-डरी छले[5] छबीलैं छैल॥ ७७॥

शब्दार्थ—गैल = मार्ग। इसका प्रयोग साथ के अर्थ में भी होता है॥ **गुर-डरी** = गुड़ की डली॥

अवतरण—पूर्वानुरागिनी नायिका का वचन सखी से—

अर्थ—क्षण मात्र छवि-रूपी गुड़ की डली छुआ कर [उस] छबीले छैल के द्वारा छले (ठगे) गए [मेरे] दृग, मुझसे भी मोह छोड़, उसी की गैल (साथ) लगकर चले॥

एक वशीकरण-प्रयोग में गुड़ की डली अभिमंत्रित करके काम में लाई जाती है। यह जिसको खिला अथवा छुआ दी जाती है, वह खिलाने अथवा छुआने वाले के वशीभूत होकर उसके संग हो लेता है। यह प्रयोग प्राय: ठग लोग करते हैं॥

---

१. **जुगुति (४)।**
२. **मुकुति (४)।**
३. **रति (४)।**
४. **गरुण की (५)।**
५. **छरे (२)।**

कंज[१]-नयनि मंजनु किए, बैठी ब्यौरति बार।
कच-अँगुरी-बिच दीठि दै, चितवति[२] नंदकुमार॥ ७८॥

शब्दार्थ—मंजनु = स्नान। **ब्यौरति** = सुलझाती है॥ **कच** = बाल॥

अवतरण—नायिका की क्रिया-विदग्धता का वर्णन सखी सखी से करती है—

अर्थ—[देखो, यह] कंज-नयनी स्नान किए, बैठी [अपने] बाल सुलझा रही है, [और इसी ब्याज से अपने] बालों तथा उँगलियों के बीच से दृष्टि दे (डाल) कर नंदकुमार को देख रही है॥

पावक सो[३] नयननु[४] लगै[५] जावकु लाग्यौ भाल।
मुकुरु[६] होहुगे नैंक मैं, मुकुरु बिलौकौ[७], लाल॥ ७९॥

शब्दार्थ—पावक = अग्नि॥ **जावक** = महावर॥ **मुकुरु** = मुकरने वाले॥ **मुकुरु** = दर्पण॥

अवतरण—खंडिता नायिका नायक के भाल में महावर लगा देखकर कहती है—

अर्थ—हे लाल, [तुम्हारे] भाल में लगा हुआ महावर [मेरे] नयनों में पावक सा लगता है। [तुम अभी] दर्पण देख लो, [नहीं तो] नैंक में (थोड़ी देर में, जब वह मिट जायेगा तो) मुकर जाओगे (कहने लगोगे कि मेरे भाल में महावर लगा ही नहीं था)॥

रहति न रन, जयसाहि-मुख लखि, लाखनु[८] की फौज।
जाँचि निराखर ऊ[९] चलै लै लाखनु की मौज॥ ८०॥

शब्दार्थ—लाखनु = यह शब्द इस दोहे में दो बार आया है और दोनों ही स्थानों पर टीकाकारों ने इसे संख्या वाचक लाख का बहुवचन माना है। हमारी समझ में, दोहे के पूर्वार्द्ध में, यह किसी का नाम है, जिसकी सेना जयशाह की सेना देखकर भागी थी और उत्तरार्द्ध में यह संख्या-वाचक लाख का बहुवचन है। दोनों स्थानों में इसे संख्या वाचक मानने से दोहे में एक प्रकार का पुनरुक्ति दोष आ जाता है। अब रह गई यह बात कि 'लाखनु' कौन व्यक्ति था, इसका संतोषजनक पता नहीं मिलता। संभवत: वह कोई सामान्य राजा अथवा किसी राजा का सेनापति था। इसलिए उसके नाम का पता इतिहास से नहीं चलता। 'मआसिरुलउमरा' से एक लक्खी जादो का पता लगता है, जो दक्षिण में दौलताबाद सरकार के संदखेर का देशमुख, और निजामशाही राज्य का एक बड़ा मंसबदार था। यही लक्खी जादो छत्रपति महाराज शिवाजी

---

१. **मंजनु करि खंजन नयनि (२)।**
२. **चितवत (२, ४, ५)।**
३. **से (४), सम (५)।**
४. **लोचन (४)।**
५. **लसे (४)।**
६. **मुकरु (१), मुकर (२)।**
७. **बिलोकहु (४)।**
८. **लाखनु (५)।**
९. **हू (४)।**

का नाना था। शाहजहाँ के राज्यकाल के आरंभ में मिर्जा राजा जयशाह खानजहाँ लोदी के साथ दक्षिण में थे। संभव है, उस समय उनसे और लक्खी जादो से सामना हुआ हो। इसके अतिरिक्त उन्हीं दिनों आगरे के निकट, महावन के जाटों ने बहुत सिर उठाया था और मिर्जा राजा जयशाह, दक्षिण से लौटने पर, कासिम खाँ के साथ उनका दमन करने के निमित्त भेजे गये थे। यह भी बहुत संभव है कि उन जाटों के किसी सरदार का नाम लाखनुसिंह रहा हो॥ **निराखर** (निरक्षर) = बिना पढ़ा-लिखा अर्थात् मूर्ख॥ **मौज**—मौज अरबी भाषा में तरंग तथा लहर को कहते हैं। भाषा में इसका प्रयोग उमंग अथवा उत्साह के अर्थ में होता है। और, उमंग से दिए हुए दान के अर्थ में भी कवि इसका प्रयोग करते हैं। इस दोहे में यह इस पिछले ही अर्थ में प्रयुक्त हुआ है।

अवतरण—इस दोहे में कवि राजा जयशाह की युद्धवीरता तथा दानवीरता दोनों की प्रशंसा करता है—

अर्थ—जयशाह का मुख देखकर लाखनु की सेना रणभूमि में नहीं रहती (नहीं ठहरती, अर्थात् भाग जाती है), [और जयशाह से] जाँच कर (माँग कर) [पंडितों और गुणियों की कौन कहे,] मूर्ख भी लाखों [रुपयों] का दान लेकर चलता है (घर लौटता है)॥

दियौ, सु सीस चढ़ाइ लै आछी भाँति अएरि।
जापैं[1] सुखु चाहतु[2] लियौ[3], ताके दुखहिं न फेरि॥ ८१॥

शब्दार्थ—**आछी भाँति** = अच्छी रीति से, प्रसन्नता-पूर्वक॥ **आएरि** = अंगीकार कर के॥

अवतरण—किसी विपत्ति-ग्रस्त को दुखी देखकर कोई समझाता है—

अर्थ—[ईश्वर ने जो दुःख अथवा सुख तुमको] दिया है, उसे, अच्छी भाँति अंगीकार करके, सीस चढ़ा ले (सिर माथों पर धर)। जिससे [तू] सुख लेना चाहता है, उसके [दिए हुए] दुःख को फेर मत (अस्वीकृत मत कर)॥

तरिवन-कनकु कपोल-दुति बिच[4] बीच हीं बिकान।
लाल लाल चमकतिं चुनीं चौका चीन्ह[5]-समान॥ ८२॥

शब्दार्थ—**तरिवन** = तरौना, ताटंक, तालपर्ण॥ **चौका** = आगे के चार दाँतों को चौका कहते हैं॥ **चिन्ह (चिह्न)** = निशान॥

अवतरण—अन्यसंभोगदुःखिता नायिका, नायक के पास से लौटकर आई हुई दूती के कपोलों पर दातों का चिह्न देखकर, चातुरी से, व्यंग्य-वचन द्वारा कहती है कि ये तरौनों की चुन्नियाँ दातों के चिह्न के समान चमक रही हैं, वास्तव में ये दाँतों के चिह्न नहीं हैं। जो कहो कि तरौने तो हैं ही नहीं; फिर ये चुन्नियाँ कहाँ से आईं, तो इसका समाधान यह है कि तरौनों

---

१. जापै चाहत सुख लहे (४)।
२. चाहै (२)।
३. लयो (५)।
४. बिचबिच हीर (५)।
५. चिह्न (२, ५)।

का सोना तो बीच में से सुनहले कपोलों की चमक में समा गया है, अतः केवल चुन्नियाँ ही दीख पड़ती हैं। यह दोहा लक्षिता नायिका से सखी का व्यंग्य वचन भी हो सकता है—

अर्थ—[तेरे] तरौने का सोना [तो सुनहले] कपोल की द्युति में बीच बीच ही से बिक गया (लुप्त हो गया)। [पर तरौने में जड़ी हुई] चुन्नियाँ दाँतों के चिह्न के समान लाल लाल चमक रही हैं॥

मोहि दयौ, मेरौ भयौ, रहतु जु मिलि जिय साथ।
सो मनु बाँधि न सौं पियै, पिय, सौतिनि कैं हाथ॥ ८३॥

अवतरण—सपत्नी पर नायक की प्रीति होते देखकर नायिका विनय करती है—

अर्थ—मुझको दिया हुआ [तथा] मेरा हो चुका हुआ [मन] जो [मेरे] जी के साथ मिलकर रहता है, अथवा जो मिल कर (जिसके मिलने के कारण) [मेरा] जी [मेरे] साथ रहता है, उस मन को बाँधकर (बरबस), हे प्रियतम सपत्नी के हाथ में मत सौंपिए [क्योंकि मेरा जी उससे ऐसा मिल गया है कि उसके साथ वह भी चला जायेगा]॥

कंजु-भवनु तजि भवन कौं चलियै नंदकिसोर।
फूलति कली गुलाब की, चटकाहट चहुँ ओर॥ ८४॥

अवतरण—उपपति ने परकीया के साथ रात भर कुंजभवन में विहार किया है, और सबेरा होने पर भी वह प्रेमाधिक्य के कारण उसको अंक में भरे हुए है। नायिका कुलकानि के भय से नायक का ध्यान प्रातःकाल होने पर दिला कर घर चलने का प्रस्ताव करती है—

अर्थ—हे नंदकिसोर [अब] कुंज-भवन को छोड़कर भवन को चलिए। [देखिए,] गुलाब की कली फूल रही है, [और उसकी] चारों ओर चटकाहट [हो रही है]॥

गुलाब प्रातःकाल फूलता है और फूलने के समय कलियों के चटकने से चटचट शब्द होता है। इस चटकाहट का वर्णन बहुत से कवियों ने किया है॥

कहति न देवर की कुबत[1] कुल-तिय कलह[2] डराति[3]।
पंजर-गत मंजार-ढिग सुक ज्यौं[4] सूकति जाति[5]॥ ८५॥

शब्दार्थ—**कुबत** = बुरी बात, खुटाई॥ **पंजर-गत** = पिंजड़े में पड़े हुए॥ **मंजार-ढिग** = बिल्ले के समीप स्थित॥

अवतरण—देवर अपनी भौजाई से अनुचित प्रेम करना चाहता है, पर भौजाई पतिव्रता तथा सुशीला है, अतः बड़ी चिंतित है। यदि वह देवर की खुटाई नहीं कहती, तो उसे भय है कि कहीं, अवसर पाकर, वह उसको आलिंगन इत्यादि न कर ले और यदि कहती है, तो भाई

---

१. कुमति (४)।
२. कुलहि (२, ४)।
३. लजाइ (४)।
४. लौं (५)।
५. जाइ (४)।

भाई में तथा देवर देवरानी में कलह होता है। इसी अड़चन में पड़ी हुई वह सूखती जाती है। उसकी इस दशा का वर्णन सखी सखी से कहती है—

अर्थ—[वह] कुलवधू (सुशीला, पतिव्रता) कलह से डरती हुई देवर को खोटी बात नहीं कहती (विदित नहीं करती), [और] बिल्ले के पास स्थित पिंजरे में बंद सुग्गे की भांति [दिन दिन] सूखी जाती है॥

और भाँति भए[1] ऽब ए चौसरु, चंदनु, चंदु।
पति-बिनु अति पारतु बिपति मारतु मारुतु मंदु॥ ८६॥

शब्दार्थ—**ऽब** = अब॥ **चौसर** = मोतियों अथवा फूलों का चौलड़ा हार॥ **पारतु** = डालता है।

अवतरण—विरह-ताप से पीड़ित नायिका का ताप सखी फूलों के गजरे, चंदन, चाँदनी एवं मन्द पवन से छुड़ाना चाहती है, क्योंकि इन पदार्थों से उसको संयोगावस्था में परम सुख मिलता था। उससे नायिका कहती है—

अर्थ—[हे सखी,] अब [तो] ये चौसर, चंदन, [तथा] चंद और ही भाँति के हो गए हैं (सुखदायी न रहकर दु:खदायी हो गए हैं), [और] पति के बिना (विरह में) अति विपत्ति डालता हुआ (अति उद्दीपन करता हुआ) मंद मारुत [तो] मारे [ही] डालता है॥

चलन ना पावतु निगम-मगु[2] जगु, उपज्यौ अति त्रासु।
कुच-उतंग गिरिबर गह्यौ[3] मैना मैनु मवासु॥ ८७॥

शब्दार्थ—**निगम-मगु** = (१) वेद-मग अर्थात् धर्म पथ। (२) वणिक् पथ॥ **त्रासु** = भय, डर॥ **मैना** = राजपूताने के जंगलों में एक जाति के मनुष्य रहते हैं, जो कि मैना अथवा मीना कहलाते हैं। उनका काम प्राय: डाका डालना और लूटना है। **मवासु** = दृढ़ निवास॥

अवतरण—नायिका के कुचों की अति कामोद्दीपिनी शोभा का वर्णन नायक स्वगत करता है—

अर्थ—कुच-रूपी उतंग (ऊँचे) गिरिवर (पहाड़) पर मदन-रूपी मैना ने [अपना] दृढ़ स्थान जमाया है। [अत:] बड़ा भय उत्पन्न हो रहा है, [और] जगत् धर्मपथ-रूपी वणिक्-पथ नहीं चलने पाता॥

त्रिबली, नाभि दिखाइ, कर[4] सिर ढकि, सकुचि, समाहि।
गली[5], अली की ओट कै[6], चली भली बिधि चाहि॥ ८८॥

शब्दार्थ—**सकुचि**—यहाँ इसका अर्थ संकोच का मिष कर के होता है॥ **कर सिर ढकि** = हाथ को सिर ढाँकने के निमित्त उठाकर॥ **समाहि** = सामना करके। इसका अर्थ

---

१. नए (२)।
२. मनु (१)।
३. गहे (४), गहैं (५)।
४. करि (२, ४)।
५. अली गली (५)।
६. है (४, ५)।

टीकाकारों ने प्राय: 'समा कर' किया है, जो ठीक नहीं है। **अली की ओट कै** = सखी की आँखों की ओट, अर्थात् बचाव कर के॥

अवतरण—नायक को देखकर नायिका ने जो मनोहारिणी तथा अपना अनुराग प्रकट करने वाली चेष्टा की, उसका स्मरण अथवा वर्णन नायक स्वगत करता है—

अर्थ—[वह मेरा] सामना कर, संकुचित हो (संकुचित होने का ब्याज कर), हाथ से सिर ढाँक (सिर ढाँकने के निमित्त हाथ उठा), [और इस क्रिया से अपनी] त्रिबली, [तथा] नाभि दिखला, सखी की ओट करके (सखी की आँखें बचाकर) [मुझे] भली भाँति (आँखें भरके) देखकर गली में चली॥

इस दोहे का अन्वय कुछ कठिन है। इसका भावार्थ यह है कि मेरा सामना होने पर उसने संकोच के कारण घूँघट करने के मिष से, हाथ उठा अपनी मनोहर त्रिवली तथा नाभि मुझे दिखलाई और फिर सखी की आँखें बचा, मेरी ओर आँखें भरके देखकर गली में चली गयी।

इस दोहे के भाव से ४२४ अंक के दोहे का भाव मिलता है॥

देखत वुरै[१] कपूर ज्यौं[२] उपै जाइ जिन, लाल।
छिन छिन जाति परी खरी छीन छबीली बाल॥ ८९॥

शब्दार्थ—**वुरै** = उरा कर। किसी वस्तु के धीरे-धीरे व्यय होते-होते समाप्त हो जाने को वुराना, उराना अथवा ओराना कहते हैं। यह शब्द संस्कृत शब्द 'वर' से बना है, जिसका अर्थ रोक, ठहराव इत्यादि है। लेखकों तथा टीकाकारों ने इस शब्द को न समझने के कारण, अनेक पाठांतर कर लिए हैं, पर दो प्राचीन पुस्तकों में इसका यही शुद्ध पाठ मिला है॥ **उपै जाइ** = उड़ जाय, लुप्त हो जाय॥ **बाल** = बाला॥

अवतरण—सखी नायिका के विरह में क्षीण होने का वर्णन नायक से करती है—

अर्थ—हे लाल, [वह] छबीली बाला क्षण-क्षण में अत्यंत क्षीण (दुबली) होती जाती है। [इसलिए डर है कि कहीं] देखते-देखते कपूर की भाँति उरा कर उड़ न जाये (सर्वथा लुप्त न हो जाये)॥

हँसि उतारि हिय[३] तैं दई तुम जु[४] तिहिं[५] दिना[६], लाल।
राखति प्रान कपूर ज्यौं[७], वहै चुहुटिनी[८]-माल॥ ९०॥

शब्दार्थ—**चुहुटिनी**—यह शब्द यहाँ श्लिष्ट है। इसका एक अर्थ घुँघची और दूसरा अर्थ पकड़ने वाली है। दूसरा अर्थ पहले अर्थ का विशेषण होकर इस शब्द को साभिप्राय बना

१. दुरैं (२), चूर (४)।
२. लो (५)।
३. उर (४)।
४. जो (४)।
५. ता (४)।
६. दिन (४)।
७. लों (५)।
८. चुटहनी (२), गुंजा की (४), चिहुटनी (५)।

देता है अर्थात् इसका अर्थ पकड़ रखने वाली घुँघची कर देता है। इसी प्रकार का प्रयोग बिहारी ने ६६० अंक के दोहे में भी किया है॥

अवतरण—सखी वचन नायक से—

अर्थ—हे लाल, तुमने जो उस दिन हँस कर, [और अपने] उर से उतार कर दी थी, वही चुहुटिनी (पकड़ रखने वाली घुँघची) की माला [उसके] प्राणों को कपूर की भाँति रखती है (रक्षित किए रहती है, अर्थात् उड़ने नहीं देती)॥

कपूर के डब्बे में बहुधा लोग घुँघची, काली मिर्च अथवा लवंग रख देते हैं, क्योंकि इन वस्तुओं के रख देने से कपूर शीघ्र नहीं उड़ता।

कोऊ कोरिक संग्रहौ, कोऊ लाख हजार।
मो संपति जदुपति सदा बिपति-बिदारनहार॥ ९१॥

शब्दार्थ—कोरिक (कोटिक) = करोड़ के अनुमान॥ **संग्रहौ** = बटोरो, जोड़ो॥ **लाख हजार** = दस करोड़॥

अवतरण—किसी संतोषी भक्त का वचन स्वगत अथवा किसी मित्र से—

अर्थ—[चाहे] कोई करोड़ [की संपत्ति] संग्रह करै, [चाहे] कोई दस करोड़ [की], मेरी संपत्ति [तो] सदा विपत्ति के विदारण करने वाले यदुपति (श्रीकृष्ण भगवान्) हैं [मुझे और किसी संपत्ति की कुछ आकांक्षा नहीं है]॥

द्वैज-सुधादीधिति-कला वह लखि, दीठि[1] लगाइ।
मनौ अकास[2]-अगस्तिया एकै कली लखाइ॥ ९२॥

शब्दार्थ—सुधा दीधिति = चंद्रमा॥ **दीठि लगाइ** = दृष्टि लगाकर अर्थात् ध्यान देकर॥ **अगस्तिया (अगस्तिका)** = अगस्ति वृक्ष, जो कि शरदागम में कलियाना आरंभ करता है॥

अवतरण—नायक और नायिका ने शरदागम के शुक्ल पक्ष की द्वितीया को, चंद्रास्त के समय किसी अगस्त्य के वृक्ष के पास मिलने का संकेत बद रखा है। आज वही दिन है। चंद्रमा दर्शन देकर अस्ताचल को जा रहा है। नायक की दूती नायिका के पास आ और उसको गुरुजनों में बैठी देख द्वैज का चंद्रमा दिखलाने के ब्याज से; उसको नियत दिन का ध्यान दिलाती है, और चंद्रमा की उपमा अगस्त्य की कली से देकर संकेत-स्थल का स्मरण कराती है—

अर्थ—दृष्टि लगाकर [तू] वह द्वैज के चंद्रमा की कला देख, [जो ऐसा शोभित है] मानो आकाश-रूपी अगस्त्य के वृक्ष में एक ही कली दिखलाई देती है॥

अगस्त्य शरदागम के आरंभ में फूलता है। वह समय बड़ा सुखद माना जाता है। "अगस्त्य में मानो एक ही कली दिखलाई देती है" यह कहकर दूती व्यंजित करती है कि यह अवसर तेरे लिये वैसा ही सुखद है, जैसा अगस्त्य में कली आना आरंभ होने का समय होता है। इसी उत्प्रेक्षा से वह शरद् ऋतु के प्रथम शुक्ल पक्ष का होना भी दिखलाती है॥

---

१. **डीठि (२, ४)।**
२. **अगास (५)।**

गदराने तन गोरटी, ऐपन-आड़ लिलार।
हूठ्यौ दै, इठलाइ, दृग करै गँवारि सुवार॥ ९३॥

शब्दार्थ—गदराने = पकने पर आए हुए, जवानी पर आए हुए॥ **गोरटी** = गोरे शरीर वाली॥ **ऐपन** = चावल और हल्दी को पानी में पीसकर बनाया हुआ एक प्रकार का अवलेपन॥ **हूठ्यौ** = गँवार स्त्रियाँ जब इठलाती अथवा किसी को बिराती हैं, तो दोनों हाथों को मुट्ठी बाँधकर कटि-स्थल पर रख लेती हैं। इस क्रिया को हूठा देना कहते हैं॥ **वार** = चोट, आक्रमण॥

अवतरण—किसी गँवार स्त्री को इठलाते देखकर नायक स्वगत कहता है—

अर्थ— [यह] गदराए हुए तन वाली गोरी गँवारि, जिसके ललाट पर ऐंपन का आड़ा तिलक लगा हुआ है, हूँठा दे, इठला कर दृगों से [कैसी] सु (सच्ची, अचूक) वार करती है॥

तंत्री-नाद, कबित्त-रस, सरस राग, रति-रंग।
अनबूड़े बूड़े, तरे[1] जे बूड़े सब अंग॥ ९४॥

शब्दार्थ—तंत्री-नाद = वीणा इत्यादि का मधुर स्वर॥ **कबित्त-रस** = काव्य का स्वाद॥ **सरस राग** = रसीला स्नेह अथवा रसीला गाना॥ **रति-रंग** = प्रीति का अथवा स्त्री-संग का आनंद॥ **अनबूड़े** = इस शब्द का अर्थ यहाँ अधबूड़े है। 'बूड़े सब अंग' पद के विरोध से 'अनबूड़े' में 'अन' का प्रयोग ईषद् अर्थ में मानना चाहिए। विरोधाभास अलंकार के निमित्त बिहारी ने 'अधबूड़े बूड़े' न रखकर 'अनबूड़े बूड़े' रखा है। 'अनबूड़े' का अर्थ होता है ऐसे लोग, जो कि तंत्री-नाद इत्यादि में हाथ तो डालते हैं, पर उनमें डूबे नहीं हैं॥ **बूड़े** = डूबे, नष्ट हुए॥ **तरे** = बन गए, श्रेष्ठ हो गए॥ **बूड़े** = निमग्न हो गए, लिप्त हो गए॥ **सब अंग** = सर्वांग, पूर्ण रीति से॥

अवतरण—कवि की प्रास्ताविक उक्ति है—

अर्थ— तंत्री-नाद, कवित्त-रस, सरस राग तथा रति-रंग में [जो] अधबूड़े [हैं, वे तो] बूड़े (नष्ट हो गए), [पर] जो पूर्ण रीति से बूड़े (प्रविष्ट हुए), [वे] तरे (प्राप्ताभीष्ट हुए सुधर गए) [कवि का तात्पर्य यह है कि तंत्री-नाद इत्यादि पदार्थ ऐसे हैं, जिनमें बिना पूर्ण रीति से प्रविष्ट हुए कोई आनंद नहीं मिलता। यदि इनमें पड़ना हो, तो पूर्णतया पड़ो, नहीं तो इनसे दूर ही रहो]॥

सहज सचिक्कन, स्याम-रुचि, सुचि, सुगंध, सुकुमार।
गनतु न मनु पथु अपथु, लखि बिथुरे सुथरे बार॥ ९५॥

शब्दार्थ—सहज सचिक्कन = स्वभाव ही से चिकने, बिना फुलेल इत्यादि लगाए ही चिकने॥ **स्याम-रुचि** = श्याम रंग वाले॥ **सुचि (शुचि)** = अमल॥ **सुकुमार** = कोमल॥ **गनतु न** = नहीं गिनता, नहीं विचारता॥ **पथु** = अच्छा रास्ता॥ **अपथु** = बुरा पथ॥ **बिथुरे** = फैले हुए, छिटके हुए॥ **सुथरे** = सुंदर॥

अवतरण—नायिका के बालों पर रीझा हुआ नायक अपना नित्य कर्तव्य भूलकर उन्हीं के ध्यान में तथा नायिका से मिलने की चिन्ता में निमग्न रहता है। यह वृतान्त जानकर उसका

---

१. तिरे (४, ५)।

कोई अन्तरंग मित्र उसे समझाता है कि यह मार्ग तुम्हारे लिए अच्छा नहीं है, तुम्हें अपनी कुल-रीति पर चलना चाहिए। नायक उसे उत्तर देता है—

अर्थ—[उसके] स्वभाव ही से चिकने, काले, अमल, मनोहर गंध वाले, कोमल, बिथुरे [और] सुथरे बालों को देखकर [मेरा] मन [ऐसा मोहित हो गया है कि] पथ, [और] अपथ कुछ नहीं गिनता॥

सुदुति[१] दुराई[२] दुरति[३] नहिं, प्रगट करति[४] रति-रूप।
छुटैं पीक, औरै उठी लाली ओठ अनूप॥ ९६॥

शब्दार्थ—प्रकट करति रति-रूप = रति का रूप अर्थात् चिह्न प्रकट करती हुई। यह खंड वाक्य 'लाली' का विशेषण है॥

अवतरण—नायक ने नायिका का अधर-पान किया था, जिससे उसमें लाली आ गई। नायिका ने वह लाली पान के रंग से छिपा रखी थी, पर पीक के छूट जाने पर वह लाली प्रकट हो गई। इससे सखी उसकी रति लक्षित करके कहती है—

अर्थ—सुंदर द्युति छिपाए नहीं छिपती (यद्यपि तूने पान के रंग से अधर की चुंबन-कृत लाली छिपा रखी थी, पर भला वह कहीं छिप सकती है)। [देख, अब] पीक छूटने पर [तेरे] अधर में, रति का चिह्न प्रकट करती हुई, और ही प्रकार की (अधर की स्वाभाविक लाली से भिन्न प्रकार की) अनूप लाली उठी है (निकल आई है)॥

यह दोहा अन्यसंभोगदुःखिता नायिका का वचन दूती से भी हो सकता है। ऐसी अवस्था में 'सुदुति' का प्रयोग व्यंग्यात्मक होगा॥

वेई गड़ि गाड़ैं परीं, उपट्यौ हारु हियैं न।
आन्यौ मोरि मतंगु मनु[५] मारि गुरेरनु मैन॥ ९७॥

शब्दार्थ—गाड़ैं = गड़हे॥ उपट्यौ—किसी कोमल वस्तु पर किसी कड़ी वस्तु के दबने पर या लगने के कारण चिह्न पड़ जाने को उपटना कहते हैं॥ गुरेरनु = गुल्लों से। गुल्ले अथवा गुलेल (गुरेर) उन छोटी छोटी गोलियों को कहते हैं, जो एक प्रकार के धनुष के द्वारा चलाई जाती हैं। उस धनुष विशेष को भी गुलेला अथवा गुलेल कहते हैं॥

अवतरण—नायक के हृदय पर मोतियों के हार का चिह्न उपटा हुआ देखकर खंडिता नायिका कहती है—

अर्थ—[आप संकुचित क्यों होते हैं, यह जो आपके हृदय पर चिह्न है, वह] हृदय पर हार नहीं उपटा हुआ है, [प्रत्युत आप ऐसे] मतंग (मातंग, बड़े हाथी) को मानो मदन गुलेलों से मारकर फेर लाया है, [सो] वे ही [गुल्ले] गड़कर [ये] गाड़ें पड़ गई हैं (अर्थात् आप इस समय मदन से पीड़ित होकर

---

१. सुरति (२, ४)।
२. दुराए (४)।
३. ना दुरति (४)।
४. होत (४)।
५. मन (४, ५)।

यहाँ आए हैं, क्योंकि दिन में परकीया की प्राप्ति कठिन है। नहीं तो भला आप के दर्शन कहाँ मिलते, आप तो निरंकुश हाथी के समान इधर उधर घूमा करते हैं)॥

नैंक न झुरसी[1] बिरह-झर नेह-लता कुम्हिलाति[2]।
नित[3] नित होति हरी हरी, खरी झालरति जाति[4]॥ ९८॥

शब्दार्थ—झुरसी = जली॥ **झर** = लपट, ताप, ज्वाला॥ **झालरति जाति** = नए-नए डाल और पत्तों से सम्पन्न होती जाती है॥

अवतरण—सखी नायक से नायिका के, अथवा नायिका से नायक के प्रेम के प्रति दिन बढ़ने का वर्णन करती है—

अर्थ—विरह की ज्वाला से झुलसी हुई [उसको] स्नेह-लता किंचित्मात्र भी कुम्हिलाती नहीं; [प्रत्युत] नित्यप्रति हरी [ही] हरी होती [और] भली भाँति झलराती जाती है॥

हेरि हिंडोरैं गगन तैं परी परी सी टूटि।
धरी धाइ पिय बीच हीं, करी खरी रस लूटि॥ ९९॥

शब्दार्थ—हिंडोरैं गगन तैं = हिंडोले-रूपी आकाश से॥ **परी सी** = अप्सरा सी॥ **करी खरी** = खड़ी कर दी॥

अवतरण—नवोढ़ा नायिका सखियों के साथ हिंडोला झूल रही थी। इतने में नायक भी वहाँ आ पहुँचा। उसको देखकर नायिका हिंडोले पर से भागने के निमित्त कूद पड़ी। प्रियतम ने फुर्ती से उसे बीच ही में लोक लिया, पृथ्वी पर गिरने नहीं दिया, और आलिंगन का रस लूट कर खड़ी कर दिया। सखी का वचन सखी से—

अर्थ—[प्रियतम को] देखकर [वह] हिंडोले-रूपी आकाश से [मारे शीघ्रता के] परी सी टूट पड़ी (भागने के निमित्त कूद पड़ी)। [यह देख] प्रियतम ने दौड़कर बीच (अधर) ही में [उसे] लोक लिया, [गिरने नहीं दिया, और] रस लूट कर (आलिंगनादि का सुख लेकर) [उसको पृथ्वी पर] खड़ी कर दिया॥

नैंक हँसौंहीं बानि तजि, लख्यौ परतु मुहूँ नीठि।
चौका-चनकनि-चौंध मैं परति चौंधि सी डीठि[5]॥ १००॥

शब्दार्थ—चौका = आगे के चार दाँत॥ **चौंध** = आँखों में अँधेरा छा देने वाली तड़प॥ **परति चौंधि सी** = चौंधियाँ सी जाती है, अर्थात् तड़प के कारण अँधेरी छाई हुई सी हो जाती है॥

---

१. **झरसी (४)।**
२. **कुम्हिलाइ (२)।**
३. **खिन खिन (४), छिन छिन (५)।**
४. **जाइ (२)।**
५. **दीठि (१)।**

अवतरण—नायक पर अपराधी होने की शंका करके नायिका मुस्कुराहट द्वारा कुछ मान सूचित करती है, जिससे नायक की आँखें संकुचित हो जाती हैं। यह देखकर सखी, बड़ी चातुरी से, इस दोहे के द्वारा, नायक पर तो यह प्रकट करके कि नायिका का स्वभाव ही मुस्कुराते रहने का है, उसका संकोच छुड़ाना चाहती है, जिसमें उसके संकोच से उसके सिर अपराध सिद्ध न हो जाय और नायिका से नायक के सामने न देख सकने का कारण उसके दाँतों की चमक बतलाती है, जिसमें वह उसको संकोच के कारण अपराधी न निर्धारित कर ले—

अर्थ—[हे सखी, तू अपनी] हँसौं हीं (हँसते रहने की) बान (प्रकृति) नैंक छोड़ दे। [इस प्रकृति के कारण तेरा] मुख नीठि (कठिनता से) दिखलाई देता है; [क्योंकि तेरे] चौके की चमक की चकाचौंध में आँखें चौंधिया सी जाती हैं॥

प्रगट भए द्विजराज-कुल, सुबस बसे ब्रज आइ।
मेरे हरौ कलेस सब, केसव[1] केसवराइ॥ १०१॥

शब्दार्थ—द्विजराज = (१) चंद्रमा। (२) ब्राह्मण॥ **द्विजराज-कुल** = (१) चंद्रवंश। श्रीकृष्ण चंद्र का अवतार यदुवंश में, जो कि चंद्रवंश की एक शाखा है, हुआ था। (२) ब्राह्मण वंश। कवि का जन्म ब्राह्मण वंश में हुआ था॥ **सुबस (स्ववश)** = अपने वश से, अपनी इच्छा से॥ **केसव (केशव)** = भगवान् श्रीकृष्णचंद्र॥ **केसवराइ (केशवराय)** = बिहारी कवि के पिता॥

अवतरण—कवि, श्रीकेशव भगवान् का रूपक अपने पिता केशवराय से करके, उनसे अपने क्लेशों को दूर करने की प्रार्थना करता है। पिता से रूपक इसलिए किया है कि पिता संतान का दुःख स्वभाव से ही हरता है॥

अर्थ—हे द्विजराज (१. चंद्रमा। २. ब्राह्मण) के कुल में प्रगटे हुए [और] अपनी इच्छा से व्रज में आकर बसे हुए केशवराय-रूपी केशव (मेरे लिए पिता के तुल्य केशव भगवान्), मेरे सब क्लेश हरो॥

केसरि कै सरि क्यौं सकै, चंपकु कितकु[2] अनूपु।
गात-रूप लखि जातु दुरि जातरूप कौ रूपु॥ १०२॥

शब्दार्थ—केसरि = कुंकुम॥ **सरि** = सादृश्य, बराबरी॥ **कितकु** = कितना॥ **अनूपु** = जलप्राय, जल वाला अर्थात् पानी वाला, आबदार। संस्कृत में इस शब्द का अर्थ जलप्राय है। बिहारी ने इसी से इसको यहाँ पानी वाला अर्थात् सुन्दर के अर्थ में प्रयुक्त किया है। भाषा में इसका प्रयोग सामान्यतः अनुपम के स्थान पर होता है॥ **जातरूप** = सुवर्ण। जातरूप का धात्वर्थ जन्म से सुन्दर होता है। यह शब्द यहाँ साभिप्राय प्रयुक्त हुआ है। इसका भाव यह है कि सुवर्ण भी, जो कि सहज सुन्दर है, उसके रूप के आगे फीका पड़ जाता है, तो फिर और की क्या बात है॥

अवतरण—नायिका की गुराई की प्रशंसा सखी नायक से करती है, अथवा नायक स्वगत कहता है—

---

१. **केसौ (१, २)।**
२. **कितिकु (१)।**

अर्थ— [उसके रूप की] बराबरी केसर क्योंकर कर सकती है, [और] चंपक कितना आबदार है [जो उसकी बराबरी कर सके]। [उसके] शरीर का सौन्दर्य देखकर [तो] जातरूप (स्वर्ण, जो कि स्वभाव ही से सुन्दर है) का रूप [भी] छिप जाता (फीका पड़ जाता) है॥

मकराकृति गोपाल कैं सोहत कुंडल कान।
धर्‌यौ[१] मनौ हिय-धर समरु, ड्यौढ़ी[२]लसत निसान॥ १०३॥

शब्दार्थ—मकराकृति = मकर की आकृति के। एक प्रकार का कुंडल मकर अथवा मछली के आकार का होता है॥ **कुंडल** = कानों में पहनने का भूषण विशेष। उसके मकराकृति होने के कारण कवि ने उसकी उत्प्रेक्षा कामदेव के निशान से की है॥ **धर्‌यौ** = पकड़ा, अपने अधिकार में किया। **हिय-धर** = हृदय रूपी धरा अर्थात् देश॥ **समर (स्मर)** = कामदेव॥ **ड्यौढ़ी** = राजों तथा अन्य धनिकों के द्वारों पर भीतर की ओर दो भीतें इस प्रकार ड्योढ़ी करके बनाई जाती हैं कि बाहर से भीतर का सामना नहीं पड़ता। इन्हीं ड्योढ़ी भीतों के कारण वे द्वार भी ड्योढ़ी कहलाते हैं। कान की बनावट भी वैसी ही घुमाव फिराव की होती है, अत: कवि ने कान को ड्योढ़ी माना है॥ **लसत** = विलास करता है, लहराता है, फहराता है॥ **निसान (फा० निशान)** = निशान उस ध्वजा को कहते हैं, जिस पर उसके धारण करने वाले का कोई चिह्न बना रहता है। कामदेव की ध्वजा पर मछली अथवा मकर बना हुआ माना जाता है, और इसी से उसका नाम मीनकेतु, मकरध्वज इत्यादि है॥

अवतरण—सखी नायक के पास होकर आई है, और नायिका का वर्णन सुनकर नायक पर कामदेव का जो प्रभाव पड़ा है, उसका वर्णन करती है कि उसके हृदय को कामदेव ने वशीभूत कर लिया है; जिसका प्रमाण यह है कि कंप सात्विक के कारण उसके कुंडल थहरा रहे हैं॥

अर्थ— [हे सखी, गोपाल के कानों में मकराकृति कुण्डल [ऐसे] शोभित हैं, मानों हृदय-रूपी देश को कामदेव ने विजय कर लिया है, [सो उसके] निशान ड्योढ़ी पर फहरा रहे हैं॥

कान की उत्प्रेक्षा ड्योढ़ी से करने से यह व्यंजित होता है कि कामदेव के हृदय-देश में प्रवेश करने के मार्ग कान ही हैं, अर्थात् नायक पर कामदेव का प्रभाव गुण श्रवण ही के द्वारा हुआ है॥

जिन पाँच पुस्तकों के आधार पर दोहों के पाठ शुद्ध किए गए हैं, उनके अनुसार तो इस दोहे का यही पाठ शुद्ध ठहरता है। अत: यही पाठ इस संस्करण में रखा गया है, पर अनवरचंद्रिका, कृष्ण कवि की टीका, अमर-चंद्रिका, लाल-चंद्रिका तथा शृंगार सप्तशती के अनुसार इसका पाठ एकाध शब्द के हेरफेर से यह ठहरता है—

मकराकृति गोपाल के सोहत कुंडल कान।
धस्यौ मनौ हिय-घर समरु, ड्योढ़ी लसत निसान॥

---

१. **मनौ धर्‌यौ (२), धस्यौ (५)।**

२. **द्वारे (४)।**

हरिप्रकाश-टीका तथा रसचंद्रिका में 'घर' के स्थान पर 'गढ़' पाठ है। इन पुस्तकों के पाठों पर ध्यान देने से जान पड़ता है कि बिहारी ने यही पाठ लिखा होगा और प्राचीन पुस्तकों में 'धस्यौ' तथा 'घर' के स्थानों पर 'धर्‌यौ' तथा 'धर' लेखकों के प्रमाद से, लिख गया होगा; क्योंकि 'धस्यौ' तथा 'धर्‌यौ' एवं 'घर' तथा 'धर' के लिखने तथा पढ़ने, दोनों ही में धोखा हो सकता है। इस पाठ के अनुसार यह अर्थ होता है—

गोपाल के कानों में मकराकृत कुंडल [ऐसे] शोभित हैं, मानो कामदेव [उनके] हृदयमंदिर में पैठ गया है, [और उसका] निशान ड्योढ़ी पर फहराता है॥

इस पाठ में भी भावार्थ वही रहता है॥

खौरि-पनिच भृकुटी-धनुषु बधिकु समरु, तजि कानि।
हनतु तरुन-मृग[१] तिलक-सर सुरक-भाल[२], भरि तानि॥ १०४॥

शब्दार्थ—खौरि = खौरि अथवा खौर उस आड़े तिलक को कहते हैं, जो बीच में से खुरचा हुआ होता है॥ **पनिच (पतंचिका)** = धनुष की ज्या॥ **खौरि-पनिच** = इस समस्त पद में बहुब्रीहि समास है। इसका अर्थ 'खौरि है पनिच जिसमें ऐसा' होता है। यह पद भृकुटी धनुषु का विशेषण है॥ **बधिक** = व्याध, शिकारी॥ **कानि** = रुकावट, रोक-टोक॥ **सुरक** = सुरक नाक पर उस तिलक को कहते हैं, जो भाल की आकृति का होता है॥ **भाल (भल्ल)** = बान अथवा भाले का फल॥ **सुरक-भाल** = यह भी खौरि-पनिच की भाँति समस्त पद है। इसका अर्थ 'सुरक है भाल जिसमें ऐसा' होता है। यह पद 'तिलक-सर' का विशेषण है॥ **भरि तानि** = भरपूर तान कर॥

अवतरण—नायिका के तेवर चढ़ाने पर नायक रीझकर स्वगत कहता है—

अर्थ—खौर-रूपी पनिच वाले भृकुटी-धनुष को भरपूर तानकर कामदेव रूपी बधिक, बिना किसी रोक टोक के माने, सुरक-रूपी भाल वाले तिलक रूपी बाण से तरुणजन-रूपी मृगों का शिकार करता है॥

नीकौ लसतु लिलार[३] पर टीकौ जरितु[४] जराइ।
छबिहिं बढ़ावतु रबि मनौ ससि-मंडल मैं आइ॥ १०५॥

शब्दार्थ—लिलार = ललाट॥ **टीकौ** = एक प्रकार का जड़ाऊ, गोल आभूषण, जिसे स्त्रियाँ ललाट पर धारण करती हैं॥ **जरितु जराइ** = जड़ाऊ काम से जड़ा हुआ॥

अवतरण—नायिका के जड़ाऊ टीका-युक्त ललाट की शोभा पर रीझकर नायक स्वगत कहता है—

अर्थ—[उसके] ललाट पर जड़ाऊ काम से जड़ा हुआ टीका [कैसा] अच्छा शोभित है, मानो चंद्र-मंडल में आकर सूर्य [उसकी] छवि बढ़ा रहा है॥

---

१. मृगु (१)।
२. भालि (१, ५)।
३. लिलाट (२, ४, ५)।
४. जटित (२, ५)।

सूर्य के आगे चंद्रमा की छवि क्षीण पड़ जाती है। अतएव यहाँ यह आश्चर्य की बात है कि उसके मुख रूपी चंद्र के मंडल में आकर जड़ाऊ टीका रूपी सूर्य उसकी कांति को और भी बढ़ा देता है॥

लसतु सेतसारी[१] ढप्यौ, तरल तर्‌यौना कान।
पर्‌यौ मनौ सुरसरि[२]-सलिल रबि-प्रतिबिंदु बिहान॥ १०६॥

शब्दार्थ—तरल = चंचल, हिलता हुआ॥ **बिहान** = प्रातःकाल॥

अवतरण—नायिका के ताटंक की शोभा लक्षित कराने के ब्याज से सखी नायक से, उसका कंप सात्विक प्रकट करके, उसका अनुराग व्यंजित करती है—

अर्थ—[उसके] कान में तर्‌यौना [कंप होने के कारण] हिलता हुआ [और] श्वेत सारी से ढपा हुआ [ऐसा] लसता (शोभित होता) है, मानो प्रातः-काल सूर्य का प्रतिबिम्ब गंगाजी के [किंचित् हिलते हुए] जल में पड़ा है॥

हम हारीं कै कै हहा, पाइनु पार्‌यौ प्यौरु।
लेहु कहा अजहूँ किए तेह-तरेर्‌यौ[३] त्यौरु॥ १०७॥

शब्दार्थ—हहा = व्रज में जब कोई अत्यन्त दीनता से बिनती करता है, तो जिससे बिनती करता है, उसको 'हहा' अथवा 'हाहा' कहकर संबोधित करता है, जैसे 'हाहा सखी, मैं तेरैं पायनि परूँ हूँ, तैं मानि जाइ'। अतः 'हाहा करनां' अथवा 'हाहा खाना' बड़ी नम्रता-पूर्वक बिनती करने के अर्थ में प्रयुक्त होता है॥ **प्यौरु** = प्रियतम॥ **तेह-तरेर्‌यौ** = रोष के कारण तरेरते हुए अर्थात् तर्जन करते हुए॥ **त्योरु** = तेवर॥

अवतरण—सखी मान छुड़ाने के निमित्त नायिका से कहती है—

अर्थ—हम [सखियाँ तो] हाहा करते-करते हार गईं (थक गईं), [और] प्यारे को [तुम्हारे] पैरों पर पारा (गिराया) [भी]। [पर तुम नहीं मानती हो, तो] अब भी (इस पर भी) रोष से कड़े तेवर करने से क्या ले रही (लाभ उठा रही) हो [अर्थात् बिनती करने और पाँव पड़ने से अधिक तो कोई बात है ही नहीं, जिससे तुम्हारे मान जाने की आशा की जाय। अब तुम क्या यही चाहती हो कि प्रियतम निराश होकर यहाँ से चला जाय]॥

सतर भौंह, रूखे बचन, करति कठिनु मनु नीठि।
कहा करौं, ह्वै जाति[४] हरि हेरि हँसौं हीं डीठि॥ १०८॥

शब्दार्थ—सतर = तर्जन युत। कड़ी॥ **नीठि** = बड़ी कठिनता से॥

अवतरण—सखी ने नायिका को मान करना सिखलाया है, पर नायक को देखकर नायिका को कुछ हँसी आ जाती है और वह मान ठान नहीं सकती। अपनी इस विवशता का वृत्तांत वह सखी से कहती है—

---

१. सारीं (१)।
२. सुरसलिल बिच (५)।
३. तररौ (१, ४)।
४. जाइ (२)

अर्थ— [हे सखी, मैं] नीठि (किसी न किसी प्रकार से) भृकुटियों को सतर (धमकाने के भाव से भरी), वचनों को रूखा, [तथा] मन को कठिन (कठोर) करती हूँ (बनाती हूँ), [पर] क्या करूँ, हरि (श्रीकृष्णचंद्र) को देखकर [मेरी] दृष्टि [प्रेमाधिक्य से] हँसौंहीं हो जाती है [जिससे सब खेल खंडित हो जाता है]॥

वाहि लखैं लोइन लगै कौन जुवति की जोति।
जाकैं तन की छाँह-ढिग जोन्ह[1] छाँह सी होति॥ १०९॥

अवतरण—सखी नायिका की तन-द्युति की प्रशंसा नायक से करती है—

अर्थ— जिसके तन की परछाहीं के ढिग (निकट) चाँदनी परछाहीं सी लगती है [अर्थात् जिसके शरीर में ऐसी कांति है कि उसकी छाया में भी प्रकाश है और उस प्रकाश के आगे उसके समीप की चाँदनी छाया ऐसी प्रतीत होने लगती है], उसे देखने पर किस युवती की ज्योति (कांति) लोचन में लग सकती है (सुहा सकती है, अच्छी लग सकती है)॥

कहा कहौं वाकी दसा, हरि[2] प्राननु के ईस।
बिरह-ज्वाल जरिबो लखैं[3] मरिबौ भई[4] असीस॥ ११०॥

अवतरण—सखी नायक से नायिका का विरह निवेदन करती है—

अर्थ— हे प्राणों के ईश हरी! [मैं] उसकी दशा क्या कहूँ [वह कहने के योग्य नहीं है] बिरह-ज्वाला में [उसका] जलना देखकर [उसका] मरना [मानना, जो कि समस्त प्राणियों के निमित्त परम शाप है] आशीर्वाद हो गया है [क्योंकि मर जाने से वह इस महान् कष्ट से तो छूट जायेगी]॥

जब किसी रोगी की अन्तिम दशा आ जाती है और उसके प्राणों को घोर यंत्रणा होने लगती है, तो उसके परम प्रेमी भी कहने लगते हैं कि अब तो ईश्वर इसे उठा ले, तो ही अच्छा है। उसी यंत्रणा की दशा का वर्णन सखी करती है॥

'प्राननु के ईस', यह साभिप्राय विशेषण है। इससे सखी व्यंजित करती है कि आप उसके प्राणों के स्वामी हैं, अतः मैं आपको जताए देती हूँ कि अब वे प्राण जाना ही चाहते हैं। यदि आपको अपनी थाती की रक्षा करनी हो, तो शीघ्र यथोचित उपाय कीजिए॥

जेति संपति कृपन कैं[5] तेती सूमति जोर।
बढ़त जात ज्यौं ज्यों उरज, त्यौं त्यौं होत कठोर॥ १११॥

शब्दार्थ—सूमति = कृपणता॥ **जोर** = जोर पर होती है॥ **कठोर** = कड़े। (२) निर्दय, किसी याचक पर न पसीजने वाले॥

---

१. **छाँह जोन्ह (४)।**
२. **पिय (१)।**
३. **करे (४)।**
४. **भयो (४)।**
५. **की (४, ५)।**

अवतरण—कवि की वास्तविक उक्ति है—

अर्थ—कृपण के [पास] जितनी संपत्ति [होती है], उतनी [ही उसकी समता जोर पर [होती है]। [देखो], ज्यों-ज्यों उरोज बढ़ते जाते हैं, त्यों-त्यों कठोर होते जाते हैं।

ज्यौं ज्यौं जोबन-जेठ दिन कुच मिति अति अधिकाति[१]।
त्यौं त्यौं छिन छिन कटि-छपा[२] छीन परति नित जाति[३]॥ ११२॥

शब्दार्थ—मिति = प्रमाण॥ **छपा (क्षपा)** = रात्रि॥

अवतरण—नायिका के शरीर के यौवनागमन की शोभा सखी नायक से कहती है, अथवा नायक उस पर रीझकर स्वगत कहता है—

अर्थ—ज्यों-ज्यों यौवन-रूपी ज्येष्ठ [मास] के कुच-रूपी दिन को मिति (सीमा) बहुत बढ़ती जाती है, त्यों त्यों कटि-रूपी रात्रि क्षण-क्षण (१. क्षण क्षण में। २. क्षण-क्षण करके) नित्यप्रति क्षीण पड़ती जाती है॥

यौवनागमन में कटि का घटना कवि लोग इसलिए कहते हैं कि वह कुचों के उभार से पतली प्रतीत होने लगती है॥

तेह-तरेरौ[४] त्यौरु करि कत करियत दृग लोल।
लीक नहीं यह पीक की, श्रुति-मन-झलक कपोल॥ ११३॥

शब्दार्थ—तेह = रोष॥ **तरेरौ** = तर्जन युत हुए॥ **त्यौरु (त्रिकूट)** = तेवर॥ **श्रुति-मनि** = कान में पहनने की मणि॥

अवतरण—प्रातःकाल नायक नायिका के यहाँ आया है। उसने कपोलों पर पीक की लीक लगी हुई है, जिसे देखकर नायिका रोष करती है। सखी बड़ी चातुरी से, उसका रोष मिटाने के निमित्त यह दोहा पढ़ती है। इसी एक दोहे से उधर तो वह नायक को चैतन्य करती है कि उसके कपोलों पर पीक की लीक लगी हुई है, जिसमें वह उसे किसी ब्याज से पोंछ डाले और इधर नायिका से कहती है कि यह पान की पीक की लाली नहीं है, प्रत्युत कान की लाल मणि की आभा है—

अर्थ—[हे सखी,] रोष से तरजता हुआ तेवर करके आँखें क्यों लोल (चंचल) की जाती हैं। [नायक के] कपोल पर यह [जो लाली दिखाई देती है, वह पीक की लीक नहीं है, [प्रत्युत] कान की [लाल] मणि की झलक (आभा) है [अतः रोष करने का कोई कारण नहीं है]॥

---

१. **अधिकाइ (२)**।
२. **छिपा (५)**।
३. **जाइ (२)**।
४. **तरेर्‌यौ (५)**।

नैंक[१] न जानी परति, यौं[२] पर्‌यौ बिरह तनु छामु।
उठति दियैं[३] लौं नाँदि, हरि, लियैं तिहारौ नामु॥ ११४॥

शब्दार्थ—छामु (छाम) = क्षीण। **नाँदि**—जब दिये में तेल इत्यादि कम हो जाता है और वह बुझने को होता है, तो पहले दो एक बार भभक कर जल उठता है। इसको दिए का नादना कहते हैं॥

अवतरण—सखी अथवा दूती नायक से नायिका का विरह निवेदन करती है—

अर्थ—विरह से [उसका] तन ऐसा क्षीण पड़ गया है [कि वह] नैंक (किंचित्‌मात्र) [भी] जान नहीं पड़ती (देखने में नहीं आती)। [किंतु] हे हरि! तुम्हारा नाम लेने से [वह] दिए की भाँति नाँद उठती है॥

कभी कभी, तेल इत्यादि रहने पर भी दिए की लौ मन्द पड़ने लगती है। उस समय लोग कहने लगते हैं कि दीपक किसी पाहुने का आगमन सूचित करता है और यदि वे दो चार ऐसे मनुष्यों के नाम लेते हैं, जिनके आने की संभावना होती है, तो उस व्यक्ति का नाम लेने पर, जो कि आने वाला है, दीपक भभक कर जल उठता है। उसको नाँदना कहते हैं॥

जब मनुष्य मरने लगता है, तो बहुधा मरने के पूर्व एकाएक कुछ चैतन्य हो जाता है। उसको मरते समय का सँभाला कहते हैं। सखी दीपक का नाँदना कह कर सँभाले का ध्यान दिलाती है॥

नभ-लाली चाली निसा, चटकाली धुनि कीन।
रति पाली, आली, अनत, आए बनमाली न॥ ११५॥

शब्दार्थ—चाली = चाल डाली अर्थात् रात्रि के अन्धकार को छिद्रमय कर दिया॥ **चटकाली (चटकआलि)** = गौरैयों की पंक्ति॥

अवतरण—उत्कंठिता नायिका सखी से कहती है—

अर्थ—नभ की लाली ने रात्रि चाल डाली (रात्रि की कालिमा में अरुणोदय का प्रकाश मिश्रित हो गया, अर्थात् झलफलाह होने लगा), [और] चटकाली [चटक की पंक्ति] ने ध्वनि की (चिड़ियाँ बोलने लगीं); [पर] वनमाली (श्रीकृष्णचंद्र) [अभी तक] नहीं आए। हे अली (सखी), [ज्ञात होता है कि उन्होंने कहीं] अनत (अन्यत्र) रति-पाली (प्रेम का पालन किया)॥

सोवत सपनैं[४] स्यामघनु मिलिहिलि[५] हरत[६] वियोगु।
तब हीं टरि कित हूँ गई, नींदौ[७] नींदनु जोगु॥ ११६॥

शब्दार्थ—मिलिहिलि = आलिंगनादि करके॥ **नींदनु** = निंदा करना॥

---

१. नैन (२)।
२. अति (४)।
३. दिया (४)।
४. सुपनै (२, ४)।
५. हिलमिलि (५)।
६. रहत (२)।
७. नींदहु (४)।

अवतरण—नायिका ने नायक को स्वप्न में देखा, पर उसी समय उसकी नींद खुल गई। अत: वह नींद को निंदा करने के योग्य कहती है—

अर्थ—[हे सखी,] सोते हुए (सोते समय) स्वप्न में घनश्याम हिलमिल कर [मेरा] वियोग (वियोग-दु:ख) हर रहे थे। [पर] उसी समय [नींद] टल कर कहीं चली गई। [अत: अब] नींद को भी बुरा कहना (अहितकर समझना) उचित है। [निद्रा की चाह तो केवल इसी निमित्त थी कि स्वप्न में प्रियतम का संयोग प्राप्त हो, पर जब ऐसा अवसर प्राप्त हुआ, तो निद्रा भी टल गई। अत: अब वह भी खान-पानादि की भाँति दु:खद ही है]॥

संपति केस सुदेस नर नवत[१], दुहुनि इक बानि।
बिभव सतर कुच, नीच नर, नरम बिभव की हानि॥ ११७॥

शब्दार्थ—संपति (संपत्ति) = भरा पूरा होना। केश के पक्ष में इसका अर्थ बाढ़ तथा नर के पक्ष में धन, होता है॥ **सुदेस (सुदेश)** = श्रेष्ठ स्थान वाले, उच्च पद वाले॥ **नवत** = केश के पक्ष में इसका अर्थ नीचे की ओर चलते हैं और नर के पक्ष में नम्र होते हैं, है॥ **बानि** = प्रकृति॥ **बिभव** = वैभव। केश के पक्ष में इसका अर्थ बाढ़, तथा नर के पक्ष में ऐश्वर्य है॥

अवतरण—यह कवि की प्रास्ताविक उक्ति है—

अर्थ—केश, [तथा] श्रेष्ठ पदवाले नर संपत्ति में नवते हैं; दोनों की [यह] एक [ही] प्रकृति है। [पर] कुच, [तथा] नीच नर विभव में तनेने [और] विभव की हानि में नरम (१. लुजलुजे। २. दीन) [हो जाते हैं]॥

कहत सबै कवि कमल से, मो मत नैन पखानु।
नतरुक कन इन बिय लगत उपजतु बिरह-कृसानु॥ ११८॥

शब्दार्थ—नतरुक = नहीं तो, अन्यथा॥

अवतरण—पूर्वानुराग में नायिका अथवा नायक का वचन सखी से—

अर्थ—सभी कवि [इनको] कमल के समान कहते हैं, [पर] मेरे मत से नयन पाषाण हैं, नहीं तो इनमें दूसरें [नयनों] के लगने से (१. मिलने से। २. टक्कर खाने से) विरह की अग्नि क्यों उत्पन्न होती है॥

हरि हरि! बरि बरि उठति है[२], करि करि थकी उपाइ।
वाकौ जुरु[३], बलि बैद, जौ[४] तो रस जाइ, तु[५] जाइ॥ ११९॥

शब्दार्थ—हरि हरि! = हरि-हरि, शिव-शिव इत्यादि पद किसी बात के खेदपूर्वक करने में प्रयुक्त होते हैं॥ **जुरु** = ज्वर॥ बैद : वैद्य का मुख्यार्थ पंडित, सुजान है। सामान्यत:

---

१. नमत (५)।
२. कहि (२), अति (५)।
३. ज्वर (४)।
४. लौं (२), लों (४), ज्यौं (५)।
५. तो (२, ४, ५)।

इसका प्रयोग चिकित्सक के अर्थ में होता है। इस दोहे में इसके दोनों ही अर्थों का ग्रहण है। रस : यह शब्द यहाँ श्लिष्ट है। नायक-पक्ष में इसका अर्थ प्यार अथवा मिलन-सुख है और वैद्य पक्ष में मृत्युंजयादि रस॥

अवतरण—सखी नायक से नायिका का विरह निवेदन करती है—

अर्थ—हरि हरि (हाय हाय)! [वह क्षण क्षण पर] बल बल उठती है, [मैं तो] उपाय कर करके थक गई [पर कुछ लाभ नहीं होता]। हे वैद्यजी, मैं आपकी बलि गई, [अब तो कोई और उपाय चलता दिखाई नहीं देता, हाँ] यदि तुम्हारे रस से उसका ज्वर (विरह-ताप) जाय तो जाय॥

यह[१] बिनसुत नगु राखि कै जगत बड़ौ जसु[२] लेहु।
जरी विषम जुर जाइयैं[३] आइ सुदरसनु[४] देहु॥ १२०॥

शब्दार्थ—नगु = रत्न, स्त्री-रत्न॥ **सुदरसनु (सुदर्शन)** = (१) सुंदर दर्शन। (२) एक प्रकार का चूर्ण विशेष, जो विषम ज्वर में दिया जाता है॥

अवतरण—विरहिणी नायिका की दशा सखी नायक से पत्र द्वारा निवेदित करती है—

अर्थ—इस नाश होते हुए स्त्री-रत्न को रखकर (नष्ट होने से बचाकर) जगत् में बड़ा यश प्राप्त करो। इस विषम ज्वर से जली जाती हुई को आकर सुदर्शन दो॥

या अनुरागी चित्त की गति समुझै नहिं कोइ।
ज्यौं ज्यौं बूड़ै[५] स्याम रँग, त्यौं त्यौं उज्जलु होइ॥ १२१॥

शब्दार्थ—अनुरागी = प्रेमी, अनुराग-युक्त। अनुराग का रंग कवि-समय के अनुसार लाल माना जाता है, अत: 'अनुरागी' का अर्थ लाल रंग वाला भी होता है॥ **गति** = चाल। यहाँ इसका अर्थ रीति, व्यवस्था है॥

श्याम रँग (श्याम रँग)—यह पद यहाँ श्लिष्ट है। इसका एक अर्थ 'श्रीकृष्णचंद्र के अनुराग में' होता है, और दूसरा अर्थ 'काले रँग में'॥ उज्जलु (उज्ज्वल) = इस शब्द के भी यहाँ दो अर्थ हैं—(१) निर्मल, पवित्र। (२) श्वेत॥

अवतरण—किसी भक्त की उक्ति है—

अर्थ—इस अनुरागी (१. प्रेमी। २. लाल रंग वाले) चित्त की [विलक्षण] व्यवस्था कोई समझ नहीं सकता। ज्यों ज्यों यह श्याम रंग में डूबता है; त्यों त्यों उज्ज्वल होता है॥

विलक्षणता यह है कि काले रंग में डूबने से वस्तु काली होती है, पर चित्त श्याम रंग में ज्यों-ज्यों डूबता है, त्यों-त्यों उज्जवल होता है॥

---

१. इह (५)।
२. सुख (५)।
३. ज्याइयैं (१), जाइयों (२), ज्याइए (४), जाइये (५)।
४. सुदर्शन (५)।
५. बूड़तु (१), भीजै (४)।

बिय[1] सौतिनु देखत दई अपने हिय तैं[2], लाल।
फिरति सबनु[3] मैं डहडही उहैं[4] मरगजी माल॥ १२२॥

शब्दार्थ—बिय = अन्य, और॥ **डहडहौ** = प्रफुल्ल-वदन॥ **मरगजी** = मसली हुई, मुरझाई हुई॥

अवतरण—प्रेमगर्विता नायिका की दशा सखी नायक से निवेदित करती है—

अर्थ—हे लाल! अन्य सौतों के देखते हुए [आपने जो] अपने हृदय से [उतार कर] दी, उसी मसली हुई माला [के पाने के गर्व से वह] सबों में प्रफुल्ल-वदन घूमती है॥

छला छबीले लाल कौ नवल नेह लहि[5] नारि।
चूँबति[6], चाहति, लाइ उर पहिरति, धरति उतारि॥ १२३॥

अवतरण—पूर्वानुरागिनी नायिका की प्रेम-दशा का वर्णन सखियाँ आपस में करती हैं—

अर्थ—नए नए स्नेह [की लगन] में छबीले (सुन्दर) लाल का छल्ला पा कर [यह] स्त्री [उसको] चूमती है, [बड़े प्रेम से] देखती है, हृदय में लगाकर पहन लेती है, [और अन्त को इस भय से कि कोई देख न ले] उतार कर [यत्न से] धर लेती है॥

नित संसौ हंसौ बचतु[7], मनौ सु इहिं अनुमानु[8]।
विरह-अगिनि-लपटनु सकतु[9] झपटि न मीचु-सचानु[10]॥ १२४॥

शब्दार्थ—संसौ = श्वासा, प्राण। **हंसौ** = हंस पक्षी॥ **अनुमानु** = अनुमान किया हुआ कारण। **मीचु** = मृत्यु॥ **सचानु (संचान)** = एक प्रकार का बाज की जाति का पक्षी॥

अवतरण—सखी नायक से नायिका का विरह निवेदन करती है—

अर्थ—[विरह दु:ख से उसकी ऐसी दशा हो रही है कि अब मरी और तब मरी, पर] नित्यप्रति [जो उसका] श्वासा रूपी हंस बच जाता है, सो इसमें (इस बच जाने में) [यह] अनुमान मानो (ठीक समझो) [कि] बिरहाग्नि की लपटों (ज्वालाओं) के कारण मृत्यु-रूपी संचान [उस पर] झपट नहीं सकता

---

१. पिय, तिय (२), पिय (४, ५)।
२. की (४)।
३. डहडही सबनु मैं (२)।
४. वहै (२), वहे (४)।
५. लै (४)।
६. चूमति (२)।
७. रहतु (२)।
८. उनमान (२)।
९. सकै (२)।
१०. सिचान (१, २ ५)।

(अर्थात् उसकी विरह-ज्वाला ऐसी कराल है कि उससे डर कर मृत्यु भी पास नहीं आती)॥

थाकी जतन अनेक करि, नैंक न छाड़ति गैल।
करी खरी दुबरी सु लगि तेरी चाह-चुरैल॥ १२५॥

अवतरण—सखी नायक से नायिका का विरह निवेदन करती है—

अर्थ—तेरी चाह-रूपी चुड़ैल ने लगकर उसको भली भाँति दुबली कर दिया है। [मैं] अनेक यत्न करके थक गई; [पर वह] किंचित्मात्र [भी] गैल (पैंड़ा, पीछा) नहीं छोड़ती॥

लाज गहौ, बेकाज कत घेरि रहे, घर[1] जाँहि।
गोरसु चाहत फिरत[2] हौ, गोरसु चाहत[3] नाँहि॥ १२६॥

शब्दार्थ—गोरसु = पहला 'गोरसु' शब्द श्लिष्ट है। इसके दो अर्थ हैं—(१) वाक्य-विनोद, बतरस। (२) इन्द्रिय रस, काम-क्रीड़ा। दूसरे 'गोरसु' शब्द का अर्थ दूध, दही इत्यादि है॥

अवतरण—यह दोहा स्वयंदूतिका नायिका का वचन नायक से है। इसमें वह श्लेष-द्वारा नायक को अपना अभिप्राय समझा देती है, और संगवालियों की समझ में नायक को रोकने से वर्जित करती है। यही नहीं, नायक से भी वह ऊपर से वर्जन ही करती है। सामान्यत: तो वह यह कहती है—

अर्थ १—[दूध, दही इत्यादि का दान तो हम दे चुकीं, अब तुम हमें] वृथा क्यों घेरे हुए हो, लज्जा धारण करो (वृथा रोकने से विरत हो)। [अब] हम लोग घर जायें (हम लोगों को घर जाने दो)। [तुम तो] गोरस (वाक्य-विनोद, व्यर्थ के झगड़े का स्वाद) चाहते फिरते हो, [वास्तव में] गोरस (दूध, दही इत्यादि) नहीं चाहते [जिसके दे देने से पीछा छूटे। दूध, दही इत्यादि का माँगना तो छेड़ के निमित्त एक ब्याज मात्र है]॥

पर वह अपना आंतरिक अभिप्राय नायक को यह समझाती है—

अर्थ २—हम समझ गईं, तुम] गोरस (दूध, दही इत्यादि) नहीं चाहते, [प्रत्युत] गोरस (इन्द्रिय-रस) चाहते फिरते हो। [तो फिर रास्ते में] वृथा क्यों घेर रहे हो। लज्जा धारण करो (अर्थात् इस बात को प्रकट न होने दो)। [अब हम] घर जायें (अब हमको घर जाने दो) [यदि तुम्हारा यही अभिप्राय है, तो तुम गुप्त रीति से वहाँ आना]

नायिका बड़ी चातुरी से, तर्जन करते हुए वचन-द्वारा, नायक को यह समझा देती है कि मैं तुम्हारा अभिप्राय समझ और स्वयं तुम पर अनुरक्त हो गई हूँ; पर मुझसे तुम्हें गुप्त रीति से मिलना चाहिए। इस प्रकार मार्ग में छेड़छाड़ करना अनुचित है। इधर तो वह और सुनने वालों की जान में नायक को फटकार बतलाती है, और उधर नायक से भी कोई ऐसी बात नहीं

---

१. धरि (५)।
२. फिरति (५)।
३. चाहति (५)।

कहती कि, यदि वह उस पर अनुरक्त न हो तो, उसे यह कह बैठने का अवसर मिले कि मैं तो यह नहीं चाहता। इन दोनों ही बातों पर ध्यान रखती हुई वह अपना अभीष्ट श्लेष-द्वारा व्यंजित करती है॥

धाम धरीक निवारियै, कलित ललित अलि-पुंज।
जमुना-तीर तमाल-तरु-मिलित मालती-कुंज॥ १२७॥

अवतरण—स्वयंदूतिका नायिका वचन-चातुरी से अपना अभिप्राय नायक पर व्यंजित करती हुई उसको रमणोपयुक्त स्थान बतलाती है, और वह व्यंजित करती है कि आप वहाँ चलकर ठहरिये, मैं आती हूँ—

अर्थ—यमुना के तीर पर तमाल-तरु से मिले हुए, [और] ललित (सुन्दर) अलि-पुंज (भ्रमरों के समूह) से कलित (मढ़े हुए) मालती-कुंज में [विश्राम करके आप इस दुपहरी की कड़ी] घाम का घड़ी भर निवारण कीजिए॥

'यमुना-तीर' कह कर वह यह व्यंजित करती है कि मैं वहाँ जल भरने आऊँगी॥ 'कलित ललित अलि-पुंज' कह कर वह यह सूचित करती है कि वह स्थान निर्जन है, क्योंकि यदि उस ओर मनुष्यों का आना जाना होता, तो भौंरों का समूह का समूह उस कुंज पर कलित (जड़ा हुआ सा) न रहता॥

'तमाल-तरु-मिलित मालती-कुंज' कहकर वह यह व्यंजित करती है कि वह स्थान स्त्री और पुरुष के मिलने के निमित्त परमोपयुक्त है, क्योंकि वहाँ, मनुष्यों की कौन कहे, 'तमाल-तरु' तथा मालती भी आपस में लिपटे हुए हैं। इसी खंड-वाक्य से वह नायक का ध्यान स्त्री-पुरुष-सम्मेलन की ओर आकर्षित करके उसके चित्त में अपने से मिलने की अभिलाषा भी उद्दीपित करती है।

'धाम घरीक निवारियै', इस खंड वाक्य से वह जल लेने जाने का समय व्यंजित करती है॥

उन हरकी हँसी[१] कै, इतै[२] इन सौंपि[३] मुसकाइ[४]।
नैन मिलैं मन मिलि गए दोऊ, मिलवत गाइ॥ १२८॥

अवतरण—नायक सबेरे अपनी गाएँ लेकर चराने चला। नायिका भी अपनी गाय उसी के समूह में मिलाने लगी। उसी समय दोनों के नयन मिले और नयन मिलते ही मन भी मिल गए। इसी अवसर का वर्णन सखी सखी से करती है—

अर्थ—[उधर] उन्होंने (नायक ने) [तो] हँसकर हरकी (नायिका की गाय को अपनी गायों के समूह में मिलने से रोका), [और] इधर इन्होंने (नायिका ने) मुस्कुराकर [अपनी गाय उनको] सौंपी। गायों के [इस प्रकार] मिलाते समय आँखों के मिलने से दोनों मन मिल गये॥

---

१. **सहि (५)।**
२. **उतै उन (४)।**
३. **सोपिय (४)।**
४. **मुसिकाइ (१), मुसुकाइ (४), मुसक्याइ (५)।**

नायिका पहले तो अपनी गाय नायक की गायों में, बिना कुछ कहे ही, मिला देना चाहती थी, पर नायक ने चाहा कि वह मेरी ओर देखे, और कुछ बोले। अतः उसने हँसकर उसकी गाय को रोका। हँसा वह इसलिए कि नायिका यह बात समझ जाये कि यह रोकना केवल हँसी से छेड़छाड़ करने के निमित्त है। तब नायिका ने मुस्कुराकर अपनी गाय नायक को, चरा लाने को कहकर सौंपी। इस हँसी और मुस्कुराहट में दोनों की आँखें चार हुईं और मन मिल गए॥

पर्‌यौ जोरु, बिपरीति रति रुपी सुरत-रन-धीर।
करति कुलाहलु किंकिनी, गह्यौ मौनु मंजीर॥ १२९॥

शब्दार्थ—पर्‌यो जोरु = पर्‌यौ का अर्थ यहाँ पड़ गया, गिर गया, नीचे आ गया है और 'जोरु' का अर्थ जोड़ अर्थात् प्रतिद्वंद्वी है। कुश्ती लड़ने के निमित्त जो दो पहलवान अखाड़े में उतरते हैं, उनमें से प्रत्येक दूसरे का जोड़ कहलाता है। कुश्ती लड़ते-लड़ते जब एक गिरकर भूमि थाम लेता है, तो दूसरे के पक्ष वाले कहते हैं कि जोड़ पड़ गया अथवा गिर गया। इस दोहे में 'पर्‌यौ-जोरु' का अर्थ जोड़ अर्थात् नायक पड़ गया, अर्थात् नीचे आ गया है॥ **रुपी** = दृढ़तापूर्वक स्थिर हुई, डट गई॥ **सुरत-रन-धीर** = सुरत संग्राम में अविचल रहने वाली नायिका॥ **किंकिनी** = कटि में पहनने का एक भूषण, जिसमें छोटी छोटी घंटियाँ लगी रहती हैं, जो कटि के हिलने से बजती हैं। इसको छुद्रघंटिका भी कहते हैं। यह शब्द स्त्रीलिंग है॥ **मंजीर** = नूपुर। पैरों में पहनने का भूषण विशेष, जिसमें घुँघरू लगे रहते हैं, और पैर के हिलने से बोलते हैं। यह शब्द पुल्लिग है॥

अवतरण—रंगमहल की सखियाँ किंकिणी के बजने से प्रौढ़ा नायिका की विपरीत रति का अनुमान करके आपस में कहती हैं—

अर्थ—मंजीरों ने [जो कि पुल्लिग होने के कारण नायक के पक्ष के हैं और जो कि अब तक नायक के तथा अपने ऊर्ध्ववर्ती होने के कारण बोल रहे थे, अर्थात् अपने पक्ष का उत्कर्ष विघोषित कर रहे थे, अब] मौन धारण कर लिया है, [और] किंकिणी [जो कि स्त्रीलिंग होने के कारण नायिका के पक्ष की है, और जो कि अब तक नायिका के तथा अपने दबे रहने के कारण दबी अर्थात् चुप थी, अब] कोलाहल कर रही है। [इन बातों से जान पड़ता है कि अब] जोड़ (नायिका का जोड़ अर्थात् प्रतिद्वंद्वी, नायक) पड़ गया (नीचे आ गया) है, [और] सुरत रण-धीर [नायिका] विपरीत में दृढ़तापूर्वक स्थिर हो रही है (अर्थात् डटी हुई है)॥

बिनती रति बिपरीत की करी परसि पिय पाइ।
हँसि, अनबोलैं हीं दियौ ऊतरु, दियौ बताइ॥ १३०॥

शब्दार्थ—अनबोलैं हीं = बिना बोले ही॥ **ऊतरु** = उत्तर॥ **दियौ बताई** = दीपक की ओर इंगित करके, अथवा दीपक बुझाकर॥

अवतरण—सखी का वचन सखी से—

अर्थ—प्रियतम ने [प्रिया से उसके] चरण छूकर विपरीत रति की (विपरीति रति करने के निमित्त) विनती की। [प्रिया ने] हँसकर, दीपक को

बता कर (दीपक की ओर इंगित करके अथवा दीपक को बुझाकर) बिना बोले ही उत्तर दे दिया (अपनी स्वीकृति विदित कर दी)॥

नायिका मध्यां है, अत: दीपक के उजाले में विपरीत रति नहीं करना चाहती। सो उसने दीपक की ओर इंगित करके यह व्यंजित किया कि यदि यह बुझा दिया जाये, तो ऐसा किया जा सकता है, अथवा दीपक बुझा कर उक्त रति के लिए अपना तैयार होना सूचित किया॥

दीपक बुझाने से दीपक की ओर इंगित करने में विशेष लज्जा तथा सरसता है॥

कैसें छोटे नरनु तैं सरत[१] बड़नु[२] के काम।
मढयौ दमामौ[३] जातु क्यौं, कहि चूहे[४] कैं चाम॥ १३१॥

शब्दार्थ—दामामौ = बड़ा नगाड़ा, जो ऊँट अथवा हाथी पर लाद कर ले जाया जाता है॥

अवतरण—कवि की प्रास्ताविक उक्ति है—

अर्थ— छोटे मनुष्यों से बड़ों के (बड़ों के करने के अथवा बड़ों के लाभ के) काम कैसे चल सकते हैं (अर्थात् नहीं चल सकते)। [भला] कहो [तो सही कि] चूहे के चमड़े से दमामा क्यों कर मढ़ा जा सकता है॥

सकत न तुव ताते बचन मो रस कौ रसु खोइ।
खिन खिन औटे खीर लौं खरौ सवादिलु होइ॥ १३२॥

शब्दार्थ—ताते (तप्त) = गरम, रोषान्वित॥ **मो रस** = मेरे प्रेमानंद॥ **रसु** = स्वाद॥ **खिन खिन** = क्षण क्षण में॥ **खीर (क्षीर)** = दूध॥ **सवादिलु** = स्वादु॥

अवतरण—प्रात:काल नायक को सापराध देखकर अधीरा नायिका परुष वचन कहती है। शठ नायक मीठी बातें बनाकर उसका क्रोध शांत करना चाहता है—

अर्थ— तेरे गरम (रोषान्वित) वचन मेरे प्रेमानंद के स्वाद को नष्ट नहीं कर सकते, [प्रत्युत मेरा वह प्रेमानंद तेरे गरम वचनों से तपकर] प्रति क्षण औटे हुए दूध की भाँति अधिक स्वादिष्ट होता है॥

कहि, लहि कौनु[५] सकै दुरी सौनजाइ[६] मैं जाइ।
तन की सहज सुबास बन[७] देती जौ न बताइ॥ १३३॥

शब्दार्थ—सौनजाइ = पीत चमेली॥

अवतरण—सखी नायिका की गुराई तथा शरीर की सुगंधि की प्रशंसा करती हुई नायक को उसे लक्षित कराती है, अथवा अन्य सखी से कहती है—

---

१. होत (२, ४)।
२. बड़े (१)।
३. दमामा (५)।
४. चूहा (१)।
५. कोन (४, ५)।
६. सोनजुही (४), सोनजाइ (५)।
७. ता (४)।

अर्थ—[उस] पीत चमेली में जाकर छिपी हुई [नायिका] को [भला] कह [तो सही], कौन लह (लक्षित कर अथवा पा) सकता था, यदि [उसके] शरीर की स्वाभाविक सुगंध [फैलकर] बन में [उसे] बता न देती॥

अभिप्राय यह है कि उसका रंग ऐसा सुनहरा है कि फूली हुई पीत चमेली के वन में बैठ जाने पर उसका लक्षित होना कठिन था, पर उसके अंग की स्वाभाविक सुगंधि ने, जो पीली चमेली की गंध से श्रेष्ठ है, उसको लक्षित करा दिया॥

चाले की बातैं चलीं, सुनत सखिनु कैं टोल।
गोएँ[१] हूँ लोइन हँसत[२], बिहसत जात कपोल॥ १३४॥

शब्दार्थ—टोल = गोल, मंडल॥

अवतरण—नायिका अनूढ़ा परकीया मुदिता है। जिस नायक से इससे प्रेम था उसी से इसका व्याह हो गया है, और अब गौने की बात हो रही है अथवा जिस नायक से इससे प्रेम है, वह इसके ससुराल के समीप का रहने वाला है या और किसी कारण इसको आशा यह है कि उपपति से मिलने का अवसर ससुराल में अधिक प्राप्त होगा। अत: उसको गौने की बात चलने से प्रसन्नता हुई, पर सामान्यत: नवेलियों को, गौने के समय, नैहर छूटने का दु:ख ही होता है। इसलिए यह अपने प्रसन्न नेत्रों को छिपा रही है, पर उसकी प्रसन्नता इतनी अधिक है कि उसके कपोल भी विकसित हो रहे हैं। अत: आँखों के छिपाने पर भी उसके विशेष ढंग से हँसते हुए कपोलों से उसका मोद प्रकट होता है। यह लक्षित करके कोई सखी किसी अन्य सखी से कहती है—

अर्थ—चाले (गौने) की बातें चली हैं, [यह समाचार] सखियों के टोल में सुनकर, हँसते हुए लोचन को छिपाने पर भी [उसके] कपोल विहँसते (विशेष रूप से हँसते) जाते हैं (अर्थात् उसको ऐसा मोद हुआ है कि वह छिपाए नहीं छिपता)॥

सनु सूक्यो[३], बीत्यौ बनौ, ऊखौ लई उखारि।
हरी हरी अरहरि अजैं, धरि[४] धरहरि जिय[५], नारि॥ १३५॥

शब्दार्थ—बनौ = कपास भी॥ **धरहरि** = धैर्य॥

अवतरण—अनुशयाना नायिका को सखी धैर्य देती है—

अर्थ—[यद्यपि] सन सूख गया, कपास [का दिन] भी बीत गया, [और] ऊख भी उखाड़ ली गई [अर्थात् यद्यपि इन खेतों वाले तेरे संकेतस्थल नष्ट हो गए हैं, तथापि] अरहर अब भी हरी भरी है, [अत:] हे नारी, हृदय में धैर्य धर (चिन्ता मत कर) [क्योंकि तेरे लिए उसके खेत में सहेट बना हुआ है]॥

---

१. **ऐरी लोचन हँसत ए, बिगसत जात कपोल (४)।**
२. **सहित (२)।**
३. **सूष्यौ (४)।**
४. **हरि उर धरि जहि नारि (५)।**
५. **हिय (१)।**

आए आपु, भली करी, मेटन मान-मरोर।
दूरि करौ यह, देखिहै छला छिगुनिया[१]-छोर॥ १३६॥

शब्दार्थ—मान-मरोर = मन की ऐंठ॥ **छिगुनिया** = छोटी अँगुली, कानी अँगुली॥

अवतरण—नायिका ने नायक को अपराधी समझकर मान किया है। नायक उसको मनाने आया है, पर शीघ्रता में अन्य स्त्री का छल्ला, जो छोटा होने के कारण उसकी कानी अँगुली के ऊपर ही अटका है, पहने चला आया है। सखी उससे कहती है कि इसे उतार डालिए, नहीं तो वह इसे देखकर तुम्हारा अपराध निश्चय कर लेगी—

अर्थ—मान-मरोड़ मिटाने [के निमित्त जो] आप आए, [सो आपने] अच्छा किया। [पर] इसको (इस छल्ले को) दूर कर दीजिए, [नहीं तो वह यह] छल्ला छिगुनिया के छोर (अग्र भाग) पर देख लेगी [और इससे यह अनुमान कर लेगी कि तुम सचमुच अपराधी हो। फिर मानना तो दूर रहा, और भी ऐंठ जायेगी]॥

मेरे बूझत बात तू कत बहरावति, बाल।
जग जानी बिपरीत[२] रति लखि बिंदुली पिय-भाल॥ १३७॥

शब्दार्थ—बहरावति = टालती है॥ **बिंदुली** = टिकुली॥

अवतरण—दंपति ने अपने रूप का परिवर्तन करके, अर्थात् नायक ने नायिका और नायिका ने नायक का रूप धारण करके, विपरीत रति की थी। नायक ने अपना सब आरोपित श्रृंगार तो उतार डाला है, पर टिकुली भूले से भाल पर लगी रह गई है, जिससे सखी रूप परिवर्तन तथा विपरीत रति का अनुमान करके मध्या नायिका से परिहास करती है—

अर्थ—हे बाला, मेरे पूछते समय तू बात को क्यों बहलाती है। प्रियतम के भाल में बिंदुली देखकर [मैंने ही नहीं, वरन्] संसार ने (सब देखने वालों ने) [तेरी] विपरीत रति जान ली है॥

फिरि फिरि बिलखी ह्वै लखति[३], फिरि फिरि लेति[४] उसासु[५]।
साईं! सिर-कच-सेत लौं बीत्यौ चुनति[६] कपासु[७]॥ १३८॥

शब्दार्थ—बिलखी = दुखी॥ **उसासु (उत्+श्वास)** = लम्बी साँस, जो कि मनुष्य दुःख अथवा सोच में लेता है। भाषा के कवियों ने इस शब्द को पुल्लिंग तथा स्त्रीलिंग दोनों रूपों में प्रयुक्त किया है। बिहारी ने भी इसका दोनों प्रकार से प्रयोग किया है। इस दोहे के अतिरिक्त सतसई के और आठ दोहों में यह शब्द आया है। २६२, ३३४, ४४९, ४८७, ५०७, ५३४, ५५३

---

१. छिनगुनियनि (२)।
२. विपरीति (२, ४)।
३. लखै (२)।
४. लेतु (१), लेत (४, ५)।
५. उसास (२, ४, ५)।
६. चुनत (२, ४, ५)।
७. कपास (२, ४, ५)।

तथा ६६० अंकों के दोहे द्रष्टव्य हैं। इनमें से कई दोहों में इसका स्त्रीलिंग प्रयोग हुआ है, और कई में पुल्लिग प्रयोग। इस दोहे में इसका पुल्लिग प्रयोग है॥ **साईं (स्वामी)** = प्रभु। यहाँ यह शब्द 'राम राम', 'हरि हरि', 'शिव शिव', 'दई' इत्यादि की भाँति खेदसूचक अव्यय मात्र है। किसी किसी टीकाकार ने 'साईंसिर-कच' को एक समस्त पद मान कर उसका अर्थ पति के सिर के बाल किया है। यह भी अर्थ हो सकता है, पर हमारी समझ में यहाँ साईं को खेदोदगार-बोधक अव्यय मानना अच्छा है॥ **बीत्यौ** = बीता हुआ, समाप्ति पर आया हुआ। यह शब्द 'कपासु' शब्द का विशेषण है। 'बीत्यौ कपासु' का अर्थ समाप्ति पर आया हुआ कपास होता है। कपास की रुई तीन बार चुनी जाती है—पहली बार क्वार में, दूसरी बार अगहन में और तीसरी बार चैत्र में। तीसरी बार रुई चुनने के पश्चात् खेत काट डाला जाता है। अत: बीत्यौ कपास का अर्थ तीसरी बार की रुई होता है। इसी अन्तिम बार की रुई का बीनना अनुशयाना नायिका के विषाद का कारण हो सकता है, क्योंकि इसके पश्चात् खेत कट जाने से उसका संकेत नष्ट हो जायेगा॥ **कपासु** = एक प्रकार की रुई का वृक्ष। यह प्रचलित भाषा में स्त्रीलिंग माना जाता है, पर ज्ञात होता है कि बिहारी के समय में यह शब्द संस्कृत 'कर्पास' की भाँति भाषा में भी पुल्लिग ही माना जाता था॥

अवतरण—इस दोहे की नायिका अनुशयाना है। इसका संकेतस्थल कपास के खेत में है। अत: कपास की अन्तिम उपज बीनने के समय, यह विचार कर कि अब कपास का खेत काट डाला जायेगा, उसको बड़ा दु:ख होता है। उसके इसी दु:ख का वर्णन उसकी कोई अंतरंगिनी सखी किसी अन्य अंतरंगिनी सखी से खेद-पूर्वक करती है—

अर्थ—[देखो, यह बेचारी] फिर फिर दुखी होकर देखती है, [और] फिर फिर लंबी साँस भरती है। हे भगवान्! [यह] समाप्ति पर आया हुआ कपास सिर के श्वेत बालों की भाँति [अत्यन्त कष्ट पाकर] चुनती है (जिस प्रकार लोगों को श्वेत बाल चुनते समय यह समझकर दु:ख होता है कि अब काम क्रीड़ा के दिन समाप्त हो रहे हैं, उसी प्रकार इसको, कपास की अन्तिम उपज चुनने के समय, यह सोचकर विषाद होता है कि अब शीघ्र ही उपपति से बिहार करने का संकेत नष्ट हो जायेगा)॥

डगकु डगति सी चलि, ठठुकि[१] चितई, चली निहारि।
लिए जाति चितु चोरटी वहै[२] गोरटी नारि॥ १३९॥

शब्दार्थ—डगकु = एक आध डग अर्थात् पग॥

अवतरण—नायक सखी से नायिका के हावभावों का वर्णन करता हुआ अपना अनुराग प्रकट करता है—

अर्थ—दो एक डग डगमगाती सी (सात्विक के कारण उलझती सी) चाल चलकर, [और फिर] ठिठक कर [जिससे इधर-उधर] देख लिया [कि कोई देखता तो नहीं है, और फिर मुझे] देखकर चली, वही चोरटी (चित्त को चुराने वाली) गोरी नारी [मेरा] चित्त लिए जा रही है॥

---

१. **ठिठुकि** (१)।
२. **यहै** (१, ५)।

करी बिरह ऐसी, तऊ गैल नै छाड़तु नीचु।
दीनैं[1] हूँ[2] चमसा चखनु चाहै लहै[3] न मीचु॥ १४०॥

शब्दार्थ—मीचु = मृत्यु॥

अवतरण—सखी नायिका की विरह-दशा नायक से निवेदित करती है—

अर्थ— विरह ने [उसको यद्यपि] ऐसा [दुबला] कर दिया है [कि] मृत्यु [उसको] चाहती (खोजती) है, [किन्तु] आँखों पर चश्मा लगाने पर भी नहीं पाती, तऊ (तथापि) [वह] नीच [विरह उसकी] गैल (पैंड़) नहीं छोड़ता [अर्थात् इस पर भी उसका विरह दूर नहीं होता। तुमको दया नहीं आती कि जाकर उसका विरह-दुःख मिटा दो]॥

जपमाला, छापैं[4], तिलक सरै न एकौ कामु।
मन[5]-काँचै नाचै वृथा, साँचै राँचै रामु[6]॥१४१॥

शब्दार्थ—जपमाला = जपने की माला॥ **छापैं** = छापे से, तप्त मुद्रा इत्यादि से॥ **मन काँचै** = कच्चे मनवाला ही, बिना सच्ची भक्ति वाला ही॥ **साँचै** = सच्चे ही से, सच्ची भक्ति वाले ही से॥ **राँचै** = रंजित होता है, प्रसन्न होता है॥

अवतरण—बनावटी भक्ति पर कवि की उक्ति है—

अर्थ— जपमाला, तप्त मुद्रादि, [तथा] तिलक से एक भी (कुछ भी) काम नहीं सरता (निकलता) [क्योंकि ये सब तो ऊपरी दिखावा मात्र हैं]। कच्चे मन वाला ही वृथा (बिना कुछ लाभ के) नाचा करता है, राम [तो] सच्चे ही से रचता है (प्रसन्न होता है)॥

जौ वाके तन की दसा देख्यौ चाहत आपु।
तौ बलि, नैंक बिलोकियै चलि अचकाँ[7], चुपचापु॥ १४२॥

शब्दार्थ—अचकाँ = एकाएक, ऐसे समय जब आपके वहाँ पहुँचने की संभावना न हो।

अवतरण—प्रोषितपतिका नायिका की दूती ने नायक से नायिका की विरह-दशा कुछ इस प्रकार वर्णन की कि वह विस्मित सा हो गया। उसके विस्मय से लाभ उठाकर चतुर दूती उसको चटपट नायिका के पास ले चलने का डौल डालती है। उसकी अकथनीय दारुण दशा का प्रभाव नायक के हृदय पर जमाती हुई वह यह व्यंजित करती है कि उसकी दशा आपके चलने के समाचार मात्र से परिवर्तित हो जायेगी, और अपने कथन को सत्य प्रमाणित करने के ब्याज से नायिका का प्रेमाधिक्य भी जताती है—

---

१. दियें (२), दिए (५)।
२. ऊँ (४, ५)।
३. लहत (४)।
४. छापा (४, ५)।
५. काचैं मन (१)।
६. स्याम (२)।
७. औचक (२, ४)।

अर्थ— यदि [आपको मेरे कहने का विश्वास नहीं है, और] आप [स्वयं] उसके तन की [सच्ची] दशा (दयनीय अथवा, जिसे सुनकर आप विस्मित हो रहे हैं) देखा चाहते हैं, तो मैं बलिहारी जाती हूँ, [आप] नैंक अचकाँ [तथा] चुपचाप (अपना चलना किसी पर प्रकट किए बिना, जिसमें कि कोई आपके चलने का समाचार उसको न दे सके) चल कर [गुप्त रीति से] देख लीजिए, [जिसमें आपको मेरे झूठ सच का ज्ञान हो जाये; क्योंकि यदि उसको आपके आगमन की सुनगुनी लग जायेगी, तो हर्ष से उसका शरीर प्रफुल्लित हो जायेगा, और वह दशा न रहेगी, जिसका वर्णन मैंने किया है और, यदि आपको मेरे कहने का विश्वास है, तो आपका तुरन्त चलना नितांत उचित ही है]॥

जटित नीलमनि जगमगति[१] सींक सुहाई नाँक।
मनौ अली चंपक-कली बसि रसु लेतु निसाँक॥ १४३॥

शब्दार्थ—सींक = एक पतला सा, सींक की आकृति का नासिका भूषण-विशेष॥

अवतरण—नायिका की नासिका तथा सींक की अपूर्व शोभा का वर्णन नायक स्वगत करता है—

अर्थ— [आहा!] उसकी सुहाई (चित्त को आकर्षित करने वाली) नाँक में नीलम जड़ी हुई सींक [कैसी] जगमगा रही है, मानो भ्रमर चंपे की कली पर बैठकर निःशंक (इस बात की शंका छोड़कर कि चंपे की कली पर मेरा बैठना अनुचित है) रस ले रहा है॥

भ्रमर चंपे पर नहीं बैठता, परंतु नासा-रूपी चंपे की कली ऐसी मनोहर है कि उस पर मुग्ध होकर वह विचार-शून्य हो उसका रस ले रहा है। इस कथन से यह व्यंजित होता है कि नासिका की शोभा विलक्षण तथा सामान्य नियम को भुलवा देने वाली है॥

फेरु कछुक करि पौरि तैं, फिरि, चितई मुसुकाइ[२]।
आई[३] जावनु लैन, जिय[४] नेहैं[५] चली[६] जमाइ॥ १४४॥

शब्दार्थ—पौंरि = घर में घुसने के पहले द्वार के बाहर अथवा भीतर जो आच्छादित स्थान पड़ता है, उसको पौरी कहते हैं, पर इसका प्रयोग द्वार के अर्थ में भी होता है। इस दोहे में दोनों अर्थ घट सकते हैं॥ **जावनु** = जावन, जमाने वाली वस्तु, खट्टा दही, जो दूध में उसे जमाने के लिए थोड़ा सा डाल दिया जाता है॥

अवतरण—नायक किसी पड़ोसिन की मनमोहिनी चेष्टा पर अनुरक्त होकर स्वगत कहता है—

---

१. जगमगे (४)।
२. मुसुकाइ (४), मुसक्याय (५)।
३. जावन लेन जो ही चली (४)।
४. हिय (२)।
५. नेहहिं (२, ५)।
६. गई (२)।

अर्थ— [उसने लौटकर जाते समय] पौरी पर से कुछ फेर (ब्याज, बहाना) करके, फिर कर (घूमकर), [मेरी ओर] मुस्कुराकर [ऐसे भाव से] देखा [कि] आई [तो वह] थी जामन लेने के लिए, [पर मेरे] हृदय में [अपना] स्नेह (१. प्रेम २. घी) जमा कर चली॥

जदपि तेजरौहाल-बल पलकौ लगी न बार।
तौ ग्वैंड़ौ घर कौ भयौ पैंड़ौ कोस हजार॥ १४५॥

शब्दार्थ—तेज (तेज़) = यह फारसी शब्द है, जिसका अर्थ तीक्ष्ण है। इसका प्रयोग शीघ्रगामी के अर्थ में भी होता है॥ रौहाल = यह फारसी शब्द 'रहवार' का विकृत रूप है। इसका अर्थ चलने वाला है, पर घोड़े के अर्थ में इसकी योगरूढ़ि है॥ ग्वैंड़ौ = घर के आसपास की भूमि की सीमा॥

अवतरण—नायक परदेश से आया है। ग्राम की सीमा पर पहुँचकर उसकी, नायिका से मिलने की उत्सुकता के कारण, वहाँ से घर तक का मार्ग सहस्र कोस का प्रतीत हुआ। उसी का वर्णन वह नायिका से करके अपना प्रेमाधिक्य जताता है—

अर्थ— [हे प्यारी,] यद्यपि शीघ्रगामी घोड़े के बल (पराक्रम के कारण) [मुझे पहुँचने में] पल मात्र भी बार (बिलंब) नहीं लगी तथापि [तुझसे मिलने की उत्सुकता के कारण] घर का ग्वैंड़ा [ही मुझे] हजार कोस का पैंड़ा (मार्ग) हो गया (प्रतीत हुआ)॥

पूस-मास सुनि सखिनु पैं साईं चलत सवारु।
गहि[1] कर बीन प्रबीन तिय राग्यौ रागु मलारु॥ १४६॥

शब्दार्थ—सवारु = प्रात:काल॥ **राग्यौ** = अलापा॥ **मलारु (मल्लार)** = राग विशेष। इस राग के विषय में प्रसिद्ध है कि इसके यथार्थ रीति से गाने अथवा बजाने से पानी बरसने लगता है।

अवतरण—प्रौढ़ा प्रवस्यत्प्रेयसी नायिका नायक के परदेश-गमन को रोकने का प्रयत्न करती है। सखी का वचन सखी से—

अर्थ— पूस के महीने में सखियों से [यह] सुनकर [कि] प्रात:काल पति [परदेश] चलता है (जानेवाला है), प्रवीण (संगीत-विद्या में निपुण) स्त्री ने हाथ में बीन लेकर मल्लार राग रागा (अलापा) [जिसमें पानी बरसने लगे और प्रियतम का जाना रुक जाये; क्योंकि अकाल वृष्टि में यात्रा निषिद्ध है]॥

बन[2]-तन कौं, निकसत, लसत हँसत हँसत, इत आइ।
दृग-खंजन गहि लै चल्यौ[3] चितवनि-चैंपु[4] लगाइ॥ १४७॥

शब्दार्थ—बन-तन = वन की ओर॥ **लसत** = क्रीड़ा करता हुआ॥ **चैंपु** = लासा॥

---

१. लें (५)।
२. बनठन (२)।
३. गए (२, ४)।
४. चोप (४)।

अवतरण—नायिका अपने द्वार पर निकल आई थी। इतने ही में नायक उसकी ओर मुस्कुराता हुआ आकर और उसको प्यार की दृष्टि से देखकर वन की ओर चला। नायिका उसकी उस लगावट की चितवन से ऐसी मोहित हो गई कि उसके नेत्र नायक के पीछे लग लिए, जिससे आकर्षित होकर वह स्वयं भी उधर ही चल पड़ी। अपनी अंतरंगिनी सखी के यह कहने पर कि तू कहाँ चल रही है, वह उत्तर देती है कि मैं क्या करूँ, मेरी आँखों को वह फँसाए लिये जाता है—

अर्थ—[हे सखी! मैं क्या करूँ, मेरे घर से] निकलते ही [वह] हँसता-हँसता क्रीड़ा करता हुआ इधर आकर, [मेरे] दृग-रूपी खंजों को [अपनी] चितवन-रूपी चैंप लगाकर वन की ओर पकड़ ले चला [अतः मैं उसी के पीछे चल रही हूँ]॥

खंजों को बहेलिए जंगल से पकड़कर नगर में लाते हैं, पर इस दोहे में यह विलक्षणता है कि नागर नायक का नायिका के दृग-रूपी खंजों को नगर से पकड़कर वन की ओर ले चलना कहा गया है॥

मरनु भलौ बरु बिरह तैं, यह निहचय[१] करि जोइ।
मरन मिटै दुखु एक कौ, बिरह दुहूँ दुखु होइ॥ १४८॥

अवतरण—परस्परानुरक्त नायक नायिका कुछ ऐसे अंडस में पड़े थे कि यद्यपि विरह से व्याकुल रहते थे, तथापि मिल नहीं सकते थे। अंत को नायिका के प्राण प्रयाण कर गए। नायक अत्यंत अधीर होकर विलख रहा है। उसके अंतरंग मित्र तथा सखियाँ इत्यादि उसको धैर्यावलंबन करने के लिए समझाते हैं—

अर्थ— विरह [के दुःख भोगने] से [तो उसके लिए] प्रत्युत मरना [ही] अच्छा था, यह [तुम] निश्चय करके समझ लो, [क्योंकि] मरने से एक का दुःख [तो] मिट जाता है, [पर] विरह से दोनों को दुःख होता है, [अतः तुमको उसके मरने पर दुःख न करना चाहिए, प्रत्युत यह समझकर धैर्य धरना चाहिए कि चलो, वह बेचारी तो दारुण दुःख से छूट गई। हम तो पुरुष शरीर हैं, किसी न किसी प्रकार झेल ही लेंगे, पर उस कोमलांगी, प्राण से भी अधिक प्रिय अबला के निमित्त विरह-दुःख सहना बड़ा ही कठिन था। इसके अतिरिक्त यह विरह-दुःख तो अनिवार्य ही था, इसलिए यदि दोनों में से एक उससे मुक्त हो गया, तो अच्छा ही हुआ]॥

हरषि न बोली, लखि ललनु, निरखि अमिलु सँग[२] साथु।
आँखिनु[३] हीं में हँसि, धर्‌यो सीस हियैं धरि[४] हाथु॥ १४९॥

शब्दार्थ—**अमिलु** = बेमेल, जिससे अपना मन नहीं मिला है॥

अवतरण—सखी सखी से क्रियाविदग्धानायिका के भाव का वर्णन करती है—

---

१. विचार (२)।
२. सब (२, ४)।
३. अँखियनि (२)।
४. पै (२)।

अर्थ—[नायिका अपने अथवा नायक के] संग में अमिल (बिना मन मिले हुए लोगों का) साथ देखकर, नायक को लक्षित करके, हर्ष-पूर्वक कुछ बोली नहीं (बोल न सकी)। [पर उसने] आँखों ही में हँसकर, हाथ को छाती पर रख सिर पर रखा॥

आँखों ही में हँसने से उसने नायक के दर्शन से प्रसन्नता प्रकट की, और हृदय पर हाथ रखने से यह सूचित किया कि मैं तुमको अपने हृदय में स्थापित करती हूँ। फिर सिर पर हाथ रखने से यह व्यंजित किया कि तुमने जो चेष्टा द्वारा मिलने की प्रार्थना की, वह शिरोधार्य है, पर इस सुख की प्राप्ति भाग्य के हाथ है॥

को जानै, ह्वैहै कहा; ब्रज उपजी अति आगि।
मन[1] लागै[2] नैननु लगैं[3], चलै[4] न मग लगि[5] लागि॥ १५०॥

शब्दार्थ—अति आगि = बड़ी भारी आग। बड़ी विलक्षण, अर्थात् शीघ्र तथा बहुत सहज में सुलगने वाली और न लगने वाली वस्तु में भी लग जाने वाली, आग॥ **मन** = (१) हृदय। (२) मानस, मानसरोवर। मानसरोवर से यहाँ अभिप्राय ताल मात्र से है। मन शब्द में श्लिष्ट-पद-मूलक रूपक है। अतः इसका अर्थ मन-रूपी ताल होता है। इस शब्द का ऐसा ही प्रयोग बिहारी ने १८वें दोहे में भी किया है॥ **नैननु** = इस शब्द के भी यहाँ दो अर्थ हैं—(१) आँखों। (२) नमित होने वाले, अर्थात् कोमल पदार्थों॥ **लगैं** = इस शब्द के भी यहाँ दो भावार्थ हैं—(१) नयन पक्ष में—मिलने से, आसक्त होने से। (२) कोमल पदार्थ के पक्ष में—टकराने से, घिसने से। १८वें अंक के दोहे में भी 'लगत' शब्द का ऐसा ही प्रयोग है॥ **लगि** = तक॥ **लागि** = लगकर, पास होकर॥

अवतरण—पूर्वानुरागिनी नायिका विरह से संतप्त होकर स्वगत अथवा अंतरंगिनी सखी से कहती है—

अर्थ—कौन जाने, [यहाँ] क्या होगा (होने वाला है)। ब्रज में बड़ी विलक्षण अग्नि उत्पन्न हुई है, [जो] नयन-रूपी कोमल पदार्थों के [परस्पर] लगने से मन-रूपी सरोवर में लग जाती है। [यह ब्रज तो अब ऐसा हो रहा है कि कोई इसके] मार्ग तक के पास होकर न चले॥

इस दोहे का भाव ११८ संख्यक दोहे से मिलाने के योग्य है॥

घरु घरु डोलत दीन ह्वै, जनु जनु जाचतु जाइ।
दियैं लोभ चसमा चखनु लघु पुनि बड़ौ लखाइ॥ १५१॥

शब्दार्थ—चसमा (चश्मा) = ऐनक। यह शब्द फारसी भाषा का है। चश्मे कई प्रकार के होते हैं। एक प्रकार का चश्मा ऐसा होता है, जिसके लगा लेने से छोटी वस्तु बड़ी दिखलाई देने लगती है॥

---

१. मनु (२)।
२. लागैं (१, २)।
३. लगो (४)।
४. चलौ (१), चलो (४)।
५. सँग (४)।

अवतरण—लोभ की निंदा पर कवि की उक्ति—

अर्थ—[लोभी मनुष्य] घर घर दीन होकर (गिड़गिड़ाता हुआ) फिरता है, [और] जन जन (प्रत्येक सामान्य व्यक्ति) से जाकर याचना करता है, (माँगता है)। [इस बात का विचार नहीं करता कि जिस मनुष्य से वह याचना करता है, वह याचना करने के योग्य महान् पुरुष है, अथवा पास भी खड़े रहने के अयोग्य लध्वात्मा व्यक्ति; क्योंकि उसको तो] लोभ-रूपी चश्मा आँखों पर दिये रहने के कारण लघु [प्राणी] भी बड़ा लक्षित होता (जान पड़ता) है॥

लै चुभकी चलि जाति जित जित जल-केलि-अधीर।
कीजत केसरि-नीर से तित[1] तित के सरि-नीर॥ १५२॥

शब्दार्थ—**केसरि (केशर)** = कुंकुम॥ **सरि-नीर** = सरिता का पानी॥

अवतरण—जल केलि करती हुई नायिका को दिखला कर सखी नायिका का ध्यान उसकी गुराई पर दिलाती है—

अर्थ—[देखो, यह] जल-केलि में अधीर (चंचलता से जल-केलि करती हुई) [नायिका] जिस जिस ओर चुभकी (डुबकी) लेकर चली जाती है, उस उस ओर के नदी के जल [उसकी पीत द्युति की आभा से] केसर के जल (केसर घोले हुए जल) के सदृश कर दिये जाते हैं (बना दिये जाते हैं)॥

छिरके नाह नबोढ़-दृग कर[2]-पिजकी-जल-जोर।
रोचन-रँग-लाली भई बियतिय-लोचन-कोर॥ १५३॥

शब्दार्थ—**नबोढ़ (नवोढ़ा)** = नई ब्याही हुई॥ **कर-पिचकी** = हाथ की पिचकारी, हाथों को मिलाकर बनाई हुई पिचकारी॥ **जल-जोर** = जल-वेग अर्थात् जल की धारा॥ **रोचन** = गोरोचन॥ **बिय** = दूसरी॥

अवतरण—सखी का वचन सखी से—

अर्थ—[जल-क्रीड़ा के समय] नाह (नाथ अर्थात् नायक] ने हाथ की पिचकारी की जल-धारा से दृग [तो] नई ब्याही हुई [नायिका] के छिड़के, [और] गोरोचन के रंग की लाली हुई अन्य स्त्री की आँखों की कोरों में॥

अन्य स्त्री की आँखों में लाली ईर्ष्या तथा रोष से हुई। विलक्षणता यह है कि पानी और की आँखों में पड़ा और लाली और की आँखों में हुई॥

कहा लड़ैते दृग करे, परे लाल बेहाल।
कहुँ[3] मुरली, कहुँ पीत पटु, कहूँ मुकटु[4] बनमाल॥ १५४॥

शब्दार्थ—**लड़ैते** = लाड़ले॥ **बेहाल** = विह्वल, देहाध्यास-रहित॥

अवतरण—नायक नायिका के कटाक्षों से घायल होकर तड़प रहा है। उसकी दशा सखी नायिका से कहती है—

---

१. जित तित (२)।
२. करि (२, ४, ५)।
३. कहूँ मुरलिका पीत पटु (१)।
४. लकुट (२), मुकुट (४)।

अर्थ—[तूने अपने] दृग [ऐसे] लड़ैते क्या कर रखे हैं [कि उनके मारे] लाल बेहाल (बेसुध) पड़े हैं। मुरली कहीं, पीत पट कहीं [तथा] मुकुट [और] बनमाला कहीं [पड़े लुटक रहे हैं]॥

राधा हरि, हरि राधिका बनि आए संकेत।
दंपति रति-बिपरीत-सुखु सहज सुरतहूँ लेत॥ १५५॥

शब्दार्थ—**संकेत** = पहले से स्थिर किया हुआ स्थान॥ **सहज** = प्राकृत, स्वाभाविक॥

अवतरण—दंपति के लीला हाव में विपरीत रति का सुख प्राप्त करने का वर्णन सखी सखी से करती है—

अर्थ—श्रीराधिकाजी श्रीकृष्णचन्द्र का रूप धारण करके [और] श्रीकृष्णचन्द्र श्रीराधिकाजी का वेष बनाकर संकेत-स्थल में आए हैं, [और] दंपति स्वाभाविक रति में भी विपरीत रति का सुख ले रहे हैं॥

चलत पाइ निगुनी गुनी धनु मनि-मुत्तिय[1]-माल[2]।
भेंट होत[3] जयसाहि[4] सौं भागु चाहियतु भाल॥ १५६॥

शब्दार्थ—**निगुनी (निर्गुणी)** = गुणहीन॥ **धनु** = रुपया, असरफी इत्यादि। **मनि-मुत्तिय-माल** मणि तथा मोतियों की माला॥ **भेंट होत** = भेंट होते समय। **भागु** = सौभाग्य॥ **चाहियतु** = चाहिए होता है; आवश्यक होता है॥ **भाल** = ललाट में॥

अवतरण—कवि राजा जयशाह की उदारता की प्रशंसा करता है—

अर्थ—राजा जयशाह से [केवल] भेंट होने के समय (भेंट होने के निमित्त) [याचकों को अपने] भाल में भाग्य की आवश्यकता पड़ती है। [भेंट हो जाने पर, चाहे उनके भाल में सौभाग्य लिखा हो अथवा नहीं और चाहे वे गुणहीन हों अथवा गुणी, सभी संपत्तिशाली हो जाते हैं] निर्गुणी धन पाकर चलता है (लौटता है), [और] गुणी मणिमुक्ताओं की मालाएँ पाकर। [भावार्थ यह है कि भाग्यवान् तथा गुणी को तो सब ही देते हैं, पर जयशाह अभागी एवं गुणहीन को भी संपत्तिवान् बना देता है]॥

पुराने राजों में प्रथा यह थी कि वे गुणहीन याचकों को धन एवं गुणियों को. उनके प्रतिष्ठार्थ मणिमुक्तादि की मालाएँ देते थे, अतः कवि ने गुणहीनों तथा गुणवानों के निमित्त यथासंख्य धन तथा मणिमुक्तादि की मालाओं का पाना कहा है॥

जसु अपजसु देखत नहीं देखत साँवल-गात।
कहा करौं, लालच[5]-भरे चपल नैन चलि जात॥ १५७॥

शब्दार्थ—**साँवल-गात** = साँवल गात वाले अर्थात् श्रीकृष्णचंद्र॥ **लालच-भरे चपल** = सौंदर्य अवलोकन की लालसा से पूरित होने के कारण चंचल॥

---

१. **मुक्ता (४)।**
२. **लाल (१, ४)।**
३. **भएँ (२)।**
४. **साह (१)।**
५. **लालिच (१, २)।**

अवतरण—श्रीकृष्णचंद्र को देखकर नायिका के नयन उन्हीं की ओर जाते हैं। सखी उसे शिक्षा देती है कि परपुरुष को इस प्रकार बेधड़क देखना कुल-वधुओं को उचित नहीं है, इससे तुझे कलंक लगेगा। उत्तर में नायिका कहती है—

अर्थ— क्या करूँ (मेरा कुछ वश नहीं चलता), [मेरे ये] लालच-भरे चपल नयन श्यामसुन्दर को देखते [ही] यश अपयश नहीं देखते (विचारते), [उसी ओर] चले जाते हैं॥

नख-सिख-रूप भरे खरे, तौ[1] माँगत मुसकानि[2]।
तजत न लोचन लालची ए ललचौहीं बानि॥ १५८॥

अवतरण—नायिका खड़ी नायक को देख रही है। सखी उससे कहती है कि अब तो तू भली भाँति देख चुकी, चलती क्यों नहीं। नायिका कहती है कि वह नैंक मेरी ओर देखकर मुस्कुरा दें तो चलूँ—

अर्थ— [यद्यपि मेरे नेत्र नायक के] नख-सिख-सौन्दर्य से भली-भाँति भर गए हैं, तथापि [उसकी] मुस्कुराहट की कामना कर रहे हैं। ये लालची लोचन ललचाने [अधिक अधिक लालसा करने) की बान (प्रकृति) नहीं छोड़ते॥

छ्वै छिगुनी[3] पहुँचौ गिलत[4] अति दीनता दिखाइ।
बलि बावन कौ ब्यौंतु सुनि को, बलि[5], तुम्हैं[6] पत्याइ॥ १५९॥

शब्दार्थ—**छिगुनी** = कानी अँगुली॥ **गिलत** = निगल लेते हो॥ **बलि** = राजा बलि॥ **बावन** = वामनावतार धारी भगवान्॥

अवतरण—नायक किसी नायिका के रूप, गुण इत्यादि का वर्णन सुनकर अथवा कहीं उसकी झलक देखकर, रीझ गया है और उसकी सखी से प्रार्थना करता है कि और नहीं तो नैंक उसका दर्शन तो करा दे। इस पर सखी नायक से परिहास करती है—

अर्थ— [तुम्हारी तो यह रीति है कि] बड़ी दीनता दिखलाकर अँगुली छू (छूते ही) [चट] पहुँचा निगल (पकड़) लेते हो। मैं तुम्हारी बलि गई, राजा बलि [तथा] वामन भगवान् का ब्यौंत (डौल, वृत्तांत) सुनने के पश्चात् तुमको कौन पतियाय (तुम्हारा कौन विश्वास करे)। [भावार्थ यह है कि अभी तो तुम मुझसे उसके दर्शन करा देने मात्र के निमित्त गिड़गिड़ा रहे हो, पर चार आँखें होते ही तुम उसका हृदय तक हरण कर लोगे और फिर किसी की सुनोगे भी नहीं]॥

इस परिहास से वह चतुर सखी नायक से यह वचन ले लेना चाहती है कि मैं सदा उस पर एकरस प्रेम रखूँगा॥

---

१. **तउ (५)।**
२. **मुसिकानि (१), मुसकानि (४)।**
३. **छिगुरी (२)।**
४. **गहत (२)।**
५. **हरि (२)।**
६. **तुमहि (१)।**

नैना नैंक न मानहीं, कितौ कह्यौ समुझाइ।
तनु मनु हारैं हूँ हँसैं, तिन सौं कहा बसाइ॥ १६०॥

शब्दार्थ—बसाइ = बस चले॥

अवतरण—पूर्वानुरागिनी नायिका नायक को देखकर मुस्कुराती है। सखी शिक्षा देती है कि पर पुरुष को देख इस प्रकार मुस्कुराना उचित नहीं है। नायिका अपनी अनुराग विवशता प्रकट करती हुई उत्तर देती है—

अर्थ—[मैंने इनसे] कितना समझा समझाकर कहा, [पर] नैना (१. दृग। २. जिसमें नीति नहीं है अर्थात् अनीतिज्ञ) नैंक (१. किञ्चित्मात्र भी। २. नीति) नहीं मानते। [भला जो] तन मन हारने पर भी हँसते रहते हैं (कुछ चिंता नहीं करते), उन [नासमझ जुवारियों] से क्या वश चल सकता है॥

यदि कोई कच्चा जुवारी होता है, तो हारने पर उसके चित्त में खेद तथा ग्लानि उत्पन्न होती है और वह इष्ट मित्रों के समझाने से जुवा खेलना छोड़ देता है, पर जो पक्के जुवारी हैं वे सर्वस्व हार जाने पर भी ग्लानि नहीं मानते, प्रत्युत हँसते ही रहते हैं। ऐसे अनीतिज्ञ जुवारियों से कुछ समझाना बुझाना नहीं चलता॥

मोहन-मूरति स्याम की अति अद्भुत गति जोइ।
बसतु सु चित-अन्तर, तऊ प्रतिबिंबितु जग होइ॥ १६१॥

शब्दार्थ—मोहन-मूरति = मोहनेवाली मूर्ति है जिसकी ऐसे। यह समस्त पद 'स्याम' शब्द का विशेषण है॥

अवतरण—कोई भक्त, जिसके हृदय में श्यामसुन्दर बस गए हैं और जिसको समस्त जगत् में सब पदार्थ श्याममय ही दिखलाई देते हैं, अपने मन से कहता है—

अर्थ—[हे मन,] मोहिनी मूर्ति वाले श्याम की [यह] अति अद्भुत गति (रीति, व्यवस्था) देख [कि यद्यपि] वह बसते [तो] चित्त के भीतर हैं, तथापि प्रतिबिम्बित जगत् में होते हैं (अपना रूप जगत् के सब पदार्थों में दिखलाते हैं, अर्थात् श्यामसुन्दर के हृदय में बसने से सर्व जगत् तन्मय दिखाई देने लगता है)॥

अद्भुतता यह है कि जो वस्तु किसी अन्य वस्तु के भीतर रहती है, उसका प्रतिबिंब बाहर नहीं पड़ता, पर श्याम यद्यपि चित्त के भीतर बसते हैं, तथापि जगत् भर में उन्हीं का प्रतिबिंब भक्त को दिखाई देता है॥

'मोहन-मूरति' यह विशेषण कवि ने यही सूचित करने के लिए रखा है कि श्यामसुन्दर की मूर्ति में ऐसी मोहिनी शक्ति है कि उनके हृदय में बसते ही चित्त मोहित होकर सब जगत् को तन्मय देखने लगता है॥

लटकि लटकि लटकतु चलतु, डटतु मुकट[१] की छाँह।
चटक-भर्‌यौ नटु मिलि गयौ अटकभटक-बट[२] माँह॥ १६२॥

---

१. मुकुट (४, ५)।
२. बन (४)।

शब्दार्थ—डटतु = सजधज से शोभा देता हुआ॥ **अटकभटक-बट** = भूलभुंलैयाँ का रास्ता। 'अटकभटक' भूलभुलैयाँ को कहते हैं। उसमें कुछ ऐसे घुमाव-फिराव के मार्ग बने रहते हैं, जिनमें पड़कर मनुष्य ठीक मार्ग बड़ी कठिनता से पाता है। 'बट' बाट का विकृत रूप है। बहुत से शब्दों के दीर्घ स्वरों को, समाप्त होने पर, लघुता प्राप्त हो जाती है, जैसे 'पनिघट', 'बंटपरा', 'नवठट' इत्यादि में अथवा 'अटकभटक-बट' का अर्थ भूलभुलैयाँ वाला बट वृक्ष करना चाहिए। भांडीर वन में अभी तक कुछ ऐसे वट के पुराने वृक्ष हैं, जिनकी बरोंहैं लटक लटक कर इस प्रकार जम गई हैं कि उनके नीचे भूलभुलैयाँ सी बन गई हैं॥

अवतरण—नायिका को श्रीकृष्णचंद्र के साथ भांडीर वन से निकलते कुछ सखियों ने देख लिया है एवं उसको प्रेम क्रीड़ा में लगे रहने के कारण घर आने में विलंब भी हो गया है। अत: वह अपनी वास्तविक बात छिपाने के लिए सखियों से कहती है—

अर्थ—[दैवयोग से आज मुझे] अटकभटक-बट में [जहाँ मैं भूलकर बड़ी देर से भटक रही थी] लटक-लटक कर (झूम-झूम कर) लटकता (झुकता हुआ) चलता [तथा] मुकुट की छाया (झलक) से डटता (शोभित होता हुआ) [एक] चटकभरा (चटकीली छवि से भरा हुआ फुर्तीला) नट मिल गया [जिसने मुझे बन के बाहर पहुँचा दिया]॥

यह गुप्ता नायिका ऐसी चतुर है कि श्रीकृष्णचंद्र का नाम नहीं लेती, प्रत्युत उनके रूप, चेष्टा इत्यादि से उनका वर्णन करती है, जिससे यह जान पड़े कि वह उनसे पहले से परिचित नहीं थी तथा वन में भी वह उनके साथ देर तक नहीं रही कि उनसे नाम इत्यादि पूछने का अवसर उसे प्राप्त होता॥

मलिन देह, वेई बसन, मलिन बिरह कैं[१] रूप।
पिय-आगम औरै चढ़ी[२] आनन ओप अनूप॥ १६३॥

अवतरण—आगमिष्यत्पतिका नायिका का वर्णन सखी सखी से कहती है कि यद्यपि उसने प्रियतम की अवाई का समाचार न मिलने के कारण कोई श्रृंगार इत्यादि नहीं किया है, तथापि, सच्चे प्रेम के कारण, उसके हृदय में उस परम शुभ अवसर के निकट होने का भान हो गया है, जिससे रक्त की गति तीव्र हो जाने के कारण उसके आनन की द्युति दीप्त हो गई है—

अर्थ—मलिन शरीर, उसी वस्त्र (बिना बदले हुए वस्त्र), [तथा] विरह के मलिन रूप (अवस्था) में [स्थित रहने पर भी] प्रियतम की अवाई [होने के कारण उसके] आनन (मुख) पर कुछ और ही अनूप ओप (चमक) चढ़ गई है॥

रँगराती रातैं हियैं प्रियतम लिखी वनाइ।
पाती काती बिरह की छाती रही लगाइ॥ १६४॥

शब्दार्थ—रँगराती = अनुराग से रँगी अर्थात् अनुरागमयी॥ **रातैं हियैं** = अनुरक्त हृदय से॥ **काती** = कतरनी।

---

१. **को** (५)।
२. **बढ़ी** (४, ५)।

अवतरण—नायक ने अपने परदेश से शीघ्र ही लौटने का समाचार बड़े धैर्य देने वाले शब्दों में बनाकर लिखा है। उस पत्रिका को नायिका कलेजे से लगाकर दुःख का निवारण करती है। सखी वचन सखी से—

अर्थ—प्रियतम द्वारा अनुरक्त हृदय से [धैर्य देने वाले शब्दों में] बना कर लिखी गई अनुरागमयी पत्रिका [को, जो कि] विरह की [काटने वाली] कतरनी [है, नायिका] छाती से लगा रही है (स्थित हुई है)॥

लाल, अलौलिक लरिकई लखि लखि सखी सिहाँति।
आजगाल्हि मैं देखियतु उर उकसौंहीं भाँति॥ १६५॥

शब्दार्थ—**अलौलिक** = अल्हड़। अलोल अथवा अल्हड़ ऐसी अवस्था को कहते हैं, जिसमें खेलकूद की उमंग भरी रहती है और दूसरी बातों पर ध्यान नहीं जाता। **सिहाँति** = सिहाती हैं। किसी व्यक्ति को उत्तम देखकर मन में उसकी प्रशंसा करते हुए स्वयं भी वैसे ही होने की अभिलाषा करने को सिहाना कहते हैं। यह शब्द शत्रु तथा मित्र दोनों के विषय में प्रयुक्त होता है। शत्रु के सम्बन्ध से इसका अर्थ ईर्ष्या करना और मित्र के सम्बन्ध से संतुष्ट होना है॥

अवतरण—अंकुरितयौवना नायिका के शरीर में यौवनागमन का वर्णन सखी नायक से करती है—

अर्थ—हे लाल, [उसका] अलौकिक लड़कपन देख देखकर [और की कौन कहे, उसकी] सखियाँ [भी] सिहाती हैं: आज ही कल में (दो ही एक दिन से) [उसका] उर (वक्षस्थल) [कुछ] उकसौंहीं भाँति (उभरने पर आया हुआ सा) देखा जाता है।

बिलखी डभकौं हैं चखनु तिय लखि, गवनु बराइ।
पिय गहबरि आऐं गरैं राखी गरैं लगाइ॥ १६६॥

शब्दार्थ—**बराइ** = बचा कर, टालकर॥ **गहबरि आऐं** = भर आने से, रुँध जाने से॥ **राखी गरैं लगाई** = गले से लिपटाकर उसकी रक्षा की, अथवा गले से कुछ देर लिपटा रखी॥

अवतरण—प्रवत्स्यत्प्रेयसी नायिका की आँखों में आँसू भरा देखकर नायक का गला भर आया और उसने गमन रोककर उसे गले से लिपटा लिया। सखी-वचन सखी से—

अर्थ—[उस] स्त्री को डभकौंहैं (आँसू-भरे) दृगों से विलखी (दुखी) देखकर प्रियतम ने [अपना विदेश] जाना टाल गले के भर आने से [उसे समझाने बुझाने में असमर्थ होकर उसको] गले से लगाकर रख लिया [उसके प्राणों की रक्षा की, अथवा उसको कुछ देर गले से लगा रखा]।

प्रतिबिंबित जयसाहि[१]-दुति दीपति दरपन-धाम।
सबु[२] जगु जीतन कौं कर्‌यौ काय-ब्यूह मनु काम॥ १६७॥

---

१. सिंघ (४), सिंह (५)।

२. सब जगती जीतन रच्यौ (५)।

शब्दार्थ—दरपन-धाम = शीशमहल॥ **काय-ब्यूहु** = युद्ध के निमित्त सैनिकों के किसी विशेष शृंखलाबद्ध स्थिति से स्थित होने को ब्यूह कहते हैं। इसी का नाम मोरचा भी है। 'काय-व्यूहु' का अर्थ शरीरों का मोरचा होता है॥

अवतरण—आमेरगढ़ में राजा जयशाह ने एक शीशमहल बनवाया था, जो अब भी विद्यमान है। उसमें छोटे छोटे शीशे इस प्रकार जड़े हैं कि उसमें बिंब प्रतिबिंब पड़कर चारों ओर एक मनुष्य के अगणित श्रेणीबद्ध रूप दिखाई देते हैं। उसी का वर्णन तथा राजा जयशाह के सौन्दर्य की प्रशंसा कवि इस दोहे में करता है—

अर्थ—जयशाह की प्रतिबिम्बित द्युति दर्पणधाम में [ऐसी] दीपती है, मानो सब जगत् जीतने के निमित्त कामदेव ने [माया से अनन्त रूप धारण करके उनका] काय-ब्यूह बनाया है॥

बाल, कहा लाली भई लोइन-कोइनु माँह।
लाल, तुम्हारे दृगनु की परी दृगनु मैं छाँह॥ १६८॥

शब्दार्थ—लोइन-कोइनु = लोचनों के कोयों में॥ **छाँह** = छाया, आभा॥

अवतरण—प्रातःकाल नायक नायिका के घर आया है। उसकी आँखों में, रात को अन्य स्त्री के साथ जागने के कारण, लाली छाई हुई है और इधर नायिका की आँखें भी रोष से लाल हो रही हैं। शठ नायक नायिका की आँखों की लाली का कारण ऐसी भोली बातों से पूछता है, मानो उसका कुछ अपराध ही नहीं है, और खंडिता नायिका उसे उत्तर देती है—

अर्थ—हे बाला, [तेरी] आँखों के कोयों में लाली क्यों हो आई है। हे लाल, [यह मेरी आँखों में लाली नहीं हो आई है, प्रत्युत] तुम्हारी आँखों की आभा [मेरी] आँखों में पड़ी है [अर्थात् तुम अपनी आँखें तो देखो कि रात भर जागने से कैसी लाल हो रही हैं]।

तरुनकोकनद-बरनबर भए अरुन निसि जागि।
बाही कैं अनुराग दृग रहे मनौ अनुरागि॥ १६९॥

शब्दार्थ—तरुन (तरुण) = यौवनावस्था को प्राप्त। यहाँ इसका अर्थ खिले हुए हैं॥ **कोक-नद** = लाल कमल॥ **अनुरागि** = अनुरक्त होकर, रँग कर॥

अवतरण—प्रौढ़ा खंडिता अधीरा नायिका का वचन नायक से—

अर्थ—हे लाल, [तुम्हारे दृग] रात भर जागकर तरुण कोकनद के सुन्दर रंग के लाल हो गये हैं, मानो [जिस स्त्री के साथ तुम जागे हो,] उसी के अनुराग से [जो तुम्हारे हृदय में है, तुम्हारे] दृग रँग रहे हैं [अर्थात् तुम्हारे दृगों की लाली से तद्विषयक अनुराग प्रकट होता है]॥

तजतु अठान न, हठ पर्‌यौ सठमति, आठौ जाम।
भयौ बामु[1] वा बाम कौं रहे कामु बेकाम॥ १७०॥

शब्दार्थ—अठान = बुरी ठान, दुराग्रह॥ **सठमति** = दुष्ट॥ **बामु** = टेढ़ा, प्रतिकूल, दुःखदायी। **बाम (वामा)** = स्त्री॥ **बेकाम** = बिना काम ही के, व्यर्थ॥

---

१. सत्रु (४)।

अवतरण—सखी नायक से नायिका का विरह निवेदन करती है—

अर्थ—कामदेव उस स्त्री को आठों याम व्यर्थ (बिना किसी अपराध के) दु:खदायी हुआ रहता है। [उस] दुष्ट ने [ऐसा] हठ पकड़ लिया है [कि अपनी] बुरी ठान नहीं छोड़ता॥

आवत जात न जानियतु, तेजहिं तजि सियरानु।
घरहँ[1] जँवाई लौं घट्यौ खरौ पूस[2]-दिन-मानु॥ १७१॥

शब्दार्थ—सियरानु = शीतल हो गया, ठंडा पड़ गया। **घरहँ ज़ँवाई** = घर का जमाई, अर्थात् वह जमाता, जो ससुराल में रहता हो। घरहँ' में 'हैं' अपभ्रंश के संबंधकारक की विभक्ति ज्ञात होती है। कदाचित् बिहारी के समय में इसका प्रयोग होता होगा। अब इस अर्थ में 'घर जमाई' प्रयुक्त होता है॥

अवतरण—पौष मास के दिनों के छोटे होने का वर्णन कवि, ससुराल में रहने वाले जामाता का परिहास करता हुआ, करता है—

अर्थ १—पूस के दिन का मान (१. प्रमाण। २. प्रतिष्ठा) घर-जमाई की भाँति भले प्रकार [ऐसा] घट गया है [कि अब वह] आता जाता जाना नहीं जाता; [और] तेज (१. उष्णता। २. स्वभाव की उग्रता) को छोड़कर ठंडा (१. शीतल। २. नम्र) हो गया है।

किसी किसी ने इस दोहे में मान सम्बन्धी अर्थ भी निकाला है। वह अर्थ भी इस प्रकार हो सकता है—

अर्थ—घर के जमाई की भाँति पूस के दिन का भली-भाँति घटा हुआ मान [अपनी] उग्रता छोड़कर ठंडा हो गया है; [और] आते जाते जाना नहीं जाता॥

चलत चलत लौं लै चलैं सब सुख संग लगाइ।
ग्रीषम-बासर सिसिर-निसि प्यौ मो पास बसाइ॥ १७२॥

शब्दार्थ—ग्रीषम-बासर = ग्रीष्म ऋतु का सा दिन, अर्थात् बड़ा दु:खद तथा कठिनता से व्यतीत होने वाला दिन॥ **सिसिर-निसि** = शिशिर ऋतु की रात, अर्थात् बड़ा कष्ट देने वाली तथा कठिनता से व्यतीत होने वाली रात॥

अवतरण—नायक परदेश जाने वाला है। सखियाँ नायिका को धैर्य देकर समझाती हैं कि तू घबरा मत, यह शीघ्र आयेंगे। नायिका कहती है कि तुम मुझे धैर्य क्या देती हो। मैं वियोग दु:ख का अनुभव पहले भी कर चुकी हूँ। शीघ्र तथा विलंब की बात नहीं है। सब सुख तो उनके चलते ही उनके साथ चले जाते हैं, और मेरे लिए एक एक दिन और रात काटना कठिन हो जाता है—

अर्थ—प्रियतम चलते चलते तक (अर्थात् जाने की कौन कहे, चलते चलते ही) ग्रीष्म का दिन [तथा] शिशिर की रात्रि मेरे पास बसा कर सब सुखों को [अपने] साथ लगा ले चलते हैं (ले जाते हैं) [अर्थात् उनके चलने के समय ही

---

१. **घर हु जब लो घर खरो पूस मास दिन-मान (४)।**
२. **पोस (५)।**

मेरे सब सुख पयान कर जाते हैं और एक एक दिन तथा रात्रि का काटना कठिन हो जाता है]॥

बेसरि-मोती-दुति-झलक परी ओठ पर आइ।
चूनौ होइ न चतुर तिय, क्यों पट-पोछ्यों जाइ॥ १७३॥

अवतरण—नायिका के शरीर में नवयौवनागमन से ऐसी कांति तथा अमलता बढ़ गई है कि उसके ओठ पर बेसर के मोती का प्रतिबिम्ब पड़ा है, जिसको वह दर्पण में देखकर, अज्ञात होने के कारण, चूना लगा समझकर पोंछना चाहती है। सखी उससे परिहास करती हुई कहती है—

अर्थ—[तेरे] ओठ पर [यह] बेसर के मोती की चमक की झलक आकर पड़ी है। हे चतुर (भोली) स्त्री, [यह] चूना नहीं है, [अतएव] वस्त्र से पोंछने से क्योंकर जा सकता है॥

'चतुर' शब्द का अर्थ यहाँ लक्षणा से भोली होता है।

चितु बितु बचतु न, हरत हठि लालन-दृग बरजोर।
सावधान के बटपरा ए, जागत के चोर॥ १७४॥

शब्दार्थ—**बितु** = धन॥ **बरजोर** = बलवान्॥ **बटपरा** = बाट में पड़ने वाले अर्थात् आक्रमण करने वाले, डाकू॥

अवतरण—पूर्वानुरागिनी नायिका का वचन सखी से—

अर्थ—चित्त-रूपी धन बचने नहीं पाता। लालन के प्रबल दृग [उसको] हठात् हर लेते हैं। ये (लालन के दृग) सावधान (सचेत रहने वाले) के डाकू, [तथा] जागते हुए के चोर हैं [अर्थात् डाकू और चोर तो मनुष्य को असावधान तथा सोया पाकर उसका वित्त हरते हैं, पर वे सचेत तथा जागते रहने पर भी बलपूर्वक चित्त को हर लेते हैं]॥

बिकसित-नवमल्लो-कुसुम-निकसित परिमल पाइ।
परसि पजारति बिरहि-हिय बरसि रहे की बाइ॥ १७५॥

अवतरण—वर्षा ऋतु के सुगन्धित पवन की उद्दीपकता का वर्णन नायिका सखी से करती है—

अर्थ—खिलते हुए नवमल्लिका के फूलों से निकलता हुआ परिमल (सुगंध) पाकर बरसते हुए [समय] का वायु बिरही के हृदय को स्पर्श करके जलाता है॥

गोप अथाइनु तैं उठे, गोरज छाई गैल।
चलि, बलि, अलि अभिसार[1] की भली[2] संझौखैं सैल॥ १७६॥

शब्दार्थ—**अथाइनु** = चौपालों, द्वार पर की बैठकों॥ **अभिसार** = काव्य में यह एक पारिभाषिक शब्द है। इसका अर्थ है, नायिका का नायक के पास जाना॥ **सँझौखैं** = संध्या के

---

१. अभिसारिका (४), अभिसारिके (५)।
२ खरी (५)।

समय में॥ **सैल (अरबी सैर)** = जी बहलाने के लिए घूमना फिरना॥

अवतरण—दूती अथवा सखी नायिका को संध्या-समय अभिसार करने की उत्तेजना देती है—

अर्थ—गोप अथाइयों से उठ गये हैं, और मार्ग में गोरज छा गई है [अतः इस समय तुझको कोई देख न सकेगा]। हे अली, मैं बलि जाती हूँ, [तू शीघ्र] चल अभिसार के निमित्त संध्या-समय सैल (सैर) अच्छी होती है॥

पहुँचति डटि[1] रन-सुभट लौं, रोकि सकैं सब नाँहि।
लाखनु हूँ की भीर मैं आँखि उहीं चलि जाँहि॥ १७७॥

अवतरण—लक्षिता नायिका की चितवन से उसका लक्ष्य लक्षित करके सखी कहती है—

अर्थ—[तेरी आँखें] रणक्षेत्र के सुभट की भाँति डटकर (निर्भय रूप से) [अपने प्रतिद्वन्द्वी नायक पर] पहुँच जाती हैं। सब (सर्वसाधारण) [उनको] रोक नहीं सकते (अटका नहीं सकते) लाखों [मनुष्यों] की भीर में भी [तेरी] आँखें वहीं [जहाँ तेरा लक्ष्य नायक है] चली जाती हैं॥

युद्ध में जब कोई सुभट लड़ने को आता था, तब वह विपक्ष की सेना के अध्यक्ष ही से भिड़ना चाहता था और यद्यपि वह अध्यक्ष लाखों सैनिकों की भीड़ से घिरा रहता था, तथापि वह सुभट उस भीड़ को काटता छाँटता उस तक पहुँचने की चेष्टा करता था। यदि वह सुभट बड़ा प्रबल तथा पराक्रमी होता था, तो उसको सामान्य सैनिक रोक नहीं सकते थे और वह विपक्षी सेना के अध्यक्ष तक पहुँच जाता था।

सरस सुमिल चित-तुरँग की करि करि अमित उठान।
गोइ निबाहैं जीतियै खेलि प्रेम-चौगान॥ १७८॥

शब्दार्थ—**सरस** = (१) रसीले। (२) सधे हुए तथा पुष्ट॥ **सुमिल** = (१) अनुरागी। (२) गोल में मिलकर चलने वाले॥ **उठान** = (१) उमंगें। (२) कावे॥ **गोइ निबाहैं** = (१) छिपाकर निर्वाह करने से। (२) गोइ (गेंद) को निर्दिष्ट सीमा तक वहन करने से॥ **चौगान** - फारसी भाषा में एक प्रकार के गेंद के खेल को चौगान कहते हैं, जो अँग्रेजी खेल पोलो के सदृश घोड़ों पर चढ़कर खेला जाता है॥

अवतरण—सखी नायिका को शिक्षा देती है कि प्रेम को छिपाकर निर्वाह करने से जीत होती है—

अर्थ—चित्त-रूपी सरस [तथा] सुमिल घोड़े की अमिल (अनंत) उठानें कर कर के, गोइ निवाह कर (१. छिपाकर निर्वाह करने से। २. गोइ (गेंद) को निर्दिष्ट सीमा तक वहन करने से), खेल कर प्रेम-रूपी चौगान जीता जाता है॥

हँसि हँसि हेरति नवल तिय मद के मद उमदाति।
बलकि बलकि बोलति बचन, ललकि ललकि लपटाति॥ १७९॥

---

१. हरि (१)।

शब्दार्थ—मद = मदिरा॥ **मद** = नशे से॥ **उमदाति** = उन्मत्त होती हुई, झूमती हुई॥ **बलकि बलकि** = बहक बहक कर॥ **ललकि ललकि** = उमंग से लज्जा तथा भय छोड़ छोड़कर॥

अवतरण—सखियों ने नवोढ़ा नायिका को मदिरा से मतवाला करके नायक को उसके पास बुला दिया है। अब जो चेष्टायें नायिका नशे में करती है, उनका वर्णन कोई सखी किसी सखी से करती है—

अर्थ—[देख, यह] नवीन स्त्री, मदिरा के नशे से झूमती हुई, हँस हँसकर [चारों ओर] देखती है, बहक बहक कर वचन बोलती है, [और नशे की तरंग में] उमंग से लज्जा तथा भय छोड़ छोड़कर [नायक से] लिपटती है॥

मिलि चंदन-बेंदी रही गौरैं मुँह[१], न लखाइ।
ज्यौं ज्यौं मद-लाली चढ़ै, त्यौं त्यौं उघरति जाइ॥ १८०॥

अवतरण—नायिका के मुख की गुराई का तथा मद्य-पान से उसमें लाली आ जाने का वर्णन सखी नायक से करती है और उसी वर्णन से यह भी व्यंजित कर देती है कि अब उसको नशा हो रहा है, अतः आपके चलने का यही उपयुक्त समय है—

अर्थ—[उसके] गोरे मुख में चन्दन की बेंदी [ऐसी] मिल रही है [कि] लक्षित नहीं होती। ज्यों ज्यों मदिरा-पान की लाली [उसके मुख पर] चढ़ती जाती है, त्यों त्यों [वह बेंदी] उघरती (प्रत्यक्ष होती) जाती है॥

(सोरठा)

मैं समुझ्यौ निरधार, यह जगु काँचो काँच सौ।
एकै रूपु अपार प्रतिबिंबित लखियतु जहाँ॥ १८१॥

शब्दार्थ—निरधार = निश्चय॥ **अपार** = अनंत॥

अवतरण—यह किसी ब्रह्मज्ञानी अद्वैतवादी का वाक्य स्वगत अथवा किसी सतसंगी से है—

अर्थ—मैंने [तो यह] निर्धार (सिद्धान्त) समझा है [कि] यह कच्चा (असत्य) जगत् कांच के समान है, जहाँ एक ही रूप (एक ही ईश्वर का रूप) अपार (अनंत रूप से) प्रतिबिम्बित भासित होता है [अर्थात् जगत में जितने पदार्थ दिखलाई देते हैं, वे सब एक ही ईश्वर के अनन्त रूप की आभा मात्र हैं]॥

जहाँ जहाँ ठाढ़ौ[२] लख्यौ[३] स्यामु सुभग-सिरमौरु।
बिन[४] हूँ उन छिनु गहि रहतु दृगनु अजौं वह ठौरु॥ १८२॥

शब्दार्थ—सुभग-सिरमौरु = भाग्यवानों का शिरोमणि। यहाँ इसका अर्थ स्वरूपवानों का शिरोमणि है॥ **अजौं** = अब भी, अर्थात् उनके बहुत दिनों से यहाँ न रहने पर भी॥ **ठौर** =

---

१. **मुख (४)।**
२. **ठाढ़ें (२), ठाढ़्यौ (४), ठाढ़े (५)।**
३. **लखे (५)।**
४. **बिन उन हूँ (२), बिन हूँ पिय (४)।**

स्थान। यह शब्द भाषा में प्रायः स्त्रीलिंग-वत् प्रयुक्त होता है, पर इस दोहे से विदित होता है कि बिहारी इसको पुल्लिग मानते थे। सतसई भर में यह शब्द ४ जगह और आया है, पर उन चारों जगह इसका प्रयोग ऐसी रीति से हुआ है कि इसका लिंग प्रतीत नहीं होता॥

अवतरण—श्रीकृष्णचंद्र के मथुरा चले जाने पर व्रज-वधूटियाँ आपस में कहती हैं कि जिन स्थानों पर श्यामसुंदर को खड़ा देखा था, उन स्थानों में उनके संसर्ग से कुछ ऐसी रमणीयता आ गई है और उन्हें देखकर उनका कुछ ऐसा स्मरण हो जाता है कि अब तक वे स्थान, कृष्णचंद्र के वहाँ उपस्थित न रहने पर भी, आँखों को ऐसे प्रिय लगते हैं कि क्षण भर हम सब श्यामसुंदर के ध्यान में मग्न होकर उनमें लगी रह जाती हैं—

अर्थ—जहाँ जहाँ सुन्दर पुरुषों के शिरोमणि श्याम (श्रीकृष्णचन्द्र) को खड़ा देखा था, वह ठौर अब तक उनकी अनुपस्थिति में भी दृगों को क्षण मात्र पकड़ रखता है॥

रँगी सुरत-रँग, पिय-हियैं लगी जगी सब राति।
पैंड़ पैंड़ पर ठठुकि कै, ऐंड़-भरी ऐंड़ाति॥ १८३॥

शब्दार्थ—पैंड़ पैंड़ = पग पग॥ **ऐंड़-भरी** = गर्व से भरी हुई॥ **ऐंड़ाति** = ऐंठती है, शरीर की ऐंठ से गर्व प्रकट करती है॥

अवतरण—सुरतांत में प्रेमगर्विता नायिका की चेष्टा का वर्णन सखी सखी से करती है—

अर्थ—प्रियतम के हृदय से लगी रात भर जगी हुई [यह नायिका], सुरति-रंग (संगोभ-सुख) में रँगी (निमग्न), पग पग पर ठमक कर, गर्व से भरी हुई ऐंड़ाती है॥

गर्व उसको इस बात का है कि जो सुख मैंने आज पाया है, वह मेरी सौतों को न मिला होगा॥ वह संभवतः यह भी सोचती होगी कि आज के समागम में मैंने प्रियतम को वशीभूत कर लिया है॥

लालन, लहि पाऐं[1] दुरै चोरी सौंह करैं न।
सीस-चढ़े पनिहा प्रगट कहैं पुकारैं नैंन॥ १८४॥

शब्दार्थ—सौंह = शपथ॥ **पनिहा (प्रणिधाः)** = गुप्तचर, जो चोरी का पता लगाता है॥

अवतरण—नायक अन्य स्त्री के यहाँ से सबेरे आया है, और झूठी शपथ खाकर अपना अपराध छिपाना चाहता है, पर उसकी आँखें झेंपती हुई तथा लाल देखकर प्रौढ़ा अधीरा खंडिता नायिका कहती है—

अर्थ—हे लालन, लख पाने पर (लक्षित कर लेने पर) चोरी शपथ खाने से नहीं छिपती। [ये तुम्हारे] सिर-चढ़े (ढीठ) नयन रूपी पनिहा [तुम्हारी चोरी] पुकार पुकार कर प्रकट (स्पष्ट) कह रहे हैं।

---

१. **पाई (२)।**

तुरत सुरत कैसैं दुरत, मुरन नैन जुरि नीठि।
डौंड़ी दै गुन रावरे कहति कनौड़ी डीठि॥ १८५॥

शब्दार्थ—डौंड़ी = डुग्गी, ढिंढोरा॥ **कनौड़ी** = अपराध से लज्जित॥

अवतरण—प्रौढ़ा अधीरा खंडिता नायिका की उक्ति नायक से—

अर्थ—तुरत की की हुई सुरति कैसे छिप सकती है! [तुम्हारे] नयन [प्रथम तो मेरे नयनों के सामने होते ही नहीं और यदि होते भी हैं, तो] बड़ी कठिनता से जुड़कर (मेरी आँखों से मिलकर) [और फिर संकुचित होकर अपराधियों के नेत्रों की भाँति] मुड़ जाते हैं (अन्यत्र देखने लगते हैं)। [तुम्हारी] कनौड़ी दृष्टि तुम्हारे गुण (अवगुण) ढिंढोरा देकर कह रही है॥

मरकत-भाजन-सलिल-गत इन्दुकला कैं बेख।
झींन झगा मैं झलमलै स्यामगात-नखरेख॥ १८६॥

शब्दार्थ—मरकत (मर्कत) = नीलमणि॥ **झगा** = अँगरखे की भाँति का एक पहनावा, जिसकी कक्षा में चुन्नट रहती है॥

अवतरण—अन्य स्त्री से रति करने में नायक को नख-क्षत लगा है। उसी को देख कर खंडिता नायिका कहती है—

अर्थ—[आपके] झीने झगा में श्याम शरीर की (श्याम शरीर में लगी हुई) नख-रेखा, नीलम की थाली में भरे हुए जल में पड़ी हुई (प्रतिबिम्बित) चन्द्रकला के वेष से (की भाँति) झलमलाती है [जिसे देखकर मुझे बड़ा दुःख होता है, क्योंकि किसी पात्र के जल में चन्द्र का प्रतिबिम्ब देखना अशुभ है]॥

बालमु बारैं सौति कैं सुनि परनारि-बिहार।
भो रसु अनरसु, रिस रली, रीझ खीझ इक बार॥ १८७॥

शब्दार्थ—बारैं = पारी में॥

अवतरण—नायिका ने नायक को सौत की पारी में परस्त्री विहार करते सुना, जिससे उसको अनेक प्रकार के भाव उत्पन्न हुए। उसी का वर्णन सखी सखी से करती है—

अर्थ—सौत की पारी में बालम (वल्लभ) को परस्त्री-विहार में [लगा हुआ] सुनकर [उसको] रस (सुख) [तथा] अनरस (दुःख), रिस (रोष) [तथा] रली (उपहास करने की वृत्ति), रीझ (प्रसन्नता) [तथा] खीझ (चिढ़), [ये सब विरोधी भावों के जोड़े] एक बार [ही] उत्पन्न हुए॥

इन सब भावों के उत्पन्न होने का कारण श्री लाला भगवानदीनजी ने बड़ी स्पष्टता से लिखा है। अतः हम यहाँ उनका वह लेख (बिहारी-बोधिनी, पृष्ठ २२२ उद्धृत किए देते हैं—

"सुख ईर्ष्या-जन्य, कि अच्छा हुआ सौति को दुःख हुआ। दुःख इस बात का कि एक सौत तो थी ही अब एक और हुई। रिस इस बात की कि नायक मेरे ही यहाँ क्यों न चला आया। रली (क्रीड़ा या मजाक) इस बात पर कि सौत ऐसी गुणवती नहीं है कि प्रीतम को अपने वश में करके अपने पास रख सके। रीझ इस बात की कि नायक मेरे ऊपर अधिक अनुरक्त है क्योंकि मेरी पारी में कहीं नहीं जाता। खीझ इस बात की कि बुरी आदत पड़ी, संभव है कभी मेरी पारी के दिन भी नायक परस्त्री के पास जाये"॥

दुरत[१] न कुच बिच कंचुकी चुपरी, सारी[२] सेत।
कवि-आँकनु के अरथ लौं प्रगटि[३] दिखाई देत॥ १८८॥

शब्दार्थ—चुपरी = चोवा इत्यादि से चुपड़ी हुई॥ **आँकुनु** = अक्षरों।

अवतरण—अंकुरितयौवना नायिका के कुचों के कुछ-कुछ लक्षित होने लगने का वर्णन सखी नायक से करती है—

अर्थ—[चोवा इत्यादि से] चुपड़ी हुई आँगिया [तथा] श्वेत साड़ी में [अब उसके] कुच नहीं छिपते। [ध्यानपूर्वक देखने से ये] कवि के अक्षर के अर्थ की भाँति प्रगट होकर दिखाई देते हैं [भाव यह कि यद्यपि उसके उरोज अभी ऐसे छोटे हैं कि सामान्यत: तो कंचुकी तथा सारी में छिपे रहते हैं, तथापि ध्यानपूर्वक देखने से लक्षित होने लगे हैं, जैसे कवि के अक्षर का सूक्ष्म अर्थ एकाएकी तो नहीं भासित होता, पर विचार करने पर उसी अक्षर में से प्रकट होकर व्यंजित होता है]॥

इस दोहे के अर्थ में अन्य टीकाकारों ने बड़ा झमेला किया है, पर जो अर्थ ऊपर लिखा गया है, वह बहुत स्पष्ट है। 'प्रगटि' के स्थान पर 'प्रगट' पाठ रखने से ये सब झमेले हुए हैं। 'प्रगटि' पाठ से यह अर्थ स्पष्ट निकलता है कि यद्यपि वे प्रगट तो नहीं हैं, पर विचारपूर्वक देखने से प्रकट होकर दिखलाई देते हैं।

'चुपरी' शब्द से कवि कंचुकी का चोवा इत्यादि के द्वारा कुछ रंग-युत हो जाना कहकर उसका साम्य कवि के अक्षरों से करता है, क्योंकि अक्षर काले, पीले, लाल इत्यादि लिखे जाते हैं और साड़ी को श्वेत कहकर उसका साम्य कागज से दिखलाता है, जो कि प्राय: श्वेत ही होता है॥

भई[४] जु छबि[५] तन बसन मिलि, बरनि सकैं सु न बैन।
आँग[६]-ओप आँगी[७] दुरी, आँगी आँग[८] दुरै न॥ १८९॥

शब्दार्थ—आँग = अंग॥

अवतरण—नायिका संदली आँगिया पहने हुए है। उसके शरीर के रंग में कपड़े का रंग ऐसा मिल गया है कि कपड़ा लक्षित नहीं होता। उसी का वर्णन सखी नायक से करके उसे नायिका को दिखलाने के ब्याज से वहाँ लाना चाहती है—

अर्थ—जो शोभा [उसके] तन में कपड़े के मिल जाने से (अलक्षित हो जाने से) हुई है, उसे वचन वर्णन नहीं कर सकते (वह कहने से नहीं ज्ञात हो

---

१. दुरति (२)।
२. सादी (१)।
३. प्रगट (२, ४)।
४. रही (२)।
५. तन-छबि बसन मिलि (४), छबि मिलि तन बसन (५)।
६. अंग (४, ५)।
७. अँगिया (४)।
८. अंग (२, ४, ५)।

सकती, अतः आप स्वयं चलकर देख लीजिए। [उसके] अङ्ग की चमक में अँगिया छिप गई है, [किन्तु] अँगिया से अंग नहीं छिपता [अर्थात् ऐसा ज्ञात होता है, मानो वह अँगिया पहने ही नहीं है, अतः इस समय आपको बिना अँगिया के कुचों के देखने का आनन्द मिलेगा]॥

सोनजुही सी जगमगति अँग अँग जोबन-जोति।
सुरँग, कसूँभी[1] कंचुकी[2] दुरँग देह-दुति होति॥ १९०॥

शब्दार्थ—सोनजुही = पीले रंग की जुही॥ **सुरँग** = सुन्दर रंग वाली, लाल॥ **कसूँभी** = कुसुंभ के फूल के रंग से रँगी हुई॥ **दुरँग** = दो रंग वाली॥

अवतरण—सखी नायिका की शोभा नायक से करती है—

अर्थ—[उसके] अंग अंग में यौवन की चमक सोनजुही सी जगमगा रही है। [अतः] कुसुम्भ के रंग से रँगी हुई लाल कंचुकी [उसके] शरीर की [सुनहरी] आभा से दुरंगी (रक्त और पीत आभाओं से मिश्रित) हो जाती है।

बड़े न हूजै[3] गुननु बिनु बिरद-बड़ाई पाइ।
कहत धतूरे सौं कनकु, गहनौ गढ्यौ न जाइ॥ १९१॥

शब्दार्थ—बिरद (विरुद) = प्रशंसात्मक नाम॥ **कनकु** = (१) सोना। (२) धतूरा॥

अवतरण—कवि की प्रास्ताविक उक्ति है—

अर्थ—[अपने में] बिना गुणों के [हुए केवल] प्रशंसासूचक नाम की बड़ाई पाकर [वस्तुतः] बड़ा नहीं हुआ जाता। [देखो, लोग यद्यपि] धतूरे को कनक [जो नाम सोने का भी होने के कारण बड़ा प्रशंसात्मक है] कहते हैं, [पर केवल इस नाम के पा लेने ही से धतूरे से, उसमें स्वर्ण के गुण न होने के कारण] गहना नहीं गढ़ा जाता॥

कनकु कनक तैं सौगुनौ मादकता अधिकाइ।
उहिं[4] खाएें बौराइ[5] इहिं पाएें हीं बौराइ॥ १९२॥

शब्दार्थ—मादकता = उन्मत्त करने की शक्ति॥ **अधिकाइ** = बढ़ जाता है॥

अवतरण—कवि की प्रास्ताविक उक्ति है कि स्वर्ण, अर्थात् धन, धतूरे से सौगुना अधिक उन्मत्त करने वाला है—

अर्थ—मादकता में कनक (सुवर्ण) कनक (धतूरे) से सौ गुना बढ़ जाता है; [क्योंकि] उसको [तो] खाने से [मनुष्य] बौराता है, [पर] इसके पाने ही (पाने मात्र) से बौरा जाता है॥

---

१. कुसूँभी (४)।
२. चूँदरी (२)।
३. हूजतु (१)।
४. वा (२), वह (४)।
५. बौरातु है (२), बौराइ जग (४), बौराइये (५)।

डीठिबरत[१] बाँधी अटनु, चढ़ि धावत[२] न डरात।
इतहिं[३] उतहिं चित दुहुनु के नट लौं आवत जात॥ १९३॥

शब्दार्थ—**बरत (वर्त)** = रस्सी॥

अवतरण—नायक नायिका अपनी-अपनी अटारियों पर खड़े एक दूसरे को देख रहे हैं और दोनों के मन दोनों की ओर दृष्टि-द्वारा जाते हैं। इसी का वर्णन इस दोहे में रस्सी पर दौड़ते हुए नट का रूपक बाँधकर, किया गया है। सखी-वचन सखी से—

अर्थ—[दोनों ने अपनी अपनी] अटारी से [दूसरे की अटारी तक] दृष्टि-रूपी रस्सी बाँध रखी है। [उस पर] चढ़कर दोनों के मन दौड़ने में डरते नहीं, [और] नट की भाँति इधर उधर जाते हैं॥

रस्सी पर चलने वाले नट दो बाँस गाड़कर उनमें रस्सी बाँध देते हैं और उस पर चढ़कर बेखटके उधर से इधर और इधर से उधर आते जाते हैं॥

नायक नायिका के मन के पक्ष में 'न डरात' का अर्थ होगा, किसी के देख लेने की शंका नहीं करते॥

झटकि[४] चढ़ति उतरति अटा, नैंक न थाकति देह।
भई रहति नट कौ बटा अटकी नागर-नेह॥ १९४॥

शब्दार्थ—**झटकि** = झटके से, झपटकर, फुर्ती से॥ **बटा** = गोला, गेंद, चकई। चकई डोरी में बाँधकर फिराई जाती है। वह दो प्रकार की होती है—एक तो हलकी और चिपटी और दूसरी कुछ भारी, मोटी और गोलाकृति, जिसे बट्टा भी कहते हैं॥ **अटकी** = फँसी हुई, बँधी हुई॥ **नेह** = स्नेह। यहाँ इसका अर्थ प्रेम रूपी डोरी करना चाहिए॥

अवतरण—नायक कहीं खड़ा है। नायिका बार-बार उसको देखने के लिए अटारी पर चढ़ती है। उसी का वर्णन, नट की चकई के सादृश्य से, सखी सखी से करती है—

अर्थ—[वह] झटककर (झपटकर, झटके से) अटारी पर चढ़ती उतरती है। [उसकी] देह किञ्चित्मात्र भी थकती नहीं (थकित नहीं होती, ठहरती नहीं)। नागर (चतुर नायक) के स्नेह-रूपी डोरे में अटकी हुई [वह] नट की चकई हुई (बनी) रहती है॥

'बटा' का अर्थ अन्य टीकाकारों ने गेंद किया है और वस्तुतः बटा का अर्थ गेंद है भी। पर 'झटकि', 'चढ़ति', 'उतरति', 'अटा', 'थाकति' तथा 'अटकी' इन शब्दों के प्रयोग पर ध्यान देने से यहाँ 'बटा' का अर्थ चकई ही करना विशेष संगत है। 'बटा' शब्द 'वृत्त' शब्द का अपभ्रंश है। इस दोहे का भाव २०६-संख्यक दोहे के भाव से बहुत मिलता है॥

---

१. दीठि (१), दीठ (५)।
२. आवत (४)।
३. इत उततै (२), इत उत चित (४), इत उत ही (५)।
४. झमकि (२)।

लोभ-लगे[1] हरि-रूप के, करी साँटि[2] जुरि, जाइ।
हौं इन बेची बीच हीं, लोइन बड़ी बलाइ॥ १९५॥

शब्दार्थ—रूप = (१) सौंदर्य। (२) रूपा अर्थात् रुपया॥ **साँटि** = (१) हेल-मेल। (२) क्रय-विक्रय की बातचीत॥ **जुरि** = (१) साक्षात् करके। (२) मिलकर॥ **बीच हीं** = बिना मुझसे बातचीत किए ही, बिना मुझसे पूछे ही, बिना मेरी अनुमति ही के॥ **बलाइ** = विपत्ति॥

अवतरण—पूर्वानुरागिनी नायिका का वचन सखी से—

अर्थ—[हे सखी, ये मेरे] लोचन-रूपी दल्लाल बड़ी बला हैं। इन्होंने हरि के रूप-रूपी रुपए के लोभ में लगे हुए (लगकर), [उनके पास] जाकर, [और उनसे] मिलकर सट्टा कर लिया, [और] मुझे बीच ही में (बिना मेरे जाने ही) बेच डाला॥

यहाँ लोचन का रूपक अर्थाक्षिप्त दल्लाल से है॥

चिलक, चिकनई, चटक सौं लफति[3] सटक[4] लौं आइ।
नारि सलोनी साँवरी नागिनि लौं डसि जाइ॥ १९६॥

शब्दार्थ—चिलक = चमक॥ **चटक** = चटकीलापन, चटकमटक अथवा चंचलता। **लफति** = लचकती हुई॥ **सटक** = पतली तथा लचकीली छड़ी॥

अवतरण—नायक किसी साँवली स्त्री की सलोनी मूर्ति पर मोहित हुआ है और किसी दूती को उसे दिखलाकर कहता है—

अर्थ—चमक, चिकनाई [तथा] चटकीलेपन से सटक की भाँति लचकती हुई [इस ओर] आकर [वह] सलोनी साँवली स्त्री नागिन सी डसकर जा रही है॥

तोरस-राँच्यौ आन-बस कहौ[5] कुटिल-मति, कूर।
जीभ निबौरी क्यौं लगै, बौरी, चाखि अँगूर॥ १९७॥

शब्दार्थ—तोरस-राँच्यौ = तेरे मुख से रचा हुआ अर्थात् परचा हुआ। **कुटिल-मति** = टेढ़ी बुद्धि वाले अर्थात् खोटे लोग, जो तुझमें तथा नायक में बिगाड़ कराना चाहते हैं॥ **कूर** (क्रूर) = निर्दयी॥ **निबौरी** = निंब वृक्ष का फल, निमकौड़ी॥

अवतरण—नायिका नायक को अन्य स्त्री पर अनुरक्त सुनकर रुष्ट है। सखी उसको, उसकी प्रशंसा करती हुई, समझाती है—

अर्थ—तेरे रस से परिचित को खोटे [तथा] निर्दय [लोग] दूसरी के वश में [भले ही] कहो (कहा करें, पर तू उनका विश्वास मत कर) अरी बावली, [तू

---

१. भरे (२)।
२. साट (४)।
३. लफत (२)।
४. लकुट (२)।
५. कहै (२), कहे (५)।

यह तो समझ कि] अँगूर चखकर [फिर] निमकौड़ी जीभ कैसे लग सकती है (जीभ को अच्छी कैसे लग सकती है)॥

जुरे दुहुनु के दृग झमकि, रुके न झीनैं चीर।
हलुकी फौज हरौल ज्यौं परै[1] गोल पर भीर॥ १९८॥

शब्दार्थ—जुरे = मिल गए, भिड़ गए॥ **झमकि** = शीघ्रता से॥ **हरौल (तुर्की हरावल)** = सेना का वह छोटा भाग, जो मुख्य सेना के आगे रहता है, जिसमें शत्रु एकाएक मुख्य सेना पर आक्रमण न कर सके॥ **गोल (तुर्की गोल)** = झुंड। यहाँ इसका अर्थ मुख्य सेना है॥

अवतरण—नायक को देखकर नायिका ने घूँघट काढ़ लिया है, पर पट के झीने होने के कारण नायक के नेत्र उसको बेधकर नायिका के नेत्रों से जा मिले हैं और दोनों के नेत्रों में परस्पर हाव-भाव, कटाक्ष होने लगे हैं। उसी का वर्णन सखी सखी से करती है—

अर्थ— दोनों (नायक-नायिका) के नेत्र झमाझम भिड़ गए, झीने पट से रुके नहीं; जिस प्रकार हरावल की फौज हल्की [होने से] गोल (मुख्य सेना) पर भीड़ (लड़ाई का भार) पड़ती है॥

नायिका के नयन मुख्य सेना हैं और घूँघट हरावल। नायक की मुख्य सेना नेत्रों ने धावा किया। हरावल के हल्के होने के कारण नायक की सेना रुक न सकी, अतः दोनों सेनाएँ झमाझम भिड़ गईं॥

केसर केसरि-कुसुम के रहे अंग लपटाइ।
लगे जानि नख अनखुली कत बोलति अनखाइ॥ १९९॥

शब्दार्थ—केसर = किंजल्क॥ **अनखुली** = अपने हृदय के भाव को गुप्त किये हुए॥

अवतरण—खंडिता नायिका से सखी का वचन—

अर्थ—[नायक के] अंग में [तो] केसर के फूल के किञ्जल्क लगे हुए हैं। [तू उनको अन्य स्त्री के] नख लगे हुए जानकर अनखुली (बिना प्रकट रूप से कारण जनाए) क्यों अनखा कर (रोष-युत, उत्साह-रहित, होकर) बोलती है॥

दृग मिहचत मृग-लोचनी भर्‌यौ, उलटि भुज, बाथ।
जानि गई तिय नाथ के हाथ परस हीं हाथ॥ २००॥

शब्दार्थ—बाथ = इस शब्द का अर्थ मानसिंह की टीका में हाथ तथा कृष्ण कवि की टीका, रसचंद्रिका, हरिप्रकाश, लालचंद्रिका और प्रभुदयाल की टीका में अँकवार लिखा है, एवं देवकीनन्दन की टीका में इसका अर्थ पहुँचा बतलाया गया है। इस दोहे के अतिरिक्त सतसई में और कहीं इसका प्रयोग नहीं हुआ है और न कहीं इसका देखना हमें स्मरण ही आता है। इस दोहे में इसका अर्थ अंक अच्छा प्रतीत होता है। अतः हमने यही अर्थ माना है॥

अवतरण—नायक ने पीछे से आकर कौतुकवश नायिका की आँखें अपने हाथों से बन्द कर ली हैं। नायिका ने नायक को उसके हाँथों के स्पर्श ही से पहचान कर, अपनी भुजाओं को उलट, उसे अंक भर लिया है। सखी वचन सखी से—

---

१. परति (२), पुरत (५)।

अर्थ— [नायक के पीछे से आकर] दृग मीचते ही मृगलोचनी [नायिका] ने भुजाओं को उलटकर [नायक को] बाथ (अंक) में भर लिया। [वह] स्त्री हाथ के स्पर्श ही से [अपने] नाथ के हाथ पहचान गई॥

इस दोहे में दो बातें विशेष ध्यान देनें योग्य हैं—

(१) नायिका को नायक से ऐसा प्रेम था कि यद्यपि उसने उसे देखा नहीं, तथापि स्पर्श ही से उसके हाथ उसने पहिचान लिए॥

(२) नायिका में ऐसा स्वकीयत्व था कि जब उसने स्पर्श से अपने नाथ को पहचान लिया, तभी अंक भरा॥

तजि तीरथ, हरि-राधिका-तन-दुति करि अनुरागु।
जिहिं ब्रज-केलि-निकुंज-मग पग पग होत प्रयागु॥ २०१॥

अवतरण—कवि की उक्ति अपने मन से अथवा किसी ब्रजवासी भक्त की उक्ति शिष्य से—

अर्थ— [तू] तीर्थों को छोड़ [और] श्रीकृष्णचन्द्र [तथा] श्रीराधिकाजी की तन-द्युति (शरीर की कांति) मैं [अपना] अनुराग कर (लगा), जिससे (जिस अनुराग के लगाने से) ब्रज के बिहार-निकुंजों के मार्ग में पग पग पर प्रयाग (तीर्थराज) हो जाता है (प्रकट हो जाता है)॥

भाव यह है कि श्रीकृष्णचंद्र तथा श्रीराधिकाजी की श्याम तथा गौर छवियों से यमुना तथा गंगा तो वहाँ उपस्थित हैं ही, उनमें अनुराग के लगने से सरस्वती भी मिल जाती हैं। अतः यहाँ गंगा, यमुना तथा सरस्वती, तीनों का संगम हो जाता है और फिर इस संगम के कारण कुंजों के प्रति पग पर प्रयाग प्रकट होता है। तात्पर्य यह कि श्रीराधा और श्रीकृष्ण के ध्यान में अनुराग करने से ब्रज के कुंजों के प्रति पग पर प्रयागराज का फल प्राप्त होता है, अतः तीर्थाटन का श्रम उठाना व्यर्थ है। इसके अतिरिक्त किसी तीर्थ में जाने से एक ही तीर्थ का फल मिल सकता है, पर उक्त विधि से, एक सामान्य तीर्थ की कौन कहे, अनंत तीर्थराजों के फल सुलभ हैं॥

खिन खिन में खटकति सु हिय, खरी भीर मैं जात।
कहि जु चली, अनहीं चितै, ओठनु हीं बिच बात॥ २०२॥

शब्दार्थ—खटकति = कसकती है, पीड़ा देती है॥ **अनहीं चितै** = बिना देखे ही॥

अवतरण—नायिका ने बड़ी भीड़ में जाते हुए, नायक की ओर बिना देखे ही ओठों के बीच ही में, कुछ कहा। नायक पर उसका जो प्रभाव पड़ा, उसे ~~वह~~ सखी अथवा दूती से कहता है—

अर्थ— बड़ी भीड़ में जाते समय [लोगों द्वारा लक्षित किये जाने के भय से] बिना [मेरी ओर] देखे ही [वह] ओठों के बीच ही में जो बात [इस विचार से कि मैं उसके ओठों के चलने की विशेषता से उसका अभिप्राय समझ लूँगा] कहकर चली गई, वह क्षण क्षण में [मेरे] हृदय में खटक उठती है॥

खटकने के दो कारण संभावित हैं। एक तो यह कि नायक उसका अभिप्राय भली-भाँति नहीं समझा, अतः उसके हृदय में रहकर यह खटक होती है कि उसने क्या कहा और दूसरे

यह कि उसने कदाचित् कोई ऐसी बात कही अर्थात् उराहना इत्यादि दिया, जो रह रहकर उसको दुःख देता है॥

अजौं न आए सहज रँग बिरह-दूबरैं गात।
अब हीं कहा चलाइयति, ललन, चलन की बात॥ २०३॥

अवतरण—नायक अभी थोड़े ही दिन हुए विदेश से आया है और अब फिर जाना चाहता है। सखी उसका चलना रोकने के अभिप्राय से कहती है—

अर्थ—अभी तक [तो पहले के] वियोग से कृषित [तुम दोनों के] अंगों में सहज (स्वाभाविक) रंग [तक] नहीं आए हैं। [फिर भला] हे ललन, अभी चलने की बात क्या चलाई जाती है॥

अपनैं कर गुहि, आपु हठि हिय पहिराई लाल।
नौल सिरी औरै चढ़ी बौलसिरी की माल॥ २०४॥

शब्दार्थ—**नौल (नवल)** = नई॥ **सिरी (श्री)** = शोभा॥ **बौलसिरी (बकुलश्री)** = बकुल वृक्ष की शोभा अर्थात् फूल, मौलसरी॥

अवतरण—वन-विहार में नायक ने नायिका को मौलसिरी की माला, अपने हाथ से गूँथकर पहनाई है। नायिका के शरीर में इसी गर्व से विलक्षण शोभा आ गई है। उसी का वर्णन सखी सखी से करती है—

अर्थ—अपने हाथ से गूँथकर हठ-पूर्वक स्वयं (अपने ही हाथ से) लाल ने [नायिका के] हृदय पर [यह माला] पहनाई। [अतः इस] मौलसिरी की माला से [उसके शरीर पर कुछ] और ही नई शोभा चढ़ गई (आ गई)॥

नायक को हठ इसलिए करना पड़ा कि नायिका उर खुलने की लज्जा से उसके हाथ से माला पहनना स्वीकृत नहीं करती थी॥

नई लगनि, कुल की सकुच बिकल भई अकुलाइ।
दुहूँ ओर ऐंची फिरति[१], लौं दिनु जाइ॥ २०५॥

शब्दार्थ—**बिकल** = बेचैन, अस्थिर॥ **अकुलाइ** = उद्विग्न होती है॥ **फिरकी** = किसी काठ अथवा मोटे कागज के गोले टुकड़े में दो छेद करके उसमें डोरा पिरो देते हैं। डोरे को कभी इधर और कभी उधर खींचने से वह टुकड़ा भन्न-भन्न शब्द करता हुआ घूमता है। इसी को फिरकी कहते हैं॥

अवतरण—पूर्वानुरागिनी नायिका की दशा सखी सखी से अथवा नायक से कहती है—

अर्थ—[नायिका] नई लगन (नवीन अनुराग) [तथा] कुल की लज्जा [इन दोनों] से विकल हुई अकुलाती) (उद्विग्न, अस्थिर) है, [और] दोनों ओर खिंची हुई फिरती है। [उसका] दिन फिरकी की भाँति जाता (व्यतीत होता) है॥

'नई लगनि' तथा 'कुल की सकुच' का साम्य फिरकी की दोनों ओर की डोरी से किया गया है॥

---

१. फिरे (४)।

इत तैं उत, उत तैं इतै, छिनु न कहूँ ठहराति[१]।
जक न परति, चकरी भई, फिरि आवति फिरि जाति[२]॥ २०६॥

शब्दार्थ—जक = कल, स्थिरता॥ **चकरी** = चकई। काठ का एक छोटा, चक्राकृति खिलौना, जो डोरा बाँधकर फिराया जाता है॥ **फिरि** = इस शब्द का प्रयोग कवि ने बड़ी चातुरी से किया है। 'फिरि आवति, फिरि जाति' का अर्थ होता है, नायिका के पक्ष में पुनः पुनः आती जाती है और चकई के सम्बन्ध में घूम घूम कर आती जाती है, क्योंकि चकई घूमती हुई चलती है॥

अवतरण—पूर्वानुरागिनी नायिका की दशा सखियाँ आपस में कहती हैं—

अर्थ—[वह नायक के दर्शनार्थ ऐसी उत्सुक हो रही है कि उसको] जक (कल) नहीं पड़ती। चकई बनी हुई इधर से उधर [और] उधर से इधर, घूम घूमकर, आती जाती है, क्षण मात्र [भी] कहीं ठहरती नहीं॥

इस दोहे का भाव १९४ संख्यक दोहे के भाव से बहुत मिलता है॥

निसि अँधियारी, नील पटु पहिरि, चली पिय-गेह।
कहौ, दुराई क्यौं दुरै दीप-सिखा सी देह॥ २०७॥

शब्दार्थ—दीप-सिखा = दीपक की लौ॥

अवतरण—नायिका ने अँधेरी रात में, सखी से भी छिपकर, अभिसार किया है, पर सखी उसको मार्ग में पहचान कर कहती है—

अर्थ—[तुम अपना अभिसार छिपाने के लिए] अँधेरी रात में, नीला वस्त्र पहन कर [तो], प्रियतम के घर चली हो। [पर यह तो] कहो [कि यह] दीपक की शिखा सी देह छिपाई कैसे छिप सकती है॥

रह्यो ढीठु ढाढ़सु गहैं[३], ससहरि[४] गयौ न सूरु।
मुर्‌यौ न मनु सुरवानु चभि[५], भौ चूरनु चपि चूरु॥ २०८॥

शब्दार्थ—ससहरि गयौ = डर गया॥ **चभि** = दरेरे खाकर, कुचल कर॥ **चूरनु** = पैर के चूड़ों से॥

अवतरण—नायक नायिका के पैरों के गट्टों तथा उन पर झनकार करते हुए चूड़ों के सौन्दर्य पर मोहित होकर सखी अथवा दूती से कहता है—

अर्थ—[मेरा] मन गट्टों पर [चूड़ों का] दरेरा खाकर लौटा नहीं, [प्रत्युत वह] ढीठ सूर धैर्य धरे रहा, [और] डर नहीं गया, [यहाँ तक कि उन] चूड़ों से चप कर (दब कर अर्थात् दबते दबते) चूर चूर हो गया॥

---

१. ठहराइ (१)।
२. जाइ (१)।
३. गुहे (४, ५)।
४. ससिहरि (४), ससिहर (५)।
५. चुभि (४, ५), चढ़ि (५)।

सोहत[१] अँगुठा पाइ कै अनवटु जर्‌यौ[२] जराइ।
जीत्यौ तरिवन[३]-दुति, सु ढरि पर्‌यौ तरनि[४] मनु पाइ॥ २०९॥

शब्दार्थ—अनवटु = पैर के अँगूठे में पहनने का एक भूषण, जो गोल आकृति का होता है॥ **जर्‌यौ जराइ** = नगों के जड़ाव से जड़ा हुआ॥ **तरिवन** = ताटंक॥ **ढरि** = झुककर, दीन होकर॥ **तरनि** = सूर्य॥

अवतरण—नायिका के अनवट की शोभा का वर्णन नायक स्वगत करता है—

अर्थ—[इसके पैर का] अँगूठा पाकर जड़ाव से जड़ा हुआ अनवट [ऐसा] शोभित हो रहा है, मानो [इसके] ताटंक की द्युति ने [सूर्य को] जीत लिया है, इसलिए ढल कर (नीचा होकर) [वह] सूर्य [इसके] पैर पर पड़ा है॥

जंघ जुगल लोइन निरे करे मनौ बिधि मैन।
केलि-तरुनु दुखदैन ए[५], केलि-तरुन[६] सुखदैन॥ २१०॥

शब्दार्थ—जुगल = दोनों॥ **निरे** = निराले, बिना किसी अन्य वस्तु के मेल के॥ **केलि-तरुनु** = केले के वृक्षों अर्थात् खंभों को॥ **तरुन (तरुण)** = युवावस्था का मनुष्य॥

अवतरण—नायिका की मनोहर जाँघों की प्रशंसा नायक स्वगत करता है—

अर्थ—[इसके] दोनों जंघ [ऐसे सुन्दर हैं] मानो मदन-रूपी ब्रह्मा ने निरे लावण्य [ही] किए [बनाए] हैं। ये कदली के वृक्षों को दुःख देने वाले, [एवं] केलि (कामक्रीड़ा) में तरुण [पुरुष] को सुख देने वाले हैं॥

कदली के वृक्षों को दुःख देने वाले इसलिए कहा है कि उनकी गुलाई तथा चिकनाई देखकर कदली के खंभों को अपने वैसे न होने का दुःख होता है॥

रही पकरि पाटी सु[७] रिस भरे[८] भौंह, चितु, नैन।
लखि सपनैं तियआन-रत, जगतहु लगत हियैंन॥ २११॥

शब्दार्थ—तियआन-रत = अन्य स्त्री से अनुरक्त॥

अवतरण—नायिका ने स्वप्न में अपने पति को अन्य स्त्री से अनुरक्त देखकर रोष किया है। उसी का वर्णन सखी सखी से करती है—

अर्थ—वह [स्त्री] सपने में [पति को] अन्य स्त्री से अनुरक्त देखकर, जागते हुए भी [उसके] हृदय से न लगते हुए (न लगकर), भौंहों, चित्त (तथा]

---

१. **सोभित (४)।**
२. **जरे (४)।**
३. **तरुनी (५)।**
४. **तरुन (५)।**
५. **को (५)।**
६. **कलौं (१), कला (४)।**
७. **सो रिस (४), सरस (५)।**
८. **भरैं (१)।**

नयनों को रिस से भरे हुए [पर्यंक की एक ओर की] पाटी पकड़कर [नायक की ओर पीठ करके] रही है (स्थित है)॥

किय हाइलु चित-चाइ लगि, बजि पाइल तुव पाइ।
पुनि सुनि सुनि मुँह-मधुरधुनि क्यौं न लालु ललचाइ॥ २१२॥

शब्दार्थ—किय = किया॥ 'किय' का प्रयोग 'कियौ' के अर्थ में ४२ संख्यक दोहे में भी हुआ है॥ **हाइलु** = किसी वस्तु की प्राप्ति के निमित्त बड़ी लालसा रखने वाला॥ **चित-चाइ लगि** = चित की उमंग पर अपना प्रभाव डालकर॥ **बजि पाइल तुव पाइ** = पायल ने तेरे पैर में बजकर, अर्थात् तेरे पैर की पायल ने अपने बजने से॥

अवतरण—नायक ने कहीं नायिका की पायल की ध्वनि सुनी है, जिससे चित्त में उमंग उत्पन्न होने के कारण वह बड़ा लालसायुत हो रहा है। सखी उसका यह वृत्तांत बतला कर नायिका से कहती है कि केवल पायल की ध्वनि पर मोहित होने वाला नायक वास्तव में बड़ा गुणग्राही है, अत: वह तेरे मुख की मधुर वाणी सुनकर कैसे न ललचायगा और तुझसे क्यों न प्रेम करेगा! अत: तुझको अब उससे बातचीत करनी चाहिए—

अर्थ— तेरे पैर की पायल [ही] ने बजकर, [और नायक के] चित्त के चाव (उत्साह) पर लगकर (प्रभाव डालकर), [जब उसको] हायल (लालसायुत) कर दिया है, [तो] फिर [तेरे] सुख की मधुर ध्वनि सुन सुनकर लाल क्यों न ललचायेगा (अर्थात् अवश्य ललचायेगा और तुझसे बड़ा प्रेम करेगा)॥

लीनैं हूँ साइस सहसु, कीनैं जतन हजारु।
लोइन लोइन-सिंधु तन पैरि ना पावत पारु॥ २१३॥

अवतरण—पूर्वानुरागिनी नायिका का वचन सखी से—

अर्थ— हजार साहस धारण करने पर भी, [तथा] हजार यत्न करने पर [भी मेरे] लोचन [नायक के] तन-रूपी लावण्य-समुद्र में पैर कर पार नहीं पाते॥

यहाँ लोचनों को पैराक बनाया है। साहस धारण करना इसलिए कहा है कि जिस प्रकार समुद्र में पैरने वालों के लिए, अनेक जल-जन्तुओं के कारण, साहस आवश्यक होता है, उसी प्रकार चवाइनों इत्यादि की शंका से नायिका भी बहुत साहस करके नायक की ओर देखती है। यत्न करना इस कारण कहा है कि जैसे जल-जन्तुओं तथा डूबने से बचने के निमित्त समुद्र में पैरने वालों को बड़े-बड़े यत्न करने पड़ते हैं, वैसें ही नायिका को भी चवाइनों की दृष्टि तथा लोकापवाद से बचने के लिए, नायक को देखने के निमित्त, अनेक उपयुक्त उपाय करने पड़ रहे हैं। 'लोइन-सिंधु' का प्रयोग बड़ा समीचीन है, क्योंकि समुद्र का जल भी लवणमय होता है, और शरीर की शोभा भी लावण्य कहलाती है। नायिका का अभिप्राय यह है कि यद्यपि मैं बड़ा साहस करके और अनेक यत्नों से इधर उधर से झाँक ताक लगा कर नायक की शोभा देखती हूँ, तथापि भली भाँति देखकर तृप्त नहीं हो पाती॥

पट कौं ढिग कत ढाँपियति, सोभित सुभग सुबेष।
हद रदछद छबि देति[1] यह सद रद-छद की रेख॥ २१४॥

---

१. **देखियत (४), देत इह (५)।**

शब्दार्थ—ढिग = किनारा, छोर। इस शब्द का प्रयोग अब पास के अर्थ में होता है, और इसी अर्थ में बिहारी ने भी प्रायः इसका प्रयोग किया है, पर यहाँ इसका अर्थ छोर ही है॥ **हद** = यह अरबी शब्द 'हद्द' का विकृत रूप है। इसका अर्थ सीमा है। 'हद छबि देति' का अर्थ है, हद्द की छबि, अर्थात् परम छबि देती हुई॥ **रदछद** = ओठ॥ **रदछद** = दाँतों का छत अर्थात् घाव॥

अवतरण—नायिका के ओठ पर नायक के दाँतों का चिह्न लगा हुआ है। उसे वह, अंचल को किसी व्याज से ओठ पर लाकर, छिपाती है, पर सखी उस चिह्न को लक्षित करके, परिहास करती हुई, कहती है—

अर्थ—रदच्छद (ओठ) पर हद्द की (परम) छवि देती हुई यह 'सद' (सद्यः टटकी) दाँतों के घाव की रेखा पट की ढिग (छोर, किनारे) से क्यों छिपाई जाती है। [यह तो] सुभग [तथा] सुन्दर रूप से शोभित है॥

नाह गरजि नाहर-गरज, बोलु सुनायौ टेरि।
फँसी फौज मैं बंदि-बिच, हँसी सबनु तनु[1] हेरि॥ २१५॥

शब्दार्थ—नाहर-गरज = सिंह के गर्जन॥ **बोलु** = शब्द, बोली॥ **टेरि** = ललकार कर॥

अवतरण—यह दोहा रुक्मिणी-हरण के समय का है। रुक्मिणीजी सेना के बीच में भली-भाँति रक्षित हैं। इतने ही में श्रीकृष्णचन्द्र ने आकर सिंह की भाँति गरज कर अपना बोल सुनाया। उसे सुनकर रुक्मिणीजी ने सबकी ओर देखकर उपहास किया कि देखें, अब ये लोग मुझे क्यों कर बचाते हैं—

अर्थ—नाह (नाथ, स्वामी अर्थात् श्रीकृष्णचन्द्र) ने सिंह की (सिंह की सी) गरज गरज कर [अपना] बोल टेर (ललकार) कर सुनाया। [उसे सुनकर श्रीकृष्णचन्द्र का पहुँच जाना जान] सेना में बंदि (कैद, घेरे) के बीच फँसी हुई (विवश) [रुक्मिणीजी] सब की ओर देखकर [व्यंग्य से] हँस पड़ीं॥

बाल-बेलि सूखी सुखद इहिं रूखीरुख-धाम।
फेरि डहडही कीजियै[2] सुरस सींचि, घनश्याम॥ २१६॥

शब्दार्थ—रुख = चेष्टा। इस शब्द के लिंग इत्यादि के विषय में २४३ अंक के दोहे की टीका द्रष्टव्य है॥

अवतरण—कलहांतरिता नायिका की सखी की उक्ति मानी नायक से—

अर्थ—[आपकी] इस रूखी चेष्टा-रूपी घाम से [वह] बाला-रूपी सुखद बेल सूख गई है (१. क्षीण तथा हतप्रभ हो गई है। २. शुष्क हो गई है)। [अतः] हे घनश्याम (१. श्रीकृष्णचंद्र। २. काले बादल) [उसे] सुरस (१. सुन्दर प्रीति अथवा अपनी प्रीति। (२. सुन्दर जल अथवा अपने जल) से सींचकर फिर डहडही (१. प्रसन्न। २. हरी भरी) कीजिए॥

---

१. तिनु (१)।
२. कीजिए (२), कीजियतु (४)।

औंधाई सीसी, सु लखि बिरह-बरनि[१] बिललात।
बिच[२] हीं सूखि गुलाबु गौ, छीटौ[३] छुई[४] न गात॥ २१७॥

शब्दार्थ—बरनि = जलन, तपन॥ **बिललात** = बिकलता से दीन स्वर में बोलते॥ **गुलाबु** = गुलाब-जल॥

अवतरण—नायिका के विरह-ताप का वर्णन सखी नायक से करती है—

अर्थ— उसको विरह की जलन से बिललाते देखकर [हम लोगों ने ठंडक पहुँचाने के निमित्त गुलाब-जल की भरी] शीशी [उस पर] औंधा दी [ढाली नहीं, प्रत्युत एकाएक उलट दी जिसमें सब गुलाब जल एक साथ ही उस पर पड़ जाये, और उसकी ज्वाला बुझे]। [पर ज्वाला क्या बुझती। वहाँ तो उस गुलाब-जल की एक] छींट भी (उसके) गात्र में नहीं छुई (एक छींट भी उसके गात्र तक न पहुँची), [सब का सब] गुलाब-जल [उसकी विरह-ज्वाला से] बीच ही में सूख गया॥

तजी संक, सकुचति न चित बोलत[५] बाकु कुबाकु।
दिनछिनदा[६] छाकी रहति, छुटतु[७] न छिनु छबि-छाकु॥ २१८॥

शब्दार्थ—बोलत = बोलते हुए, बोलते समय॥ **बाकु कुबाकु** = अकबक, अंडबंड, अर्थात् कुछ कुवचन॥ **छिनदा (क्षणदा)** = रात्रि॥ **छाकी** = पिए हुई॥ छकना वास्तव में पीने को कहते हैं; जैसे 'उसने जल छक लिया', पर छकना तथा पीना, दोनों मद्य पीने के अर्थ में भी प्रयुक्त होते हैं॥ **छाक** = पिलाई अर्थात् मद्य-पान। यहाँ इसका अर्थ मद्य-पान का प्रभाव अर्थात् नशा है॥

अवतरण—पूर्वानुराग में नायिका की जो दशा हो रही है, उसका वर्णन सखियाँ आपस में करती हैं—

अर्थ— [देखो, इसने अब गुरुजनों की] शंका [भी] छोड़ दी है, [और] बाक कुबाक (अंडबंड वचन) बोलते चित्त में सकुचाती नहीं। दिनरात छकी (नशे में चूर) रहती है, क्षण मात्र [भी इसका] छवि-छाक (सौन्दर्य का नशा, अर्थात् नायक का सौन्दर्य देख कर जो प्रेम का नशा चढ़ गया है, वह) छूटता नहीं॥

फिरि फिरि बूझति, कहि कहा कह्यौ साँवरे गात।
कहा करत देखे, कहाँ; अली, चली क्यौं बात॥ २१९॥

---

१. विमल (४), बनन (५)।
२. बिचि ही (५)।
३. छीटा (५)।
४. छ्वाय (५)।
५. बोलति (४)।
६. छनदा (४)।
७. छटतु (१), खरो विषम (५)।

अवतरण—नायिका नायक का वृत्तांत दूती से बड़ी उत्सुकता-पूर्वक पूछती है। उसके वाक्य से उसकी अत्यन्त अभिलाषा लक्षित करके कोई सखी किसी अन्य सखी से कहती है—

अर्थ—[वह] फिर (बारंबार) [दूती से] पूछती है कि कह, श्यामगात (श्रीकृष्णचन्द्र) ने [तुझसे] क्या कहा, [तूने उनको] क्या करते [तथा] कहाँ देखा, [और] हे सखी, [मेरी] बात (चर्चा) किस प्रकार चली (निकली)॥

नव नागरितन-मुलुकु लहि जोबन-आमिर-जौर।
घटि बढ़ि तैं बढ़ि घटि रकम करीं और की और॥ २२०॥

शब्दार्थ—**आमिर (अरबी शब्द)** = हुक्म चलाने वाला, हाकिम॥ **जौर (फारसी शब्द)** = अत्याचार॥ **घटि बढ़ि** = घटी बढ़ी, छोटी, बड़ी॥ **रकम (अरबी रकम)** = अंक॥

अवतरण—नवयौवनाभूषिता नायिका के शरीर में जिन वस्तुओं अथात् उर, नितंब इत्यादि में घटी अर्थात् लघुता थी, उनमें यौवनागमन के कारण बढ़ी अर्थात् गुरुता और जिन वस्तुओं अर्थात् कटि चंचलता इत्यादि में बढ़ी अर्थात् अधिकता थी, उनमें घटी अर्थात् न्यूनता आ गई है। इसी विषय को सखी नायक से, नायिका के शरीर को देख, यौवन को नया आया हुआ हाकिम; और उक्त परिवर्तन को हाकिम के अत्याचार द्वारा होना कहकर, वर्णित करती है—

अर्थ—[उस] नागरी का तन-रूपी नया मुल्क पाकर यौवन-रूपी हाकिम के अत्याचार ने [उसमें की] रकमें छोटी से बड़ी [और] बड़ी से छोटी, [अर्थात्] और की और (अदल बदल), कर डाली है॥

जब कोई राजा किसी नए देश पर अधिकार कर लेता है, तो उस देश के पुराने कर्मचारियों से उसकी जमाबंदी लेकर वहाँ किसी अपने हाकिम को बंदोबस्त करने के निमित्त, भेजता है। वह हाकिम बहुधा घूस लेकर यह अत्याचार करता है कि जिनके नाम पर जो कर लिखा रहता है, उसका परिमाण घटा देता है और जिन लोगों से घूस नहीं पाता, उनके कर का परिमाण, जमाबंदी की पूरी जमा को कम न होने देने के अभिप्राय से, बढ़ा देता है॥

कीजै चित सोई, तरे जिहि[1] पतितनु के साथ।
मेरे गुन-औगुन-गननु गनौ न, गोपीनाथ॥ २२१॥

शब्दार्थ—**साथ** = संघ, समूह॥

अवतरण—कोई भक्त भगवान् से कहता है—

अर्थ—हे गोपीनाथ, मेरे गुणअवगुणों के गणों (समूहों) को मत गिनिए (यह हिसाब मत लगाइए कि मेरे गुण अधिक हैं अथवा अवगुण) [क्योंकि यदि आपने ऐसा किया, तब तो मैं तर चुका]। [बस अपने] चित्त में [आप] सोई (वही वस्तु अर्थात् दया) कीजिए (धारण कीजिए), जिससे (जिस दया से) पतितों के साथ (समूह) तरे हैं॥

---

१. जिन (५)।

मृगनैनी दृग की फरक, उर-उछाह, तन-फूल।
बिन हीं पिय-आगम उमगि पलटन लगी दुकूल॥ २२२॥

शब्दार्थ—फूल = उभार॥ **आगम** = आगमन॥ **दुकुल** = साड़ी इत्यादि॥

अवतरण—आगमिष्यत्पतिका नायिका ने प्रियतम की अवाई का शुभ शकुन अनुमान करके अपने भूषण, बसन का बदलना आरंभ कर दिया है। सखी-वचन सखी से—

अर्थ—[देखो, यह] मृगनयनी (मृगों के से नयनों से चारों ओर देखती हुई) अपने (बाएँ) दृग की फड़क, उर के [अकारण] उत्साह, [तथा] तन के [अचानक] उभार से [प्रियतम की अवाई का अनुमान करके] बिना प्रियतम के आये ही उमग कर [उनसे मिलने की चाव से] साड़ी इत्यादि बदलने लगी है॥

रहे बरोठे मैं मिलत पिउ प्राननु के ईसु।
आवत आवत की भई बिधि की घरी घरी सु॥ २२३॥

शब्दार्थ—बरोठा (प्रकोष्ठ) = द्वार पर का दालान॥ **बिधि** = ब्रह्मा॥ **घरी सु** = सो घड़ी अर्थात् उतना समय जितना प्रियतम को अपने गुरुजनों तथा इष्टमित्रों से मिलने में लगा॥

अवतरण—नायक परदेश से आकर द्वार के दालान में गुरुजनों तथा इष्टमित्रों से मिल रहा है। इस कारण नायिका के पास पहुँचने में उसको कुछ विलंब हुआ। नायिका को मिलनोत्सुकता के कारण उतना विलंब भी बहुत ज्ञात हो रहा है। सखियाँ आपस में उसकी इस तीव्र उत्सुकता का वर्णन करती हैं—

अर्थ—[इसके] प्राणों का ईश प्रियतम बरोठे में [गुरुजनों तथा इष्टमित्रों से] मिलता हुआ रह गया है (किंचित ठहर गया है), [सो इसके निमित्त] वह आते आते की घड़ी (आने की प्रतीक्षा की घड़ी) ब्रह्मा की घड़ी हो रही है॥

इस दोहे के पूर्वार्द्ध के अंत में जो 'ईसु' शब्द है, उसका उकारान्त होना आवश्यक है, क्योंकि उत्तरार्द्ध के अंत में 'घरी सु' आया है, जिसमें 'सु' सो का लघु रूप मात्र है, पर उकारांत 'ईसु' ईश शब्द के कर्त्ता अथवा कर्म कारक का एकवचनांत रूप होता है और यहाँ 'ईसु' की क्रिया तथा विशेषण अर्थात् 'रहे मिलत' तथा 'प्राननुके', ये दोनों ही बहुवचन हैं, अतः इस पाठ में एकवचन कर्त्ता की क्रिया तथा संबंधकारक-रूप विशेषण, दोनों बहुवचन हैं, जो व्याकरण के नियम के विरुद्ध है। यद्यपि एक व्यक्ति के निमित्त भी प्रतिष्ठार्थ बहुवचन का प्रयोग होता है, पर ऐसी दशा में कर्ता क्रिया इत्यादि सब बहुवचनांत प्रयुक्त होते हैं। एकवचन कर्ता के निमित्त प्रतिष्ठार्थ बहुवचन क्रिया का प्रयोग कदाचित् कोई कोई कर भी लेते हैं, पर सतसई में इस दोहे के अतिरिक्त और कहीं ऐसा प्रयोग देखने में नहीं आया कि कर्ता तो एकवचनांत हो और क्रिया तथा विशेषण दोनों बहुवचनांत। अतः इस दोहे के पूर्वार्द्ध के पाठ में कुछ गड़बड़ अवश्य है। अनवर चंद्रिका तथा प्रभुदयाल पांडे की टीका में इस दोहे के पूर्वार्द्ध के पाठ ये मिलते हैं—

अनवर-चंद्रिका—"रह्यौ बरोठे मैं मिलत पिय प्राननि को ईसु"।

प्रभुदयाल पांडे की टीका—"रह्यौ बरोठे में मिलत पिय प्रानन को ईसु"।

इन पाठों के अनुसार तथा जो परिपाटी सतसई के इस संस्करण में रखी गई है, उस पर विचार करके शुद्ध पाठ यह ठहरता है—

''रह्यौ बरोठे मैं मिलतु पिउ प्राननु कौ ईसु''

और, यह पाठ उचित भी ज्ञात होता है, क्योंकि इसमें कर्ता, क्रिया तथा संबंधकारक रूप विशेषण सब एकवचनांत हैं, पर जिन पाँच प्राचीन पुस्तकों के आधार पर इस ग्रंथ में पाठ शुद्ध किए गए हैं, उनमें से तीन पुस्तकों अर्थात् पहली, चौथी तथा पाँचवीं के मिलान से वही पाठ ठीक ठहरता है, जो मूल दोहे में रखा गया है, और दूसरी तथा तीसरी पुस्तकों के खंडित होने के कारण यह दोहा उनमें मिलता ही नहीं। अत: मूल में तो वही पाठ रखा गया है, पर अर्थ करने में अनवर-चंद्रिकादि के अनुसार जो पाठ ठहरता है, वह ग्रहण किया गया है॥

रबि बंदौ कर जोरि, ए सुनत स्याम के बैन।
भए हँसौं हैं सबनु के अति अनखौहैं नैन॥ २२४॥

अवतरण—यह दोहा चीर-हरण के प्रसंग का है। एक समय गोपियाँ नंगी होकर यमुना में नहाती थीं। श्रीकृष्णचन्द्र उनके वस्त्र लेकर एक कदंब के वृक्ष पर जा बैठे। उनके बहुत विनती करने तथा क्रोध दिखाने पर, श्रीकृष्णचंद्र ने कहा कि अच्छा तुम लोग हाथ जोड़कर सूर्य भगवान् की वंदना करो, तो हम तुम्हारे वस्त्र दे दें। इस बात से उनका यह नटखटपन समझ कर कि यह हमको नग्न देखना चाहते हैं, वे सब मुस्करा पड़ीं। इसी का वर्णन कवि करता है—

अर्थ— श्रीकृष्णचंद्र के ये वचन सुनते [ही कि तुम] हाथ जोड़कर सूर्य की वंदना करो [जिसमें उनके हाथ कुचों पर से हट जायें], सभों के (सब गोपियों के) अति अनखोंहें (रोष से बहुत भरे हुए), नयन हसौंहें (हास्योन्मुख) हो गए॥

हौं हीं बौरी बिरह-बस, कै बौरौ सबु गाउँ।
कहा जानि ए कहत हैं ससिहिं सीतकर-नाउँ॥ २२५॥

शब्दार्थ—सीतकर (शीतकर) = शीतल किरणों वाला॥

अवतरण—पूर्वानुराग में नायिका को चंद्र की किरणें ताप देती हैं, अत: वह अपने मन में सोचती है कि लोगों ने चंद्रमा का नाम शीतकर क्या समझ कर रखा है—

अर्थ— मैं ही विरह-वश (विरह के कारण) बौरी (बावली) हो रही हूँ [जिससे मुझे चन्द्रमा की शीतल किरणें तप्त ज्ञात होती हैं], अथवा सब ग्राम ही (ग्राम निवासी समूह ही) बौरा गया है, [जिससे उनको ताप देने वाले चंद्रमा की किरणें शीतल लगती हैं। ज्ञात नहीं होता कि] ये [लोग] शशि को [जो कि संतापित करता है] क्या जानकर (किस निमित्त) शीतकर नाम वाला कहते हैं॥

अनी बड़ी उमड़ी लखैं असिबाहक, भट भूप।
मंगलु करि मान्यौ हियैं, भो मुँहु मंगलु रूप॥ २२६॥

शब्दार्थ—असिबाहक = कृपाण धारण करने वाला, तलवरिया॥ **भट** = योद्धा॥ **मंगलु** = शुभ॥ **मंगलु** = मंगल तारा, जिसका रंग हल्का लाल माना जाता है॥

अवतरण—कवि मिर्जा राजा जयशाह की शूरता का वर्णन करता है—

अर्थ— असिबाहक, वीर राजा ने [शत्रु की] बड़ी अनी (सेना) उमड़ी (चढ़ आई) देखकर [अपने] हृदय में [इस घटना को, यह सोचकर कि तलवार

चलाने का अच्छा अवसर मिला], मंगल (शुभ) कर के माना, [और उसका] मुख [उत्साह से] रूप में मंगल [सा गुलाबी] हो गया॥

सोवत, जागत, सुपन-बस[१], रस[२], रिस, चैन, कुचैन।
सुरति स्यामघन की, सु रति बिसरैं[३] हूँ बिसरै न॥ २२७॥

अवतरण—प्रोषितपतिका नायिका अपनी स्मृति-दशा सखी से कहती है—

अर्थ—सोते, जागते, स्वप्न देखते, रस में (सरसता से कोई काम करते), रिस में (रोष से कुछ कहते या करते), चैन करते, विकल होते [इन सब दशाओं में से किसी में भी] घनश्याम की [जो] स्मृति [है], सो भूलने से भी (भुलाने से भी) रत्ती भर नहीं भूलती॥

संगति सुमति न पावहीं परे कुमति कैं धंध।
राखौ मेलि कपूर मैं, हींग न होइ[४] सुगंध॥ २२८॥

अवतरण—कवि की प्रास्ताविक उक्ति है—

अर्थ—कुमति के धंधे (झंझट) में पड़े हुए [लोग अच्छी] संगति से सुमति नहीं पाते। हींग को [कितना ही] कपूर में मिलाकर रखो, [पर वह] सुगन्ध (अच्छी गंध वाली) नहीं होती॥

बड़े कहावत आप सौं, गरुवे[५] गोपीनाथ।
तौ बदिहौं, जौ राखिहौ हाथनु लखि[६]मनु हाथ॥ २२९॥

शब्दार्थ—**गरुवे** = भारीभरकम, गंभीर, धैर्यवान्॥ **गोपीनाथ** = गोपियों के स्वामी। इस शब्द से दूती यह व्यंजित करती है कि यद्यपि तुम अनेक गोपियों के स्वामी हो, तथापि मैं जिस नायिका का वर्णन करती हूँ, वह कुछ और ही वस्तु है। उसे देखकर तुमको ये सब गोपियाँ भूल जायेंगी और मन अपने वश से निकल जायेगा॥ **बदिहौं** = सही समझूँगी, तुम्हारा बड़ापन ठीक मानूँगी॥

अवतरण—सखी अथवा दूती नायिका के हाथों का सौन्दर्य कहकर नायक के चित्त में रुचि उपजाती है—

अर्थ—हे गरुवे गोपीनाथ, [तुम] आप से (अपने मन से) बड़े कहलाते हो। [पर मैं तो तुम्हारी बड़ाई] तब मानूँगी, जब [तुम उसके] हाथों को देखकर [अपना] मन [अपने] हाथ में [वश में] रखोगे [अर्थात् उसके हाथ ऐसे सुन्दर हैं कि उनको देखकर तुम्हारा मन तुम्हारे हाथ से निकलकर उनमें चला जायेगा]॥

---

१. में (४)।
२. वासर कर अति चैन (४)।
३. कबहूँ चित बिसरै न (४)।
४. होत (५)।
५. गरुए (५)।
६. मनु लखि (१)।

सोरठा

कौड़ा[1] आँसू-बूँद, कसि साँकर बरुनी सजल।
कीने बदन निमूँद, दृग-मलिंग[2] डारे रहत॥ २३०॥

शब्दार्थ—कौड़ा (कपर्द) = बड़ी बड़ी कौड़ियाँ॥ **कसि** = जकड़ कर॥ **निमूँद** = मुद्रित, बन्द। इसका अर्थ अन्य टीकाकारों ने बिना मुँदे हुए, अर्थात् खुले हुए, किया है। यद्यपि यह अर्थ भी यहाँ हो सकता है, क्योंकि कोई कोई मलंग मौन धारण न करके 'हक् हक्' की रट लगाये रहते हैं, जिससे उनके मुँह खुले रहते हैं, पर हमारी समझ में इस दोहे में 'निमूँद' का अर्थ बंद ही करना समीचीन है, क्योंकि 'बरुनी' के विषय में जो 'कसि' शब्द का प्रयोग कवि ने किया है, उससे आँखों का बन्द रहना ही उसका इष्टार्थ प्रतीत होता है॥ **मलिंग** - एक संप्रदाय के मुसलमान फकीर मलिंग अथवा मलंग कहलाते हैं। ये हिन्दुओं के औघड़ों तथा अलखियों की भाँति कौड़ों की लड़ों तथा लोहे की साँकड़ों से अपने शरीर कसे रहते हैं, और किसी एकांत स्थल में मौनावलंबन किए, ईश्वर के ध्यान में निमग्न, पड़े रहते हैं।

अवतरण—पूर्वानुरागिनी नायिका आँख बन्द किए हुए नायक के ध्यान में निमग्न है, और उसकी आँखों की कोरों में आँसू भरे हुए हैं। सखी नायक से उसकी यह दशा कहकर और उसकी आँखों को मलंग ठहराकर व्यंग्य से उससे दर्शन-भिक्षा देने की प्रार्थना करती है—

अर्थ—[उसके] दृग-रूपी मलिंग, अश्रु विंदु-रूपी कौड़ों [तथा] सजल बरुनी-रूपी साँकड़ों को [अपने शरीर पर] कसकर, मुँह बन्द किए, [अपने को] डाले रहते हैं (पड़ा रखते हैं)॥

उयौ सरद-राका-ससी, करति[3] क्यौं न चित चेतु।
मनौ मदन छितिपाल कौ छाँहगीरु छबि देतु॥ २३१॥

शब्दार्थ—उयौ = उदय हुआ॥ **राका** = पूर्णिमा॥ **चेतु** = ज्ञान, विचार, स्मृति॥ **छितिपाल (क्षितिपाल)** = राजा॥ **छाँहगीरु** = फारसी में सायागीर उस छोटे चँदवे को कहते हैं, जो राजाओं की गद्दी पर लगाया जाता है। साय: शब्द का हिन्दी-भाषांतर छाँह करके छाँहगीर शब्द बना लिया है। यहाँ इसका अर्थ छत्र है॥

अवतरण—मानिनी नायिका का मान छुड़ाने के लिये सखी उससे कहती है—

अर्थ—[वह देख], शरद-पूर्णिमा का चन्द्रमा उग आया। [इस पर भी तू] चित्त में विचार क्यों नहीं करती। [यह] मानो मदन महाराज का छत्र छवि दे रहा है [अतः तुझे विचारना चाहिए कि उक्त महाराज के दरबार की जब तैयारी हो रही है, और वे शीघ्र ही चित्त-मंडल पर अपना अधिकार करना चाहते हैं, तो फिर मानिनियों की क्या दशा होगी]॥

---

१. कोरा (१, २)।
२. मलंग (४)।
३. करत (४, ५)।

ढरें ढार, तेहीं ढरत; दूजैं ढार ढरैं न।
क्यौं हूँ आनन आन सौं नैना लागत नै न॥ २३२॥

शब्दार्थ—ढरे = झुके, ढलके, रीझे॥ **ढार** = ढुलकाव, ढुलकने की दशा॥ **नै** = झुककर॥

अवतरण—नायक किसी नायिका पर रीझा हुआ है। उसके अंतरंग सखा उसे समझाते हैं कि उसका प्राप्त होना बड़ा कठिन है, अतः तू किसी अन्य ओर चित्त लगा। नायक उनको उत्तर देता है—

अर्थ—[मेरे नयन जिस] ढार पर [जिस ढुलकाव की ओर, अर्थात् जिस ओर) ढरे हैं (रीझे हैं), उसी पर ढरते हैं; दूसरे ढार पर (दूसरी ओर) नहीं ढरते (रीझते)। किसी प्रकार भी अन्य आनन (मुख) से [मेरे] नयन 'नै' कर (झुककर, रीझकर) नहीं लगते॥

सोवत लखि मन मानु धरि, ढिग सोयौ प्यौ आइ।
रही, सुपन[1] की मिलनि मिलि, तिय[2] हिय सौं लपटाइ॥ २३३॥

अवतरण—नायक यह देखकर कि नायिका मान ठानकर सो गई है, स्वयं भी उसके पास सो रहा। उद्दीपन होने के कारण नायिका नायक से लिपट गई, पर अपनी बात रखने के निमित्त वह इस भाँति लिपटी कि नायक उसे, नींद में लिपटते हुए जान, जगाकर मना ले। सखी-वचन सखी से—

अर्थ—[उसको] मन में मान धारण करके सोते देख प्रियतम आकर [उसके] पास सो रहा। [तब वह] स्त्री नींद के मिलन की भाँति मिलकर [प्रियतम के] हृदय से लिपट रही॥

जोन्ह नहीं यह, तमु पहै, किए जु जगत निकेतु।
होत उदै[3] ससि के भयौ मानहु ससहरि[4] सेतु॥ २३४॥

अवतरण—प्रोषितपतिका नायिका को वियोग में जगत् अंधकारमय दिखाई देता है। चाँदनी भी उसको अंधकार ही का रूपांतर प्रतीत होती है। अतः वह सखी से कहती है—

अर्थ—यह चाँदनी नहीं है, [प्रत्युत] वही अंधकार है, जिसने जगत् में [अपना] निकेतन (घर) कर रखा है। [यह जो श्वेत जान पड़ता है, सो] मानो चन्द्रमा के उदित होते [ही वह अंधकार] डर कर श्वेत हो गया है [यह श्वेतता कुछ चन्द्रिका की नहीं है, क्योंकि यदि चंद्रिका होती, तो मेरा ताप हरती]॥

जात जात बितु होतु है ज्यौं जिय मैं संतोषु।
होत होत जौ होइ तौ होइ घरी मैं[5] मोषु॥ २३५॥

---

१. सपन (१, २, ४)।
२. पिय (१, २, ४)।
३. उदो (१, २)।
४. ससिहर (५)।
५. मँहि (१, २)।

अवतरण—धन-लोभी मनुष्यों से कवि की प्रास्ताविक उक्ति है—

अर्थ—जिस प्रकार वित्त (धन) जाते जाते (नष्ट होते होते) चित्त में संतोष होता जाता है [कि ईश्वर की जो इच्छा है, वही होता है, हमारा क्या वश है], [उसी प्रकार] जो [उसके] होते होते (संचित होने के समय) [सन्तोष] हो [कि जो ईश्वर की इच्छा होगी, वही मिलेगा, हम वृथा क्यों सुमार्ग तथा कुमार्ग से धन संचित करने का उद्योग करें], तो घड़ी भर में (अति शीघ्र) मोक्ष हो जाय॥

तन भूषन, अंजन[१] दृगनु, पगनु[२] महावर[३]-रंग[४]।
नहिं सोभा कौं[५] साजियतु[६] कहिबैं[७] हीं कौं अंग[८]॥ २३६॥

अवतरण—सखी नायक से नायिका की स्वाभाविक शोभा का वर्णन करती है—

अर्थ—[वह स्वभावत: ऐसी सुन्दर है कि उसके] तन को भूषण से, आँखों को अंजन से, [तथा] पाँवों को महावर के रंग से शोभा के निमित्त नहीं साजा जाता, [प्रत्युत ये सब, अर्थात् भूषण, अंजन तथा महावर का रंग] कहने मात्र को [उसके] अंग में हैं। भावार्थ यह है कि ये सब उसके शरीर में ऐसे मिल जाते हैं कि उसकी शोभा बढ़ाने में कुछ उपकारी नहीं होते, केवल कहने से उनकी उपस्थिति जानी जाती है, क्योंकि उसका तन तो भूषणों के बिना ही सुशोभित तथा कंचन-वर्ण, आँखें अंजन के बिना ही आँजी हुई सी एवं पाँव महावर के बिना ही लाल हैं]॥

पाइ तरुनिकुच-उच्चपदु चिरम ठग्यौ सबु गाउँ।
छुटैं ठौरु रहिहै वहै, जु हो मोलु, छबि, नाउँ॥ २३७॥

शब्दार्थ—**चिरम** = गुंजा, घुँघुची॥

अवतरण—किसी कुपात्र मनुष्य को किसी राजा ने उच्च पद दे रखा है, अत: वह बहुत वेतन पाता है, लोग उसके उत्तम व्यक्ति समझते हैं एवं बड़ी बड़ी उपाधियों के साथ उसका नाम लिया जाता है। उसी की व्यवस्था कवि घुँघुची पर अन्योक्ति करके कहता है—

अर्थ—[देखो] तरुणी-कुच-रूपी उच्च पद को पाकर चिरम ने सब गाँव (ग्राम-निवासियों) को ठग लिया है (अपने किसी बहुमूल्य, अत्यन्त शोभा से संपन्न एवं शुभनामधारी रत्न होने का धोखा दे रखा है)। [पर इस] ठौर के

---

१. अंजनु (१, ५)।
२. पगनि (४), पगन (५)।
३. महावरु (१)।
४. रंगु (१, २, ४)।
५. को (४), कों (५)।
६. साजिथे (५)।
७. एगौं कौं (१), वे ही को (४); एक ही को (५)।
८. अंगु (१, ४)।

छुटने पर (इस पद से च्युत होने पर) [उसका] मोल, शोभा, [तथा] नाम वही रह जायेगा, जो [उसके इस पद पर आने के पूर्व] था॥

नितप्रति एकत हीं रहत, बैस-बरन-मन[1]-एक।
चहियत जुगलकिसोर लखि लोचन-जुगल अनेक॥ २३८॥

शब्दार्थ—नितप्रति एकत ही रहत = नित्यप्रति एकत्र ही रहते हुए अर्थात् सदा एकत्र रहने वाले। यह खंड-वाक्य 'जुगलकिसोर' पद का विशेषण है॥ **बैस-बरन-मन एक** = जो बैस (वयक्रम), बरन (वर्ण, रंग) तथा मन, इन तीनों में एक ही हो रहे हैं, यह समस्त पद 'जुगलकिसोर' का विशेषण है॥ **चहियत** = चाहे जाते हैं, अभिलषित होते हैं॥ **जुगलकिशोर (युगलकिशोर)** = श्रीराधिका तथा श्रीकृष्णचंद्र। **लोचन-जुगल** = लोचनों के जोड़े॥

अवतरण—किसी युगल उपासक ब्रजवासी भक्त की उक्ति है—

अर्थ—नित्यप्रति एकत्र ही रहने वाले, [तथा] वयक्रम, रंग एवं मन से एक [हो हो रहे] युगलकिशोर को [लोचनों के एक जोड़े से] देखकर [तृप्ति नहीं होती, प्रत्युत उनकी शोभा देखने के लिए] लोचनों के अनेक जोड़े चाहे जाते हैं (अभिलषित होते हैं, अर्थात् यह अभिलाषा होती है कि हमको लोचनों के अनेक जोड़े मिलें, जिसमें हम इनकी छवि भली भाँति देख सकें)॥

दोनों का एकरंग होना इसलिए कहा है कि दोनों पारस्परिक आभा से हरे रहते हैं जैसा कि बिहारी ने श्रीकृष्णचंद्र के विषय में अपने प्रथम दोहे में कहा है तथा माघ ने नारद मुनि एवं श्रीकृष्णचंद्र के मिलने पर दोनों का एक वर्ण हो जाना वर्णित किया है—

प्रफुल्लतापिच्छनिभैरभीषुभिः शुभैश्च सप्तच्छदपांशुपाण्डुभिः।
परस्परेणच्छुरितामलच्छवी तदैकवर्णाविव तौ बभूवतुः॥

एकमन इस अभिप्राय से कहा है कि दोनों के मन एक से प्रेममय हो रहे हैं॥

इस दोहे में चमत्कार यह है कि दृश्य पदार्थ तो यद्यपि दो के स्थान पर एक ही रह गया है, तथापि देखने वाली इन्द्रियाँ दो होने पर भी देखने वाले को तृप्त नहीं कर सकतीं, प्रत्युत तृप्ति के निमित्त आँखों के अनेक जोड़े अभिलषित होते हैं। इससे शोभाधिक्य व्यंजित होता है॥

मन न धरति[2] मेरौ कह्यौ तूँ आपनैं सयान।
अहे, परनि परि प्रेम की परहथ पारि न प्रान॥ २३९॥

शब्दार्थ—परनि = पड़न, धावा, लूट, आक्रमण। पटपरा शब्द में भी 'परा' का अर्थ पड़ने वाला अर्थात् आक्रमण होता है॥

अवतरण—नायिका को सखी शिक्षा देती है—

अर्थ—तू अपने सयान (सयानपने के अभिमान) के कारण मेरा कहा [अपने] मन में नहीं धरती। अहे (अरी, मैं तुझे चैतन्य किये देती हूँ। देख) प्रेम

---

१. तन (१, २)।
२. धरत (४, ५)।

की 'परनि' (आक्रमण, डाके) में पड़कर [तू अपने] प्राण 'परहथ' (दूसरे के हाथ अर्थात् वश, में) मत डाल।

नख-रेखा सोहैं नई, अलसौं हैं सब गात।
सौं हैं होत न नैन ए, तुम सौहैं कत खात॥ २४०॥

अवतरण—खंडिता नायिका का वचन नायक से—

अर्थ—[तुम्हारे शरीर में] नई (टटकी लगी हुई) नख-रेखाएँ शोभित हैं, [और तुम्हारे] सब गात आलस्य-युक्त हैं, [जिसकी लज्जा से तुम्हारे] ये नेत्र सामने नहीं होते। [इन सब लक्षणों से तुम्हारा अपराध पूर्णतया निर्धारित हो रहा है। उसके छिपाने के निमित्त] तुम [झूठी] सौहैं (शपथें) क्यों खा रहे हो [कि हम अन्य स्त्री के यहाँ नहीं गये थे]॥

हरि, कीजति बिनती[1] यहै तुम सौं बार हजार।
जिहिं तिहिं भाँति डर्‍यौ[2] रह्यौ पर्‍यौ रहौं दरबार॥ २४१॥

अवतरण—सेवा तथा दर्शन-सुख के अभिलाषी भक्त की प्रार्थना श्रीवृंदावन विहारी से—

अर्थ—हे हरि, तुमसे हजार बार यही विनती (नम्रता-पूर्वक प्रार्थना) की जाती है [कि मैं तुम्हारे] दरबार (राजसभा) में जिस प्रकार हो सके, उसी प्रकार (अच्छी अथवा बुरी जिस दशा में संभव हो, उसी में) डला हुआ (लुढ़कता, पुढ़कता) पड़ा रहूँ [भावार्थ यह है कि मैं तुम्हारे दरबार से निकाल दिया जाना नहीं चाहता, अर्थात् मुक्ति नहीं चाहता, प्रत्युत तुम्हारी सेवा में, चाहे जिस दशा में हो, रहना चाहता हूँ॥

भक्ति मार्ग के अनुयायी वैष्णव मुक्ति कदापि नहीं चाहते। उनका सिद्धांत यह है कि मुक्ति में रखा ही क्या है? जो कुछ आनंद है वह तो युगल स्वरूप के दर्शनों तथा सेवा में है। मुक्ति हो जाने पर तो अपना ही जाता रहता है, अतः सेवा तथा दर्शनों का आनंद नहीं प्राप्त हो सकता॥

भौंह उँचै, आँचरु उलटि, मौरि[3] मोरि, मुहु मोरि।
नीठि नीठि भीतर गई, दीठि[4] दीठि सौं जोरि॥ २४२॥

शब्दार्थ—मौरि (मौलि) = शिर॥ **मोरि**—प्रथम 'मोरि' का अर्थ घुमाकर अर्थात् मटकाकर अथवा विदा करने का इंगित करके और द्वितीय का अर्थ फेरकर, अर्थात् मेरी ओर से घर की ओर करके है॥

अवतरण—नायिका ने अपने द्वार से नायक को देखकर जो चेष्टाएँ कीं, उन पर नायक रीझ गया है और अपने अंतरंग सखा अथवा नायिका की सखी से उनका वर्णन करता है—

---

१. तुम सों इहै बिनती (५)।
२. परे रहौ, डटे रहो (४), डर्‍यौ रहूँ, पर्‍यौ रहूँ (५)।
३. मोरि मोरि (४, ५)।
४. डीठि (५)।

अर्थ—भौंहें ऊँची करके (सानंद देखने का भाव करके), आँचल [किसी ब्याज] से उलटकर (हटाकर) [जिसमें सुन्दर त्रिवली इत्यादि दिखाई दे जायें], सिर घुमाकर (मटकाकर), [और फिर] मुँह मोड़कर (पीछे फिर कर) [मेरी] दृष्टि से दृष्टि मिलाकर, कठिनता से (अपनी इच्छा के विरुद्ध, लोकापवाद के भय से) [वह] भीतर चली गई॥

रस की सी रुख, ससिमुखी, हँसि हँसि बोलत बैन।
गूढ़ मानु मन क्यौं रहै, भए बूढ़-रँग नैन॥ २४३॥

शब्दार्थ—रुख (रुख) = यह फारसी भाषा का शब्द है। इसका अर्थ मुख है। उर्दू में इसका अर्थ चेष्टा, दिशा इत्यादि भी होता है। उक्त भाषा में इसका प्रयोग पुल्लिग-रूप से होता है, पर भाषा में स्त्रीलिंग तथा पुल्लिग, दोनों रूपों में दिखाई देता है। बिहारी ने इसका प्रयोग चार दोहों में किया है, और चारों में इसको स्त्रीलिंग ही माना है। देखो दोहे २१६, ३६४, ४१५॥ **बूढ़** = बीरबहूटी। ब्रज में बीरबहूटी को सावन की बूढ़ी अथवा डोकरी अब भी कहते हैं॥

अवतरण—खंडिता धीरा नायिका से नायक वचन—

अर्थ—हे शशिमुखी, रस की सी रुख (प्रेम की चेष्टा की सी चेष्टा) से हँस हँसकर वचन बोलते (बोलने से) मन में [तेरा] मान गूढ़ (छिपा हुआ) कैसे रह सकता है, [क्योंकि] तेरे नयन बीरबहूटी के रंग के हो गए हैं॥

जिहिं निदाघ-दुपहर रहै भई माघ[1] की राति।
तिहिं[2] उसीर की रावटी खरी आवटी जाति॥ २४४॥

अवतरण—दूती नायक से नायिका के विरह-ताप का वर्णन करती है—

अर्थ—जिस [उशीर की रावटी अर्थात् खस की बनी हुई रावटी] में [ऐसी ठंडक है कि उसमें बैठने वाले को] ग्रीष्म की दुपहर माघ की रात हुई रहती है (जान पड़ती है), उस उशीर की रावटी में [भी वह विरह-ताप के कारण] खरी (अत्यन्त) उबली जाती है॥

रही दहेंड़ी ढिग धरी, भरी मथनिया बारि।
फेरति करि उलटी रई नई बिलोवनहारि[3]॥ २४५॥

शब्दार्थ—मथनिया = मथने का पात्र, वह बड़ी हाँड़ी जिसमें दही तथा जल मिलाकर मथा जाता है॥

अवतरण—नायिका दही मथने के लिए बैठी है। इतने ही में नायक वहाँ आ गया। उसको देखकर नायिका मोह से उलटी पुलटी क्रिया करने लगी। कोई सखी दूसरी सखी से उसकी दशा कहती है—

---

१. माह (४, ५)।
२. सो (५)।
३. बिलोवनि (१, ४)।

अर्थ—दहेंड़ी (दही की हाड़ी) [तो इसके] पास [ज्यों की त्यों] रखी [ही] रह गई, [केवल] जल से भरी हुई मथनिया में [बिना दही डाले ही] यह नई (अनोखी) बिलोने वाली (मथने वाली) रई (दही मथने का काठ का यंत्र) उलटी करके फेर रही है (घुमा रही है)॥

देबर-फूल-हने जु, सु[1] सु उठे हरषि अँग फूलि।
हँसी करति औषधि[2] सखिनु देह-ददोरनु भूलि॥ २४६॥

शब्दार्थ—ददोरनु = ददोरों की। मच्छड़ इत्यादि के काटने से अथवा किसी कारण जो फ़ुलन शरीर में, स्थान स्थान पर, हो आती है, उसी को ददोरा कहते हैं॥

अवतरण—नायिका का अपने देवर के साथ गुप्त प्रेम है। देवर ने नायिका पर फूल फेंके। जिन अंगों पर वे फूल लगे, वे सब हर्ष से फूल आए। सखियाँ उन फूलों को ददोरे समझकर कुछ औषधि करने लगीं। इस पर नायिका उनके भ्रम पर हँस पड़ी। कोई चतुर सखी ये सब बातें समझकर किसी दूसरी सखी से कहती है—

अर्थ—देवर द्वारा फूल से मारे हुए जो जो अंग हैं, सो सो [तो] हर्षित हो कर फूल उठे हैं [किसी व्याधि से नहीं फूले हैं, जो उनमें औषधि की आवश्यकता हो]। [अत: वह] देह के ददोरों की भूलकर औषधि करती हुई सखियों पर हँसी॥

फूले फदकत लै फरी पल, कटाक्ष-करवार[3]।
करत बचावत बिय-नयन-पाइक[4] धाइ हजार॥ २४७॥

शब्दार्थ—फूले = (१) प्रसन्नता से उमगे हुए। (२) प्रतिद्वन्द्वी को देखकर शरीर फुलाए हुए॥ **फदकत** = (१) चपलता के साथ इधर उधर देखते हुए। (१) कूद-कूद कर पैंतरा बदलते हुए॥ **करवार (करपाल)** = तलवार॥ **बिय** = दोनों। इस शब्द को बिहारी ने द्वितीय अर्थात् अन्य के अर्थ में भी प्रयुक्त किया है। देखो दोहा नं० १२२॥ **घाइ (घात)** = घाव, चोट॥

अवतरण—गुरुजनों में उपस्थित नायिका और नायक आपस में, नयनों के द्वारा, अनेक प्रकार के हाव-भाव कर रहे हैं। कोई सखी यह लक्षित कर और उनके नयनों का रूपक प्यादों से करके दूसरी सखी से कहती है—

अर्थ—दोनों के नयन-रूपी पायक (पैदल सिपाही), पलक-रूपी ढाल [तथा] कटाक्ष रूपी तलवार लेकर, फूले हुए फदकते, हजारों [प्रकारों की] चोटें करते [और] बचाते हैं॥

चोटें करने तथा बचाने का भाव यह है कि जब नायक के नयन कोई प्रार्थनात्मक इंगित करते हैं, तो नायिका के नयन उसको अनदेखा करके टाल जाते हैं। तब नायक के नयन नायिका के नयनों के उस अनदेखे का अनदेखा करके फिर वही घात लगाते हैं॥

---

१. सिसु (४)।
२. औखदि (१), औषधि (४), औषद (५)।
३. करिवार (१, ४)।
४. पायक (१)।

पहुला[१]-हारु हियैं लसै[२], सन की बेंदी भाल।
राखति खेत खरे[३] खरे[४] खरे-उरोजनु बाल॥ २४८॥

शब्दार्थ—पहुला—इस शब्द का अर्थ हरिप्रकाश टीका में फूल विशेष लिखकर छोड़ दिया गया है। लालचंद्रिका में इसका अर्थ 'कुब्ज पुष्प' लिखा है। पं० हरिप्रसाद ने इसका पाठ 'प्रफुला' करके अपनी आर्या में इसका अर्थ कुमुदिनी रखा है और कदाचित् उन्हीं की देखादेखी श्रीदेवकीनन्दन की एवं पण्डित परमानन्द की टीकाओं में भी इसका पाठ 'प्रफुला' रखा गया है। पण्डित प्रभुदयाल पाण्डे ने इसका अर्थ रुई की माला समझा है। हमारी एक अंक वाली पुस्तक में इसका पाठ 'प्रभुला' है। उसका भी अर्थ स्पष्ट निर्धारित नहीं होता। हमारे मित्र पं० कृष्णबिहारीजी मिश्र का कथन है कि देहातों में 'पफूल' कोईं अर्थात् कुमुदिनी के फूल को कहते हैं। अतः पहुला शब्द को 'पफूल' अथवा प्रफुला' का अपभ्रंश रूप मानने में कोई बाधा नहीं प्रतीत होती अथवा 'पहुला' शब्द को 'पोथला' शब्द का रूपांतर मानना चाहिए। पोथ कांच के छोटे-छोटे दानों को कहते हैं, जिनको गूँथ कर ग्रामीण स्त्रियाँ पहनती हैं। 'पोथ' से 'पोथला' और 'पोथला' 'पोहला' अथवा 'पहला' क्रमशः बनकर फिर उसी का स्वरों के व्यत्यय से पहुँला हो जाना सम्भव है॥ **सन की बेंदी**—इसका अर्थ किसी ने सन के फूल की बेंदी तथा किसी ने सन के बीच की बेंदी किया है। उक्त मिश्रजी महाशय का यह भी कथन है कि देहातों में सनई के फूल की पंखुड़ियों की बेंदियाँ लड़कियाँ लगा लिया करती हैं, और सनई के फूल तथा कोईं के फूल होते भी एक ही ऋतु में हैं। अर्थात् इसका अर्थ सनई के फूल ही की बेंदी करना उचित है अथवा 'सन की बेंदी' का अर्थ 'सनकिरवा' की बेंदी से करना चाहिए। 'गोरी गदकारी' इत्यादि दोहे में बिहारी ने 'सनकिरवा की आड़' लिखा है। आड़ लम्बे तथा आड़े तिलक को कहते हैं। इस दोहे में 'सन की बेंदी' को उसी 'सनकिरवा' की गोल टिकुली के अर्थ में मानना चाहिए। सनकिरवा का अर्थ ७०८ संख्या दोहे की टीका में द्रष्टव्य है॥

अवतरण—नायक किसी गँवारी स्त्री को खेत रखाते देखकर उसकी स्वाभाविक शोभा पर रीझा है, और स्वगत कहता है—

अर्थ—[इसके] हृदय पर [केवल] 'पहुला'-हार शोभित है, [तथा] भाल पर सन की बेंदी। [यह] बाला खड़े उरोजों से (१. खड़े उरोजों वाली। २. खड़े उरोजों के प्रभाव से) खरे खरे (१. खड़े खड़े, खड़े रहकर। २. खरे खरे अर्थात् अच्छे अच्छे लोगों को) खेत 'राखति' (१. खेत रखाती, खेत रक्षित रखती। २. मार गिराती अर्थात् मोहित करती) है॥

लई सौंह सी सुनन की, तजि मुरली, धुनि आन।
किए रहति नित[५] रातिदिनु कानन-लागे कान॥ २४९॥

---

१. पभुला (१), प्रफुलित (४)।
२. लसत (४)।
३. खरी (१, २)।
४. खरी (५)।
५. दिन (५)।

अवतरण—नायिका के अनुराग की दशा सखी नायक से कहती है—

अर्थ—[जब से उसने आपकी मुरली सुन ली है, तब से] मुरली [की ध्वनि] को छोड़कर अन्य ध्वनि (शब्द, अर्थात् हम लोगों की बातचीत इत्यादि), न सुनने की शपथ सी ले ली है (अन्य ध्वनि न सुनने का पूर्ण प्रण सा कर लिया है, अर्थात् किसी की कुछ नहीं सुनती), नित्य दिनरात (निरन्तर) कानों को कानन-लगे (वन की ओर लगे हुए) किए रहती है (वन की ओर कान लगाए रहती है)॥

तूँ मति मानै[1] मुकतई[2] कियैं कपट चित[3] कोटि।
जौ[4] गुनही, तौ[5] राखियै आँखिनु माँझ अगोटि॥ २५०॥

शब्दार्थ—**मुकतई** छुटकारा॥ **गुनही** अपराधी। यह शब्द फारसी शब्द 'गुमाह' अथवा 'गुनह' से बना है॥ **अगोटि** बन्द करके, कैद करके॥

अवतरण—शठ नायक खंडिता नायिका से, अपना अपराध छिपाने के निमित्त, अनेक प्रकार की कपट भरी बातें कहता है। इसी पर उसमें तथा नायिका में परस्पर बातचीत हुइ है—

अर्थ—[नायिका कहती है कि] तू कोटि (अनेक प्रकार के) कपट करने से [अपने] चित्त में छुटकारा मत मान (मत समझ, अर्थात् यह मत जान कि कपट से मेरा अपराध छिप गया, मैं तेरी बातें भली भाँति जानती हूँ)। [नायक उत्तर देता है कि] यदि [मैं आपकी दृष्टि में अंततोगत्वा] अपराधी [ही ठहरता हूँ], तो [मुझको] आँखों में अगोट (कैद) करके रखिए (अर्थात् मुझे नित्यप्रति आँखों ही में आँखों के सामने ही रखा कीजिए)॥

गिरि तें ऊँचे रसिक-मन बूढ़े जहाँ हजारु।
वहै[6] सदा पसु-नरनु कौ[7] प्रेम-पयोधि पगारु॥ २५१॥

शब्दार्थ—**रसिक** भगवत् लीला का स्वाद लेने वाले भक्त। स्वामी हरिदासजी का संप्रदाय रसिक संप्रदाय कहलाता है, और उसके अनुयायी वैष्णव रसिक कहे जाते हैं। रसिक शब्द से यहाँ कवि का तात्पर्य भगवद् रस रसिक ही जान पड़ता है॥ **जहाँ** - जिसमें॥ **हजारु** सहस्र, अनंत॥ **पसु** पशुवृत्तधारी, अर्थात् भगवत् प्रेम के भावों से रहित, अरसिक॥ **प्रेम** प्रेम से यहाँ कवि का तात्पर्य लौकिक प्रेम नहीं है, प्रत्युत भगवत्-प्रेम है॥ **पगारु** - खाँड़, गड़हा, अथवा पावों से हल कर पार उतर जाने के योग्य॥

अवतरण—कवि की प्रास्ताविक उक्ति है—

---

१. **जानै (२)।**
२. **नुकतई (१)।**
३. **नित (१); बित (५)।**
४. **ज्यौं (२)।**
५. **त्यौं (२)।**
६. **उहें (३), उहे (५)।**
७. **के (५)।**

अर्थ— जहाँ [जिस प्रेम-रूपी पयोधि में) पहाड़ से [भी] ऊँचे रसिकजनों के हजार मन डूब गये [पर उसकी थाह न पा सके], वही प्रेम-रूपी समुद्र नर पशुओं (अरसिकजनों, पशुवृत्तिधारी मनुष्यों) के निमित्त सदा [एक] खाईं [मात्र है, अथवा सुगमता से हल कर पार उतर जाने योग्य है]॥

भाव यह है कि प्रेम का स्वाद जानने वाले तो उसमें ऐसे मग्न हो जाते हैं कि उससे फिर न तो निकल ही सकते हैं, और न तृप्त ही होते हैं, परन्तु पशुवृति मनुष्य समझते हैं कि प्रेम कोई गंभीर वस्तु नहीं है, अतएव हम उससे ही में तृप्त तथा उत्तीर्ण हो सकते हैं॥

भावकु[१] उभरौंहौं भयौ, कछुकु पर्‌यौ भरुआइ।
सीप[२]-हरा कैं मिसि[३] हियौ निसि[४] दिन हेरत[५] जाइ॥ २५२॥

शब्दार्थ—भावकु = एक भाव मात्र॥ **पर्‌यो भरुआइ** = भारी हो आया हुआ॥ **सीप** - तालों तथा नदियों के किनारों पर छोटी छोटी, बड़ी चमकदार सीपियाँ होती हैं, जिनको लड़के लड़कियाँ चुन लाते हैं, और गूथ गूथ कर सुन्दर हार अथवा अन्य आभूषण बनाकर पहन लेते हैं॥

अवतरण—ज्ञातयौवना नायिका की चेष्टा का वर्णन सखी अन्य सखी से अथवा नायक से करती है—

अर्थ—[उसको] रातदिन (सब समय) सीपियों के हार [के देखने] के बहाने से "भावकु उभरौंहौं भयौ" (एक भाव मात्र उभार पर आया हुआ), [तथा] कुछ एक भारी हो पड़ा हुआ [अपना] हृदय देखते (देखने में) जाता है। [भावार्थ यह है कि नायिका के हृदय पर छातियों का कुछ उभार-सा हो आया है, जिसको वह निरन्तर देखा करती है, पर ज्ञातयौवन होने के कारण उसे प्रत्यक्ष नहीं देखती, प्रत्युत सीपियों का हार देखने के ब्याज से]॥

इस दोहे का पूर्वार्द्ध 'हियो' का विशेषण मात्र है, स्वतंत्र वाक्य नहीं॥

गली अँधेरी, साँकरी भौ भटभेरा[६] आनि।
पर पिछाने परसपर दोऊ परस[७]-पिछानि॥ २५३॥

शब्दार्थ—भटभेरा = वास्तव में 'भटभेरा' दो प्रतिद्वन्द्वी सेनाओं के भटों के अथवा दो प्रतिभटों के भिड़ जाने को कहते हैं, पर इसका प्रयोग शरीर से शरीर मिल जाने, सामना होने इत्यादि के अर्थ में होता है॥ **परस-पिछानि** = स्पर्श की विशेषता की पहचान से, अर्थात् दोनों के शरीर स्पर्श में जो विशेपता है, उसके अनुभव से॥

---

१ भांउकु (१), भावक (३, ५), भाउक (४)।
२. सीपि (१)।
३. मिस (१)।
४. निसु (४), मिस (५)।
५. हेरति (३, ५)।
६. भटभेरी (३, ५)।
७. परसि (२)।

अवतरण—नायक नायिका ने, अँधेरे में, स्पर्श मात्र से एक दूसरे को पहचान लिया है। यही वृत्तांत सखी सखी से कहती है—

अर्थ— अँधेरी [तथा] सँकरी गली में आकर [दोनों का] भटभेरा (अंग से अंग का स्पर्श) हो गया। स्पर्श की पहचान से दोनों परस्पर पहचाने पड़ गये (दोनों ने एक दूसरे को पहचान लिया)। [सखी यह व्यंजित करती है कि स्पर्श मात्र से परस्पर पहचान लेने से यह ज्ञात होता है कि ये दोनों इसके पूर्व भी एक दूसरे का आलिंगन सुख अनुभूत कर चुके हैं अत: दोनों की गुप्त प्रीति लक्षित होती है]॥

कहि पठई जिय[१]-भावती पिय आवन की बात।
फूली आँगन मैं फिरै, आँग[२] न आँग समात॥ २५४॥

अवतरण—आगमिष्यत्पतिका नायिका पति के आने का संदेश पाकर हर्ष से फूली फूली फिरती है। सखी-वचन सखी से—

अर्थ— जी को सुख देने वाली [अपने] आने की बात प्रियतम ने [किसी के द्वारा उससे] कहला भेजी है। [सो वह] आँगन में फूली फूली फिरती है, [उसके] अंग अंग में नहीं समाते॥

जब कोई हर्ष से अत्यन्त उमग उठता है, तो बोलचाल में लोग कहते हैं कि उसके अंग अंग में नहीं समाते। यह लोकोक्ति है॥

जिन दिन देखे वे कुसुम, गई सु[३]बीति बहार।
अब, अलि, रही गुलाब मैं अपत, कँटीली डार॥ २५५॥

शब्दार्थ—**बहार** = वसंत ऋतु॥ **अपत** = पत्र-रहित॥

अवतरण—किसी गलित-यौवना स्त्री, नष्ट-संपत्ति मनुष्य, विगत-सुख राज्यादि पर यह अन्योक्ति है—

अर्थ— हे भ्रमर, जिन दिनों [तूने] वे [सुन्दर तथा सुगन्धित] पुष्प देखे थे, वह बहार (वसन्त ऋतु) [तो] बीत गई। अब [तो] गुलाब [के वृक्ष] में बिना पत्ते के [तथा] कंटकित डाल (शाखा) रह गई है [अब इससे दु:ख छोड़ सुख की संभावना नहीं है]॥

मैं बरजी कै बार तूँ[४], इत कित[५] लेति करौट।
पँखुरी लगैं[६] गुलाब की परिहै[७] गात खरौट॥ २५६॥

---

१. मन (२)।
२. अंग (२)।
३. सो (४)।
४. तैं (२, ४)।
५. कत (१, २)।
६. गड़ै (२)।
७. परिहैं (३)।

शब्दार्थ—पँखुरी = पंखड़ी, पत्ती॥

अवतरण—विश्रब्धनवोढ़ा नायिका नायक की ओर से मुँह फेर कर सोती है। तब सखी उसे डर दिखाकर तथा उसके गात की कोमलता की प्रशंसा करके नायक की ओर उसका मुँह कराना चाहती है—

अर्थ—मैंने तुमको कै बार बरजा [पर तू नहीं मानती। देख सँभल,] इस ओर कहाँ करवट ले रही है। [ऐसा मत कर, नहीं तो शय्या के किनारे लगाई गई इन गुलाब की पंखड़ियों में से किसी] गुलाब की पंखड़ी के लग जाने से [तेरे कोमल] गात्र में खरोट पड़ जायेगी॥

नीचयै[1] नीची निपट दीठि कुही लौं दौरि।
उठि ऊँचैं, नीचौं[2] दयौ मनु कुलिंगु[3] झपि[4], झौरि॥ २५७॥

शब्दार्थ—कुही = एक प्रकार का छोटा बाज। यह जब किसी चिड़िया का शिकार करता है, तो पहले कुछ देर तक उसके नीचे उड़ा करता है, और फिर एकाएकी ऊपर उठकर उस पर टूट पड़ता और उसको छोप लेता है। फिर उसको झकझोर कर, जिसमें वह बेदम हो जाये, नीचे की ओर झोंक से उतरता है॥ **नीचौ दयौ** = पक्षियों के नीचे की ओर झोंक से उतरने को नीचा देना कहते हैं। इसी को गोतना भी बोलते हैं॥ **कुलिंग** = एक प्रकार की चिड़िया, जिसको भृङ्ग तथा फिंगा भी कहते हैं॥ **झपि** = झाँपकर, छोपकर॥ **झौरि** = झकझोर कर॥

अवतरण—नायिका की दृष्टि, नायक की ओर, नीची ही नीची आकर और एकाएक ऊपर उठकर फिर नीची हो गई। यही वृत्तांत वह सखी से कहकर नायिका के प्रति अपना अनुराग प्रकट करता है—

अर्थ—[उसकी] दृष्टि ने सर्वथा कुही की भाँति नीची ही नीची दौड़कर, [एकाएकी] ऊपर उठ, [मेरे] मन रूपी कुलिंग को झाँपकर [तथा] झकझोर कर नीच दिया (नीचे की ओर गोता लिया, अर्थात् शीघ्रता से फिर नीची हो गई)॥

सूर उदित हूँ मुदित-मन, मुखु सुखमा की ओर।
चितै रहत चहुँ ओर तैं, निहचल चखनु, चकोर॥ २५८॥

शब्दार्थ—ओर = पहले 'ओर' का अर्थ अवधि है। 'मुख सुखमा की ओर' का अर्थ है, मुख जो कि सुषमा की अवधि है। दूसरे 'ओर' शब्द का अर्थ दिशा है॥

अवतरण—सखी नायक से नायिका के मुख की प्रशंसा करती है—

अर्थ—सूर्य के उदित होने पर भी चकोर निश्चल आँखों से (टकटकी बाँध कर) उसके मुख को, जो कि सुखमा की अवधि है, चारों ओर से मुदित-मन देखा करते हैं॥

---

१. नीचिए (१, ४, ५), नीची ही (२)।
२. नीचे (४)।
३. कुलंगु (१) कुलंग (२, ४)।
४. झकझोर (४)।

स्वेद-सलिलु, रोमांच-कुसु गहि दुलही अरु नाथ।
दियौ[१] हियौ सँग हाथ कैं हथलेयैं[२] हीं हाथ॥ २५९॥

शब्दार्थ—हथलेयैं = यह हथलेआ अर्थात् पाणिग्रहण का सप्तम्यंत रूप है॥ **हाथ** = दूसरे हाथ शब्द का प्रयोग सप्तम्यंत है॥

अवतरण—दूलह तथा दुलहिन विवाह के समय, पाणिग्रहण करते ही, परस्पर अनुरक्त हो गए हैं। यही वृत्तांत सखी सखी से कहती है—

अर्थ—[विवाह के समय] हथलेए ही (पाणिग्रहण ही) में दुलहिन और नाथ ने स्वेद-रूपी जल [तथा] रोमांच-रूपी कुश ग्रहण करके, [परस्पर अपना अपना] हृदय हाथ के साथ ही [दूसरे के] हाथ में दे दिया [लौकिक जल तथा कुश ग्रहण करने की बारी आने के पहले ही— विवाह के निमित्त जो संकल्पादि होते हैं; उनके पूर्व ही—दोनों मानसिक संकल्प से एक दूसरे के हो गए]॥

दच्छिन पिय, ह्वै बाम-बस, बिसराँईं[३] तिय आन।
एकै बापरि कैं बिरह लागी बरष बिहान॥ २६०॥

शब्दार्थ—दच्छिन (दक्षिण) = चतुर। यह साहित्य का पारिभाषिक शब्द है। अनेक स्त्रियों के समान प्रीति रखने वाले नायक को दक्षिण नायक कहते हैं॥ **बाम (वामा)** = (१) स्त्री। (२) टेढ़ी, कुटिला, दुष्टा॥ **बापरि** = घर, घर की दीवार। हमारी पाँचों प्राचीन पुस्तकों में यही पाठ है, पर अनवरचंद्रिका तथा कृष्ण कवि की टीका को छोड़कर अन्य सब प्राचीन टीकाओं में 'बासर' पाठ मिलता है, और प्रभुदयाल पाण्डे की टीका में 'बाखरि' पाठ है। हमारी समझ में 'बासर' पाठ रखने से अर्थ बहुत स्पष्ट होता है, पर पाँचों प्राचीन पुस्तकों में 'बापरि' पाठ होने के कारण यही पाठ इस संस्करण में रखा गया है॥ **लागी**—बिहारी ने वर्ष शब्द का यहाँ स्त्रीलिंग प्रयोग किया है। ब्रज में ऐसा प्रयोग बोलचाल में सुनने में भी आता है। पर कविता में इसका प्रयोग प्रायः पुल्लिग ही रूप से देखने में आता है। सतसैया भर में 'बरष' शब्द और कहीं नहीं आया है, जिससे इसका मिलान हो सकता। हमारी पाँचों प्राचीन पुस्तकों में यही पाठ है, पर अनवरचंद्रिका में इसका पाठ 'लागो' एवं देवकीनंदन टीका में 'बीतो' मिलता है। अन्य सब टीकाकारों ने इसका पाठ 'लागे' रखा है॥ **बिहान** = व्यतीत होने॥

इस पाठ के अनुसार अवतरण और अर्थ—

अवतरण १—दक्षिण नायक, जिसकी कई पत्नियाँ हैं, किसी स्वतंत्र पड़ोसिन पर ऐसा अनुरक्त हो गया है कि उसी के घर पड़ा रहता है और अपनी पत्नियों के यहाँ कई कई दिन नहीं आता। अतः वे सब आपस में कहती हैं—

अर्थ १—दक्षिण [होकर भी हमारे] पति ने [उस] 'वाम' (दुष्टा स्त्री) के वश में हो अन्य स्त्रियाँ भुला दीं। [हम लोगों को तो अब] एक ही घर के [अंतर के] विरह में वर्ष बीतने लगा (अर्थात् यद्यपि नायक परदेश नहीं गया है,

---

१. **हियौ दियौ (२, ४)।**
२. **हाथ लए ही (४), हाथ लिये ही (५)।**
३. **बिसराई (२, ३, ४, ५)।**

एक ही घर के अन्तर पर है, तथापि हम लोगों को उसका दर्शन वर्ष भर तक, अर्थात् बहुत दिनों तक नहीं होता)॥

'बासर' पाठ रखने से यह अवतरण और अर्थ होता है—

अवतरण २—दूती नायिका से कहती है कि हे वामा, यद्यपि वह नायक दक्षिण अर्थात् अनेक स्त्रियों का वल्लभ है, तथापि तेरी वामता के वश में पड़कर उसका सारा दक्षिणपन जाता रहा है—अन्य स्त्रियाँ उसने भुला दी हैं और तेरे विरह में उसका एक दिन भी वर्ष के समान बीतता है—

अर्थ २—[उस] दक्षिण नायक ने [तुझ] 'वाम' के वश में होकर अन्य स्त्रियाँ भुला दी हैं। [उसको तेरे] एक ही दिन के विरह में [एक] वर्ष बीतने लगा है।

इस पाठ तथा अर्थ में 'बाम' का अर्थ सुंदरी करना चाहिए॥

(सोरठा)

मोहूँ दीजै मोषु, ज्यौं अनेक अधमनु दियौ।
जौ बाँधें ही तोषु, तौ बाँधौ अपनैं गुननु॥ २६१॥

शब्दार्थ—मोषु (मोक्ष) = भव-बंधन से छुटकारा। यह शब्द भाषा में स्त्रीलिंग माना जाता है, पर बिहारी ने इसका संस्कृत के अनुसार पुल्लिग प्रयोग किया है॥ **गुननु** = गुणों से। 'गुननु' शब्द का प्रयोग 'बाँधौ' शब्द के साथ बड़ा ही उपयुक्त है, क्योंकि गुण शब्द का अर्थ रस्सी भी है।

अवतरण—किसी भक्त का वचन श्री भगवान से—

अर्थ—[हे अधमोद्धारण], जिस प्रकार [करुणा कर के आपने] अनेक अधमों को मोक्ष दी है [उसी प्रकार अर्थात् अपनी करुणा से] मुझे भी दीजिए [पर] यदि [आपको मुझे] बाँधने ही में (बंधन में रखने ही में) तोष (संतोष) हो, तो [फिर] अपने गुणों से बाँध रखिए (अपने सगुण-स्वरूप की उपासना में लगा रखिए)॥

चितु तरसतु, मिलत न बनतु बसि परोस कैं बास।
छाती फाटी जाति सुनि टाटी-ओट उसास॥ २६२॥

शब्दार्थ—उसास (उच्छ्वास) = ऊँची साँस। संस्कृत में उच्छ्वास शब्द पुल्लिग माना जाता है, पर भाषा में लोग 'उसास' शब्द का प्रयोग पुल्लिग तथा स्त्रीलिंग, दोनों प्रकार से करते हैं। बिहारी ने भी इसका प्रयोग दोनों लिंगों में किया है। सतसैया में 'उसास' शब्द का प्रयोग नव दोहों में हुआ है। उनमें से ५५३ अंक के दोहे में तो उसका लिंग संदिग्ध रह जाता है, पर तो भी उसमें उसका पुल्लिग मानना अच्छा है। शेष आठ दोहों में १३८, ३३४, ४८८ तथा ५०७ अंकों के दोहों में उसका पुल्लिग प्रयोग हुआ है, और ४४९, ५३४ तथा ६६० अंकों के दोहों में स्त्रीलिंग प्रयोग। इस दोहे में 'उसास' शब्द स्त्रीलिंग एकवचन अथवा पुल्लिग बहुवचन, दोनों माना जा सकता है। ५०७ अंक के दोहे में वह 'उसाँस' रूप से आया है॥

अवतरण—नायक तथा नायिका दोनों पड़ोसी हैं। पूर्वानुराग में उनको मिलने की अत्यंत अभिलाषा है, पर मिलने का कोई बानक नहीं बनता, यद्यपि दोनों के घरों में केवल एक टट्टी मात्र का अंतर है, जिसकी ओट से उच्छ्वास सुनाई देता है। उच्छ्वास को सुन-सुन कर उनकी विकलता और भी बढ़ती है। इसी विकलता के बढ़ने का वृत्तांत नायिका अपनी अंतरंगिनि सखी से अथवा नायक दूती से कहता है—

अर्थ—चित्त तरसता रहता है, [ओर ऐसे] पड़ोस के बास में [कि दोनों घरों के बीच केवल एक टट्टी मात्र का अन्तर है] बस कर [भी] मिलते नहीं बनता। टट्टी की ओट से [उसकी] ऊँची साँस (मिलने की अभिलाषा तथा न मिलने के दु:ख से ली जाती हुई ऊँची साँसों का शब्द) सुन-सुन कर [और भी कष्ट बढ़ता है, अत:] छाती फटी जाती है॥

यह बात स्वाभाविक है कि जब कोई किसी से मिलने का अभिलाषी होता है तो यह ज्ञात होने पर कि उसका प्रेमपात्र भी उससे न मिलने के कारण दुखी है, उसकी अभिलाषा और भी तीव्र तथा दु:खदायिनी हो जाती है॥

जालरंध्र-मग अँगनु कौ कछु उजास सौ पाइ।
पीठि दिऐ जगत्यौ[1] रह्यौ[2], डीठि झरोखैं[3] लाइ॥ २६३॥

शब्दार्थ—**जालरंध्र** = घर में प्रकाश आने के निमित्त झरोखे में जो जाली लगी रहती है, उसके छिद्र॥ **उजास** = उजाला, प्रकाश, द्युति॥ **जगत्यौ** = जागता हुआ॥

अवतरण—नायक नायिका पड़ोसी हैं। नायिका के झरोखे (छोटी खिड़की) से नायक की छत दिखलाई देती है। उस झरोखे का पट जालीदार है। नायक ने नायिका की झलक कहीं उसी जाली में से देख ली। सो, इस आशा से कि कदाचित् वह जाली खोलकर झाँके, वह रात भर, झरोखे पर दृष्टि लगाये और बिछौने पर पीठ दिए, जागता ही रह गया। यही वृत्तांत दूती नायिका से, उसके हृदय में प्रेम उपजाने के निमित्त कहती है—

अर्थ—[तेरे झरोखे की] जाली के छेदों के मार्ग से [तेरे] अंगों का कुछ उजाला सा पाकर (तुझे, अपूर्ण नीति से देखकर) [वह रात भर] झरोखे पर दृष्टि लगाकर, बिछौने पर] पीठ दिए (टेके), [जिसमें कोई यह न समझे कि वह जागता है] जागता रह गया [तेरी झलक मात्र से वह तुझ पर ऐसा आसक्त हो गया है]॥

परतिय-दोषु पुरान सुनि लखि[4] मुलकी सुखदानि।
कसु[5] करि राखी मिश्र हूँ मुँह-आई मुसकानि[6]॥ २६४॥

---

१. जग सौं (२), जग सो (३, ४, ५)।

२. रहै (२)।

३. झरोखा (२, ३, ४)।

४. हँसी मुलकि (१), लखी मुलक (२), लखी सुबाल (४)।

५. कसि (३, ५)।

६. मुसिकानि (१, ४)।

शब्दार्थ—परतिय-दोषु = परस्त्रीगमन का दोष ॥ **मुलकी** = मुँह बनाकर मुस्कुराई ॥ **कसु** = बल ॥

अवतरण—पौराणिकजी का किसी पर-स्त्री से प्रेम था। वह बैठे किसी दिन पुराण बाँच रहे थे। श्रोताओं में वह स्त्री भी थी। पुराण में किसी प्रसंग-वश परस्त्रीगमन का दोष निकला। उसे सुनकर वह स्त्री पौराणिकजी की ओर देखकर व्यंग्य से हँसी। इस पर पौराणिकजी को भी हँसी आ गई, पर उन्होंने बल-पूर्वक रोक लिया, जिसमें अन्य श्रोताओं पर उनका मर्म प्रकट न होने पावे। इसी वृत्तांत को लक्षित करके कोई किसी से कहता है अथवा यह कवि की उक्ति है—

अर्थ—पर-स्त्री [के गमन] का दोष पुराण में सुनकर [वह पौराणिकजी को] सुख देने वाली [उनकी ओर] देखकर 'मुलकी'। [उधर] मिश्र (पौराणिकजी] ने भी [अपने] मुख पर आई हुई मुस्कुराहट को कस (बल) करके रोका ॥

सहित सनेह, सकोच सुख, स्वेद, कंप, मुसकानि[१]।
प्रान पानि करि आपनैं, पान[२] धरे मो पानि ॥ २६५ ॥

अवतरण—नायक नायिका के द्वार पर किसी कार्य वश गया था। नायिका शिष्टाचार करने के निमित्त उसको पान देने आई। पान देते समय की नायिका की चेष्टा देखकर नायक रीझ गया। वही वृत्तांत वह अपने अंतरंग सखा अथवा दूती से करता है—

अर्थ—[उस स्त्री ने] स्नेह, संकोच (लज्जा), सुख (हर्ष), स्वेद (पसीने), कंप [तथा] मुस्कुराहट [इन सब भावों] के साथ [मेरे] प्राणों को अपने हाथ (वश) में करके मेरे हाथ पर पान धरे (रखे) ॥

सीरैं जतननु सिसिर-रितु सहि बिरहिनि[३]-तन तापु।
बसिबे कौं ग्रीषम-दिननु पर्‌यौ परोसिनि[४] पापु ॥ २६६ ॥

शब्दार्थ—सीरैं = ठंडे, शीतल ॥

अवतरण १—प्रोषितपतिका नायिका की दूती नायक से विरह-निवेदन करती है—

अर्थ १—[उसके शरीर से विरह की ज्वाला ऐसी कराल उठती है कि उसके ताप से पड़ोसिन भी जली जाती है। अतः] शिशिर ऋतु में [अनेक] शीतलोपचारों [के सहारे] से [किसी न किसी प्रकार उस] विरहिणी के तन का ताप सहकर [अब] ग्रीष्म के दिनों में पड़ोसिन पर [उसके पड़ोस में] बसने के निमित्त पाप (मानो किसी पाप का परिणाम) पड़ा है ॥

इस दोहे का यही सामान्य भावार्थ प्रायः सभी टीकाकारों ने किया है, परन्तु 'पर्‌यौ परोसिनि पापु' इस खंड-वाक्य से एक और गूढ़ भावार्थ की झलक भी दिखाई देती है। अतः वह अर्थ भी लिखा जाता है ॥

---

१. **मुसिकानि (१, ४)।**
२. **पानि (५)।**
३. **बिरहिन (२, ३), बिरहन (५)।**
४. **परोसन (५)।**

अवतरण २—नायक का पड़ोसिन से प्रेम था, जिसके कारण नायक नायिका में बहुधा कलह हुआ करता था। इससे दुखी होकर नायक परदेश चला गया। अब नायिका विरह से अत्यन्त संतप्त हो रही है। अत: उसकी दूती नायक के पास जाकर कहती है—

अर्थ २—शिशिर ऋतु में सीरे यत्नों से [उस] विरहिणी का तन ताप सह कर [अब] ग्रीष्म के दिनों में [उस] पड़ोसिन पर [जो कि इस विरह का मूल कारण है, उसके पड़ोस में] बसने के निमित्त [इस विछोह कराने की कारण होने के] पाप [का फल] पड़ा है॥

इस अर्थ में यद्यपि चतुर दूती पड़ोसिन पर रोष प्रकट करती है, पर उसका अभिप्राय यह भी व्यंजित होता है कि अब आपकी प्यारी पड़ोसिन को भी महा कष्ट हो रहा है। अत: यदि उस नायिका से रुष्ट होने के कारण नहीं चलते हैं, तो उस पड़ोसिन ही को दुख से बचाने के निमित्त पधारिए॥

सोहतु संगु[१] समान सौं, यहै कहै सबु लागु।
पान-पीक ओठनु बनै, काजर नैननु जोगु॥ २६७॥

शब्दार्थ—**जोगु** = साथ, मेल॥

अवतरण—कवि की प्रास्ताविक उक्ति अथवा नायक के ओठ पर अंजन और आँखों में पीकलीक देखकर खंडिता की उक्ति—

अर्थ—[प्रत्येक मनुष्य अथवा पदार्थ का] संग [अपने] समान [मनुष्य अथवा पदार्थ] से सुशोभित होता है, यही [बात] सब संसार कहता है [कुछ मैं ही नहीं]। पान की पीक से [और] ओठों से, [एवं] काजल से [और] नयनों से 'जोगु' (संयोग अर्थात् साथ) बनता है (शोभित होता है), [क्योंकि पान की पीक और ओठ, दोनों लाल हैं तथा काजल और नयन, दोनों श्याम]॥

तूँ रहि, हौं हीं, सखि[२], लखौं; चढ़ि न अटा, बलि, बाल।
सबहिनु बिनु हीं ससि-उदै[३] दीजतु अरघु अकाल॥ २६८॥

अवतरण—नायिका ने गणेशचतुर्थी का व्रत किया है। चंद्रमा देखने को वह बार-बार अटारी पर चढ़ती है। सखी उसका श्रम बचाने के निमित्त उसको फिर चढ़ने से रोकती है, किन्तु यह कहकर नहीं कि तुझे, निराहार रहने के कारण, श्रम होगा, क्योंकि यदि वह यह कहकर रोकती, तो नायिका कदाचित् यह कह देती कि नहीं, मुझे श्रम नहीं होगा, फिर तू भी तो निराहार ही है। वह नायिका के रूप की प्रशंसा करती हुई यह कह कर रोकती है कि तेरे अटा पर चढ़ने से अन्य स्त्रियाँ अकाल अर्घ दे देती हैं, अत: तुझको भी दोष भागिनी होना पड़ता है—

अर्थ—हे सखी, तू [यहीं] रह, मैं ही [चन्द्रमा] देख आऊँ। हे बाला, मैं तेरी बलिहारी जाती हूँ, [तू] अटा पर मत चढ़। [क्योंकि तेरा मुख चन्द्रमा के

---

१. **अंग (३)।**
२. **ससि (२), सिसि (५)।**
३. **लखैं (२)।**

समान प्रकाशमान है, अत: तेरे अटा पर चढ़ने से चन्द्रोदय का भ्रम हो जाता है, जिससे] शशि के उदय बिना ही सभों से अकाल अर्घ दे दिया जाता है [जो कि दूषित है]॥

दियौ अरघु, नीचैं चलौ, संकटु भानैं[1] जाइ।
सुचिति ह्वै औरौ[2] सबै ससिहिं बिलोकैं[3] आइ॥ २६९॥

अवतरण—यह दोहा भी गणेशचतुर्थी के व्रत के अवसर का है। नायिका चंद्रमा को अर्घ देकर अटारी पर ठहर गई है। सखी उसको शीघ्र नीचे लाकर भोजन कराना चाहती है, क्योंकि वह दिन भर की भूखी है, पर नायिका से यह बात कहते समय वह उसके रूप की प्रशंसा करती हुई, अन्य स्त्रियों पर अनुग्रह करने का अनुरोध करती है, जिसमें कि वह शीघ्र उतर चले। वह संकट तोड़ने वालियों में अपने को तथा अन्य सखियों को भी मिला लेती है, जिसमें कि नायिका उनके कष्ट का भी विचार करे—

अर्थ—अर्घ [तो] दिया जा चुका, [अब] नीचे चलो [जिसमें वहाँ) चलकर [हम लोग] संकष्ट [चौथ का व्रत] तोड़ें (पूरा करें, अर्थात् कुछ खाएँ-पिएँ), [एवं] और सब [स्त्रियाँ] भी सुचित्ती (द्विविधा-रहित) हो [अपनी अपनी अटारी पर] आकर चंद्र-दर्शन करें। [भावार्थ यह है कि जब तक तू अटारी पर रहेगी, तब तक अन्य स्त्रियों को दो चंद्र दिखाई देंगे; अत: उनके मन में द्विविधा रहेगी]॥

'संकटु भानैं जाइ' का अर्थ यह भी हो सकता है कि हम लोग चलकर दिन भर के व्रत का कष्ट निवारित करें॥

ललित स्याम लीला, ललन, बढ़ी चिबुक छबि दून।
मधु-छाक्यौ मधुकरु पर्‌यौ मनौ गुलाब-प्रसून॥ २७०॥

शब्दार्थ—**लीला** = नीले रंग का गोदना॥ **दून** = दूनी॥

अवतरण—सखी नायक से नायिका के चिबुक के गोदने की शोभा कहती है—

अर्थ—हे ललन! सुन्दर श्याम गोदने पर [उसके उज्वल, गुलाबी] चिबुक [के प्रभाव] से दूनी शोभा बढ़ गई है। [ऐसा प्रतीत होता है] मानो मधु (मकरंद) से छका हुआ (मस्त) भ्रमर गुलाब के फूल पर पड़ा है॥

सबै सुहाएई[4] लगैं[5] बसैं[6] सुहाऐं ठाम।
गोरैं मुँह बेंदी लसै[7] अरुन, पीत, सित, स्याम॥ २७१॥

---

१. भानौं (२), भाँजो (३, ५)।
२. औरहि (३), और ही (५)।
३. बिलोकौ (१)।
४. सुहाइयें (५)।
५. लसैं (२), लगति (३, ५)।
६. सबै (२, ५), सबें (३)।
७. लसति (३, ५)।

अवतरण—कवि की प्रास्ताविक उक्ति है—

अर्थ—सुहाए स्थान पर बसने से सभी सुहाए ही लगते हैं, [जैसे] गोरे (सुन्दर) मुख पर अरुण, पीत, श्वेत [तथा] श्याम [सब रंगों की] बेंदियाँ लसती हैं (सुशोभित होती हैं)॥

भए बटाऊ नेहु तजि, बादि बकति[1] बेकाज।
अब, अलि, देत उराहनौ अति[2]उपजति उर लाज॥ २७२॥

शब्दार्थ—**बटाऊ** = पथिक॥ **बादि** = वृथा, बिना कुछ प्रभाव डाले॥ **बेकाज** = बिना किसी लाभ की आशा के॥

अवतरण—नायक कुछ दिनों से घर में बहुत कम देर ठहरता है, अन्य स्त्रियों के यहाँ विशेष रहता है। सखी उसको उलाहना देती है। तब नायिका नायक को सुनाकर सखी से कहती है—

अर्थ—हे अलि, [अब तो ये] स्नेह को छोड़कर बटाऊ हो गये हैं (जैसे पथिक कहीं थोड़ी देर विश्राम के लिए ठहरता है, वैसे ही ये मेरे यहाँ रहते हैं)। [तू तो इनसे] वृथा [तथा] बेकाज बकवाद करती है [इतने दिनों तक बकने से क्या लाभ हुआ, जो तू अब फिर बक रही है]। अब [तो इनको] उलाहना देते [भी] उर में अत्यंत लज्जा उपजती है [क्योंकि जिस पर कहने सुनने का कुछ प्रभाव न पड़े, उससे बकना निर्लज्जता ही है]।

मानु करत बरजतिं न हौं, उलटि दिवावति सौंह।
करी रिसौंहीं जाहिंगी[3] सहज हँसौंहीं भौंह॥ २७३॥

अवतरण—नायिका नायक से मान करना चाहती है, पर सखी चाहती है कि ऐसा न करे। अत: वह सीधे-सीधे मना करके ऐसी बात कहती है; जिससे नायिका स्वयं समझ जाये और अपनी बड़ाई से प्रसन्न होकर मान न करे—

अर्थ—मैं [तुमको] मान करते (मान करने से) बरजती नहीं, [प्रत्युत] उलटकर (बरजने के बदले) शपथ दिलाती हूँ [कि तू अवश्य मानकर]। [पर क्या तुझसे अपनी ये] सहज हँसौंहीं (स्वभाव ही से हँसती हुई) भौंहें रिसौंहीं (रोष से भरी हुई सी) की जायेंगी॥

सखी के कहने का अभिप्राय यह है कि यद्यपि तू मान करने पर उद्यत है, तथापि तू अपनी सहज हसौंहीं भौंहें रोष से भरी हुई सी न बना सकेगी, और तेरा मान मिथ्या ठहरेगा। अतएव उसका करना वृथा है। साथ ही यह भी अभिप्राय है कि तू सहज ही सुशीला है, वास्तव में तो तुझे रोष है नहीं, फिर भला बनाने से कहीं भौंहें रिसौंहीं बन सकती हैं। यह कहना वैसा ही है, जैसे कि मनुष्य को किसी अन्य मनुष्य पर रुष्ट होकर उसे हानि पहुँचाने की चेष्टा करते देखकर कोई उससे कहे कि कहीं आप ऐसे सज्जन भी भला ऐसा काम कर

---

१. **बकत (२, ५)।**
२. **उर उपजति अति लाज (३, ५)।**
३. **ज़ाइगी (३, ५)।**

सकते हैं और यह सुन वह अपनी प्रशंसा पर रीझकर और अपनी प्रतिष्ठा का विचार करके उस हानिकारक कार्य कों करने से रुक जाये॥

तिय-तिथि तरुन-किसोर-बय पुन्यकाल-सम दोनु[1]।
काहूँ पुन्यनु पाइयतु[2] बैस-संधि-संक्रोनु[3]॥ २७४॥

शब्दार्थ—तरुन (तरुण) = पंद्रह वर्ष के उपरांत तरुणावस्था का आरंभ होता है॥ **किसोर (किशोर)** = ग्यारहवें वर्ष के आरंभ से पंद्रहवें वर्ष के अंत तक किशोरावस्था रहती है॥ **बय (वय)** = वयक्रम, अवस्था॥ **पुन्यकाल (पुण्यकाल)** = शुभ समय। ज्योतिषशास्त्र में सूर्य-पथ के मंडल के बारह भाग माने जाते हैं। प्रत्येक भाग राशि कहलाता है। इन राशियों के भिन्न भिन्न नाम हैं। सूर्य के भिन्न भिन्न राशियों में रहने पर उनके भिन्न भिन्न नाम कहे जाते हैं, अतः द्वादश आदित्य प्रसिद्ध हैं। जब एक राशि को समाप्त करके सूर्य दूसरी राशि में प्रविष्ट होने लगता है, तो उसको दोनों की संधि रेखा उल्लंघन करनी पड़ती है। इसी उल्लंघन को संक्रमण अथवा संक्रांति कहते हैं। सूर्य पिंड के मध्य बिन्दु को इस संधि रेखा के स्पर्श तथा त्याग में जो समय लगता है, संक्रांति का मुख्य पुण्य काल वही है। वह समय बड़ा पुनीत माना जाता है, और ऐसा सूक्ष्म होता है कि उसका अनुसंधान बड़ी कठिनता से हो सकता है। उसके विषय में प्रसिद्ध यह है कि बड़े पुण्यात्मा लोग ही उस समय को पाते हैं, अर्थात् उस समय को लक्षित करके समयोचित कर्तव्य कर सकते हैं॥ **पुण्यकाल-सम-दोनु** = पुण्यकाल की भाँति दोनों हैं, अर्थात् एकत्रित हैं। जिस प्रकार दो सूर्य, अर्थात् दो राशियों के सूर्य, पुण्यकाल में एक ही संधि-रेखा पर रहते हैं, उसी प्रकार इस समय उस स्त्री में दोनों अवस्थाओं की संधि है॥

अवतरण—नायिका का वयक्रम किशोर तथा तरुण अवस्थाओं की संधि पर है, अतः उसकी सखी नायिका को, उसकी व्यवस्था कहकर, उसके पास लाना चाहती है—

अर्थ—[उस] स्त्री-रूपी तिथि में [इस समय] तरुण [तथा] किशोर वयक्रम, दोनों पुण्य-काल के समान [स्थित हैं। [यह] वयक्रम-संधि-रूपी संक्रमण किसी [मनुष्य] से [बड़े] पुण्यों [के प्रभाव] से पाया जाता है (प्राप्त हो सकता है), [अतः आपको इसका लाभ उठाना चाहिए]॥

इस दोहे में 'तरुन' शब्द का अर्थ मानसिंह तथा कृष्ण कवि ने सूर्य कर लिया है। अनवर चंद्रिकाकारों ने भी यही अर्थ उचित समझकर तरुन के स्थान पर पाठ ही 'तरनि' कर डाला है और फिर उसकी देखा देखी प्रायः अन्य टीकाकारों ने भी 'तरनि' पाठ रखकर उसका अर्थ सूर्य किया है, पर ईसवीखाँ ने अपनी टीका में 'तरुन' का अर्थ यौवन ही माना है और वही ठीक है। प्रभुदयालु पांडे ने भी 'तरुन' पाठ, और उसका अर्थ यौवन रखा है॥

गनती गनिबे तैं रहे, छत हूँ अछत समान।
अलि[4], अब ए तिथि औम लौं परे रहौ तन प्रान॥ २७५॥

---

१. दौन (२)।
२. पाइये (४)।
३. संक्रौन (२)।
४. अब पत्रा तिथि औम लौं (३, ५)।

शब्दार्थ—छत (क्षत) = क्षय हुए॥ **अछत** = अक्षय॥ **तिथि औम (अवम तिथि)** = जो तिथि जिस दिन सूर्य के उदय के समय रहती है, वही तिथि उस दिन, दिन भर मानी जाती है, चाहे सूर्योदय के बहुत थोड़े ही काल के पश्चात् दूसरी तिथि का आरंभ हो जाये। बहुधा ऐसा होता है कि किसी दिन सूर्योदय के समय जो तिथि रहती है, वह पल ही दो पल में बीत जाती है और दूसरी तिथि का आरंभ हो जाता है। यदि यह दूसरी तिथि दूसरे दिन के सूर्योदय के पूर्व ही व्यतीत हो जाती है और दूसरे दिन सूर्योदय के समय तीसरी तिथि आ जाती है, तो दूसरे दिन उस तीसरी तिथि का ही मान होता है। दूसरी तिथि, प्रथम दिन के सूर्योदय के पश्चात् से लेकर दूसरे दिन के सूर्योदय के पूर्व तक रहने पर भी, गिनती में नहीं आती और न किसी दिन मानी ही जाती है। उसका उतने समय तक रहना न रहने के समान ही हो जाता है। इसी तिथि को अवम तिथि कहते हैं॥

अवतरण—प्रोषितपतिका नायिका प्रियतम-वियोग में अपने प्राणों का रहना न रहना बराबर समझकर सखी से कहती है—

अर्थ—हे सखी, [प्रियतम के विरह में मेरे क्षीण प्राण] गिनती [में] गिनने (गिने जाने) से [तो] रहे (वंचित हो गये), [और] न रहते हुए भी रहने के समान हैं। अब [यदि इस पर भी] ये प्राण शरीर में [निर्लज्जता धारण करके हठात् रहें ही, तो] अवम तिथि की भाँति [भले ही] पड़े रहो॥

सबै हँसत करतार दै नागरता कैं नावँ[१]।
गयौ गरबु गुन कौ सरबु[२] गएं गँवारैं[३] गावँ[४]॥ २७६॥

शब्दार्थ—नागरता = नगरनिवासीपन, चातुरी, गुणसंपन्नता॥ **गँवारैं** = ग्रामीण, गुणहीन, अगुणग्राही॥

अवतरण—कवि की प्रास्ताविक उक्ति है कि अगुणग्राहकों में बसने से गुणी की हँसी होती है—

अर्थ—[नगरनिवासी पर गाँव के] सबके सब [लोग] नागरता के नाम [ही] पर ताली बजा-बजा कर हँसते हैं (अर्थात् 'यह देखो नागर हैं' इत्यादि कहकर उसके नाम ही की हँसी उड़ाते हैं, अथवा उसकी किसी नागरता अर्थात् चातुरी काव्य, संगीत इत्यादि—का नाम ही सुनकर उसकी हँसी उड़ाते हैं)। [देखो,] गँवारों के गाँव में जाने से [उस बेचारे का] सब गुण-गर्व जाता रहा (अर्थात् उसके गुण का वहाँ कोई ग्राहक न होने के कारण उसे अपने गुण को कोई उपयोगी पदार्थ मानना छोड़ देना पड़ा)॥

जाति मरी बिछुरी[५] घरी जल-सफरी की रीति।
खिन[६] खिन होति खरी खरी, अरी, जरी यह प्रीति॥ २७७॥

---

१. **नाँम (३, ५)।**
२. **बसत (१, २, ४)।**
३. **गवेले (३, ५)।**
४. **गाँम (३, ५)।**
५. **बिछुरैं (२)।**
६. **छिन छिन (१, २), छिनु छिनु (४)।**

शब्दार्थ—जरी = भाड़ में गई, उफ्फर पड़ने गई, झौंसी, जरी इत्यादि का प्रयोग स्त्रियाँ कोसने में करती हैं। वास्तव में तो ऐसे खंड-वाक्यों का अर्थ 'भाड़ में जाये', 'उफ्फर पड़ने जाये' झौंसे, जले इत्यादि है, पर वाक्य व्यवहार में इनका भूतकालीन प्रयोग व्यवहृत है॥

अवतरण—नायक पर नायिका की प्रीति प्रतिक्षण बढ़ती जाती है, अब यहाँ तक बढ़ गई है कि क्षण मात्र के वियोग ही में उसके प्राणों पर बन आती है। अपनी यह दशा वह सखी से कहती है अथवा कोई सखी उसकी व्यवस्था किसी अन्य सखी से कहती है—

अर्थ—हे सखी, [मेरी अथवा उसकी] यह प्रीति जली (भाड़ में गई)। [यह तो] क्षण-क्षण पर खरी खरी (विशेष प्रभावशालिनी) होती जाती है, [और अब यहाँ तक बारी आ गई है कि मैं अथवा वह] जल की मछली की भाँति (जल से बिछुड़ने पर जैसे मछली की दशा होती है, वैसे ही) [प्रियतम से] घड़ी भर [भी] बिछुड़ी हुई मरी जाती हूँ [अथवा मरी जाती है]॥

पिय-प्राननु की[1] पाहरू, करति[2] जतन अति आपु।
जाकी दुसह दसा पर्‌यौ[3] सौतिनिहूँ संतापु॥ २७८॥

अवतरण—प्रोषितपतिका नायिका की दशा विरह से ऐसी दुःसह हो रही है कि देखने वालों को उसके जीने में संदेह है। नायक का प्रेम उस नायिका पर ऐसा अधिक है कि वह उसके प्राणों की रक्षक समझी जाती है, अर्थात् लोगों की यह भावना है कि यदि इस नायिका के प्राणों पर आ बनी, तो नायक का भी जीना कठिन है। इसी भावना के अनुसार उसकी सौत उसकी व्याधि के शमन का स्वयं प्रयत्न करने में अत्यन्त कष्ट पा रही है, अथवा उसके वियोग-ताप से, उसके सन्निकट उपस्थित रहने के कारण, संतप्त हो रही है। यही वृत्तांत कोई सखी किसी सखी से कहती है—

अर्थ—[यह हमारी प्यारी सखी] प्रियतम के प्राणों की [ऐसी आवश्यक] पाहरू (रक्षक) है [कि] जिसकी दुःसह (कठिनता से सहे जाने के योग्य) दशा से आप (स्वयं) अत्यन्त यत्न (उसकी व्याधि के शमन करने का उद्योग) करती हुई सौत पर भी संताप (कष्ट, दुःख) पड़ा है॥

अहे, कहै न कहा[4] कह्यो तोसौं नंदकिसोर।
बड़बोली, बलि, होति कत[5] बड़े दृगनु कैं जोर॥ २७९॥

शब्दार्थ—बड़बोली = गर्वयुत बड़ी बड़ी बातें बोलने वाली॥ जोर (फारसी जोर) = बल॥

अवतरण—कलहांतरिता नायिका का मान अभी छूटा नहीं है, और वह बैठी हुई कुछ अंडबंड बक रही है कि 'वे बड़े झूठे तथा कपटी हैं' इत्यादि। सखी उसको समझाने और मनाने के निमित्त कहती है—

---

१. के (३, ४, ५)।
२. करत (३, ५)।
३. परैं (३), परे (४, ५)।
४. कह्यौ कहा (२)।
५. कित (४, ५)।

अर्थ— अहे (हे सखी), [तू स्पष्ट) कह न [कि] नन्दकिशोर ने तुझसे क्या कहा है, [जो तू ऐसे रोष भरे वचन कह रही है] मैं बलि जाऊँ, [तू अपने] बड़े दृगों के बल पर (अभिमान से) बड़बोली क्यों होती है [देख, बड़ा बोल बोलना अच्छा नहीं होता]॥

सखी के वचन बड़ी चातुरी के हैं। वह नायिका को बड़बोली कहकर लज्जित भी किया चाहती है, जिसमें उसका गर्व जाता रहे और 'बड़े दृगनु कैं जोर' कहकर उसके नेत्रों की प्रशंसा भी करती है। इसके अतिरिक्त उसके मुख से नायक के वे वचन भी सुनना चाहती है, जिसके कारण वह रुष्ट हो रही है, जिसमें कि उसे समझाने का अवसर मिले॥

दियौ जु पिय लखि चखनु मैं खेलत फाग-खियालु।
बाढ़त हूँ अति पीर सु न काढ़त बनतु[1] गुलालु॥ २८०॥

शब्दार्थ—खियालु = खेल। ५२८ संख्यक दोहे में भी बिहारी ने यह शब्द इसी अर्थ में प्रयुक्त किया है॥

अवतरण—नायका ने होली के खेल में नायिका की आँखों में गुलाल डाल दिया है। उससे यद्यपि नायिका को पीड़ा हो रही है, तथापि, यह सोचकर कि वह गुलाल नायक के हाथ का है, वह उससे निकालते नहीं बनता। यह प्रेमाधिक्य सखी सखी से कहती है—

अर्थ— प्रियतम ने फाग का खेल खेलते हुए जो [गुलाल] लख कर (ताक कर) [उसकी] आँखों में दिया (डाल दिया), वह गुलाल [नायिका से] पीड़ा के बहुत बढ़ते हुए भी काढ़ते (आँखों से निकालते) नहीं बनता॥

मैं तपाइ त्रयताप सौं राख्यौ हियौ हमामु।
मति कबहुँक[2] आऐं यहाँ पुलकि पसीजै स्यामु॥ २८१॥

शब्दार्थ—त्रयताप = तीनों दुःख। संसार में दुःख तीन प्रकार का माना जाता है—(१) आधिभौतिक, जो किसी सांसारिक विषय से प्राप्त होता है। (२) आधिदैविक, जो किसी देवता से मिलता है। (३) आध्यात्मिक, जो अपनी आत्मा के कारण होता है॥ **हमाम (अरबी हम्माम)** = स्नान करने की कोठरी, जो गरम कर दी जाती है। इसमें तीनों ओर से गरमी पहुँचायी जाती है—छत से, नीचे तथा दीवारों से। इसी विचार से हृदय-रूपी हम्माम का तीनों तापों से तापना कहा गया है। हम्माम में जाने से सब रोंगटे खुल जाते हैं, और भलीभाँति पसीना आ जाता है। इसीलिए श्रीकृष्णचंद्र के हृदय रूपी हम्माम में आने पर उसके पुलककर पसीजने की संभावना कही गई है॥ **मति** = यह शब्द संभावनासूचक है। इसका प्रयोग इस प्रकार के वाक्यों में होता है—'मति वह आ ही जाये', अर्थात् सम्भव है कि वह आ जाये, 'मति वहाँ जाना ही पड़े' अर्थात् सम्भव है कि वहाँ जाना पड़े॥

अवतरण—किसी भक्त की उक्ति है—

अर्थ— मैंने [अपने हृदय-रूपी हम्माम को तीनों तापों से तपा रखा है, मति (यह सोचकर कि कदाचित्) कभी यहाँ आने पर श्याम (श्रीकृष्णचन्द्र) पुलकित होकर पसीज जायें (करुणार्द्र हो जायें)॥

---

१. **बनैं** (२)।

२. **कबहूँ** (२, ३, ४, ५)।

बहकि बड़ाई आपनी कत राँचत मति-भूल।
बिनु मधु मधुकर कैं हियैं गड़ै न, गुड़हर, फूल॥ २८२॥

शब्दार्थ—बहकि = संपत्ति अथवा किसी गुण कै कारण उमंग में आकर बकने अथवा अन्य कोई कार्य करने को बहकना कहते हैं॥ **मति-भूल** = बुद्धि के भ्रम से॥

अवतरण—गुड़हर के फूल पर अन्योक्ति करके कोई, किसी धनाढ्य तथा प्रतिष्ठित पर गुणहीन व्यक्ति को सुनाकर कहता है—

अर्थ—हे गुड़हर, बुद्धि के भ्रम से अपनी बड़ाई से बहक कर (उमंग में आकर) क्यों 'राँचता' है (१. रंजित होता है, अर्थात् लाल होता है; २. प्रसन्न होता है)। मधु (१. मकरंद; २. सरसता गुण) के बिना मधुकर (१. भ्रमर; २. गुणग्राही) के हृदय में फूल नहीं गड़ता (१. चुभता; २. प्रभाव डालता)॥

आड़े दै आले बसन जाड़े हूँ की राति।
साहसु ककै[1] सनेह[2]-बस[3] सखी सबै[4] ढिग जाति॥ २८३॥

अवतरण—प्रोषितपतिका नायिका की दूती नायक से उसके विरह ताप का वृत्तांत कहती है—

अर्थ—[उसके शरीर में विरह-ताप ऐसा दु:सह हो रहा है कि] जाड़े की रात में भी गीले कपड़ों को आड़े (बीच में) देकर [और फिर भी] साहस कर के स्नेह के कारण सभी सखियाँ [उसके] पास जाती हैं।

सब अँग करि राखी सुघर नाइक नेह-सिखाइ।
रसजुत लेति अनंत गति पुतरी पातुर-राइ॥ २८४॥

शब्दार्थ—सब अँग (सर्वाङ्ग) = पुतली के पक्ष में इसका अर्थ पुतली को सब भावों के साथ चंचल करने में होगा, और पातुरी के पक्ष में इसका अर्थ नृत्य के सब अंगों में॥ **सुघर** = भद्दपन से रहित, सुन्दर॥ **नाइक (नायक)** = संगीत तथा नृत्य सिखलाने वाले को नायक कहते हैं। **रजसुत** = रस लेपन से। **अनंत** = अनेक प्रकार की॥ **गति** = नृत्य के किसी एक विधान को गति कहते हैं, जैसे गाने के किसी एक विधान को गीत कहते हैं। गतें अनेक प्रकार की होती हैं, और नेत्रों के संचालन भी अनेक भावों के होते हैं॥ **पातुर-राइ** = जो स्त्री नाट्य-शाला में किसी नाटक निबद्ध व्यक्ति का वेष धारण करके अभिनय करती है, उसको पात्री कहते हैं। 'पातुर-राइ' का अर्थ नर्तकियों की सरदार, अर्थात् नर्तकियों में श्रेष्ठ हुआ। इस दोहे में यद्यपि 'प्रबीन' शब्द नहीं आया है, तथापि भान यह होता है कि बिहारी ने लड़कपन में केशवदास द्वारा प्रशंसित प्रबीनराय पातुरी का नाच देखा था, जो उसके हृदय पर जमा हुआ था। इस दोहे में उसने प्रबीनराय का स्मरण करके ही 'पातुर' शब्द के साथ 'राइ' (राय) का प्रयोग किया है॥

---

१. कै कै (३), के के (५)।
२. नेह (३, ५)।
३. बसि (१)।
४. तबै (२)।

अवतरण—नायक को देखकर नायिका की आँखें अनेक प्रकार के भावों से चंचल होती हैं। कोई सखी इस बात को लक्षित करके अन्य सखी अथवा नायक से कहती है—

अर्थ—स्नेह रूपी नायक के द्वारा सिखलाकर सर्वाङ्ग-सुघरकर रखी गई [उसकी आँखों की] पुतली-रूपी पातुरराय अनंत प्रकार की रसीली गतें लेती हैं।

सुनत पथिक-मुँह, माह-निसि चलति लुवैं उहिं गाम।
बिनु बूझैं, बिनु हीं कहैं, जियति बिचारी बाम॥ २८५॥

अवतरण—अपने गाँव की ओर से आए हुए किसी पथिक के मुँह से यह सुनकर कि उस गाँव में माघ महीने की रात में भी लुएँ चलती हैं, प्रोषित नायक ने अपनी विरहिणी स्त्री के जीवित होने का अनुमान कर लिया है। यही बात कोई किसी से कहता है—

अर्थ—[नायक ने अपने गाँव की ओर से आए हुए किसी] पथिक के मुँह से [यह] सुनते [ही कि] माघ [मास] की रात्रि में उस गाँव में लुएँ चलती हैं, बिना [अपनी पत्नी का कुछ वृत्तांत] पूछे [ही तथा] बिना [उस पथिक के और कुछ] कहे [ही विरह से परम संतप्त उस] वामा को जीता विचार (अनुमान कर) लिया॥

उसने सोचा कि माघ की रात्रि में भी लुएँ चलने का बस यही कारण हो सकता है कि मेरी विरहिणी पत्नी के सन्ताप ने गाँव भर की वायु को तप्त कर रखा है। बस, इसके अतिरिक्त और ऐसा कौन कारण हो सकता है। इसी अनुमान से उसने अपनी पत्नी का ज़ीवित होना मान लिया, क्योंकि यदि वह मर गई होती, तो फिर रात्रि में लुएँ किसके ताप से चलतीं॥

अनत बसे निसि की रिसनु उर बरि रही बिसेषि।
तऊ लाज आई झुकत खरे लजौहैं देखि॥ २८६॥

शब्दार्थ—**बरि रही** = जल रही, संतप्त हो रही॥ **बिसेषि** = विशेष रूप से॥ **झुकत** = झुकते, क्रोधयुत कड़े वचन बोलते॥

अवतरण—नायिका उत्तम खंडिता है। यद्यपि नायक के रात भर अन्यत्र रहने के कारण उसके हृदय में क्रोधाग्नि धधक रही है, तथापि उसे अति लज्जित देखकर वह उससे क्रोध के साथ बोलते लजाती है। सखी-वचन सखी से—

अर्थ—[नायक के] रात को अन्यत्र बसने की रिसों से [यद्यपि वह नायिका] हृदय में (भीतर ही भीतर) बहुत जल रही है, तथापि [नायक को] बहुत लज्जित देखकर [उसे] झुकते लज्जा आई॥

सुरँगु महावरु सौति-पग निरखि रही अनखाइ।
पिय-अँगुरिनु लाली लखैं खरी उठी लगि लाइ॥ २८७॥

शब्दार्थ—**सुरँगु** = अच्छे रँग वाला॥ **लाइ** = अग्नि, लवर॥

अवतरण—अन्य संभोग-दुखिता नायिका का वृत्तांत सखी सखी से कहती है—

अर्थ—सौत के पाँव में सुन्दर रंग का महावर देखकर [यह नायिका] अनखा रही थी (भीतर ही भीतर ईर्ष्या से दुखी हो रही थी कि सौत भी ऐसी

सुघर है, जो ऐसा सुरंग महावर लगाती है)। [इतने ही में] प्रियतम की अँगुलियों में लाली देखकर [इस अनुमान से कि उसने स्वयं सौत के पाँव में महावर लगाया है, उसके हृदय में] भली भाँति आग लग उठी॥

मानहु मुँह-दिखरावनी दुलहिहिं[1] करि अनुरागु।
सासु सदनु, मनु ललन हूँ, सौतिनु[2] दियौ[3] सुहागु॥ २८८॥

शब्दार्थ—मुँह-दिखरावनी = मुँह-दिखाई। जब कोई नई दुलहिन ब्याह कर आती है, तो सास ससुर इत्यादि ससुराल के प्राय: सभी लोग आभूषण आदि वस्तुएँ उपहार के रूप में, उसका मुँह देख देखकर, देते हैं। यह उपहार दुलहिन का निजी धन हो जाता है॥ **सुहागु (सौभाग्य)**—यहाँ इसका अर्थ, इस कहावत के अनुसार कि "जाकों पिय प्यारौ चहै वहै सुहागिनि नारि" अपने ऊपर प्रियतम का प्रेम होता है॥

अवतरण—नई दुलहिन विवाहित होकर आई है। आते ही उसकी सुघराई तथा शील पर रीझ कर सास ने उसको घर का प्रमुख, नायक ने उसके रूप तथा गुणों पर अनुरक्त होकर अपना मन एवं सौतों ने अपने को उसके बराबर न समझ कर प्रियतम का प्यार दे दिया। यह सब उसको ऐसे अल्प काल ही में प्राप्त हो गया, मानों मुँह दिखाई ही में मिल गया। सखी-वचन सखी से—

अर्थ—सास ने गृह, नायक ने भी मन [तथा] सौतों ने सौभाग्य (अपने अपने ऊपर का पति प्रेम) [इसको ऐसा चटपट तथा सदा के लिए] दे दिया, मानो दुलहिन को मुँह दिखाई [ही] में अनुराग करके [दिया है]॥

'मानहु' कहने का अभिप्राय यह है कि ये पदार्थ उसे आते ही मिल गये, और उन पर उसको ऐसा स्वत्व हो गया कि जैसा मुँह-दिखाई में प्राप्त पदार्थों पर होता है॥

कत सकुचत, निधरक फिरौ, रतियौ खोरि[4] तुम्हैं न।
कहा करौ[5], जौ जाइ[6] ए लगैं[7] लगौंहैं नैन॥ २८९॥

अवतरण—खंडिता नायिका का वचन नायक से—

अर्थ—[तुम] संकुचित क्यों होते हो, निधड़क (नि:शंक) [जहाँ जी चाहे] फिरा करो, [ऐसा करने में] तुम्हें रत्ती भर भी 'खोरि' (दोष) नहीं है। [तुम] क्या करो (तुम्हारा क्या वश है), यदि [तुम्हारे ये] लगौंहें (चटपट रीझ जाने वाले) नयन् [बरबस] जाकर [किसी से] लग जायें (आसक्त हो जायें), [और तुम्हें भी बलात् खींचकर उधर ले जायें]॥

---

१. **दुलहनि** (३, ५)।
२. **सौतिनि** (२, ४)।
३. **दयो** (३, ५)।
४. **खोरति मैन** (३, ५)।
५. **करों** (२, ३, ४, ५)।
६. **जाहिं** (२)।
७. **लगे** (२, ४, ५)।

वास्तव में नायिका वचन-चातुरी से यह कहती है कि तुम बड़े निर्लज्ज हो, तुम्हारा स्वभाव ही ऐसा पड़ गया है कि चाहे जिस पर रीझकर उसके यहाँ चले जाते हो। यदि तुम न जाओ तो क्या तुम्हारे नयन खींचकर ले जायें॥

आपु दियौ मनु फेरि लै, पलटैं दीनी पीठि।
कौन चाल यह रावरी, लाल, लुकावत[1] डीठि॥ २९०॥

शब्दार्थ—पलटैं = बदले में॥ **लुकावत** = छिपाते हो, चुराते हो॥

अवतरण—परकीया नायिका नायक को उलाहना देती है—

अर्थ—अपना दिया हुआ मन लौटा लेकर [उसके] बदले में [आपने मुझको अब] पीठ दी (मुझसे मुँह फेर लिया)। हे लाल! आपकी यह कौन [भलमंसी की] चाल है [कि अब मुझसे] आँखें [भी] चुराते हो॥

गोपिनु सँग निसि सरद की रमत रसिकु रस-रास।
लहाछेह[2] अति गतिनु की सबनु[3] लखे सब-पास॥ २९१॥

शब्दार्थ—रस-रास—एक प्रकार के गोपजातीय नृत्य को रास कहते हैं। इसमें बहुत से स्त्री पुरुष एक साथ मंडल बाँध कर नाचते हैं। 'रस-रास' का अर्थ रसीला रास, अर्थात् आनंदोत्पादक रास, हुआ। **लहाछेह**—यह शब्द संस्कृत के लध्वाक्षेप शब्द से बना ज्ञात होता है। नृत्य, गान तथा वाद्य में किसी निबंध को समता से नियतकाल में, समाप्त करने को लय कहते हैं। यह लय तीन प्रकार की होती है—विलंबित, मध्य तथा द्रुत। किसी निबंध को धीरे धीरे बरतना उसकी विलंबित लय कहलाती है। जितना काल किसी निबंध के धीरे-धीरे बरतने में लगता है, यदि उसका आधा काल लगाया जाये, तो उस निबंध में मध्य लय होगी। मध्यलय में जितना काल लगता है, यदि उससे भी आधे काल में वह निबंध बरता जाये, तो उसकी द्रुतलय हो जाती है। यदि और भी शीघ्रता की जाये, तो अति द्रुत लय होगी। नृत्य के संबंध में लध्वाक्षेप का अर्थ अति लाघव अर्थात् फुर्ती से पैरों का उठाना, रखना, अर्थात् द्रुत लय में नृत्य करना है॥ **गति** = नृत्य के किसी परिमित निबन्ध को गति कहते हैं। इसी का रूपान्तर अब गत रह गया है, जिसको कि ऐसे वाक्यों में लोग प्रयुक्त करते हैं—"उसने एक गत नाची"॥ **लहाछेह अति गतिनु की** = इसका अर्थ नृत्य की गतों का अत्यन्त पद-लाघव के साथ नाचना, अर्थात् नाच में अति शीघ्रता-पूर्वक चलत फिरत करना, है॥

अवतरण—यह दोहा रास के समय का है। उस समय का वृत्तांत गोपियाँ आपस में कहती हैं—

अर्थ—[उस] शरद्-निशा में गोपियों के संग रस-रास में रमते हुए (आनंदपूर्वक क्रीड़ा करते हुए) (उन) रसिक को, गतों के अति शीघ्र नाच के कारण सबों ने सबों के पास देखा॥

---

१. **लकावति (१, ३)।**
२. **लहीछेह (२), लेहछेह (३, ५)।**
३. **सब निरखे (२)।**

इस दोहे का भावार्थ यह है कि रास-मंडल में श्रीकृष्णचंद्र ऐसे द्रुत वेग से नृत्य करते थे कि सबको सबके पास दिखलाई देते थे, जैसे कि यदि किसी चक्र पर कोई बिंदु लगा दिया जाय और चक्र वेग से घुमाया जाय, तो वह बिंदु हर जगह चक्राकार दिखलाई देगा॥

स्याम-सुरति करि राधिका, तकति तरनिजा-तीरु।
अँसुवनु करति तरौंस कौ खिनकु खरौंहों नीरु॥ २९२॥

शब्दार्थ—तरनिजा = यमुना॥

अवतरण—श्रीकृष्णचंद्रजी के मथुरा चले जाने पर श्रीराधिकाजी की स्मृति-दशा का वर्णन सखी सखी से करती है, अथवा उद्धवजी मथुरा में लौट आकर श्रीकृष्णचंद्र से कहते हैं—

अर्थ—श्री राधिकाजी यमुना के तीर को देखती हुई, श्याम की स्मृति करके, [अपने] आँसुओं से तरौंस (तट के निकट) का पानी क्षणभर खारा कर देती हैं॥

गोपिनु कैं अँसुवनु भरी सदा असोस, अपार।
डगर डगर नै[1] ह्वै रही[2], बगर बगर कैं बार॥ २९३॥

शब्दार्थ—नै (नइ) = नदी॥ संस्कृत शब्द नदी का प्राकृत रूप नई होता है। उसी रूप से 'नइ' और 'नै' रूप बन गए हैं॥ **बार** = द्वार॥

अवतरण—उद्धवजी का वचन श्रीकृष्णचंद्र से—

अर्थ—[हे श्रीकृष्णचन्द्र, ब्रजमंडल के] डगर डगर (प्रति मार्ग) में, घर घर के द्वार पर, गोपियों के आसुओं से भरी हुई सदा असोस (कभी न सूखने वाली)[तथा] अपार नदी हो रही है (बन गई है)॥

दुचितैं चित हलति न चलति, हँसति न झुकति, बिचारि।
लखत चित्र पिउ लखि, चितै रही चित्र लौं नारि॥ २९४॥

शब्दार्थ—दुचितैं = द्विविधा में पड़े हुए॥ **हलति न चलति** = न हिलती है, न चलती है। हिलती चलती इस कारण नहीं कि उसके पाँवों की आहट से कहीं प्रियतम उसका चित्रसारी में आना जान न जाये॥ **हँसति न झुकति** = न प्रसन्न होती है, न रुष्ट होती है। हँसती तथा खिझलाती इसलिए नहीं कि अभी उसको यह नहीं ज्ञात है कि प्रियतम किस पर रीझेगा॥

अवतरण—नायक चित्रसारी में चित्र देख रहा है। नायिका भी वहाँ आ गई है। वहाँ अनेक स्त्री पुरुषों के चित्र लगे हुए हैं। उनमें नायिका का चित्र भी है। नायिका इस बात को जानने की इच्छा से कि नायक किसके चित्र को अधिक ध्यान से रीझकर देखता है, चुपचाप खड़ी हुई देख रही है। यही वृत्तांत कोई सखी किसी अन्य सखी से कहकर कहती है कि तू विचार कि नायिका के इस प्रकार खड़ी रहने में क्या भेद है—

अर्थ—[हे सखी, तू] विचार [तो सही कि इसमें क्या भेद है कि वह] द्विविधा में पड़े हुए चित्त से न हिलती है, न चलती है, और न हँसती है, न

---

१. नइ (५)।
२. रहीं (१, ३)।

खिझलाती है; प्रियतम को चित्र देखते देखकर [वह] नारी चित्र की भाँति (अचल रूप से, बिना पलक गिराए) ताक रही है॥

कन दैबौ सौंप्यौ ससुर, बहू थुरहथी जानि।
रूप-रहचटैं लगि लग्यौ माँगन[1] सबु जगु आनि॥ २९५॥

शब्दार्थ—थुरहथी = छोटे हाथ वाली॥ **रहचटैं** = लालच में॥

अवतरण—यह हास्य रस का दोहा है। किसी कृपण की कृपणता पर कोई उपहास करके कहता है—

अर्थ—[नई आई हुई] बहू को थुरहथी जानकर ससुर ने [उसे भिखारियों को] कन (कण; अन्न) देने का काम सौंपा [जिसमें अन्न कम लगे]। [पर उसके] रूप के लालच में लगकर सारा जगत् [उसके द्वार पर] आकर [भिक्षा] माँगने लगा [जिससे और भी अधिक अन्न लगने लगा]॥

निरखि नवोढ़ा नारि-तन[2] छुटत लरिकई-लेस।
भौ[3] प्यारौ प्रीतमु तियनु, मनहु[4] चलत परदेस॥ २१६॥

अवतरण—नवयौवना मुग्धा की मनोमोहनी शोभा का वर्णन सखी सखी से करती है—

अर्थ—[इस] नवोढ़ा (नई ब्याही हुई) स्त्री के शरीर में से लड़कपन का लेश छूटता हुआ देखकर [उसकी सपत्नी] स्त्रियों को प्रियतम [ऐसा] प्यारा लगने लगा, मानो [वह] परदेश चल रहा है॥

परदेश चलता हुआ मनुष्य इस कारण अधिक प्यारा लगता है कि उससे बहुत दिनों पीछे मिलने की आशा होती है। इस नायिका के यौवनागमन से सौतों ने समझा कि अब ऐसी सुन्दरी को छोड़कर प्रियतम हम लोगों के यहाँ बड़ी कठिनता से आवेगा, अत: अब वह उनको अधिक प्रिय लगने लगा॥

प्रानप्रिया हिय मैं बसै, नखरेखा-ससि भाल।
भलौ दिखायौ आइ यह हरि-हर-रूप, रसाल॥ २९७॥

शब्दार्थ—भलौ = इस शब्द का अर्थ लक्षणा से यहाँ भयानक तथा दु:खद होता है॥

अवतरण—खंडिता नायिका की उक्ति नायक से—

अर्थ—[आपके] हृदय में [तो] प्राणप्रिया (जो स्त्री आपको प्राण के समान प्यारी है, वह) बसी है, [जिस प्रकार विष्णु भगवान् के हृदय में लक्ष्मीजी बसती हैं और] नखरेखा-रूपी शशि [आपके] भाल में [बसा है, जैसे शिवजी के मस्तक पर चंद्रमा रहता है]। हे रसाल, [आपने आज] आकर यह हरि [और] हर का रूप [एक साथ] बड़ा उत्तम दिखलाया॥

---

१. सबु जगु मागन (२, ३, ४)।
२. त्यौं (२)।
३. भो (१, ४, ५)।
४. मनौ (२)।

तिय निय हिय जु लगी चलत पिय-नख-रेख-खरौंट[१]।
सूखन[२] देति न सरसई खोंटि खोंटि खत-खौंट[३]॥ २९८॥

शब्दार्थ—निय = निज॥ **खरौंट** = वह घाव, जो शरीर में नख, काँटे इत्यादि से खुरच जाने पर पड़ जाता है॥ यह शब्द खरोट, खरौट तथा खरौंट, तीनों रूपों में प्रचलित है॥

अवतरण—प्रोषितपतिका नायिका प्रियतम के नखों के खरौंट को, उनका प्रसाद समझ कर सूखने नहीं देती। सखी वचन सखी से—

अर्थ—प्रियतम की नख-रेखा की जो खरौंट [उनके परदेश] चलते समय निज हृदय पर लगी है, [उसकी] सरसई (गीलापन) को [वह] स्त्री [यह समझकर कि यह खरौंट प्रियतम के चलते समय का चिह्न है] घाव के खुरंड को खोंट खोंट (नोच नोच) कर सूखने नहीं देती॥

सघन कुंज, घन घन-तिमिरु, अधिक अँधेरी राति।
तऊ न दुरिहै, स्याम, वह[४] दीपसिखा सी जाति॥ २९९॥

अवतरण—नायक दूती अथवा सखी से प्रार्थना करता है कि आज अच्छा अवसर है, तू नायिका को अभिसार कराकर अमुक कुंज में ले चल। सखी नायक की रुचि बढ़ाने के निमित्त, नायिका के रूप की प्रशंसा करती हुई, उसी बात का खंडन करती है। अभिप्राय यह है कि नायक और अधिक लालायित होकर प्रार्थना करे तब ले जाऊँ—

अर्थ—[यद्यपि] कुंज सघन हैं, घन-तिमिर (बादलों का अंधकार) [भी] घना है [तथा] रात्रि [भी अँधेरी है, एवं बादलों के कारण] अधिक अँधेरी है; तथापि, हे श्याम, वह दीपशिखा सी [नायिका] जाती हुई (अभिसार करती हुई) छिपेगी नहीं [कारण, अँधेरे में दिया नहीं छिपता]।

स्वारथु, सुकृतु न, श्रमु बृथा; देखि, बिहंग, बिचारि।
बाक, पराऐं पानि परि तूँ पच्छीनु[५] न मारि॥ ३००॥

शब्दार्थ—स्वारथु = अपना लाभ॥ **सुकृतु** = पुण्य॥ **बिहंग** = आकाशगामी, स्वच्छंद-बिहारी, दूरदर्शी। यह शब्द पक्षी के अर्थ में प्रयुक्त होता है॥ **पच्छोनु** = (१) पक्षियों को; (२) अपने पक्षवर्तियों अर्थात् स्वजातियों को॥

अवतरण—किसी दुष्ट स्वामी के सेवक को, जो उस दुष्ट के निमित्त स्वजनों को कष्ट देता है, कोई बाज पर अन्योक्ति करके समझाता है—

अर्थ—हे बाज! दूसरे के हाथ में पड़कर (दूसरे के वश में होकर) तू पक्षियों (१. चिड़ियों; २. स्वजनों) को मत मार। हे विहंग (१. पक्षी; २.

---

१. खरोट (४, ५)।
२. सूकन (२, ३, ५)।
३. खोट (४, ५)।
४. यह (३, ४, ५)।
५. पंछीहि (२), पच्छीहिं (३, ५)।, प्रंच्छिनु नहि (४)।

स्वच्छंद-बिहारी), [नैंक अपने मन में] विचार कर देख, [इस काम में तेरा न तो] स्वार्थ है, [और] न सुकृत, [केवल] वृथा (बिना लाभ का)। श्रम है॥

ज्ञात होता है कि मिर्जा राजा जयशाह जो शाहजहाँ की ओर से हिंदुओं के विरुद्ध युद्ध करते थे, वह बिहारी को अच्छा नहीं लगता था। सो उसने यह अन्योक्ति उन्हीं पर कही है। 'पराऐं' और 'पच्छीनु' (पक्षी) शाहजहाँ तथा हिंदुओं के ऊपर बहुत अच्छे घटते हैं। 'बिहंग' शब्द से कवि यह व्यंजित करता है कि तेरी गति तो अनिरुद्ध है, और तू बड़ा दूरदर्शी भी है, फिर दूसरे के वश में पड़कर स्वजातियों को क्यों हानि पहुँचाता है, और इसका परिणाम नहीं सोचता॥

जयशाह को, मुसलमानों की ओर होकर हिंदुओं से लड़ने पर, शिवाजी ने भी अपनी चिट्ठी में, बहुत फटकारा है। उस चिट्ठी के कुछ शेर नीचे लिखे जाते हैं—

ज़े खूने दिलो दीदए हिंदुवाँ। तु ख्वाही शवी सुर्खरू दर् जहाँ॥

हिंदुओं के हृदय तथा आँखों के रक्त से तू संसार में सुर्खरू (लाल मुँह वाला) हुआ चाहता है॥

न दानी मगर् कीं सियाही शवद्। क़ज़ीं भुल्को दीं रा तबाही शवद्॥

पर तू यह नहीं समझता कि इससे तेरे मुँह पर कालख पोती जा रही है, क्योंकि इससे देश तथा धर्म का सत्यानाश होता है॥

अगर् सर् दमे दर् गरेबाँ कुनीं। चो नज्ज़ारए दस्तो दामाँ कुनीं॥

यदि तू क्षण मात्र अपना सिर झुकाकर सोचे और अपने हाथ तथा दामन का [जो कि रक्त से सने हुए है] निरीक्षण करे॥

बु बीनी कि ईं रंग अज़ खूने कीस्त। कि दर् दोजहाँ रंगे ईं रंग चीस्त॥

तो तुझे ज्ञान हो कि यह रंग किसके खून का है, और इहलोक तथा परलोक, दोनों में इस रंग का वास्तविक रंग क्या है, काला है अथवा लाल॥

न बायद् कि बा मा नबर्द् आवरी। सरे हिंदुवाँ ज़ेरे गर्द् आवरी॥

तुझको हम लोगों से युद्ध करना और हिंदुओं के सिरों को धूल में मिलाना उचित नहीं हैं॥

अजीं तुर्कताज़ी चे आयद् तुरा। हवायत् सुराबे नुमायद् तुरा॥

इस वृथा की दौड़ धूप से तेरे हाथ क्या आता है? तेरी तृष्णा तुझे मृग-तृष्णा मात्र दिखा रही है॥

बदाँ सिफ्ल मानी कि जेहृदे बरद्। उरूसे बचंगाले ख़ेश् आवरद्॥

तू उस नीच मनुष्य की भाँति है, जो बड़ा उद्योग करके किसी सुन्दरी को अपने हाथ में लाता है॥

वले बर् न अज् बाग़े हुश्नश् खुरद। बदस्ते हरीफ़े वरा बेस्परद्॥

पर उसके सौंदर्य की वाटिका का फल स्वयं नहीं खाता, प्रत्युत उसको अपने प्रतिद्वंद्वी के हाथ में सौंप देता है॥

सीस-मुकुट[१], कटि-काछनी[२], कर-मुरली, उर-माल।
इहिं बानक[३] मो मन सदा[४] बसौ, बिहारी लाल॥ ३०१॥

शब्दार्थ—बानक = बनाव, साज, वेष।

अवतरण—कवि अपने उपास्य देव श्रीवृंदावनबिहारी कृष्णचंद्र से नित्य प्रति अपने हृदय में गोपाल रूप धारण किए हुए, बसने की प्रार्थना करता है—

अर्थ—हे बिहारी लाल (आनन्द-क्रीड़ा करने वाले लाल), मेरे हृदय में [तुम] सदा इस (ऐसे) बानक से बसो, जिसमें सिर पर मोर-मुकुट, कटि में काछनी, कर में मुरली [एवं] उर पर वनमाला है॥

इस दोहे के पूर्वार्द्ध में चार समस्त पद हैं, और उन चारों ही में बहुब्रीहि समास है। वे चारों पद 'बानक' शब्द के विशेषण हैं॥

'मुकुट' तथा 'माल. के अर्थ यहाँ, 'काछनी' तथा 'मुरली' के साहचर्य से, मोर मुकुट तथा वनमाला होते हैं॥

कवि कृष्णचंद्र के गोप-वेष का उपासक है, अतः वह उसी वेष से उनको अपने हृदय में बसाना चाहता है। उसे द्वारिकाधीश के मणि-मंडित किरीट, पाटमय पीताम्बर, सुदर्शन चक्र तथा वैजयंती माला धारण किए हुए रूप से कोई प्रयोजन नहीं है॥

भृकुटी-मटकनि, पीतपट-चटक, लटकती चाल।
चलचख-चितवनि चोरि चितु लियौ बिहारी लाल॥ ३०२॥

शब्दार्थ—चटक = चटकीलापन॥ **लटकती** = झूमती हुई॥

अवतरण—नायिका श्रीकृष्णचंद्र को कहीं वन में देखकर रीझी है। अतः वह उनके स्वरूप का वर्णन करती हुई सखी से कहती है—

अर्थ—भृकुटी को मटक, पीत पट की चटक, लटकती हुई चाल [एवं] चंचल नेत्रों की चितवन से बिहारी लाल ने [मेरा] मन चुरा लिया॥

संगति-दोषु लगै सबनु, कहे ति साँचे बैन।
कुटिल-बंक-भ्रुव-सँग भए[५] कुटिल, बंक-गति नैन॥ ३०३॥

शब्दार्थ—कुटिल = टेढ़ी आकृति वाली॥ **बंक (वक्र)** = टेढ़े स्वभाव वाली, छली, निर्दय॥

अवतरण—नायिका की तिरछी दृष्टि का घायल नायक सखी से कहता है, अथवा कवि की प्रास्ताविक उक्ति है—

अर्थ—संगति का दोष सबको लगता है, [ये वचन जो सयानों ने] कहे हैं, सो सच्चे वचन हैं। [देखो] कुटिल [तथा] कपटशील भ्रकुटी के संग से नयन [भी] कुटिल [तथा] वक्रगति वाले हो गये हैं॥

---

१. **मुकुट (४)।**
२. **काछिनी (३)।**
३. **बानिक (३, ५)।**
४. **बसो सदा (५)।**
५. **लिए (४)।**

जरी-कोर गौरैं बदन बढ़ी खरी छबि, देखु।
लसित मनौ बिजुरी किए सारद-ससि-परिबेषु॥ ३०४॥

शब्दार्थ—परिवेषु = मंडल, घेरा॥

अवतरण—सखी नायक को नायिका की शोभा दिखलाती हुई कहती है—

अर्थ—देखो, [उसके] गोरे मुख पर [उसकी साड़ी की] जरी का कोर (किनारी) में शोभा [कैसी] अधिक बढ़ी है। मानो बिजली शरद ऋतु के चंद्रमा का मंडल किए हुए विराजती है॥

चितवनि भोरे भाइ की, गोरैं मुँह मुसकानि।
लागति लटकि अली[१]-गरैं, चित खटकति नित आनि॥ ३०५॥

शब्दार्थ—लागति = चार प्राचीन पुस्तकों में तो 'लागनि' ही पाठ मिलता है, और दो संख्या वाली पुस्तक में 'लगति' पाठ है; एवं 'लागनि', पाठांतर रूप में लिखा हुआ है। 'लागति' पाठ के अनुसार दोहे का अर्थ करने में कुछ हेर-फेर करना पड़ता है। ज्ञात होता है कि अनवरचन्द्रिका में इसी कारण 'लागनि' पाठ कर लिया गया है और उसके पश्चात् अन्य टीकाकारों ने भी उसी का अनुसरण किया है। इस संस्करण में प्राचीन पुस्तकों के अनुसार ही पाठ रखा और उसी के अनुसार किया गया है॥

अवतरण—नायक को देखकर नायिका ने जो चेष्टायें कीं, उनका वर्णन वह उसकी सखी अथवा अपने किसी अंतरंग सखा से करता है—

अर्थ—भोलेपन की चितवन से (ऐसी चितवन के साथ कि मानो उसके चित्त में मेरी ओर कोई भाव ही नहीं है), [तथा] गोरे मुख पर मुसकान से (अर्थात् सहित) सखी के गले से झुककर लगती हुई (सखी को भेंटती हुई) [वह मेरे] चित्त में नित्य आकर खटकती (पीड़ा देती, अर्थात् अपने से मिलने के निमित्त उत्सुक करती) है॥

इहिं[२] द्वैहीं मौती सुगथ तूँ, नथ गरबि निसाँक।
जिहिं पहिरैं जग-दृग ग्रसति लसति[३] हँसति सी नाँक॥ ३०६॥

शब्दार्थ—इहिं द्वैहीं मोती सुगथ = इन दो ही सुगथ मोतियों से अर्थात् ऐसे दो मोतियों से, जो कि सुगथ हैं तो वे ही हैं, अन्य मोती उनके आगे सुगथ नहीं लगते॥ **सुगथ (सुग्रथ)** सुंदर प्रकार से ग्रथे हुए अर्थात् सुडौल अथवा सुंदर प्रकार से जोड़ मिलाए गए॥ **गरबि** = गर्व कर॥ **निसाँक** = बिना इस बात की शंका के कि कहीं मेरा गर्व मिथ्या न ठहरे॥ **ग्रसति** = पकड़ती हुई। अपने में लगा लेती हुई॥

अवतरण—नायिका नायक से कुछ अनमनी सी हो रही है। नायक उसकी नथ को सम्बोधित करके तथा उसे सुनाकर कहता है—

---

१. आली (२)।
२. ए (३, ५)।
३. हँसति लसति सी (३, ३, ५)।

अर्थ—हे नथ, तू इन दो ही 'सुगथ' मोतियों से नि:शंक गर्व कर, जिनके पहनने से जग के दृगों को ग्रसती हुई (अर्थात् परम नेत्ररंजक) नासिका हँसती हुई सी लसती (सुशोभित होती) है॥

जब कोई कुछ रुष्ट सा रहता है, तो उसके हँसाने के निमित्त प्राय: लोग कहते हैं कि "यह देखो, नाक पर हँसी आई।" इसी प्रकार नायक नायिका का अनमनापन छुड़ाने के निमित्त कहता है कि उसकी नाक मोतियों के व्याज से दाँत दिखलाती है, अर्थात् हँसती सी, है। अपने इसी वाक्य से वह नायिका के नासिका सौन्दर्य की प्रशंसा भी, उसके प्रसन्नतार्थ, करता है॥

हरि-छबि-जल जब तैं परे, तब तैं छिनु बिछुरैं[1] न।
भरत ढरत, बूड़त तरत रहत[2] घरी लौं नैन॥ ३०७॥

शब्दार्थ—घरी = समयबोधक जलयंत्र की कटोरी।

अवतरण—हरि की शोभा में अपने नेत्रों की आसक्ति का वर्णन नायिका अपनी किसी अंतरंगिनी सखी से करती है—

अर्थ—जब से [मेरे] नेत्र हरि के छवि-रूपी जल में पड़े हैं, तब से क्षण मात्र [भी उससे] बिछुड़ते नहीं (अलग नहीं होते), [समय-प्रदर्शक जलयंत्र की] घड़ी (घटी, कटोरी) की भाँति [उसी छवि-जल में] भरते ढरते, [तथा] डूबते उतराते रहते हैं॥

समय-प्रदर्शक जलयंत्र की कटोरी भी क्षण मात्र जल से अलग नहीं रहती, क्योंकि यदि वह जल से कुछ देर तक अलग रहे, तो समय-प्रदर्शन में उतनी देर का भेद पड़ जाये। अत: वह नाँद के जल ही में भरती ढरती तथा डूबती तैरती रहती है॥

'भरत ढरत' तथा 'बूड़त तरत' युग्मों का प्रयोग यथासंख्य हुआ है। 'भरत' का संबंध 'बूड़त' से तथा 'ढरत' का संबंध 'तरत' से है॥

मार-सुमार-करी डरी मरी[3], मरीहिं न मारि।
सींचि गुलाब घरी घरी, अरी, बरीहिं न बारि॥ ३०८॥

शब्दार्थ—मार-सुमार-करी = कामदेव द्वारा भलीभाँति मारी गई अर्थात् आघात पहुँचाई गई॥ **डरी मरी** = मरी पड़ी॥ **बरीहिं** = जली हुई को॥

अवतरण—प्रोषितपतिका नायिका को संतप्त देखकर सखी उस पर गुलाब-जल छिड़कती है, पर गुलाब-जल से उद्दीपन होने के कारण उसकी विरह-ज्वाला और भी भड़क उठती है, अत: वह सखी से कहती है—

अर्थ—कामदेव द्वारा भली भाँति मार की गई (मारी गई) [मैं तो] मरी [ही] पड़ी हूँ; [अब तू] मरी को मत मार। अरी [सखी], [मुझ] जली हुई को घड़ी घड़ी (फिर फिर) गुलाब-जल से सींच कर [तू और अधिक] मत ज़ला॥

---

१. बिसरैं (२, ४)।
२. हरत (३, ५)।
३. खरी (३, ४)।

क्यौं हूँ सहबात न लगै, थाके भेद-उपाइ।
हठ-दृढ़गढ़-गढ़वै सु चलि लीजै सुरँग लगाइ॥ ३०९॥

शब्दार्थ—सहबात = मेल की बातचीत॥ **भेद-उपाइ** =फोड़कर अपनी ओर मिला लेने के उपाय॥ **गढ़वै** = गढ़वर्तिनी, गढ़ में बैठी हुई॥ **सुरँग** - (१) सुन्दर राग अर्थात् प्रेम; (२) सुरंग, वह छिद्र जिसमें बारूद भरकर गढ़ इत्यादि उड़ा दिए जाते हैं॥

अवतरण—मानिनी नायिका को समझाते समझाते हारी हुई सखी नायक से, उसके हठ का रूपक दृढ़ गढ़ से करके, कहती है—

अर्थ—संधि की बातचीत किसी प्रकार [उस पर] नहीं लगती (प्रभाव डालती), मिला लेने के [सब] उपाय थक गये (व्यर्थ हो गए)। अत: [अब आप स्वयं] चलकर [और] सुरंग लगाकर (१. अपने प्रेम में लगाकर; २. गढ़ को बारूद के द्वारा उड़ाकर) [उस] हठ-रूपी दृढ़ गढ़ की गढ़वर्तिनी को लीजिए (अपने वश में कीजिए)॥

तो ही को छुटि मानु गौ देखत हीं ब्रजराज।
रही घरिक लौं मान सी मान करे[1] की लाज॥ ३१०॥

अवतरण—नायिका ने नायक से मान किया है। सखी यह कह मान छुड़ाना चाहती है कि तेरा मान तो छूट चुका है, अब तो तू व्यर्थ ही मान करने की लज्जा ढो रही है—

अर्थ—तेरे हृदय का मान [तो] ब्रजराज को देखते ही छूट गया। [अब तो] मान करने की लज्जा, मान की भाँति (मान के स्थान पर), घड़ीभर ठहरी हुई है॥

न ए बिससियहि[2] लखि नए दुरजन[3] दुसहु-सुभाइ।
आँटैं परि प्राननु हरत[4] काँटैं लौं लगि पाइ॥ ३११॥

शब्दार्थ—बिससियहि = विश्वास किए जायें॥ **नए** = नम्र हुए॥ **दुसह-सुभाइ** दु:सह स्वभाव वाले॥ **आँटैं (अर्ति)** = दु:ख, आमर्ष, दाँव॥

अवतरण—कवि की प्रास्ताविक उक्ति है—

अर्थ—ये दु:सह स्वभाव वाले दुर्जन नए (नम्र हुए) देखकर विश्वास न किए जायें। [ये] आँट (दाँव) में पड़ने पर पैरों में लगकर (१. पैरों पर गिरकर; २. पैरों में चुभकर) काँटे की भाँति प्राणों को हर लेते हैं (अत्यन्त कष्ट देते हैं)॥

सखि, सोहति[5] गोपाल कैं उर गुंजनु की माल।
बाहिर[6] लसति मनौ पिए दावानल की ज्वाल॥ ३१२॥

---

१. **किये (३, ५)।**
२. **बिससि इहि (३, ५), बिससिये (४)।**
३. **दुर्जन (२, ३, ५)।**
४. **हरे (५)।**
५. **सोभित (१, ४)।**
६. **बाहिरि (३) बाहरि (४, ५)।**

शब्दार्थ—दावानल = दावाग्नि, जंगल की आग। एक समय नंद, यशोदा तथा अन्य वृजजनों के साथ श्रीकृष्णचंद्र जंगल में थे। आधी रात को चारों ओर आग लग गई, जिससे सब लोग बहुत घबरा उठे। तब श्रीकृष्णचंद्र ने उस आग को पीकर सबका दु:ख दूर किया। यहाँ 'दावानल' शब्द का वाच्यार्थ तो वही वन की अग्नि है, पर गौणीसाध्यवसाना लक्षणा शक्ति से इसका अर्थ दावानल-सदृश विरहाग्नि है॥

अवतरण—नायिका अनुशयाना है। उसने गुंजों के कुंज में नायक से मिलने का संकेत बदा था, पर किसी अड़चन से वह वहाँ समय पर न पहुँच सकी। नायक संकेत स्थल से निराश तथा दुखी होकर लौट आया और यह सूचित करने के निमित्त कि मैं संकेतस्थल हो आया हूँ, गुंजों की माला पहने हुए नायिका के घर के मार्ग से जा रहा है। उसको देखकर नायिका, जो उस समय गुरुजनों में बैठी है, अपनी अंतरंगिनी सखी से कहती है। गुरुजनों के सुनने में तो वह सामान्यत: श्रीकृष्णचंद्र की गुंजमाला पर एक नीरस सी उत्प्रेक्षा कह देती है; पर सखी से, जो कि उसके वृत्तांत से परिचित है, वह यह कहती है कि श्रीकृष्णचंद्र के हृदय पर गुंजमाला मुझे ऐसी लगती है, मानो उस कुंज में मुझे न पाकर इनको जो दु:ख-रूपी दावाग्नि का पान करना पड़ा, उसी की ज्वाला बाहर होकर लपलपा रही है। इसे देखकर मेरी आँखों को बड़ा ताप होता है—

अर्थ—हे सखी, गोपाल के उर पर गुंजों की माला [ऐसी] सोहती है, मानो [उनके द्वारा] पिएं गए दावानल (१. व्रज-लीला में पी गई दावाग्नि; २. संकेत स्थल में मेरे न मिलने से सही दु:खाग्नि) की ज्वाला बाहर [निकलकर] लस रही है (लपलपा रही है)।

'सोहति' तथा 'लसति' शब्दों का प्रयोग यद्यपि द्वितीय अर्थ के पक्ष में समीचीन नहीं है, परन्तु नायिका को इन्हें गुरुजनों को सुनाने के निमित्त प्रयुक्त करना पड़ा। इसके अतिरिक्त सोहना, लसना इत्यादि शब्द कविता में ऐसे सामान्य रूप से प्रचलित हो गए हैं कि केवल 'स्थित होने', 'दिखाई देने' इत्यादि का अर्थ देने लगे हैं॥

गहिली, गरबु न कीजियै समै-सुहागहिं पाइ।
जिय की जीवनि जेठ, सो[1] माह न छाँह सुहाइ॥ ३१३॥

शब्दार्थ—गहिली = बावली॥ **समै-सुहाग** = ऐसा सुहाग, जो किसी अवसर विशेष पर प्राप्त हो जाये॥ **माह** = माघ मास॥

अवतरण—कलहांतरिता नायिका के यहाँ से नायक उसकी सौत के यहाँ चला गया है, जिससे वह गर्व कर रही है। उससे कलहांतरिता के पक्ष की सखी कहती है—

अर्थ—हे बावली, समय का (संयोग-वश का) सुहाग (पति-प्रेम) पाकर गर्व न किया जाये (तू गर्व मत कर)। [देख, जो] छाँह जेठ में जी को जिलाने वाली होती है, वही माघ में नहीं सुहाती (सही जाती)॥

समय-सुहाग कहकर सखी यह व्यंजित करती है कि तुझ पर वास्तव में पति का प्रेम नहीं है, प्रत्युत वह इस अवसर पर, मेरी सखी से कुछ अनबन हो जाने के कारण, तेरे यहाँ चला आया है॥

---

१. मैं (२)।

सखी का अभिप्राय इस कहने से यह है कि सौत का उत्साह भंग हो जाये, जिसमें उसकी कांति उतर जाये, और वह नायक की आँखों में भोंडी लगने लगे॥

हँसि, हँसाइ, उर लाइ उठि, कहि न रुखौं हैं बैन।
जकित थकित ह्वै[1] तकि रहे तकत[2] तिलौंछै[3] नैन॥ ३१४॥

शब्दार्थ—तिलौंछे = तेल से पोंछे हुए। आँखों का सुरमा छुड़ाने के लिए स्त्रियाँ तेल से भीगे हुए कपड़े से उन्हें पोंछती हैं। उस समय तेल लग जाने के कारण आँखें कुछ मिचमिची सी हो जाती हैं, और उनमें कुछ पानी भी आ जाता है। तिलौंछे का अर्थ यहाँ तिलौंछे से, होता है॥

अवतरण—खंडिता नायिका से सखी का वचन—

अर्थ—[नायक तेरे] तिलौंछे नयन देखकर चकित (स्तंभित) [तथा] थकित (श्रमित) होकर देख रहे हैं, [अतः अब तू क्षमा करके] रूखे वचन मत कह [प्रत्युत स्वयं] हँस [तथा उनको भी] हँसा, [और] उठकर [उनको] कलेजे से लगा ले॥

तीज-परब सौतिनु सजे भूषन बसन सरीर।
सबै मरगजे-मुँह करीं[4] इहीं[5] मरगजैं चीर॥ ३१५॥

शब्दार्थ—मरगजे = मले दले, मलिन॥

अवतरण—तीज का त्यौहार है। नायिका ने पूर्व रात्रि में नायक के साथ रत्युत्सव का जागरण किया है। अतः वह आलस्य के कारण अभी तक पर्वोचित भूषण वसन धारण नहीं कर सकी है, अथवा प्रियतम के प्रस्वेद से भीनी हुई साड़ी को उसने, अति प्रिय होने के कारण, अभी तक नहीं बदला है। उधर उसकी सौतों ने नए नए वस्त्र तथा आभूषण धारण करके अपने अपने शरीर सुसज्जित कर लिए हैं, पर इस नायिका की इसी मरगजी साड़ी से यह अनुमान करके कि वही प्रियतम को परम प्रिय है, सभों के मुख फीके पड़ गए। इसी का वर्णन सखी सखी से करती है—

अर्थ—तीज के त्योहार को [इसकी] सौतों ने भूषण वसन से [अपने] शरीर सजे, [पर इसने] इसी मरगजे चीर से सभी को मरगजे-मुँह (मलिन-मुख) कर दिया।

गढ़-रचना, बरुनी, अलक, चितवनि, भौंह, कमान।
आघु बँकाईहीं चढ़ै[6], तरुनि, तुरंगम, तान॥ ३१६॥

अवतरण—नायिका नायक पर अत्यन्त आसक्त होकर उसके अधीन हो रही है। सखी उसको आत्मगौरव की रक्षा के निमित्त शिक्षा देती है—

---

१. **ह्वै कित रही** (३)।
२. **तकति** (१), **तकित** (२, ५)।
३. **तिरीछैं** (४)।
४. **करे** (२)।
५. **इहे** (३, ५)।
६. **बढ़ै** (३, ५)।

अर्थ १—गढ़ की रचना, बरुनी, अलक, चितवन, भौंह, [तथा] कमान (धनुष) का आघ (अर्घ्य, मोल, आदर) बँकाई ही से चढ़ता है, [और इसी प्रकार] तरुणी (युवा स्त्री), तुरंगम (घोड़े) [और] (गाने में स्वरों के चढ़ाव उतार) का [भी]॥

इस दोहे का सब टीकाकारों ने यही अर्थ किया है, पर इस अर्थ में 'तरुनि', 'तुरंगम', 'तान', ये शब्द असम्बद्ध से हो जाते हैं। अतः इसका अर्थ इस प्रकार किया जाये, तो अच्छा हो—

अर्थ २—गढ़ की रचना, बरुनी, अलक, चितवन, भौंह [तथा] कमान (धनुष) पर आघ (अर्घ्य, मोल, आदर) बँकाई ही से चढ़ता है, [तथा] तरुणी (युवा स्त्री) [एवं] तुरंगम (घोड़े) पर तान (खिंचाव) से॥

इस अर्थ में 'तान' का अर्थ खिंचाव होगा। स्त्री पक्ष में खिंचाव का अर्थ आत्मगौरव के साथ अपने को लिए दिए रहना और नायक के अत्यन्त अधीन न हो जाना होगा। तुरंग पक्ष में इसका अर्थ तनकर खड़ा होना होगा, जैसे कजई कस देने पर घोड़े तनकर ठाट से खड़े हो जाते हैं।

इत आवति[१] चलि, जाति[२] उत चली, छसातक हाथ।
चढ़ी हिंडोरैं सैं[३] रहै लगी उसासनु साथ॥ ३१७॥

शब्दार्थ—**छसातक** = छ सात के अनुमान॥ **हिंडोरैं सैं** = हिंडोले से किसी पदार्थ पर, मानो हिंडोले पर॥

अवतरण—विरह में नायिका की अत्यन्त कृशता एवं उसके उच्छ्वासों की प्रबलता का वर्णन सखी सखी से करती है—

अर्थ—[वह तन्वी नायिका विरह से ऐसी कृश हो रही है और उसके उच्छ्वास ऐसे प्रबल हो रहे हैं कि वह) उच्छ्वासों के साथ लगी हुई हिंडोले से [किसी पदार्थ] पर चढ़ी रहती है, छ सात हाथ के अनुमान [कभी] इधर चल कर आती है, [और कभी] उधर चली जाती है॥

डर न टरै, नींद न परै, हरै न काल-बिपाकु।
छिनकु छाकि उछकै न फिरि, खरौ विषमु छबि-छाकु॥ ३१८॥

शब्दार्थ—**परै** = शांत होता है। पड़ना क्रिया का प्रयोग शांत होने के अर्थ में अनेक वाक्यों में पाया जाता है, जैसे 'हवा पड़ गई'॥ **काल-बिपाकु** = नियत काल का पूरा होना॥ **उछकै न** =उछकता नहीं, उचटता नहीं, उतरता नहीं॥ **विषमु** = सादृश्य-रहित; दुस्तर॥ **छबि-छाकु** = छवि का नशा, सौन्दर्य देखकर चढ़ा हुआ प्रेम का नशा॥

अवतरण—पूर्वानुरागिनी नायिका को छवि का ऐसा नशा चढ़ा हुआ है कि वह क्षण मात्र अपने को सँभाल नहीं सकती। सखियाँ उसकी यह दशा देखकर आपस में कहती हैं—

---

१. **आवत** (२, ३, ५)।
२. **जात** (१, २, ३, ५)।
३. **सी** (४)।

अर्थ—छवि (सौन्दर्य) का छाक (नशा) [और सब नशों से] बड़ा विषम होता है। [और नशों को स्थिर रखने के निमित्त घड़ी घड़ी पीना पड़ता है, पर यह नशा] क्षण मात्र छक लेने पर (पी लेने पर) फिर उछकता नहीं, (उतरता नहीं)। [और नशे, अर्थात् भंग, मदिरादि के नशे, डर से उतर जाते हैं, पर यह] डर से नहीं टलता। [और नशे नींद आ जाने पर शांत हो जाते हैं, पर यह] नींद से [भी] नहीं पड़ता (उतरता), [क्योंकि इसमें नींद आती ही नहीं]। [और नशे नियत काल व्यतीत हो जाने पर हर जाते हैं, पर इसे] काल का विपाक [भी] नहीं हरता॥

रमन कह्यौ हठि रमन कौं रतिबिपरीत-बिलास।
चितई करि लोचन सतर, सलज[1], सरोस[2], सहास॥ ३१९॥

शब्दार्थ—**रमन** = नायक ने॥ **हठि** = हठ कर के॥ **रतिबिपरीत-बिलास** = विपरीत रति की क्रीड़ा में॥ **सतर** = तर्जन-युक्त, तीखे॥

अवतरण—सखी का वचन सखी से—

अर्थ—रमण ने हठ करके [नायिका से] विपरीत रति के विलास में रमने (प्रवृत्त होने) को कहा। [तब नायिका ने अपने] नेत्रों को सतर, सलज, सरोष [तथा] सहास करके (बनाकर) [नायक की ओर] देखा॥

'करि' शब्द से कवि व्यंजित करता है कि नायिका ने अपने लोचनों को जानबूझकर सतर, सलज, सरोस तथा सहास बनाया। इससे किलकिंचित् हाव व्यंजित होता है॥

ऐंचति सी चितवनि चितै भई ओठ अलसाइ।
फिरि उझकनि[3] कौं मृगनयनि दृगनि लगनिया लाइ॥ ३२०॥

शब्दार्थ—**ऐंचति सी** = अपनी आर आकर्षित करती हुई सी॥ **फिरि उझकनि कौं** = फिरि उझककर मुझे उसी भाँति देखे, इस बात के निमित्त॥ **दृगनि** = हमारी पाँचों प्राचीन पुस्तकों में 'दृगनि' ही पाठ मिलता है, अत: यही पाठ यहाँ रखा गया है, किन्तु इस संस्करण की परिपाटी के अनुसार इसे 'दृगनु' होना चाहिए। ज्ञात होता है कि 'लगनिया' के 'लगनि' के अनुप्रास के लिए ही 'दृगनि' पाठ सब पुस्तकों में लिखा गया है॥ **लगनिया** = अभिलाषा, लगन॥

अवतरण—नायिका की चितवन पर आसक्त होकर नायक उसकी खिड़की के नीचे, उसके फिर झाँककर देखने की आशा लगाए, खड़ा है, और उसकी सखी अथवा अपने अंतरंग सखा से कहता है—

अर्थ—[वह] मृगनयनी [मुझे अपनी ओर] खींचती हुई सी चितवन से देख कर, [और मेरे] दृगों में फिर उझकने के निमित्त लालसा लगाकर (इस बात की चाह लगाकर कि वह फिर उझके, तो मैं उसे देखूँ), अलसा कर ओट में हो

---

१. **सगरब** (२)।
२. **सजल** (२)।
३. **चितवनि** (२)।

गई, [तब से मैं उसकी खिड़की पर दृष्टि लगाए उसे फिर देखने की आशा से खड़ा हूँ]॥

नर की अरु नल-नीर की गति एकै करि जोइ।
जेतौ नीची ह्वै चलै, तेतौ ऊँचौ होइ॥ ३२१॥

शब्दार्थ—नल-नीर = फुहारे के नल का पानी॥ **गति** = चाल, व्यवस्था॥

अवतरण—कवि की प्रास्ताविक उक्ति है—

अर्थ—मनुष्य की तथा फुहारे के नल के जल की व्यवस्था एक ही करके (एक ही सी) देखो (समझो)। [वह] जितना नीचा (१. नम्र; २. निम्नगामी) हो कर चलता है, उतना [ही] ऊँचा (१. श्रेष्ठ; २. ऊर्ध्वगामी) होता है॥

भूषन-भारु सँभारिहै क्यौं इहिं तन सुकुमार।
सूधे पाइ न धर परैं[1] सोभा हीं कैं भार॥ ३२२॥

अवतरण—नायिका अपने यौवन तथा रूप की ऐंड़ से लचकती हुई पाँव रखती है, जिससे सब क्रियाओं के करने में विलंब होता है अत: दूती, जो उसको शीघ्र अभिसार कराना चाहती है, उसके सौकुमार्य की प्रशंसा करती हुई, बड़ी चातुरी से, उसको भूषणादि सज्जित करने के बखेड़े में देर लगाने से वारण करती है—

अर्थ—[तू] इस सुकुमार तन पर भूषण का भार क्योंकर सँभालेगी? [तेरे] पाँव [तो] शोभा ही के भार से धरा (पृथ्वी) पर सीधे नहीं पड़ते॥

मुँह मिठासु, दृग चीकने[2], भौंहैं सरल सुभाइ।
तऊ खरैं आदर खरौ खिन खिन हियौ[3] सकाइ॥ ३२३॥

शब्दार्थ—मिठासु = यह शब्द प्रचलित राष्ट्रभाषा में स्त्रीलिंग माना जाता है, पर बिहारी इसको पुल्लिग मानते थे। इस दोहे में इसका पुल्लिग होना केवल इसके उकारांत होने से लक्षित होता है, और ३६०वें दोहे में भी ऐसा ही है, पर ४७३ वें अंक के दोहे में इसके साथ 'कितौ' तथा 'दयौ' शब्दों का प्रयोग हुआ है, जिनसे इसका पुल्लिग माना जाना स्पष्ट हो जाता है। ३३७ वें दोहे में इसका लिंग निर्धारित नहीं होता और किसी में यह शब्द आया ही नहीं है॥

अवतरण—प्रौढ़ा सादरा धीरा नायिका पति को सापराध देखकर उसका विशेष आदर करके मान सूचित करती है। नायक उसके नए ढंग के आदर से शंकित होकर कहता है—

अर्थ—[यद्यपि तेरे] मुख में मिठास (मीठा वचन) है, नेत्र चिकने (स्नेह) प्रकट करते हुए) हैं [और] भौंहें स्वाभाविक रूप से सीधी (कोष से वक्र नहीं) हैं, तथापि [तेरे] खरे (विशेष, बहुत) आदर से क्षण क्षण पर हृदय बहुत शंकित होता है॥

---

१. परत (१)।
२. चिकनई (३, ५)।
३. हियैं (३, ५)।

जदपि नाहिं नाहीं नहीं बदन लगी जकजाति[1]।
तदपि भौंह-हाँसी भरिनु[2] हाँसीयै ठहराति[3]॥ ३२४॥

शब्दार्थ—जक = रट, किसी बात को तार बाँधकर कहना जक लगना कहलाता है॥

अवतरण—नायक ने मध्या नायिका का हाथ रति-क्रीड़ा के निमित्त पकड़ लिया है। नायिका यद्यपि लज्जावश मुख से नहीं करती है, तथापि, उसकी भौंहों पर हँसी होने के कारण, उसकी वह नहीं नहीं हँसी ही; अथवा हाँ सी ही, प्रतीत होती है। सखी वचन सखी से—

अर्थ—यद्यपि [उसके] वदन (मुख) में 'नहीं नहीं नहीं', की जक लगी जाती है, तथापि [उसकी] हँसी भरी भौंहों से (भौंहों के कारण) [वह 'नहीं नहीं' की रट] हाँसी ही (परिहास ही अथवा हाँ सी ही) ठहरती है (निर्धारित होती है)॥

छुटन न पैयतु[4] छिनकु बसि, नेह-नगर यह चाल।
मार्‌यौ फिरि फिरि मारियै, खूनी फिरै खुस्याल॥ ३२५॥

शब्दार्थ—खूनी (फा० खूनी) = खून करने वाला, अर्थात् किसी को मार डालने वाला॥ **खुस्याल (फा० खुशहाल)** = सुखी अवस्था में॥

अवतरण—पूर्वानुरागिनी नायिका अपनी लगन की व्यवस्था, नायक को सुनाकर, सखी से कहती है—

अर्थ—स्नेह-रूपी नगर में यह [सर्वथा निराली] चाल है [कि इसमें] क्षण मात्र बसकर [फिर जन्म भर] छूटने नहीं पाया जाता, [और] मारा हुआ (प्रेम-पात्र की चितवन कटार से घायल किया गया) [तो इस नगर के शासक मदन महाराज के द्वारा] फिर फिर मारा जाता (दंड पाता, कष्ट पाता) है, [किन्तु] खूनी [घातक] खुशहाल (प्रसन्न अवस्था में) [स्वतन्त्र] फिरा करता है [अन्यायी मदन महाराज उसे, कष्ट पहुँचाने की कौन कहे, पकड़ते तक नहीं, अर्थात् छूते तक नहीं]॥

चुनरी स्याम सतार नभ, मुँह[5] ससि की उनहारि।
नेहु दबावतु नींद लौं निरखि निसा सी नारि॥ ३२६॥

शब्दार्थ—सतार = तारों के सहित॥ **उनहारि** = सदृश। यह शब्द संस्कृत शब्द अनुहार से, जिसका अर्थ समान है, बन गया है॥

अवतरण—नायक ने किसी स्त्री को श्याम चूनरी पहने देख लिया है। तब से वह, उसके स्नेह में सब सुधिबुधि भूला हुआ है। अपनी यही व्यवस्था वह दूती अथवा नायिका की किसी सखी से कहता है—

---

१. जाहि (३, ५)।
२. भरीं (२, ४)।
३. ठहराहि (३, ५)।
४. पैयै (२)।
५. मुख (३, ५)।

अर्थ— श्याम चूनरी से तारों के सहित आकाश की [तथा] मुख से शशि की अनुहारि (सदृश) [उस] निशा सी नारी को देखकर स्नेह नींद की भाँति दबा लेता है (सुधिबुधि भुला देता है)॥

कहत सबै, बेंदी दियैं आँकु दसगुनौ होतु।
तिय-लिलार बेंदी दियैं[1] अगिनितु बढ़तु उदोतु॥ ३२७॥

शब्दार्थ—**आँकु (अंक)** = गिनती लिखने के निमित्त सांकेतिक अक्षर॥ **उदोतु (उद्योत)** = (१) प्रकाश, शोभा; (२) अंक का अभिप्राय अर्थात् मूल्य॥

अवतरण—बेंदी देने से नायिका के मुख की शोभा अत्यंत बढ़ गई है। उसी विषय में नायक स्वगत कहता है—

अर्थ— सभी [लोग] कहते हैं बेंदी देने से अंक [का मूल्य] दस गुना हो जाता है। [पर यह बात ठीक नहीं है, क्योंकि यह तो प्रत्यक्ष ही है कि इस] स्त्री के ललाट पर बेंदी देने से उद्योत (१. कांति; २. अभिप्राय) अगणित [गुना] बढ़ जाता है॥

तर झरसी, ऊपर गरी कज्जल-जल छिरकाइ।
पिय पाती बिन हीं लिखी[2] बाँची बिरह-बलाइ॥ ३२८॥

शब्दार्थ—**गरी** = गली हुई॥

अवतरण—प्रोषितपतिका नायिका ने नायक के पास जो चिट्ठी भेजी है, उसमें वह अपना दुःख विकलता के कारण पूर्णतया नहीं लिख सकी है। चिट्ठी लिखते समय उसके हाथ के ताप से कागज नीचे की ओर झुलस गया है और कज्जल-मिश्रित अश्रुओं के गिरने से ऊपर की ओर गल गया है। इन बातों से नायक ने बिना लिखी हुई विरह-व्यथा का अनुमान कर लिया है। सखी वचन सखी से—

अर्थ— नीचे [विरह-ताप से] झुलसी हुई, [तथा] ऊपर कज्जल के जल से छिरकी जाकर गली हुई पत्रिका में बिना लिखी हुई ही विरह की विपत्ति प्रियतम ने बाँच ली (अनुमानित कर ली)।

इस दोहे का पूर्वार्द्ध 'पाती' का विशेषण मात्र है। 'बिन हीं लिखी', यह वाक्यांश 'बिरह-बलाइ' का विशेषण है। 'पिय' शब्द 'बाँची' का तृतीयांत कर्ता एवं 'बिरह-बलाइ' उसका प्रथमांत कर्म है॥

(सोरठा)

बिरह सुकाई देह, नेहु कियौ अति डहडहौ।
जैसैं बरसैं मेह, जरै जवासौ, जौ जमै॥ ३२९॥

शब्दार्थ—**डहडहौ** = हराभरा॥ **जवासौ** = एक प्रकार की घास, जो पानी बरसने पर जल जाती है॥ **जौ (जव)** = जपा, गुड़हर। इस शब्द का अर्थ किसी ने जड़ करके यह अर्थ किया है कि जवासे की डाल और पत्तियाँ तो जल जाती हैं, पर उसकी जड़ जम, अर्थात् पुष्ट

---

१. लगत (१)।
२. लिखैं (२)।

हो जाती है। इस अर्थ में एक ही वृक्ष के एक अंग का जलना और दूसरे अंग का जमना सिद्ध होता है, पर देह और नेह में वह संबंध नहीं है, अत: यह अर्थ असंगत है। किसी ने 'जौ' का अर्थ यव मानकर, इस दोहे पर काल-विरुद्ध दूषण का आरोप किया है, क्योंकि जवासा आषाढ़ में जलता है, और यव कार्तिक में जमता है। बिहारी को यव के जमने का काल न ज्ञात रहा होगा, यह मान लेना युक्तियुक्त नहीं प्रतीत होता। अत: 'जौ' का अर्थ जवा अर्थात् जवाकुसुम अथवा जपाकुसुम ही करना संगत है। जपाकुसुम का रंग भी लाल होता है, अत: स्नेह (अनुराग) के डहडहे होने का दृष्टांत जपा वृक्ष के लहलहाने से देना परम समीचीन है। यद्यपि जपाकुसुम पानी इत्यादि देते रहने से और ऋतुओं में भी कुछ-कुछ फूलता रहता है, पर इसका वृक्ष स्वभावत: आषाढ़ का मेह बरसने पर ही हरा-भरा होकर विशेष रूप से फूलता है और उसके नए पौधे भी विशेषत: उसी समय जमते हैं॥

अवतरण—प्रोषितपतिका नायिका विरह से अत्यन्त क्षीण हो रही है, पर उसका स्नेह और भी लहलहा रहा है। उसकी यह दशा सखियाँ आपस में अथवा कोई सखी नायक से कहती है—

अर्थ—विरह ने [उसकी] देह सुखा डाली है, [और उसके] स्नेह को अत्यंत डहडहा कर दिया है; जैसे मेह बरसने से जवासा जल जाता है, [और] जौ (जवा, जपा, कुसुम) जमता है (उग आता है, नए कल्लों से सम्पन्न होकर फूल उठता है)।

(दोहा)

देखी सो न, जु ही फिरति सोनजुही सैं अंग।
दुति-लपटनु[१] पट सेत हूँ करति[२] बनौटी रंग॥ ३३०॥

शब्दार्थ—बनौटी रंग = कपासी रंग। बन एक प्रकार के कपास को कहते हैं, जिसका फूल हलका पीला होता है। उसी के फूल के रंग के सदृश रंग को कपासी अथवा बनौटी रंग कहते हैं॥

अवतरण—किसी दूती ने नायक से नायिका की शरीर-कांति की प्रशंसा की थी और फिर उसे किसी वाटिकादि में भ्रमण करते दिखला भी दिया था। अब वह नायक से कहती है कि अब तो तुमने उसे देख ही लिया, मेरी की हुई प्रशंसा ठीक थी न?—

अर्थ—[अब तो तुमने] वह [नायिका] देख न ली, जो सोनजुही के सदृश अंग से कांति की लपटों (झलकों) के द्वारा [अपने] श्वेत पट को भी बनौटी रंग का करती हुई फिरती थी॥

बढ़त बढ़त संपति-सलिलु मन-सरोज बढ़ि जाइ।
घटत घटत सु न फिरि घटै, बरु समूल कुम्हिलाइ॥ ३३१॥

अवतरण—कवि की प्रास्ताविक उक्ति है—

---

१. लपटत (३, ५)।
२. होत केसरी (३, ५)।

अर्थ— संपत्ति-रूपी सलिल बढ़ते मन-रूपी कमल बढ़ जाता है। [किन्तु] फिर वह [उसके] घटते घटते घटता नहीं, प्रत्युत समूल (मूल-सहित) कुम्हिला जाता है (नष्ट हो जाता है)॥

ह्याँ न चलै, बलि, रावरी[१] चतुराई की चाल।
सनख हियैं खिन[२]-खिन नटत अनख बढ़ावत, लाल॥ ३३२॥

अवतरण—प्रौढ़ा खंडिता अधीरा नायिका का वचन नायक से—

अर्थ— हे लाल, मैं आपकी बलि गई, यहाँ (मेरे आगे) आपकी चतुराई की चाल (ढंग) न चलेगी॥ सनख-हृदय से (नख-क्षत-युत हृदय होने पर भी) क्षण क्षण भर नटते (मुकरते) हुए [आप मेरी] अनख (क्रोध) बढ़ाते हैं॥

डीठि[३] न परतु समान-दुति कनकु कनक सैं गात।
भूषन कर करकस लगत परसि[४] पिछाने जात॥ ३३३॥

अवतरण—सखी नायक से नायिका के शरीर की दीप्ति की प्रशंसा करती है—

अर्थ— [उसके] कनक से गात्र में समान दुति वाला सोना दिखलाई नहीं पड़ता (उसके सुनहले रंग में वैसे ही रंग का सोना छिप जाता है)। [पर] हाथ में कर्कश लगते हुए भूषण स्पर्श करके पहचाने जाते हैं॥

करतु मलिन आछी छबिहिं, हरतु जु[५] सहजु बिकासु।
अंगरागु अंगनु लगै[६], ज्यौं आरसी उसासु[७]॥ ३३४॥

शब्दार्थ—अंगरागु = मृग-मद, चन्दन, केसर इत्यादि से बनाया हुआ सुगन्धित लेप विशेष॥

अवतरण—सखी नायिका के शरीर की विमलता की प्रशंसा नायक से करती है—

अर्थ— अंगराग [उसकी] अच्छी छवि को मलिन कर देता [तथा उसका] जो स्वाभाविक विकास (प्रकाश) है, [उसको] हर लेता (छिपा लेता) है; [उसके] अंगों में [वह ऐसा] लगता है (प्रतीत होता है), जैसे आरसी में [लगा हुआ] उच्छ्वास [प्रतीत होता है]॥

(दोहा)

पहिरि न भूषन कनक के, कहि आवत इहिं हेत।
दरपन के से मोरचे, देह दिखाई देत॥ ३३५॥

---

१. राउरी (३, ५)।
२. खन-खन (१, २, ४)।
३. दीठि (५)।
४. परस (१, ३, ४, ५)।
५. सु (१)।
६. लगैं (१), लग्यो (४, ५)।
७. उजासु (१, ३, ५)।

शब्दार्थ—मोरचे = लोहे के किसी पदार्थ पर नमी पहुँचने से जो मैल सा जम जाता है, उसे मोरचा कहते हैं। प्राचीन काल में दर्पण लोहे पर जिला करके बनाया जाता था। अत: उसमें नमी से मोरचा लग जाता था। कभी कभी लोहे इत्यादि के संसर्ग से काँच के दर्पण पर भी मोरचा लग जाता है॥

अवतरण—दूती नायिका से शीघ्र अभिसार करना चाहती है, अत: बड़ी चतुराई से उसको भूषण सज्जित करने में देर लगाने से वारण करती है—

अर्थ—[तू] कनक के भूषण मत पहन, [यह वाक्य] इस हेतु कहने में आता है [कि तेरे] शरीर में [सोने के गहने] दर्पण के मोरचे से दिखाई देते हैं [अर्थात् तेरे शरीर की कांति के सन्मुख कनक मलिन जान पड़ता है, अत: कनक के भूषण तेरे शरीर पर ऐसे ज्ञात होते हैं, जैसे दर्पण पर लगे हुए मोरचे]॥

जदपि चवाइनु चीकनी चलति चहूँ दिसि सैन।
तऊ न छाड़त दुहनु के हँसी रसीले नैन॥ ३३६॥

शब्दार्थ—चवाइनु चीकनी = चवावों से चुपड़ी हुई, भरी हुई॥ **सैन** = संज्ञा, इशारा॥

अवतरण—यद्यपि लोग नायक नायिका का प्रेम ताड़ गए हैं और इस विषय में परस्पर सनकी-मटकी किया करते हैं, तथापि सामना होने पर वे दोनों मुस्कुरा ही देते हैं। सखी वचन सखी से—

अर्थ—यद्यपि चवावों से भरी हुई सैन चारों ओर चलती हैं, तथापि दोनों के रसीले (प्रेम-भरे) नयन [सामना होने पर] हँसी (हँस देने का स्वभाव) नहीं छोड़ते॥

अनरस हूँ रसु पाइयतु, रसिक, रसीली-पास।
जैसैं साँठे की कठिन गाँठ्यौ[1] भरी मिठास॥ ३३७॥

शब्दार्थ—साँठे = इसका अर्थ सभी टीकाकारों ने ईख किया है। अवध प्रान्त में साँठा अथवा सैंठा सरकंडे को कहते हैं, पर यह अर्थ यहाँ संगत नहीं होता। ज्ञात होता है कि यह शब्द शर्कराकांड का विकृत रूप है॥

अवतरण—नायिका ने मान किया था। जब वह मनाने से न मानी, तो नायक उसके यहाँ से चला आया। अब उसकी दूती नायक को समझाकर फिर नायिका के यहाँ लाना चाहती है—

अर्थ—हे रसिक, रसीली के पास अनरस (१. रोष के समय; २. रसहीन स्थान) में भी रस (१. आनन्द; २. स्वाद) पाया जाता है, जिस प्रकार साँठे (ऊख) की कठिन (कड़ी) गाँठ भी मिठास से भरी होती है॥

गोरी छिगुनी, नखु अरुनु, छला स्यामु छबि देइ।
लहत मुकति रति पलकु यह नैन त्रिबेनी सेइ॥ ३३८॥

शब्दार्थ—छिगुनी = कनिष्ठिका अँगुली॥ **मुकति रति** = रति-रूपी मुक्ति, अर्थात् ऐसी प्रीति जो चित्त को संसार के सब कामों से छुड़ा देती है॥

---

१. गाँठि (२, ४, ५)।

अवतरण—नायक ने नायिका की कानी अँगुली में नीलम-जटित छल्ला देखा है, सो उसकी शोभा पर आसक्त होकर स्वगत अथवा नायिका की सखी से कहता है—

अर्थ—[उसकी गोरी] छिगुनी, अरुण नख, [एवं नीलम का] श्याम छल्ला [ये तीनों मिलकर कैसी] छवि देते हैं! यह (इनसे बनी हुई) त्रिवेणी क्षण मात्र सेवन करके नयन रति-रूपी मुक्ति प्राप्त करते हैं (अर्थात् इनको क्षण मात्र देखकर नयन प्रीति में ऐसे निमग्न हो जाते हैं कि संसार से छुटकारा पा जाते हैं)॥

उर मानिक की उरबसी डटत घटतु दृग-दागु।
छलकतु[1] बाहिर भरि मनौ तिय-हियकौ-अनुरागु॥ ३३९॥

शब्दार्थ—दागु (दग्ध) = दाह॥ **तिय-हियकौ-अनुरागु** = स्त्री संबंधी हार्दिक अनुराग॥

अवतरण—नायक ने भूषण वसन का विपर्यय करके अन्य स्त्री के साथ विहार किया था। प्रातःकाल उसने सब वेष तो बदले, पर वह उरबसी उतारना भूल गया और उसे पहने ही इस नायिका के यहाँ चला आया। सो खंडिता नायिका उसे देखकर कहती है—

अर्थ—[तुम्हारे] उर पर की मानिक की उरबसी पर [जिसको मैं पहचानती हूँ] डटते हुए (ठहरते हुए) [मेरे] नेत्रों का 'दागु' (दाह जो अब तक तुम्हें न देखने के कारण हो रहा था) घटता है। [यह ऐसी शोभा देती है] मानो [उस] स्त्री-विषयक [तुम्हारे] हृदय का अनुराग, भरकर (परिपूर्ण होकर) बाहर छलक रहा है॥

'घटतु' का अर्थ यहाँ विपरीत लक्षणा से 'बढ़तु' समझना चाहिए॥

'तिय-हिय-कौ अनुरागु' इस समस्त पद में कुछ विलक्षणता है और इसी से इस दोहे के अर्थ में कठिनता पड़ती है। वास्तव में 'अनुरागु' शब्द का संबंध 'तिय' शब्द के साथ है। तिय-अनुराग, अर्थात् तिय-विषयक अनुराग, तो सामान्य समास है, पर 'अनुराग' शब्द का विशेषण 'हियकौ' 'तिय' तथा 'अनुरागु' के बीच में आ गया है, जिससे कुछ विलक्षणता प्रतीत होती है॥

सहज सेत पँचतोरिया पहिरत अति छबि[2] होति।
जलचादर के दीप लौं जगमगाति तन[3]-जोति॥ ३४०॥

शब्दार्थ—सहज = सामान्य अर्थात् जिसमें फूल, बूटे इत्यादि नहीं बने हैं॥ **पँचतोरिया (पंचतोलिया अर्थात् पाँच तोले का)**—एक प्रकार का बहुत महीन कपड़ा ऐसा हलका बनता है कि उसकी एक पूरी साड़ी तौल में केवल पाँच तोले भर होती है। इसी को पँचतोलिया कहते हैं। उर्दू में इसका नाम आबेरवाँ है॥ **जलचादर**—धनिकों के किसी किसी उद्यान में किसी ऊँचे स्थान से जल का झीना तथा विस्तृत प्रवाह गिराया जाता है। यह जलचादर कहलाता है। किसी किसी जलचादर के पीछे गवाक्ष बनाकर उनमें दीपकों की पंक्ति

---

१. **झलकतु (२, ३, ५)।**
२. **दुति (४)।**
३. **तनु (३, ५)।**

जला दी जाती है। रात्रि के समय जलचादर के पीछे से वह जगमगाती हुई दीपावली बड़ी शोभा देती है। इसी दीपावली को बिहारी ने 'जलचादर के दीप' कहा है॥

अवतरण—सखी नायक से नायिका के शरीर की शोभा का वर्णन करके रुचि उपजाती है—

अर्थ—सामान्य श्वेत पँचतोलिया [साड़ी] पहनने से [उसकी] छवि अति (कुछ विशेष) होती है। जलचादर के [पीछे रखे हुए] दीपकों की भाँति [उसके] तन की ज्योति जगमगाती है॥

कोरि जतन कोऊ करौ, परै न प्रकृतिहिं बीचु।
नल-बल जलु ऊँचैं[1] चढ़ै, अंत[2] नीच कौ नीचु॥ ३४१॥

शब्दार्थ—**बीचु** = भेद, अदल बदल॥

अवतरण—कवि की प्रास्ताविक उक्ति है कि जिसका जो स्वभाव होता है, वह यत्न करने से भी नहीं बदलता—

अर्थ—कोई कोटि यत्न किया करो, [पर] प्रकृति में भेद नहीं पड़ता। [देखो] नल के बल से [यद्यपि फुहारे का] जल ऊँचाई पर चढ़ता है, [तथापि] अंत को नीच का नीच ही [होता है, अर्थात् फिर नीचे ही गिरता है]॥

लगत सुभग सीतल किरन, निसि[3]-सुख दिन अवगाहि।
माह ससी-भ्रम सूर-त्यौं[4] रहति चकोरी चाहि॥ ३४२॥

शब्दार्थ—**सुभग** = कोमल, सुकुमार, सुन्दर॥ **अवगाहि** = डूबकर, निमग्न होकर॥ **माह** = माघ मास॥ **त्यौं (तनु)** = ओर, दिशि॥

अवतरण—कवि माघ महीने के तीव्रताप-रहित सुखद सूर्य का वर्णन करता है—

अर्थ—सुभग [तथा] शीतल किरणों के लगते हुए (लगने से), दिन को रात्रि के सुख में निमग्न होकर, माघ [मास] में, चकोरी चन्द्रमा के भ्रम से सूर्य की ओर चाह रहती (देखा करती) है॥

तपन[5]-तेज तपु-ताप तपि, अतुल[6] तुलाई माँह।
सिसिर[7]-सीतु क्यौं हुँ न कटै[8] बिनु लपटैं तिय[9] नाँह॥ ३४३॥

---

१. ऊँचौ (२, ३, ५)।
२. अंति (१, ५)।
३. निसि दिन सुख अवगाहि (२, ४)।
४. ज्यो (४)।
५. तनत तेज तप ताप ते (१), तपन तेज तपि तापि तपि (२), तपन तेज तापन तपति (३, ५), तपन तेज़ तपता तपति (४)।
६. तूल (२)।
७. ससिर (२, ३, ५)।
८. घटै (२), मिटै (३, ५)।
९. उर (२), पिय-बाँहि (३, ५)।

शब्दार्थ—तपन = सूर्य ॥ **तपु (तपस्)** = अग्नि ॥ **तपि** = तप कर ॥ **अतुल** = जो तौली न जा सके, अर्थात् बहुत भारी ॥ **तुलाई** = रजाई, सौड़ ॥

अवतरण—मानिनी नायिका से सखी कहती है कि शिशिर ऋतु का शीत बिना स्त्री पुरुष के लिपटे किसी प्रकार नहीं कटता, अतः ऐसी ऋतु में मान करना उचित नहीं है—

अर्थ—शिशिर का शीत, स्त्री पुरुष के लिपटे बिना, तपन के तेज [अथवा] तपु (अग्नि) के ताप से तपकर, [अथवा] बहुत भारी रजाई में [दबकने से] किसी प्रकार नहीं कटता ॥

रह न सकी सब जगत में सिसिर-सीत कैं त्रास।
गरम भाजि गढ़वै भई[1] तिय-कुच अचल मवास ॥ ३४४ ॥

शब्दार्थ—गरम = गरमी ॥ **गढ़वै** = गढ़वर्तिनी ॥ **मवास** = समरक्षित तथा अभेद्य वासस्थान ॥

अवतरण—शिशिर ऋतु के वर्णन में किसी शृङ्गारी पुरुष की उक्ति है—

अर्थ—शिशिर के शीत के डर से गरमी सब जगत् में [और कहीं] नहीं रह सकी, [अतः वह] भागकर स्त्री के कुच-रूपी अचल मवास (अभेद्य शरणालय) में 'गढ़वै' (गढ़-वासिनी) हो गई (अर्थात् उष्णता अब केवल स्त्रियों के कुचों में मिल सकती है) ॥

झूठे[2] जानि न संग्रहे मन मुँह-निकसे बैन।
याही तैं मानहु[3] किये बातनु[4] कौं बिधि नैन ॥ ३४५ ॥

शब्दार्थ—झूठे = यह शब्द संस्कृत शब्द 'जुष्ट' से बना है, जिसके दो अर्थ होते हैं—(१) सुखद मनोरंजक, सुहावन इत्यादि; (२) उच्छिष्ट भोजन। भाषा में यह शब्द 'झूठ' अथवा 'झूट' रूप से मीठे, मनोरंजक किन्तु मिथ्या वचन के अर्थ में प्रयुक्त होता है और 'झूट' अथवा 'जूठ' रूप से उच्छिष्ट भोजन के अर्थ में। बिहारी ने यहाँ इन दोनों ही अर्थों में 'झूठे' शब्द का प्रयोग किया है। मुख से निकले हुए, अर्थात् उगले हुए, होने के कारण वचनों को झूठा, अर्थात् उच्छिष्ट, कहकर श्लेष बल से उनका झूठा, अर्थात् मिथ्या, होना भी कह दिया है; क्योंकि मुख से कहे हुए वचन मिथ्या भी होते हैं। इस श्लेष से उनका अभिप्राय यह है कि मुख के वचन जो कि प्रायः मिथ्या होते हैं, उच्छिष्ट भोजन के समान हैं, अतः उनका संग्रह मन ने नहीं किया ॥ **न संग्रहे** = सादर ग्रहण नहीं किए, अर्थात् विश्वास योग्य नहीं समझे ॥ **बातनु कौं** = वृत्तियों के निमित्त, जीविकाओं के निमित्त; (२) बातों के निमित्त ॥

अवतरण—कवि की प्रौढ़ोक्ति है कि संसार में झूठ बोलने का प्रचार अधिक हो गया है। अतः अब मन वचनों की प्रतीति नहीं करता। मन के सच्चे भाव आँखों से प्रकट होते हैं—

---

१. **गई (३)।**
२. **जूठे (१)।**
३. **मानो (३, ५)।**
४. **बिधि बातनु कौं (३, ५)।**

अर्थ—मुँह से निकले हुए वचन मन ने झूठे (१. उच्छिष्ट भोजन; २. मिथ्या) समझकर संग्रह नहीं किए (१. उन्हें अपने काम का नहीं समझा; २. उन पर भरोसा नहीं किया)। मानो इसी कारण ब्रह्मा ने [सच्ची] 'बातनु' (१. जीविकाओं; २. बातों) के निमित्त नयन बनाए हैं॥

सुघर-सौति-बस पिउ[1] सुनत दुलहिनि दुगुन हुलास।
लखी सखी तन दीठि[2] करि सगरब, सलज, सहास॥ ३४६॥

अवतरण—नई व्याह कर आई हुई, रूप-गुण गर्विता नायिका ने नायक को सुघर सौत के वश में सुनकर अपनी प्रसन्नता प्रकट की। कारण, उसने सोचा कि यदि नायक को सुघर स्त्री के वश में होने की बात है, तो मैं उसे अवश्य ही अपने वश में कर लूँगी, क्योंकि मुझसे बढ़कर सुन्दर तथा सुघर कौन हो सकती है। सखी-वचन सखी से—

अर्थ—प्रियतम को सुघर सौत के वश में सुनकर दुलहिन ने दूने हुलास (उमंग) से [अपने] शरीर पर सगर्व (अभिमान-सहित), सलज (लज्जायुक्त) [तथा] सहास (मुस्कुराहट के साथ) दृष्टि डालकर सखी को देखा॥

'सगरब' से सौन्दर्य, 'सलज' से यौवन का ज्ञान तथा 'सहास' से सौत के गुणों का उपहास व्यंजित होता है॥

लिखन बैठि जाकी सबी गहि गहि गरब गरूर।
भए न केते जगत के चतुर चितेरे कूर॥ ३४७॥

शब्दार्थ—सबी (अरबी शबीह) = यथार्थ चित्र॥ **गरब गरूर** = इस युग्म प्रयोग में टीकाकारों ने प्राय: अर्थ पुनरुक्ति समझकर कई युक्तियों से उसके परिहार की चेष्टा की है, पर हमारी समझ में उन युक्तियों की कोई आवश्यकता नहीं। भाषा में एक ही, अथवा कुछ भिन्न, अर्थ वाले दो शब्दों के एक साथ प्रयोग करने की प्रथा बहुत पुरानी है। इस समय भी ऐसे युग्मों का प्रयोग बहुतायत से होता है, जैसे राजा राव, इष्ट मित्र, गाँव गिराँव, भाई-बन्धु, हवा बयार, पान पत्ता, जान पहचान, काम काज इत्यादि। कभी-कभी ऐसे युग्मों में एक शब्द भारती भाषा का तथा दूसरा फारसी अथवा अरबी का होता है, जैसे राज रियासत, धन दौलत, बाजार हाट, गली कूचा, राम रहीम, भाई बिरादर, गए गुजरे, हरबा हथियार इत्यादि। इसी प्रकार 'गरब' (गर्व) भारती तथा 'गरूर' (गुरूर) अरबी शब्दों का युग्म इस दोहे में प्रयुक्त किया गया है। इस प्रयोग में न तो पुनरुक्ति दूषण है और न 'गरूर' शब्द का अर्थ मगरूर (गुरूर वाला) करने की कोई आवश्यकता॥ **कूर** = भाषा में यह शब्द संस्कृत के दो भिन्न-भिन्न शब्दों से बनता है—एक तो क्रूर से, जिसका अर्थ निर्दय होता है और दूसरे कुट्ट धातु से, जिसका अर्थ कुटी हुई, अर्थात् विदलित, बुद्धिवाला होता है। इस दोहे में 'क्रूर' का अर्थ है, विदलित अथवा विकृत बुद्धिवाले।

अवतरण—अंकुरित यौवना नायिका की सखी नायक से उसके क्षण-क्षण पर बढ़ते हुए यौवन तथा शरीर कांति की प्रशंसा यह कहकर करती है कि बड़े-बड़े चतुर चितेरे भी इस समय उसका यथार्थ चित्र नहीं बना सकते, क्योंकि उसकी शोभा प्रतिक्षण ऐसी बढ़ती जाती है

---

१. पिय (२, ३, ५)।
२. डीठि (२, ४, ५)।

कि जब कोई चितेरा उसका चित्र बनाकर उससे मिलाता है, तो इतने समय में उसके शरीर में परिवर्तन हो जाने के कारण, वह चित्र उससे नहीं मिलता। अत: उस चितेरे को मूढ़ बनना पड़ता है।

अर्थ—[भला मैं बेचारी उसकी प्रतिक्षण बढ़ती हुई शोभा का वर्णन क्या कर सकती हूँ] जिसका यथार्थ चित्र लिखने के निमित्त घमंड [तथा] अभिमान से भर-भर कर बैठ जगत् के कितने चतुर चितेरे कूर (मूढ़-मति) नहीं हुए (ठहरे)॥

टुनहाई[1] सब टोल मैं रही जु सौति कहाइ।
सुतैं ऐं चि प्यौ[2] आपु-त्यौं[3] करी अदोखिल आइ॥ ३४८॥

शब्दार्थ—टुनहाई = टोना अर्थात् जादू करने वाली॥ **टोल** = मंडली॥ **अदोखिल** = निर्दोष, दोष रहित॥

अवतरण—इधर-उधर की बातें सुनकर नायिका को नायक के सौत पर अनुरक्त होने का कुछ संदेह हुआ है, अत: सखी उस संदेह को दूर करने के निमित्त कहती है कि तेरे आने के पहले तो अवश्य नायक का तेरी सौत के वश में होना टोल भर में प्रसिद्ध था, जिससे तेरी सौत को सब टुनहाई होने का दोष लगाती थीं, पर जब से तू आई है; तब से तो नायक तेरे रूप गुण से आकर्षित होकर सौत की बात भी नहीं पूछता, अत: अब उस बेचारी के टुनहाई होने का दोष मिट गया—

अर्थ—[तेरी] सौत जो सब टोल में [प्रियतम को अपने वश में कर रखने के कारण] टुनहाई कहला रही थी, सो [उसको] तूने आकर, [और] प्रियतम को अपनी ओर खींचकर (अनुरक्त करके) दोष-रहित कर दिया॥

दृगनु लगत, बेधत हियहिं, बिकल करत अँग आन।
ए तेरे सब तैं विषम ईछन-तीछन बान॥ ३४९॥

शब्दार्थ—आन = अन्य, दूसरे॥ **ईछन (ईक्षण)** = दृष्टि॥

अवतरण—नायिका की दृष्टि से घायल होकर नायक विकल हो रहा है। नायिका से उसकी दशा निवेदित करने के निमित्त सखी यह दोहा, भूमिका-रूप से, पढ़ती है, जिसमें नायिका पूछे कि मेरे नेत्रों ने किसको घायल किया है और तब सब वृत्तांत कहने का अवसर प्राप्त हो, क्योंकि किसी के पूछने पर कोई बात कहने से उसका प्रभाव अधिक पड़ता है—

अर्थ—ये तेरे कटाक्ष-रूपी तीक्ष्ण बाण सबसे (और सब बाणों से) विषम (विलक्षण, तीव्र) हैं। [ये] लगते तो दृगों में हैं, [पर] बेधते हृदय को हैं, [और] विकल करते हैं अन्य [सब] अंगों को॥

पीठि दिये हीं, नैंक मुरि, कर घूँघट-पटु टारि।
भरि, गुलाब की मूठि सौं, गई मूठि सी मारि॥ ३५०॥

---

१. **हनिहाई (१, २)।**
२. **पिय (२)।**
३. **तन (२)।**

शब्दार्थ—भरि = पूर्ण करके अर्थात् अधमरी मूठ से नहीं, प्रत्युत मूठ को भली भाँति भरकर। भरि का अन्वय इस दोहे में कुछ कठिन है। इसमें मुख्य वाक्य 'गई मूठि सी मारि' है। 'गुलाब की मुठि सौं' वाक्यांश 'मारि गई' क्रिया का क्रिया विशेषण है, और 'भरि' भी उसी क्रिया का एक स्वतन्त्र क्रियाविशेषण है। इस दोहे के उत्तरार्द्ध का अन्वय इस प्रकार करना चाहिए—गुलाल की मूठि सौं मूठि सी मारि गई भरि [कै]॥ **मूठि** = तन्त्रशास्त्र के अनुसार एक प्रयोग मूठ चलाना अथवा मूठ मारना कहलाता है। इसमें तिल, यव इत्यादि, मुट्ठी में भरकर एवं अभिमंत्रित करके, जिस व्यक्ति पर प्रयोग करना होता है उसकी ओर, अथवा उसका नाम लेकर फेंका जाता है। इससे मारण, मोहन इत्यादि प्रयोग होते हैं। जो प्रयोग करना होता है, उसी के अनुसार मुट्ठी में पदार्थ लिया जाता है। इस दोहे में 'गुलाल की मूठि सों गई मूठि सी मारि' कहा गया है, जिससे अनुराग उत्पन्न करने के निमित्त मूठ का चलाना व्यंजित होता है॥

अवतरण—नायिका ने नायक पर जिस भाव से गुलाल की मूठ चलाई है, उसका वर्णन नायक, उसी सखी अथवा अपने अंतरंग सखा से करके, उससे मिलाने की युक्ति करने की प्रार्थना करता है—

अर्थ—[वह मेरी ओर] पीठ दिए ही (बिना मेरे सन्मुख हुए ही), किंचित्मात्र मुड़कर, [तथा एक] हाथ से घूँघट के पट को टालकर (कुछ हटाकर) गुलाल की मूठ से, भरकर, मूठ सी मार गई॥

गुनी गुनी सबकैं कहैं निगुनी गुनी न होतु।
सुन्यौ कहूँ तरु अरक तैं अरक समानु उदोतु॥ ३५१॥

शब्दार्थ—तरु अरक (तरु अर्क) = तरु रूप-धारी अर्क अर्थात् मदार का वृक्ष॥

अवतरण—कवि की प्रास्ताविक उक्ति है कि निर्गुणी मनुष्य लोगों के गुणी गुणी कहने से गुणी नहीं हो सकता—

अर्थ—सबके गुणी गुणी कहने से निर्गुणी गुणी नहीं हो जाता। [क्या अर्क कहलाने ही से] कहीं तरु अर्क (वृक्ष वाले अर्क अर्थात् मदार) से अर्क (सूर्य) के समान प्रकाश सुना गया है॥

छुटत मुठिनु सँग हीं छुटी[1] लोक-लाज, कुल-चाल।
लगे[2] दुहुनु इक बेर ही चल चित, नैन गुलाल॥ ३५२॥

अवतरण—फाग के खेल में नायक नायिका परस्पर अनुरक्त हो गए हैं। उसी का वर्णन सखियाँ आपस में करती हैं—

अर्थ—[गुलाल भरी] मुठ्ठियों के छूटने के साथ ही लोक ही लज्जा [तथा] कुल की रीति छूट गई, [और] दोनों को चल चित्त [तथा] नेत्रों में एक साथ हो [दोनों के] गुलाल लगे॥

चित्त पक्ष में गुलाल का अर्थ अनुराग होगा॥

---

१. छुटे (१, ४, ५), छुटै (३)।
२. लगै (३)।

ज्यौं ज्यौं पटु झटकति, हठति, हँसति, नचावति नैन।
त्यौं त्यौं निपट उदारहूँ फगुवा देत बनै न॥ ३५३॥

शब्दार्थ—हठति = हठ करती है, पारितोषिक लेने के निमित्त अड़ती है॥ **फगुवा** = फाग के दिनों में इष्टमित्र एकत्रित होकर रंग गुलाल खेलते और फिर बैठकर नाच रंग देखते हैं। उस समय नाचने वाली गणिका सबसे, उनके वस्त्र पकड़कर तथा अनेक हाव भावों के साथ हठ करके, पारितोषिक माँगती है। इसी पारितोषिक को 'फगुवा', अर्थात् फाग का उपहार कहते हैं॥

अवतरण—किसी वैसिक नायक का वर्णन कवि करता है कि फगुहारों की मंडली में गणिका के पारितोषिक माँगते समय, यद्यपि फगुवा देने में उसको कृपणता अथवा द्रव्याभाव इत्यादि बाधक नहीं हैं, तथापि उस गणिका के हाव भाव पर वह ऐसा लुभा रहा है कि उससे फगुवा देते नहीं बनता—

अर्थ—ज्यों ज्यों [वह नर्तकी नायक का] पट झटकती, [फगुवा लेने के निमित्त] हठ करती, हँसती, [और] नयन नचाती है, त्यों त्यों परम उदार [नायक] से भी [उसके हाव भाव पर लुब्ध होने के कारण] फगुवा देते नहीं बनता॥

ज्यौं ज्यौं पावक-लपट सी तिय हिय सौं लपटाति।
त्यौं त्यौं छुही[1] गुलाब सैं[2] छतिया अति सियराति॥ ३५४॥

शब्दार्थ—छुही = लिपी हुई, सिंची हुई॥ **सैं** = सदृश शब्द से 'सइ' और 'सइ' से 'सै' बना है। 'सै' का सानुनासिक उच्चारण भाषा विशेष की विशेषता मात्र है॥ **सियराति** = ठंडी होती है॥

अवतरण—स्त्री आलिंगन के सुख का अनुभव कोई शृंगारी पुरुष किसी भोग विरोधी पंचाग्नि सेवा से, अथवा स्वगत, कहता है—

अर्थ—ज्यों ज्यों पावक-लपट (अग्नि-ज्वाला) सी (अग्नि-ज्वाला की सी कांति वाली) स्त्री हृदय से लिपटती है, त्यों त्यों गुलाब-जल से सिंची हुई सी [होकर] छाती अति शीतल होती है॥

अग्नि-ज्वाला सी स्त्री के लिपटने से छाती का ठंडा होना, यही विलक्षणता है॥

भाल-लालबेंदी-छए[3] छुटे बार छबि देत।
गह्यौ राहु, अति आहु करि, मनु ससि सूर-समेत॥ ३५५॥

शब्दार्थ—आहु (आहव) = ललकार, युद्ध के निमित्त किसी को प्रचारना।

अवतरण—नायिका ने स्नान करके सौभाग्य का चिह्न लाल बेंदी तो लगा ली है; पर बाल अभी गूँथे नहीं हैं, जिससे कुछ बाल भाल पर छिटके हुए हैं। उनकी शोभा सखी नायक से वर्णन करती हुई, सूर्य तथा चन्द्र दोनों के ग्रहणों का एक साथ होना कहकर, रति-दान के निमित्त परम उपयुक्त समय सूचित करती है—

---

१. फुही (२)।
२. सै (२), की (२), सें (३), से (४)।
३. दियैं (२), छिए (४), छिये (३, ५)।

अर्थ—[उसके] छुटे हुए बाल भाल [तथा] लाल बेंदी को छाए हुए [ऐसी] शोभा देते हैं, मानो राहु ने बड़ा आहु (ललकार अथवा युद्ध) करके शशि को सूर्य-समेत पकड़ लिया है (अर्थात् इस समय चंद्र-ग्रहण तथा सूर्य-ग्रहण दोनों लगे हुए हैं)॥

तिय, कित[1] कमनैती पढ़ी, बिनु जिहि भौंह-कमान।
चलचित-बेझैं[2] चुकति नहिं बंकबिलोकनि-बान॥ ३५६॥

शब्दार्थ—कित = कहाँ॥ **कमनैति** = धनुर्विद्या॥ **जिहि** = ज्या॥ **बेझैं** = बेध्य पर, लक्ष्य पर॥

अवतरण—नायक नायिका की तिरछी चितवन से घायल हो गया है, अतः अवसर पाकर उससे कहता है—

अर्थ—हे स्त्री, [तूने यह विलक्षण] कमनैती कहाँ पढ़ी (सखी) है [कि] भौंह की बिना ज्या की कमान [तथा] तिरछी चितवन के बाण से चल चित्त के लक्ष्य पर [तू संधान में] चूकती नहीं॥

नायिका की कमनैती में विलक्षणता यह है कि यद्यपि बिना ज्या की कमान काम नहीं देती, पर वह अपनी भौंह की बिना ज्या ही की कमान से काम लेती है; तिरछा बाण ठीक लक्ष्य पर नहीं पहुँचता, पर उसकी तिरछी चितवन ही का बाण पूरा काम कर लेता है; और चंचल लक्ष्य पर निशाना ठीक नहीं लगता, पर वह संसार में सबसे चंचल पदार्थ चित्त को भी बेध लेती है॥

दुसह दुराज प्रजानु कौं क्यौं न बढ़ै दुख-दंदु।
अधिक अँधेरौ जग करत मिलि मावस रबि-चंदु॥ ३५७॥

शब्दार्थ—दुख-दंदु (दुख-द्वन्द्व) = दुःख का झगड़ा अर्थात् दो दुःखों का उत्कर्ष॥ **मावस** = अमावस्या॥

अवतरण—कवि की प्रास्ताविक उक्ति है कि 'दुराज' अर्थात् दुअमली में प्रजा को अधिक दुःख होता है—

अर्थ—दुःसह द्विराज्य में प्रजाओं के निमित्त दुःख का द्वन्द्व क्यों न बढ़े। [देखो] अमावस को सूर्य [तथा] चन्द्रमा मिलकर (एक राशि पर अधिकार करके) जगत् में अधिक (और सब तिथियों की अपेक्षा विशेष) अँधेरा (१. तिमिर; २. अँधेर, अत्याचार) करते हैं॥

इस दोहे का अर्थ किसी किसी ने नायिका भेद में भी लगाया है, पर हमारी समझ में इसे कवि की प्रास्ताविक उक्ति ही मानना समीचीन है॥

ललन-चलनु सुनि पलनु मैं अँसुवा झलके आइ।
भई लखाइ न सखिनु हूँ झूठैं हीं[3] जमुहाइ॥ ३५८॥

---

१. **कत (२, ३, ५)।**
२. **बेझौ (२), बेधत (३, ५)।**
३. **हूँ (१, २)।**

अवतरण—परकीया प्रवत्स्यत्पतिका नायिका की दशा तथा चातुरी कवि कहता है—

अर्थ— नायक का चलना (विदेश-गमन) सुनकर (नायिका की] पलकों में आँसू झलक आए (डबडबा आए)। [पर उसनें] झूठे ही बिना जम्हाई आए ही) जम्हाई लेकर [ऐसी विदग्धता की कि] सखियों से भी लक्षित न हुई॥

जम्हाई आने में बहुधा आँसु निकल आते हैं। अतः नायिका वृथा ही जम्हाई, जिसमें सखियाँ उसके आँसुओं को जृभाश्रु समझें और विदेशगमन-प्रस्तुत नायक से उसका प्रेम लक्षित न कर सकें॥

कंचनतन-धन[१]-बरन बर रह्यौ रंगु[२] मिलि रंग।
जानी जाति सुबास[३] हीं[४] केसरि लाई[५] अंग॥ ३५९॥

शब्दार्थ—**कंचनतन** = कंचन तन वाली॥ **धन** = स्त्री, नायिका॥ **सुबास (स्ववास)** = अपनी सुगंध॥

अवतरण—सखी अथवा दूती नायक से नायिका के शरीर की सुनहली गुराई तथा रुचिर सुगंध की प्रशंसा करके उसके हृदय में रुचि उपजाती है—

अर्थ—[उस] कंचन से तन वाली धन (नायिका) के श्रेष्ठ वर्ण में [केसर का] रंग [तो] रंग में मिल रहा (मिलकर अलक्षित हो गया) है, [अतः उसके] अंग में लगाई गई केसर [उसकी] अपनी सुगंध ही जानी जाती है, [क्योंकि उसके शरीर की सुगंध कुछ केसर से न्यून मोददायिनी तथा आह्लादकारिणी नहीं है। सखी के कहने का तात्पर्य यह है कि उसका शरीर ऐसा सुनहला तथा सुगंधित है कि उसमें लगाई गई केसर न तो रंग से लक्षित होती है, और न गंध से]॥

खरैं अदब, इठलाहटी, उर उपजावति त्रासु।
दुसह संक बिस[६] कौ करै जैसैं सोंठि-मिठासु॥ ३६०॥

शब्दार्थ—**अदब** = किसी की मानमर्यादा का सम्यक् संरक्षण॥ **इठलाहटी** = बनावटी गर्व के साथ चेष्टा को अथवा वचन के विकृत व्यवहार को इठलाना कहते हैं। 'इठलाहटी' का अर्थ इठलाने वाली, अर्थात् गर्वचेष्टा से बर्ताव करने वाली, होता है॥ **सोंठि-मिठासु** = सोंठ के खेतों में कुछ गाँठें विषैली हो जाती हैं। देखने में तो वे सोंठ ही के आकार की होती हैं, परन्तु उनमें सोंठ की सी चरपराहट नहीं होती, प्रत्युत एक प्रकार की मिठास होती है, जिससे लोग उनको विष समझ लेते हैं॥

---

१. धन (४)।
२. रागु (४)।
३. सुभाव (२)।
४. हूँ (३, ४, ५)।
५. लागी (२), लाये (४)।
६. विष (२)।

अवतरण—नायिका स्वभाव ही से इठलाहँटी, अर्थात् इठलाहट से व्यवहार करने वाली प्रकृति की, है, पर आज वह, नायक को सापराध जानकर भी, उसका बड़ा सम्मान करती है। नायक उसका मान लक्षित करके कहता है—

अर्थ—हे इठलाहटी (गर्व युक्त व्यवहार करने की प्रकृति वाली), [आज तू अपने] खरे अदब (बड़े आदर के बर्ताव) से [मेरे] उर में त्रास (मान का डर) उपजाती है; जैसे [स्वभाव-सिद्ध कटु] सोंठ की मिठास विष की दुःसह (अति कठिन) शंका [उत्पन्न] करती है॥

तौ लगु[१] या मन-मदन मैं हरि आवैं [२]किहिं[३] बाट।
बिकट जटे[४] जौ[५] लगु निपट खुटैं[६] न कपट-कपाट॥ ३६१॥

अवतरण—कपटी भक्तों से कवि की उक्ति है कि यदि हरि को अपने हृदय में बसाना चाहते हो, तो कपट का परित्याग कर दो—

अर्थ—इस मन-रूपी गृह में तब तक हरि (भगवान्) किस बाट से आवें जब तक निपट विकट (अत्यन्त दृढ़) जड़े हुए कपट-रूपी किंवाड़ न खुलें॥

ह्वै कपूरमनिमय रही मिलि तन-दुति मुकतालि।
छिन छिन खरी विचच्छिनौ[७] लखति छ्वाइ तिनु आलि॥ ३६२॥

शब्दार्थ—कपूरमनि (कर्पूरमणि)—इसका दूसरा नाम संस्कृत में तृणमणि है। फारसी में इसी को 'कहरुबा' (तृण को आकर्षित करने वाला) कहते हैं। यह एक प्रकार का पांडुर-वर्ण पत्थर होता है और हाथ पर घिसे जाने पर तिनके को खींचने लगता है, जिस प्रकार चुम्बक पत्थर लोहे को खींचता है॥ **बिचच्छिनौ** = विचक्षण होने पर भी॥ **तिनु (तृण)** = तिनका॥

अवतरण—सखी नायक से नायिका की तन-द्युति की प्रशंसा करके रुचि उपजाती है—

अर्थ—[उसकी सुनहरी] तन द्युति से मिलकर मुक्तालि (मोतियों की लड़ी) कर्पूरमणिमय हो रही है, [और ऐसा धोखा देती है कि उसकी] बड़ी विचक्षण (चतुर) सखी भी क्षण क्षण पर [उसमें] तृण छुआकर देखती है (उसकी परीक्षा करती है)॥

क्षण क्षण पर सखी इस कारण देखती है कि मोती ऐसे कर्पूर मणि के सदृश हो गए हैं कि यद्यपि एक आध बार उनके तिनका न खींचने से वह यह मान लेती है कि वे तृणमणि नहीं

---

१. लगि (४)।
२. आवहिं (१, ४)।
३. किहि (१, ४, ५)।
४. जड़े (१)।
५. जौ लौं (१, २, ४)।
६. छुटैं (२)।
७. बिचिच्छिनो (३, ५), बिचच्छिनी (२)।

हैं, तथापि उसको भ्रम हो जाता है कि कदाचित् किसी कारण विशेष से इन्होंने इस बार तिनका नहीं खींचा। अतः वह तृण को बार-बार उनमें छुआकर अपना भ्रम निवारित करती है॥

दृग उरझत, टूटत कुटुम, जुरत[1] चतुर-चित[2] प्रीति।
परति गाँठि दुरजन-हियैं[3]; दई, नई यह रीति॥ ३६३॥

शब्दार्थ—उरझत = आपस में गुथते हैं, अर्थात् मिलते हैं॥ **टूटत कुटुम** = कुटुम्ब के सम्बन्ध टूट जाते हैं॥ **जुरत** = प्रेम से परस्पर संबद्ध हो जाते हैं॥ **गाँठि** = आँट, ईर्ष्या॥

अवतरण—परकीया नायिका अपने हृदय का तर्क-वितर्क अपनी अंतरंगिनी सखी से कहती है—

अर्थ—प्रीति [के व्यवहार] में उलझते [तो] दृग हैं, [पर] टूटते कुटुम्ब [के सम्बन्ध] हैं; [टूटते तो कुटुम्ब के सम्बन्ध हैं, पर] जुड़ते (मिलते) चतुरों के चित्त हैं; [और जुड़ते तो चतुरों के चित्त हैं, पर] गाँठ दुर्जनों (चवाइयों) के हृदयों में पड़ती है। हे दई, यह नई (विलक्षण) रीति है॥

सामान्यतः तो जो वस्तु उलझती है, वही टूटती तथा जोड़ी जाती है और फिर गाँठ भी उसी में पड़ती है, पर प्रीति-व्यवहार में विलक्षणता यह है कि उलझती और वस्तु है, टूटती और है, जुड़ती और है एवं गाँठ और में पड़ती है॥

नहिं नचाइ चितवति दृगनु, नहिं बोलति मुसकाइ।
ज्यौं ज्यौं रूखी रुख करति, त्यौं त्यौं चितु चिकनाइ॥ ३६४॥

शब्दार्थ—रुख—इस शब्द के अर्थ तथा लिंग के विषय में २४३ संख्यक दोहे की टीका द्रष्टव्य है॥

अवतरण—प्रौढ़ा धीरा नायिका नायक को सापराध जानकर उदासीन चेष्टा से अपना मान व्यंजित करती है। शठ नायक उसे प्रसन्न करने के लिए मीठी बातें बनाता है—

अर्थ—[हे प्यारी, तू आज] न [तो] दृगों को नचाकर (चंचल करके) देखती है, [और] न मुस्कुराकर बोलती है। [तेरी यह चेष्टा मुझे ऐसी सुहावनी लगती है कि] ज्यों ज्यों [तू] रुख (मुख की चेष्टा) रूखी (उदासीन, सरोष) करती है, त्यों त्यों [मेरा] चित्त चिकनाता (स्निग्ध होता) है॥

वैसीयै जानी परति झगा ऊजरे माँह[4]।
मृगनैनी लपटत[5] जु यह[6] बेनी उपटी बाँह[7]॥ ३६५॥

अवतरण—खंडिता नायिका की उक्ति नायक से—

---

१. जुरति (१)।
२. चित्त की (४)।
३. जियनि (१)।
४. माँहि (३, ५)।
५. लपटी (२)।
६. हिय (३, ४, ५)।
७. बाँहि (३)।

अर्थ—[हे लालन, उस] मृगनयनी के लिपटते समय जो यह बेनी (चोटी) [तुम्हारी] बाँह में उपट आई है (मुद्रित हो गई है), [वह] श्वेत झगा में वैसी ही (ज्यों के त्यों) जान पड़ती है (प्रकट होती है)। [अर्थात् तुम किसी स्त्री को अभी अभी आलिङ्गन करके आ रहे हो, अभी इतना समय भी नहीं बीता है कि उसकी चोटी की छाप कुछ मिट जाती]॥

प्यासे[1] दुपहर जेठ के फिरे[2] सबै जलु सोधि।
मरुधर[3] पाइ मतीरु हीं[4] मारू कहत पयोधि॥ ३६६॥

अवतरण—कवि की उक्ति है कि जहाँ जो वस्तु दुर्लभ है, वहाँ यदि वह किसी रूप में, थोड़ी भी मिल जाये, तो उसको लोग बहुत समझते और उस पर अभिमान करते हैं—

अर्थ—जल सोध (खोज) कर सब [अकृतकार्य] लौटे हुए जेठ के प्यासे मारू (मारवाड़ी) दुपहर में (के समय) [संयोग से] मरुधर (मारवाड़) में [कहीं] मतीर (बड़ा तरबूज) ही पाकर [उसे] पयोधि (क्षीर-सागर) कहते (मानते) हैं॥

विषम वृषादित की तृषा जिये मतीरनु सोधि।
अमित, अपार, अगाध-जलु मारौ[5] मूड़[6] पयोधि॥ ३६७॥

अवतरण—कवि की उक्ति है कि यदि किसी छोटी वस्तु से काम निकले और बड़ी वस्तु से काम न निकले, तो वह बड़ी वस्तु, चाहे कैसी ही उत्तम हो, व्यर्थ है—

अर्थ—वृषराशि के विषम (प्रचंड) सूर्य [के ताप] की प्यास से [मरते हुए मारवाड़ी तो] मतीरों को खोज खोजकर जिए, [फिर] अमित (परिमाण-रहित), अपार, [तथा] अगाध (थाह-रहित) जल वाले पयोधि (क्षीर-सागर) को [लेकर] मूड़ मारो (वृथा मत्थापिट्टन करो)॥

मूड़ मारना लोकोक्ति है। 'अमुक वस्तु को मूड़ मारो' का अर्थ अमुक वस्तु को वृथा समझो, फेंक दो, इत्यादि होता है॥

निपट लजीली नवल तिय बहकि बारुनी सेइ।
त्यौं त्यौं अति मीठी लगति, ज्यौं ज्यौं ढोठ्यौ देइ॥ ३६८॥

शब्दार्थ—ढीठ्यौ = ढिठोई का भाव॥

अवतरण—नवोढ़ा नायिका को मदिरा पिला दी गई है, जिससे वह अपनापे से बाहर होकर ढिठाई की बातें तथा चेष्टा करने लगी है। सखी नायक से उसका वृत्तांत कहकर उसे उसके पास लाना चाहती है—

---

१. विषम वृषादित की तृषा (१, २)।
२. रहे (१, २), थके (४)।
३. मुर (२, ३, ५)।
४. है (२), हूँ (५)।
५. मारौं (१), मारू (३, ५)।
६. मूढ़ (३, ५)।

अर्थ— [वह] निपट (अत्यन्त) लजीली नवीन स्त्री [इस समय] वारुणी का सेवन करके, बहक (नशे से विवश हो) कर ज्यों ज्यों 'ढीठ्यौ' देती (ढिठाई प्रकट करती) है, त्यों त्यों अति (अधिक) मीठी (प्यारी) लगती है ॥

सरस[१] कुसुम मँडरातु अलि, न झुकि झपटि लपटातु[२]।
दरसत अति सुकुमारु तनु, परसत मन[३] न पत्यातु[४] ॥ ३६९ ॥

अवतरण—अवतीर्णयौवना मुग्धा से मिलने के लिये उत्सुक नायक से सखी, उसकी रुचि बढ़ाने के निमित्त, कहती है कि आपको उससे मिलने में शीघ्रता न करनी चाहिए। देखिए, भ्रमर भी अत्यन्त सुकुमार कुसुम से एकाएक झंपटकर लिपट नहीं जाता, प्रत्युत उसका रस अलग ही से, मँडरा कर, लेता है—

अर्थ— [देखिए,] रसीले (टटके) कुसुम पर भौंरा मँडराता रहता है, [पर] झुक [तथा] झपटकर [उससे एकाएक] लिपट नहीं जाता, [उस पुष्प का] अति सुकुमार तन देखता हुआ [उसे] स्पर्श करते (करने में) [अपने] मन में नहीं पतियाता (इस बात का विश्वास नहीं करता कि यह मेरे भार को सहन कर सकेगा) ॥

निरदय, नेहु नयौ निरखि भयौ जगतु भयभीतु।
यह न कहूँ अब लौं सुनी, मरि मारियै जु मीतु ॥ ३७० ॥

अवतरण—नायिका ने मान किया है और यद्यपि प्रेमाधिक्य के कारण मिलने के निमित्त वह मन ही मन विकल हो रही है, तथापि मान की मर्यादा रखने के लिए नायक से हँसती बोलती नहीं। उधर नायक भी अत्यन्त दुखी हो रहा है। अतः मान छुड़ाने के लिए सखी कहती है—

अर्थ— हे निर्दय, [यह] नया (एक प्रकार का) स्नेह देखकर जगत् (सखी जगत् सखी-मंडल) भय से भीत हो रहा है। यह [बात] अब तक कहीं नहीं सुनी गई है कि [स्वयं] मर कर (दुखित होकर) मित्र को मारा जाये (दुःख दिया जाय) ॥

भजन कह्यौ, तातैं भज्यौ; भज्यौ न एकौ बार।
दूरि भजन जातैं कह्यौ, सो तैं भज्यौ, गँवार[५] ॥ ३७१ ॥

अवतरण—कोई सज्जन भक्त अपने मन को धिक्कारता है—

अर्थ— अरे गँवार, [वेद-शास्त्रों ने जिसको] भजने को कहा (बतलाया), उससे [तो तू] भागा, [और उसको तूने] एक बार भी नहीं भजा (स्मरण किया); [पर] ज़िससे (जिस विषय-भोग से) दूर भागने को कहा, उसको तूने भजा (भोग किया) [फिर भला तेरा निस्तार क्यों कर संभव है] ॥

---

१. **सिरस (४)।**
२. **लपटाइ (३, ५)।**
३. **ज्यौं (२)।**
४. **पत्याइ (३, ५)।**
५. **गमार (१)।**

नैन लगे तिहिं लगनि[१] जु, न छुटैं छुटैं हूँ प्रान।
काम न आवत[२] एक हूँ तेरे सैक[३] सयान॥ ३७२॥

अवतरण—परकीया पूर्वानुरागिनी नायिका शिक्षा देती हुई सखी से कहती है—

अर्थ—[मेरे] नयन जो उसकी लगन (दर्शन की लालसा) से लगे हैं, [सो अब] प्राण छूटने पर भी नहीं छूट सकते। तेरे 'सैक सयान' (सैकड़ों चतुराई भरी शिक्षाएँ) एक भी (कुछ भी) काम नहीं आते (उपयोगी नहीं होते)॥

उड़ति गुड़ी लखि ललन[४] की अँगना अँगना[५] माँह।
बौरी लौं दौरी फिरति छुबति छबीली छाँह॥ ३७३॥

शब्दार्थ—**गुड़ी** = गुड्डी, पतंग॥ **अँगना (अंगना)** = स्त्री॥ **अँगना** = आँगन॥

अवतरण—नायक ने गुड्डी उड़ाई है, जिसकी छाया नायिका के आँगन में पड़ी है। उसके स्पर्श में नायक के स्पर्श का ही सुख मानकर नायिका जहाँ जहाँ वह जाती है, वहाँ वहाँ दौड़कर पहुँचती है। सखी-वचन सखी से—

अर्थ—[देखो] लाल की गुड्डी उड़ती देखकर [यह] अँगना [उसकी] छबीली परछाँही छूती हुई [अपने] आँगन में बावली सी दौड़ी फिरती है॥

'बौरी लौं' इसलिए कहा कि अनजान लोग उसका दौड़ना बिना किसी उद्देश्य ही के समझते हैं॥

'छबीली छाँह' इस अभिप्राय से कहा कि नायिका को वह परछाँही, प्रेमाधिक्य के कारण, बड़ी मनोहर लगती है॥

ऊँचैं चितै[६] सराहियतु गिरह कबूतरु लेतु[७]।
झलकति[८] दृग मुलकित बदनु, तनु पुलकित किहिं हेतु[९]॥ ३७४॥

अवतरण—नायक अपनी अटारी पर खड़ा गिरहबाज कबूतर उड़ा रहा है। नायिका नीचे से उसको देखती है, जिससे उसे सात्त्विक भाव उत्पन्न होता है। इतने ही में सखी को अपनी ओर देखते देखकर वह, नायक के प्रति अपना अनुराग छिपाने के निमित्त, दृष्टि को और ऊँची करके कलाबाजी खाते हुए कबूतर की प्रशंसा करने लगती है, जिसमें सखी जाने कि वह, ऊपर की ओर मुँह किए, कबूतर ही को देख रही है, पर चतुर सखी सात्त्विक से उसका अनुराग लक्षित करके कहती है—

---

१. **गैल (२)।**
२. **आए (२)।**
३. **सोक (३, ४, ५)।**
४. **लाल (४)।**
५. **आँगन (१, २, ४), अंगन (३)।**
६. **चढ़ैं (२)।**
७. **लेत (१, २, ३, ५)।**
८. **झलकि दृगनि (२)।**
९. **हेत (२, ३, ५)।**

अर्थ— ऊपर की ओर देखकर सराहा [तो] गिरह लेता हुआ (कलाबाजी खाता हुआ) कबूतर जाता है [पर यह तो बतला कि तेरे [दृग झलकित (प्रसन्नता की झलक से युक्त, मुख मुलकित (भावविशेष-सूचक मुस्कुराहट से युक्त) [तथा] तन (शरीर) पुलकित (रोमांचित) किस हेतु हैं (हो रहे हैं) [अर्थात् तेरी चेष्टाओं से तो वास्तव में तेरा अटारी पर खड़े हुए नायक को देखना और तद्विषयक अनुराग लक्षित होता है; तू वृथा क्यों छिपाती है] ॥

लागत कुटिल कटाच्छ-सर क्यौं न होहिं बेहाल।
कढ़त[1] जि हियहिं दुसाल करि, तऊ रहत नटसाल॥ ३७५॥

शब्दार्थ—जि = यह शब्द 'जो' के बहुवचन रूप 'जे' का लघु रूप है॥ **दुसाल** = दो टुकड़े, दोनों ओर छिद्र वाला, आरपार। इसी शब्द का 'दुसार' रूप ४४३वें दोहे में प्रयुक्त हुआ है। **नटसाल (नष्ट शल्य)** = बाण का वह भाग, जो टूट कर शरीर के भीतर रह जाता है और पीड़ा दिया करता है॥

अवतरण—सखी अथवा दूती नायिका से, उसके नेत्रों की प्रशंसा करती हुई, नायक की व्यवस्था विदित करती है—

अर्थ— [तेरे उन] कुटिल (वक्र) कटाक्षरूपी बाणों के लगते [ही नायक] क्यों न बेहाल (चेतना-रहित) हों, जो [ऐसे विलक्षण हैं कि यद्यपि] हृदय को 'दुसाल', (दो टुकड़े, आरपार) करके कढ़ जाते हैं (पार निकल जाते हैं), तो भी [उनके पीड़ा पहुँचाकर विह्वल करने वाले] नष्ट शल्य रह जाते हैं॥

कटाक्षों में बाणों की अपेक्षा यह विलक्षणता है कि टेढ़े बाण लक्ष्य के पार नहीं जाते, उसमें अटक रहते हैं, पर वक्र कटाक्ष हृदय के पार हो जाते हैं और बाण जब शरीर में लगकर पार हो जाते हैं, तो उनके शल्य नहीं रहते, परन्तु कटाक्ष पार हो जाने पर भी हृदय में खटका करते हैं॥

जनमु जलधि, पानिपु बिमलु, भौ जग आघु अपारु।
रहै गुनी ह्वै गर-पर्‌यौ, भलैं न मुकता-हारु॥ ३७६॥

शब्दार्थ—आघु = आदर, सन्मान, मूल्य॥ **गर-पर्‌यौ** = गले पड़ा हुआ, अर्थात् बिना चाहना तथा आदर के॥

अवतरण—किसी सर्वांग श्रेष्ठ मनुष्य के अनादर-पूर्वक भी किसी स्थान पर रहने के विषय में, मुक्ता-हार पर अन्योक्ति करके, कोई किसी से उक्त मनुष्य को सुनाकर कहता है—

अर्थ— [देखो, इसका] जन्म [तो] जलधि (समुद्र) से है [अर्थात् यह बड़े कुल का है] पानिप (१. शोभा, चमक; २. आबरू) विमल (१. निर्मल; २. बिना धब्बा लगा हुआ) है, [तथा] जग में आघ (१. मोल; २. आदर) [भी] अपार हुआ, [पर] गुणी (१. डोरा वाला अर्थात् डोरे में गुथा हुआ; २. गुण वाला) होकर मुक्ता-हार [जो] गले पड़ा (१. गले में पड़ा हुआ; २. निरादरपूर्वक) रहता है, [सो] 'भलैं न' (भले प्रकार का रहना नहीं है)॥

---

१. **कढ़त जु हियैं (२), काढ़त जियहिं (३, ५), काढ़त हियो (४)।**

गहै न नेकौ गुन-गरबु, हँसौ[1] सबैं संसारु।
कुच-उचपद-लालच रहै गरैं परैं हूँ हारु॥ ३७७॥

अवतरण—यह दोहा अपने पूर्व के दोहे का उत्तर-स्वरूप है। जिस व्यक्ति से पहला दोहा कहा गया है; वह उस निरादर सह कर रहने वाले मनुष्य को लालची ठहराता हुआ तथा उसको सुना कर उसी मुक्ता-हार पर अन्योक्ति करके, उत्तर देता है—

अर्थ—[यह] हार [जो] गले पड़ने पर भी रहता है, [सो] कुच-रूपी उच्च पद के लालच से। [इसी लालच के कारण यह] नैंक भी [अपने] गुण का गर्व नहीं गहता (करता), [इस पर हम तुम क्या] सारा संसार [हँसे, तो] हँसो॥

तच्यौ आँच अब बिरह की, रह्यौ प्रेम-रस भीजि।
नैननु कैं मग जलु बहै हियौ पसीजि पसीजि॥ ३७८॥

शब्दार्थ—**तच्यौ** = संतप्त हुआ, अर्थात् संतप्त होकर॥ **रह्यौ प्रेम-रस भीजि** = प्रेम रूपी रस में भीग रहा हुआ, अर्थात् पहले से भीगा हुआ। यह वाक्यांश 'हियौ' शब्द का विशेषण है॥ **पसीजि पसीजि** = उष्णता के कारण प्रस्वेदित हो हो कर॥

अवतरण—सखी अथवा दूती नायक से नायिका के अश्रु-पात की व्यवस्था निवेदित करती है—

अर्थ—प्रेम-रूपी रस में भीग रहा हुआ, [और] अब विरहाग्नि से संतप्त हुआ [उसका] हृदय पसीज पसीज कर आँखों के मार्ग से पानी (अर्क) बहता है॥

जब किसी पदार्थ का अर्क खींचना होता है, तो पहले उसे जल में भली-भाँति भिगो देते हैं और फिर नलिकायन्त्र में भर कर अग्नि पर चढ़ा देते हैं। तब उस पदार्थ का पसेव, पानी के रूप में, नलिकाओं के मार्ग से टपकने लगता है। यही व्यापार इस दोहे में स्फुरित है॥

छला परोसिनि हाथ तैं, छलु करि, लियौ, पिछानि।
पियहिं दिखायौ लखि बिलखि, रिस-सूचक मुसकानि॥ ३७९॥

अवतरण—नायिका ने अपने पति का छल्ला, पड़ोसिन को पहने देखकर, किसी छल से उससे ले लिया और पति को रिस-सूचक मुस्कुराहट के साथ दिखलाया। यही वृत्तांत सखी सखी से कहती है—

अर्थ—[अपने प्रियतम का] छल्ला पहचानकर [नायिका ने उसे कोई] छल करके पड़ोसिन के हाथ से ले लिया, [और] बिलख (दुखी हो) कर रोष प्रकट करने वाली मुस्कुराहट से (के साथ) [उसे] देखकर प्रियतम को दिखाया (प्रियतम का ध्यान उस ओर आकर्षित किया)॥

इस दोहे में बड़ी अच्छी स्वभावोक्ति है। मनुष्य की यह प्रकृति है कि जब वह किसी को कोई वस्तु देखते देखता है, तो स्वयं भी उसको देखने लगता है। अतः नायिका ने, बिना कुछ कहे सुने, उस छल्ले को 'रिस-सूचक मुसकानि' के साथ देखकर, बड़ी चातुरी से, नायक का ध्यान उसकी ओर आकर्षित किया॥

---

१. हँसै (१, ४)।

हठि, हितु करि प्रीतम-लियौ, कियौ जु सौति सिंगारु।
अपनैं कर मोतिनु गुह्यौ, भयौ हरा हर-हारु॥ ३८०

शब्दार्थ—प्रीतम-लियौ = प्रियतम से लिया हुआ। इस पद में पंचमी तत्पुरुष समास है और यह 'हारु' शब्द का विशेषण है॥ **हर-हारु** = महादेवजी का हार अर्थात् सर्प॥

अवतरण—नायिका ने अपने हाथ से गूथकर मोतियों का एक बड़ा सुंदर हार नायक को पहनाया था। नायक उसे पहने हुए अन्य स्त्री के यहाँ गया। उसने उसे अति मनोहर देखकर नायक से माँगा। पहले तो नायक, यह विचार कर कि इस हार को कहीं वह नायिका इसके गले में देख लेगी तो कलह होगा देने में हिचकिचाया; पर फिर उसके हठ करने पर उसे दे दिया। उस स्त्री ने जब उससे अपना शृङ्गार किया, तो नायिका की दृष्टि कहीं उस पर पड़ ही तो गई। बस, फिर उसको सौत के गले में पड़ा हुआ अपने ही हाथ का गूथा हुआ वह हार हर-हार हो गया, अर्थात् सर्प सा भयानक लगने लगा। सखी-वचन सखी से—

अर्थ—हठ कर के [तथा] हित (प्रेम) कर के प्रियतम से लिया हुआ हार, जिसको (जिससे) सौत ने [अपना शृङ्गार किया, [वही] अपने हाथ से मोतियों से गूथा हुआ [हार नायिका को] हर-हार (सर्प) हो गया (अत्यन्त भयानक लगने लगा)॥

बसै[१] बुराई जासु[२] तन, ताही कौ[३] सनमानु।
भलौ भलौ कहि छोड़ियै, खोटैं ग्रह जपु, दानु॥ ३८१॥

अवतरण—कवि की प्रास्ताविक उक्ति है कि जिससे बुराई, अर्थात् हानि, पहुँचने की आशंका होती है, उसी का संसार में आदर होता है, पर सीधे, साधु-स्वभाव सज्जनों को कोई नहीं पूछता—

अर्थ—जिसके तन में बुराई बसती है, उसी का [इस बुरे संसार में] सन्मान होता है। [देखो,] भला [ग्रह] तो भला कहकर (समझकर) छोड़ दिया जाता है, [पर] खोटे ग्रह [के आने] में जप, दान, [इत्यादि होते हैं]॥

वै ठाढ़े, उमदाहु[४] उत, जल न बुझै बड़वागि।
जाही सौं लाग्यौ हियौ, ताही कैं हिय[५] लागि॥ ३८२॥

शब्दार्थ—उमदाहु = उमदाना उमंग से किसी ओर झुकाने को कहते हैं। १७९ संख्यक दोहे में भी यह शब्द ऐसे ही अर्थ में प्रयुक्त होता है॥ **बड़वागि (बड़वाग्नि)** = समुद्र के भीतर की अग्नि॥

अवतरण—नायक सामने खड़ा है। नायिका उसे देखकर इठलाती तथा सखी से लिपटती झपटती है, जिससे सखी उसका नायक पर अनुराग लक्षित करके कहती है—

---

१. **सबै (१, ४)।**
२. **जास (३, ५)।**
३. **तन (४)।**
४. **उमदाउ (१), उमदात (२, ४)।**
५. **ही (३, ५)।**

अर्थ—वे (नायक) [तो वह] खड़े हैं [और तू मुझसे इठलाती तथा मेरी ओर उमगती है, सो यह व्यर्थ है]। उसी ओर उमंग से झुक। जिससे [तेरा] हृदय लगा है, उसी के हृदय से लग। [देख,] जल से बड़वाग्नि नहीं बुझती [क्योंकि जल में तो वह रहती ही है। तात्पर्य यह कि मुझसे लिपटने से तेरी कामाग्नि नहीं बुझ सकती। वह तो मुझसे अलग हो कर उसी से शांत हो सकती है, जिस पर तेरा हृदय लगा है]॥

ढीठि परोसिनि ईठि ह्वै कहे जु गहे सयानु।
सबै सँदेसे कहि कह्यौ मुसकाहट मैं मानु॥ ३८३॥

शब्दार्थ—ढीठि (धृष्ट) = पड़ोसिन को ढीठ इसलिए कहा है कि वह ऐसी निडर है कि स्वयं नायिका ही से अपने इष्ट का साधन कराना चाहती है॥ **ईठि** = इस शब्द के विषय में २८ संख्यक दोहे की टीका द्रष्टव्य है॥ **सयानु** = सयानापन, चातुर्य॥

अवतरण—नायिका अन्य संभोग-दु:खिता है। नायक की गुप्त प्रीति पड़ोसिन से थी। एक दिन जब नायक घर पर नहीं था, तब उस पड़ोसिन ने आकर और नायिका की बड़ी इष्ट बनकर, उससे नायक से कहने को कुछ सँदेसे कहे। वे सँदेसे कुछ इस प्रकार के थे कि 'आज मेरे घर में कोई है नहीं, अत: तुम अपने पति से कह देना कि कृपा करके मेरा अमुक कार्य कर दें' इत्यादि। इन सँदेसों से नायिका ताड़ गई कि इससे और मेरे पति से प्रीति है, अत: यह अवसर पाकर सूने घर में बुलाना चाहती है। जब नायक आया, तो नायिका ने वे सब सँदेसे, जो ढीठ पड़ोसिन ने इष्ट बनकर बड़ी चातुरी से कहे थे, कहकर और मुस्कुराहट-द्वारा यह व्यंजित करके कि मैं सब भीतरी बात समझ गई हूँ, अपना मान सूचित किया। सखी वचन सखी से—

अर्थ—ढीठ पड़ोसिन ने इष्ट हो (बन) कर जो [सँदेसे] सयानपन गहे (धारण किए) हुए [नायक से कहने को नायिका से] कहे थे, [सो] सभी सँदेसे [नायिका ने नायक से] कहकर मुस्कुराहट में (मुस्कुराहट-द्वारा) [अपना] मान कहा (प्रकट किया)॥

इस दोहे के अर्थ में टीकाकारों ने बड़ा धोखा खाया है॥

छिनकु चलति, ठठुकति छिनकु, भुज प्रीतम-गल डारि।
चढ़ी अटा देखति घटा बिज्जु-छटा सी नारि॥ ३८४॥

शब्दार्थ—ठठुकति = ठमकती है॥ **छटा** = द्युति की लपक॥

अवतरण—नायिका, नायक के साथ अटारी पर घूम घूम कर नए उठे हुए बादलों का तमाशा देख रही है। सखी वचन सखी से—

अर्थ—[देखो, वह] बिजली की छटा सी स्त्री अटारी पर चढ़ी हुई [कैसे आनंद से] घटा देख रही है। प्रियतम के गले में बाँह डालकर क्षण भर [कभी तो] चलती (टहलती) है, [और] क्षण भर (कभी) ठिठक जाती है (ठहर जाती है)॥

धनि यह द्वैज; जहाँ लख्यौ, तज्यौ दृगनु दुख-दंदु।
तुम भागनु पूरब उयौ अहो! अपूरबु चंदु॥ ३८५॥

शब्दार्थ—**दुख-दंदु** = दुःख का ताप॥

अवतरण—कोई परकीया पूर्वानुरागिनी नायक को देखे बिना संतप्त हो रही है। दिन शुक्ल पक्ष की द्वितीया का है। उसकी अंतरंगिनी सखी चन्द्रमा देखने के निमित्त अटारी पर चढ़ी, तो उसने नायक को अपनी अटा पर खड़ा देखा। नायक का घर नायिका के घर से पूर्व दिशा में है। सखी नीचे आकर नायिका से कहती है—

अर्थ—यह (आज की) द्वैज धन्य है (अन्य द्वैजों की अपेक्षा श्लाघनीय है)। [कारण आज,] तुम्हारे भाग्यों से अहो! पूर्व में अपूर्व चन्द्रमा उदय हुआ है [तुरत छत पर चढ़कर देख]। जहाँ [तूने उसे] देखा (जैसे ही तू उसे देखेगी), [वहाँ तेरे] दृगों ने [सब] दुःख का ताप तजा (वैसे ही तेरी आँखें सब विरह का ताप छोड़ देंगी)॥

जो नायक का मुखचंद्र सखी नायिका को दिखाना चाहती है, उसमें अपूर्वताएँ ये हैं—प्रथम तो द्वितीया का चंद्रमा केवल दो कला का होता है, पर वह पूर्ण है; दूसरे, द्वितीया के चंद्र का दर्शन पश्चिम दिशा में होता है, पर वह पूर्व दिशा में है; और तीसरे, चंद्र-दर्शन से विरहिणी का संताप बढ़ता है, पर उसके दर्शन से ताप का शमन होगा॥

लरिका लैबे कैं मिसनु लंगरु मो ढिग आइ।
गयौ अचानक आँगुरी छाती[1] छैलु छुवाइ॥ ३८६॥

शब्दार्थ—**लंगरु** = ढीठ॥ **छैलु** = चतुर॥

अवतरण—क्रियाचतुर नायक की चातुरी का वर्णन परकीया नायिका अपनी अंतरंगिनी सखी से करती है—

अर्थ—[मेरी गोद से] लड़का लेने के व्याज से [वह] लंगर मेरे पास आकर अचानक [मेरी] छाती में छैल अँगुली छुआ गया॥

ढीठ्यौ दै बोलति, हँसति पोढ़-बिलास अपोढ़।
त्यौं त्यौं चलत न पिय-नयन छकए छकी नबोढ़॥ ३८७॥

अवतरण—नई ब्याही आई हुई नायिका को मद्य-पान कराकर, सखियों ने, अथवा नायक ही ने, ऐसी मतवाली कर दिया है कि, थोड़े वय की होने पर भी, वह प्रौढ़ा की भाँति हँसने बोलने लगी है। उसकी वह शोभा नायक को ऐसी भली लगती है कि उसके नेत्र उस पर से टलते नहीं। सखी वचन सखी से—

अर्थ—[देखो, ज्यों ज्यों] प्रौढ़ा के से विलास करने वाली [यह] 'अपोढ़' (बिना पकी हुई अवस्था की) [नायिका] ढिठाई करके हँसती बोलती है, त्यों त्यों [इस] मद-छकी नवोढ़ा के द्वारा छकाए गए (नशे में किए गए अर्थात् छवि देखने की चाह से पूरित किए गए) प्रियतम के नयन [इस पर से] चलते (टलते) नहीं॥

---

१. छतियाँ (३, ५)।

रनित[१] भृंग-घंटावली, झरति[२] दान मधु-नीरु।
मंद मंद आवतु चल्यौ कुंजरु कुंज समीरु॥ ३८८॥

शब्दार्थ—रनित = गूँजते हुए॥ **दान** = हाथी का मद॥ **मधु** = मकरन्द, पुष्प रस॥

अवतरण—कवि वसंत की सुखद वायु का वर्णन करता है—

अर्थ—गूँजते हुए भ्रमरों की घंटावली वाला [एवं] मकरंद-रूपी झरते हुए मदवाला कुंज-समीर-रूपी कुंजर मंद मंद चला आ रहा है॥

'रनितभृंग घंटावली' एवं 'झरति दान मधु-नीरु', इन दोनों समस्त पदों में बहुब्रीहि समास है और ये दोनों 'कुंज समीरु' के विशेषण हैं॥

रही रुकी[३] क्यों हूँ सु चलि[४], आधिक राति पधारि।
हरति तापु सब द्यौस कौ उर लगि यारि बयारि॥ ३८९॥

अवतरण—कवि ग्रीष्म ऋतु की उस शीतल वायु का वर्णन करता है, जो कि राजपूताने में बहुधा अर्द्ध रात्रि के समय चलती है, जैसे कि हरिद्वार में संध्या के पश्चात् ठण्डी वायु का झोंका चलता है—

अर्थ १—[दिन भर तथा अर्द्ध रात्रि तक जो] रुकी रही, सो प्रेमपात्री-रूपी वायु किसी प्रकार चलकर, आधी रात को पधार कर [और] हृदय से लगकर, सब दिवस का ताप हरती है॥

अथवा इस दोहे को मुकरी मानकर इसका इस प्रकार अथ करना चाहिए—

अर्थ २—[नायक स्वगत कहता है कि दिन भर तथा आधी रात तक जो] रुकी रही, सो किसी प्रकार चलकर आधी रात को पधारकर [और] हृदय से लगकर सब दिवस का ताप हरती है। [यह सुनकर उससे कोई प्रश्न करता है कि क्या] 'यारि' (प्रेमपात्री)? [नायक सच्ची बात को छिपाने के लिए उत्तर देता है कि नहीं,] 'बयारि' (वायु)॥

चुवतु स्वेद मकरंद-कन, तरु-तरु-तर बिरमाइ।
आवतु दच्छिन देस[५] तैं थक्यौ[६] बटोही बाइ॥ ३९०॥

शब्दार्थ—चुवतु = यह अकर्मक क्रिया यहाँ सकर्मक रूप से प्रयुक्त हुई है॥ **बिरमाइ** = विराम करके, विश्राम करके॥

अवतरण—कवि शीतल, मंद, सुगंध दक्षिणानिल का वर्णन, बटोही से रूपक करके, करता है—

---

१. रुनित (४)।
२. झरत (३, ५)।
३. नहीं (२)।
४. चली (१)।
५. तैं चल्यौ (१, २)।
६. चल्यो (४)।

अर्थ— मकरंद कण-रूपी स्वेद (पसीने की बूँदें) चुआता हुआ, वृक्ष वृक्ष के नीचे विराम करके, थका हुआ वायु-रूपी बटोही दक्षिण देश से आ रहा है॥

मकरंद-कण चुआने से पवन का सुगंधि गुण, वृक्षों के नीचे ठहरने से शीतलत्व एवं थके हुए होने से मंद गमन व्यंजित होता है॥

पतवारी माला पकरि, और न कछू उपाउ।
तरि संसार-पयोधि कौं, हरि-नावैं करि नाउ॥ ३९१॥

अवतरण—भक्त की उक्ति मन से, अथवा गुरु की उक्ति शिष्य से—

अर्थ— माला-रूपी पतवारी को पकड़कर, [और] हरि-नाम को नाव कर के (बनाकर) संसार-रूपी सागर को तरें (पारकर)। [इस भवसागर के तरने का] और कुछ उपाय नहीं है।

लपटी पुहुप-पराग-पट, सनी स्वेद मकरन्द।
आवति, नारि नबोढ़ लौं, सुखद बायु गति मन्द॥ ३९२॥

अवतरण—इस दोहे में कवि नवोढ़ा नायिका की उपमा देकर शीतल, मन्द, सुगन्ध वायु का वर्णन करता है—

अर्थ— पुष्प-पराग-रूपी पट में लिपटी हुई [एवं] पसीने अर्थात् मकरन्द में सनी हुई सुखद वायु मन्द-मन्द गति से, नवोढ़ा (नई ब्याही हुई) स्त्री की भाँति, आ रही है॥

पुष्प पराग से सुगन्ध एवं मकरन्द में सनने से शीतलता व्यंजित होती है और 'गति मन्द' तो दोहे में स्पष्ट उक्त ही है॥

इस दोहे में बिहारी ने 'वायु' शब्द का स्त्रीलिंग-प्रयोग किया है, पर इसके पहले के दोहे में 'बाइ' शब्द को पुल्लिग माना है। भाषा में वायु शब्द स्त्रीलिंग तथा पुल्लिग दोनों ही रीति से प्रयुक्त होता है॥

ललन, सलोने अरु रहे अति सनेह सौं पागि।
तनक कचाई देत दुख सूरन लौं[1] मुँह[2] लागि॥ ३९३॥

शब्दार्थ—सूरन = अवध में इसको काँद कहते हैं। यह मुँह में कनकनाहट उत्पन्न करता है। इसी को सूरन का मुँह में लगना कहते हैं। लवण तथा घृत में भलीभाँति पकाने से इसकी कनकनाहट जाती रहती है, पर यदि यह कुछ भी कच्चा रह जाता है, तो फिर मुँह में लगता है। यहाँ नायक की कचाई से उसका परस्त्री के फेर में पड़ जाना अभिप्रेत है और उसके मुँह लगने से उसका अपने अपराध को धृष्टतापूर्वक मुकरना कहा गया है। 'तनक कचाई देत दुख सूरन लौं मुँह लागि' का भावार्थ यह है कि यदि यह कचाई तुममें न होती, तो तुमको क्यों मुँह लगना पड़ता॥

अवतरण—खंडिता नायिका की उक्ति नायक से—

---

१. ज्यौं (२)।
२. मुख (१, ४)।

अर्थ—हे लालन, [यद्यपि आप] सलोने (१. सुन्दर, २. लवणयुक्त) हैं और स्नेह (१. प्रीति; २. चिकनाई अर्थात् तेल अथवा घी) से भली भाँति पग (परिपक्व हो) रहे हैं, [तथापि] तनिक कचाई से (कचाई के कारण) मुँह लग कर (१. धृष्टतापूर्वक झूठी बातें कहकर; २. मुँह में कनकनाहट उपजाकर) सूरन की भाँति दु:ख देते हैं॥

न करु, न डरु, सबु जगु कहतु, कत बिनु काज लजात।
सौहैं कीजै नैन, जौ साँची सौहैं खात॥ ३९४॥

अवतरण—खंडिता नायिका की उक्ति नायक से—

अर्थ—सब जगत् कहता है (सब जगत् में यह कहावत प्रसिद्ध है) [कि] 'न कर, न डर' (न अपराध कर, न दण्ड देने वाले से डर)। [अत: यदि आप अपराधी नहीं हैं, तो] बिना कारण क्यों लज्जित होते हैं (आँखें नीची किए हुए हैं)। यदि [आप अपने निरपराध होने की] सच्ची शपथ खाते हैं, [तो अपने] नयन सामने कीजिए॥

रहिहैं चंचल प्रान ए, कहि, कौन की अगोट[१]।
ललन चलन की चित धरी, कल न पलनु की ओट॥ ३९५॥

शब्दार्थ—**अगोट** = प्रतिबन्ध, रुकावट॥

अवतरण—प्रवत्स्यत्पतिका नायिका का वचन सखी से—

अर्थ—[हे सखी, तू ही] कह (बतला), ये [मेरे] चञ्चल प्राण किसकी अगोट (रुकावट) से [शरीर में] रहेंगे। ललन (प्रियतम) ने [तो] चलने (विदेशगमन) की [बात] चित्त में धरी (ठानी) है, [और यहाँ उनके] पलकों की ओट [होने ही] पर कल (चैन) नहीं [पड़ती]॥

जौ चाहत[२], चटक न घटै, मैलौ होइ न, मित्त[३]।
रज राजसु न छुवाइ[४] तौ नेह-चीकनौं[५] चित्त[६]॥ ३९६॥

शब्दार्थ—**चटक** = चटकीलापन, चमक-दमक, स्फूर्ति॥ **रज** = धूलि॥ **राजसु** = रजोगुण अर्थात् गर्व, क्रोध इत्यादि॥

अवतरण—कोई आनुभविक सज्जन किसी को चित्त की चोप तथा उज्ज्वलता स्थिर रखने के उपाय की शिक्षा देता है—

अर्थ—हे मित्र, यदि [तू] चाहता है [कि चित्त की] चटक न घटे [और वह] मैला न हो, तो रजोगुण-रूपी रज स्नेह से चिकनाए हुए चित्त में मत छुआ।

---

१. अँगोट (३, ५)।
२. चाहै (२)।
३. मित्तु (४)।
४. छुवाइयै (२)।
५. चीकनौ (१, ३, ५)।
६. चित्तु (४)।

[भावार्थ यह है कि जिस प्रकार धूलि तेल लगी हुई वस्तु पर सहज ही में जमकर उसको मैला कर देती है, उसी प्रकार स्निग्ध चित्त पर गर्व इत्यादि रजोगुण का प्रभाव पड़कर उसको मलिन कर देता है]॥

कोरि जतन कीजै, तऊ नागर-नेहु दुरै न।
कहैं देत चितु चीकनौ नई रुखाई नैन॥ ३९७॥

अवतरण—लक्षिता नायिका से सखी का वचन है। नायिका के मन में श्रीकृष्णचन्द्र के प्रति अनुराग उत्पन्न हो गया है, जिससे उसके भाव रसीले हो गए हैं। उसे छिपाने के लिये उसने अपनी आँखों में रुखाई धारण की है, पर उस बनावटी रुखाई ही से उसका प्रेम लक्षित करके सखी कहती है—

अर्थ—[हे सखी,] करोड़ों यत्न [क्यों न] किए जायें, पर [उस] नागर का स्नेह [ऐसा विलक्षण है कि] छिप नहीं सकता। [तेरे] नयन [आज] नई रुखाई से (नई रुखाई धारण करने के कारण) [तेरा] चिकना (स्निग्ध, अनुरक्त) चित्त कह देते हैं (बताए देते हैं)॥

लाल; तुम्हारे रूप की, कहौ, रीति यह कौन।
जासौं लागत[१] पलकु दृग लागत पलक पलौ न॥ ३९८॥

अवतरण—पूर्वानुरागिनी की सखी अथवा दूती नायक से उसका विरह निवेदन करती हुई उसकी अनिद्रा दशा कहती है—

अर्थ—हे लाल! [भला] कहो [तो सही], तुम्हारे रूप की यह कौन [विलक्षण] रीति है [कि] जिससे पल मात्र लगते ही [फिर दृग पलक से पल भर नहीं लगते (छू जाते, अर्थात् पलकें खुली ही रहती हैं, नेत्रों पर ढँपती नहीं)॥

कालबूत दूती बिना जुरै न और उपाइ।
फिरि ताकें टारैं[२] बनै[३] पाकें प्रेम[४]-लदाइ॥ ३९९॥

शब्दार्थ—**कालबूत** = यह फारसी शब्द 'कालबुद' का अपभ्रंश है। इसका अर्थ वह ढाँचा है, जिस पर कोई वस्तु, आकार शुद्ध करने के निमित्त, चढ़ाई जाती है, जैसे टोपी का कालबूत, जूते का कालबूत इत्यादि। यहाँ कालबूत का अर्थ मिट्टी अथवा ईंट इत्यादि का वह ढाँचा है, जो छत अथवा द्वार का कड़ा जोड़ने के समय, सहारे के निमित्त, उसके नीचे दिया जाता है॥ **लदाइ (लदाव)** = छत अथवा द्वार के कड़े की जुड़ाई, जो कालबूत के सहारे की जाती है॥

अवतरण—पहले तो नायिका ने दूती के द्वारा नायक से प्रेम दृढ़ कर लिया और फिर उसको छाँटा बतलाकर अलग ही अलग मिलने जुलने लगी। उसके इसी व्यवहार पर दूती उसको उलाहना देती है—

---

१. **लागे (४)।**
२. **डारैं (५)।**
३. **लसै (२)।**
४. **प्रेमु (१)।**

अर्थ— दूती-रूपी कालबूत के बिना और [किसी] उपाय से [प्रेम-रूपी लदाव] नहीं जुड़ता। [पर] फिर [उस] प्रेम-रूपी लदाव के पक्के (भली-भाँति पुष्ट) हो जाने पर उसके (उस दूती से) टारे [ही] बन आता है॥

रह्यौ ऐंचि; अंतु न लहै[१] अवधि-दुसासनु बीरु।
आली, बाढ़तु बिरहु ज्यौं पंचाली कौ चीरु॥ ४००॥

शब्दार्थ—अवधि = सीमा। यहाँ अवधि का अर्थ प्रियतम के आने का निश्चित दिन है॥ **दुसासनु (दुःशासन)** = दुर्योधन का छोटा भाई। जब पांडव लोग जुए में द्रौपदी को हार गए, तो कौरवों ने उनके अपमान के निमित्त उसे भरी सभा में नंगी करना चाहा, पर जब दुःशासन उसका चीर खींचने लगा, तो श्रीकृष्णचंद्र के अनुग्रह से वह बढ़ने लगा; यहाँ तक कि चीर के ढेर लग गए, पर उसका अन्त न आया। **पंचाली (पांचाली)** = द्रौपदी॥

अवतरण—नायक परदेश गया है और जाते समय अपने लौटने का कोई दिन नियत कर गया है। प्रोषितपतिका नायिका के दिन, उसके वियोग में, बड़ी कठिनता से कटते हैं। यद्यपि प्रियतम की बदी हुई अवधि उसके विरह के समय को अपनी ओर खींच खींचकर कम करती जाती है, तथापि उसका दुःख प्रतिक्षण ऐसा बढ़ता जाता है कि उसको शेष समय उतना ही अधिक प्रतीत होता है, जितना समस्त अवधि का समय था। यही व्यथा नायिका सखी से कहती है—

अर्थ— हे सखी, [मेरा] विरह (विरह-दुःख का समय) द्रौपदी के चीर के समान बढ़ता [ही] जाता है। अवधि-रूपी वीर दुःशासन [उसे] खींच रहा है, [पर उसका] अंत नहीं पाता॥

यह[२] बरिया[३] नहिं और की; तूँ करिया बह सोधि।
पाहन-नाव चढ़ाइ जिहिं कीने[४] पार पयोधि॥ ४०१॥

शब्दार्थ—बरिया (वार) = अवसर॥ **करिया** = कर्ण संस्कृत में नाव की पतवारी को कहते हैं। उसी से यह शब्द बना है। इसका अर्थ पतवारी धारण करने वाला होता है॥

अवतरण—भक्त की उक्ति मन से अथवा गुरु की उक्ति शिष्य से—

अर्थ— यह अवसर (भव-सागर तरने का समय, अंत समय) और का नहीं है (अन्य किसी से काम चल जाने के योग्य नहीं है), [अतः] तू वह करिया (माँझी, केवट) सोध (सुधि कर, स्मरण कर), जिसने [करोड़ों भालु और कपि] पाहन (पाषाण) की नाव पर चढ़ाकर पयोधि (समुद्र) से पार कर दिए॥

यहाँ 'वह करिया' से श्रीरामचंद्र माने गए हैं, जिन्होंने समुद्र पर पत्थर तैरा कर, भालु, कपियों के पार जाने के निमित्त, लंका तक पुल बना दिया था॥

---

१. **लह्यौ (२)।**
२. **इहि (३, ४)।**
३. **बिरिया (३), बेरिया (४)।**
४. **कीनै (१, २)।**

पावक-झर तैं मेह[१]-झर दाहक दुसह बिसेखि।
दहै देह वाकै[२] परस[३] याहि दृगनु हीं देखि॥ ४०२॥

शब्दार्थ—झर = पहिले 'झर' शब्द का अर्थ लपट, ज्वाला अथवा दाह है और दूसरे का लगातार पानी बरसना॥ **बिसेखि** = विशेष समझ॥

अवतरण—प्रोषितपतिका नायिका की उक्ति सखी से—

अर्थ—[हे सखी,] पावक की झर (लपट) से मेघ की झड़ी को [तू] विशेष दुःसह जलाने वाली समझ, [क्योंकि] उसके (पावक-झर के) [तो] स्पर्श से देह जलती है, [पर] इसको (मेघ की झड़ी को) आँखों ही से देखकर॥

चलित[४] ललित, श्रम-स्वेदकन-कलित, अरुन मुख तैंन।
बन-बिहार थाकीतरुनि-खरे[५] थकाए नैन॥ ४०३॥

शब्दार्थ—ललित, श्रम-स्वेदकन-कलित, अरुन = ये तीनों 'मुख' के विशेषण हैं॥ **बन-विहार-थाकी-तरुनि-खरे थकाए** = यह सब एक समस्त पद है, और 'नैन' शब्द का विशेषण। इसका अर्थ हुआ, बन-बिहार में थकी हुई तरुणी के द्वारा भली भाँति थकाए हुए॥

अवतरण—बन-विहार में, श्रम के कारण, नायिका के मुख पर जो लाली तथा पसीने की बूँदें आ गई हैं, वे नायक को ऐसी अच्छी लगती हैं कि उसके नयन उसके मुख पर से टलते नहीं। सखी-वचन सखी से—

अर्थ—वन-विहार से थकी हुई तरुणी [की शोभा] के द्वारा खरे (भली भाँति) थकाए हुए (मोहित किए हुए) [नायक के] नयन ललित (सुन्दर), श्रम-स्वेदकन-कलित (परिश्रम से निकले हुए पसीने की बूँदों से मण्डित) [तथा] अरुण (लाल) मुख से चलित नहीं [होते]॥

'तैं', 'न', ये दोनों शब्द पृथक्-पृथक् हैं। यहाँ 'त' पंचमी की विभक्ति है॥

कुढँगु कोपु तजि रँग-रली करतिं[६] जुवति जग[७], जोइ।
पावस, गूढ़ न बात यह[८], बूढ़नु हूँ रँगु होइ॥ ४०४॥

शब्दार्थ—रँग-रली = आनन्द-क्रीड़ा॥ **जोइ** = देख॥ **गूढ़** = छिपी॥ **बूढ़नु** = व्रज में पावस की बुढ़िया अथवा डोकरी इन्द्रवधू अर्थात् बीरबहूटी को कहते हैं। केवल 'बूढ़' शब्द भी उसी अर्थ में प्रयुक्त होता है। उसी का बहुवचन 'बूढ़नु' हुआ। यह शब्द यहाँ श्लिष्ट है। इसका एक अर्थ तो बूढ़ों को है और दूसरा बीरबहूटियों को॥

---

१. मेघ (३, ५)।
२. वाकौं (३, ५)।
३. परसि (५)।
४. चलत (१, २, ५)।
५. खरैं (१)।
६. करत (१, ३), कर जुवती (५)।
७. जगु (१)।
८. इह (३, ५)।

अवतरण—मानिनी नायिका का मान छुड़ाने के निमित्त सखी कहती है कि पावस ऋतु में तो बूढ़ों को भी अनुराग उत्पन्न होता है, फिर तेरी सी युवतियों को ऐसे समय मान करना सर्वथा अयोग्य ही है, क्योंकि अनुराग के उद्‌गार के सम्मुख उसका स्थिर रहना असंभव है—

अर्थ—यह बात गूढ़ (छिपी हुई) नहीं है [कि] पावस (वर्षा ऋतु) में बूढ़ों (१. बुड्ढों; २. बीरबहूटियाँ) में भी रंग (१. अनुराग; २. रक्त-वर्ण) होता है (उत्पन्न होता है), [फिर युवतियों की तो बात ही क्या]। देख, कुढंगे (बुरी रीति वाले) कोप (रोष, मान) को छोड़कर जग में युवतियाँ (युवा अवस्था वाली स्त्रियाँ) रँग-रली कर रही हैं, [अतः तेरा भी ऐसा ही करना उचित है]॥

न जक धरत[1] हरि हिय धरैं[2], नाजुक कमला बाल।
भजत, भार-भय[3]-भीत ह्वै, घनु, चन्दनु, बनमाल॥ ४०५॥

शब्दार्थ—**भजत** = भोगते हुए, सेवन करते हुए॥ **घनु** = घनसार, कपूर॥

अवतरण—सखी नायिका से नायक का विरह-निवेदन बड़ी चातुरी से करती है। कहना तो वह यह चाहती है कि उनको तेरे विरह में घन, चन्दन, वनमाल इत्यादि सुखद नहीं हैं, पर उसी बात को वह यह कहकर व्यंजित करती है कि वह घन, चन्दन, वनमाल को धारण करके कल नहीं पाते, क्योंकि उनको यह आशंका होती है कि उनका भार उनके हृदय में बसी हुई तुझ कमला सी सुकुमारी बाला पर पड़ेगा—

अर्थ—हे कमला सी नाजुक (सुकुमारी) बाला! हरि [तुमको] हृदय में धरने के कारण भार-भय-भीत (तुझ पर भार पड़ने के भय से शंकित) होकर घन, चन्दन [तथा] वनमाल धारण करते हुए (अर्थात् धारण करके) जक (कल, चैन) नहीं धरते (नहीं पाते)॥

नासा मोरि, नचाइ जे[4] करी[5] कका की सौंह।
काँटे सी कसकैं[6] ति हिय[7] गड़ी[8] कँटीली भौंह॥ ४०६॥

शब्दार्थ—**कका** = काका अथवा कक्का पितृव्य को कहते हैं। कका काका का लघु रूप है। स्त्रियों का स्वभाव है कि वे अपनी बात को सच्ची प्रतीत कराने के निमित्त 'काका की सौंह', 'बाबा की सौंह' इत्यादि वाक्यों का प्रयोग करती हैं॥ **ति (ते)** = वे। **कँटीली** = कंटकित अर्थात् सात्त्विक के कारण खड़े हो गए बालों वाली॥

अवतरण—नायक ने नायिका को कहीं शून्य स्थान में पाकर उससे कुछ छेड़छाड़ की थी जिस पर नायिका ने नाक चढ़ाकर और भौंहों को नचाकर कहा था 'कि काका की सौंह,

---

१. **धरतिं** (३, ५)।
२. **धरत** (२)।
३. **भै** (१)।
४. **कै** (२, ३, ५), **दृग** (४)।
५. **करति** (२)।
६. **कसकति** (२, ३, ४, ५)।
७. **हियैं** (२, ३, ४, ५)।
८. **गड़ैं** (२)।

मुझको यह छेड़छाड़ अच्छी नहीं लगती' इत्यादि। ऊपर से तो उसने यह कहा, पर वास्तव में उसका हृदय भी नायक पर अनुरक्त हो गया था, जिससे सात्त्विक के कारण उसकी भौंहें कंटकित हो गई थीं। इस बात को नायक ने भाँप लिया। एक तो नायिका उसके हृदय को भा ही गई थी, दूसरे उसका अनुराग विदित होने से नायक उस पर और भी लुभा गया और अब उसका वियोग उसको साल रहा है। यह वृत्तांत वह उसकी सखी अथवा किसी दूती से कहकर नायिका को अपने से मिलाने की प्रार्थना करता है—

अर्थ— [उसने मेरे छेड़ने पर] नाक को मोड़ (चढ़ा) कर, [और] जिन [भौंहों] को नचाकर काका की सौंह (शपथ) की [कि तुम्हारी यह ढिठाई मुझे अच्छी नहीं लगती, इत्यादि] वे कँटीली (कंटकित) भौंहें मेरे हृदय में गड़ी [हुई] काँटे सी कसकती (खटकती, पीड़ा देती) हैं॥

इस दोहे के पाठ में हमारी पाँचों प्राचीन पुस्तकों में ऐसा अन्तर है कि अर्थ में बहुत अन्तर पड़ता है। हमने यहाँ पहली पुस्तक का पाठ ज्यों का त्यों रख दिया है, और पाठांतर पाद-टिप्पणी में दे दिए हैं। यह पाठ विशेष संबद्ध ज्ञात होता है॥

क्यौं बसियै, क्यौं निबहियै, नीति नेह-पुर नाँहि[१]।
लगालगी लोइन करैं, नाहक मन बँधि जाँहि[२]॥ ४०७॥

शब्दार्थ—लगालगी = यह शब्द यहाँ श्लिष्ट है। इसका पहला अर्थ देखा-देखी, लगावट, घूराघूरी है और दूसरा अर्थ लाग, दाँज, चोरों का उपद्रव॥ **बँधि जाँहि** = बँध जाते हैं। यह क्रिया भी यहाँ श्लिष्ट है। मन विषय के पक्ष में इसका अर्थ होगा अनुरक्त हो जाते हैं और मन में अनुक्तविषयी अन्य नगर निवासी के पक्ष में बाँध लिये जाते हैं, अर्थात् दण्ड के निमित्त बंधन में पड़ते हैं॥

अवतरण—पूर्वानुराग में नायिका अथवा नायक का वचन सखी अथवा सखा से—

अर्थ— नेह (स्नेह-रूपी) पुर में नीति (न्याय-पूर्वक शासन) नहीं है। [यहाँ] कैसे बसा जाये [तथा] कैसे निर्वाह किया जाये। [यहाँ की अनीति तो देखो कि] लगालगी [तो] लोचन [रूपी चोर] करते हैं, [और] नाहक (बिना अपराध ही के) बँध मन [रूपी अन्य भलेमानुस] जाते हैं॥

अन्याय यह है कि जो लोचन-रूपी चोर लगालगी करते हैं, वे तो नहीं बाँधे जाते, बाँधे जाते हैं मन रूपी निरपराध भलेमानुस॥

ललन-चलनु सुनि चुपु[३] रही, बोली आपु न ईठि।
राख्यौ[४] गहि गाढ़ैं गरैं मनौ गलगली डीठि॥ ४०८॥

शब्दार्थ—ईठि = इष्ट करके, प्रेम-पूर्वक॥ **गाढ़ैं** = गाढ़ता से, सर्वथा, भलीभाँति॥ **गरैं** = गले में, अर्थात् गले के स्थान में॥ **गलगली** = आँसुओं से भीगी हुई॥

---

१. नाहिं (५)।
२. जाहिं (५)।
३. चुप (४, ५)।
४. गाढ़ै गहि राख्यौ गरौ (२), राख्यौ मन गाढ़े गरे (४)।

अवतरण—नायक ने नायिका से अपने परदेश चलने का समाचार कहा। कहते समय नायक की आँखें प्रेम से डबडबा आईं। यह देखकर प्रवत्स्यत्पतिका नायिका ने उसका चलना सुन तो लिया, पर स्वयं वह प्रेम-पूर्वक न बोली; क्योंकि उसने सोचा कि एक तो नायक को आप ही परदेशगमन का दुःख ऐसा व्याप्त हो रहा है कि उसकी आँखें डबडबाई हुई हैं, दूसरे यदि मैं अपना विरह दुःख, प्रेम जताकर, कहने लगूँगी, तो उसको महान् कष्ट होगा। नायिका के इसी चुप रहने पर कोई सखी अन्य सखी से, उत्प्रेक्षा करके, कहती है कि मानो नायक की गलगली दृष्टि ने उसके गले में मार्ग रोक लिया, जिससे वह बोल न सकी—

अर्थ—ललन (प्रियतम) का चलना (परदेश-गमन) [उनके मुख से] सुनकर [वह प्रवत्स्यत्पतिका नायिका] चुप रह गई, [और] स्वयं [कुछ अपने विरह-दुःख-व्यंजक वचन] प्रेम-पूर्वक न बोली, मानो [उसके] गले में [प्रियतम की] डबडबाई हुई दृष्टि ने भलीभाँति पकड़ रखा (मार्ग रूँध रखा)॥

अपनी गरजनु बोलियतु, कहा निहोरौ तोहिं।
तू प्यारौ मो जीय कौं, मो ज्यौ[१] प्यारौ मोहिं॥ ४०९॥

शब्दार्थ—गरजनु = गरजों से। गरज़ अरबी भाषा का शब्द है, जिसका अर्थ प्रयोजन अर्थात् इष्टार्थ अथवा स्वार्थ है। उसी गरज़ शब्द का बहुवचन 'गरजनु' है॥ **निहोरौ** = कृतज्ञता, एहसान॥

अवतरण—नायक के अपराध पर रुष्ट होकर नायिका ने मौनावलंबन कर लिया था। नायक ने उसकी बहुत अनुनय विनय की; और अब उसके मान जाने पर कृतज्ञता प्रकाशित करता है। नायिका शिष्टाचार की रीति पर कहती है कि मेरे मान जाने का एहसान कुछ तुझ पर नहीं है, प्रत्युत मेरे प्राणों ही पर है। इसके कहने में वह, यह भी कहकर कि मेरा प्राण बिना तुझसे बोले शरीर में नहीं रह सकता, अपना प्रेमाधिक्य व्यंजित कर देती है, और यह भी ध्वनित करती है कि मैं केवल अपने प्राणों के मोह से तुझसे बोलती हूँ, कुछ तेरी सुश्रूषा से नहीं। यदि मैं अपने प्राणों का मोह छोड़ दूँगी, तो तेरा हाथ पाँव जोड़ना कुछ काम न आवेगा—

अर्थ—अपनी गरजों (स्वार्थों) से [तुझसे] बोला जाता है (मुझे बोलना पड़ता है) तुझपर [इस बोलने का] क्या निहोरा (एहसान) है, [कुछ मैं तेरी सुश्रूषा से प्रसन्न होकर नहीं बोलती हूँ कि इसका एहसान तुझपर हो। मैं तो केवल अपने प्राणों की रक्षा के निमित्त तुझसे बोलती हूँ, क्योंकि] तू [तो] मेरे जी को प्यारा है, [और] मेरा जी मुझे प्यारा है॥

रह्यौ चकितु चहुँघा चितै चितु मेरौ मति भूलि।
सूर उयैं[२] आए, रही दृगनु साँझ सी फूलि॥ ४१०॥

शब्दार्थ—साँझ सी फूलि = सूर्यास्त के समय जो लाली पश्चिम दिशा में छा जाती है, उसको वाक्य व्यवहार में साँझ फूलना कहते हैं॥

अवतरण—खंडिता नायिका की उक्ति नायक से—

---

१. **जिय (३, ५)।**
२. **उदै (२, ३, ४, ५)।**

अर्थ—[तुम मेरे यहाँ] आए [तो] सूर्य के उगने पर हो, [पर तुम्हारी] आँखों में साँझ सी फूल रही है (लाली छा रही है), [जिससे विदित होता है कि तुम रात भर किसी अन्य स्त्री के साथ जागे हो। अत:] मेरा चकित (विस्मित) चित्त [प्रात:काल तथा संध्या, दोनों को एक साथ ही देख] मति (बुद्धि) भूलकर चारों ओर देख रहा है [कि वास्तव में इस समय सूर्य उदयाचल पर है अथवा अस्ताचल पर]॥

अति अगाधु, अति औथरौ[१] नदी, कूपु, सरु, बाइ।
सो ताकौ सागरु, जहाँ[२] जाकी[३] प्यास[४] बुझाइ॥ ४११॥

शब्दार्थ—अगाधु = अथाह॥ **औथरौ** = छिछला॥ **बाइ (वापी)** = बावली॥

अवतरण—कवि की प्रास्ताविक उक्ति है कि जिससे जिसका अभीष्ट सध जाये, वही उसके निमित्त सब कुछ है, चाहे वह बड़ा हो अथवा छोटा—

अर्थ—नदी, कूप, सर, वापी [कुछ भी हो, और वह भी चाहे] अति अगाध [हो अथवा] अति औथरा; जिसकी प्यास जहाँ (जिस जलाशय से) बुझे, वही उसको (उसके लिए) सागर है॥

कपट सतर भौंहैं करीं, मुख अनखौंहैं बैन।
सहज हसौंहैं जानि कै[५] सौंहैं करति न नैन॥ ४१२॥

शब्दार्थ—सतर = कड़ी, तर्जन-युक्त॥ **अनखौंहैं** = क्रोधयुत॥

अवतरण—नायिका ने लीला तथा परिहास के निमित्त कपट-मान किया है; पर यह समझकर कि मेरी आँखें स्वभावत: हँसीली हैं, वह उनको नायक के सामने नहीं करती। वह समझती है कि यदि मैं नायक से आँखें मिलाऊँगी, तो इनमें हँसी आ जायेगी, और यह मान का ढोंग खुल जायेगा। सखी-वचन सखी से—

अर्थ—कपट से [अपनी] भौंहें [तो इसने] सतर (तनेनी) कर ली हैं, [और] मुख में अनखौंहें (अप्रसन्नता सूचक) वचन [किए, अर्थात् बसा रखे हैं]। [पर अपने] नयनों को सहज (स्वभाव ही से] हसौंहें (हँसोड़) जानकर [नायक के] सामने नहीं करती॥

मानहु बिधि तन-अच्छछबि स्वच्छ राखिबैं काज।
दृग-पग-पोंछन कौं करे[६] भूषन पायंदाज॥ ४१३॥

शब्दार्थ—पायंदाज (फा०) = पावदान, वह टाट जो स्वच्छ बिछौने के पास बिछा दिया जाता है, जिस पर पैर पोंछकर लोग बिछौने पर जाते हैं, जिसमें बिछौना मैला न हो॥

अवतरण—नायिका के शरीर की गुराई की प्रशंसा सखी नायक से करती है—

---

१. औतरौ (३, ५)।
२. तहाँ (२)।
३. ताकी (२)।
४. तृषा (३, ५)।
५. करि (१, २, ४)।
६. किए (३, ५)।

अर्थ—[उसके शरीर की शोभा ऐसी उज्जवल है कि उसके आगे कनक के भूषण ऐसे जान पड़ते हैं, जैसे स्वच्छ बिछौने के आगे पायंदाज; अतः यह जान पड़ता है कि] मानो बिधाता ने [उसके] तन की 'अच्छ' (उज्ज्वल) छवि को स्वच्छ (विमल) रखने के निमित्त आँखों के पाँवों को पोंछने के लिए भूषण पायंदाज (पाँव-पुछने) किए (बनाए हैं)॥

बिरह-बिथा-जल-परस[1]-बिन बसियतु मो-मन[2]-ताल।
कछु जानत जल-थंभ-बिधि दुर्जोधन[3] लौं, लाल॥ ४१४॥

शब्दार्थ—जल-थंभ-बिधि = ऐसा कोई प्रयोग, जिससे जल के प्रभाव का स्तम्भन हो जाये॥ **दुर्जोधन (दुर्योधन)** = दुर्योधन को जल-स्तंभन-क्रिया आती थी, जिसके प्रभाव से वह ताल में छिपा रहा और जल से उसे कोई बाधा नहीं पहुँची॥

अवतरण—पूर्वानुरागिनी नायिका ने नायक को पत्र में यह दोहा लिखा है—

अर्थ—हे लाल, [ज्ञात होता है कि तुम] दुर्योधन की भाँति कुछ जल स्तंभन की बिधि जानते हो, [क्योंकि] विरह-व्यथा-रूपी जल के स्पर्श बिना [तुमसे] मेरे मनरूपी ताल में [जिसमें वह विरह-व्यथा-रूपी जल भरा है] बसा जाता है। [भावार्थ यह कि तुम बसते तो मेरे मन में हो, जो विरह-व्यथा से पूर्ण है, पर तुमको वह व्यथा स्पर्श भी नहीं करती]॥

रुख रूखी मिस-रोष, मुख कहति रुखौंहैं बैन।
रूखे कैसैं होत ए नेह चीकने नैन॥ ४१५॥

अवतरण—परकीया नायिका उपपति से, सखी के सामने, प्रेम छिपाने के निमित्त, रूखा रुख करके, रूखी बातें करती हैं, पर उसके स्निग्ध नयनों से सखी उसका प्रेम लक्षित करके कहती है—

अर्थ—बनावटी रोष से [तेरी] चेष्टा रूखी [हो रही है, और तू] मुँह से रूखे वचन कहती है, [पर तेरे] ये स्नेह से चिकनाए हुए नयन [भला] कैसे रूखे होते (हो सकते) हैं [अर्थात् स्निग्ध नयनों से तेरा प्रेम लक्षित होता है]॥

पति-रितु-औगुन-गुन बढ़तु मागु, माह कौ सीतु।
जातु कठिन ह्वै अति मृदौ रवनी[4]-मनु, नवनीतु॥ ४१६॥

शब्दार्थ—माह = माघ॥ **रवनी (रमणी)** = स्त्री॥ **नवनीतु** = मक्खन॥

अवतरण—मानिनी नायिका की सखी नायक से कहती है कि उसका मान करना कुछ अन्यथा नहीं है। आप ही के अपराध से यह हुआ है। इस दोहे को कवि की प्रास्ताविक उक्ति भी मान सकते हैं—

अर्थ—पति [तथा] ऋतु के अवगुण (अपराध) [तथा] गुण (स्वभाव) से मान [तथा] माघ महीने का शीत बढ़ता है, [और उससे] रमणी का मन

---

१. **परसि (१), परसु (४)।**
२. **जिय (१, ४), हिय (२)।**
३. **दुरजोधन (३)।**
४. **रमनी (१)।**

[तथा] मक्खन अति मृदुल [होने पर] भी कठिन (१. निष्ठुर; २. कड़ा) हो जाता है॥

इस दोहे में संज्ञाएँ यथासंख्य आई हैं॥

त्यौं त्यौं प्यासेई रहत[१] ज्यौं ज्यौं पियत[२] अघाइ।
सगुन सलोने रूप की[३] जु[४] न चख-तृषा बुझाइ॥ ४१७॥

शब्दार्थ—सगुन = अपने गुण अर्थात् प्रभाव से संपन्न। सलोने रूप के पक्ष में इसका अर्थ ललचाने की शक्तियुत एवं रूप में आरोप्य अनुक्त सलोने जल के पक्ष में इसका अर्थ प्यास लगाने की शक्तियुत, होगा॥ **जु (जो)** = इस शब्द का प्रयोग इस दोहे में व्रजभाषा के विशेष व्यवहार के अनुसार हुआ है। अतः इसके अर्थ में उलझन पड़ती है। इस 'जु' (जो) का प्रयोग 'क्योंकि' के अर्थ में समझना चाहिए॥

अवतरण—नायिका नायक को बार बार बड़े प्रेम से देखती है। सखी उसको लोकापवाद के भय से ऐसा करने से रोकती है। इस पर नायिका कहती है—

अर्थ—[मेरे नयन-रूपी प्यासे] ज्यों ज्यों [उसको अर्थात् 'सगुन सलोने रूप' को] अघा कर पीते हैं, त्यों त्यों प्यासे ही रहते हैं, क्योंकि [अपने स्वाभाविक अर्थात् प्यास लगने वाले] गुण से सम्पन्न, सलोने (१. सुन्दर; २. लावण्य-युत) रूप-रूपी जल से उत्पन्न की हुई 'चख-तृषा' (आँखों की तृषा अर्थात् दिखसाध) [उससे अर्थात् 'सगुन सलोने' रूप-रूपी जल से] बुझती नहीं, [प्रत्युत बढ़ती ही जाती है]॥

अरुन-बरन तरुनी-चरन अँगुरी अति सुकुमार।
चुवत[५] सुरँग रँगु सी मनौ चपि बिछियनु कैं भार॥ ४१८॥

शब्दार्थ—सुरँगु रँगु = लाल कीट का रंग अथवा आलक्तक का रंग॥ **चपि** = दबकर॥

अवतरण—सखी अथवा दूती नायक से नायिका की पदांगुलियों की अरुणाई तथा सुकुमारता की प्रशंसा करके रुचि उपजाती है—

अर्थ—[उस] तरुणी के चरणों की लाल अँगुलियाँ अति सुकुमार हैं। मानो [सुकुमारता के कारण] बिछियों [ही] के भार से दबकर चूते हुए सुरँग रंग सी (टपकते हुए आलक्तक के रंग की बूँद सी) [हो रही हैं]॥

मोर-मुकट[६] की चंद्रिकनु[७] ज्यौं राजत नँदनंद।
मनु ससिसेखर की अकस किय सेखर[८] सत चंद॥ ४१९॥

---

१. रहैं (१)।
२. पिवत (२, ३), पीत (५)।
३. कौं (१, २)।
४. जनु (३)।
५. चुवति (१, ४)।
६. मुकुट (२, ३, ४, ५)।
७. चंद्रकनि (३), चंद्रकन (५)।
८. सतसेखर (३)।

शब्दार्थ—चंद्रिकनु = चंद्रिकाओं से। मोर के पंखों में जो चंद्राकार चमकीले चिह्न होते हैं, वे चंद्रक कहलाते हैं। बिहारी ने उसी चंद्रक शब्द के स्त्रीलिंग रूप 'चंद्रिका' का प्रयोग इस दोहे में तथा ६७६ संख्यक दोहे में किया है॥ **नँदनंद** = नँदनंदन अर्थात् श्रीकृष्णचंद्र॥ **ससिसेखर (शशि-शेखर)** = महादेवजी, जिनके मस्तक पर चंद्रमा है॥ **अकस (अरबी अक्स)** = इस शब्द का मुख्यार्थ उलटा है, पर उर्दू तथा हिन्दी में यह वैर के अर्थ में भी प्रयुक्त होता है॥

अवतरण—सखी, नायिका से मयूर-मुकुटधारी श्रीकृष्णचंद्र की शोभा का वर्णन करके, उसके चित्त में उस अद्‌भुत शोभा के देखने की लालसा उत्पन्न करना और उससे अभिसार कराना चाहती है—

अर्थ—मोरमुकुट की चंद्रिकाओं से श्रीकृष्णचंद्र ऐसे विराजमान हैं (सुशोभित हैं), मानो शशिशेखर की अकस किए हुए [जो है, सो अर्थात् कामदेव अपने] मस्तक पर सौ चन्द्रमा से [शोभित है]॥

अधर धरत हरि कैं, परत ओठ-डीठि-पट-जोति।
हरति बाँस की बाँसुरी इंद्रधनुष-रंग[1] होति॥ ४२०॥

अवतरण—सखी श्रीकृष्णचंद्र को बाँसुरी बजाते देख आई है, और श्रीराधिकाजी से उसकी प्रशंसा करके उनको उसके दिखाने के व्याज से ले जाना चाहती है। हरि के सामीप्य से एक सामान्य बाँसुरी का इन्द्रधनुष के रंग की हो जाना कह कर वह यह व्यंजित करती है कि यदि आप उनके समीप चलेंगी, तो आपकी शोभा भी बड़ी रँगीली हो जायेगी। वह ओठ, नेत्र तथा पट की ज्योति से बाँसुरी का इन्द्रधनुष के रंग की हो जाना कहकर श्रीकृष्णचंद्र के अधर की ललाई, नेत्रों की श्यामता एवं पट की पियराई का अति चटक तथा प्रभा देने वाली होना भी व्यंजित करती है—

अर्थ—हरि के [अपने] अधर पर [बाँसुरी] धारण करते [ही और उस पर उनके] ओठ, दृष्टि [तथा] पट की ज्योति (झलक) पड़ते [ही वह] हरित (हरे) बाँस की बाँसुरी इंद्रधनुष-रंग (इंद्रधनुष के रंग की) हो जाती है॥

तौ अनेक औगुन-भरिहिं[2] चाहै याहि बलाइ।
जौ पति संपति हूँ बिना जदुपति राखे[3] जाइ॥ ४२१॥

शब्दार्थ—औगुन (अवगुण) = सद्‌गुणों का अभाव, दुर्गुण॥ **बलाइ** = फारसी भाषा में 'बला' विपत्ति को कहते हैं। उर्दू तथा भाषा की बोलचाल में 'यह काम मेरी बला अथवा बलाय करे', का अर्थ होता है, मैं यह काम कभी नहीं करूँगा॥ **पति** = लज्जा॥

अवतरण—कवि की प्रास्ताविक उक्ति है कि संपत्ति की आवश्यकता तो केवल संसार में लज्जा रखने के लिए है। यदि उसके बिना ही भगवान् लज्जा रखे जायें, तो फिर इस अनेक दुर्गुणों से भरी हुई संपत्ति को चाहना केवल बला मोल लेना है—

अर्थ—यदि सम्पत्ति के बिना भी यदुपति (श्रीकृष्णचन्द्र) पति रखे जायें (निबाहे जायें), तो [फिर] अनेक अवगुणों से भरी हुई इस [सम्पत्ति] को [मेरी

---

१. छवि (४)।
२. भरी (३, ४, ५)।
३. राखै (१, २), राखैं (३)।

अथवा अन्य किसी भी मनुष्य की] बलाय चाहे ॥

प्रीतम-दृग-मिहचत[१] प्रिया पानि-परस-सुखु पाइ।
जानि पिछानि अजान लौं नैंकु न होति जनाइ[२] ॥ ४२२ ॥

शब्दार्थ—जनाइ = लक्षित।

अवतरण—नायिका सखियों के बीच में खड़ी है। नायक पीछे से आकर अपने हाथों से उसकी आँखें बंद कर लेता है। नायिका नायक के कर स्पर्श का सुख पाकर, उसे पहचान कर भी अनजान सी बन जाती है और उसे अपना पहचान लेना लक्षित नहीं होने देती, जिसमें उसे कर-स्पर्श का सुख कुछ देर तक मिलता रहे। कारण, इस आँख-मिचौनी के परिहास में जब आँखें बन्द करने वाले को वह व्यक्ति, जिसकी आँखें बन्द की जाती हैं, पहचान लेता है, तो आँखें बन्द कर लेने वाला हँसकर हाथ हटा लेता है। सखी-वचन सखी से—

अर्थ—प्रियतम के दृग मीचते [ही] प्रिया (प्यारी नायिका), हाथ के स्पर्श का सुख पाकर, [यद्यपि आँख मीचने वाले को पहचान तो गई, पर इस अभिप्राय से कि स्पर्श का सुख कुछ समय तक प्राप्त रहे, वह जान पहचान कर भी अनजान सी बनी रही और उसने अनजान बनने की क्रिया ऐसी चातुरी से की कि वह] जान पहचान कर [भी] अनजान सी [बनी हुई] किंचिन्मात्र [भी] लक्षित नहीं हुई ॥

देखौं[३] जागत[४] वैसियै साँकर लगी कपाट।
कित ह्वै आवतु, जातु भजि, को जानै, किहिं बाट ॥ ४२३ ॥

अवतरण—नायिका नायक को स्वप्न में देखा करती है, पर अपने भोलेपन तथा प्रेम की मुग्धता से समझती है कि वास्तव में वह मेरे सोते समय आता है, पर फिर किवाड़ों में ज्यों की त्यों साँकर लगी हुई देखकर वह चकित हो जाती है कि नायक किस बाट से आता-जाता है। यही बात वह अपनी अंतरंगिनी सखी से अथवा अपने मन में, कहती है—

अर्थ—जागकर [तो मैं] कपाट (किवाड़) में वैसी ही [जैसी मैं सोने के पहले लगा देती हूँ] साँकर लगी हुई देखती हूँ, [पर वह जो मेरे सोते समय आता है, सो] कौन जाने किस ओर से होकर (किस मार्ग से) आता है, [और फिर] किस बाट (मार्ग) से भाग जाता है ॥

करु उठाइ घूँघटु[५] करत उझरत[६] पट-गुझरौट[७]।
सुख-मोटैं लूटीं ललन लखि ललना की लौट[८] ॥ ४२४ ॥

---

१. मीचत (३, ५)।
२. लखाइ (२, ३, ५)।
३. देख्यो (४)।
४. जागित (१, ४), गति तौ (२)।
५. घूँघट (५)।
६. उसरत (२, ४)।
७. गुझरोट (३, ५)।
८. लौंट (२)।

शब्दार्थ—गुझरौट = आँचल का वह सिमटन पड़ा हुआ भाग, जो हाथ को ढके रहता है ॥ **लौट** = अन्य टीकाकारों ने, इस दोहे में, 'लौट' के स्थान पर 'लोट' पाठ मानकर, उसका अर्थ 'त्रिबली' अथवा 'पेटी' किया है। पर 'गुझरौट' के अनुरोध से यह शब्द 'लोट' नहीं हो सकता। इसे 'लोट' करने से 'गुझरौट' को 'गुझरोट' करना पड़ता है, जो उच्चारण-व्यवहार में सुनने में नहीं आता। अतः हमने 'लौट' का अर्थ 'लौट पड़ना', 'घूम जाना' किया है। यदि 'गुझरौट' का उच्चारण 'गुझरोट' होना माना जाये, तो 'लौट' के स्थान पर 'लोट' पाठ ठीक हो सकता है और उसी अवस्था में इसका अर्थ 'त्रिबली' अथवा 'पेटी' माना जा सकता है ॥

अवतरण—नायक को देखकर नायिका ने जो घूँघट करने के निमित्त हाथ उठाया, तो उसका गुझरौट ऊपर को उठ गया, जिससे उसके आँचल के नीचे के अंग खुलने लगे। अतः उनको नायक की दृष्टि से बचाने के निमित्त वह बड़ी शीघ्रता से पीछे की ओर लौट पड़ी। उसकी यह लौट देखकर नायक को बड़ा आनन्द प्राप्त हुआ। सखी वचन सखी से—

अर्थ—[उसके] हाथ उठाकर घूँघट करने में पट के गुझरौटे के 'उझरत' (ऊपर की ओर सरकते) [ही] ललना (नायिका) की लौट देखकर 'ललन' (नायक) ने सुख की मोटें (गठरियाँ) लूटीं ॥

करौ कुबत जगु, कुटिलता तजौं न, दीनदयाल।
दुखी होहुगे सरल हिय बसत, त्रिभंगी लाल ॥ ४२५ ॥

शब्दार्थ—कुबत = बुरी बात, बुराई, निन्दा ॥ **कुटिलता** = (१) बुराई; (२) टेढ़ाई। **सरल** = (१) शुद्ध, कपटहीन; (२) सीधे ॥ **त्रिभंगी** = तीन जगह से टेढ़े ॥

अवतरण—भक्त की उक्ति भगवान् से—

अर्थ—हे दीनदयालु, [मैं आपको अपने हृदय में बसाने के निमित्त ऐसा दीन और आतुर हो रहा हूँ कि यद्यपि] जगत् [मेरी] निन्दा किया करे (करता रहे), [तथापि मैं अपनी] कुटिलता न तजूँगा। [क्योंकि यदि मैं कुटिलता छोड़ दूँगा, तो मेरा हृदय सरल हो जायेगा और फिर] हे त्रिभंगी लाल, [तुम] सरल (सीधे) हृदय में बसते हुए दुखी होगे (कष्ट पाओगे) [क्योंकि टेढ़ी वस्तु सीधी वस्तु के भीतर नहीं रह सकती। कहावत भी है कि सीधी मियान में, टेढ़ी तलवार नहीं रहती] ॥

कवि अथवा इस दोहे का वक्ता भक्त त्रिभंगी लाल को हृदय में बसाने के निमित्त ऐसा दीन हो रहा है कि यह जानकर भी कि मेरी कुटिलता की निन्दा जगत् में हो रही है, वह अपने हृदय को सीधा नहीं करना चाहता, क्योंकि उसकी यह धारणा है कि यदि मैं सीधा हो जाऊँगा, तो वह तीन जगह से टेढ़े भगवान् मुझमें कैसे बसेंगे। अतः वह कुटिलता रखने ही में अपने को परम दीन मान कर भगवान् को 'दीनदयाल' शब्द से संबोधित करता है ॥

निज करनी सकुचेहिं कत सकुचावत इहिं चाल।
मोहूँ से नित-बिमुख-त्यौं[1] सनमुख रहि, गोपाल ॥ ४२६ ॥

---

१. सौं (२)।

शब्दार्थ—बिमुख = किसी की ओर से मुख फेरकर रहने वाला, अर्थात् उसको न मानने वाला॥ **त्यौं** = ओर॥ **सनमुख** = किसी की ओर मुख किए हुए, अर्थात् उनके सानुकूल॥

अवतरण—कोई अपनी करनी से अति संकुचित भक्त वृंदावन-बिहारी श्रीगोपाल लाल को अपने ऊपर भी कृपा करते जान, अति संकुचित होकर, कहता है—

अर्थ—हे गोपाल! अपनी [बुरी] करनियों से सकुचे हुए (लज्जित) को [अपनी] इस चाल (कृपा की रीति) से, [अर्थात्] मुझ ऐसे भी नित्य-विमुख की ओर सन्मुख रहकर, [आप और भी अधिक] क्यों सकुचाते (लज्जित करते) हैं॥

मोहिं तुम्हैं[1] बाढ़ी बहस[2], को जीतै, जदुराज।
अपनैं अपनैं बिरद की दुहूँ निबाहन लाज॥ ४२७॥

शब्दार्थ—बहस = विवाद। यह अरबी भाषा का शब्द है॥ **बिरद (विरुद)** = जिस क्रिया से किसी मनुष्य का नाम विख्यात हो जाता है, उस क्रिया से बना हुआ विशेषण उस मनुष्य का विरुद कहलाता है; जैसे ईश्वर पतितों को पावन करने में विख्यात होने के कारण 'पतित-पावन' कहलाते हैं। विरुद शब्द प्रायः प्रशंसात्मक विशेषण ही के लिए प्रयुक्त होता है; किन्तु इस दोहे में प्रशंसात्मक तथा निंदात्मक, दोनों ही प्रकारों के विशेषणों के निमित्त प्रयुक्त हुआ है।

अवतरण—कोई श्रीकृष्णचंद्र का उपासक अपनी भावना के अनुसार उनको राजा समझकर बड़ी चातुरी से, इस दोहे के द्वारा, उनको आन दिलाता है, जिसमें वे ताव में आकर उसे चटपट तार दें। राजा लोग स्वभावतः शीघ्र ही ताव में आ जाते हैं और करनी न करनी, सब कुछ उस ताव में कर डालते हैं। इसीलिए यहाँ 'जदुराज' नाम प्रयुक्त किया गया है—

अर्थ—हे यदुराज! मुझसे तुमसे 'बहस' बढ़ी है, [देखें तो] कौन जीतता है। अपने अपने विरुद की लज्जा का निर्वाह दोनों ही को करना है [इधर मेरा नाम तो पतित है, सो मैं तो पतितों की जो करनी होती है, उसको, अपने नाम की लज्जा रखने के निमित्त, छोड़ने का नहीं। उधर तुम्हारा नाम पतित-पावन है, सो तुम भी, अपने नाम का निर्वाह करने के निमित्त, मेरे पातकों को नष्ट करके मुझे पावन करते ही चलोगे। अतएव अब देखना यही है कि अन्त में मैं पाप करते करते थक जाता हूँ और तुम मुझे पावन कर ही के छोड़ते हो, अथवा तुम पावन करते करते मेरे पातकों से घबराकर हार जाते हो और अपना 'पतितपाबन' विरुद छोड़ देते हो]॥

दूरि भजत प्रभु पीठि दै गुन-बिस्तारन-काल।
प्रगटत निर्गुन निकट रहि[3] चंग-रंग भूपाल॥ ४२८॥

---

१. तुमहिं (३, ५)।
२. बहसि (३, ४, ५)।
३. है (२)।

शब्दार्थ—पीठि दै = मुँह फेरकर। स्मरण रहे कि पतंग का वह पार्श्व, जिस ओर बाँस की कमाची लगी रहती है, उसका पेट अथवा छाती कहलाता है और दूसरा पार्श्व पीठ। गुड्डी के उड़ाने में उसकी पीठ उड़ानेवाले की ओर रहती है और भागनेवाले की पीठ भी जिससे वह भागता है, उसकी ओर रहती है। इसी सादृश्य से 'पीठि दै' क्रिया विशेषण का प्रयोग कवि ने किया है॥ **गुन (गुण)** = यह शब्द यहाँ श्लिष्ट है। पतंग के पक्ष में इसका अर्थ डोरा और ईश्वर के पक्ष में इसका अर्थ प्रकृति-भाव है॥ **बिस्तारन** = बढ़ाना। पतंग-पक्ष में 'गुन-बिस्तारन' का अर्थ डोरे का बढ़ाना और ईश्वर पक्ष में इसका अर्थ उसके गुणों का वैभव वर्णन करना होता है॥ **निर्गुन (निर्गुण)** = पतंग पक्ष में इसका अर्थ डोरारहित और ईश्वर-पक्ष में इसका अर्थ त्रिगुणातीत होता है॥ **चंग-रंग** = चंग अर्थात् पतंग की भाँति॥ **भूपाल** = पृथ्वी का पालन करने वाला। इस 'भूपाल' शब्द के स्थान पर अनेक ग्रंथों में 'गोपाल' पाठ मिलता है, पर यह संस्करण जिन पाँच प्राचीन पुस्तकों के आधार पर संपादित हुआ है, उसमें 'भूपाल' ही पाठ है, अत: यही पाठ यहाँ रखा गया है॥

अवतरण १—इस दोहे में कवि निर्गुणोपासना का समर्थन करता है। वह कहता है कि सगुणोपासना में तो प्रभु के गुणों का, अनंत तथा अनीह होने के कारण, पार नहीं मिलता। अत: ज्यों-ज्यों उनका विस्तार किया जाता है, त्यों त्यों प्रभु दूर ही होते जाते हैं, पर निर्गुण-स्वरूप से सबके निकट ही, अर्थात् अंत:करण ही में, मिल जाते हैं, क्योंकि वह भूपाल, अर्थात् पृथ्वी भर का पालन करने वाले सर्वव्यापी हैं। इसी बात को कवि बड़ी चातुरी से, उनकी उपमा चंग, अर्थात् गुड्डी से देकर एवं गुण शब्द का श्लिष्ट प्रयोग करके, कहता है—

अर्थ १—गुण-विस्तार करने के समय प्रभु पतंग की भाँति पीठ देकर दूर भागते हैं, [पर] निर्गुण रूप से (१. गुणों के बखेड़े से रहित होकर; २. डोरी से रहित होकर) भूपाल (भुवनपालक) निकटवर्ती होकर प्रकट होते हैं [पतंग का उड़ानेवाला ज्यों ज्यों उसकी डोरी को विस्तृत करता जाता है, त्यों त्यों पतंग उससे दूर ही होती जाती है, पर जब वह उसको बिना डोरी का कर देता है, अर्थात् उसकी डोरी समेट लेता है, तब वह उसके हाथ में आ जाती है। इसी प्रकार ईश्वर भी उसके गुण का विस्तार करने से दूर हो जाता है, पर निर्गुण रूप में, सर्वव्यापी होने के कारण, निकट ही, अर्थात् अपने ही में, रहता है]॥

दोहे के पूर्वार्द्ध में कवि ने 'प्रभु' शब्द का प्रयोग किया है, क्योंकि सगुणोपासना में सेव्य-सेवकभाव रहता है, जिसमें बड़ा अंतर है, पर उत्तरार्द्ध में उसने 'भूपाल' शब्द का प्रयोग करके उसके सर्व-व्यापित्व का भाव दर्शाया है। इस भाव में सृष्टि तथा सृष्टिकर्ता में अंतर का अभाव हो जाता है। यद्यपि पालक तथा पाल्य में भी भेद है, पर यहाँ 'भूपाल' शब्द से सर्वव्यापी ही का भाव कवि ने ग्रहण किया॥

अवतरण २—इस दोहे का अर्थ राजाओं के गुणियों से दूर तथा गुणहीनों से लिप्त रहने पर भी लगता है और वह अर्थ विशेष सरल तथा स्पष्ट भी है एवं भूपाल शब्द से पोषित भी होता है। अत: वह अर्थ भी नीचे लिखा जाता है—

अर्थ २—[अपने] गुणों (१. कलाकौशलादि; २. डोरी) को विस्तृत (१. विस्तारपूर्वक प्रकट; २. लम्बी) करने के समय प्रभु (राजा) पीठ देकर दूर भागता है और निर्गुण (१. गुणहीन; २. डोरी-हीन) के निकट रहकर भूपाल (राजा) चंग-रंग (गुड्डी की रीति) प्रकट करता है॥

इस अर्थ में 'निर्गुण-निकट' को एक समस्त पद तथा 'चंग-रंग' को 'प्रगटत' क्रिया का कर्म मानना चाहिए॥

कहै यहै श्रुति[१] सुम्रत्यौ, यहै[२] सयाने लोग।
तीन दबावत निसकहीं[३] पातक, राजा, रोग॥ ४२९॥

शब्दार्थ—श्रुति = बेद॥ **सुम्रत्यौ** = स्मृति भी॥ **सयाने** = सज्ञान॥ **निसकहीं** = शक्तिहीन ही को, निर्बल ही को।।

अवतरण—कवि की प्रस्ताविक उक्ति है कि पातक, राजा तथा रोग , ये तीनों निर्बल ही को दबाते हैं। अपनी इस उक्ति के विषय में कवि कहता है कि यही बात श्रुति, स्मृति तथा ज्ञानवान् पुरुष भी कहते हैं—

अर्थ—यही [बात] श्रुति [और] स्मृति भी कहती हैं, [और] यही ज्ञानी लोग [भी कि संसार में ये] तीन, [अर्थात्] पातक, राजा [और] रोग, निर्बल ही को दबाते हैं (दु:ख देते हैं)॥

सो सिर धरि महिमा मही[४] लहियति[५] राजा राइ।
प्रगटत जड़ता अपनियै[६] सु मुकटु[७] पहिरत पाइ॥ ४३०॥

अवतरण—कवि की उक्ति है कि जो वस्तु अथवा मनुष्य आदर के योग्य है, उसका निरादर करने से निरादर करने वाले ही की जड़ता प्रकट होती है—

अर्थ—जो [मुकुट] सिर पर धारण करके मही [पृथ्वी] में राजा राइ के द्वारा महिमा (बड़ाई) पाई जाती है, वह मुकुट पाँव में पहनते समय [पहनने वाला] अपनी ही जड़ता प्रकट करता है [उस मुकुट की गुणहीनता नहीं]॥

'मही' को 'महिमा' शब्द का विशेषण भी मान सकते हैं॥

को कहि सकै बड़ेनु सौं[८] लखैंबड़ीयौ[९] भूल।
दीने दई गुलाब की[१०] इन[११] डारनु वे फूल॥ ४३१॥

अवतरण—कवि की प्रास्ताविक उक्ति है कि बड़े लोगों से यदि कोई बड़ी भूल हो भी जाती है, तो भी उनको कोई कुछ नहीं कहता। अपने इस कथन की पुष्टि में वह कहता है कि

---

१. सुस्रृतु सुम्रिति (१), सुश्रुत समृति (३, ५), सो श्रुति सुमृति (४)।
२. यही (५)।
३. निसकहै (२), निकसही (४), निकसहूँ (५)।
४. मही (२, ४, ५)।
५. लहियत (२, ३, ५)।
६. आपनी (२, ४)।
७. मुकुट सु (४)।
८. कों (३, ४)।
९. बड़ी यै (२), बड़ी इहि (५)।
१०. कों (२, ४)।
११. उनि (२)।

देखो, गुलाब की ऐसी कँटीली तथा सूखी साखी डालियों में यद्यपि विधाता ने ऐसे सुन्दर, कोमल तथा सुगंधित पुष्प दिए हैं, जो कि वास्तव में बड़ी भूल की बात है, तथापि उसे कोई कुछ कह नहीं सकता—

अर्थ—[देखो,] दई [दैव] ने गुलाब की इन [सूखी तथा कँटीली] डालियों में वे [सुन्दर, कोमल तथा सुगन्धित] पुष्प [जो कि चैत्र मास में देखने में आए थे] दिए। [यह वास्तव में बड़ा अयोग्य संघटन है, पर दैव से कोई कुछ कह नहीं सकता, क्योंकि] बड़ों से [उनकी] बड़ी भूल देखने पर भी कौन कह सकता है [कि यह भूल है]॥

'इन डारनु वे फूल' के स्थान पर 'इन डारनु ये फूल' पाठ होता, जैसा कि कृष्ण कवि तथा हरिचरणदास की टीकाओं में है, तो अर्थ बहुत स्पष्ट होता, पर हमारी पाँचों प्राचीन पुस्तकों में 'वे फूल' ही पाठ है, अतः वही इस संस्करण में रखा गया है। इस पाठ के अनुसार गुलाब की डालियों को ग्रीष्म ऋतु में शुष्क दशा में देखकर और चैत्र मास के सुन्दर पुष्पों का स्मरण करके इस दोहे का कहा जाना मानना पड़ता है॥

समै समै सुन्दर[1] सबै, रूपु कुरूपु न कोइ।
मन की रुचि जेती जितै, तित[2] तेती रुचि होइ॥ ४३२॥

अवतरण—कवि की प्रास्ताविक उक्ति है कि मनुष्य को संसार की सब वस्तुएँ समय समय पर अपनी रुचि के अनुसार सुन्दर लगती हैं, वास्तव में दैव-सृष्टि की कोई वस्तु कुरूप नहीं है—

अर्थ—[उस परम सौन्दर्यमय सर्वव्यापी सृष्टिकर्ता की सृष्टि में] कोई रूप कुरूप नहीं है, समय समय [अपने अपने अवसर] पर सब ही सुन्दर [लगते] हैं। [मनुष्य के] मन की रुचि (प्रीति, चाह) [जिस समय] जिस ओर जितनी [होती है, उस समय] उस ओर (उस वस्तु के पक्ष में) उतनी रुचि (शोभा) हो जाती है (जान पड़ने लगती है)॥

या भव-पारावार कौं उलँघि पार को जाइ।
तिय-छबि छायाग्राहिनी ग्रहै[3] बीचहीं आइ॥ ४३३॥

शब्दार्थ—छायाग्राहिनी = सिंहिका नाम की एक राक्षसी, जो कि राहु, की माता मानी जाती और समुद्र में रहती थी, उसे यह शक्ति थी कि जिस उड़ते हुए पक्षी इत्यादि की परछाहीं जल पर पड़ती थी, उसे उसी परछाहीं के द्वारा आकर्षित करके खा लेती थी। जब हनुमानजी लंका को जा रहे थे, तब उसने उन्हें भी आकर्षित कर लिया, पर हनुमानजी ने उसे मार कर समुद्र पार किया॥

अवतरण—कवि की उक्ति है कि इस भवसागर से पार होने में स्त्री बड़ी भारी बाधा है—

---

१. सुन्दरि (३, ५)।
२. तिती तितै (२, ४)।
३. गहै (१, ३), ग्रहति (२)।

अर्थ—इस भव-पारावार (संसार-रूपी समुद्र) को लाँघकर कौन पार जा सकता है, [क्योंकि] स्त्री की छवि-रूपी छायाग्राहिणी (छाया पकड़कर खींच लेने वाली राक्षसी) बीच ही में आकर पकड़ लेती है [बस यदि हनुमानजी ऐसा ब्रह्मचारी तथा पराक्रमी हो, तो उससे बचकर पार हो सकता है]॥

दिन दस आदरु पाइ[1] कै करि लै आपु बखानु।
जौ लगि[2] काग! सराधपखु, तौ लगि तौ[3] सनमानु॥ ४३४॥

शब्दार्थ—सराधपखु (श्राद्धपक्ष) = पितृपक्ष। पितृपक्ष में जब लोग पितरों का श्राद्ध करते हैं, तो कुछ अन्न कौए के लिए भी निकाल कर उसको पुकार कर खिला देते हैं॥

अवतरण—किसी नीच मनुष्य के किसी विशेष अवसर पर सम्मानित होकर गर्व करने पर कोई यह दोहा, काक पर अन्योक्ति करके, कहता है—

अर्थ—हे काक! [तू] दस दिन (थोड़े दिन) आदर पा कर [भले ही] अपना बखान (आत्मश्लाघा) कर ले। [पर यह समझ रख कि] तेरा [यह] सम्मान तभी तक है, जब तक श्राद्ध पक्ष (अर्थात् यह अवसर विशेष) है [अभिप्राय यह है कि तुझमें वास्तव में कोई सम्मान के योग्य गुण नहीं है, पर इस समय ऐसा अवसर ही उपस्थित है कि तेरा आदर करना पड़ता है, अतः तुझे इस आदर पर गर्व न करना चाहिए]॥

मरतु प्यास पिंजरा-पर्‌यौ सुआ समै कैं फेर।
आदरु दै दै बोलियतु[4] बाइसु[5] बलि की बेर॥ ४३५॥

बलि—पितृश्राद्ध अथवा बलि के समय पायस-बलि भी की जाती है; अर्थात् काक के निमित्त भी एक भाग निकाला जाता है, जिसके खिलाने के लिए कौआ पुकार पुकार कर बुलाया जाता है॥

अवतरण—समय विशेष की आवश्यकता के अनुसार कहीं गुणी का निरादर एवं मूर्ख का आंदर देखकर कोई उस घटना का वर्णन, शुक तथा काक पर अन्योक्ति करके, करता है—

अर्थ—[देखो,] समय के फेर से (अवसर विशेष उपस्थित होने के कारण) [सब लोग पिण्डदान के कार्य में ऐसे प्रवृत्त हैं कि] सुआ (शुक) [बेचारा तो] पिंजड़े में पड़ा प्यास से मर रहा है, [किसी को उसके दाना-पानी का भी ध्यान नहीं है, और इस] बलिप्रदान के बेर (अवसर पर) 'बाइस' (वायस, काक) आदर दे दे कर (बड़े आदरपूर्वक) 'बोलियतु' (बोला जाता, पुकारा जाता) है॥

---

१. रूप कौ (४)।
२. लौं (३, ५)।
३. ही (२)।
४. बोलियै (२)।
५. बायस (४)।

वेई कर, ब्यौरनि वहै, ब्यौरौ कौन विचार।
जिनहीं उरझ्यौ[१] मो हियौ, तिनहीं सुरझे[२] बार॥ ४३६॥

शब्दार्थ—कर = हाथ। यहाँ इस शब्द का अर्थ हथौटी, अर्थात् कोई काम करने का ढंग विशेष, है॥ **ब्यौरनि** = बालों के सँवारने का विशेष ढंग॥ **ब्यौरो** = भेद॥

अवतरण—नायिका ने अपनी सखी को नायक के पास कुछ संदेश लेकर भेजा था। नायक ने वहाँ उसके केश अपने हाथ से सँवार दिए। उसके लौटने पर नायिका केश सँवारने की हथौटी तथा रीति से नायक-द्वारा सँवारे गए केश पहचानकर कहती है—

अर्थ—[तेरे बालों के बनाव की] हथौटी वे ही हैं, [जो नायक की हैं तथा] 'ब्यौरनि' (सँवारने की रीति) [भी] वही है, [जैसी नायक की, तो फिर अब] ब्यौरा (भेद अंतर) किस विचार से [रह गया। यह तो निश्चय ही हो गया है कि] जिनसे मेरा हृदय उलझा है, उन्हीं से (उन्हीं के द्वारा) [तेरे] बाल सुलझे हैं॥

भिन्न-भिन्न टीकाकारों ने इस दोहे के अर्थ भिन्न-भिन्न किए हैं। हमारी समझ में ऊपर लिखा हुआ अर्थ विशेष स्पष्ट, संगत तथा शब्दानुयायी है॥

इहीं[३] आस अटक्यौ रहतु[४] अलि गुलाब कैं मूल।
ह्वैहैं फेरि बसंत ऋतु इन डारनु वे फूल॥ ४३७॥

अवतरण—किसी राजा की संपत्ति नष्ट हो जाने पर गुणीजन उसका संग नहीं छोड़ते। उनको यह आशा रहती है कि सुअवसर प्राप्त होने पर फिर उसी संपत्ति से वह संपन्न होगा। इसी विषय को कवि, भ्रमर पर अन्योक्ति करके कहता है—

अर्थ—गुलाब की [फूल-पतियों से रहित ठूँठी] जड़ (पेड़ी) में भ्रमर इसी आशा से अटका (निरत) रहता है [कि] वसंत ऋतु में फिर इन डालों में वे फूल [जिनका आनन्द मैं लेता था] होंगे॥

गुलाब की पेड़ी में भ्रमर अटका नहीं रहता। यह कवि की कल्पित प्रौढ़ोक्ति मात्र है॥

वे न इहाँ नागर, बढ़ी[५] जिन आदर तो आब।
फूल्यौ अनफूल्यौ भयौ गवँई-गाँव[६], गुलाब॥ ४३८॥

शब्दार्थ—आब = यह शब्द फारसी का है। इसका मुख्यार्थ जल है; पर यह चमक, ओप इत्यादि के अर्थ में, जिसमें संस्कृत शब्द पानिप प्रयुक्त होता है, प्रचलित है। इस अर्थ में 'आब' शब्द स्त्रीलिंग माना जाता है। **गवँई-गावँ** = गवाँरों के गाँव अर्थात् वासस्थल में॥

---

१. उरझत (२)।
२. सुरझत (२)।
३. इहि आसा (३, ४)।
४. रहै (२)।
५. बरी (४)।
६. गाम (२, ३, ५)।

अवतरण—मूर्खमंडली में पड़े हुए किसी गुणी के गुण का निरादर देख कर उससे कोई चतुर, गुलाब पर अन्योक्ति कर के, कहता है—

अर्थ—हे गुलाब यहाँ वे नागर [नगरनिवासी गुणग्राहक] नहीं हैं, जिनके आदर से तेरी आब (शोभा, प्रतिष्ठा) बढ़ी हुई है (अर्थात् तू सम्मानित होता है)। [इस] गवाँरों की बस्ती में [तो तू] फूला हुआ [भी] (विकसित-गुण होने पर भी) अनफूला (बिना फूला हुआ, अर्थात् अविकसित गुण) हो रहा है [भाव यह है कि यहाँ तेरे गुण का विकास होना न होना बराबर है]॥

चल्यौ जाइ, ह्याँ को करै हाथिनु के[1] व्यापार।
नहिं जानतु, इहिं पुर बसैं[2] धोबी, ओड़, कुँभार॥ ४३९॥

शब्दार्थ—**ओड़** = घरों का ईंट, चूना इत्यादि गदहों पर ढोने वाले॥

अवतरण—किसी महान् गुणी पुरुष को, अपने गुणों का ग्राहक प्राप्त करने की आशा से निकृष्टजनों की मंडली में आया हुआ देखकर कोई सज्जन, हाथी के व्यापारी पर अन्योक्ति करके, उससे वहाँ से चले जाने की प्रस्तावना करता है—

अर्थ—[अरे हाथी के व्यापारी, महान् गुणी, तू यहाँ से] चला जा, यहाँ हाथियों के (अर्थात् तेरे महान् गुणों के) व्यापार (क्रय, विक्रय, गुण-ग्राहकता) कौन करे। [क्या तू यह बात] नहीं जानता [कि] इस पुर में (अर्थात् इस मंडली में) [सब] धोबी, ओड़ [तथा] कुँभार (अर्थात् निकृष्ट जन) [ही] बसते हैं [जिनको नित्य गदहों से काम पड़ता है। फिर भला वे तेरे हाथियों अर्थात् महान् गुणों को क्यों पूछने लगे]॥

खरी लसति गोरैं गरैं धँसति पान की पीक।
मनौ[3] गुलीबँद[4]-लाल की, लाल, लाल दुति-लीक॥ ४४०॥

अवतरण—सखी नायिका की गुराई तथा अमलता की प्रशंसा करके नायक की रुचि बढ़ाती है—

अर्थ—हे लाल, [उसके] गोरे गले में धंसती हुई (पान खाने के समय नीचे उतरती हुई) पान की पीक [उसकी विमल तथा पतली त्वचा में से झलककर] खरी लसती (अति शोभा देती है) है। मानो गुलूबन्द (गले में पहनने के भूषण विशेष) के लाल (माणिक्य) की झलक की लाल रेखा है॥

पाइल पाइ लगी रहै, लगौ[5] अमोलिक लाल।
भोडर हूँ की भासिहै बेंदी भामिनि-भाल॥ ४४१॥

शब्दार्थ—**भोडर** = अभ्रक॥

---

१. को (१, ४)।
२. सबै (१, ४)।
३. मानो (३, ५)।
४. गुलूबँध (२), गुलबँद (३, ५)।
५. लगे (४)।

अवतरण—पायल तथा बेंदी पर अन्योक्ति के रूप में कवि की उक्ति है कि जिस व्यक्ति में स्वयं योग्यता नहीं है, वह दूसरों की सहायता तथा भूषणादि से श्रेष्ठ पद नहीं पा सकता, पर जिसमें स्वयं योग्यता होती है, वह यद्यपि सामान्य भी हो, तथापि उच्च पद प्राप्त करता है—

अर्थ— पायल (पायजेब) पाँव [ही] में लगी रहती है (नीचे ही पद पर रहती है) [उसमें] अमोलिक लाल (माणिक्य) लगे हैं, तो] लगे रहें; [पर सामान्य] भोडर की भी बँदी (टिकुली) भामिनि (सुन्दर स्त्री) के भाल पर शोभा देगी (उच्च पद प्राप्त करेगी)॥

कुटिल अलक छुटि परत मुख बढ़िगौ[१] इतौ[२] उदोतु।
बंक बकारी[३] देत ज्यौं दामु रुपैया[४] होतु॥ ४४२॥

शब्दार्थ—बकारी = टेढ़ी लकीर, जो किसी अंक को रुपया सूचित करने के निमित्त उसकी दाहिनी ओर खींच दी जाती है। जैसे यदि पाँच के विषय में यह सूचित करना हो कि इसका अर्थ पाँच रुपया है, तो इस रीति से—५) लिखा जाता है॥ **दामु** = एक पैसे के पच्चीसवें भाग को दाम कहते हैं। बिहारी के समय में कोई अंक बिना बकारी लिखे जाने पर उतने दामों का बोधक माना जाता था; जैसे 'अमुक वस्तु ८ की है' लिखने से यह समझा जाता था कि वह वस्तु आठ दाम की है, पर जब किसी अंक की दाहिनी ओर बकारी लगा दी जाती थी, तो वह अंक रुपये का ज्ञापक हो जाता था; जैसे, ८) लिखने से आठ रुपया समझा जाता था और ऐसा ही अब भी समझा जाता है। संप्रति दाम के लिखने की प्रथा उठती जाती है और यदि लिखा भी जाता है, तो बहुधा अंक की बाईं ओर बकारी लगा दी जाती है; जैसे, आठ दाम को बहुधा लोग) ८ लिखते हैं। तो भी केवल अंक लिख देने की परिपाटी अभी सर्वथा लुप्त नहीं हो गई है। अब भी कभी-कभी अधेले के स्थान पर १२॥ लिखा देखने में आता है॥

अवतरण—नायिका के मुख पर बालों की लट के लटक पड़ने से उसकी शोभा बहुत बढ़ गई है। सखी नायक का ध्यान उस ओर आकर्षित करके कहती है—

अर्थ— [देखो, उसके] मुख पर कुटिल अलक के छूट पड़ने से [श्यामता तथा गुराई का मिलान होने के कारण उसकी गुराई का] उदोतु (उद्योत, उगाव) इतना बढ़ गया है [कि] जिस प्रकार बंक (टेढ़ी) बकारी के देते [ही] दाम रुपया हो जाता है॥

दाम तथा रुपए के मूल्य में बड़ा अन्तर है, पर दाम की दाहिनी ओर केवल बंक बकारी लगा देने से उस दाम का मूल्य रुपया हो जाता है। सखी कहती है कि इसी प्रकार मुख पर टेढ़ी अलक के आ जाने से उसकी शोभा बहुत बढ़ जाती है।

---

१. **बढ़िगै (१)।**
२. **इतै (१)।**
३. **बकाई (५)।**
४. **रुपइए (३, ५)।**

रहि न सक्यौ, कसु करि रह्यौ[१], बस करि लीनौ मार।
भेदि दुसार[२] कियौ हियौ तन-दुति, भेदै सार॥ ४४३॥

शब्दार्थ—**कसु** = खींचातानी, बल, काबू॥ **भेदि** = छेद कर, काट कर॥ **दुसार** = दो टुकड़े, दोनों ओर छिद्र वाला, आरपार। इसी शब्द का 'दुसाल' रूप बिहारी ने ३७५वें दोहे में प्रयुक्त किया है॥ **तनदुति** = शरीर की शोभा॥ **भेदै** = छेदती है, पीड़ा देती है॥ **सार** = शल्य॥ यहाँ इसका अर्थ वह वस्तु है, जो घाव में रह जाने पर पीड़ा देती है। इस दोहे में इस शब्द का स्त्रीलिंग प्रयोग हुआ है॥

अवतरण—नायक नायिका की शोभा देखकर मोहित हो गया है और उसकी याद से उसके मिलने की अभिलाषा में विकल है। वह अपनी यही दशा उसकी सखी से कहकर मिलाने की प्रार्थना व्यंजित करता है—

अर्थ—[मैं बहुत] कस (काबू) कर के रहा, [पर] रह न सका (मेरा कुछ बस न चला), और मार (कामदेव) ने [मुझे अपने] वश में कर [ही] लिया, [क्योंकि उसके] शरीर की शोभा ने भेदकर (छेदकर) हृदय को आरपार कर दिया, [और अब उसकी शोभा का] शल्य (अर्थात् हृदय में रह गया हुआ स्मरण) भेदता (पीड़ा देता) है॥

इस दोहे का अर्थ अन्य टीकाकारों ने और ही और किया है, पर इसके उत्तरार्द्ध से ३७५वें दोहे के उत्तरार्द्ध का भाव मिलाने से हमारा किया हुआ अर्थ ठीक प्रतीत होता है॥

खल-बढ़ई बलु करि[३] थके, कटै न कुबत-कुठार।
आलबाल उर झालरी खरी प्रेम-तरु-डार॥ ४४४॥

शब्दार्थ—**कुबत** = निंदा॥ **आलबाल (आलवाल)** = क्यारी॥ **झालरी** = पुष्प, पल्लव आदि से सम्पन्न हुई॥

अवतरण—किसी परकीया नायिका का वचन अंतरंगिनी सखी से—

अर्थ—[हे सखी, मेरे] हृदय-रूपी आलवाल में प्रेम-रूपी तरु की खरी झलराई हुई डाल निन्दा-रूपी कुठार से कटती नहीं, [यद्यपि] खल (दुर्जन) रूपी बढ़ई बल करके थक गए॥

स्यौं[४] बिजुरी मनु मेह आनि[५] इहाँ[६] बिरहा धरे[७]।
आठौ ज़ाम, अछेह, दृग जु बरत बरसत रहत॥ ४४५॥

शब्दार्थ—**स्यौं** = समेत, सहित॥ **अछेह (अक्षेप)** = निरंतर॥

---

१. हिया (४)।
२. दुसाल (३, ५)।
३. कै (३, ५)।
४. तौ (२), ज्यौ (३, ४, ५)।
५. आइ (१)।
६. वही (१)।
७. धरी (३, ५), धरै (४)।

अवतरण—प्रोषितपतिका नायिका का वचन सखी से—

अर्थ—[हे सखी, मेरे] नेत्र जो आठों याम (रात-दिन), निरन्तर, बलते [तथा] बरसते रहते हैं, [सो] मानो विरह ने बिजुली के समेत मेघ यहाँ (इन नेत्रों में) ला रखे हैं॥

कत बेकाज चलाइयति[1] चतुराई की चाल।
कहे देति यह रावरे सब गुन निरगुन[2] माल॥ ४४६॥

शब्दार्थ—गुन (गुण) = गुण का अर्थ यहाँ विपरीत लक्षणा से दोष लिया जाता है **निरगुन माल** = स्त्री अथवा पुरुष जो मोतियों अथवा अन्य किसी पदार्थ, की माला पहने होते हैं, उसके दाने आलिंगन करने में हृदय पर उपट आते हैं, पर उसका डोरा (गुण) नहीं उपटता। यही बिना गुण के उपटी हुई माला का चिह्न निर्गुण, अर्थात् बिना डोरे की, माला कहलाता है॥

अवतरण—खंडिता नायिका की उक्ति नायक से—

अर्थ—[मेरे आगे आपके द्वारा यह] चतुराई की चाल (धूर्तता से मुकरने की रीति) व्यर्थ क्यों चलाई जाती है। आपके सब गुण (दोष) यह निर्गुण माला कहे देती है॥

उनकौ हितु उनहीं बनै, कोऊ करौ[3] अनेकु।
फिरतु काकगोलकु भयौ दुहूँ देह ज्यौ एकु॥ ४४७॥

शब्दार्थ—काकगोलकु = कौए की आँख का ढेढ़र अथवा पुतली। यह बात प्रसिद्ध है कि कौए की आँखों में गोलक एक ही होता है और वह जब जिस आँख से देखना चाहता है, तब वह गोलक घूम कर उसी आँख में चला जाता है॥ **ज्यौ (जीव)** = प्राण॥

अवतरण—दंपति का अनुपम तथा अलौकिक प्रेम देखकर सखियाँ आपस में प्रसन्नतापूर्वक कहती हैं—

अर्थ—उन [दोनों] का [परस्पर जो अनुपम तथा अलौकिक] हित (प्रेम) [है, वह] उन्हीं से [करते] बनता है। [वैसा प्रेम करने की] कोई अनेक [चेष्टा किया] करो [पर वैसा हो नहीं सकता]। [प्रेम के कारण उन दोनों की तो ऐसी दशा हो रही है कि दोनों के प्राण एक ही हो गए हैं और ऐसा जान पड़ता है कि] एक ही जीव काकगोलक हुआ दोनों के शरीर में फिरता है॥

गड़े, बड़े छबि-छाक छकि, छिगुनी[4]-छोर छुटैंन।
रहे सुरँग रँग रँगि उहीं[5] नह-दी महदी[6] नैन॥ ४४८॥

---

१. चलाइयत (३, ५)।
२. बिनगुन (१)।
३. करे (४)।
४. छिंगुरी (१)।
५. रही (१)।
६. मेहदी (४)।

शब्दार्थ—छिगुनी-छोर = कानी अँगुली के सिरे पर॥ **सुरंग** = लाल॥ **उहीं** = उसी स्थल पर॥ **नह-दी** = नख में दी हुई॥ **महदी** = मेंहदी॥

अवतरण—नायक को नायिका की कनिष्ठिकांगुली की शोभा अच्छी लगी है कि उसके नयन वहाँ से टलते ही नहीं और मेंहदी के रंग से अनुरक्त हो रहे हैं। यह वृत्तांत वह नायिका से कहकर उसको प्रसन्न किया चाहता है—

अर्थ—छवि के बड़े (गहरे) छाक (मद्यपान) से छक कर (मतवाले होकर) छिगुनी के सिरे पर गड़े हुए [मेरे] नयन छूटते नहीं (हट नहीं पाते), [और] 'उहीं' 'उसी' स्थान पर अथवा उसी कनिष्ठिका अँगुली के), नह (नख) में दी हुई मेंहदी से सुरंग रंग में रँग रहे हैं (भली-भाँति अनुरक्त हो रहे हैं)॥

'गड़े, बड़े छबि-छाक छकि, छिगुनी-छोर', यह खंड-वाक्य 'नैन' शब्द का विशेषण है॥

'नह-दी महदी' पद करणकारक है॥

होली के दिनों में जब किसी को बहुत रँगना और छकाना होता है, तो पहले उसको कोई गहरे नशे की वस्तु पिला देते हैं जिससे वह मतवाला होकर भाग नहीं सकता और जब वह भकुआ होकर रह जाता है, तो उसको रंग तथा गुलाल इत्यादि से भली-भाँति लत्तपत्त करके सब लोग आमोद-प्रमोद मचाते हैं। नायक अपने नेत्रों की वैसी ही दशा का होना कहता है॥

बाढ़तु तो उर उरज-भरु भरि[1] तरुनई-बिकास।
बोझनु सौतिनु कैं हियैं आवति[2] रूँधि[3] उसास॥ ४४९॥

अवतरण—नवयौवना नायिका से सखी का वचन—

अर्थ—तरुणाई के विकास (खिलाव) से भर कर उरज (छाती, कुँच) का भराव (बोझा) [तो] तेरे हृदय पर बढ़ता है, [और] बोझों [के प्रभाव] से उसास सौतों के हृदय में रुँधकर (घुटकर) आता है (अर्थात् तेरी जवानी के आने से सौतों को दुःख होता है)॥

इस दोहे में कवि ने यह चमत्कार दिखाया है कि बोझा तो एक के हृदय पर बढ़ता है और उसके प्रभाव से उच्छ्वास दूसरे का रुँधता है॥

अलि, इन लोइन-सरनु कौ खरौ विषम संचारु।
लगैं लगाऐं एक से दुहूँनु[4] करत सुमारु॥ ४५०॥

अवतरण—नायक से सामना होने पर नायिका ने, उसके ऊपर, नयनों के बाण चलाए थे, जिनसे विकल होकर नायक तड़प रहा है। सखी ने उसका वृत्तांत नायिका से कुछ इस रीति पर कहा कि वाह! उस दिन तूने कटाक्ष चलाकर उस बेचारे को तो ऐसा घायल किया कि वह पड़ा कराह रहा है! इसके उत्तर में नायिका, इस दोहे के द्वारा, अपना भी उससे अनुरक्त होना विदित करती है—

---

१. **भरु (२), भर (३, ४)।**
२. **आवत (५)।**
३. **रुँधी (१, २)।**
४. **दुहुवन (४)।**

अर्थ— हे सखी, [तू यह मत समझ कि वह ही मेरे अनुराग में विकल हैं, मैं भी तो उनके मिलने की अभिलाषा से तड़प रही हूँ] इन लोचन-रूपी सरों (बाणों) का बड़ा विषम संचार (व्यापार) है। [ये] 'सुमारु' (अच्छे अर्थात् बुरे मारने वाले) 'लगैं लगाऐं' (जिसको लगे हैं तथा जिसके द्वारा लगाए गए हैं), दोनों को एक सा [विकल] करते हैं॥

इस दोहे में जो 'दुहूँनु' पाठ है, उसके कारण छन्द की गति में कुछ शिथिलता आ जाती है। चौथे अंक की पुस्तक में 'दुहुवन' पाठ है और यही पाठ यूसुफ खाँ की टीका और हरिप्रकाश-टीका में भी मिलता है; पर 'दुहुवन' रूप का प्रयोग बिहारी की टकसाली भाषा के बाहर ज्ञात होता है, यद्यपि इस पाठ से छन्द की गति सुधर जाती है। कृष्ण कवि की टीका तथा अमरचंद्रिका में क्रमश: 'दोउन' तथा 'दोहुन' पाठ मिलते हैं। इन पाठों से छन्द की गति भी ठीक हो जाती है और भाषा भी ठीक रहती है, पर हमारी पाँच प्राचीन पुस्तकों में से चार में 'दुहूँन' ही पाठ है और अनवरचंद्रिका में भी ऐसा ही है, अत: इस संस्करण में 'दुहूँनु' ही पाठ रखा गया है॥

मूड़ चढ़ाऐंऊ[१] रहै पर्‌यौ पीठि कच-भारु।
रहै[२] गरैं परि, राखिबौ[३] तऊ हियैं पर हारु॥ ४५१॥

शब्दार्थ—मूड़ चढ़ाऐं = मूड़ चढ़ाने का शब्दार्थ सिर पर धारण करना एवं लक्ष्यार्थ किसी का आदर करके उसे धृष्ट कर देना, होता है॥ **पर्‌यौ पीठि** = पीठ पर पड़े रहने का लक्ष्यार्थ बोलचाल में बिना सन्मान के रहना होता है॥ **गरैं परि** = गले पड़ने का लक्ष्यार्थ लोकोक्ति में किसी के पास बिना उसकी इच्छा के रहना होता है॥ **हियैं पर** = 'हियैं पर' का शब्दार्थ छाती पर, एवं लक्ष्यार्थ सादर है॥

अवतरण—अयोग्य पुरुष का चाहे कितना ही सन्मान किया जाये, पर श्रेष्ठ पद का अधिकारी नहीं होता और गुणी पुरुष यदि गले पड़कर भी रहे, तो भी उसे श्रेष्ठ पद देना होता है। इस बात को कवि, बाल तथा हार पर अन्योक्ति करके, कहता है—

अर्थ— कच-भार (बालों का समूह) मूड़ चढ़ाने पर भी पीठ ही पर पड़ा रहता है (अग्रसर नहीं हो सकता), [और] हार [यद्यपि] गले पड़कर रहता है, तथापि [उसे] हृदय पर रखना [ही] योग्य है॥

इस दोहे में 'मूड़ चढ़ाऐं', 'पर्‌यौ पीठि', 'गरैं परि', 'हियैं पर', इन चारों के मुख्यार्थ तथा लक्ष्यार्थ दोनों पर कवि की ताक-झाँक है एवं 'कच' तथा 'हार' शब्दों के कच्चे; अर्थात् सब कामों में कच्चे मनुष्य, एवं हार (हारक), अर्थात् सब गुणों में दक्ष, अर्थों पर भी कवि की दृष्टि प्रतीत होती है॥

करतु जातु जेती कटनि बढ़ि रस-सरिता-सोतु।
आलबाल उर प्रेम-तरु तितौ तितौ दृढ़ होतु॥ ४५२॥

---

१. **चढ़ायौऊ (३, ५), चढ़ाये हूँ (४)।**
२. **रहो (४)।**
३. **राखियै (२, ३)।**

शब्दार्थ—कटनि = काट। रस-पक्ष में इसका अर्थ हृदय में घाव करना और जल-पक्ष में नदियों के द्वारा करारे का काटा जाना, होता है॥ **रस** = मिलने का चाव तथा जल। इस शब्द में श्लिष्टपद-मूलक रूपक है॥ **सोनु (श्रोत)** = सोता, धारा॥

अवतरण—नायिका नायक के प्रेम का वृत्तांत सुनकर उससे मिलने को उद्यत हो गई है, पर सखी उसको, नायक का प्रेम दृढ़ करने के निमित्त शिक्षा देती है कि अभी कुछ समय तक तरसा कर नायक का प्रेम दृढ़ हो जाने दे। यह मत समझ कि इस तरसाने से कहीं उसका प्रेम जाता न रहे। सच्चे प्रेम की तो यह व्यवस्था है कि जितना ही मनुष्य का चाव बढ़ता है, उतना ही उसका प्रेम दृढ़ होता है—

अर्थ—चाव-रूपी जल की नदी का प्रवाह बढ़कर जितनी जितनी काट करता जाता है, उतना उतना हृदय-रूपी आलबाल में प्रेम-रूपी तरु दृढ़ होता जाता है॥

विलक्षणता यह है कि सामान्य नदी के बढ़कर काट करने पर करारे के वृक्षों की जड़ें निर्बल पड़ जाती हैं, जिससे वृक्ष ढह जाते हैं, पर चाव-नदी के बढ़कर काट करने पर प्रेम-तरु हृदय में और भी दृढ़ होता है॥

राति द्यौस हौंसै रहै, मानु न[१] ठिकु ठहराइ।
जेतौ औगुनु ढूँढियै, गुनै[२] हाथ परि जाइ॥ ४५३॥

शब्दार्थ—हौंसै = हवस ही। फारसी भाषा में 'हवस' तृष्णा, अर्थात् अभिलाषा, को कहते हैं॥ **ठिकु** = ठहरा हुआ, स्थिर॥ **औगुनु (अवगुण)** = दोष, खोट॥

अवतरण—प्रेमगर्विता नायिका का वचन सखी से—

अर्थ—[हे सखी, मुझे तो मान करने की] प्रबल अभिलाषा ही रात दिन (सदैव) रहती है [कि नायक कुछ अपराध करे, तो मैं भी मान करने का स्वाद चख लूँ, पर वह तो सदा मेरी सुश्रूषा में ऐसा लगा रहता है और अन्य स्त्री की ओर से ऐसा विरक्त है कि मेरा] मान स्थिर नहीं ठहरता। जितना [ही उसका] अवगुण [मान करने के बहाने के निमित्त] ढूँढ़ा जाता है, [उतना ही उसका] गुण ही हाथ पड़ जाता है (मिल जाता है) [अतः मैं मान करने के स्वाद से वंचित ही रहती हूँ]॥

मनु[३] न मनावन कौं करैं, देतु रुठाइ रुठाइ।
कौतुक[४]-लाग्यौ प्यौ प्रिया-खिझहूँ[५] रिझवति जाइ॥ ४५४॥

शब्दार्थ—कौतुक-लाग्यौ = कौतुक अर्थात् खिलवाड़ में लगा हुआ॥ यह समस्त पद 'प्यौ' का विशेषण है॥ **खिझ (खीझ)** = चिढ़, रोषपूर्वक कुछ कहना अथवा करना॥

---

१. ठिकु न (१), ठकि न (५)।
२. गुन्है (१); गुन्वे (४)।
३. मान मनावन (२)।
४. कौतिक (१, ४), कौतिंग (२)।
५. खीझ रीझवति (४)।

अवतरण—नायक को नायिका के खीझने का भाव ऐसा अच्छा लगता है कि वह मनाते मनाते फिर वही भाव देखने के निमित्त कोई ऐसी बात बोल उठता है कि नायिका फिर रूठ जाती है और वह फिर से मनाना आरंभ करता है। इसी कौतुक में नायक लगा हुआ है। सखी-वचन सखी से—

अर्थ—कौतुक (खिलवाड़) में लगे हुए प्रियतम को प्रिया की खीझ भी रिझाती जाती है। [अतः उसका] मन [उसे] मनाने को नहीं करता, [और जब यह कुछ मानने पर आती है, तो जान-बूझकर फिर उसे] खिझा खिझा (रुष्ट कर कर) देता है॥

बिरह-बिपति-दिनु परत हीं तजे सुखनु सब अंग।
रहि अब लौं ऽब[1] दुखौ भए चलाचलै[2] जिय-संग॥ ४५५॥

अवतरण—प्रोषितपतिका नायिका अपनी पत्रिका में नायक को अपनी दीन दशा लिखती है और यह भी सूचित करती है कि अब मेरे प्राण चलने ही पर उद्यत हैं—

अर्थ—विरह-रूपी विपत्ति के दिन (अवसर, समय) के पड़ते ही सुखों ने [तो] सब अंग छोड़ [ही] दिए [थे] (मेरे सब अंग सुखानुभव से वंचित हो गए थे), [और] अब तक रहकर अब दुःख भी प्राणों के साथ चलाचल (चलने पर उद्यत) ही हो रहे हैं (चलना ही चाहते हैं)॥

इस दोहे का ध्वन्यार्थ यह हुआ कि सब अंगों को सुख तो छोड़ ही गए थे; अब दुःख भी उन्हें छोड़कर प्राणों के साथ जाना ही चाहते हैं, अर्थात् अब शरीर में दुःख तथा सुख, दोनों ही न रह जायेंगे; पर प्राणों को दुःख शरीर-त्याग के पश्चात् भी होता रहेगा, क्योंकि दुःख प्राणों के साथ ही चलाचल हो रहे हैं। अतः आप पधारकर दुःख से प्राणों का पिंड छुड़ाइए॥

'चलाचलै' (चलाचल ही) में जो 'ही' है, उससे व्यंजित होता है कि प्राण शीघ्र ही निकलना चाहते हैं। अतः नायक को आने में किंचित्मात्र भी विलंब न करना चाहिए॥

नयैं बिरह बढ़ती बिथा खरी बिकल जिय बाल।
बिलखी देखि परोसिन्यौ हरखि हँसी तिहिं काल॥ ४५६॥

अवतरण—नायिका को नया नया विरह हुआ है, जिसके कारण वह अत्यंत विकल हो रही है, पर अपनी बाल्यावस्था तथा पूर्वानुभव शून्यता के वश एवं लज्जा तथा अज्ञानता के कारण वह सन्देश भेजकर अथवा पत्र द्वारा अपना विरह निवेदित करके, नायक को बुलाने का उपाय करने में हिचकती है और सोच रही है कि किस प्रकार विरह-दुःख दूर हो। इतने ही में वह, अपनी प्रवीण पड़ोसिन को भी दुखी देखकर, अनुमान करती है कि इसे भी मेरे ही पति का वियोग व्यथित कर रहा है और यह चतुर होने के कारण अवश्य ही नायक को पत्रादि द्वारा अपना विरह निवेदन करके, बुला लेगी। इस विचार से विरह-व्यथा मिटने की संभावना मानकर, उसको हर्ष होता है और वह अपना दुःख भूलकर, पड़ोसिन की चोरी खुल जाने पर तथा संयोग-संभावना पर प्रसन्न होकर, हँस देती है। सखी-वचन सखी से—

---

१. सब दुख (३, ५)।
२. चलाचलू, (चलाचली (२)।

अर्थ—नए विरह में बढ़ती हुई व्यथा से [वह] जी में अत्यन्त विकल बाला (नई अवस्था वाली स्त्री) पड़ोसिन को भी बिलखी (दुखी) देखकर उसी समय हर्षित होकर हँस पड़ी॥

छतौ[1] नेहु कागर[2] हियैं, भई लखाइ न टाँकु।
बिरह-तचैं उधर्‌यौ सु[3] अब सेंहुड़ कैसो आँकु॥ ४५७॥

शब्दार्थ—छतौ = क्षत हो गया, अलक्षित हुआ, समा गया॥ **कागर** = कागज॥ **लखाइ** = लक्षित होने की क्रिया, पहचान॥ **टाँकु** = एक बहुत छोटे तोल के परिमाण को कहते हैं। बोलचाल में टाँक का अर्थ बहुत थोड़ा लिया जाता है॥ **आँकु** = चिह्न। यहाँ इसका अर्थ अक्षर अथवा लेख समझना चाहिए॥ **सेंहुड़ कैसो आँकु** = सेंहुड़ के दूध से लिखे हुए आँक के ऐसा आँक। श्वेत कागज पर सेंहुड़ के दूध से लिख देने से लेख, सूख जाने पर, अलक्षित हो जाता है; पर जब वह कागज अग्नि पर सेंका जाता है, तो वह लेख काला होकर दिखाई देने लगता है॥

अवतरण—इस दोहे की नायिका परकीया प्रोषितपतिका है, पर विलक्षणता यह है कि वह पूर्वानुरागिनी की अवस्था ही में प्रोषितपतिका भी हो गई है। पूर्वानुराग में उसने, कुलकानि के कारण, अपना अनुराग किसी पर प्रकट नहीं किया था, यहाँ तक कि नायक को भी यह नहीं प्रकट होने पाया था कि यह मुझ पर अनुरक्त है। यद्यपि नायक ने उससे मिलने का उद्योग भी किया था, तथापि वह टाल गई थी और दूर ही दूर से उसके दर्शन मात्र से संतोष कर लेती और मिलने के निमित्त किसी परम सुअवसर की प्रतीक्षा करती थी। अब जब नायक परदेश चला गया, तो उसे देखे बिना विकल होकर उसने अपने अनुराग का वृत्तांत सखी से कहा और उसको नायक के पास भेजा। सखी ने जब नायक से उसका विरह-वृत्तांत कहा, तो नायक ने आश्चर्य से पूछा कि अब यह प्रेम कैसे उत्पन्न हो गया, मेरे वहाँ रहने पर तो वह मेरी ओर कुछ रुझान ही नहीं करती थी। इसके उत्तर में सखी कहती है कि उसके हृदय में आपका प्रेम कुछ नए सिरे से नहीं उत्पन्न हुआ है, प्रत्युत उस समय भी अलक्षित रूप से था, पर अब जब प्रवास के कारण उसे आपका दर्शन मिलना भी बन्द हो गया, तो क्लेशाधिक्य के कारण वह उसे छिपा न सकी—

अर्थ—[उस समय, जब कि आप वहाँ उपस्थित थे, उसके] हृदय-रूपी कागज में स्नेह [विद्यमान तो था, पर] अलक्षित हो गया [था, और] टाँक [भर भी] किंचित्‌मात्र भी) [इस बात की] 'लखाइ' (पहचान) नहीं हुई। [पर] अब विरहाग्नि से तपने पर सेंहुड़ के [आँक] ऐसा वह आँक उघरा (प्रकट हुआ)॥

इस दोहे में कवि ने इस स्वाभाविक बात को भी प्रकाशित किया है कि जब कोई मनुष्य अथवा पदार्थ उपस्थित रहता है, तो उसकी विशेष चाह नहीं की जाती, पर जब वह दुर्लभ हो जाता है, तो उसकी आकांक्षा दु:ख देती है॥

---

१. छयौ (४)।
२. कागद (४)।
३. हियैं (२)।

इस दोहे के 'छतौ' शब्द के विषय में वर्तमान विद्वानों में मतभेद है। कोई तो इसका अर्थ था करते हैं और किसी के मत में 'छतौ' का अर्थ था होना संशयात्मक है। उनकी समझ में 'छतौ' के स्थान पर 'छप्यौ' पाठ विशेष संगत है। हमारी पाँचों प्राचीन पुस्तकों में से चार के अनुसार तो 'छतौ' ही पाठ ठीक ठहरता है; और केवल चार अंक की पुस्तक में 'छयौ' पाठ है। प्राचीन टीकाओं में से अनवरचंद्रिका, कृष्ण कवि की टीका, रसचंद्रिका, हरिप्रकाश तथा लाल चंद्रिका में 'छतौ' पाठ है और अमर चंद्रिका, देवकीनन्दन की टीका तथा शृंगारसप्तशती में 'छप्यौ'। 'छतौ' का अर्थ कृष्ण कवि की टीका से अलक्षित अर्थात् छिपा हुआ होना प्रतीत होता है, पर रसचंद्रिका, हरिप्रकाश तथा लालचंद्रिका में इसका अर्थ था पाया जाता है। बिहारी के सबसे पहले टीकाकार मानसिंह ने भी इसका अर्थ 'हो' अर्थात् था, ही लिखा है। हमारी समझ में इसका अर्थ अलक्षित हुआ, छिप गया, करना उचित है, जो कि कृष्ण कवि-लिखित सवैया से प्रतीत होता है। संस्कृत में 'क्षत' शब्द का अर्थ नष्ट हुआ, बिगड़ा इत्यादि होता है और 'छद' धातु का अर्थ ढाँपना; छिपाना इत्यादि। इन्हीं दोनों में से किसी से यह शब्द बना प्रतीत होता है। २७वें अंक के दोहे में भी 'छत' तथा 'अछत' शब्द इसी प्रकार के हैं। बोलचाल में अब भी लोग कहते हैं कि 'तुम्हारे अछत अथवा आछत अमुक कार्य कैसे हुआ।' ऐसे वाक्य में 'अछत' का अर्थ नष्ट न होने पर, अर्थात् उपस्थित रहते; होता है। तुलसीदासजी ने भी 'अछत' का प्रयोग इसी अर्थ में कई स्थानों पर किया है, यथा—

"अस प्रभु हृदय अछत अबिकारी।"

"परसु अछत देखौं जियत बैरी भूप-किसोर।" ॥इत्यादि

फूलीफाली फूल[१] सी फिरति जुं बिमल-बिकास।
भोरतैयाँ होहु ते चलत तोहिं पिय-पास॥ ४५८॥

अवतरण—मानिनी नायिका से सखी अथवा दूती अभिसार कराने के निमित्त कहती है—

अर्थ—[तेरी सौतें] जो विमल (म्लानरहित, अर्थात् तुझसे बाधा पहुँचने के खटके के म्लान से रहित) विकास-सहित फूल सी फूलीफली (प्रसन्न वदन) फिरती हैं (अपनी चटक मटक दिखाती घूम रही हैं), [वह हम लोगों से सहन नहीं होता, अतः हम लोगों की अभिलाषा है कि] वे तेरे प्रियतम के पास 'चलत' (चलते ही अथवा चलने से) 'भोर तरैयाँ' (प्रातःकाल की तरैयाँ अर्थात् प्रभाहीन) हो जायें॥

अरी, खरी सटपट[२] परी बिधुं आधैं मग हेरि।
संग-लगैं मधुपनु लई भागनु गली अँधेरि॥ ४५९॥

शब्दार्थ—सटपट = सटपटी, घबराहट॥

अवतरण—परकीया कृष्णाभिसारिका प्रेम तथा रूपगर्विता नायिका यह विचार कर नायक से अँधेरी रात को मिलने गई थी कि चंद्रोदय के पूर्व ही घर लौट आऊँगी। पर नायक ने प्रेम-वश उसके लौटने में विलम्ब लगा दिया, जिससे लौटते समय आधे रास्ते ही में चन्द्रमा

---

१. कमलु (२)।
२. चटपट (१)।

निकल आया और उसको बड़ी घबराहट हुई कि अब मुझे लोग देख लेंगे, पर उसके शरीर तथा अंगरागों की सुगन्धि के कारण संग लगे हुए भौंरों की भीड़ ने गली को आच्छादित कर के अँधेरा कर दिया, जिससे वह लक्षित न हो सकी। यही वृत्तांत वह सखी से कहकर अपने शरीर की सुगन्धि तथा नायक के प्रेम का आधिक्य जनाती है—

अर्थ—अरी [सखी, उस रात्रि को नायक के पास से लौटते समय, वहाँ उसके प्रेमाधिक्य के कारण विलम्ब हो जाने से, मुझे] आधे मार्ग में विधु (चन्द्रमा) देखकर खरी (बड़ी) सटपट (घबराहट) पड़ी। [पर बड़ी कुशल हुई कि मेरे] भाग्यों से [मेरे शरीर की सुगन्धि के कारण] संग लगे हुए मधुपों (भ्रमरों) ने गली अँधेर (अँधियारी कर) ली [नहीं तो बड़ा अनर्थ होता, लोग मुझे देख लेते]॥

चलतु धेरु घर घर, तऊ घरी न घर ठहराइ[१]।
समुझि उहीं घर कौं चलै, भूलि उहीं घर जाइ[२]॥ ४६०॥

अवतरण—सखी सखी से नायिका की स्नेह-दशा का वर्णन करती है—

अर्थ—[यद्यपि] घर घर [उसका] घैर (निन्दा) चल रहा है [कि वह अमुक पर अनुरक्त हो रही है और कुलकानि आदि छोड़ बैठी है], तथापि [वह] घड़ी [भर भी अपने] घर में नहीं ठहरती, समझकर (जान बूझकर) [भी] उसी [नायक के] घर को चलती है, [और] भूल कर (अनजान में) [भी] उसी [नायक के] घर को जाती है [भावार्थ यह है कि वह प्रेम में ऐसी लिप्त हो रही है कि निन्दा इत्यादि पर कुछ ध्यान नहीं देती। सुधि में भी वह उसी के घर जाती है और बेसुध होने पर भी उसके मन तथा पाँव उसे उसी के घर ले जाते हैं]॥

इक भीजैं[३], चहलैं परैं[४], बूड़ैं[५], बहैं[६] हजार।
किते न औगुन जग करैं[७] बै[८]-नै[९] चढ़ती बार॥ ४६१॥

शब्दार्थ—बै = वयक्रम। नै = नदी॥

अवतरण—कवि की प्रास्ताविक उक्ति है कि नदी की भाँति वय भी चढ़ते समय अनेक अनर्थ करती है, अतः मनुष्य को चढ़ती जवानी से सचेत रहना उचित है—

---

१. ठहराति (२)।
२. जाति (२)।
३. भीजे (२, ४, ५)।
४. परे (२, ४, ५)।
५. बूड़े (२, ४, ५)।
६. बहे (२, ४, ५)।
७. करे (४, ५)।
८. नै (२); नई (३, ५)।
९. बै (३, ४, ५)।

अर्थ— वय-रूपी नदी चढ़ते समय जगत् में कितने अवगुण नहीं करती। एक (कोई) [तो इस अवस्था के प्रभाव से] भीग जाते हैं (विषय-रस में मिल जाते हैं), [कोई] कीचड़ में फँस जाते हैं (विषय-सुखों में ऐसे फँस जाते हैं कि दूसरी ओर जा ही नहीं सकते), हजारों डूब जाते हैं (सिर से पाँव तक विषय-भोग में निमग्न हो जाते हैं), [और] हजारों बह जाते हैं (लोक, परलोक सबसे दूर हो जाते हैं)॥

गाढ़ैं ठाढ़ैं[१] कुचनु ठिलि पिय-हिय[२] को ठहराइ।
उकसौं हैं[३] हीं तो[४] हियैं दई[५] सबै उकसाइ॥ ४६२॥

शब्दार्थ—गाढ़ैं = सघन, कठोर तथा पीन॥ **ठाढ़ैं** = उन्नत, ऊँचे॥ **ठिलि** = ढकेली जाकर॥ **उकसौंहैं** = उकास अर्थात् उभार पर आए हुए॥ **उकसाइ** = उभार, उखाड़॥

अवतरण— अंकुरितयौवना नायिका से सखी परिहास-पूर्वक उसके यौवनागमन तथा सौन्दर्य की प्रशंसा करती हुई कहती है—

अर्थ— [तेरे] गाढ़े [तथा] ठाढ़े कुचों से ठिलकर (अर्थात् जब तेरे उरोज गाढ़े ठाढ़े होकर प्रियतम के हृदय में धक्का लगाएँगे, तो उनसे ढकेली जाकर) [तेरी] कौन [सौत] प्रियतम के हृदय में ठहरेगी (अर्थात् कोई न ठहर सकेगी)। [तेरे कुचों ने तो] तेरे [ही] हृदय पर (अर्थात् प्रियतम के हृदय पर बिना लगे ही) 'उकसौंहैं' ही (उठते हुए से ही, अर्थात् बिना उठे, केवल उठान पर आए हुए ही) [होकर] सभों (सब सौतों) को [प्रियतम के हृदय में] उसका दिया (उभार दिया, हलचल में कर दिया) है [भावार्थ यह कि प्रियतम के हृदय में तेरी जो सौतें जमी हुई थीं, उनमें हलचल तो तेरे उभार पर आए हुए ही कुचों ने तेरे ही हृदय पर से, कर रखी है। अतः अब उनमें प्रियतम के हृदय से ढकेले जाने पर वहाँ थमे रहने का सामर्थ्य नहीं है। बस फिर जब तेरे उरोज पीन तथा उन्नत होकर प्रियतम के हृदय में धकियावेंगे तो वहाँ कौन ठहर सकेगी, अर्थात् अभी से तेरी सौतों की ओर से प्रियतम का चित्त कुछ फिर सा गया है, फिर जब तेरी पूर्ण यौवनावस्था आवेगी, तब तो वह किसी को स्मरण भी न करेगा]॥

दीप उजेरैं हू पतिहिं हरत बसनु[६] रति-काज।
रही लपटि छबि की छटनु, नैंकौ छुटी न लाज॥ ४६३॥

अवतरण— नायिका के शोभाधिक्य का वर्णन सखी सखी से करती है कि उसकी छवि की छटा में ऐसी दीप्ति है कि दीपक के उजेरे में भी प्रियतम उसको नग्न न देख सका, क्योंकि उसकी आँखें उस पर न ठहर कर छवि की छटा में ही फँसी रह गईं, अतः उस नायिका की लज्जा रह गई—

---

१. **बाढ़े (२), गाढ़े (४)।**
२. **ही (१)।**
३. **उकसौंएँ (१)।**
४. **तै (१)।**
५. **सबै दई (३, ५), सब दीनी (४)।**
६. **बसन (२, ३, ५)।**

अर्थ—दीपक के उजेरे में भी, रति के निमित्त पति के (पति के द्वारा) वसन (वस्त्र) 'हरत' (हरने पर) [वह अपनी] शोभा की छटा (किरण) में [ऐसी] लिपट रही कि उसकी लज्जा (पति) किंचित्‌मात्र भी नहीं छुटी (गई) [भावार्थ यह कि उसे नग्न कर देने पर भी पति का ध्यान उसकी नग्नता पर नहीं गया, प्रत्युत उसकी शोभा ही में लगा रहा]॥

लखि दौरत पिय-कर-कटकु बास-छुड़ावन-काज।
बरुनी-वन गाढ़ैं दृगनु रही गुढ़ौ[1] करि लाज॥ ४६४॥

शब्दार्थ—**कटक** = सेना॥ **बासु** = (१) वसन, वस्त्र; (२) वास स्थान॥ **गुढ़ौ** = छिप कर रहने का दृढ़ स्थान॥

अवतरण—रत्यारंभ में मध्या-नायिका के नयनों में लज्जा जो अपना मवास बनाकर बस रही है, उसका वर्णन सखी सखी से करती है—

अर्थ—पति के कर-रूपी कटक को वसन-रूपी वासस्थान छुड़ाने के निमित्त दौड़ता देखकर वरुणी-रूपी सघन वन में, नयनों में 'गुढ़ौ' (मवास) कर के (बनाकर), लाज [जा] रही (बसी) [अर्थात् जब नायक ने वस्त्र हरना चाहा, तो नायिका की आँखों में लज्जा भर आई]॥

सकुचि सुरत[2]-आरंभ हीं बिछुरी लाज लजाइ।
ढरकि ढार ढुरि ढिग भई ढीठि[3] ढिठाई आइ॥ ४६५॥

शब्दार्थ—**लजाइ** = यहाँ 'लजाइ' का अर्थ लजाई हुई अथवा लजाती हुई करके उसको लाज का विशेषण मानना चाहिए॥ **ढरकि** = ढरकती हुई अर्थात् धीरे से॥ **ढार** = ढाल से, सुंदर चालढाल से॥ **ढुरि** = प्रसन्न होकर॥ **ढिग** = समीप॥

अवतरण—प्रौढ़ा नायिका के सुरत का वर्णन सखी सखी से करती है—

अर्थ—सुरत के आरम्भ ही में [उसकी] लजीली लज्जा [तो] संकुचित होकर बिछुड़ गई (हट गई), [और] सुन्दर चालढाल से ढुर कर (प्रसन्नता-पूर्वक) धीरे से ढीठ ढिठाई आकर [उसके] समीप [उपस्थित] हुई॥

सकुचि सरकि पिय-निकट तैं, मुलकि[4] कछुक, तनु तोरि।
कर आँचर की ओट करि, जमुहानी मुँहु मोरि॥ ४६६॥

अवतरण—रत्यंत में नायिका ने जो भाव किए, उनका वर्णन सखी सखी से करती है—

अर्थ—संकुचित हो प्रियतम के निकट से सरक कर (अर्थात् संकोच के कारण प्रियतम के पास से कुछ हट कर); 'मुलकि कछुक' (कुछ विशेष भाव से मुस्कुराकर) [तथा] तन तोड़कर (अँगड़ाई लेकर) [वह] हाथ से अंचल की

---

१. गूढ़ (२)।
२. सुरति (५)।
३. ढीठ (१, २, ३, ४)।
४. मुरकि (२)।

ओट (आड़) करके [और] मुख को मोड़कर (मुख को प्रियतम की ओर से अन्य ओर करके) जमुहाई॥

देह-लग्यौ ढिग गेहपति, तऊ नेहु-निरबाहि।
नीची अँखियनु हीं इतै गई कनखियनु चाहि॥ ४६७॥

शब्दार्थ—देह-लग्यौ = देह से देह भिड़ाए हुए॥ **गेहपति (गृहपति)** = अपने घर का पति अर्थात् स्वपति॥ **कनखियनु** = आँखों के कोनों से अर्थात् दबी हुई आँखों से॥

अवतरण—उपपति नायक अपनी मित्रिणी परकीया की चातुरी की प्रशंसा उसकी सखी से, अथवा स्वगत करता है—

अर्थ—[यद्यपि उसका] गृहपति [मेरी अथवा उसकी] देह से देह लगाए हुए समीप (अत्यन्त समीप) था, तथापि [वह] नीची ही आँखों से (आँखों को नीची ही किए हुए) कनखियों से इस ओर (मेरी ओर) देखकर स्नेह को निबाह गई (स्नेहोचित बर्ताव कर गई)॥

मार्‍यौ मनुहारिनु भरी, गार्‍यौ खरी मिठाहिं।
वाकौ अति अनखाहटौ मुसकाहट-बिनु नाहिं॥ ४६८॥

अवतरण—नायक नायिका से ऐसा अनुरक्त है कि उसे उसकी मार गाली भी अच्छी लगती है, अतः वह उसकी सखी से उसके प्रत्येक दशा में प्रिय लगने का वर्णन करता है—

अर्थ—[उसकी] मार भी मनुहारियों (मन हरण करने की रीतियों) से भरी हुई है, [और उसकी] गालियाँ भी खरी (बड़ी) मिठाती हैं। उसकी [तो] अत्यन्त अनखाहट (क्रोध से बात करना) भी बिना मुस्कुराहट के नहीं होता (उसका स्वभाव ऐसा हँसमुख है कि अत्यन्त क्रोध की अवस्था में भी उसके मुख पर मुस्कुराहट आ ही जाती है)॥

नाचि अचानक हीं उठे[१] बिनु पावस बन मोर।
जानति हौं, नंदित करी यह[२] दिसि नंदकिसोर॥ ४६९॥

अवतरण—नायिका की सखी उसे विरह-विकल देखकर, जी बहलाने के निमित्त, वन में ले जाना चाहती है। उसको यह आशा भी है कि कदाचित् वहाँ श्रीकृष्णचंद्र से भेंट हो जाये, परन्तु इस बात का उसको दृढ़ विश्वास नहीं है। अतः उनके वहाँ होने का यह अनुमान वह इस उद्देश्य से प्रकट करती है कि उनके दर्शनों के लोभ से वह वन में जाने को उद्यत हो जाये और अनुमान के प्रमाण में बिना पावस ही के उस वन में मोरों के नाच उठने का, सच्चा अथवा कल्पित, वर्णन करती है, जिसमें कि यदि श्रीकृष्णचंद्र से वहाँ भेंट न हो, तो नायिका उससे खीझे नहीं, प्रत्युत बिना कारण नाच उठने के अपराधी मोर समझे जायें—

अर्थ—[हे सखी, आज मैं जब यहाँ आ रही थी, तो इस पास वाले] वन में बिना पावस के अचानक ही मोर नाच उठे [इससे] जानती हूँ (अनुमान करती हूँ) [कि घनश्याम-स्वरूप] नन्दकिशोर ने यह दिशा आनन्दित की है (अर्थात् इस दिशा को अपने पदार्पण से सुखी किया है)॥

---

१. उठैं (१)।
२. इह (३), इहि (४)।

मैं यह तोहीं मैं लखी भगति अपूरब, बाल।
लहि प्रसाद-माला जु भौ तनु कदंब की माल॥ ४७०॥

अवतरण—नायिका किसी देव-मंदिर में दर्शनार्थ गई है। वहाँ उसी समय उसका उपपति नायक भी आया है। नायक और नायिका, दोनों ने देवार्चन करके पुष्पों की सुन्दर सुन्दर मालाएँ चढ़ाईं और पुजारी ने मन्दिरों की परिपाटी के अनुसार प्रसाद की मालाएँ उनको पहनाईं। संयोग से उसने नायिका को नायक की चढ़ाई हुई माला पहना दी। नायिका ने वह माला नायक को चढ़ाते देखी थी। अत: उसके स्पर्श से सर्वांग में रोमांच सात्विक हो गया, जिससे सखी उसकी प्रीति लक्षित करके कहती है—

अर्थ—हे बाल (बाला), यह अपूर्व (विलक्षण) भक्ति मैंने तुझी में देखी कि प्रसाद की माला पाकर [तेरा] तन कदंब की माला (कदंब के पुष्पों की माला के रूप का, अर्थात् रोमांचित) हो गया॥

दोहे में स्वयं पुजारी से भी नायिका का अनुराग माना जा सकता है। ऐसी दशा में उसके रोमांचित होने का कारण पुजारी की दी हुई माला का स्पर्श माना जायेगा॥

जाकैं एकाएक[१] हूँ[२] जग[३] ब्यौसाइ न कोइ।
सो निदाघ फूलै फरै[४] आकु डहडहौ होइ॥ ४७१॥

शब्दार्थ—**एकाएक हूँ** = एकाकी भी, अकेला भी॥ **ब्यौसाइ (व्यवसायिन्)** = व्यवसाय अर्थात् उद्योग करने वाला॥

अवतरण—नि:सहाय मनुष्य के हानिकारक दशा में भी ईश्वर की सहायता से सम्पन्न होने पर कोई, मदार-वृक्ष पर अन्योक्ति करके, कहता है—

अर्थ—जिसके निमित्त जग में कोई एकाकी [मनुष्य] भी व्यवसायी (उद्योग करने वाला) नहीं है, सो [बेचारा] आक (अर्क, मदार) ग्रीष्म ऋतु में [जब कि अन्य वृक्षों को सींचने इत्यादि की आवश्यकता होती है] डहडहा होकर फूलता-फलता है॥

किसी बेकाम के मनुष्य के विशेष संपन्न होने पर भी यह दोहा अन्योक्ति हो सकता है॥

बतरस-लालच लाल की मुरली धरी लुकाइ।
सौंह करैं[५] भौंहनु हँसै[६], दैन कहैं[७] नटि जाइ॥ ४७२॥

शब्दार्थ—**बतरस-लालच** = बातचीत करने के आनंद के लालच से॥

अवतरण—श्रीराधिकाजी ने वार्तालाप के आनंद के लोभ से श्रीकृष्णचंद्र की मुरली कहीं छिपा कर रख दी है। इस पर दोनों में जो वचन-विनोद हो रहे हैं, उसका वर्णन सखी सखी से करती है—

---

१. **एको (१, ४), एकै (२)।**
२. **हीं (२)।**
३. **फल (३, ५)।**
४. **फलै (३, ५)।**
५. **करै (२), करे (४, ५)।**
६. **हँसैं (१), हँसिं (३), हँसे (४)।**
७. **कहै (२), कहे (४), कहें (५)।**

अर्थ—[श्रीराधिकाजी ने] वाक्य-विनोद के लालच से लाल (श्रीकृष्णचन्द्र) की मुरली [कहीं] लुकाकर (छिपाकर) धर दी है। [सो देखो, अब कैसा विनोद हो रहा है कि श्रीकृष्णचन्द्र के] सौंह (शपथ) [कि 'बाबा की सौंह! जो मेरी मुरली खोज देगी, उसका मैं सदा ऋणी रहूँगा'। अथवा 'भैया की सौंह! मुझे यह हँसी अच्छी नहीं लगती' इत्यादि] करने पर [श्रीराधिकाजी] भौंहों में (किंचित्मात्र) हँस देती हैं, [जिसमें श्रीकृष्णचन्द्र को उन पर संदेह हो जायें और वे निराश होकर अन्यत्र न चले जायें, पर] देने को कहने पर (माँगने पर) नट जाती हैं (मुकर जाती हैं, अर्थात् यह कह देती हैं कि मैं नहीं जानती, मैंने नहीं छिपाई है, इत्यादि)॥

रही लटू ह्वै, लाल, हौं लखि वह बाल अनूप।
कितौ मिठास दयौ दई इतैं[1] सलोनैं[2] रूप॥ ४७३॥

शब्दार्थ—लटू ह्वै = बोलचाल में लट्टू होना अत्यंत रीझने को कहते हैं; जैसे 'अमुक व्यक्ति अमुक वस्तु पर लट्टू हो रहा है।'

अवतरण—नायिका के रूप की प्रशंसा करके दूती नायक को उससे मिलाना चाहती है—

अर्थ—हे लाल, मैं वह अनूप बाल (बाला, युवती) देखकर लट्टू हो रही हूँ। [मैं नहीं समझ सकती कि] इतने सलोने रूप में [माधुर्य लाने के निमित्त] देव ने कितना मिठास दिया है। [कि इतने लावण्य पर भी माधुरी अपना स्वाद अलग ही दे रही है]॥

जिस पदार्थ में लवण नहीं पड़ा रहता, वह थोड़ा ही मीठा डालने से मधुर हो जाता है, पर जिसमें लवण पड़ा रहता है, उसमें मिठास लाने के निमित्त अधिक चीनी इत्यादि मिलानी पड़ती है, तब कहीं वह दुरसा होता है॥

नहिं पावसु, ऋतुराजु यह, तजि, तरवर, चित-भूल।
अपतु भऐं बिनु पाइहै[3] क्यौं नव दल, फल, फूल॥ ४७४॥

अवतरण—कोई किसी राजा से लाभ उठाने की आकांक्षा करने वाले से, वृक्ष पर अन्योक्ति करके, कहता है कि सामान्य पुरुष से लोगों को सहज ही में लाभ पहुँच सकता है, पर किसी राजा से लाभ उठाने के निमित्त बड़ा कष्ट उठाना तथा निरादर सहना पड़ता है—

अर्थ—हे तरुवर (श्रेष्ठ वृक्ष), यह पावस (सामान्य वर्षा ऋतु) नहीं है, [प्रत्युत] यह [तो] ऋतुराज (ऋतुओं का राजा वसन्त) है, [अतः तू अपने] चित्त की [यह] भूल [कि इससे भी पावस की भाँति सहज ही में प्राप्ति हो जायेगी] तज दे। [इससे] बिना अपत (पत्रशून्य, निर्लज्ज, मान-रहित) हुए [तू] क्यों कर नए दल (कोंपल), फल [तथा] फूल (अर्थात् वस्त्र, भोजन तथा अन्य सुख-सामग्री) पाएगा॥

---

१. **इतौ (२)।**
२. **सलोनो (१)।**
३. **पाइहैं (१), पाइयै (३, ५)।**

बन-बाटनु पिक-बटपरा लखि बिरहिनु[1] मत[2] मैंन[3]।
कुहौ[4] कुहौ कहि कहि उठैं, करि करि राते[5] नैन॥ ४७५॥

शब्दार्थ—पिक = कोकिल॥ **बटपरा** = डाकू॥ **मत** = यहाँ इस शब्द का अर्थ ज्ञान, बोध, चेतना है॥ **कुहौं कुहौ** = यह कोकिल के कूकने का अनुकरण शब्द है। इसका अर्थ यहाँ मारो मारो भी लिया गया है। 'कुष' धातु का अर्थ फाड़ना, मर्दन करना होता है। इसी से फारसी शब्द 'कुश्तन' बना है, जिसका अर्थ मार डालना है॥ **राते (रक्त)** = लाल॥

अवतरण—नायक विदेश जाने पर उद्यत है। नायिका तथा उसकी सखियाँ उसे जाने से रोकने के निमित्त कहती हैं कि इस वसंत ऋतु में जाना बड़ा भयावह है—

अर्थ—[वसंत ऋतु में विदेश-गमन उचित नहीं है, क्योंकि] वन के मार्गों में कोकिल-रूपी डाकू विरहियों को [अपने] मत (चेतना) में न देखकर (अर्थात् विरह-दुःख से चेतना-रहित पाकर) [अपनी] आँखें लालकर करके, [और] कुहौ कुहौ (मारो मारो) कह कहकर [चारों ओर से] उठते हैं (आक्रमण करने पर उद्यत हो जाते हैं)॥

डाकुओं की रीति है कि जंगलों में वे पथिक के साथ साथ छिपकर चले जाते हैं और जब उसको असावधान पाते हैं तो मार मार कह कर उस पर टूट पड़ते हैं॥

दिसि दिसि कुसुमित देखियत[6] उपबन-बिपिन-समाज।
मनहुँ[7] बियोगिनु कौं कियौ सर-पंजर रितुराज॥ ४७६॥

शब्दार्थ—सर-पंजर (शर-पंजर) = बाणों का पिंजड़ा। बड़े बड़े अपराधियों को देह-दंड देने के निमित्त प्राचीन काल में शर-पंजर बनाया जाता था। इसके भीतर चारों ओर बाणों के फलों की आकृति के शूल लगे रहते थे। अपराधी जब इसमें बन्द कर दिया जाता था, तो किसी ओर हिलडुल नहीं सकता था, क्योंकि जिस ओर वह किंचित्मात्र भी झुकता था, उसी ओर के भल्ल उसको चुभते थे॥ **रितुराज (ऋतुराज)** = ऋतुओं का राजा अर्थात् वसन्त। ऋतुराज का प्रयोग कवि ने इस निमित्त किया है कि दण्ड देने का काम तथा अधिकार राजों ही का होता है॥

अवतरण—नायिका मान करना चाहती है। सखी उसको यह कहकर मान करने से रोकती है कि इस ऋतुराज के शासन-काल में मान करके वियोगिनी बनना बड़ा अपराध है। देख, वियोगियों को दण्ड देने के निमित्त ऋतुराज महाराज ने वन उपवनों को काम के शरों का पिंजड़ा बना रखा है। यदि तू इस समय मान करेगी, तो महान् कष्ट में पड़ेगी—

---

१. **बिरहनि (२, ३,५), बिरहिनि (४)।**
२. **मनु (२), मन (३, ५)।**
३. **मेंन (३, ५), मैन (४)।**
४. **कुहू कुहू (३), कहुँ कहुँ (५)।**
५. **रातैं (१)।**
६. **देखिय (२)।**
७. **मनौ (२)।**

अर्थ—[हे सखी! देख,] उपवन [तथा] विपिन के समाज प्रत्येक दिशा में कुसुमित (फूले हुए) दिखाई देते हैं। मानो (सो तू यह समझ कि) ऋतुराज ने वियोगियों [को दण्ड देने] के निमित्त [इन उपवनों वनों के समाजों को काम के बाणों का] शरपंजर बनाया है॥

टटकी धोई धोवती, चटकीली मुख-जोति[1]।
लसति रसोई कैं बगर, जगरमगर दुति होति॥ ४७७॥

शब्दार्थ—धोवती = धोती॥ **बगर** = कोठा, घर॥

अवतरण—आर्य-जाति के अच्छे घरों में यह परिपाटी है कि जब नई पतोहू आती है, तो उससे रसोई बनवाने के निमित्त कोई शुभ दिन नियत किया जाता है। उस दिन वह नव-वधू धोई हुई स्वच्छ तथा अपरस, धोती पहन कर रसोई बनाती है और परिवार के लोग उसी दिन से उसके हाथ का बनाया हुआ भोजन करना आरम्भ करते हैं। उसी अवसर की नायिका की शोभा सखी नायक को सुना कर उसे, उसको देखने के निमित्त, आवाहित करती है, क्योंकि उस समय, रसोई के कार्य में हाथों के फँसे रहने के कारण, वह शीघ्र घूँघट भी नहीं कर सकती—

अर्थ—[इस समय उस नायिका की शोभा देखने ही योग्य है। उसके शरीर पर] टटकी (तुरन्त की) धोई धोती [शोभित है और उसके] मुख की ज्योति [अग्नि की चमक से और भी] चटकीली [हो रही] है। [इस रूप से वह] रसोई के बगर (घर) में लस रही है (विराज रही है), [और उसकी] द्युति जगमगा रही है॥

सोहति धोती सेत मैं कनक-बरन-तन बाल।
सारद-बारद[2]-बिजुरी-भा रद कीजति[3], लाल॥ ४७८॥

शब्दार्थ—बारद (वार्द) = बादल॥ **भा** प्रभा, शोभा॥

अवतरण—सखी अथवा दूती नायक से नायिका के शरीर की द्युति की प्रशंसा करके उसकी रुचि बढ़ाती है—

अर्थ—हे लाल, श्वेत धोती में [वह] कनक-वर्ण से तन वाली बाला [ऐसी] शोभित है [कि उसके आगे] शरद् ऋतु के बादल की बिजुली की प्रभा रद (व्यर्थ, बेकाम) की जाती (समझी जाती) है॥

बहु धनु लै, अहसानु[4] कै[5], पारौ देत सराहि।
बैद-बधू, हँसि भेद सौं, रही नाह-मुँह चाहि॥ ४७९॥

अवतरण—कोई वैद्य, जो स्वयं नपुंसक है, किसी को अपना फूँका हुआ पारा, बहुत धन लेकर तथा बड़े निहोरे से, उसकी रति-शक्ति बढ़ाने के निमित्त, दे रहा है। यह देखकर

---

१. **ज्योति (३, ५)।**
२. **बारिद (१, ३, ४)।**
३. **कीजतु (२, ३), कीजत (५)।**
४. **अहिसान (२), अहिसानु (४)।**
५. **करि (२)।**

उसकी स्त्री, मर्म की बात सोचकर अर्थात् यह सोचकर कि यदि यह पारा वास्तव में ऐसा गुणदायक होता तो यह स्वयं क्यों नपुंसक बना रहता, हँस देती है। यही वृत्तांत कोई किसी से कहता है अथवा कवि ही की उक्ति है—

अर्थ—[किसी नपुंसक रोगी से] बहुत सा धन ले कर, [और ऊपर से उस पर] एहसान करके (अपना उपकार जना कर) [एवं] बड़ी प्रशंसा करके [अपने पति के] पारा देते समय वैद्य की वधू, भेद (मर्म) से हँसकर, नाह (नाथ, पति) का मुख देख रही है अथवा देखकर रह गई॥

रहौ,[१] गुही बेनी, लखे गुहिबे के[२] त्यौनार।
लागे नीर चुचान[३], जे नीठि सुकाए[४] बार॥ ४८०॥

शब्दार्थ—त्यौनार = ढंग, रीति॥

अवतरण—नायक नायिका की चोटी गूँथ रहा है। स्पर्श से दोनों को स्वेद सात्विक हो गया है, जिससे नायिका के बाल भींग गए हैं। नायिका सात्विक छिपाने के निमित्त, मारे लाड़ के नायक के गूँथने के ढंग में दोषारोपण करके, कहती है—

अर्थ—रहो (ठहरो, रहने दो, बाल गूँथना बन्द करो), गुही बेनी (तुम बेनी गूँथ चुके, अर्थात् तुम्हारे गूँथे बेनी गूँथी न जायेगी), [तुम्हारे] गूँथने के ढंग देखे गए (अर्थात् परीक्षा करने पर सर्वथा निकम्मे ठहरे)। [नैंक तुम अपने गूँथने के ढंग की विलक्षणता तो देखो कि] जो बाल नीठि (बड़ी कठिनता से) सुखाए थे, [वे फिर से गीले होकर] नीर चुचाने (टपकाने) लगे॥

इस दोहे की नायिका स्वाधीनपतिका है। 'नीठि सुकाए बार' वाक्यांश से उसे अपने बालों के सघन तथा लम्बे होने का गर्व होना भी झलकता है॥

मीत, न नीति[५] गलीतु ह्वै जौ धरियै धनु जोरि[६]।
खाऐं खरचैं जौ जुरै, तौ जोरियै करोरि[७]॥ ४८१॥

अवतरण—कोई उदार मित्र किसी कृपण मित्र को शिक्षा देता है—

अर्थ—हे मित्र, [यह] नीति नहीं है कि गलीत (दुर्दशा में) होकर (अर्थात् अपनी दुर्दशा बनाकर) धन इकट्ठा करके रखा जाये। [पर हाँ,] यदि खाने खर्चने (आवश्यक व्यय करने) पर [कुछ] बचे, तो [चाहे] करोड़ [रुपया] जोड़ा जाये (इकट्ठा किया जाये)। [भावार्थ यह कि मनुष्य को अपने खाने तथा अत्यावश्यक कार्यों में कृपणता करके धन एकत्रित करना उचित नहीं

---

१. रही (१, २)।
२. को (३, ५)।
३. चुचावने (३)।
४. सुखाए (२)।
५. नीत (१), मीत (३, ५)।
६. जोर (५)।
७. करोर (५)।

है। हाँ, यदि इन व्ययों के पश्चात् कुछ बचे, तो भले ही एकत्रित किया जाये, पर मनुष्य के आवश्यक व्यय ही इतने हैं कि उन्हीं का पूरा पड़ना कठिन है]॥

दुरै न निघरघट्यौ[1] दियैं ए रावरी कुचाल।
बिषु सी लागति है बुरी हँसी खिसी की, लाल॥ ४८२॥

शब्दार्थ—निघरघट्यौ = निघरघट उस मनुष्य को कहते हैं, जो पानी अथवा खाद्य पदार्थ को बिना घूँटे एक बार ही निगल जाये। इसका लक्ष्यार्थ, निर्लज्ज, धृष्ट तथा अपराध के स्पष्ट प्रकट हो जाने पर भी मुकरने वाला मनुष्य होता है। 'निघरघटी' का अर्थ निघरघटपन हुआ। इसी 'निघरघट' शब्द से 'निघरघट्यो' बना है, जैसे 'परोसिनी' से 'परोसिन्यौ'। इसका अर्थ निघरघटी भी अर्थात् निघरघटपन भी है, जैसे परोसिन्यौ का अर्थ परोसिनी भी॥

अवतरण—प्रौढ़ा अधीरा नायिका का वचन धृष्ट नायक से—

अर्थ—निघरघटपना भी देने से (करने से) आपकी ये कुचालें (परस्त्री के यहाँ जाने इत्यादि की बुरी चालें) नहीं छिपतीं। हे लाल, [तुम्हारी यह] खिसी (खिसियानपने) की हँसी [मुझे] विष सी बुरी लगती है॥

छाले परिबे कैं डरनु सकै न हाथ छुवाइ।
झझकत हियैं[2] गुलाब कैं झँवा झँवैयत[3] पाइ॥ ४८३॥

अवतरण—नायिका के पाँवों की सुकुमारता का वर्णन सखी नायक से करती है—

अर्थ—छाले पड़ने के डरों से [नाइन उसके पाँवों में अपने कठोर] हाथ नहीं छुआ सकती। [अतः नाइन द्वारा उसके] पाँव गुलाब के झाँवे से, झझकते हुए (हिचकिचाते हुए) हृदय से, झँवाए जाते हैं॥

तिय-सरसौं हैं मुनि[4] किए करि सरसौं हैं नेह।
धर-परसौं हैं है रहे झर-बरसौं हैं मेह॥ ४८४॥

अवतरण—बादलों की उद्दीपन-शक्ति का वर्णन कवि करता है, अथवा सखी नायक से कहती है कि ऐसे समय, जब मुनियों के मन भी स्त्रियों के निमित्त तरस रहे हैं, आपको अलग रहना उचित नहीं है—

अर्थ—झर-बरसौंहें (झड़ी बाँधकर बरसने वाले) मेघ मुनियों को [भी], नेह से सरसौंहें (सरस) करके, तिय-तरसौंहें (स्त्रियों के निमित्त तरसने वाले अर्थात् स्त्रियों की उत्कट अभिलाषा करने वाले) किए हुए धर-परसौंहें (धरा को स्पर्श करते हुए से) हो रहे हैं॥

धरा के स्थान पर 'धर' का प्रयोग भाषा के प्रायः सभी कवियों ने किया है॥

घन-घेरा छुटि गौ, हरषि चली चहूँ[5] दिसि राह।
कियौ सुचैनौ आइ जगु सरद-सूरनरनाह॥ ४८५॥

---

१. निघरघटो (४)।
२. फूल (२)।
३. झाँइयत (२), झँवैयतु (३, ५)।
४. मन (३, ५)।
५. चहो (३, ५)।

शब्दार्थ—घन = यह शब्द यहाँ श्लिष्ट है। इसका एक अर्थ बादल और दूसरा अर्थ मार डालने वाला अर्थात् डाकू इत्यादि है। इन्हीं दो अर्थों के आधार पर इसमें श्लिष्टपद मूलक रूपक है॥

अवतरण—प्रोषितपतिका नायिका की सखी, उसको ढाढ़स बँधाने के निमित्त, कहती है कि अब वर्षा बीत गई और शरद् का सुखद समय आ गया है। वर्षा के कारण जो रास्ते बंद हो रहे थे, वे खुल गए और चारों ओर लोग आने जाने लगे हैं। अतः अब तू धैर्य धर, तेरे प्रियतम भी शीघ्र ही आना चाहते हैं—

अर्थ—बादल-रूपी डाकुओं, घातकों का घेरा (घेरघार) छूट गया, चारों ओर हर्ष-पूर्वक [घनों की बाधा से निडर होकर] राह (मार्ग) चलने लगी (लोग मार्ग चलने लगे), [और] शरद-रूपी शूर (बहादुर) राजा ने आकर (अपना अधिकार जमा कर) जगत् को 'सुचैनौ' (सुखी, अर्थात् घनों की बाधा से रहित) कर दिया॥

वर्षा ऋतु में बादलों की घेरघार के कारण और निर्बल राजा अथवा राजा के देश में डाकुओं इत्यादि के लगने के कारण मार्ग बंद हो जाते हैं, पर शरद ऋतु में बादलों के हट जाने पर एवं देश में प्रबल राजा का अधिकार हो जाने से डाकुओं इत्यादि के उपद्रव शांत हो जाने पर मार्ग खुल जाते हैं, और सब लोग सुख से चारों ओर आने जाने लगते हैं॥

पावस-घन-अँधियार महि[1] रह्यौ भेदु नहिं आनु।
रात द्यौस जान्यौ[2] परतु लखि चकई चकवानु॥ ४८६॥

शब्दार्थ—लखि चकई चकवानु = चकई-चकवाओं को पृथक् पृथक् एवं एकत्र देख कर, अथवा उनके शब्द से यह लक्षित करके कि वे पृथक् पृथक् हैं या एकत्र। चकई चकवा के विषय में यह प्रसिद्ध है कि रात्रि को एकत्र नहीं रहते, किसी जलाशय का अंतर देकर, एक इस पार और दूसरा उस पार रहता है। दिन में फिर वे एकत्र हो जाते हैं। जब वे पृथक् रहते हैं, तो अन्य प्रकार से शब्द करते हैं, जो कि कराहने के सदृश होता है और जब एकत्र रहते हैं, तो अन्य प्रकार का शब्द करते हैं, जिससे आनंद सूचित होता है।

अवतरण—कवि वर्षा ऋतु की सघन घटाओं का वर्णन करता है—

अर्थ—पावस (वर्षा ऋतु) के घनों, (बादलों) के अँधेरे के कारण मही (पृथ्वी) में [रात तथा दिन में] अन्य [कोई] भेद (रूपांतर) नहीं रह गया। [अब] रात दिन [का समय-भेद केवल] चकई चकवाओं को [पृथक् पृथक् एवं एकत्र] लक्षित करके जान पड़ता है॥

इस दोहे में चकई-चकवा के वर्णन के विषय में वर्तमान विद्वानों के मतों में विरोध है। एक दल का कथन है कि वर्षा ऋतु में चक्रवाक इस देश में नहीं रहते, अतः इस ऋतु में उनका वर्णन करना अस्वाभाविक है। इससे बिहारी की नैसर्गिक अज्ञानता व्यक्त होती है। दूसरा दल

---

१. मैं (२)।
२. जानी (३, ५)।

कहता है कि ऐसा नहीं है, वर्षा ऋतु में भी चक्रवाक समस्थल प्रदेशों में रहते हैं और कवियों ने इस ऋतु में उनका वर्णन भी किया है॥

हमारी समझ में इस दोहे में इन झगड़ों का कोई अवसर ही नहीं है। धनाढ्यों के उपवनों तथा पाईं बागों में मयूर, सरहंस, चक्रवाक इत्यादि प्रायः पले रहते हैं और बहुधा उनके पर भी काट दिये जाते हैं। अतएव चाहे जंगली चक्रवाक वर्षा ऋतु में भारत वर्ष में रहते हों या नहीं, पर ये बेचारे पलुवे चक्रवाक तो अवश्य ही उपवनों में उपस्थित रहते हैं। जो लोग उपवनों में सारस, चक्रवाक इत्यादि पालते हैं, वे उनमें कोई कृत्रिम झील इत्यादि भी बनवा देते हैं। बिहारी का यहाँ चकई-चकवाओं से तात्पर्य ऐसे ही पहुवे चकई चकवाओं से है, क्योंकि रात्रि दिवस का निर्णय करने के निमित्त कोई जंगल की दूरस्थ झीलों को देखने क्यों जाने लगा, विशेषतः ऐसे समय, जब कि सघन घनों के कारण दिन रात्रि सा हो रहा हो। चकई-चकवाओं के शब्द भी तो ऐसे ऊँचे नहीं होते कि ग्राम के बाहर की झील से ग्राम में सुनाई दें। कवि का मुख्य वर्णनीय विषय यहाँ पावस का सघन अंधकार है, चकई-चकवा का वर्णन केवल गौण गीति पर, मुख्यार्थ-साधन के निमित्त, हुआ है॥

अरुनसरोरुह-कर-चरन, दृग-खंजन, मुख[१]-चंद।
समै आइ सुंदरि[२] सरद काहि न करति[३] अनंद॥ ४८७॥

अवतरण—कवि शरद ऋतु का वर्णन, सुंदरी स्त्री से रूपक कर कें, करता है—

अर्थ—अरुनसरोरुह-कर-चरन (जिसके हाथ पाँव लाल कमल हैं), दृग-खंजन (जिसके दृग खंजन हैं), [एवं] मुख-चन्द (जिसका मुख चन्द है), [ऐसी] शरद्-रूपी सुन्दरी [अपने] समय पर (अधिकार पर) आकर किसको आनंदित नहीं करती॥

नाहिंन ए पावक-प्रबल लुवैं चलैं[४] चहुँ पास।
मानहु बिरह बसंत कैं ग्रीषम-लेत[५] उसास॥ ४८८॥

शब्दार्थ—पावक प्रबल = पावक सी प्रबल अर्थात् प्रचंड॥ **ग्रीषम-लेत** = ग्रीष्म कें द्वारा ली जाती हुई॥

अवतरण—प्रोषितपतिका नायिका ग्रीष्म की लुओं कैं विषय में सखियों से कहती है कि ये लुएँ नहीं हैं, प्रत्युत तुम इनको ऋतुराज के विरह से संतप्तहृदया ग्रीष्म ऋतु की उसासें समझो; फिर भला मैं अपने पति के विरह से संतप्त होकर जो उष्ण उच्छ्वास लेती हूँ, तो आश्चर्य क्या है! देखो, ऋतु भी अपने पति के वियोग में ऐसा ही करती है—

अर्थ—[हे सखियो,] चारों ओर ये पावक सी प्रबल लुएँ नहीं चल रही हैं। [इनको तो तुम] वसंत (ऋतुराज) के विरह में ग्रीष्म-द्वारा ली जाती हुई उसासें समझो॥

---

१. **मुँहु (१)।**
२. **सुंदर (२, ५)।**
३. **करतु (१), करे (३, ४), करत (५)।**
४. **चलत (३, ५)।**
५. **लेतु (१), लेइ (४)।**

'ग्रीष्म' शब्द को पुल्लिग तथा स्त्रीलिंग, दोनों ही प्रकार प्रयुक्त करते हैं। इस दोहे में इसको स्त्रीलिंग ही मानना संगत है। सतसैया में केवल दो और दोहों में ग्रीष्म शब्द आया है, पर उनमें उसका प्रयोग ऐसा है कि यह पता नहीं चलता कि बिहारी उसको कौन लिंग मानते थे॥

'उसास' शब्द का प्रयोग बिहारी ने दोनों लिंगों में किया है। इस विषय में २६२ संख्यक दोहे की टीका द्रष्टव्य है॥

कहलाने एकत बसत[१] अहि मयूर, मृग बाघ।
जगतु तपोबन सौ कियौ दीरघ-दाघ निदाघ॥ ४८९॥

शब्दार्थ—तपोवन = तपस्वियों का वन। तपोवन में तपस्वियों के प्रभाव से जीव जन्तु परस्पर का बैर छोड़कर बसते हैं॥ **दीरघ-दाघ** = दीर्घ अर्थात् प्रचंड ताप वाली॥ **निदाघ** = ग्रीष्म ऋतु॥

अवतरण—वन के जीवों का, ग्रीष्म के प्रचंड प्रभाव से कातर होकर, परस्पर का बैर-भाव भूल कर, एकत्र रहना कवि वर्णित करता है—

अर्थ—अहि (सर्प) [तथा] मयूर [एवं] मृग [तथा] बाघ [मारे गर्मी के] कहलाने' (कातर हुए, व्याकुल हुए) एकत्र [ही] बसते हैं। प्रचंड ताप वाली ग्रीष्म ऋतु ने [अपने प्रभाव से] जगत् को तपोवन सा कर दिया है (बना रखा है)॥

उधर मयूर तथा बाघ को मारे गरमी के इस बात का ध्यान नहीं है कि सर्प तथा मृग हमारे आहार हैं; और न उन पर झपटने की शक्ति ही है। इधर सर्प तथा मृग को भी इस बात की सुधि नहीं है कि हम मयूर तथा बाघ के आहार हैं और न उनको भागने की शक्ति ही है। ग्रीष्म की प्रचंडता ऐसी व्याप्त हो रही है॥

पग पग मग[२] अगमन परत चरन-अरुनदुति झूलि।
ठौर ठौर लखियत उठे[३] दुपहरिया से फूलि॥ ४९०॥

शब्दार्थ—अगमन = आगे॥ **दुपहरिया** = एक प्रकार का अरुण पुष्प, जो वर्षा ऋतु में मध्याह्न में फूलता है। संस्कृत में इसको बंधुजीव कहते हैं॥

अवतरण—सखी नायिका के पावों की ललाई की प्रशंसा नायक से करके उसके हृदय में उसके देखने की उत्सुकता उत्पन्न करना चाहती है—

अर्थ—[उसके चलते समय] मार्ग में एक एक पग आगे [उसके] चरणों की अरुण द्युति (लाल आभा) के झूलकर (ऊपर से नीचे की ओर तिरछे बल में आकर) पड़ते हुए (पड़ते समय, पड़ने से) ठौर ठौर पर दुपहरिया के फूल से फूल उठे देखे जाते हैं (जान पड़ते है, अर्थात् ऐसा जान पड़ता है मानो ठौर ठौर पर दुपहरिया के फूल, फूल उठे हैं)॥

---

१. रहत (२)।
२. मैं (१)।
३. रहैं (२)।

नीच हियैं हुलसे रहैं[१] गहे गेंद के[२] पोत।
ज्यौं[३] ज्यौं माथैं मारियत, त्यौं[४] त्यौं ऊँचे[५] होत॥ ४९१॥

शब्दार्थ—पोत (प्रकृति) = स्वभाव॥

अवतरण—कवि की उक्ति है—

अर्थ—नीच [मनुष्य] गेंद के पोत (स्वभाव) धारण किए हुए [सदा निरादृत होने पर भी] हृदय में हुलसे (फूले) रहते हैं। ज्यों ज्यों (वे) माथे पर मारे जाते हैं (निरादृत होते हैं, अपने सिर पर चोट खाते हैं), त्यों त्यों ऊँचे होते हैं (अपने को श्रेष्ठ मानते हैं, ऊपर को उछलते हैं)॥

ज्यौं ज्यौं बढ़ति बिभावरी, त्यौं त्यौं बढ़त अनंत।
ओक ओक सबलोक-सुख, कोक-सोक हेमंत॥ ४९२॥

अवतरण—हेमंत ऋतु का वर्णन। कवि की उक्ति—

अर्थ—हेमंत ऋतु में ज्यों ज्यों रात्रि बढ़ती है, त्यों त्यों घर घर में सब लोगों के सुख [और] कोक (चकई-चकवा) के दुःख अनंत (बहुत) बढ़ते हैं॥

रह्यौ मोहु, मिलनौ[६] रह्यौ, यौं कहि गहैं मरोर।
उत दै सखिहिं[७] उराहनौ इत चितई मो ओर॥ ४९३॥

अवतरण—कोई परकीया नायिका गुरुजनों के समाज में थी। इतने ही में उसका उपपति जो बहुत दिनों से उससे मिला नहीं था, वहाँ आ गया और संयोग से उसकी कोई सखी भी उसी समय वहाँ आई। नायिका ने बड़ी चातुरी से मोहहीन होने तथा बहुत दिनों से न मिलने का उराहना तो सखी को दिया, पर उराहना देते समय नायक की ओर रुष्टता से देखकर उस पर यह विदित कर दिया कि वह उराहना वास्तव में उसे दिया गया है। नायिका की उसी चातुरी तथा मनोमोहिनी रोषचेष्टा का वर्णन नायक अपने पीठमर्द सखा से करता है, जिसमें वह उसके रोष-निवारण का उद्योग करे—

अर्थ—[हे सखी, जो तू मुझ पर बड़ा मोह जनाया करती थी, सो तेरा सब] मोह रहा (समाप्त हो गया), [और] मिलना-जुलना [भी] रहा (बंद हो गया), इस प्रकार [कुछ] रुष्टता लिए हुए कहकर [उसने] उधर सखी को उराहना दे कर इधर मेरी ओर [दबी आँखों से] देखा [सो उसकी वह चेष्टा मुझे विकल किए डालती है]॥

---

१. रहत (१, २)।
२. को (२)।
३. जेते (३, ४, ५)।
४. तेते (३, ४)।
५. ऊँचौ (२)।
६. मिलबो (५)।
७. सखी (२, ३, ५)।

नहिं हरि लौं हियरा धरौ[१], नहिं हर लौं अरधंग।
एकत ही करि[२] राखियै[३] अंग अंग प्रति अंग॥ ४९४॥

अवतरण—दूती नायिका को नायक के पास लाकर कहती है कि यह सर्वांग सन्दरी है, अत: इसके प्रति अंग का सुख आपको प्रति अंग से लेना चाहिए—

अर्थ—[इस सर्वांग-सुन्दरी नायिका को आप] न [तो] विष्णु भगवान् की भाँति हृदय में धारण कीजिए, [और] न शंकर की भाँति अर्द्धांग में। [इसके तो] अंग अंग को [आप अपने] प्रति अंग (अंग अंग) में एकत्र ही करके (एक ही करके) रखिए [तभी आपको इसके सर्वांग-सुखदायिनी होने का अनुभव हो सकेगा]॥

कियौ[४] सबै जगु काम-बस, जीते जिते अजेइ।
कुसुमसरहिं सर धनुष कर अगहनु गहन न देइ॥ ४९५॥

अवतरण—मानिनी नायिका का मान छुड़ाने के अभिप्राय से सखी उससे अगहन मास के विशेष उद्दीपनकारी होने का वर्णन करती है—

अर्थ—[यह] अगहन (१. जाड़े का मास विशेष; २. आगे मारने वाला, सेना का अग्रगामी, सेनापति) [ऐसा प्रबल तथा स्वामिभक्त है कि अपने प्रभु] कुसुमसर [महाराज] को हाथ में सर [तथा] धनुष लेने [का कष्ट उठाने] नहीं देता। [अपने प्रबल प्रभाव से उसने स्वयं ही] सब जगत् को काम के वश में कर दिया है, [और] जितने [योगी, यती इत्यादि] अजेय (जीत जाने के अयोग्य) [समझे जाते] थे, [उनको भी] जीत लिया है। [बस फिर ऐसे अगहन के अधिकार के समय तेरा मान करना सर्वथा अनुचित है, क्योंकि वह तेरे हृदय को भी अवश्य ही काम-वश कर देगा]॥

छकि रसाल-सौरभ, सने मधुर माधुरी-गंध।
ठौर ठौर झौंरत झँपत भौंर-झौंर मधु-अंध॥ ४९६॥

अवतरण—वसंत का वर्णन करके सखी मानिनी का मान छुड़ाना चाहती है—

अर्थ—[यह सुखद समय मान करने का नहीं है। देख,] आम बौरों की सुगंधि से छक (अघा) कर, [तथा] माधुरी [लता के पुष्पों] की मधुर सुगंधि से सने हुए, [एवं] मधु (मकरंद-रूपी मदिरा) [के पान] से अंधे (मतवाले) भ्रमरों के झुण्ड ठौर ठौर झौंरते (झूमर बाँध कर मँडराते) [और] झँपते (झुकते अथवा ढाँप लेते) हैं॥

---

१. **धरौं (२, ३)।**
२. **गहि (४)।**
३. **राखिहौं (३, ४)।**
४. **कियें (३)।**

मिलि बिहरत, बिछुरत मरत, दंपति अति रति[१]-लीन।
नूतन बिधि हेमन्त सबु[२] जगतु[३] जुराफा कीन॥ ४९७॥

अवतरण—मानिनी नायिका से सखी हेमंत ऋतु का प्रभाव वर्णन करके उसका मान छुड़ाया चाहती है—

अर्थ—[देख, इस ऋतु में] दंपति (नायक नायिका) अति रति-लीन (प्रीति में समाए हुए) [हो] मिलकर (साथ साथ) विहार करते हैं, [और] बिछुड़ते [ही] मरते हैं (मरने लगते हैं, अर्थात् अत्यंत कष्ट पाते हैं)। [इस] हेमंत-रूपी नए ब्रह्मा ने सब जगत् को जुराफा बना रखा है॥

ऊँट की आकृति का एक पशु जुराफा अफरीका में होता है। इसके विषय में प्रसिद्ध यह है कि यह अपने जोड़े के साथ रहता है और वियोग होने पर शीघ्र ही मर जाता है। प्राचीन टीकाकारों ने जुराफा का अर्थ पक्षी विशेष लिखा है॥

पल सोहैं पगि पीक-रँग, छल सोहैं सब बैन।
बल[४]-सौहैं कत[५] कीजियत ए अलसौं हैं नैन॥ ४९८॥

अवतरण—प्रौढ़ा धीरा नायिका की उक्ति नायक से—

अर्थ—[तुम्हारी] पलकें [पान की] पीक के रंग से पग कर (लिप्त हो कर) सोहती हैं, [तथा तुम्हारे] सब वचनों में छल शोभित हैं, [जिनसे तुम्हारे रात्रि के सब कर्म स्पष्ट विदित हो रहे हैं। अब उनके छिपाने के निमित्त] ये आलस्य-भरे से (सामना करने में झेंपते हुए से) नयन [व्यर्थ ही] 'बल-सौहैं' (बल-पूर्वक सामने) क्यों किए जाते हैं॥

कत लपटइयतु मो गरैं; सो न, जु ही निसि सैन।
जिहिं चंपक-बरनी किए गुल्लाला-रँग नैन॥ ४९९॥

अवतरण—खंडिता नायिका की उक्ति नायक से—

अर्थ—[आपके द्वारा] मेरे गले में क्यों लिपटा जाता है। [मैं] वह नहीं हूँ, जो रात को [आपकी] शय्या पर थी, [तथा] जिस चंपक वरणी ने आपको रात भर जगाकर आपके] नयन गुल्लाला के रंग के कर दिए हैं॥

इस दोहे में मुख्यार्थ के साथ-साथ कई फूलों के नाम भी आए हैं—लपटइया (इश्कपेचाँ), मोगरा (एक प्रकार का बेला), सोनजुही, निशिशयन (कमल), चंपक बरनी (वर्णा), गुल्लाला, नैन (पंच-नैना)। इनसे अर्थ में यद्यपि कोई उपकार नहीं होता, तथापि कवि की चातुरी प्रकट होती है। इस प्रकार नामों का संग्रह कर देना एक प्रकार का मुद्रालंकार कहलाता है॥

---

१. **रस (२, ४)।**
२. **रितु (४)।**
३. **जग्वै (२), जुग्वै (४)।**
४. **बलि (३, ५)।**
५. **कित (५)।**

नैंक उतै उठि बैठियै, कहा रहे गहि गेहु।
छुटी जाति नह-दी छिनकुं महदी सूकन[१] देहु ॥ ५०० ॥

शब्दार्थ—गेहु (गृह) = घर। **नह-दी** = नखों में दी हुई अर्थात् लगाई गई॥

अवतरण—स्वाधीनपतिका नायिका की सखी का वचन नायक से। नायिका के नखों में मेंहदी लगाई गई है। नायक वहाँ उपस्थित है। सखी कहती है कि तुम्हारे सामने रहने के कारण नायिका को स्वेद सात्विक हो रहा है, जिससे उसकी मेंहदी सूखने नहीं पाती। अतः तुम क्षण मात्र सामने से टल जाओ, तो मेंहदी सूख जाये। सखी का अभिप्राय, नायिका का सात्विक प्रकट करके, नायक के हृदय में प्रीति बढ़ाना है—

अर्थ—नैंक (थोड़े समय के लिए) [यहाँ से] उठकर उधर (आड़ में) बैठ जाइए, [भला आप इस प्रकार] क्यों घर को पकड़े हुए हैं (घरघुसने बने हुए हैं)। [देखिए, आपके सामने उपस्थित रहने से स्वेद सात्विक के कारण, इसकी] नखों में दी हुई (लगाई गई) [टटकी] मेंहदी छुटी जाती है, [सो उसको] क्षण मात्र सूखने दीजिए॥

लटुवा लौं प्रभु-कर-गहैं निगुनी गुन लपटाइ।
वहै[२] गुनी-कर तैं छुटैं[३] निगुनीयै ह्वै जाइ ॥ ५०१ ॥

शब्दार्थ—निगुनी (निर्गुणी) = (१) गुण (शूरता कलाकौशल इत्यादि) से विहीन मनुष्य। (२) डोरी से रहित लट्टू॥ **गुन (गुण)** = (१) कलाकौशलादि गुण। लट्टू फिराने की डोरी॥ **गुनी (गुणी)** = (१) सर्वगुणसंपन्न ईश्वर। (२) लट्टू फिराने की डोरी को धारण करने वाला॥

अवतरण—कवि की उक्ति है कि जिस पर ईश्वर की कृपा होती है, वह गुणहीन होने पर भी गुणी हो जाता है और फिर वही गुणी, प्रभु की कृपा से वंचित होने पर गुणहीन रह जाता है। इसी बात को कवि ईश्वर को लट्टू फिराने वाले की तथा मनुष्य को लट्टू की उपमा देकर कहता है—

अर्थ—लट्टू की भाँति प्रभु (१. ईश्वर; २. लट्टू के स्वामी) के हाथ में पकड़ने (१. सहायता करने; २. हाथ में लेने) पर निर्गुणी (१. गुणहीन मनुष्य; २. बिना डोरी का लट्टू) गुण (१. विद्वत्तादि; २. डोरी) में लिपट जाता है (१. अनेक प्रकार के शुभ गुणों से आच्छादित हो जाता है; २. डोरी में लिपट जाता है)। [फिर] वही गुणी (१. ईश्वर; २. डोरी वाले) के हाथ से छूटने पर [संसार में] निर्गुणी ही (१. शुभगुणहीन ही; २. डोरी से रहित ही) हो जाता है (१. माना जाता है; २. रह जाता है)॥

---

१. लागन (२, ४)।
२. उहै (३, ५)।
३. छुटी (४, ५)।

है हिय रहँति हई[१] छई, नई जुगति जग[२] जोइ।
दीठिहिं दीठि लगै[३], दई[४], देह दूबरी होइ॥५०२॥

शब्दार्थ—हई = यह शब्द संस्कृत 'हति' शब्द का अपभ्रंश-रूप है। 'हति' का अर्थ विस्मय, भय, विवशता, निराशा इत्यादि होता है। यहाँ इसका अर्थ भय अथवा विस्मय है। किसी किसी ने, 'हई' को अरबी शब्द 'हयरत' का बिगड़ा हुआ रूप मानकर, बिहारी पर शब्दों को मरोड़ने का धप्पा धरा है। पर 'हई' शब्द का प्रयोग बिहारी ने बिगाड़ कर नहीं किया है। यह शब्द अब भी—सामान्यत: अवध प्रांत में—भय के अर्थ में बोला जाता है, जैसे 'उस खेत में बंदरों की बड़ी हई है'॥ **जुगति (युक्ति)** = योजना, विधि, रीति॥ **जोइ** = देखकर॥ **दीठि** = (१) दृष्टि; (२) कुदृष्टि॥ **दूबरी** = दुर्बल॥

अवतरण—पूर्वानुरागिनी का वचन अंतरंगिनी सखी से—

अर्थ— जगत् में [यह] नई रीति देख कर हृदय में हई (विस्मय, भय) छाई रहती है [कि] हे दई, लगती तो दृष्टि को दृष्टि (१. आँख से आँख; २. आँख को कुदृष्टि) है, [पर] दुबली देह होती है॥

भय का कारण यह है कि जगत् में सामान्य रीति तो यह है कि जिसको कुदृष्टि लगती है, वही दुबला होता है, पर स्नेह-व्यापार में लगती तो दृष्टि को दृष्टि है और दुबली देह होती है॥

जज्यौं[५] उझकि झाँपति[६] बदनु, झुकति बिहँसि, सतराइ।
तत्यौं[७] गुलाल-मुठी झुठी झझकावत प्यौ[८] जाइ[९]॥५०३॥

शब्दार्थ—झाँपति = ढाँपती है॥ **सतराइ** = खिझला कर॥ **झुठी** = बिना गुलाल भरी॥ **झझकावत** = डराता॥

अवतरण—होली के खेल में नायक को गुलाल भरी मूठ ताने हुए दखकर नायिका आँखों में गुलाल पड़ने के भय से चौंककर, घूँघट में मुँख ढाँपती, झुक जाती, हँसती और खिझलाती है। नायक को उसकी यह चेष्टा ऐसी अच्छी लगती है कि वह उसको फिर फ़िर देखना चाहता है, अत: वह बिना गुलालभरी ही मूठ तान-तान कर उसको डराता जाता है, जिसमें वह फिर फिर वही चेष्टा करे। बिना गुलाल की मूठ वह इसलिए तानता है कि उसको भी अपनी परम सुकुमारी प्राणप्यारी की आँखों में गुलाल पड़ने का भय है और वह यह भी सोचता है कि यदि एक बार गुलाल आँखों में पड़ जायेगा, तो फिर वह निडर हो

---

१. दई (२)।
२. यह (२)।
३. लगें (३), लगो (४), लगे (५)।
४. बड़ी (२)।
५. ज्यौं ज्यौं (४, ५)।
६. ढाँपति (२)।
७. त्यौं त्यौं (४, ५)।
८. पिय (४)।
९. आइ (२)।

जायेगी और मेरी मूठ का तानना देख भी न सकेगी, अतः फिर मूठ तानने पर वह मनमोहिनी चेष्टा न करेगी। सखी-वचन सखी से—

अर्थ— [हे सखी! देख, कैसा सुन्दर खेल हो रहा है] 'जज्यौं' (ज्यों ज्यों) [नायिका] उझक कर (चौंककर) [अपना] बदन (मुख) ढाँपती है, [तथा] विचित्र प्रकार से हँस [तथा] खिझलाकर झुक जाती है, 'तत्यौं' (त्यों त्यों) 'प्यौ' (प्रियतम) [उसकी उस मनोहारिणी चेष्टा से रीझकर] गुलाल की झूठी मूठ से [उसको] झझकाता (डराता) जाता है [जिसमें वह फिर फिर वैसी ही चेष्टा करे]॥

छिनकु, छबीले लाल, वह नहिं जौ लगि[१] बतराति।[२]
ऊख, महूष[३], पियूष की तौ लगि[४] भूख न जाति[५]॥५०४॥

शब्दार्थ—महूष = मधु, शहद॥ **पियूष (पीयूष)** = अमृत॥

अवतरण—समधिकलज्जावती मुग्धा नायिका की सखी, नायक से नायिका की वचन माधुरी की प्रशंसा करके, उसके हृदय में प्रीति उपजाती है। कहती है कि अभी लज्जावश वह तुमसे बोलती नहीं; अतः तुमको उसकी वचन-माधुरी का अनुभव नहीं है और इसी से तुम्हें ऊख, मधु एवं अमृत में माधुरी जान पड़ती है पर जब वह क्षण भर भी तुमसे बातें करेगी, तो उसकी वचन-माधुरी के आगे ये सब पदार्थ तुमको फीके लगने लगेंगे—

अर्थ— हे छबीले लाल, वह जब तक [तुमसे] क्षणमात्र बातें नहीं करती, तब तक [तुम्हारी] ऊख, शहद [तथा] अमृत की भूख (चाह) नहीं जाती [जहाँ उसने तुमसे दो दो बातें कीं वहाँ तुम इन सबकी माधुरी भूल कर उसकी बातों ही की माधुरी के पान करने की, लालसा में लीन रहने लगोगे]॥

अँगुरिनु उचि, भरु भीति दै, उलमि[६] चितै चख लोल।
रुचि सौं दुहूँ दुहूँनु के चूमे[७] चारु कपोल॥५०५॥

शब्दार्थ—उलमि = झुककर॥ **लोल** = चंचल॥

अवतरण—उपपति नायक तथा परकीया नायिका के घरों के बीच में केवल एक भित्ति मात्र का अंतर है। किसी दिन अवसर पाकर दोनों ने अपनी-अपनी छतों से उचक कर परस्पर कपोलों का चुंबन किया। वही वृत्तांत कोई अंतरंगिनी सखी किसी अन्य अंतरंगिनी सखी से कहती है—

अर्थ— [पाँवों की] उँगलियों पर उचककर, भीति (मुँडेर) पर [अपना अपना] भार देकर, [आगे की ओर] झुककर [तथा] चंचल दृगों से [चारों ओर]

---

१. लगु (३, ४)।
२. बंतराइ (२, ४)।
३. भयूष (३, ५)।
४. लगु (३, ५)।
५. जाइ (२, ४)।
६. उलटि (३, ५)।
७. चूँबे (४)।

देखकर [कि कोई देखता तो नहीं है] दोनों ने दोनों के सुन्दर कपोल [बड़ी] चाह से चूमे॥

नागरि, बिबिध बिलास तजि, बसी गवेंलिनु माँहि[१]।
मूढ़नि[२] मैं गनबी कि तूँ, हूठ्यौ दै इठलाहिं[३]॥५०६॥

शब्दार्थ—बिलास = नागरियों के से सुख चैन, रहन सहन, चेष्टा इत्यादि॥ **गवेंलिनु** = गवाँरियों॥ **मूढ़नि** = ज्ञान-शून्यों, निर्बुद्धियों॥ **गनिबी** = गिनी जायेगी, गिनने के योग्य होगी॥ **कि तूँ** = या तो तू, नहीं तो तू॥ **हूठ्यौ दै** = हूठा देने का अर्थ ९३ संख्यक दोहे में द्रष्टव्य है॥

अवतरण—गवाँरियों में बसी हुई किसी नागरी पर अन्योक्ति कर के कवि कहता है कि गवाँरों में बस कर गुणी को, उन्हीं का सा गवाँरपन न करने पर हास्यास्पद ही होना पड़ता है—

अर्थ—हे नागरी! [अब तू नागरियों के से] विविध चाल व्यवहार, रहन सहन छोड़ दे; [क्योंकि तू] गवाँरियों में बसी है, या तो [अर्थात् नहीं तो] तू मूढ़ों में परिगणित होगी। [देख ये सब गवाँरिनें तेरे नागरिक व्यवहार पर] हूठा देकर इठलाती हैं॥

इस दोहे के अर्थ में टीकाकारों के मतों में भेद है। प्रायः टीकाकारों ने 'इठलाँहि' को विधिवाचक क्रिया मान कर उसका अन्वय 'तूँ' से किया है, पर यह ठीक नहीं है। इस दोहे के भावार्थ का मिलान २७६ संख्यक दोहे से करना चाहिए॥

बिथुर्‌यौ जावकु सौति-पग निरखि हँसी गहि गाँसु।
सलज[४] हँसौंहीं लखि लियौ[५] आधी हँसी उसाँसु॥५०७॥

शब्दार्थ—गाँसु (ग्रास) = किसी की ओर हृदय में कुछ गुप्त भावना रखना॥

अवतरण—नायिका, अपनी सौत के पाँवों में फैला हुआ महावर देखकर, पहले तो चित्त में गाँस रखकर कि यह ऐसी फूहर है कि इसे महावर देना नहीं आता, हँसी, पर फिर, उसको लज्जायुक्त हँसौंहीं देखकर, उसने निर्धारित कर लिया कि यह महावर .ा बिथुरापन इसके फूहरपने के कारण नहीं है, प्रत्युत यह महावर प्रियतम के हाथ का लगाया हुआ है और लगाते समय कंप सात्त्विक के कारण अस्तव्यस्त हो गया है। इस विचार से वह अन्य-संभोग-दुखिता हो गई और जो हँसी उसको आई थी, वह पूरी भी न होने पाई और उसने आधी ही हँसी में दुःखोच्छ्वास लिया। सखी-वचन सखी से—

अर्थ—सौत के पाँवों में बिथुरा (फैला) हुआ जावक (महावर) देखकर [वह मन में] गाँस (गुप्त भावना) रखकर हँसी। [पर फिर उस सौत को] लज्जायुक्त हँसती सी देखकर [उसने] आधी ही हँसी में [हँसी के बीच ही में] [खेद से] ऊँचा श्वास लिया॥

---

१. **माँह (२, ३), माह (४)।**

२. **मूढ़्यौ (३, ४, ५)।**

३. **इठलाइ (२), इठलाइ (४)।**

४. **सहज (२)।**

५. **लयौ (३, ५)।**

नायिका के दुःख का कारण यह अनुमान भी हो सकता है कि नायक सौत को मनाने के लिए उसके पाँवों पर पड़ा था, जिससे उसका जावक फैल गया है ॥

मोसौं मिलवति चातुरी, तूँ नहिं भानति भेउ।

कहे देत यह प्रगट[1] हीं प्रगट्यौ पूस पसेउ ॥ ५०८ ॥

अवतरण—नायक को देखकर नायिका को स्वेद सात्त्विक हुआ है। उसे छिपाने के निमित्त वह सखी से कुछ बात बनाती है, पर सखी उसके स्वेद से अनुराग लक्षित करके कहती है—

अर्थ—[तेरे अंग में, नायक को देखकर] पूस महीने में प्रकटा हुआ (प्रकट रूप से निकला हुआ) पसेव (प्रस्वेद, पसीना) प्रकट ही (स्पष्ट ही) यह कह देता है [कि तू जो बातें बना रही है, वह तू केवल] मुझसे चतुराई मिलाती है (मेरी चतुराई से अपनी चतुराई का मिलान करके अपनी चतुराई को अधिक ठहराना चाहती है), [और] भेव (भेद, रहस्य की बात) नहीं भानती (फोड़ती, खोलती) ॥

सौहैं हूँ हेरयौ[2] न तैं, केती द्याई सौंह।

एहो, क्यौं बैठी किए ऐंटी ग्वैंठी भौंह ॥ ५०९ ॥

अवतरण—कलहांतरिता नायिका को अभी ऊपर से वैसी ही टेढ़ी भौंहें किए देखकर और उसके मन का पश्चात्ताप समझकर, सखी कहती है कि अब तू क्यों टेढ़ी भौंहें किए बैठी है, अब तो नायक यहाँ से चला भी गया। सखी का तात्पर्य यह है कि यदि अब नायिका का मान ढीला पड़ा हो और वह अपना पश्चात्ताप प्रकट करे, तो मैं जाकर नायक को बुला लाऊँ—

अर्थ—[नायक तथा हम लोगों ने तुझे, मान छोड़ने के निमित्त,] कितनी ही शपथ दिलाई, [पर मान छोड़ना तो कौन कहे] तूने सामने (नायक की ओर) देखा भी नहीं। [तब लाचार होकर वह बेचारा यहाँ से चला गया] अरी, [भला बतला तो सही कि अब तू] क्यों टेढ़ी मेढ़ी भौंहें किए बैठी है [अब तो रोष का नहीं, पछताने का अवसर है] ॥

हीं[3] औरै[4] सी ह्वै गई[5] टरी औधि कैं नाम।

दूजैं कै डारी[6] खरी बौरी बौरैं[7] आम ॥ ५१० ॥

अवतरण—प्रोषितपतिका नायिका एक तो यह सुनकर अत्यंत व्याकुल हो रही है कि प्रियतम ने आने की जो अवधि बदी थी, वह टल गई है। दूसरे, वसंत के बौरे हुए आमों ने

---

१. निकट (२)।
२. चाह्यौ (२)।
३. हिय (४)।
४. सु और (३, ५)।
५. रही (२)।
६. जु डरी (२)।
७. औरैं (२)।

उसको सर्वथा बावली ही कर दिया है। सखी-वचन सखी से—

अर्थ—[एक तो] टली हुई अवधि के नाम (सुनगुनी चर्चा), [सुनने] से [वह] हृदय में [कुछ] और ही सी (विलक्षण तथा अस्वाभाविक चित्त-वृत्ति वाली) हो [ही] गई थी, दूसरे [अब उसको] बौरे हुए आमों ने खरी (सर्वथा, पूर्ण रीति से) बौरी (बावली) कर डाला॥

सही रँगीलैं रति-जगैं जगी पगी सुख चैन[१]।
अलसौहैं सौहैं किियैं कहैं हँसौहैं नैन॥ ५११॥

शब्दार्थ—रति-जगैं = (१) किसी उत्सव के कारण रात्रि भर के जागरण में; (२) रति के निमित्त जागरण में॥

अवतरण—नायिका ने रात्रि भर नायक के साथ रत्युत्सव में जागरण किया है, जिससे उसकी आँखें अलसौंहीं हो रही हैं॥ आँखों के उनींदी होने का कारण वह सखी से किसी उत्सव में रतजगे में जागना बतलाती है, पर जब वह आँखें सामने करती है, तो वे हसौंहीं हो जाती हैं, जिससे सखी सच्ची बात लक्षित करके कहती है—

अर्थ—[तेरे] अलसौंहें नयन सामने करने पर अथवा शपथ खाकर हसौंहें [हो] कहते हैं [कि तू] सही (सचमुच) रँगीले (रंग-भरे, सरस, आनंदप्रद) रतिजगे (१. किसी उत्सव के रतिजगे; २. रति के जागरण) में सुख [और] चैन में पगी हुई जागी है॥

इस दोहे में 'रँगीलैं', 'रतिजगैं', 'सुख चैन' तथा 'हँसौंहैं' शब्दों से सखी नायिका की रति लक्षित करना व्यंजित करती है॥

कहा कुसुम, कह कौमुदी, कितक[२] आरसी जोति।
जाकी उजराई लखैं आँखि ऊजरी होति॥ ५१२॥

अवतरण—सखी नायिका के गौर वर्ण की प्रशंसा नायक से करके रुचि उपजाती है अथवा नायक नायिका की गुराई पर रीझ कर स्वगत कहता है—

अर्थ—जिसकी उजराई (उज्ज्वलता) देखने पर आँख उज्ज्वल (ज्योति-संपन्न) होती है, [भला उसके आगे] कुसुम (पुष्प) क्या वस्तु है, कौमुदी (चाँदनी) क्या है, [और] आरसी (दर्पण) में कितनी ज्योति (चमक) है॥

'कुसुम' शब्द से यहाँ श्वेत अथवा पीत कुसुम ग्राह्य है॥

पहिरत हीं गोरैं गरैं यौं दौरी दुति, लाल।
मनौ परसि पुलकित भई बौलसिरी की माल॥ ५१३॥

शब्दार्थ—बौलसिरी (बकुल श्री) = मौलसिरी। मौलसिरी के वृक्ष को संस्कृत में बकुल तथा मकुल कहते हैं। बकुलश्री अथवा मकुलश्री का अर्थ बकुल अथवा मकुल की शोभा, अर्थात् पुष्प होता है। प्राकृत में 'श्री' का रूपांतर सिरी हो जाता है, अतः 'बकुलश्री' से बोलसिरी अथवा बौलसिरी तथा मकुलश्री से मोलसिरी अथवा मौलसिरी बनता है। सतसैया

---

१. दैन (३, ५)।
२. कितिक (२)।

के केवल दो दोहों में बिहारी ने इस शब्द का प्रयोग किया है और दोनों ही स्थानों पर 'बौलसिरी' रूप ग्रहण किया है॥

इस दोहे के भाव में कुछ ऐसी अस्पष्टता है कि इसका अर्थ भिन्न भिन्न टीकाकारों ने भिन्न भिन्न प्रकार से किया है, पर संतोषप्रद अर्थ कोई भी नहीं प्रतीत होता॥

सतसैया के सबसे पहले टीकाकार मानसिंह ने इसका अर्थ यह लिखा है—'श्रीराधाजू कै गोरै गरैं पहिरत ही लाल तमाल-पुष्प की माल ताकी ऐसी दुति दौरी। जानियै कै गोरे गरे में पुलक-भरी बोलसिरी की माल पहिरी है।' इस अर्थ में टीकाकार ने 'लाल' का अर्थ लाल तमाल-पुष्प की माल किया है। यदि लाल का अर्थ यह हो भी, तो भी इस अर्थ में दूरान्वय दोष पड़ता है॥

अनवर-चंद्रिका में इस दोहे पर यह लिखा है—'जो माला लै गई ही, ताकों दूतत्व ते रोमांचित कहि नाइका को प्रेम नाइक सौं जतावति है।' इस अर्थ में यह नहीं समझ में आता कि माला के रोमांचित होने से नायिका का प्रेम कैसे प्रकट होता है॥

अमरचंद्रिका में यह लिखा है—

प्रश्न

पुलकित सी होतहि सु तौ मौलसिरी की माल।
ताहि कहें पुलकित भई परसै प्रश्न बिसाल॥

उत्तर

तुम जु दई तिहिं माल, तिहिं परसत गोरैं गरैं।
यौं दाढ़ी छबि बाल, लाल परसि पुलकित मनौ॥''

अमरचन्द्रिका का भावार्थ यह हुआ—'तुम्हारी दी हुई मौलसिरी की माला को गोरे गले में पहनने से उसकी ऐसी छवि हुई मानो वह तुम्हीं को स्पर्श करके पुलकित हुई है।' यह भाव अच्छा है, पर इस अर्थ में 'पहिरत' के साथ 'बौलसिरी की माल' का अन्वय बड़ी क्लिष्टता से करना पड़ता है। हरिप्रकाश तथा बिहारीबोधिनी टीकाओं में भी अमरचन्द्रिका का अनुसरण किया गया है॥

रसचंद्रिका में यह अर्थ लिखा है—''नाइक ने जो हार भेजा था नाइका को सो सखी नाइक सों कहै है कि हे लाल, नाइका के गोरे गले की शोभा सों मोलसिरी के फूल के जो काँटे थे, सो ऐसे लगने लगे कि काँटे नहीं हैं, मानो माला भी पुलकित भई है।'' यह भावार्थ स्पष्ट तो अवश्य है, पर कुछ विशेष संतोषप्रद नहीं है। कृष्ण कवि की टीका तथा लालचंद्रिका में भी यही भावार्थ माना गया है॥

देवकीनंदन की टीका में अमरचंद्रिका तथा रसचंद्रिका, दोनों के अर्थों का संग्रह है॥

प्रभुदयालु पांडेजी ने विलक्षण ही अर्थ किया है—''गोरे गले में पहनते ही लाल द्युति यों दौड़ी, मानों स्पर्श करके मौलसिरी की माला पुलकित भई॥''

हमारी समझ में इस दोहे का भावार्थ ४७० संख्यक दोहे के अनुसार मानना चाहिए। जिस प्रकार उस दोहे में नायिका के शरीर ही का पुलकित होकर कदंब की माला हो जाना कहा गया है, उसी प्रकार इस दोहे में नायिका के शरीर का पुलकित होकर 'मौलसिरी की माल' हो जाना समझना चाहिए॥

अवतरण—नायक ने नायिका के निमित्त मौलसिरी की माला उसकी अंतरंगिनी सखी के हाथ भेजी थी। सखी ने जब वह माला नायिका को पहनाई, तो, इस विचार से कि वह माला नायक की भेजी हुई एवं उसके द्वारा स्पर्श की हुई है, उसको पुलक सात्विक हुआ। यह वृत्तांत सखी नायक से कहकर यह व्यंजित करती है कि आपके हाथ की स्पर्श की हुई माला के स्पर्श से उसका सर्वांग पुलकित हो जाता है। सखी का अभिप्राय नायिका का प्रेमाधिक्य व्यंजित करके नायक की प्रीति बढ़ाना है—

अर्थ—हे लाल! [तुम्हारी भेजी हुई मौलसिरी की माला को] गोरे गले में पहनते ही [पुलक सात्विक के कारण उस नायिका पर] ऐसी द्युति (शोभा) दौड़ पड़ी (गले से आरम्भ होकर अति शीघ्र सर्वांग में छा गई), मानो [उसको] परस कर पुलकी हुई [वह नायिका स्वयं] मौलसिरी की माला हो गई॥

इस अर्थ में प्रथम मौलसिरी की माला का अध्याहार करना पड़ता है। पर 'वह नायिका स्वयं मौलसिरी की माला हो गई', इस खंडवाक्य के बल से यह अध्याहार हो जाता है॥

रस-भिजए दोऊ दुहुनु, तउ[१] टिकि रहे, टरैं न।
छबि सौं छिरकत प्रेम-रँगु भरि पिचकारी नैन॥ ५१४॥

अवतरण—नायक नायिका पारस्परिक शोभा देखते तथा नेत्रों के भाव से अपना प्रेम सूचित करते हैं। इस व्यवस्था का रूपक होली के खेल से करके सखी सखी से कहती है—

अर्थ—दोनों (नायक नायिका) के द्वारा दोनों (नायिका नायक) रस (अनुरागरूपी रंग) से भिगो दिये गये हैं, [और ऐसी दशा में चाहिए तो यह था कि सामने से हट जाते, क्योंकि होली के खेल में जो सराबोर हो जाता है, वह भागकर हट जाता है], तो भी [ये] नयन-रूपी पिचकारियाँ भरकर प्रेम-रूपी रंग [बड़ी] सुन्दरता से छिड़कते हुए (अपना अपना प्रेम बड़ी सुन्दर रीति से सूचित करके दूसरे को प्रेम में सराबोर करते हुए) टिक रहे हैं (आमने सामने डटे हुए हैं), टलते नहीं॥

कारे-बरन डरावने कत आवत इहिं गेह।
कै वा लखी, सखी लखैं लगै थरथरी[२] देह॥ ५१५॥

शब्दार्थ—**कै वा** = कै बार॥ **लखी** = 'लख (लक्ष)' धातु का प्रयोग बिहारी ने अकर्मक तथा सकर्मक, दोनों रूप में किया है। इस दोहे में 'लखी' क्रिया अकर्मक रूप से प्रयुक्त हुई है॥

अवतरण—नायिका बहिरंगिनी सखियों में बैठी है। इतने ही में श्रीकृष्णचंद्र किसी व्याज से उसके घर आए हैं। उनको देख कर नायिका को कंप सात्विक हुआ है। अनुराग छिपाने के निमित्त वह सखी से उस कंप का भय के कारण होना कहती है—

अर्थ—यह काले वर्ण वाले डरावने [मनुष्य] इस घर में [बार बार] क्यों आया करते हैं। हे सखी, [मैं] कितने [ही] बार देख चुकी हूँ (अनुभव कर चुकी हूँ) [कि इनके] देखने से [मेरी] देह में [भय के कारण] थरथरी (कंप) लगती है (होने लगती है)॥

---

१. **तौ** (२, ४)।
२. **थरहरा** (२)।

कर के मीड़े कुसुम लौं गई बिरह कुम्हिलाइ।
सदा-समीपिनि सखिनु हूँ नीठि पिछानी जाइ॥ ५१६॥

शब्दार्थ—मीड़े (मृदित) = मले हुए, मसले हुए॥

अवतरण—सखीं नायक से नायिका की व्याधि दशा का वर्णन करके उसको उसके पास आने पर उद्यत करना चाहती है—

अर्थ—हाथ से मले हुए फूल की भाँति [वह] विरह से [ऐसी] कुम्हिला गई है [कि] सदा समीप रहने वाली सखियों के द्वारा भी बड़ी कठिनता से पहचानी जाती है॥

चितवत, जितवत हित हियैं, कियैं तिरीछें नैन।
भीजैं तन दोऊ कँपैं क्यों हूँ जप निबरैं न॥ ५१७॥

शब्दार्थ—जितवत = जताते हुए॥ **निबरैं न** = निवृत्त नहीं होते, समाप्त नहीं होते॥

अवतरण—नायक नायिका, जाड़े के दिन में किसी जलाशय में स्नान करके, जप करने के व्याज से पानी ही में खड़े, तिरछी दृष्टि से परस्पर अपना अपना प्रेम सूचित कर रहे हैं। अत: विशेष विलंब हो जाने पर भी उनके जप समाप्त नहीं होते। सखी-वचन सखी से—

अर्थ—[एक दूसरे के] हृदय में [अपना] प्रेम जताते हुए, तिरछे नयन किए (औरों की आँखें बचाए) [परस्पर] देखते (अवलोकन करते) हुए दोनों [स्नान करके] भीगे तन से [पानी में खड़े] काँप रहे हैं, [और] किसी प्रकार (बहुत विलंब होने पर भी) [उनके] जप समाप्त नहीं होते॥

कियौ जु, चिबुक उठाइ कै, कंपित कर भरतार।
टेढ़ीयै टेढ़ी फिरति टेढ़ैं तिलक लिलार॥ ५१८॥

अवतरण—नायक ने एक हाथ से नायिका की ठोढ़ी उठाकर दूसरे हाथ से उसके ललाट पर तिलक लगाया है। नायक के कंप सात्विक के कारण तिलक टेढ़ा हो गया है। नायिका नायक का प्रेम उसके सात्विक से निश्चित करके ऐंठती फिरती है। इसी प्रेम-गर्विता नायिका का वृत्तांत सखी सखी से कहती है—

अर्थ—चिबुक (ठोढ़ी) उठाकर, [सात्विक के कारण] काँपते हुए हाथ से जो [तिलक] भर्तार ने [उसको] किया (लगाया); ललाट पर [उस] टेढ़े (प्रियतम के प्रेम-सात्विक से कंप होने के सूचक) तिलक [के गर्व] से [वह] टेढ़ी ही टेढ़ी (ऐंठती, इतराती) फिरती है॥

भौ यह ऐसोई समौ, जहाँ[१] सुखद दुखु देत।
चैत-चाँद की चाँदनी डारति किए अचेत॥ ५१९॥

अवतरण—प्रोषितपतिका नायिका का वचन सखी से—

अर्थ—[प्रियतम के विरह में] यह समय ऐसा ही हो गया है [कि] जहाँ (जिसमें) सुखद [पदार्थ] दु:ख देते हैं। [देख, यह] चैत्र [मास] के चंद्रमा की चाँदनी [जो संयोग-समय में सुखद थी, इस समय मुझे] अचेत (विरह-व्यथा का उद्दीपन करके दु:खाधिक्य के कारण चेतनाशून्य) किए डालती है॥

---

१. **जहँ सुख तहँ दुख (४)।**

कत कहियत दुखु देन कौं रचि रचि बचन अलीक।
सबै क्रहाउ रह्यौ लखैं, लाल, महावर लीक॥५२०॥

शब्दार्थ—अलीक = रीति रहित, मनमाने, मिथ्या॥ **कहाउ** = कहना सुनना, वक्तव्य॥ **लीक** = लकीर॥

अवतरण—नायक अन्य स्त्री के पास रात भर रहकर प्रातःकाल इस नायिका के यहाँ आया है और रात को अपने न आने के अनेक मिथ्या कारण गढ़ गढ़ कर कह रहा है। इतने में उसके भाल पर महावर की लीक नायिका देख लेती है, जिससे वह सच्चा कारण निश्चित करके कहती है—

अर्थ—[मुझे] दुःख देने (और भी अधिक चिढ़ाने) के निमित्त [ये] मिथ्या वचन रच रच कर क्यों कहे जाते हैं। हे लाल [तुम्हारा] सभी कहना सुनना महावर की लकीर देखने पर रह गया (वृथा हो गया)॥

लोपे कोपे इंद्र लौं रोपे प्रलय[१] अकाल।
गिरिधारी राखे सबै गो, गोपी, गोपाल॥५२१॥

अवतरण—कोई सज्जन भक्त, किसी बलिष्ठ दुर्जन के द्वारा दुःख दिए जाने पर, अपने मन को धैर्य देता है कि रे मन, तू घबरा मत, धैर्य धारण कर, तेरे प्रभु गिरधर लाल ऐसे भक्त-वत्सल हैं कि उन्होंने समस्त व्रज के प्राणियों की रक्षा की और ऐसे शक्ति-संपन्न हैं कि और की कौन कहे, इन्द्र से प्रबल शत्रु उनके आगे भाग गए—

अर्थ—[गिरिधारी (गोवर्द्धन गिरि धारण करने वाले) [श्रीकृष्ण चंद्र] ने गउएँ गोपियाँ [तथा] गोपाल (ग्वाल), [ये] सब ही [दुष्टों से] रक्षित किए [एवं और की कौन कहे] बिना समय का प्रलय रोपे (प्रलय करना ठाने) हुए कुपित इन्द्र ऐसे [शत्रु भी] लोपे (लुप्त किए, भगा दिए)॥

ढोरी लाई सुनन की, कहि गोरी मुसकात[२]।
थोरी थोरी सकुचि सौं भोरी भोरी बात॥५२२॥

शब्दार्थ—ढोरी = धुन, उत्कृष्ट अभिलाषा॥

अवतरण—नायक ने नायिका को मुस्कुराकर भोली बातें करते सुना है। उससे उसको ऐसा आनंद मिला है कि वैसी ही बातें सुनने की धुन लग गई है। अतः वह अपनी दशा सखी से कहता है—

अर्थ—उस गोरी (गौरवर्णी नायिका) ने मुस्कुराते हुए थोड़ी लज्जा से भोली भोली बात कहकर [मुझे वैसी ही बात फिर फिर] सुनने की ढोरी (धुन) लगा दी है॥

आज कछू और भए, छए[३] नए ठिकठैन।
चित के हित के चुगल[४] ए नित के होहिं न नैन॥५२३॥

---

१. प्रलै (३), प्रलौ (४, ५)।

२. मुसिकात (२), मुसुकात (४)।

३. नए छए (४)।

४. जुगल (५)।

शब्दार्थ—ठिकठैन = ठाटबाट॥ **चुगल** = किसी के छिपे भेद को प्रकट कर देने वाले॥ **होहिं** = 'होहिं' का प्रयोग हैं के स्थान पर अवधी भाषा में प्रचलित है। श्रीगोस्वामी तुलसीदासजी ने भी 'होहिं' का प्रयोग 'हैं' के अर्थ में बहुतायत से किया है। इस प्रयोग से शुद्ध व्रजभाषा में प्रचलित होने में संदेह है। ५४९-संख्यक दोहे में भी 'होहिं' का ऐसा ही प्रयोग है॥

अवतरण—लक्षिता नायिका की आँखों की विलक्षण झलक से सखी उसके हृदय का स्नेह लक्षित करके कहती है—

अर्थ—ये [तेरे] हृदय के हित (प्रेम) के चुगल नयन नित के (नित्यप्रति जैसे रहते थे, वैसे) नहीं हैं, आज नए ठाटबाट से छाए हुए कुछ और ही [से] हो गए हैं [जिससे यह बात स्पष्ट लक्षित होती है कि तेरा हृदय किसी पर अनुरक्त हुआ है]॥

छुटै[1] न लाज, न लालचौ प्यौ लखि नैहर-गेह।
सटपटात लोचन खरे भरे सकोच, सनेह॥ ५२४॥

शब्दार्थ—सटपटात = संशय में पड़े हैं कि सामने देखें अथवा नीचे हुए रहें, अतः अति शीघ्रता से सामने तथा नीचे होते हैं॥

अवतरण—नायिका अपने नैहर में है। नायक भी वहाँ आया है। नायिका के नेत्रों में नायक को देखने की अभिलाषा तथा माता, भगिनी इत्यादि का संकोच, दोनों द्वंद्व मचाए हुए हैं। अभिलाषा तो आँखों को नायक की ओर प्रेरित करती है और संकोच उन्हें नीची किए देता है। अतः आँखें कभी सामने कभी नीची होती हैं। यही व्यवस्था सखी सखी से कहती है—

अर्थ—प्रियतम को नैहर के घर में देख कर [नायिका के नेत्रों से] न [तो] लज्जा छूटती है, [और] न लालच ही। [अतः उसके] नेत्र संकोच [तथा] स्नेह से भरे हुए अत्यन्त सटपटाते हैं॥।

ह्याँ तैं ह्वाँ, ह्वाँ, तैं इहाँ, नेकौ धरति[2] न धीर।
निसि दिन डाढ़ी[3] सी फिरति बाढ़ी गाढ़ी पीर॥ ५२५॥

शब्दार्थ—डाढ़ी (दग्धा) = दाही, जलाई हुई॥ 'डाढ़ी' शब्द का प्रयोग जली हुई अथवा जलाई हुई के अर्थ में काव्य-भाषा में प्रचलित है। अवध प्रान्त में 'डाढ़ा' शब्द अग्नि के अर्थ में, बोलचाल में भी आता है। स्त्रियाँ कोसने में भी कहती हैं कि 'तोरे मुँह में डाढ़ा लागै'॥

अवतरण—पूर्वानुरागिनी नायिका की उद्वेग दशा सखी सखी से, अथवा नायक से कहती है—

अर्थ—[वह] किञ्चित्मात्र भी धैर्य न धरती हुई (अर्थात् परम विकल नायिका) बढ़ी हुई गाढ़ी पीड़ा से दग्ध सी रात दिन यहाँ से वहाँ [और] वहाँ से यहाँ फिरा करती है॥

---

१. **छुटहि (३, ५)।**
२. **धरत (५)।**
३. **दाढ़ी (५)।**

बिरह-बिकल बिनु ही लिखी पाती दई पठाइ।
आँक[१]-बिहूनीयौ सुचित सूनैं बाँचत[२] जाइ॥५२६॥

शब्दार्थ—आँक-बिहूनी = अक्षरों से रहित॥

अवतरण—प्रोषितपतिका नायिका तथा प्रोषितनायक, दोनों की बिरह-विकलता नायिका की पत्रिका ले जाने वाली दूती अपने मन में कहती है—

अर्थ—[उधर नायिका की तो यह दशा है कि उस] विरह-विकल ने [नायक को चिट्ठी लिखना चाहा, पर जब विकलता के कारण न लिख सकी, तो] बिना लिखी ही 'पाती' (पत्रिका) भेज दी। [इधर नायक की यह दशा है कि यह] बिना अक्षर की [पत्रिका] भी 'सूनैं' (एकान्त में) जाकर [और] सुचित होकर (बड़े ध्यान से) बाँचता है॥

इस दोहे के भाव से ६० तथा ३२८-संख्यक दोहों का भाव मिलाने के योग्य है॥

समरस-समर-सकोच-बस-बिबस न ठिक ठहराइ।
फिरि फिरि उझकति, फिरि दुरति[३], दुरि[४] दुरि उझकति आइ॥५२७॥

अवतरण—परकीया नायिका नायक को अपनी खिड़की में से देखकर काम-पीड़ित हुई है, पर संकोचवश एकाएक आँख भरकर नहीं देख सकती। अतः वह कभी तो उझककर देखती है और कभी नायक को अपनी ओर देखता देखकर छिप जाती है और फिर अन्य लोगों की दृष्टि बचाकर देखती है—

अर्थ—बराबर के स्मर [तथा] संकोच के वश में [पड़कर] विवश हुई [वह नायिका किसी एक दशा में] ठीक नहीं ठहरती। फिर फिर (बारंबार) [नायक को देखने के निमित्त झरोखे में] उझकती है [और] फिर छिप जाती है, [इसी प्रकार वह] छिप छिप कर (लोगों की तथा नायक की दृष्टि बचा बचा कर) [झरोखे में] आकर उझकती है॥

इस नायिका को मध्या स्वकीया भी मान सकते हैं॥

फिरत जु अटकत कटनि-बिनु, रसिक, सु रस न, खियाल।
अनत अनत नित नित हितनु चित[५] सकुचत कत, लाल॥५२८॥

अवतरण १—नायिका नायक को अन्य स्त्रियों के साथ हँसते बोलते देखकर कुछ रुष्ट हुई है, जिस पर नायक ने उससे कहा कि मैं उन स्त्रियों से कुछ प्रेम-संबंध से बातचीत नहीं करता था, प्रत्युत केवल आमोद-प्रमोद में उलझा था। यह कहते समय नायक का मन अपनी बनावटी बात पर कुछ संकुचित हुआ। यह संकोच उसकी चेष्टा से लक्षित करके एवं सच्ची बात निर्धारित करके नायिका कहती है—

---

१. **अंक (२)।**
२. **बांचति (२, ४)।**
३. **झुकति (४)।**
४. **दुर उझकत फिरि आइ (४)।**
५. **कत सकुचावत लाल (२), चित सकुचित कत लाल (५)।**

अर्थ १—हे रसिक! [तुम] जो 'कटनि' (प्रेम की काट, प्रेम के प्रभाव) बिना अटकते (अन्य स्त्रियों से उलझते) फिरते हो, [वह अटकना] रस नहीं है (प्रेम के कारण नहीं है), [प्रत्युत] 'खियाल'(खिलवाड़) मात्र है, हे लाल, [यदि तुम्हारा यह कथन सच है और तुम अपराधी नहीं हो, तो फिर तुम यह तो बतलाओ कि] 'नित नित' (नित्यप्रति) 'अनत अनत' (अन्य अन्य स्त्रियों के) हितों से चित्त में संकुचित क्यों होते हो [वे हित तो तुम्हारे कथनानुसार केवल खिलवाड़-संबंधी हैं, कुछ प्रेम-संबंधी नहीं कि संकोच के कारण हों]॥

नायिका नायक को 'रसिक' शब्द से संबोधित करके यह व्यंजित करती है कि तुम जो अन्य स्त्रियों से अटकने का कारण खिलवाड़ मात्र बतलाते हो, वह मिथ्या है; क्योंकि तुम तो रसिक हो, बिना रस के अटकने वाले नहीं॥

इस दोहे के 'चित सकुचत कत, लाल' के स्थान पर हमारी दूसरे अंक की पुस्तक में 'कत सकुचावत, लाल' पाठ है और अनवर-चंद्रिकादि सटीक ग्रंथों में भी यही पाठ ग्रहण किया गया है, पर हमारी तीन प्राचीन पुस्तकों में वही पाठ है, जो इस संस्करण में रखा गया है और जिसके अनुसार ऊपर लिखा हुआ अर्थ किया गया है। हमारी प्रथम अंक की पुस्तक में यह दोहा नहीं है, क्योंकि उसमें केवल ४९४ दोहे हैं। यदि दूसरे अंक की पुस्तक का पाठ शुद्ध माना जाये, तो इस दोहे का अवतरण तथा अर्थ यह होगा—

अवतरण २—परकीया नायिका, नायक के बहुत दिनों न मिलने से यह समझकर कि वह अन्य स्त्रियों में उलझा रहता है, उसको उलाहना देती है—

अर्थ २—[तुम] जो 'कटनि' (प्रेम की काट अर्थात् चोट) बिना 'नित नित' (नित्यप्रति) 'अनत अनत' (नई नई स्त्रियों से) अटकते फिरते हो, [सो] हे रसिक वह [तुम्हारा अटकना] रस नहीं, [प्रत्युत] खिलवाड़ [मात्र] है। हे लाल [इस बिना रस के अटकने से] तुम हितों को (प्रेम के भावों को) क्यों संकुचित करते हो [अर्थात् तुम्हारी इस बिना प्रेम की क्रीड़ा से प्रेम बेचारा संकुचित होता है]॥

विपरीत लक्षण से इस अर्थ में रसिक का अर्थ अरसिक होता है॥

औरैं[1] परै न, करै हियौ खरैं[2] जरैं पर जार।
लावति घोरि गुलाब सौं, मलै[3] मिलै घनसार॥ ५२९॥

शब्दार्थ—औरैं = आड़ में, हठ में॥ **जार** = जलन॥

अवतरण—विरहिणी नायिका की कोई सखी उसके ताप को दूर करने के निमित्त चंदन तथा कपूर को गुलाब-जल में घोल कर लगाती है, पर उससे उसका हृदय और भी संतप्त होकर तन में जलन उत्पन्न करता है। अतः वह सखी को उस कार्य से वारण करती है—

अर्थ—[अरी] घनसार (कपूर) में 'मलै' (मलय, चंदन) मिलाकर [एवं] गुलाब-जल से (में) घोलकर लगाती हुई [सखी, तू इस लेप लगाने की] 'औरैं'

---

१. अरे परैं न करै (२), और परे न करें (३), अरे परे न करे (४) अरें परें न करे (५)।
२. जरै स्वरौ (२), जरे परें (३), जरे खरे (४)।
३. मलय मिलैं (३), मिले मिले (४), मलय मिले (५)।

(हंठ में) मत पड़ (हठ मत ठान); [क्योंकि मेरा] हृदय [विरह से] भली भाँति जले हुए होने पर [भी इस लेप से शरीर में और भी] जलन [उत्पन्न] करता है॥

दोऊ चोरमिहीचनी खेलु न खेलि अघात।
दुरत हियैं लपटाइ कै, छुवत हियैं लपटाइ॥ ५३०॥

शब्दार्थ—चोरमिहीचनी = यह एक प्रकार का खेल है, जिसको आँखमिचौअल या आँखमिचौनी भी कहते हैं। इसमें पाँच सात लड़के, लड़कियाँ सम्मिलित होते हैं। उसमें से एक की आँखें बंद की जाती हैं और शेष सब भाग कर जहाँ तहाँ छिप जाते हैं। तब उसकी आँखें खोल दी जाती हैं और वह सबको खोजने के लिए इधर उधर दौड़ता है। इतने में सब अपने अपने छिपने के स्थानों से निकल निकल कर उस स्थान को जहाँ आँखें मूँदी गई थीं और जिसको खुटवाँ कहते हैं, दौड़ दौड़ कर छूने का यत्न करते हैं। जिस व्यक्ति को वह, जिसकी आँखें मूँदी गई थीं, खुँटवा छूने के पहले, छू लेता है, वह चोर हो जाता है। फिर दूसरी बार उसी की आँखें मीची जाती हैं। इस खेल में कभी चोर किसी के छिपने के स्थान ही पर पहुँच जाता है; तो उसे देखकर छिपने वाला वहाँ से भागता है, जिसमें वह चोर उसको छू न सके।

अवतरण—नायक नायिका, दोनों सखियों के साथ आँखमिचौअल खेलते हैं, पर उस खेल से तृप्त नहीं होते, क्योंकि उनको उसमें परस्पर आलिंगन करने का अवसर मिलता है। सखी वचन सखी से—

अर्थ—दोनों (नायक-नायिका) चोरमिहीचनी का खेल खेल कर अघाते नहीं (तृप्त नहीं होते)। [दोनों एक दूसरे के] हृदय से लिपट कर छिपते हैं, [अर्थात् जब किसी अन्य की आँख मीचने की पारी होती है, तब दोनों एक ही स्थान में जा छिपते हैं और वहाँ एकांत पाकर परस्पर आलिंगन करते हैं, [और] छूते समय [भी परस्पर] हृदय से लिपटते हैं [अर्थात् जब इनमें से किसी की आँख मीचने की पारी पड़ती है, तो दूसरा जिस गुप्त स्थान में छिपता है, वहाँ वह उसको खोजता हुआ पहुँच जाता है। उसको देखकर छिपने वाला भागता नहीं, प्रत्युत छू जाता है और उस एकांत स्थल में दोनों परस्पर आलिंगन करते हैं]॥

मिसि[1] हीं मिसि आतप दुसह दईं और बहराइ।
चले ललन[2] मनभावतिहिं तन[3] की छाँह छिपाइ॥ ५३१॥

अवतरण—ज्येष्ठा कनिष्ठा नायिकाओं के साथ नायक के बर्ताव का वर्णन कोई सखी किसी अन्य सखी से करती है—

अर्थ—दुसह (कठिनता से सहे जाने के योग्य) आतप (धूप) के बहाने ही बहाने से (वृथा बहाने से) और [सब नायिकाएँ तो नायक ने] बहरा दीं (टाल दीं, वहाँ से हटा दीं), (अर्थात् इस समय बड़ी धूप है, अतः कुञ्जभवन में

---

१. **मिस ही मिस (२, ४)।**

२. **लाल (२)।**

३. **तिनकी (४)।**

चलने का अवसर नहीं है, यह कहकर अपने अपने महलों को भेज दीं और अपनी] मनभावती [नायिका] को [अपने] तन की छाया में छिपाकर ललन [कुंज भवन को] चले॥

लहलहाति तन[1] तरु नई लचि लग लौं लफि जाइ[2]।
लगैं लाँक लोइन-भरी लोइनु लेति लगाइ[3]॥५३२॥

शब्दार्थ—लग = हमारी चार पुस्तकों में यही पाठ है, पर कई टीकाकारों ने 'लग' के स्थान पर 'लगि' पाठ रखा है। दोनों पाठों का अर्थ एक ही, अर्थात् कंपा, है॥ **लोइन-भरी** = (१) लावण्य भरी; (२) लासा-भरी। चिड़िया फँसाने के लासे को भी लोयन कहते हैं। किसी किसी ने 'लोइन' शब्द का एक ही अर्थ, अर्थात् लुनाई, मानकर इसे बिहारी के बिगाड़े हुए शब्दों में परिगणित किया है, पर बिहारी ने सतसैया के तीन और दोहों में भी 'लोइन' शब्द 'लुनाई' के अर्थ में रखा है, जिससे प्रमाणित होता है कि किसी आवश्यकता के कारण बिहारी ने 'लुनाई' को बिगाड़ कर 'लोइन' नहीं कर डाला था, प्रत्युत उस समय 'लोइन' शब्द 'लावण्य' के अर्थ में प्रचलित था। 'लोइन' शब्द लावण्य का अपभ्रंश इस क्रम से हो गया है—लावण्य, लोअन, लोयन, लोइन॥ **लोइनु** = (१) नेत्र; (२) लवा पक्षी॥

अवतरण—नायक के नेत्र नायिका की लंक पर मोहित हुए हैं, सो नायक अपने नेत्रों की उपमा लवा पक्षियों से एवं नायिका की कटि की उपमा बहेलिए की लग्गी से देकर कहता है—

अर्थ १—'लोइन' (१. लावण्य; २. लासा)-भरी लाँक (कटि) तन-रूपी तरु (वृक्ष) में नई (झुकी) [और] लहलहाती (लपलपाती) हुई लचककर 'लग' (कंपे) की भाँति 'लफि' (झुक) जाती है [और] 'लोइन' (१. लोचन; २. लवा पक्षियों) को लगने पर (१. अपने पर पड़ने पर; २. अपने से छू जाने पर) लगा लेती) है (१. आसक्त कर लेती है; २. फँसा लेती है)॥

इस दोहे का दूसरा अर्थ यह भी हो सकता है—

अर्थ १—[उसके] शरीर में तरुनाई (जवानी लहलहा रही है, [तथा उसकी] लावण्य-भरी कटि लोचन के लगने से (उस पर पड़ने से) लचककर 'लग' (बाँस की पतली छड़ी) की भाँति 'लफि' (झुक) जाती है, [और देखने वालों की] आँखों को [अपने में] लगा लेती है (आसक्त कर लेती है)॥

रही अचल सी ह्वै, मनौ लिखी चित्र की आहि।
तजैं लाज, डरु लोक कौ[4], कहौ, बिलोकति काहि॥५३३॥

अवतरण—उपपति नायक ने परकीया का अपने ऊपर अनुराग होना छिपा रखा था। इस समय नायिका को उसकी ओर जड़वत् टकटकी बाँधकर देखते देखकर और उसका प्रेम

१. तनु (३, ५)।
२. जाय (३)।
३. लगाय (३)।
४. की (२, ४)।

लक्षित करके, सखी नायक से, ताना देती हुई, कहती है कि आपतो उसका प्रेम छुपाये हुए थे, पर अब बतलाइए कि वह इस अनुरागमय जड़ता भाव से किसको देख रही है—

अर्थ— [देखो, वह तुम्हें देखकर] अचल सी (जड़ पदार्थ सी) हो रही है, मानो चित्र में लिखी हुई [मूर्ति] है। यदि वह तुम पर अनुरक्त नहीं है, जैसा कि तुम कहते हो, तो] कहो [कि] लज्जा [तथा] लोक का डर तजे हुए [इस भाँति वह] किसको देख रही है॥

पल न चलैं, जकि सी रही, थकि सी रही उसास।
अबहीं तनु रितयौ, कहौ[१], मनु पठ्यौ किहिं पास॥ ५३४॥

अवतरण—परकीया नायिका ने अपना उपपति-विषयक प्रेम सखी से छिपा रखा था, पर अब, नायक के सामने आने पर, सखी वह गुप्त प्रेम लक्षित करके परिहासपूर्वक कहती है—

अर्थ— [इस नायक को देखकर तेरी] पलकें चलती नहीं [तेरी टकटकी बँध गई है), [तू] स्तम्भित सी हो रही है, [तथा तेरी] उसास थक सी रही है(तेरी साँस बहुत मन्द मन्द चलने लगी है, अर्थात् साँस रोक कर उसको देख रही है)। [अभी तक तो तेरी ऐसी दशा नहीं थी, पर] अभी (इस नायक को देखते ही) [तूने अपना] शरीर [मन से] खाली कर दिया। [फिर यदि तू इस पर अनुरक्त नहीं है, तो] बतला, मन किसके पास भेजा है॥

मैं लै दयौ, लयौ सु, कर छुबत छिनकि गौ नीरु।
लाल, तिहारौ[२] अरगजा उर ह्वै लग्यौ अबीरु॥ ५३५॥

अवतरण—पूर्वानुराग में नायक ने नायिका के पास प्रेमोपहार-रूप अरगजा भेजा था। उससे उद्दीपन होने के कारण नायिका के शरीर में अत्यन्त ताप उत्पन्न हुआ। उसी ताप का वर्णन सखी नायक से, प्रेम बढ़ाने के निमित्त अत्युक्ति में, करती है—

अर्थ— मैंने [तुमसे] लेकर [उसको] दिया, [और] उसने लिया, [पर वह अरगजा अरगजा-रूप से उसके उर तक न पहुँचने पाया। [उसके] हाथ से छूते [ही तापाधिक्य के कारण उसका] नीर 'छिनकि गौ' (छनछना कर जल गया)। [अतः] हे लाल, तुम्हारा [भेजा हुआ] अरगजा [उसके] उर पर अबीर होकर लगा॥

चलौ, चलैं छुटि जाइगौ[३] हठु रावरैं सँकोच।
खरे चढ़ाए हे, ति अब आए लोचन लोच॥ ५३६॥

अवतरण—कलहांतरिता नायिका की सखी का वचन नायक से—

अर्थ— [अब आप फिर] चलिए। [अब आपके] चलने पर आपके संकोच (मुरव्वत) से [उसका] हठ छूट जायेगा [क्योंकि अब रोष की वह तेजी नहीं है, जो तब] खरे चढ़ाए हुए थे, वे लोचन अब लोच (लचकपने, नर्मी) पर आ गए हैं॥

---

१. कहूँ (३, ५)।
२. तुम्हारौ (३, ५)।
३. जाहिंगौ (२)।

कहे जु बचन बियोगिनी बिरह-बिकल बिललाइ।
किए न को अँसुवा-सहित सुवा ति बोल सुनाइ॥ ५३७॥

अवतरण १—प्रोषितपतिका नायिका ने विरह दु:ख से प्राण त्यागते समय बिललाकर जो वचन कहे थे, उनको शुक ने याद कर लिया था और फिर उसने उन करुणामंय शब्दों को उच्चारण कर करके सुनने वालों को रुला दिया। वही वृत्तांत उस मृत विरहिणी की कोई सखी किसी से कहती है—

अर्थ १—[उस] विरह से विकल वियोगिनी ने [प्राण त्यागते समय] जो [करुणामय] वचन बिललाकर (विवशता तथा हताशता से भरा हुआ विलाप करके) कहे [थे], उन शब्दों को सुनाकर सुग्गे ने किनको आँसुओं के सहित नहीं कर दिया (किनको नहीं रुला दिया, अर्थात् सब सुनने वालों को रुला दिया)॥

इस दोहे का अर्थ अन्य टीकाकारों ने जीवित प्रोषितपतिका नायिका पर लगाया है, क्योंकि शृंगार रस में मरणावस्था का वर्णन निषिद्ध माना जाता है, पर दोहे के शब्दों से नायिका का बिललाकर प्राण त्याग देना प्रतीत होता है। 'कहे' भूतकालीन क्रिया है। अत: उससे प्रतीत होता है कि अब वैसे वचन वह नहीं कहती। इसके दो कारण हो सकते हैं—एक तो उसके पति का आ जाना और दूसरा उसका शरीर त्याग देना। पति के आ जाने पर भी सखी उससे शुक वाला वृत्तांत, नायिका का प्रेमाधिक्य व्यंजित करने के निमित्त, कह सकती है, पर दोहे के शब्दों से ऊपर लिखा हुआ अर्थ ही कुछ विशेष झलकता है॥

आचार्यों ने शृंगार रस में दशम दशा का वर्णन निस्संदेह निषिद्ध माना है। पर जहाँ ऐसी घटना हो जाती है, वहाँ उसका वर्णन करना ही पड़ता है। इसके अतिरिक्त बिहारी की सतसैया में यद्यपि शृंगार की प्रधानता है, तथापि उसमें अन्य रसों के दोहों का अभाव भी नहीं है। अत: इस दोहे को करुण शृंगार का दोहा मानने में कोई बाधा नहीं ज्ञात होती॥

यदि इस दोहे का अर्थ जीवित नायिका पर ही लगाना हो, तो इस प्रकार लगाना चाहिए—

अवतरण २—नायक के परदेश से आने पर सखी नायिका के वियोग दु:ख का वर्णन उसके हृदय में प्रेम बढ़ाने के अभिप्राय से, करती है—

अर्थ २—[इस] विरह से विकल वियोगिनी ने (जिस समय यह विरह से विकल वियोगिनी थी, उस समय इसने) जो वचन बिललाकर (विवशता तथा आतुरता से भरा हुआ विलाप करके) कहे, [वे ऐसे करुणाजनक थे कि उनसे इसका तो लोगों को रुला देना कोई बात ही न थी] उन बोलों (शब्दों) को सुग्गे ने सुनाकर किनको (ऐसे कौन कठिन हृदय के थे, जिनको) आँसू-सहित नहीं कर दिया (किनको नहीं रुला दिया, अर्थात् सब सुनने वालों को रुला दिया)॥

छिप्यौ[१] छबीलौ मुँहु लसै नीलैं[२] अंचर[३]-चीर।
मनौ कलानिधि झलमलै कालिंदी कैं नीर॥ ५३८॥

---

१. **छप्यो (४)।**
२. **झीनैं (२)।**
३. **अंचल (२)।**

अवतरण—सखी नायक से नायिका की शोभा का वर्णन करके उसकी रुचि उपजाती है—

अर्थ—[उसका] छबीला मुख नीले अंचल पट में छिपा हुआ [ऐसा] लसता (शोभा देता) है, मानो कलानिधि (चंद्रमा) कालिंदी के [नीले] नीर में झलमलाता (प्रतिबिंबित होकर मंद लहरियों के कारण हिलती हुई आभा दे) रहा है॥

मानु तमासौ करि रही बिबस बारुनी सेइ।
झुकति, हँसति; हँसि हँसि झुकति, झुकि झुकि हँसि हँसि देइ॥ ५३९॥

अवतरण—नायिका वारुणी-पान करके विवश हो रही है और ऐसी ही अवस्था में उसने मान किया है, पर विवशता के कारण उसको खिजलाते समय हँसी आ जाती है और फिर हँसते समय रोष हो आता है। अतः उसका मान एक तमाशा सा हो रहा है। सखी वचन सखी से—

अर्थ—[देख, यह] वारुणी का सेवन करके विवश हुई [नायिका] मान को [एक] तमाशा कर रही है (बना रही है)। [वह कभी तो] झुकती (झिड़कती, परुष वचन कहती) है, [और कभी] हँसती है; हँस हँसकर [तो वह] झुकती (खीझती) है, [और] झुक झुककर (खीझ खीझकर) हँस हँस देती है [अतः उसकी हँसी और झिड़की के मेल से मान के स्थान पर एक तमाशा हो जाता है]॥

सदन सदन के फिरन की सद न छुट, हरिराइ।
रुचै; तितै बिहरत फिरौ; कत बिहरत उरु[१] आइ॥ ५४०॥

अवतरण—प्रौढ़ा धीरा खंडिता नायिका सापराध नायक से कहती है—

अर्थ—हे हरिराय (हरिजी महाराज), [आपकी] घर घर फिरने की 'सद' (कुटेव, कुबान) नहीं छूटती [तो फिर अच्छा मैंने संतोष कर लिया। मैं भी उसी में प्रसन्न हूँ, जिसमें आपको आनंद मिले]। [आपको जहाँ] रुचे (अच्छा लगे), तितै (वहाँ) विहार करते फिरिए, [यहाँ] आकर [मेरा] हृदय क्यों 'विहरत' (विदीर्ण करते) हैं॥

'हरिराइ', यह प्रतिष्ठासूचक पद यहाँ लक्षणा शक्ति से अप्रतिष्ठा-सूचक है, जैसे कोई किसी अपराधी से कहे कि "आइए, महाराज"॥

प्रलय-करन बरषन[२] लगे जुरि जलधर इकसाथ।
सुरपति-गरबु[३] हर्‌यौ हरषि गिरिधर[४] गिरि[५] धरि हाथ॥ ५४१॥

---

१. इत (४)।
२. बरसन (२, ४)।
३. गर्व (२)।
४. गिरिधर (४, ५)।
५. गिरिधर (२), गिरधर (३, ५)।

अवतरण—कोई सज्जन कृष्ण-भक्त अपने प्रभु के वीरत्व का वर्णन करता है—

अर्थ—[सब] प्रलय-करण (प्रलय करने वाले) जलधर (मेघ) [इंद्र की आज्ञा से व्रज को बहा देने के निमित्त] जुड़कर (इकट्ठे होकर) एक साथ [ही] बरसने लगे। [पर उनकी कुछ भी न चली] गिरिधर (श्रीकृष्णचंद्र) ने हर्ष-पूर्वक [गोवर्द्धन] गिरि को हाथ पर धरकर [और व्रजवासियों को उसके नीचे शरण देकर] सुरपति (इंद्र) का गर्व (यह अभिमान कि मैं व्रज को बहा दूँगा) हरा (नष्ट कर दिया)॥

करे चाह सौं चुटकि[१] कै खरैं उड़ौहैं मैन।
लाज नवाऐं[२] तरफरत, करत खूँद सी नैन॥ ५४२॥

शब्दार्थ—**चुटकि कै** = चुटकारी देकर। चुटकने के विषय में लाला भगवानदीनजी की टिप्पणी द्रष्टव्य है। अतः वह नीचे उद्धृत की जाती है—'सन की एक गावदुम लंबी रस्सी सी (वेणी के आकार की) बनाई जाती है। उसे चुटकी कहते हैं। घोड़ा निकालते समय जब घोड़े को 'उड़ान' सिखाना होता है, तब यह चुटकी घोड़े के पीछे तड़ाक तड़ाक बजाई जाती है, जिससे डरकर घोड़ा उड़ना (कूदते हुए चलना) सीखता है॥' **खूँद** = इस शब्द पर श्रीपंडित पद्म सिंहजी शर्मा की टिप्पणी उद्धृत की जाती है—'लघुद्रुत गति से जमीन को काटते हुए चलना, जहाँ से पैर उठाया है फिर वहीं रखना, इत्यादि खूँद करने का अर्थ है, जिसे इधर की ग्रामीण भाषा में 'खौरु खोदना' भी कहते हैं। जब बछेरे को 'औधी' में फेरते वक्त चाबुक सवार उसको चाबुक या कोड़ा मारता है, तो वह ऊपर को उठ जाता है और भागना चाहता है, परन्तु बागें खिंची रहने के कारण भाग नहीं सकता, झुककर वहीं आ रहता है॥'

अवतरण—मध्या नायिका के नेत्र चाह से तो ऊँचे होकर नायक को देखना चाहते हैं, पर लज्जा से दबकर फिर नीचे हो जाते हैं। उनकी यह व्यवस्था कोई सखी उनकी उपमा खूँद करते हुए घोड़ों से देकर किसी अन्य सखी से कहती है—

अर्थ—चाह [रूपी चुटकी] से चुटककर मदन [रूपी सवार] के द्वारा 'खरैं' (भली भाँति) उड़ौहैं (उड़ान अर्थात् कुदान करने पर उद्यत) किए हुए [इसके] नयन [-रूपी तुरंग] लज्जा [रूपी लगाम] से 'नवाएं' (झुकाए जाने से) [एक ही स्थल पर] तड़फड़ाते हैं, मानो खूँद कर रहे हैं॥

ज्यौं ज्यौं आवति निकट निसि, त्यौं त्यौं खरी उताल।
झमकि झमकि टहलैं करै लगी रहचटैं बाल॥ ५४३॥

शब्दार्थ—**उताल** = चित्त में शीघ्रता रखकर॥ **रहचटैं** = रस की चाट अर्थात् लालच में॥

अवतरण—प्रियतम से शीघ्र मिलने के लालच से नायिका घर के सब काम काज जल्दी जल्दी करके साँझ ही से छुट्टी पा जाना चाहती है। सखी वचन सखी से—

अर्थ—[देख,] रस की चाट में लगी हुई [यह] बाला ज्यों ज्यों रात समीप आती है, त्यों त्यों खरी (अत्यंत) उताल (उतावली अर्थात् शीघ्रता से) झमक झमक कर (उत्साहपूर्वक जल्दी जल्दी अपने भूषणों को बजाती हुई चल

---

१. चटकि (३, ५)।
२. दबाऐं (२)।

चलकर) [घर की सब] टहलें (सेवाएँ, अपने करने के काम) करती है (निपटाए लेती है)॥

रही, पैज कीनी जु[१] मैं; दीनी[२] तुमहिं[३] मिलाइ।
राखहु[४] चंपकमाल लौं[५], लाल, हियैं लपटाइ॥ ५४४॥

अवतरण—दूती-वचन नायक से—

अर्थ—[इस नायिका का प्राप्त होना तो बड़ा कठिन था, पर] मैंने जो 'पैज' (प्रतिज्ञा) की थी, [वह किसी न किसी प्रकार] रह गई, [और मैंने उसको] तुमसे मिला दिया। [अब] हे लाल, [तुम इस चंपकवर्णी को अपने] हृदय में चंपकमाला की भाँति लिपटा रखो [देखो, ऐसा न हो कि इसका निरादर हो, जिससे फिर यह तुम्हारे पास न आवे]॥

दोऊ चाह-भरे कछू चाहत कह्यौ, कहैं न।
नहिं, जाँचकु सुनि, सूमलौं बाहिर निकसत बैंन॥ ५४५॥

अवतरण—नायक नायिका, दोनों एक दूसरे के वचन सुनने के अभिलाषी हैं और परस्पर कुछ कहना भी चाहते हैं पर नए स्नेह के कारण संकोच तथा लज्जा-वश कहते नहीं। सखी-वचन सखी से—

अर्थ—दोनों [एक दूसरे के वचन सुनने की] चाह से भरे कुछ कहना चाहते हैं, [पर संकोचवश] कहते नहीं। याचक (मंगन, अपने से कुछ आकांक्षा रखने वाले) को [द्वार पर उपस्थित] सुनकर (जानकर) [दोनों के] वचन सूम (कृपण) की भाँति [मुख-रूपी सदन से] बाहर नहीं निकलते॥

यद्यपि 'बैन' शब्द वचन से बनता है और इसका बकार सानुनासिक नहीं है, पर व्रजभाषा के प्राचीन कवियों की यह परिपाटी थी कि जब किसी शब्द में कोई आनुनासिक अक्षर—जैसे न, म—आता था और उसके पूर्व का अक्षर निरनुनासिक तथा दीर्घ होता था, तो उस निरनुनासिक दीर्घ अक्षर को सानुनासिक भी बोलते तथा लिखते थे। इसी परिपाटी के अनुसार 'बैन' का 'बै' सानुनासिक माना गया है।

सुभर[६] भर्‌यौ तुवगुन-कननु[७], पकयौ[८] कपट-कुचाल।
क्यौं धौं, दारयौ ज्यौं[९], हियौ दरकतु नाहिंन[१०]; लाल॥ ५४६॥

---

१. सु (२, ४)।
२. दीन्ही (२, ४)।
३. तुमैं (२, ४)।
४. राखौ (२, ४)।
५. सी (४)।
६. सुभरु (४)।
७. गगनु (४)।
८. पचयौ (३, ४, ५)।
९. लौं (२)।
१०. नाहीं (२), नहिं नँदलाल (४)।

शब्दार्थ—नाहिंन = यह दुहरा निषेध वाचक शब्द व्रजभाषा में 'नहीं है' के अर्थ में आता है। बिहारी ने इसको ४८७ संख्यक दोहे में भी प्रयुक्त किया है। देव इत्यादि अन्य श्रेष्ठ कवियों ने भी इसको लिखा है॥

अवतरण—प्रौढ़ा खंडिता नायिका का वचन नायक से—

अर्थ—[मेरा हृदय-रूपी दाड़िम] तुम्हारे गुण (अवगुण)—रूपी कणों (दोनों) से 'सुभर' (अच्छे भराव से, ठूँस-ठूँसकर) भर गया है, [और तुम्हारे] कपट (१. दुराव; २. आवरण अर्थात् वह कपड़ा जो अनार के फलों पर, चिड़िया से उनकी रक्षा करने तथा उन्हें शीघ्र पकाने के निमित्त बाँध दिया जाता है) की कुचाल (१. बुरी चाल; २. बुरे आच्छादन) से पकाया गया (१. पीड़ित किया गया; २. परिपक्व किया गया) है, [तो फिर] हे लाल [यह] हृदय जिस भाँति 'दार्‌यौ' (दाड़िम) [दरकता है, उस भाँति] 'क्यौं धौं' (न जाने क्यों) दरक नहीं जाता॥

अनार जब दानों से भली भाँति भर जाता और पक जाता है, तो दरक जाता है॥

चितु दै देखि चकोर-त्यौं, तीजैं भजै न भूख।
चिनगी चुगै[1] अँगार की, चुगै कि चंद मयूख॥ ५४७॥

अवतरण—किसी उत्तम पद अथवा पदार्थ के अधिकारी को कोई निकृष्ट पद अथवा पदार्थ देना चाहता है। वह उसको लेना अस्वीकृत करके अपनी चित्तवृत्ति के विषय में चकोर पर अन्योक्ति करके, कहता है कि या तो मैं जिस पद अथवा पदार्थ का अधिकारी हूँ; उसके न मिलने पर दुःख ही झेलूँगा अथवा यदि मिल सकेगा, तो वही लूँगा, जैसे चकोर या तो चिनगी ही चुनता रहता है, या चन्द्रमा की किरणों का अमृत ही पान करता है—

अर्थ—[नैंक] चकोर की ओर चित्त देकर देख [तो उसका कैसा दृढ़ व्रत है कि] या तो [वह] अंगारे की चिनगियाँ चुगता है, या चंद्रमा की किरणें ही पान करता है, तीसरे [पदार्थ] को [वह] भूख में नहीं भजता (भोगता अथवा ध्यान करता)॥

तुहूँ कहति, हौं आपु हूँ समुझति सबै सयानु।
लखि मोहनु जौ मनु रहै, तौ मन राखौं[2] मानु॥ ५४८॥

अवतरण—सखी नायिका को मान करना सिखलाती है और कहती है कि यदि तू बीच बीच में मान करके उसको धमकाती न रहेगी, तो वह सर्वथा स्वच्छन्द हो जायेगा और फिर संभव है कि शनैः शनैः किसी अन्य स्त्री के फन्दे में ऐसा फँस जाये कि तेरे हाथ ही से निकल जाये। ये ही बातें उसने नायिका को पहले भी कई बार समझाई थीं, पर उससे मान करते नहीं बनता था। इस बार उसके विशेष समझाने पर नायिका कहती है कि तेरा उपदेश तो वास्तव में ठीक है, पर मैं क्या करूँ, नायक को देखकर मेरा मन अपने वश में नहीं रहता—

अर्थ—तू भी कहती है (मान करने के लिए उपदेश देती है), [और] मैं स्वयं भी सभी सयानपन (मान करने की उपयोगिता) समझती हूँ। [पर मैं क्या

---

१. **चुनैं (२)।**
२. **राखहुँ (३, ५)।**

करूँ,] मोहन (मोह लेने वाले श्रीकृष्णचंद्र) को देखकर जो [मेरा] मन [मुझमें] रहे, तो [मैं उस] मन में मान रखूँ (धारण करूँ) [मोहन को देखते ही जब मेरा मन चट उनके पास चला जाता है और मेरे वश में रहता ही नहीं, तो भला फिर मैं उसमें मान कैसे रखूँ] ॥

धुरवा होहिं न, अलि, उठै धुवाँ धरनि-चहुँकोद।
जारत आवत जगत कौं पावस-प्रथमपयोद॥ ५४९॥

अवतरण—प्रोषितपतिका नायिका को नए बादल अग्नि की भाँति ताप देते हैं। अतः वह उनको देखकर सखी से कहती है—

अर्थ—हे अलि, [ये जो पृथ्वी के छोर से उठते हुए दिखलाई देते हैं, वे] धुरवा नहीं हैं। पावस ऋतु के पहले बादल जगत् को जलाते हुए चले आ रहे हैं; [यह उसीं का] धुआँ धरती के चारों ओर उठ रहा है॥

नख[१]-रुचि-चूरनु[२] डारि कै, ठगि[३], लगाइ, निज साथ।
रह्यौ राखि हठि लै गए[४] हथाहथी मनु हाथ॥ ५५०॥

शब्दार्थ—**रुचि-चूरनु** = ठग लोग किसी तांत्रिक क्रिया के द्वारा एक प्रकार की मोहिनी विभूति बनाते हैं। यह विभूति जब किसी पर डाल दी जाती है, तो उसकी बुद्धि स्थगित हो जाती है और वह विभूति डालने वाले पर ऐसा मोहित हो जाता है कि उसके साथ लग लेता है—कोई लाख समझावे और रोके, पर रुकता नहीं। जब कोई ठग किसी धनी का धन लेना चाहता है, तो उस पर यह बुकनी बुरका देता है। बस, फिर वह उसके साथ लगकर चला जाता है। किसी निर्जन स्थान में ले जाकर यह ठग उसका सर्वस्व अपहरण कर लेता है। बहुधा यह बुकनी मनुष्यों अथवा अन्य जीवों के हाड़ अथवा नखों की बनाई जाती है। इसी से कवि ने 'नख रुचि-चूरनु' कहा है॥ **रुचि** = यह शब्द यहाँ श्लिष्ट है। इसका एक अर्थ शोभा है, जिसके कारण यह 'नख' से अन्वित होता है और दूसरा अर्थ चाह है, जिससे यह 'चूरनु' से अन्वित होता है॥

अवतरण—नायक नायिका के हाथों तथा उनके नखों पर मोहित होकर अपनी दशा उसकी सखी से कहता है—

अर्थ—[उसके] हाथ [-रूपी ठग] नख-शोभा-रूपी रुचि-चूर्ण (मोहिनी विभूति) डालकर, ठगकर (बुद्धि को स्थगित करके) [और] अपने साथ लगाकर [मेरे] रक्षित किए जाते (जाने से रोके जाते) हुए मन को हठात् हाथों हाथ (देखते ही देखते) ले गए॥

चलत देत आभारु सुनि उहीं परोसिहिं[५] नाह।
लसी तमासे की दृगनु हाँसी आँसुनु माँह॥ ५५१॥

---

१. चख (४)।
२. चेटक (४)।
३. ठग (२)।
४. गयौ (३, ५)।
५. परोसिनि (२)।

अवतरण—इस दोहे की नायिका अपने किसी पड़ोसी से अनुरक्त है। इस समय उसका पति विदेश जा रहा है, जिससे वह अपनी आँखों में आँसू भरे हुए है। इतने ही में उसने सुना कि उसका पति उसी पड़ोसी को घर सँभालने का भार दे रहा है। यह सुनते ही, हर्ष के कारण. उसकी आँसू-भरी आँखों में हँसी आ गई। यही वृत्तांत कोई सखी किसी अन्य सखी से कहती है—

अर्थ—[विदेश] चलते समय [अपने] नाथ (पति) को उसी पड़ोसी को [जिससे यह नायिका अनुरक्त है, अपने न रहने पर घर द्वार सँभालने का] आभार (बोझा) देते हुए सुनकर [इसकी] आँखों में आँसुओं के बीच तमासे की (द्रष्टव्य, विलक्षण) हँसी लसी (शोभित हुई, उमड़ आई)॥

हँसी को 'तमासे की' इस निमित्त कहा है कि वह आँसुओं के बीच में एकाएकी आ गई है, जो कि एक विलक्षण बात है॥

सुरति न ताल न[१] तान की, उठ्यौ न सुरु ठहराइ।
एरी[२], रागु बिगारि गौ बैरीं बोलु सुनाइ॥ ५५२॥

अवतरण—नायिका कोई राग गाना चाहती थी और उसका स्वर उठाकर गुनगुना रही थी। इतने ही में उसको नायक का शब्द सुनाई पड़ गया, जिससे उसको स्वरभंग सात्त्विक हो गया और गाना बिगड़ गया। किसी अंतरंगिनी सखी के यह कहने पर कि तू तो बहुत अच्छा गाया करती थी, आज क्या है, जो बेसुरी हो रही है, वह कहती है—

अर्थ—[मैं क्या करूँ, मुझे कुछ] सुधि न ताल की [रह गई है], न तान की, [और] न उठा हुआ (आरंभ किया हुआ) स्वर ठहरता है (जमता है, स्थिर रहता है)। हे सखी, [वह मेरा] बैरी (प्रियतम परंतु सखियों के बीच में मुझे, अच्छा न गा सकने के कारण, संकुचित करने वाला) [अपना] बोल सुना कर [और स्वरभंग सात्त्विक उपजाकर मेरा] राग (गाना) बिगाड़ गया॥

प्रजर्‌यौ[३] आगि बियोग की, बह्यौ बिलोचन-नीर।
आठौं जाम हियौ रहै उड़्यौ उसास-समीर॥ ५५३॥

अवतरण—नायिका की सखी अथवा दूती नायक से उसका विरह निवेदन करती है—

अर्थ—वियोगाग्नि से जला हुआ [तथा] आँखों के नीर (आँसू) से बहा हुआ [उसका] हृदय [-रूपी पतंग] आठों याम उसास-रूपी समीर (वायु) से उड़ा रहता है (स्थिर नहीं रहता, स्वस्थ नहीं रहता)॥

गुड्डी जल जाने अथवा भीग जाने पर नहीं उड़ती, पर उसके हृदय में यह विलक्षणता है कि वह जलने तथा भीगने पर भी उड़ा रहता है॥

उरु उरुझ्यौ चितचोर सौं, गुरु गुरुजन की लाज।
चढ़ैं हिडोरैं सैं हियैं कियैं बनै गृह-काज॥ ५५४॥

---

१. रु (४)।
२. ऐरी (३, ५)।
३. पजर्‌यौ (२)।

अवतरण—उधर तो नायिका का मन नायक से अनुरक्त हो रहा है और इधर उसको गुरुजनों की लज्जा है। इन दोनों की खींचातानी में यद्यपि वह घर के कामकाज करती तो है, पर ठीक ठीक नहीं कर सकती। अंतरंगिनी सखियाँ उसकी यह दशा आपस में कहती हैं—

अर्थ—[इसका] उर [एक ओर तो] चितचोर (नायक) से उलझा (फँसा) हुआ है, [और दूसरी ओर गुरुजन (सास, जेठानी इत्यादि) की गुरु (भारी), लज्जा है। [इसी खींचातानी में इस बेचारी से घर के कामकाज यद्यपि यथार्थ रीति पर नहीं हो सकते, तथापि ऐसे] हिंडोले पर चढ़े हुए हृदय से [भी उसको] गृह-काज किए [ही] बनता है॥

पट सौं पोंछि परी करौ, खरी-भयानक-भेष[1]।
नागिनि ह्वै लागति दृगनु नागबेलि-रँग[2]-रेख॥५५५॥

अवतरण—खंडिता वचन नायक से—

अर्थ—[हे लाल! यह तो तुम्हारी] आँखों में नागबेल (पान) के रँग की रेखा [है, वह मुझे] बड़ी भयानक भेष (वेष) वाली नागिन होकर लगती है (पीड़ा देती है); [अतः तुम उसको] पट (वस्त्र) से पोंछकर परी (परे, दूर) कर डालो॥

लाल रंग की नागिन बड़ी ही भयानक तथा विषैली होती है॥

तो लखि मो मन जो लही, सो गति कही न जाति।
ठोड़ी[3]-गाड़ गड़्यौ तऊ उड़्यौ रहै दिन राति॥५५६॥

शब्दार्थ—गड़्यौ = चित्त का किसी वस्तु में अटल रूप से लग जाना उसका उसमें गड़ जाना कहलाता है॥ **उड़्यौ** = चित्त को उड़ा रहना वाक्य व्यवहार में चित्त के स्थिर तथा ठिकाने, अर्थात् अपने वश में न रहने को कहते हैं॥

अवतरण—नायक नायिका की ठोढ़ी की शोभा पर मोहित होकर उससे कहता है—

अर्थ—तुझको देखकर मेरे मन ने जो गति (व्यवस्था) धारण की है, वह कही नहीं जाती। [यद्यपि वह तेरी] ठोड़ी की गाड़ में गड़ गया है (अटल रूप से लग गया है) तथापि दिन रात उड़ा रहता है (ठिकाने नहीं रहता)॥

इस दोहे में विलक्षणता यह है कि गड़ी हुई वस्तु नहीं उड़ती, पर मन ठोड़ी-गाड़ में गड़े रहने पर भी उड़ा रहता है। यही विचित्र गति नायक के मन ने नायिका को देखकर प्राप्त की है॥

सोरठा

मैं लखि नारी-ज्ञानु करि राख्यौ निरधारु यह।
बहई रोग-निदानु, वहै[4] बैदु, औषधि[5] वहै॥५५७॥

---

१. वेष (२)।
२. रस (४)।
३. ठोढ़ी (२)।
४. उहै (३, ५)।
५. औषदि (२), औषद (३, ५)।

शब्दार्थ—नारी ज्ञानु = यह पद यहाँ श्लिष्ट है। इसका पहला अर्थ नाड़ी-ज्ञान अर्थात् नाड़ी परीक्षा का ग्रंथ विशेष और दूसरा अर्थ नारी ज्ञान अर्थात् स्त्रियों के स्वभाव, आकृति इत्यादि से उनके वृत्तांत का ज्ञान प्राप्त करने का शास्त्र है॥ **रोग-निदानु** = रोग उत्पन्न होने का आदि कारण॥

अवतरण—पूर्वानुरागिनी नायिका विरह से व्याकुल तथा रोगग्रस्त हो रही है, पर अपना अनुराग छिपाये है। सखियाँ अनेक उपाय करती हैं, पर कुछ लाभ नहीं होता। तब एक सखी, जो उसके रोग का कारण समझ गई है, उससे कहती है कि मैं तेरा रोग समझ गई हूँ। तेरे रोग का जो आदि कारण है, वही इसका वैद्य और वही इसकी औषधि भी है। अब तू घबरा मत, मैं इस रोग की निवृत्ति का उपाय करूँगी—

अर्थ—मैंने नारी-ज्ञान (१. नाड़ी ज्ञान; २. नारी ज्ञान) देखकर (तेरी दशा का मिलान नारी ज्ञान से करके) यह निश्चय कर रखा है। [कि तेरे] रोग का वही [तो] आदि कारण है, वही वैद्य है, [और] वही औषधि है [अर्थात् तेरे रोग का कारण किसी पर अनुरक्त होना है और बस वही तेरा चिकित्सक तथा औषधि है]॥

नायिका बहिरंगिनी सखियों तथा गुरुजनों में बैठी है। इसलिए इस सखी ने श्लेष से यह बात कही है॥

दोहा

जो तिय तुम[1] मनभावती[2] राखी हियैं बसाइ[3]।
मोहिं झुकावति दृगनु ह्वै वहई[4] उझकति आइ॥ ५५८॥

अवतरण—नायक नायिका को किसी अन्य स्त्री के नाम से पुकार बैठा है। उस पर नायिका रुष्ट होकर कहती है जिस स्त्री को तुमने अपने हृदय में बसा रखा है, वही मुझको चिढ़ाने के लिए तुम्हारी आँखों में उझक उझककर आती है, अतः उसी का रूप तुमको दिखाई देता है और तुम मुझको उसी के नाम से पुकारते हो—

अर्थ—जो मनभावती स्त्री तुमने [अपने] हृदय में बसा रखी है, वही मुझको खिझाती हुई [तुम्हारी] आँखों के द्वारा आ आकर उझकती है [जिससे तुम्हें मुझमें भी उसी का रूप दिखाई देता है और तुम उसी के नाम से मुझको पुकारते हो]॥

जिसके मन जो बहुत बसा रहता है, उसका नाम उसके मुँह से, अन्य किसी से बातचीत करते समय अथवा अन्य किसी को संबोधित करते समय, अनायास ही निकल जाता है। नायक के मुँह से अन्य स्त्री का नाम निकल जाने पर नायिका के मान करने का वर्णन अनेक कवियों ने किया है। बिहारी ने अपने ५६९-संख्यक दोहे में भी यह भाव कहा है॥

---

१. तुव (४)।
२. जिय (३, ५)।
३. लगाइ (२)।
४. उहई (३, ५)।

दोऊ अधिकाई-भरे एकैं गौं गहराइ।
कौनु[१] मनाबै, को मनै, माने[२] मन[३] ठहराइ॥ ५५९॥

अवतरण—नायक नायिका, दोनों अपने अपने रूप यौवन के घमंड में हैं। प्रत्येक समझता है कि मुझसे बोले बिना दूसरे से न रहा जायेगा। एक समय दोनों ने, यह ठानकर कि देखें पहले कौन मनाता है और कौन मानता है, परस्पर प्रणय मान किया है। उसी का वर्णन कोई सखी किसी अन्य सखी से करती है—

अर्थ—मनों को ठहराकर (स्थिर करके, रोककर) [यह बात] माने हुए [कि देखें] कौन मनाता है [और] कौन मानता है, दोनों (नायक तथा नायिका) एक ही गौं (अभीष्ट, मतलब, उद्देश्य) से [कि वह अन्य मुझको मनावे] गहरा कर (होंठों ही में कुछ गर्वयुत बुड़बुड़ाकर) अधिकाई (उत्कर्ष अपनी अपनी बात रखने की अभिलाषा की अधिकाई) से भरे हुए हैं॥

इस दोहे में गहराना शब्द वही है, जो काशी तथा अवध के प्रांतों में गह्युराना अथवा गभुराना बोला जाता है॥

उर लीनै अति चटपटी, सुनि मुरली-धुनि, धाइ।
हौं निकसी[४] हुलसी, सु तौ गौ हुल सी हिय[५] लाइ॥ ५६०॥

अवतरण—विप्रलब्धा नायिका, संकेतस्थल में नायक से भेंट न होने पर लौट आकर अपना दु:ख अंतरंगिनी सखी से कहती है—

अर्थ—[संकेत-निकुञ्ज से नायक की] मुरली की ध्वनि सुनकर उर में अति चटपटी (शीघ्रता, शीघ्र मिलने की अत्युत्कृष्ट अभिलाषा) लिए हुए [तथा, इस आशा से कि उससे मिलन होगा] हुलसी हुई दौड़कर मैं [घर से] निकली। [पर अपने भाग्य की हीनता क्या कहूँ,] वह तो [मेरे वहाँ पहुँचने के पहले ही मेरे] हृदय में हुल (तलवार, बर्छी इत्यादि की कोंच) सी लगाकर [वहाँ से] चला गया॥

ब्रजबासिनु कौं उचित धनु, जो धन रुचित न कोइ।
सु चित न आयौ[६]; सुचितई, कहौ, कहाँ तैं होइ॥ ५६१॥

इस दोहे में जो 'धन' शब्द दूसरी बार पड़ा है, उससे धोखा खाकर टीकाकारों ने न जाने क्या क्या मनमाने अर्थ इस दोहे के कर डाले हैं। किसी किसी ने तो इसके पाठ में भी अपनी कल्पना के अनुसार अंतर करके कोई न कोई अर्थ पहना दिया है॥

अनवरचंद्रिका में 'जो धन' के स्थान पर 'नवधन' पाठ बनाया गया है। अमरचंद्रिका में 'रुचित' के स्थान पर 'रुचत' है। हरिप्रकाश टीका में 'जो' के स्थान पर 'सो' तथा 'रुचित' के

---

१. कौन (४, ५)।
२. मान्वे (२)।
३. मत (२)।
४. हुलसी निकसी (२)।
५. उर (२), ही (५)।
६. आवे (४)।

स्थान पर 'रुचत' रखा गया है। लालचंद्रिका में 'जो' के स्थान पर 'सो' मिलता है। प्रभुदयालु पाँडेयजी ने 'जो धन रुचित न कोइ' के स्थान पर 'जो धनरुचितन कोइ' लिखा है। श्रीयुत मिश्रबंधु महाशयों ने भी पाँडेजी ही का पाठ शुद्ध माना है, पर 'धनरुचितन' के शब्दों को पृथक् पृथक् लिखा है। लाला भगवानदीनजी ने भी पाँडेजी ही का पाठ ग्रहण किया है, पर पदच्छेद इस प्रकार रखा है—'जो धनरुचि तन कोय'॥

हमारी चार प्राचीन पुस्तकों में वही पाठ है, जो इस संस्करण में रखा गया है और पहले अंक की पुस्तक में यह दोहा है ही नहीं॥

'जो धन रुचित न कोइ', इस खंड-वाक्य में 'धन' शब्द 'धन्य' का अपभ्रंश है। इसका शब्दार्थ यहाँ धन्यभागी और लक्ष्यार्थ महा अभागी है। 'जो धन रुचित न कोइ' का अर्थ यह होता है—जो किसी ही महा अभागी को रुचित (रुचा हुआ) नहीं है, अर्थात् जो किसी ही अभागी को नहीं रुचता। अथवा इस खंड वाक्य का इस प्रकार अर्थ किया जाये—जो धन रुचित न (जिस धन से नहीं रुचा हुआ) 'कोइ' (कोई ही) है॥

इन दोनों प्रकारों में से किसी भी प्रकार उक्त खंड वाक्य का अर्थ कर लेने पर दोहे में कोई उलझन नहीं रह जाती और उसका अर्थ स्पष्ट हो जाता है॥

अवतरण—कोई भक्त व्रजवासी किसी संसार में लिप्त तथा सुचित्तता प्राप्त न होने पर झीखते हुए अन्य व्रजवासी से कहता है—

अर्थ—व्रजवासियों का [जो] उचित (परमोपार्जनीय) धन है [अर्थात् श्रीकृष्णचंद्र अथवा उनकी भक्ति], 'जो धन रुचित न कोइ' (जो किसी ही धन्य भागी, अर्थात् महा अभागी, को नहीं रुचता), [अथवा] 'जो धन-रुचित न कोइ' (जिस धन से न रुचा हुआ कोई ही है), सो [तेरे] चित्त में नहीं आया, [तो फिर] कहो, 'सुचितई' (चित्त की स्वस्थता) कहाँ से [प्राप्त] हो [क्योंकि बिना उसके मानसिक स्वस्थता की प्राप्ति असंभव है]॥

हमारी समझ में पहला अर्थ अधिक श्रेष्ठ है, अतः उसी के अनुसार इस दोहे का पदच्छेद किया गया है।

हठु न हठीली करि सकैं[1] यह पावस-ऋतु पाइ।
आन गाँठि घुटि[2] जाइ, त्यौं मान-गाँठि छुटि जाइ॥ ५६२॥

अवतरण—मानिनी नायिका से सखी का वचन—

अर्थ—[इस महा उद्दीपनकारी ऋतु में तेरा मान करना उचित नहीं है। यदि तू करेगी, तो वह स्थिर न रह सकेगा और तेरी बात ओछी पड़ जायेगी। देख, बड़ी बड़ी] हठीली [भी] इस पावस-ऋतु को पाकर हठ नहीं कर सकतीं (अपने मान को उद्दीपन के कारण, हठात् स्थिर नहीं रख सकतीं), क्योंकि इस ऋतु में [जिस प्रकार] अन्य गाँठ (सन, सूत इत्यादि में पड़ी हुई गाँठ) घुट जाती है (बैठ जाती है, कस जाती है), उसी प्रकार मान-गाँठ (मान के कारण हृदय में पड़ी हुई गाँठ छुट जाती है (खुल जाती है)॥

---

१. सँकति (४)।
२. ज्यों घुटति (२, ३, ५)।

वेऊ चिरजीवी, अमर निधरक फिरौ कहाइ।
छिनु बिछुरैं[1] जिनकी नहीं पावस आइ[2] सिराइ॥ ५६३॥

अवतरण—प्रवत्स्यत्पतिका नायिका की उक्ति नायक से—

अर्थ—[यह पावस ऋतु ऐसी उद्दीपनकारिणी तथा वियोगियों को दु:खदायिनी है कि इसमें क्षण मात्र के वियोग से प्राण बचना दुस्तर है; सो ऐसी] पावस ऋतु में क्षण मात्र बिछुड़ने से जिनकी आयु सिरा नहीं जाती (समाप्त नहीं हो जाती), वे [लोग] भी [ऋषियों तथा देवताओं की भाँति] चिरजीवी (बहुत काल तक जीने वाले) [तथा] अमर (कभी न मरने वाले) कहलाकर निधड़क (नि:शंक) फिरा करो [क्योंकि जब वे पावस ऋतु में वियोग होने पर भी जीवित ही रह गए, तो फिर अब उनके ऐसे न मरने वालों को कौन मार सकता है]॥

नायिका का तात्पर्य यह है कि आप तो कहते हैं कि तू घबरा मत, मैं शीघ्र ही लौट आऊँगा, पर इस पावस-ऋतु में तो क्षण मात्र के वियोग से भी प्राण का बचना असम्भव है।

भेटत बन न भावतौ, चितु तरसतु अति प्यार।
धरति लगाइ लगाइ उर भूषन, बसन, हथ्यार॥ ५६४॥

अवतरण—नायक परदेश से आया है। नायिका का चित्त उससे मिलने को तरस रहा है, पर गुरुजनों की लज्जा से वह उसको भेंट नहीं सकती। अत: उसके भूषण, वसन इत्यादि को ठिकाने से रखने के व्याज से छाती में लगा लगाकर प्रियतम-मिलन-सुख का अनुभव करती है। सखी-वचन सखी से—

अर्थ—[परदेश से आए हुए प्रियतम से भेंटने के निमित्त तो इसका] चित्त अति प्यार से तरस रहा है, [पर गुरुजनों की लज्जा से] 'भावता' (प्रियतम) भेंटते नहीं बनता। अत: वह उसे भेंटने के अभाव में उसके] भूषणों, वसनों [तथा] हथियारों को [यत्नपूर्वक रखने के ब्याज से] छाती में लगा लगा कर रखती है॥

वाही दिन[3] तैं न मिट्यौ मानु, कलह कौ मूलु।
भलैं पधारे, पाहुने, ह्वै गुड़हर कौ फूलु॥ ५६५॥

अवतरण—एक दिन नायक, नायिका से यह कहकर कि मुझे कहीं पाहुने जाना है, बाहर गया और रात भर न आया। प्रात:काल जब वह लौटा तो उसकी आँखों में जागने की लाली, कपोलों पर पीक-लीक की लाली एवं माथे पर महावर की लाली इत्यादि रति-चिह्न देखकर नायिका ने मान किया। इस बात को यद्यपि कई दिन हो चुके हैं, पर उसने अभी मान छोड़ा नहीं है। नायिका प्रौढ़ा धीरा है; अत: अपना मान प्रकट नहीं करती, पर नायक से उदासीन तथा अनमनी रहती है, जिसके कारण कभी कभी कुछ कलह भी हो जाया करता है। नायक उसकी इस वृत्ति से घबराकर सखी से पूछता है कि यह क्या बात है। तब सखी उत्तर देती है कि कलह के कारण आप ही हैं, क्योंकि आप ही उस दिन पहुनाई के बहाने गये और

---

१. बिछुरत (३, ५)।
२. आउ (२)।
३. निसि (२)।

गुड़हर का फूल बनकर अर्थात् नयन, ललाट इत्यादि को लाल किए हुए, आए। बस, उसी दिन से इसने मन ही मन मान ठान रखा है और वही मान इस कलह का मूल है, क्योंकि जिस घर में गुड़हर का फूल जाता है, उसमें कलह का होना अनिवार्य है। सखी का अभिप्राय यह है कि नायक समझ जाये कि नायिका ने मेरे ही अपराध से मान ठान रखा है और उसको मना ले—

अर्थ— हे पाहुने (यह मिथ्या कहने वाले कि मुझे पाहुने जाना है), [तुम जो] गुड़हर के फूल बनकर (अपने नयनों, कपोलों तथा ललाट को लाल किए हुए) [उस दिन] 'भलैं' (खूब) आए, [बस] उसी दिन से [नायिका का] मान, [जो कि] कलह (बात बात में झगड़े) का मूल [है], नहीं मिटा [क्योंकि गुड़हर का फूल जहाँ जाता है, वहाँ कलह होता ही है]॥

गुड़हर के फूल के विषय में यह प्रसिद्ध है कि वह जिस घर में रहता है, उसमें कलह होता है॥

'पाहुने' संबोधन का प्रयोग इस दोहे में कुछ विलक्षण रीति से हुआ है और यही इसके यथार्थ अर्थ के समझ में आने में बाधा डालता है। इसके विषय में यों समझना चाहिए कि जैसे यदि कोई मनुष्य विद्या का उपार्जन करने के बहाने घर से जाये और चोरी इत्यादि करके लौट आवे, तो बहुधा व्यंग्यभाषी लोग उसको 'आइए, विद्यार्थीजी' अथवा 'आइए, पंडितजी' कह कर सम्बोधित करेंगे, वैसे ही सखी पहुनाई के व्याज से अन्य स्त्री के यहाँ जाने वाले इस नायक को पाहुने शब्द से संबोधित करती है॥

मोहिं लजावत, निलज ए हुलसि[1] मिलत[2] सब[3] गात।
भानु-उदै की ओस लौं मानु न जानति[4] जात॥ ५६६॥

अवतरण—सखी ने नायिका से कहा है कि यद्यपि मैंने कई बार तुझको मान करने का उपयोग समझा दिया है, तथापि बड़ी लज्जा की बात है कि पहले तो तू मान ठानती है, पर नायक को देखते ही ऐसी मोह में आ जाती है कि उससे लिपट जाती और मान छोड़ देती है। यह सुनकर नायिका उसको उत्तर देती है—

अर्थ— [मैं क्या करूँ, मेरे] ये सब निर्लज्ज अंग [नायक को देखते ही उससे बहुत] हुलस (उमँग) कर मिलते हैं, [और] मुझे [तुझसे] लज्जित करते हैं। भानु के उदय [के समय] की ओस की भाँति मान को जाते हुए [मैं] नहीं जान पाती॥

इस दोहे का भाव ५४८-संख्यक दोहे के भाव से मिलता है॥

[सोरठा]

तो तन अबधि-अनूप रूपु लग्यौ सब जगत कौ।
मो दृग लागे रूप, दृगनु लगी अति चटपटी॥ ५६७॥

---

१. उलमि (३)।
२. मिले (२)।
३. निज (५)।
४. जान्यो (३, ५)।

अवतरण—नायक नायिका को देखकर मोहित हो गया है और अब उसको देखे बिना बेचैन है। अतः उसने यह दोहा पत्रिका में लिखकर उसके पास भेजा है—

अर्थ—तेरे अवधि-अनूप (अवधि के अनूप, हद के अनूप) तन में सब जगत् का रूप लग गया है (तेरे सुन्दर शरीर के बनाने में विधाता ने जगत् भर की सुन्दरता लगा दी है), मेरे दृग [तेरे] रूप से लग गए हैं (अनुरक्त हो गए हैं), [और फिर इन] दृगों में अति चटपटी (फिर फिर देखने के निमित्त विकलता) लग गई है॥

इस दोहे में लगने क्रिया के तीन जगह तीन अर्थ हैं—(१) 'रूपु लग्यौ सब जगत कौ' में 'लग्यौ' का अर्थ व्यय हो गया है। (२) 'मो दृग लागे रूप' में 'लागे' का अर्थ आसक्त हो गए हैं। (३) 'दृगनु लगी अति चटपटी' में 'लगी' का अर्थ व्याप्त हो गई है॥

रहैं[१] निगोड़े नैन डिगि[२], गहैं न चेत अचेत।
हौं कसु कै रिस के करौं, ये निसुके[३] हँसि देत॥ ५६८॥

शब्दार्थ—निगोड़े = गोड़रहित अर्थात् पादहीन, पंगु। जब स्त्रियाँ किसी व्यक्ति अथवा पदार्थ, का नाम उसको कोसती हुई लेती हैं, तो उसके साथ निगोड़े, दईमारे, दाढ़ीजार इत्यादि शब्दों को, विशेषण रूप से, लगा देती हैं॥ **निसुके** = इस शब्द का अर्थ मानसिंह ने 'निपीते' लिखा है। 'निपीते' का अर्थ प्रीतिरहित अर्थात् मुझसे प्रीति न रखने वाले अथवा मेरा शील न रखने वाले हो सकता है। और किसी टीकाकार ने 'निसुके' पाठ नहीं रखा है। किसी ने 'निरखें' किसी ने 'निसिखे', किसी ने 'नसिखे' और किसी ने 'निसखे' पाठ रखा है और प्रत्येक ने अपने अपने पाठ के अनुसार अर्थ किया है। हमारी समझ में 'निसुके' पाठ ठीक है, क्योंकि बिहारी के आदि टीकाकार मानसिंह ने यही पाठ ग्रहण किया है। इसके अतिरिक्त हमारी अन्य एक प्राचीन पुस्तक में भी यही पाठ है। मानसिंह ने 'निसुकै' का जो अर्थ किया है, वह अवश्य चिन्तनीय है। हमारी समझ में 'निसुके' शब्द संस्कृत 'निस्वक' शब्द का अपभ्रंश है। 'निस्वक' का अर्थ 'निज सम्पत्ति-विहीन' है। अतः 'निसुके' का अर्थ निर्धन, दरिद्र, रंक इत्यादि मानना चाहिए और इस शब्द को भी 'निगोड़े' शब्द की भाँति, कोसने के निमित्त, स्त्रियों की बोलचाल का शब्द समझना चाहिए॥

अवतरण—मान सिखलाती हुई सखी से नायिका कहती है—

अर्थ—[ये मेरे] निगोड़े नयन डिग [ही] कर रहते हैं (मैं लाख चाहती हूँ कि ये नीचे हुए स्थिर रहें, जैसे कि मान के समय इनको रहना चाहिए, परंतु ये, पादहीन होने पर भी, नायक के सामने आने पर, चंचल होकर उसकी ओर चले ही जाते हैं), [और ये] अचेत (बुद्धिहीन) चेत (चेतावनी, शिक्षा) नहीं गहते (ग्रहण करते)। मैं [तो तेरे शिक्षानुसार] 'कसु' (बल, काबू) करके (बड़ी कठिनता से अर्थात् यद्यपि ऐसा करने में मुझे कष्ट होता है, तथापि तेरे अनुरोध से) [इनको] रिस के (क्रोध के अर्थात् क्रोध भरे हुए से) करती हूँ (बनाती हूँ), [पर] ये 'निसुके' (प्रियतम दर्शन के निमित्त ललाए हुए) हँस देते हैं॥

---

१. गहैं (२)।
२. गड़ि (३, ५)।
३. निसषे (२)।

इस दोहे में अनेक पाठांतर हैं। हमारी पहली तथा चौथी पुस्तकों में यह दोहा नहीं है। जिन तीन पुस्तकों में यह है, उनमें भी इसके पाठों में अन्तर है, जो कि पाद टिप्पणी में दिखाए गए हैं। बहुधा टीकाकारों ने 'रहैं' के स्थान पर 'दहैं', 'डिगि' के स्थान पर 'ये' एवं निसुके' के स्थान पर 'निसिखे' पाठ रखा है। इन पाठांतरों से अर्थ निःसंदेह सरल हो जाता है, पर हमारी तीन प्राचीन पुस्तकों में से किसी में यह पाठ नहीं है, अतः उन तीनों पुस्तकों के मिलाने से जो पाठ उचित प्रतीत हुआ, वह इस संस्करण में रखा गया है। कृष्ण कवि की टीका के पाठ से इस पाठ में केवल 'निसुके' शब्द में अन्तर पड़ता है। कृष्ण कवि की टीका में 'निसुके' के स्थान पर 'निसखे' पाठ है और 'कै' तथा 'के' के स्थानों पर 'करि' तथा 'को'॥

मोहूँ सौं बातनु लगैं लगी जीभ[1] जिहिं नाइ।
सोई लै उर लाइयै, लाल, लागियतु पाइ॥ ५६९॥

शब्दार्थ—नाइ = नाम॥

अवतरण—नायिका से बातें करते करते कहीं नायक के मुँह से किसी सपत्नी अथवा अन्य स्त्री का नाम निकल पड़ा है, जिससे नायिका, उसके प्रति नायक का प्रेम अनुमानित करके, कुछ रुष्ट सी हो गई है। नायक, उसको प्यार से अंक में भरकर, उसका रोष निवारण करना चाहता है। इस पर नायिका उससे कहती है—

अर्थ—हे लाल, [मुझसे आपके] पाँव लगा जाता है (पाँव लगकर विनती की जाती है) [कि] मुझसे भी बातों में लगने पर (बातें करते समय [आपकी] जीभ जिसके नाम से लगी हुई है, उसी को लेकर छाती से लगाइए [मुझे छोड़ दीजिए]॥

नावक-सर से[2] लाइ कै, तिलकु[3] तरुनि इत[4] ताँकि[5]।
पावक-झर सी झझकि[6] कै, गई झरोखा झाँकि॥ ५७०॥

शब्दार्थ—नावक-सर = फारसी भाषा में 'नाव' अथवा 'नाय' नल को कहते हैं। उसमें छुद्रवाचक 'क' लगाकर 'नावक' शब्द बना है, जिसका अर्थ नलिका अर्थात् छोटा नल हुआ। इस शब्द का प्रयोग फारसी में एक ऐसे बाण के अर्थ में किया जाता है, जो नलिका के द्वारा चलाया जाता है। यह नलिका लोहे की होती है। इसमें बारूद तथा छोटे छोटे बाण भर दिए जाते हैं। इस नलिका में एक स्थान पर छिद्र होता है। उसमें अग्नि का संचार करने पर, बारूद के प्रभाव से, उसमें के बाण निकल कर, बंदूक की गोली की भाँति, बड़ी दूर तक चोट करते हैं। इन बाणों के चलाते समय लक्ष का अनुसंधान, अर्थात् उसकी दूरी, ऊँचान निचान तथा दिशा का तर्क, करना पड़ता है। इसी कारण कवि ने 'ताँकि' (तर्क करके) का प्रयोग किया है। जब इस नलिका में अग्नि दी जाती है, तो रंजक के उड़ने से एक प्रकाश सा होता है, जिस पर विचार करके कवि ने 'पावक-झर सी झमकि कै' कहा है। यहाँ झरोखे को कवि ने नलिका,

---

१. जीभि (५)।
२. सो (३)।
३. नैंक (२)।
४. इति (३, ५)।
५. ताकि (३, ४, ५)।
६. झूमि (२)।

नायिका के रूप के प्रकाश को अग्नि-संचार की चमक एवं नायक पर दृष्टि की चोट को नावक-सर का लगना माना है॥ **तिलकु** = तिल मात्र, क्षणं मात्र। क्षण मात्र से कवि यह व्यंजित करता है कि नायिका नावक चलाने में ऐसी दक्ष है कि उसको लक्ष का अनुसंधान करने में विलंब नहीं लगा और देखते ही तर्क करके अचूक बाण मार गई॥ **ताँकि** = तर्क करके, मेरी स्थिति का पूरा अंदाजा करके। 'ताँकि' शब्द 'तर्क' शब्द से बना है। जब किसी संयुक्त वर्ण में से एक वर्ण का लोप होता है, तो प्राय: उसके पूर्व का वर्ण सानुस्वार हो जाता है, जैसे 'वक्र' से वंक, 'कर्कट' से 'कंकड़' इत्यादि। फिर इसी अनुस्वार के स्थान पर अर्द्धचन्द्र प्रयुक्त होता है, जैसे 'बंक' से 'बाँक' तथा 'कंकड़' से 'काँकड़'॥ **पावक-झर** = आग की लपट॥ **झनकि कै** = शीघ्रतापूर्वक अपना प्रकाश दिखलाकर॥

अवतरण—नायिका झरोखे में से नायक पर कटाक्ष करके हट गई है। नायक उन कटाक्षों से घायल होकर उससे मिलने के निमित्त विकल है, अत: अपनी दशा नायिका की सखी अथवा दूती से कहकर उससे मिलाने की प्रार्थना व्यंजित करता है—

अर्थ—[वह] तरुणी झरोखा झाँककर [एवं] क्षणमात्र इत (मेरी ओर) अनुसंधान करके, अग्नि की ज्वाला सी झमककर, [मुझ पर] नावक बाण से 'लाइ कै' (लगाकर, मारकर) गई (हट गई)॥

सुख सौं बीती सब निसा, मनु[१] सोए मिलि[२] साथ।
मूका मेलि गहे[३], सु छिनु हाथ न छोड़े हाथ॥ ५७१ ॥

शब्दार्थ—**मूका** = मीत का वह छेद, जिसमें से उजाले अथवा हवा का संचार होता है॥

अवतरण—उपपति नायक तथा परकीया नायिका पड़ोसी हैं। उनके घरों के बीच केवल एक भीत का अन्तर है, जिसमें एक मूका भी है। एक रात को उस मूके में हाथ डालकर दोनों ने एक दूसरे के हाथ पकड़ लिए और स्पर्श-सुख में मग्न होकर हाथ पकड़े ही पकड़े रात बिता दी। सखी-वचन सखी से—

अर्थ—मूके में [हाथ] डालकर [दोनों ने जो एक दूसरे के हाथ] पकड़े, सो हाथ [फिर] हाथ से क्षण मात्र नहीं छोड़े, [एवं वैसे ही हाथ पकड़े पकड़े] सारी रात [ऐसे] सुख से बीत गई, मानो [दोनों एक] साथ मिलकर सोए [थे]॥

बाम बाँह[४], फरकति[५], मिलैं जौ हरि जीवनमूरि।
तौ तोहीं सौं भेटिहौं राखि दाहिनी दूरि॥ ५७२ ॥

अवतरण—नायिका का पति विदेश से आने वाला है। इसकी सूचना उसकी बाईं बाँह, फड़ककर, दे रही है। अत: वह शुभ संवाद देने वाली बाँह को पुरस्कार देने की प्रतिज्ञा करती है—

---

१. जनु (३, ५)।
२. इक (२), एक (४)।
३. गए (३, ५)।
४. बाहु (२, ३, ५)।
५. फरकत (२. ३. ५)।

अर्थ—[हे मेरी] बाईं बाँह! [तू जो इस समय] फड़क रही है, [उससे प्रियतम का शुभागमन सूचित होता है। इस सूचना के अनुसार] यदि [मेरे] 'जीवनमूरि, (प्राणों के आधार) हरि (श्रीकृष्णचन्द्र) मुझे आ] मिलें, तो [मैं इस शुभ सूचना के पुरस्कार में तुझे यह परम सुख दूँगी कि] दाहिनी [बाँह] को दूर रखकर तुझी से [उनका] आलिंगन करूँगी॥

छुटे छुटावत[1] जगत तैं सटकारे, सुकुमार।
मनु बाँधत बेनी-बंधे नील, छबीले बार॥ ५७३॥

अवतरण—नायक ने नायिका के केश खुले तथा बँधे, दोनों रूपों में देखे हैं और दोनों ही रूप उसको एक दूसरे से अधिक मनोहर लगे हैं। अतः उनके देखने से उसके मन की जो व्यवस्था हुई, उसका वर्णन वह सखी से करता है—

अर्थ—[उसके] छुटे हुए सटकारे (साटी के से लंबे, पतले तथा लचकीले) [तथा] सुकुमार (कोमल) [बाल तो] जगत् से [मन को] छुटा देते हैं (अर्थात् उनको देखकर फिर मन जगत् की किसी और वस्तु में नहीं लगता), [और उसके] वेणी-बँधे (चोटी गूँथे हुए) नीले [तथा] छबीले बाल मन को बाँध लेते हैं (अपने पर आसक्त कर लेते हैं) [भाव यह कि उसके बाल दोनों ही अवस्था में परम सुन्दर और मनोहर लगते हैं]॥

दोहे के उत्तरार्द्ध में जो 'बार' तथा 'मनु' शब्द बाँधता क्रिया के कर्ता तथा कर्म रूपों से आये हैं, वही पूर्वार्द्ध में जो 'छुटावत' क्रिया है, उसके भी कर्ता तथा कर्म हैं॥

'छुटावत' क्रिया का कर्ता जो 'बार' होता है, उसके विशेषण 'सटकारे' तथा 'सुकुमार' हैं क्योंकि खुले हुए बालों की सटकारता तथा सुकुमारता ही पर विशेष ध्यान जाता है। इसी प्रकार वेणी गूँथे हुए बालों की नीलिमा ही पर ध्यान अधिक आकर्षित होता है, अतः 'बेनी-बँधे बार' के विशेषण 'नील, छबीले' रखे गए हैं॥

इहीं बसंत न खरी, अरी[2], गरम[3] न सीतल बात।
कहि, क्यौं झलके[4] देखियत पुलक[5], पसीजे गात॥ ५७४॥

अवतरण—नायिका सखियों में बैठी है और उपपति नायक उसके सामने आ गया है। उसे देखकर नायिका को स्वेद तथा पुलक सात्विक हुए हैं। इन भावों से कोई सखी उसका अनुराग लक्षित करके कहती है—

अर्थ—अरी, इस वसंत ऋतु में 'बात' (वायु) न [तो] खरी (बहुत) गरम है, [और] न [बहुत] शीतल [ही]। [अतः इस समय पसीने अथवा पुलक के होने की संभावना बिना किसी गुप्त कारण के नहीं है। सो इस नायक को देख कर ही तुझे स्वेद और पुलक हो गए हैं, जिससे तेरा अनुराग लक्षित होता है।

---

१. छुटावैं (२, ३, ५)।
२. खरी (४)।
३. गरमु (४)।
४. हुलसे (४)।
५. पुलकि (२, ४)।

यदि ऐसा नहीं है, तो तू ही] कह [तेरे] पुलक झलके हुए [तथा] गात्र पसीजे हुए क्यों देखे जाते हैं ॥

चित पितमारक[१]-जोगु गनि[२] भयौ, भयैं सुत, सोगु।
फिरि हुलस्यौ[३] जिय जोइसी[४] समुझैं[५] जारज-जोगु ॥ ५७५ ॥

अवतरण—यह दोहा हास्य रस का है। कवि किसी ज्योतिषी की व्यवस्था उसकी हँसी उड़ाता हुआ कहता हैं—

अर्थ—[ज्योतिषीजी के जब लड़का हुआ और उन्होंने उसकी जन्मकुंडली बनाकर ग्रह-संस्था पर विचार किया, तो पहले तो उस कुंडली में] पितृमारक (पिता को मार डालने वाले) योग की गणना करके [उनके] चित्त में सुत होने पर [प्रसन्नता के स्थान पर] 'सोगु' (शोक) हुआ। [परंतु] फिर [उस लड़के के जन्म में] जारज-योग (पितातिरिक्त किसी अन्य पुरुष से उत्पन्न होने का योग) समझकर ज्योतिषीजी [अपने] जी ही जी में [संकुचित तथा अप्रसन्न होने के बदले] हुलसे (उमगे, हर्षित हुए) ॥

चमचमात[६] चंचल नयन बिच घूँघट[७]-पट झीन।
मानहुँ सुरसरिता[८]-बिमलजल उछरत[९] जुग मीन ॥ ५७६ ॥

अवतरण—सखी नायिका के नेत्रों की प्रशंसा नायक से करके उसकी रुचि बढ़ाती है—

अर्थ—[उसके] चंचल नयन झीने (पतले, महीन) घूँघट पट (घूँघट के कपड़े) के बीच में से (भीतर से) [ऐसे] चमचमाते (चमकते हुए हिलते) हैं मानो सुरसरिता (गंगा) के विमल (स्वच्छ) जल में दो मीन (मछली) उछलते हैं ॥

रहि मुँहु फेरि कि हेरि[१०] इत; हित-समुहौ[११] चितु, नारि।
डीठि-परस[१२] उठि पीठि के[१३] पुलके कहैं[१४] पुकारि ॥ ५७७ ॥

---

१. पितुमारक (३), पितुमारिग (४)।
२. गुनि (४)।
३. अति हुलस्यौ (३, ५), मनु, हुलस्यौ (४)।
४. जोतिसी (२), जोयसी (३)।
५. समझ्यौ (२)।
६. चलत चमकि (२)।
७. घूँघुट (४)।
८. सुरसलिता (३, ४, ५)।
९. उछलत (३, ४, ५)।
१०. हेरियत (३, ५), हेरिहौं (४)।
११. समुझौ (४)।
१२. परसि (२, ३, ५)।
१३. कै (२, ४)।
१४. कहति (३, ५)।

अवतरण—नायिका उपपति को देख कर, अपनी अनुरागाकृति छिपाने के लिये, सखियों तथा नायक की ओर से मुँह फेरकर खड़ी हो गई है, पर कोई सखी उसकी पुलकावली से उसका अनुराग लक्षित करके कहती है—

अर्थ—[चाहे तू] मुँह फेरकर रह (स्थित हो) अथवा इधर (हम लोगों की ओर) देख [तेरा अनुराग छिपाए छिप नहीं सकता]। हे नारि, [तेरी] पीठ के पुलके (पुलक-समूह) [नायक की] दृष्टि के स्पर्श से उठकर [तेरे] चित्त का हितसमुहा (प्रमोन्मुख अर्थात् प्रेम की ओर ढला हुआ) होना पुकारकर (प्रकाश-रूप से) कहते हैं॥

बिछुरैं जिए, सकोच इहिं बोलत बनत[१] न बैन।
दोऊ दौरि लगे हियैं किए लजौहैं नैन॥ ५७८॥

अवतरण—नायक परदेश से आया है। नायक नायिका, दोनों के हृदय में इस बात की लज्जा है कि हम लोग जो संयोग-दशा में यह कहा करते थे कि वियोग में हम न जिएँगे, वह मिथ्या हो गया। इसी लज्जा से दोनों कुछ बोल नहीं सकते। बस, दोनों दौड़कर नीची आँखें किए हुए लिपट गए। सखी-वचन सखी से—

अर्थ—बिछुड़ने पर [भी] जीते रहे, इस, लज्जा से [दोनों से कुछ] वचन बोलते नहीं बनता। [बस] दोनों लजौहैं (लज्जा से नीचे) नयन किए हुए दौड़कर [एक दूसरे की] छाती से लग गए॥

मोहिं करत कत बावरी[२], करैं[३] दुराउ[४] दुरैं न।
कहे देत रँग राति के रँग-लिचुरत से नैन॥ ५७९॥

अवतरण—खंडिता नायिका का वचन शठ नायक से—

अर्थ—मुझे [तुम मीठी मीठी, मिथ्या बातें करके] बावली (झूठी बातों से धोखा खाने वाली) क्यों बनाते हो (बनाना चाहते हो)। [तुम्हारे] दुराव (छिपाव) करने से [रात के आनंद] छिपते नहीं। [तुम्हारे] रंग निचुड़ते से (भली भाँति लाल) नयन रात के रंगों (आनंद-क्रीड़ाओं) को कहे देते हैं (स्पष्ट रूप से प्रकाशित किये देते हैं)॥

छिपैं[५] छिपाकर[६] छिति छुवैं[७] तम ससिहरि[८] न, सँभारि।
हँसति हँसति चलि, ससिमुखी, मुख तैं आँचरु[९] टारि॥ ५८०॥

---

१. बनै (३, ५)।
२. बाउरी (३)।
३. करत (३, ५)।
४. दुराव (४)।
५. छिप्यौ (२), छपे (४)।
६. छपाकर (४)।
७. छयौ (२)।
८. ससहरि (२), ससिहर (३, ५)।
९. अंचल (२)।

अवतरण—अभिसारिका नायिका नायक के पास जा रही है। मार्ग में उसको चन्द्रास्त हो गया और अँधेरा छा गया है, जिससे वह संकेतस्थल की ओर, जो कि कदाचित् किसी निर्जन तथा सघन वन में है, बढ़ने से हिचकिचाने लगी है। यह देखकर उसके संग की दूती, उसके हृदय में ओज बढ़ाने तथा ढाढ़स बँधाने के निमित्त उसके रूप की प्रशंसा करती हुई, उससे बेखटक आगे चलने का अनुरोध करती है—

अर्थ—'छिपाकर' (क्षपाकर, चंद्रमा) के छिप जाने के कारण तम (अंधकार) के पृथ्वी को छूने (छा लेने) से [तू] मत 'ससिहर' (डर), [प्रत्युत] सँभाल (१. अपने रूप के उत्कर्ष का स्मरण कर; २. अपने को सँभाल ले, चैतन्य हो जा), [और] हे शशिमुखी, [अपने] मुख से घूँघट हटाकर [१. जिसमें कि फिर चंद्रमा निकल आवे; २. जिसमें कि मार्ग भली भाँति दिखलाई दे] हँसती हँसती (१. मुख को हास्ययुक्त करके, जिसमें कि मार्ग में प्रकाश हो जाये; २. हँसी खुशी से, जिसमें कि मार्ग गढ़ाय नहीं) [बेखटक] चली चल॥

इस दोहे में कवि ने बड़ी चातुरी दिखलाई है। एक ही वाक्य से दूती नायिका के रूप की प्रशंसा करके उसके हृदय में गर्व भी उत्पन्न करती है, जिसमें कि उसका मन आगे बढ़ने से कदराय नहीं, क्योंकि हृदय में गर्व व्याप्त हो जाने पर कदराई नहीं रह जाती, और उसको अँधेरे में सँभलकर तथा प्रसन्नचित हो चलने की शिक्षा भी देती है॥

अपनैं अपनैं मत लगे बादि मचावत सोरु।
ज्यौं त्यौं सबकौं सेइबौ एकै नंदकिसोरु॥ ५८१॥

शब्दार्थ—बादि = वृथा॥

अवतरण—कोई ज्ञानी भक्त, जो कि संसार भर को श्रीकृष्णमय समझे हुए है, कहता है—

अर्थ—[संसार भर के भिन्न भिन्न देव उपासक अर्थात् वैष्णव, शैव, शाक्त इत्यादि तथा भिन्न भिन्न मतवादी अर्थात् द्वैत, अद्वैत, द्वैताद्वैत इत्यादि मत वाले] अपने अपने मत में हुए (अपने अपने सिद्धांत का समर्थन करते हुए) वृथा हौरा मचाया करते हैं (वाद विवाद किया करते हैं)। [सच्चा सिद्धांत तो यह है कि] सबको ज्यों त्यों (किसी न किसी प्रकार, किसी न किसी रूप में) एक नंदकिशोर ही की सेवा करनी है [अर्थात् चाहे किसी देव की कोई सेवा करे, पर वास्तव में वह सेवा नंदकिशोर ही की होती है, क्योंकि अखिल ब्रह्मांड नंदकिशोरमय है]॥

लहि[१] सूनैं[२] घर[३] करु गहत दिठादिठी[४] की ईठि।
गड़ी सु चित नाहीं करति करि ललचौंहीं डीठि॥ ५८२॥

---

१. **लखि** (२)।
२. **सूनौ** (२)।
३. **धरु** (२)।
४. **दिखादिखी** (२, ४)।

अवतरण—नायक नायिका में केवल देखादेखी की मैत्री है; अभी विशेष परिचय नहीं हुआ है। एक दिन नायक ने नायिका को सूने घर में पाकर उसका हाथ पकड़ लिया, जिस पर नायिका ने, अपनी आँखें ललचौंहीं करके, स्त्री-जाति की स्वाभाविक लज्जा तथा इस भय से कि कोई आ न जाये, 'नहीं नहीं' की। नायिका की वह चेष्टा नायक के जी में गड़ गई और उसको उससे मिलने के निमित्त उत्सुक कर रही है। अत: वह इस व्यवस्था को किसी दूती अथवा नायिका की सखी से कहता है, जिसमें वह मिलाने का उद्योग करे। 'दिठादिठी की ईठि' तथा 'करि ललचौंहीं दीठि' से वह यह व्यंजित करता है कि मुझसे उससे पहले से कुछ परिचय भी है और उसको भी मुझसे मिलने की अभिलाषा है, अत: तुझको इस कार्य में विशेष कठिनता न पड़ेगी—

अर्थ—'दिठादिठी' (देखादेखी) की 'ईठि' (मैत्री, जान पहचान) से (के कारण) [ढिठाई करके एक दिन उसको] सूने घर में पाकर [उसका] हाथ पकड़ते हुए वह ललचौंहीं (लालच-भरी) दृष्टि करके 'नाहीं' करती हुई [मेरे] चित्त में गड़ गई॥

पिय कैं ध्यान गही गही रही[१] वही ह्वै नारि।
आपु आपु हीं आरसी लखि रीझति[२] रिझवारि॥ ५८३॥

शब्दार्थ—**रिझवारि** = रूप गुण पर रीझने की योग्यता रखने वाली॥

अवतरण—नायिका, नायक के ध्यान में निमग्न हो होकर, तद्रूप हो रही है और नायक ही की मनोवृत्ति सी उसकी भी मनोवृत्ति हो गई है। अत: जिस प्रकार नायक उसको देखकर रीझता है, उसी प्रकार वह अपना रूप आरसी में देखकर रीझती है। सखी-वचन सखी से—

अर्थ—प्रियतम के ध्यान से गही गही (ग्रस्त हो होकर) [यह] नारी [भृंगीग्रस्त कीट की भाँति] वही हो रही है (अपने को प्रियतम ही समझने लगी है), [अत: यह] 'रिझवारि' अपने ही को आरसी (दर्पण) में देखकर आप ही रीझती (प्रसन्न होती) है॥

बुरौ बुराई जौ[३] तजै, तौ चितु खरौ डरातु।
ज्यौं निकलंकु मयंकु लखि गनैं लोग[४] उतपातु॥ ५८४॥

अवतरण—कवि की प्रास्ताविक उक्ति है—

अर्थ—यदि बुरा [मनुष्य] बुराई छोड़ दे, तो चित्त बहुत डरता है, जिस प्रकार चंद्रमा को कलंक रहित देखकर लोग उत्पात गिनते (संभावित करते) हैं॥

ज्योतिष का मत है कि जब संसार में कोई बड़ा उपद्रव होने को होता है, तो चंद्रमा निष्कलंक दिखाई देता है॥

---

१. **रहिबे की (३, ५)।**
२. **रिझावति (३, ५)।**
३. **छिनु (२, ४)।**
४. **लोक (३, ५)।**

मरिबे कौ साहसु ककै[1] बढ़ैं बिरह की पीर।
दौरति ह्वै समुही[2] ससी, सरसिज, सुरभि-समीर॥ ५८५॥

अवतरण—प्रोषितपतिका नायिका की दशा सखियाँ आपस में कहती हैं—

अर्थ—[यह] विरह की पीड़ा के बढ़ने पर मरने का साहस (हिम्मत) कर करके शशि, कमल [तथा] सुगंधित वायु से (के) सन्मुख हुई (होकर) दौड़ती फिरती है॥

शशि इत्यादि विरहिणी को ताप देते हैं। अतः नायिका समझती है कि इनके सामने अधिक होने से, तापाधिक्य के कारण, प्राण निकल जायेंगे और मैं विरह-व्यथा से छुट्टी पा जाऊँगी॥

कब की ध्यान-लगी लखौं[3], यह धरु लगिहै[4] काहि।
डरियतु भृंगी-कीट लौं मति[5] वहई ह्वै जाइ॥ ५८६॥

शब्दार्थ—भृंगी = एक पंख वाला कीड़ा, जो अन्य छोटे छोटे कीड़ों को पकड़कर अपनी वाल्मीक में रखता और उनके चारों ओर घूम-घूमकर इतना भनभनाता है कि उसके भय से वे छोटे कीड़े उसी के ध्यान में तल्लीन होकर उसी का रूप धारण कर भृंगी ही हो जाते हैं। इसका वर्णन योग और साहित्य में बहुधा आया है॥

अवतरण—पूर्वानुरागिनी नायिका, घर बार तथा खाने पीने की सुधि भुली हुई, बड़ी देर से नायक के ध्यान में लगी हुई है। उसकी हितकारिणी सखी उसे समझाकर आपे में लाना चाहती है। सखी का अभिप्राय यह है कि यह खाए पिए और घर के काम काज देखे, जिसमें इसका अनुराग खुलने न पावे और हम लोग इसको नायक से मिलाने का यथोचित उपाय करें—

अर्थ—[मैं तुझको] कब की (बड़ी देर से) [नायक के] ध्यान में लगी हुई देखती हूँ, [जिससे यह] डर होता है [कि] कहीं [तू] भृंगी-कीट (भृंगी के द्वारा पकड़े गए कीड़े) की भाँति वही (जिसके ध्यान में लगी हुई है) न हो जाये। [ऐसी अवस्था में तू बतला तो सही कि] यह [तेरा] घर बार किसको लगेगा (किसके सहारे चलेगा क्योंकि तू तो रहेगी ही नहीं। अतः तुझको उचित है कि अपने को सँभाले)॥

बिलखी लखै खरी खरी भरी अनख, बैराग।
मृगनैनी सैन न भजै लखि बेनी के दाग॥ ५८७॥

शब्दार्थ—सैन = यह शब्द संज्ञा से बना है। इसका अर्थ इंगित अर्थात् इशारा है। यह विशेषतः आँखों के इशारे के अर्थ में प्रयुक्त होता है। लक्षणा शक्ति से इसका अर्थ आँख अथवा पलक भी होता है। बोलचाल में भी लोग कहते हैं कि 'वह सैन नहीं भाँजता', अर्थात् पलक नहीं गिराता॥

---

१. कैं (२)।
२. समुहे (४)।
३. लखै (३, ५)।
४. लागहि (५)।
५. जिन (४)।

अवतरण—मुग्धा खंडिता नायिका का वृत्तांत सखी सखी से कहती है—

अर्थ—[प्रियतम के अंग में अन्य स्त्री की] वेणी के चिह्न [उपटे हुए] देखकर [यह] मृगनयनी सैन (पलक) नहीं भाँजती (गिराती), [और] 'अनख' (आमर्ष) [तथा] 'बैराग' (उदासीनता) से भरी [एक ही स्थल पर पुतली सी] खड़ी खड़ी 'बिलखी' (दुखी) हुई [एकटक] देख रही है॥

अनियारे, दीरघ दृगनु किती न सरुनि समान।
वह चितवनि और कछू, जिहिं बस होत सुजान॥ ५८८॥

अवतरण—कवि की प्रास्ताविक उक्ति है कि बाह्य सौन्दर्य में तो संसार की अनेक वस्तुएँ एक ही सी ज्ञात होती हैं, पर सुजान लोग जिसमें कोई विशेष आंतरिक भाव होता है, उसी से अनुरक्त होते हैं। जैसे कि बड़े तथा कोरदार दृगों वाली अनेक स्त्रियाँ संसार में होती हैं, पर सुजान लोग सभी से अनुरक्त नहीं होते। उन्हें तो अनुरक्त करने वाली एक विशेष प्रकार की चितवन होती है, जो किसी ही किसी की आँखों में होती है। यह दोहा ऐसे स्थान पर पढ़ने के योग्य है कि जब कोई राजा अथवा धनी यह सोचे कि हम धन देकर अमुक गुणी को वश में कर लेंगे, पर वह गुणी उसके स्वभाव से प्रसन्न न होकर उसके यहाँ न रहे, प्रत्युत किसी और के स्वभाव तथा सम्मान से संतुष्ट होकर उसके यहाँ निवास करे—

अर्थ—अनियारे (कोरदार) [तथा] दीर्घ दृगों में (के कारण) [संसार में] कितनी तरुणियाँ एक ही सी नहीं हैं! [परन्तु सबकी चितवनें एक सी नहीं होतीं] वह चितवन कुछ और ही (किसी विशेष प्रकार की और किसी ही किसी में) होती है, जिससे सुजान (गुणीजन) वशीभूत होते हैं॥

झुकि झुकि झपकौं हैं पलनु, फिरि फिरि जुरि, जमुहाइ।
बींदि[1] पिआगम, नींद-मिसि, दीं सब अली[2] उठाइ॥ ५८९॥

अवतरण—प्रौढ़ा वासकसज्जा नायिका की चातुरी का वर्णन सखी सखी से करती है—

अर्थ—[इसने] प्रियतम का आगम [प्रेमाधिक्य के कारण अपने हृदय में] 'बींदि' (अनुमानित कर), झपकते हुए पलकों से (सहित) झुक झुककर, [और] फिर फिर (बारंबार) अँगड़ाई ले लेकर [तथा] जँभा जँभाकर 'नींद-मिसि' (नींद के बहाने, अर्थात् इस बात को झूठे ही दिखलाकर कि मुझको नींद आती है), सब सखियाँ [अपने पास से] उठा दीं [और अपने शय्यागृह में एकांत कर लिया]॥

बिहारी ने 'पल' शब्द का प्रयोग संस्कृत के अनुसार पुल्लिगवत् किया है। पर भाषा में 'पल' तथा 'पलक' शब्दों का स्त्रीलिंग प्रयोग होता है॥

ओछे बड़े न ह्वै सकैं, लगौ सतर ह्वै गैन।
दीरघ होहिं[3] न नैंक हूँ फारि निहारैं नैन॥ ५९०॥

---

१. **पिय कैं आगम (२), जानि पियागम (४)।**
२. **सखीं (२)।**
३. **होंइ (२, ४)।**

अवतरण—कवि की प्रास्ताविक उक्ति है कि ओछे मनुष्य चाहे कितने ही ऊँचे बनें, पर बड़े नहीं हो सकते—

अर्थ—[चाहे] 'सतर' होकर (तनेने होकर, ऐंठ कर) 'गैन' (गगन, आकाश) में लग जायें, [पर] [क्षुद्र मनुष्य] बड़े नहीं हो सकते। [जैसे] फाड़ फाड़कर देखने से नयन किञ्चित्‌मात्र भी बड़े नहीं हो जाते॥

गह्यौ अबोलौ बोलि प्यौ आपुहिं[१] पठै बसीठि।
दीठि चुराई दुहुनु की लखि सकुचौंहीं दीठि॥ ५९१॥

अवतरण—नायिका ने नायक को बुलाने के लिए दूती भेजी थी, सो वह नायक से रमण करके और उसको साथ लेकर आई है। रमण करने के कारण दोनों आँखें सकुचौंहीं हैं, जिससे नायिका ने रमण करना अनुमान करके मौन ठान लिया और उनकी ओर देखती भी नहीं। यही वृत्तांत सखी सखी से कहती है—

अर्थ—[इसने] आप ही (स्वयं बड़े चाव से) 'बसीठि' (दूती) भेजकर नायक को बुलाकर [उसके आने पर] मौन धारण कर लिया है, [और] दोनों (नायक तथा दूती) की सकुचौंहीं (लज्जित) दृष्टि देखकर [अपनी] दृष्टि [उनसे] चुराई (रोष से नीची कर ली)॥

दुखहाइनु चरचा नहीं आनन आनन आन।
लगी फिरैं ढूका दिए कानन कानन कान॥ ५९२॥

शब्दार्थ—**दुखहाइनु** = इस शब्द का अर्थ, प्रभुदयालु पांडे को छोड़कर, प्रायः और सब टीकाकारों ने 'दुखदाइनि' कर दिया है, पर 'दुखहाइनु' का अर्थ 'दुखदाइनि' नहीं है। इसका अर्थ 'दुख से हती हुई' है। इसका प्रयोग स्त्रियाँ 'दइमारी' की भाँति कोसने में करती हैं॥ **ढूका** = छिप कर किसी की बात सुनने को ढूका देना अथवा ढूका लगना कहते हैं॥

अवतरण—दूती नायिका से नायक के पास, निकुंज में, चलने को कहती है। नायिका चवाइनों से दुःखित हो रही है। अतः उसको उत्तर देती है कि इस समय चलने का अवसर नहीं है, आजकल चबाव बहुत फैल गया है, किंचित्‌ वह पटा जाये, तो मैं चलूँ—

अर्थ—[इन] दुखहाइनों [अर्थात्‌ चवाइनों] के लिए मुख मुख में आन (दूसरी, मेरी चर्चा छोड़कर अन्य) चर्चा नहीं है। [ये] कानन कानन (वन वन) में कान दिए (लगाए) ढूका (परखी) लगी फिरती हैं॥

हितु करि तुम पठयौ, लगैं वा बिजना की बाइ।
टली तपति तन की, तऊ चली पसीना-न्हाइ॥ ५९३॥

अवतरण—नायक के भेजे हुए पंखे की हवा लगने से नायिका को जो स्वेद सात्विक हुआ, उसका वर्णन सखी नायक से करके नायिका का प्रेमाधिक्य व्यंजित करती है—

अर्थ—तुमने [जो पंखा] हित करके (प्रेम से) [उसके पास] भेजा, [सो] उस 'बिजना' (व्यजन, पंखे) की 'बाइ' (वायु) लगने से [यद्यपि उसके] तन

---

१. आपे (३), आपै (४)।

की 'तपति' (तपन) [तो तुमसे प्रेमोपहार पाने के आनन्द से] टली, [पर] तो भी (तपन के टल जाने पर भी) [वह सात्विक के] पसीने से नहा चली॥

ध्यान आनि ढिग प्रानपति रहति मुदित दिन राति।
पलकु कँपति, पुलकति पलकु, पलकु पसीजति जाति॥ ५९४॥

अवतरण—नायिका की स्मृति दशा का वर्णन सखी सखी से करती है—

अर्थ—प्राणपति (प्राण के स्वामी, प्रियतम) को ध्यान में [अपने] पास लाकर [वह] दिन रात प्रसन्न रहती है, 'पलकु' (पल, मात्र कभी) काँपती, 'पलकु' (कभी) पुलकती (रोमांचित होती), [और] 'पलकु' (कभी) पसीजती (पसीने से भीगती) जाती है॥

'जाति', इस शब्द से यह व्यंजित होता है कि कंप, पुलक तथा स्वेद रात दिन पारी पारी से होते ही रहते हैं॥

'पलकु' शब्द यहाँ क्रिया-विशेषण रूप से प्रयुक्त हुआ है। ऐसे क्रिया-विशेषण संस्कृत में भी द्वितीयांत प्रयुक्त होते हैं॥

सकै सताइ न तमु बिरहु, निसि दिन सरस, सनेह।
रहै[1] वहै[2] लागी दृगनु दीपसिखा सी देह॥ ५९५॥

अवतरण—प्रोषितपतिका नायिका का संदेश लेकर कोई आया है और कहता है कि उसकी तो आपके विरह में दारुण दशा हो रही है, जैसा मैं आपसे निवेदन कर चुका हूँ, अब आप जो कहिए, वह जाकर मैं उससे कहूँ। नायक यह सोचकर कि एक तो वह बेचारी अपने विरह-दुःख के मारे यों ही विकल हो रही है, उस पर यदि मुझे दुःखित तथा कातर सुनेगी, तो फिर न जाने उस पर क्या बीतेगी, अपने दुःख को प्रकट नहीं करता, प्रत्युत कहता है कि मैं तो उसके ध्यान में ऐसा मग्न रहता हूँ कि मुझे विरह-दुःख व्याप्त ही नहीं होने पाता। इस कथन से नायक और भी दो अभिप्राय व्यंजित करता है—एक तो यह कि मैं उसको क्षण मात्र भूलता नहीं और दूसरा यह कि उसको भी मेरी ही भाँति धैर्य धारण करके मेरे ध्यान से विरह-दुःख का निवारण करना चाहिए—

अर्थ—[मुझे] तम [अर्थात्] विरह सता (दुःख दे) नहीं सकता, [क्योंकि] रात दिन वही (उसी की) सनेह (नेह अर्थात् स्नेह-युत), सरस (रसीली) देह दीपक शिखा (दीपक की टेम) की भाँति [मेरे] दृगों में लगी रहती है (मेरी आँखों के अति समीप उपस्थित रहती है)॥

बिरह-जरी लखि जीगननु[3] कह्यौ न डहि कै बार।
अरी, आउ[4] भजि भीतरी, बरसत[5] आजु अँगार॥ ५९६॥

---

१. रहें (३)।
२. उही (३), उहें (५)।
३. जियुगननु (३, ५)।
४. जाहि (४)।
५. वरषत (३, ५)।

अवतरण—विरहिणी नायिका को वर्षा ऋतु में अधिक उद्दीपन होने के कारण, जुगनू अंगारे से जान पड़े। अत: उसने सखी से कहा कि आज पानी के बदले अंगारे बरस रहे हैं, तू भीतर भाग आ। उसकी यह दशा सखी नायक से निवेदित करती है—

अर्थ— जुगुनुओं को देखकर [उस] विरह से जली हुई ने [और भी] 'डहि' (दहकर, दु:ख पाकर) [मुझसे] कै बार नहीं कहा (अनेक बार कहा) [कि] अरी, 'भीतरी' (भीतर) भाग आ, [क्योंकि] आज अंगारे बरस रहे हैं॥

फिरि घर कौं नूतन पथिक चले चकित-चित भागि।
फूल्यौ देखि पलासु बन, समुही समुझि दवागि॥ ५९७॥

अवतरण—वसंत ऋतु में जब जंगलों में पलास फूलता है, तो दूर से देखने वालों को जान पड़ता है कि दावाग्नि लगी हुई है। इसी दृश्य का वर्णन कवि करता है और फूले हुए पलाश-वन में दावाग्नि के भ्रम होने की पुष्टि यह कहकर करता है कि इस भ्रम का होना कुछ मेरी कल्पना मात्र नहीं है, प्रत्युत, देखो, ऐसे पथिक, जिन्होंने पहले कभी फूला हुआ पलाश-वन नहीं देखा था, इस दृश्य को देखकर ऐसे भ्रम में पड़ गए हैं कि आगे नहीं बढ़ते और लौटकर घर भागे जाते हैं—

अर्थ— [देखो,] जंगल में पलाश फूला हुआ देखकर, [और उसे] 'समुही' (सामने आई हुई) दावाग्नि समझकर, नए (अनुभव-शून्य) पथिक लौटकर चकित चित्त (भ्रम-भरे चित्त से) घर को भाग चले॥

गड़ी कुटुम की भीर मैं रही बैठि दै पीठि।
तऊ पलकु परि जाति इत सलज, हँसौंही डीठि॥ ५९८॥

अवतरण—नायिका अपने कुटुम्बियों में है और उसका उपपति वहाँ किसी कार्यवश आ गया है। उसे देखकर वह मुँह फेरकर बैठ गई है, पर सस्मित तथा लजीली दृष्टि से क्षण मात्र नायक को देख लेती है। उसके इसी प्रेम तथा चातुरी की प्रशंसा नायक अपने मन में करता है—

अर्थ— [अहा! देखो, इसका प्रेम मुझ पर कैसा गूढ़ है और यह कैसी चतुर है कि यद्यपि यह] कुटुम्ब की भीड़ में गड़ी घिरी) हुई [मेरी ओर] पीठ देकर बैठ गई है, तथापि [इसकी] लज्जा भरी, मुस्कुराती हुई दृष्टि इस ओर (मेरी ओर) पल मात्र पड़ [ही] जाती है॥

नाउँ सुनत हीं ह्वै गयौ तनु औरै, मनु और।
दबै नहीं चित चढ़ि रह्यौ अबै चढ़ाएँ[1] त्यौर॥ ५९९॥

अवतरण—आकृतिलक्षिता नायिका से सखी की उक्ति—

अर्थ— [नायक का] नाम सुनते ही [तो तेरा] तन [पुलकादि के कारण] और ही [सा] हो गया, [और] मन [भी] और [ही] (दूसरे ही प्रकार का, अर्थात् अपने वश से बाहर)। [तो फिर] अब तेरे इस तेवर चढ़ाने से [तेरे] चित्त पर चढ़ा हुआ [नायक] दब [छिप नहीं] सकता॥

---

१. चढ़ायौ (३), चढ़ाओ (५)।

दुसह सौति-सालैं, सु हिय गुनति न नाह-बियाह।
धरे रूप गुन कौ गरबु फिरैं अछेह उछाह॥ ६००॥

अवतरण—नायिका के पति के एक और विवाह की तैयारियाँ हो रही हैं, पर इस घटना से उसको किंचित्‌मात्र भी दुःख नहीं होता, प्रत्युत इस गर्व से कि मेरे रूप तथा गुण ऐसे हैं कि नायक मेरे वश से अन्य के वश में नहीं जा सकता वह वैसी ही उत्साह-भरी फिरती है। सखी-वचन सखी से—

अर्थ—सौत की [जो] दुःसह सालें (बर्छी इत्यादि की गड़ने की सी पीड़ा) [होती] हैं, उनको [यह अपने] हृदय में, [अपने] पति के [अन्य] विवाह में (के अवसर पर), [कुछ भी] नहीं गिनती, [प्रत्युत] रूप [तथा] गुण का गर्व धारण किए अछेह (अव्यवहित) उछाह (उत्साह) से फिरती है॥

डिगत पानि डिगुलात[1] गिरि लखि सब ब्रज बेहाल।
कंपि[2] किसोरी दरसि[3] कै[4], खरैं लजाने[5] लाल॥ ६०१॥

अवतरण—जिस समय इंद्र के कोप से व्रजवासियों की रक्षा करने के निमित्त श्रीकृष्णचन्द्रजी ने हाथ पर गोवर्द्धन धारण कर रखा था, उस समय श्रीराधिकाजी उनको दिखाई दीं। उनके दर्शन से कंप सात्विक के कारण, श्रीकृष्णचन्द्र का हाथ, जिस पर वह गोवर्द्धन धारण किए हुए थे, कुछ डिग गया, जिससे वह पहाड़ डगमगाने लगा। इस डगमगाहट से व्रजवासियों को घबराया हुआ देखकर श्रीकृष्णचन्द्र को बड़ी लज्जा हुई। लज्जा के दो कारण थे—प्रथम तो यह विचार कि इस कंप से हम लोगों का गूढ़ प्रेम लक्षित हो जायेगा और दूसरे यह भावना कि हमारे भक्तों को ऐसा भय उपस्थित हुआ। ऐसे गूढ़ प्रेमी तथा भक्तवत्सल भगवान्‌ का ध्यान कवि इस दोहे से करता है—

अर्थ—हाथ के 'डिगत' (डिगते हुए, डिगने के समय, डिगने के कारण) [गोवर्द्धन] गिरि के 'डिगुलात' (डगमगाते ही) सब व्रज (व्रजवासियों) को बेहाल (विह्वल, व्याकुल) देखकर, किशोरी (श्रीराधिकाजी) को देखकर कंपित हो जाने से, लाल (श्रीकृष्णचन्द्र) खरे (बहुत) 'लजाने' (लज्जित हुए)॥

और सबै हरषी हँसतिं, गावतिं भरी उछाह।
तुँहीं[6], बहू, बिलखी फिरै क्यौं देवर कैं ब्याह॥ ६०२॥

अवतरण—नायिका अपने देवर से अनुरक्त है। अतः उसको उसके विवाह-उत्सव के अवसर पर दुःख होता है, जिससे सखी उसकी प्रीति लक्षित करके कहती है—

अर्थ—और (घर तथा पड़ोस की) सभी [स्त्रियाँ तो] हर्षित हुई हँसती हैं, [और] उछाह से भरी हुई [व्याहुले गीत] गाती हैं। [पर] हे बहू, देवर

---

१. डगुलात (३), कर लेत गहि (४)।
२. कँपति (४)।
३. परसि (२)।
४. कैं (२, ३), को (४), के (५)।
५. लजाए (३, ५)।
६. तू दुलहिन (२)।

के ब्याह में [एक] तू ही क्यों बिलखी (उत्साह-रहित सी; दुखी सी) फिरती है॥

थोड़े दिनों की ब्याही हुई दुलहिनों की सखियाँ भी प्राय: 'बहू' कहकर संबोधित करती हैं।

बाल छबीली तियनु मैं बैठी आपु छिपाइ।
अरगट हीं[१] पानूस सी परगट होति[२] लखाइ॥ ६०३॥

शब्दार्थ—आपु = अपनापा, निज स्वरूप॥ **अरगट** = अलगंट, पृथक्॥ **पानूस (फा० फानूस)** = वह काँच का घेरा, जिसमें मोमबत्ती इत्यादि जलाई जाती है। हिंदी में इसका नाम कमल अथवा कँवल है। फानूस शब्द का अर्थ, यहाँ लक्षण लक्षणा से, पानूस में स्थित दीपक होता है, जैसे 'पंजाब बड़ा बहादुर है' कहने से पंजाब निवासी पुरुष समझे जाते हैं॥

अवतरण—नायिका की सखी अथवा दूती नायक से उसके अनुपम रूप का वर्णन करती है कि उसकी छवि ऐसी निराली है कि वह बड़ी बड़ी सुन्दर स्त्रियों के बीच में भी फानूस से घिरे हुए दीपक की भाँति सबसे अलग ही दिखाई देती है—

अर्थ—[अनेकानेक बड़ी] छबीली (सुन्दर चमक दमक वाली) स्त्रियों के बीच में [भी] 'आपु' (निज रूप को) छिपाकर बैठी हुई [वह] बाला फानूस [के दीपक] सी [अपने चारों ओर के आवरण से] 'अरगट' (अलग) ही 'परगट' (प्रकट, स्पष्ट) 'लखाई' (लक्षित) होती है॥

इस दोहे में सखी के कहने का वही भाव है, जिस भाव से ऐसे वाक्य कहे जाते हैं कि 'अजी, वह लाखों में अलग दिखाई देते हैं'॥

एरी, यह तेरी, दई, क्यौं हूँ प्रकृति न जाइ।
नेह-भरैं हिय राखियै, तउ रूखियै लखाइ॥ ६०४॥

शब्दार्थ—हिय (हृदय) = यह शब्द यहाँ शिलष्ट है। इसका एक अर्थ चित्त और दूसरा नीचा स्थान, अर्थात् गड्ढा है। इन्हीं दोनों अर्थों के बल से इसमें शिलष्टपद रूपक किया गया है, अर्थात् 'हिय' का अर्थ हृदय रूपी गड्ढा माना गया है॥

अवतरण—मानिनी नायिका से सखी का वचन—

अर्थ—अरी [सखी], हे दैव (बड़े आश्चर्य की बात है)! तेरी यह [विलक्षण] प्रकृति (बान) किसी प्रकार नहीं जाती (छूटती)। [तुझको नायक के द्वारा] नेह (१. प्रीति; २. तेल घृत इत्यादि) से भरे हुए हृदय-रूपी पात्र में रखा जाता है, तथापि [तू] रूखी (१. प्रीति के लोच से रहित; २. चिकनाई से रहित) ही दिखाई देती है॥

चिकनाई भरे पात्र में रखने पर भी रूखी ही रहना, यही विलक्षणता इस दोहे में कही गई है॥

---

१. हूँ (३, ५)।
२. होइ (२)।

इहिं काँटैं मो पाइ गड़ि[१] लीनी मरति[२] जिवाई।
प्रीति जनावत[३] भीति सौं मीत जु काढ्यौ आइ॥ ६०५॥

अवतरण—नायिका किसी नायक पर अनुरक्त है और जी ही में दुखित है; क्योंकि उसको यह ज्ञात नहीं है कि वह नायक भी उसे चाहता है अथवा नहीं। एक दिन नायिका के पाँव में काँटा गड़ गया, जिसको उस नायक ने निकाला। निकालते समय नायक की चेष्टा से यह भय प्रकट हुआ कि कहीं नायिका को काँटा निकालने में कष्ट न हो। इस भाव से नायिका ने नायक की प्रीति लक्षित कर ली, अत: उसका वह संशय-दु:ख छूट गया और मिलने की आशा हो गई। यही वृत्तांत वह अपनी किसी अंतरंगिनी सखी से कहती है—

अर्थ—[मुझे कष्ट होने की] भीति (डर) से [सशंकित भावयुत होने के कारण अपनी] प्रीति जनाते हुए 'मीत' (मित्र) ने जो [उसको] आकर काढ़ा (निकाला), [सो] इस काँटे ने मेरे पैर में गड़कर [मुझे इस संशय-दु:ख से कि नायक मुझसे प्रीति करता है वा नहीं] मरते मरते जिला लिया॥

नाँक चढ़ै सीबी करै जितै छबीली[४] छैल।
फिरि[५] फिरि भूलि वहै गहै प्यौ[६] कँकरीली गैल॥ ६०६॥

अतवरण—नायक नायिका, दोनों कहीं जा रहे हैं। मार्ग का एक भाग तो लोगों के चलते चलते चिकना हो गया है और दूसरा भाग कँकड़ीला है। नायक, प्रेम के मारे, सुकुमारी नायिका को तो अच्छी ढुरहुरी पर लिवाए जाता है और स्वयं उसके साथ साथ चलने के कारण कँकड़ीले भाग पर चलता है जिससे उसके पाँव में कँकड़ियाँ चुभती हैं। उसकी चेष्टा से यह बात ज्ञात करके नायिका प्रेमाधिक्य के कारण उसकी पीड़ा से पीड़ित होकर, सीबी करती और नायक को उस मार्ग से चलने से बरजती है। नायक, उसका कहना मानकर, कुछ दूर तो इस प्रकार सिमटकर चलता है कि उसको कंकड़ियाँ न गड़ें, पर नायिका का वह नाक चढ़ाकर सीबी करना उसे ऐसा भा गया है कि वह फिर जानबूझकर उसी कँकड़ीले मार्ग पर इस प्रकार चलने लगता है, मानो वह भूलकर ऐसा करता है, जिसमें कि नायिका को यह समझने का अवसर न प्राप्त हो कि वह जान बूझकर उसके चिढ़ाने तथा उसकी वह मोहिनी चेष्टा देखने के निमित्त ऐसा करता है और वह फिर उसी प्रकार नाँक चढ़ाकर सीबी करे। यही वृत्तांत कोई सखी किसी अन्य सखी से कहती है—

अर्थ—[वह] छैल छबीली (सजी धजी सुंदर) [नायिका प्रियतम के] 'जितै' (जिस ओर से) [चलने के कारण] नाँक चढ़ाकर सीबी (दु:ख-सूचक सीत्कार) करती है, प्रियतम फिर फिर (बारंबार) भूलकर (भूला हुआ सा होकर) वही कँकड़ीली गैल (ढुरहुरी) गहता है॥

---

१. लगि (२)।
२. मरत (३, ५)।
३. जनाउन (३, ५)।
४. छबीले (५)।
५. त्यौं त्यौं (२)।
६. पिय (३, ५)।

नटि[१] न, सीस साबित भई लुटी सुखनु की मोट।
चुप करि[२] ए चारी करति[३] सारी-परी[४] सलोट॥ ६०७॥

अवतरण—अन्यसंभोग-दु:खिता नायिका दूती की साड़ी में सिलवटें पड़ी हुई देखकर कहती है—

अर्थ—[बस अब तू] नट नहीं (मुकर मत), [तेरे] सिर [मेरे] सुखों की लुटी हुई 'मोट' (मोटरी, गठरी) साबित (प्रमाणित) हो गई (अर्थात् मेरे सुख की गठरी जो लुट गई है, वह तूने ही लूटी है, यह बात प्रमाणित हो गई)। ये [तेरी] साड़ी में पड़ी हुई सिलवटें 'चुप करि' (चुपके चुपके, बिना बोले ही) चारी (चुगली) करती हैं [अत: अब तेरे मुकरने से कोई लाभ नहीं हो सकता]॥

'चुप करि' का अर्थ तू चुप रह भी हो सकता है॥

जिहिं भामिनि भूषनु रच्यौ चरन-महावर भाल।
उहीं[५] मनौ अँखियाँ रँगीं ओठनु कैं रँग, लाल॥ ६०८॥

अवतरण १—नायक प्रात:काल सापराध आया है। नायिका ने जब उससे कहा कि आंज आप रात भर किसके साथ जागे हैं, जो आँखें लाल हो रही हैं, तो नायक ने उत्तर दिया कि नहीं ,हम जागे तो नहीं हैं। उस पर नायिका, उसके भाल पर के महावर पर उसका ध्यान दिलाती हुई, व्यंग्य से कहती है कि यदि आपकी आँखें जागने से लाल नहीं हुई हैं, तो यह अनुमान होता है कि जिस भामिनी ने अपने चरण के महावर से तुम्हारे भाल को लाल कर दिया है, उसी ने अपने ओठों के रंग से तुम्हारी आँखें रंग दी हैं—

अर्थ १—जिस भामिनी (क्रोधवती स्त्री) ने [अपने] चरण के महावर से [तुम्हारे] भाल पर भूषण रचा है (बनाया है), हे लाल, मानो उसी ने [अपने] ओठों के रंग से [तुम्हारी] आँखें रंग दी हैं [यदि तुम्हारी आँखें जागने के कारण लाल नहीं हैं, जैसा कि तुम कहते हो]॥

इस दोहे का अर्थ प्राय: टीकाकारों ने ऊपर लिखे हुए अर्थ से मिलता जुलता हुआ सा किया है, पर इस अर्थ में उत्प्रेक्षा केवल इतनी ही बात पर होती है कि यदि आँखें जागने से लाल नहीं हैं तो मानों ओठों के रंग से रंगी गई हैं। यह उत्प्रेक्षा कुछ विशेष चमत्कृत नहीं ज्ञात होती और दोहे के अवतरण में जो बातें माननी पड़ती हैं; वे भी कुछ विशेष चुभती हुई सी नहीं हैं, अत: जागी हुई लाली पर पान की पीक की लाली की उत्प्रेक्षा करना खंडिता के वाक्य में कुछ विशेष चमत्कारजनक नहीं है। इसलिए इस दोहे का अर्थ नीचे लिखे हुए प्रकार से यदि किया जाये; तो अच्छा है॥

अवतरण २—नायक प्रात:काल नायिका के यहाँ आया है। उसके भाल पर महावर लगा हुआ है, जिससे प्रतीत होता है कि उसने नायिका की सौत को अथवा अन्य स्त्री को, पाँव पड़कर मनाया था। उसकी आँखों में भी पीक की लाली लगी है। अत: नायिका कहती

---

१. **नट न** (३, ५)।
२. **रहि** (३, ५)।
३. **करत** (३, ५)।
४. **परैं** (३, ५)।
५. **तिहीं** (३, ५)।

है कि जिस भामिनी के चरण में तुमने अपने भाल से महावर लगाया, अर्थात् भाल से महावर नहीं लगाया जाता पर तुमने उसका इतना सम्मान किया कि हाथ के बदले उसके पाँव में सिर से महावर लगाया, उसी भामिनी ने उस सम्मान के बदले में तुम्हारी आँखों को हाथ से अंजित न करके ओठों से लाल रंग दिया। भाल में पाँव पड़ने से लगे हुए महावर को नायिका व्यंग्य से पाँव में महावर लगाने के कारण लगा हुआ कहती है और सिर के द्वारा महावर लगाया जाना कहकर व्यंग्य से महावर का सिर के द्वारा फैलाया जाना विदित करती है। 'भामिनी' शब्द से वह व्यंजित करती है कि वह सहन करने वाली नहीं है। अतः उसने पाँव के महावर के फैला देने का यथोचित बदला तुम्हारी आँखों में भद्दी पीक-लीक लगाकर तुमको दे दिया—

अर्थ २—हे लाल, [तुम्हारे नेत्रों में पान की पीक बड़े भद्दे रूप से लगी है] मानों जिस भामिनी (१. सुन्दर स्त्री; २. लड़ाका स्त्री) के निमित्त [आपने अपने] भाल से पैर का महावर भूषण रचा (१. भूषित किया; २. भद्दा कर दिया, फैला दिया), उसी ने [उसके बदले में तुम्हारी] आँखें [अपने] ओठों के रंग से रंग दीं (१. रंगकर सुंदर कर दीं; २. रंग से लीप पोत दीं)॥

तूँ मोहन-मन गड़ि[१] रही गाढ़ी गड़नि, गुबालि।
उठै सदा नटसाल ज्यौं[२] सौतिनु[३] कैं उर सालि॥ ६०९॥

अवतरण—दूती नायिका से नायक के प्रेम की प्रशंसा करके हृदय में प्रीति बढ़ाना चाहती है—

अर्थ—हे ग्वालिनी, तू गड़ [तो] गाढ़ी गड़न से (गहरे धसाव से) मोहन के मन में रही है, [पर] सदा नटसाल (नष्ट शल्य) सी साल (पीड़ा दे) उठती है [अपनी] सौतों के हृदय में॥

इस दोहे में विलक्षणता यह है कि गड़ने की क्रिया तो नायक के मन में होती है और खटकने की सौतों की उर में॥

लाज-लगाम न मानहीं, नैना मो बस नाहिं।
ए मुँहजोर तुरंग ज्यौं[४], ऐंचत हूँ[५] चलि जाहिं॥ ६१०॥

अवतरण—सखी नायिका को समझाती है कि नायक की ओर ऐसी विवशता से देखने लगना उचित नहीं है, तुझे अपने को नैंक लिए दिए रहना चाहिए। नायिका उसको उत्तर देती है—

अर्थ—[मैं क्या करूँ,] नयन मेरे वश में नहीं हैं। ये मुँहजोर (लगाम को खींचने पर भी न रुकने वाले) तुरंग (घोड़े) की भाँति लज्जा-रूपी लगाम को नहीं मानते, [और] खींचते हुए (खींचते खींचते लज्जा के कारण रोकते रोकते) भी [नायक की ओर] चले [ही] जाते हैं॥

---

१. मैं (५)।
२. लौं (२), सी (४)।
३. सौतिनि (२,), सौतिनि (३, ५)।
४. लौं (२, ४)।
५. ही (३, ५)।

कर-मुँदरी की आरसी प्रतिबिंबित[१] प्यौ पाइ[२]।
पीठि दियैं निधरक लखै इकटक डीठि लगाइ॥ ६११॥

अवतरण—मध्या नायिका की बेखटक नायक का स्वरूप देखने की चातुरी का वर्णन कोई सखी किसी अन्य सखी से कहती है—

अर्थ—हाथ की मुँदरी (मुद्रिका, अँगूठी) की आरसी (दर्पण) में प्रियतम को प्रतिबिम्बित (छाया डाले हुए) पाकर (अर्थात् प्रियतम की छाया आरसी में पड़ी हुई देखकर) [देख, यह] पीठ दिए (उनकी ओर पीठ किए) एकटक दृष्टि लगाकर (बड़े ध्यान से) निधड़क (बेखटक अर्थात् इस बात की शंका से रहित होकर कि यदि कोई मुझे प्रियतम को एकटक देखते देख लेगा, तो मुझे संकुचित होना पड़ेगा) देख रही है॥

इती भीर हूँ भेदि कै, कित[३] हूँ ह्वै, इत आइ।
फिरै डीठि जुरि डीठि सौं सबकी डीठि बचाइ॥ ६१२॥

अवतरण—नायक किसी मेले इत्यादि के अवसर पर भीड़ में खड़ा है और नायिका भी वहीं कुछ दूर पर है। नायिका की दृष्टि सारी भीड़ में से होती हुई घूम फिर कर नायक की ओर जाती है और सबकी आँखें बचाकर उसकी दृष्टि से मिलकर लौटती है। नायिका के इसी प्रेमाधिक्य तथा अवलोकन चातुरी का वर्णन नायक अपने अंतरंग मित्र से करता है—

अर्थ—इतनी भीड़ को भी भेद (बेध, फाड़) कर, किसी न किसी ओर से होकर (घूम फिरकर), इधर (मेरी ओर) आकर [उसकी] दृष्टि, [और] सबकी दृष्टि बचाकर, [कैसे स्नेह तथा चातुरी से मेरी] दृष्टि से मिलकर लौट जाती है॥

लाई, लाल बिलोकियै, जिय[४] की जीवन[५]-मूलि।
रही भौन के कोन[६] मैं सोनजुही सी फूलि॥ ६१३॥

अवतरण—नायक नायिका की प्रतीक्षा करता हुआ कुंजभवन में बैठा हुआ कुछ अचेत सा हो गया है। इतने ही में दूती नायिका को लेकर आई है और नायक को सावधान करती हुई कहती है—

अर्थ—हे लाल! [नैंक सावधान होकर और आँखें खोलकर] देखिए, [मैं आपके] जीव की संजीवनी जड़ी (आपके प्राणों की परमप्रिय नायिका) ले आई हूँ। [देखिए, वह इस] भवन के कोने में सोनजुही [की लता] की भाँति फूल रही है॥

ओठु उँचै, हाँसी-भरी दृग भौंहनु की चाल।
मो मनु कहा न पी लियौ, पियत तमाकू, लाल॥ ६१४॥

---

१. प्रतिबिंब्यौ (२, ४)।
२. आइ (२), जाइ (४)।
३. कितऊ (३)।
४. जी (२)।
५. जीवनि (२, ४)।
६. कौंन (२)।

अवतरण—नायिका ने नायक को तमाकू पीते देखा है और उसकी उस-समय की चेष्टा पर मोहित हो गयी है। अतः वह अपनी अंतरंगिनी सखी से कहती है—

अर्थ—लाल ने तमाकू पीते समय ओठ को ऊँचा करके, हँसी भरी हुई दृगों [तथा] भौंहों की [मोहिनी] चाल से, क्या मेरा मन [भी तमाकू के साथ] नहीं पी लिया (अवश्य ही पी लिया)॥

जे तब होत दिखादिखी भईं अमी इक आँक।
दगैं तिरीछी डीठि अब ह्वै बीछी कौ डाँक॥ ६१५॥

अवतरण—नायक नायिका से कहीं घाटवाट में भेंट हुई थी और दोनों ने दोनों की ओर तिरछी आँखों से कटाक्ष किए थे। उस समय तो दोनों को एक दूसरे की वे तिरछी दृष्टियाँ बड़ी अच्छी लगी थीं, क्योंकि उनसे एक को दूसरे का प्रेम लक्षित हुआ था। अब विरह में वे तिरछी चितवनें दोनों को विकलकर रही हैं। यही वृत्तांत सखियाँ आपस में कहती हैं—

अर्थ—जो [दोनों की तिरछी दृष्टियाँ] तब [अर्थात्] 'दिखादिखी' (देखा-देखी) होते समय 'इक आँक' (एकदम, सर्वथा) [दोनों को] 'अमी' (अमृत) हुई थीं (अमृत सी मीठी लगी थीं), [सो] अब [विरह में वे ही] तिरछी चितवनें बिच्छू का डंक होकर [दोनों को] दगती (दागती, जलाती, पीड़ा देती, अर्थात् अपने स्मरण से उत्तप्त करती) हैं॥

इस दोहे में 'जे' शब्द बहुवचन है। अतः डीठि शब्द भी बहुवचन हुआ। इसलिए 'बिछी कौ डाँक' एक वचन पद के स्थान पर 'बीछी के डाँक' बहुवचन पद, अथवा 'जे' के स्थान पर 'जो', होता, तो बहुत अच्छा होता। इसी विचार से कई एक टीकाकारों ने 'जे' के स्थान पर 'जो' और कई एक ने 'बिछी कौ डाँक' के स्थान पर 'बिछी के डाँक' पाठ रखा है, पर हमारी चार प्राचीन पुस्तकों में 'जे' तथा 'बिछी कौ डाँक', ये ही पाठ हैं, अतः इस संस्करण में ये ही रखे गए हैं॥

नैंकौ उहिं[1] न जुदी करी, हरषि जु दी तुम माल[2]।
उर तैं बासु छुट्यौ नहीं बास छुटैं हूँ, लाल[3]॥ ६१६॥

अवतरण—नायक ने नायिका को कोई सुगंधित माला दी है। वह माला, नायक की दी हुई होने के कारण, नायिका को ऐसी प्रिय है कि उसकी सुगन्धि के जाते रहने पर भी वह उसको अपनी छाती से अलग नहीं करती। यह वृत्तांत कोई सखी, उसका प्रेमाधिक्य व्यंजित करती हुई, नायक से कहती है—

अर्थ—हे लाल! जो माला तुमने [उसको] हर्ष-पूर्वक दी है, वह [उसने अभी तक] नैंक भी (क्षण मात्र के लिए भी) जुदी (अपने तन से अलग) नहीं की। [उसकी] बास (सुगन्धि) के छूटने पर भी (जाते रहने पर भी) [उसका] 'बास' (निवास) [उसके] उर से नहीं छूटा॥

---

१. **वहि (२), ऊ (३, ५)।**
२. **लाल (३, ५)।**
३. **माल (३, ५)।**

बिहँसि बुलाइ, बिलोकि उत प्रौढ़ तिया रस घूमि।
पुलकि पसीजति, पूत कौ पिय-चूम्यौ मुँहु चूमि॥ ६१७॥

अवतरण—नायक नायिका, दोनों गुरुजनों में हैं। नायक ने स्नेह से अपने पुत्र का मुख चूमा। यह देखकर नायिका ने उस पुत्र को अपने पास बुलाकर और यह समझकर कि इसके मुख में प्रियतम का अधरामृत लगा है, उसका मुख चूमा और उस अधरामृत का सुख अनुभव करके हर्षित हुई। गुरुजनों में होने के कारण उस समय न तो नायक ही उसका मुख चूम सका और न वही नायक का, अत: नायक के मुख चूमने के अभाव में उसने नायक का जुठारा हुआ पुत्र ही का मुख चूम कर आनंद पाया, जैसे कि गुरुभक्त गुरु के जूठन को खाकर आनंदित होता है। यह वृत्तांत कोई सखी देखकर और नायिका का भाव लक्षित करके किसी अन्य सखी से कहती है—

अर्थ—'बिहँसि' (मुस्कुराकर) [अपने पुत्र को पास] बुला [और] 'उत' (नायक की ओर) देख [वह] प्रौढ़ा स्त्री रस (आनन्द) से घूमकर (मतवाली होकर) [उस] पुत्र का 'पिय-चूम्यौ' (प्रियतम से चूमा गया हुआ) मुँह चूम [सात्विक से] पुलक कर (रोमांचित होकर) पसीजती (पसीने से तर होती) है॥

देख्यौ अनदेख्यौ कियैं[१], अँगु अँगु सबै दिखाइ।
पैठति सी तन मैं सकुचि बैठी चितै लजाइ॥ ६१८॥

अवतरण—नायक ने नायिका के जो हाव-भाव देखे हैं, उसका वर्णन नायिका की किसी अंतरंगिनी सखी अथवा अपने किसी अंतरंग मित्र से करता है—

अर्थ—[वह] 'देख्यौ अनदेख्यौ कियैं' (अपने द्वारा मेरे देखे जाने को अनदेखा किए हुए, अर्थात् मुझे देखकर भी ऐसी चेष्टा बनाए हुए कि मानो उसने मुझे देखा ही नहीं है), [अपने] सब अंग अंग [पट को इधर उधर बिचलाकर एवं अँगड़ाई इत्यादि लेकर मुझे] दिखलाकर, [और फिर मेरी ओर] चितै (देखकर) [मानो उसने अभी मुझको देखा है, अपने] तन में पैठती हुई सी (ऐसी संकुचित होकर सिमिटती हुई कि मानो वह अपने ही शरीर में स्वयं पैठ रही है) लजाकर बैठ गई॥

पटु पाँखै, भखु काँकरै, सपर[२] परेई संग।
सुखी, परेवा, पुहुमि[३] मैं[४] एकै तुँहीं, बिहंग॥ ६१९॥

शब्दार्थ—**परेवा** = पारावत, कबूतर॥

अवतरण—कोई भोजन-वस्त्र-उपार्जन के निमित्त परदेश में पड़ा हुआ मनुष्य, कबूतर को कबूतरी के साथ सुख से कंकड़ियाँ चुनते देखकर, कहता है—

अर्थ—हे परेवा विहंग (पक्षी), 'पुहुमि' [पृथ्वी] में एक तू ही सुखी है, [क्योंकि तेरा] पट (वस्त्र) [तो तेरा] पंख ही है [जो कि तेरे पास ही उपस्थित

---

१. कियौ (२)।
२. सुपरि (२)।
३. भूमि (४)।
४. पर (२)।

है, तेरा] 'भखु' (भक्ष्य भोजन का पदार्थ) कंकड़ ही है [जो कि सब ठौर प्राप्य है और तेरी] सपर (पक्षयुत, सब स्थानों में तेरे साथ जाने की योग्यता रखने वाली) परेई (कबूतरी) [तेरे] संग में है॥

अरे, परेखौ को करै, तुँहीं बिलोकि बिचारि।
किहिं नर, किहिं सर राखियै खरैं बढ़ैं[1] परिपारि॥ ६२०॥

शब्दार्थ—परेखौ = यह शब्द संस्कृत शब्द 'प्रेक्ष' से बना है। 'प्रेक्ष' का अर्थ देखना है, पर यह शब्द किसी व्यतीत दशा पर दृष्टि डालने के अर्थ में प्रयुक्त होता है। भाषा में 'परेखा' शब्द किसी व्यतीत बात अथवा किसी व्यक्ति के किए हुए बर्ताव, को सोचकर दुखी होने के अर्थ में प्रयुक्त होता है॥ **परिपारि** = यह संस्कृत शब्द 'पालि' से 'परि' उपसर्ग लगाकर एवं 'ल' के स्थान पर 'र' आदेश करके बनाया गया है। 'पालि' का अर्थ किनारा, घेरा, मर्यादा इत्यादि है॥

अवतरण—संसार के बहुत बड़े मनुष्यों के मर्यादा-हीन व्यवहार पर कवि की प्रास्ताविक उक्ति मन से अथवा किसी मित्र से—

अर्थ—अरे [मन अथवा मित्र, बड़े मनुष्यों के मर्यादा-हीन बर्ताव का] परेखा कौन करने बैठे, तू ही [संसार के व्यवहार को] विचार देख; किस नर [तथा] किस सर (ताल) से 'खरैं' (बहुत) बढ़ने पर 'परिपारि' [मर्यादा] रखी जाती है (अर्थात् बहुत बढ़ जाने पर सभी मनुष्य तथा ताल मर्यादा भंग कर डालते हैं)॥

तौ, बलियै, भलियै बनी, नागर नंदकिसोर।
जौ तुम नीकैं के लख्यौ मो करनी की ओर॥ ६२१॥

अवतरण—भक्त का वचन श्रीकृष्णचन्द्र से—

अर्थ—हे नागर नंदकिशोर, यदि [कहीं] तुमने मेरी करनी की ओर 'नीकैं कै' (भली भाँति, अर्थात् उसके भली बुरी होने की परीक्षा करने की यथार्थ दृष्टि से) देखा, तो [मैं तुम्हारी] बलिहारी ही [गया], [मेरी गति] भली ही बनी (सर्वथा बिगड़ी) [अर्थात् तुम मेरी भली बुरी करनी पर ध्यान न दो, मैं जैसा हूँ, वैसे ही को अपनी कृपा मात्र से तार दो]॥

चाह भरीं, अति रस भरीं, बिरह भरीं सब बात।
कोरि सँदेसे दुहुनु के चले, पौरि लौं जात॥ ६२२॥

अवतरण—नायक विदेश जाने के निमित्त नायिका से विदा हो अभी पौरी तक भी नहीं पहुँचने पाया है कि दोनों को ऐसा विरह व्याप्त हो गया कि उनकी सब क्रियाएँ, चेष्टाएँ इत्यादि चाह, रस तथा दु:ख से भर गईं और नायक के पौरी तक पहुँचते ही पहुँचते दोनों ओर से करोड़ों संदेश आने जाने लगे, सखी वचन सखी से—

अर्थ—[नायक के परदेश जाने के निमित्त नायिका से विदा होकर] पौरी तक जाते जाते (पहुँचते पहुँचते) [ही दोनों की] सब बातें (क्रियाएँ, चेष्टाएँ

---

१. **पैरं (३, ५), बड़े (४)।**

इत्यादि) चाह (मिलने की अभिलाषा), अत्यन्त रस (स्नेह) [तथा] विरह (विरह-दु:ख) से भर गईं, [और इतने ही समय के बिछोह में] दोनों के कोटि (अनगिनती) संदेश चले (आने जाने लगे)॥

सुनि पग-धुनि चितई[१] इतै न्हाति दियैं हीं[२] पीठि।
चकी, झुकी[३], सकुची, डरी, हँसी लजी[४] सी डीठि॥ ६२३॥

शब्दार्थ—झुकी = निहुर गई॥

अवतरण—नायिका किसी नदी अथवा सरोवर में स्नान कर रही थी। इतने ही में नायक भी वहाँ आ गया। नायिका की पीठ नायक की ओर थी। उसने, पैर की आहट पाकर पीठ दिए ही हुए किंचित्मात्र ग्रीवा फेरकर नायक को देखा और चकी, झुकी इत्यादि। उसकी इन्हीं चेष्टाओं का वर्णन नायक उसकी सखी अथवा दूती से करता है—

अर्थ—[उस समय] स्नान करती हुई [नायिका] ने [मेरे] पाँव की आहट सुनकर पीठ दिए ही हुए 'इतै' (इस ओर अर्थात् मेरी ओर) देखा, [और] चकित हुई [कि मैं वहाँ कहाँ से पहुँच गया], झुकी (निहुर गई) [जिसमें उसके उरोज न दिखाई दें], सकुची (सिमिट गई), डरी [कि अन्य कोई तो नहीं देखता है और] लजाई हुई सी दृष्टि से हँसी॥

कर लै, सूँघि सराहि[५] हूँ रहे सबै गहि मौनु।
गंधी अंध, गुलाब कौ गवईं गाहकु कौनु॥ ६२४॥

अवतरण—किसी गुणी की अबूझ लोगों में अपना गुण-ग्राहक पाने की चेष्टा पर अन्योक्ति—

अर्थ—अरे अंधे (निर्बुद्धि) गंधी! इस 'गवईं' (ग्रामीण मंडली) में [तेरे] गुलाब (गुलाब-जल) का कौन ग्राहक [बैठा] है। [तू अपना समय यहाँ वृथा नष्ट करता है, देख तो सही कि तेरे गुलाब जल को] हाँथ में ले, सूँघ [और] सराह (प्रशंसा कर) कर भी [ये] सबके सब चुप्पी लगा गए हैं [किसी ने गाँठ से पैसा खोलकर फूटे मुँह से भी यह न कहा कि मुझे इसमें से इतना दे दो, और दाम ले लो]॥

मिलि[६] चलि, चलि मिलि, मिलि चलत आँगन[७] अथयौ भानु।
भयौ मुहूरत भोर कौ[८] पौरिहिं[९] प्रथमु मिलानु॥ ६२५॥

---

१. चितयौ (५)।
२. ही (३) ई, (४, ५)।
३. झखी (२)।
४. लजौहीं (२)।
५. सराहि के (२)।
६. मिलि मिलि चलि चलि (४)।
७. अँगना (२)।
८. कें (३)।
९. पोरी (४)।

शब्दार्थ—मुहूरत (मुहूर्त) = दो घड़ी का काल। भाषा में इसका अर्थ प्रायः किसी कार्य के निमित्त ज्योतिष द्वारा स्थिर किया हुआ शुभ समय होता है॥

अवतरण—नायक के विदेश जाने का मुहूर्त प्रातःकाल में है। वह उस समय नायिका से बिदा होकर चला, पर दोनों के प्रेमाधिक्य के कारण मिल मिलकर चलने तथा दो एक पग चलकर मिलने में इतना विलम्ब लग गया कि आँगन ही में संध्या हो गई, जिससे नायक को अपने उस प्रातःकाल के प्रस्थान मुहूर्त का पहला पड़ाव पौरि ही में करना पड़ा। इसी प्रेमाधिक्य का वर्णन कोई सखी किसी अन्य सखी से करती है—

अर्थ—[नायक को नायिका से] भेंटकर [एक दो पग] चल, [और इस] चलने के पश्चात् [फिर] भेंट—[इस प्रकार] मिलकर (बिदा होकर)—चलते हुए [इतना विलंब लगा कि सारा दिन बीत गया और] आँगन [ही] में सूर्य अस्त हो गया। [अतः उसके] प्रातःकाल के मुहूर्त (प्रस्थान-मुहूर्त) का पहला 'मिलानु' (डेरा, पड़ाव) पौरी (ड्योढ़ी) ही में हुआ॥

पचरँग-रँग-बेंदी खरी[१] उठै[२] ऊगि मुख-जोति।
पहिरैं चीर चिनौटिया चटक चौगुनी होति॥ ६२६॥

शब्दार्थ—ऊगि = किसी वस्तु के धूमिल से प्रकाशित हो जाने को उगना कहते हैं॥ **चीर चिनौटिया** = चूनरी। चिनवट अर्थात् चुन्नट देकर रँगे जाने के कारण एक विशेष प्रकार की रँगावट के चीर को चूनरी कहते हैं। इन्हीं को चिनौटिया चीर भी कहते हैं॥

अवतरण—सखी अथवा दूती, नायिका की शरीर-द्युति की इस व्याज से प्रशंसा करके कि उसकी झलक चीर पर पड़ने से चीर का रंग चटकीला हो जाता है, नायक के हृदय में रुचि उपजाती है—

अर्थ—[उसके शरीर पर] धारण करने से चिनौटिया चीर (चूनरी) पर [उसकी शोभा की झलक पड़ने के कारण] चौगुनी चटक हो जाती है (आ जाती है), [क्योंकि उस चूनरी की] पँचरंगे रंग की बेंदी (पाँचों रंग में से प्रत्येक रंग की बुँदकी) [उसके] मुख की ज्योति से अत्यंत 'ऊगि' उठती है (पूर्ण रूप से प्रकाशित हो जाती है, अधिक चटकीली हो जाती है)॥

हँसि ओठनु-बिच, करु उचै, कियैं निचौहैं नैन।
खरैं अरैं प्रिय कैं प्रिया लगी[३] बिरी[४] मुख दैन॥ ६२७॥

अवतरण—विश्रब्धनवोढ़ा नायिका को नायक का अब इतना विश्वास हो गया कि वह उसके विशेष हठ करने पर अपने हाथ से उसे पान खिलाने लगी है। इसी विश्वास तथा पान खिलाते समय की चेष्टा का वर्णन सखी सखी से करती है—

अर्थ—[अब वह नवोढ़ा इतना विश्वास करने लगी है कि] प्रियतम के बहुत अड़ने (हठ करने) पर, [अपने] ओठों [ही] में हँसकर (मुस्कुराकर),

---

१. **दिये (४)।**
२. **उठी (२)।**
३. **बिरी (२)।**
४. **लगे (२)।**

कर (हाथ) ऊँचा करके [और] नेत्र निचौंहें (नीचे की ओर) किए हुए, [उसके] मुख में [पान की] बीड़ी देने लगी है॥

वारौं, बलि, तो दृगनु पर अलि, खंजन, मृग, मीन।
आधीडीठि[1]-चितौनि जिहिं[2] किए लाल आधीन॥ ६२८॥

अवतरण—दूती नायिका के नेत्रों की प्रशंसा करती हुई नायक के उस पर अनुरक्त होने का वृत्तांत उसको सुनाती है—

अर्थ—[हे लाड़ली, मैं तुझ पर] बलि [जाऊँ], [मैं] तेरे दृगों पर अलि, खंजन, मृग [तथा] मीन वार दूँ; जिन [नेत्रों] से आधी दृष्टि की चितवन के द्वारा [तूने] लाल [अपने] अधीन कर लिए॥

जात सयान अयान ह्वै, वे ठग काहि ठगैं न।
को ललचाइ न लाल के लखि ललचौंहैं नैन॥ ६२९॥

अवतरण—शिक्षा देती हुई सखी से नायिका कहती है कि कुछ मैं ही नायक के नेत्रों पर ललचाकर मुग्ध नहीं हो गई हूँ, बड़ी बड़ी सयानियाँ भी उनके ललचाकर देखने पर ठग जाती हैं और उन पर मोहित हो जाती हैं—

अर्थ—लाल के ललचौंहें (अपनी ओर लालच से देखते हुए) नयन देखकर कौन ललचाता नहीं (मोहित नहीं होता)। वे ठग किसको नहीं ठग लेते, [इनके आगे बड़े बड़े सयाने (सज्ञान) अयाने (अज्ञान) हो जाते हैं॥

लखि लखि अँखियनु[3], अधखुलिनु[4] आँगु मोरि, अँगिराइ[5]।
आधिक[6] उठि, लेटति लटकि, आलस[7]-भरी जम्हाइ॥ ६३०॥

अवतरण—रति-श्रमित नायिका के प्रातःकाल जागने के समय की शोभा का वर्णन सखी सखी से करती है—

अर्थ—[हे सखी! देख, यह हमारी प्यारी सखी रात के रति-श्रम से] आलस्यभरी हुई जँभाकर [कैसी शोभा से] अधखुली आँखों से [इधर उधर] देख देखकर [कि कहीं नायक तो यहाँ उपस्थित नहीं है], शरीर को मोड़ (उमेठ) कर [और] अँगड़ाकर, [शय्या पर] 'आधिक' (कुछ) उठकर [और फिर] लटक (झुक) कर लेट जाती है॥

प्रेमु अडोलु डुलै नहीं मुँह बोलैं अनखाइ।
चित उनकी मूरति बसी, चितवनि माँहि लखाइ॥ ६३१॥

अवतरण—लक्षिता नायिका का अनुराग लक्षित करके सखी ने कुछ छेड़ छाड़ की, जिस पर अनुराग छिपाने के निमित्त नायिका कुछ खिझला उठी। तब सखी कहती है—

---

१. **दीठि (५)।**
२. **त्यौं (२)।**
३. **अधखुलीं (२)।**
४. **अँखियाँ (३, ४, ५)।**
५. **ऐंड़ाइ (२), अँगुराइ (३, ५)।**
६. **आधिक सी उठि उठि लटति (३, ५)।**
७. **आरस (३)।**

अर्थ— [तेरा] अडोल (अटल, दृढ़) प्रेम [तेरे] मुख से अनखा कर बोलने [मात्र] से डुल (टल) नहीं सकता। [तेरे] चित्त में उनकी मूर्ति बस गई है, [यह बात तेरी] चितवन में (से) लक्षित होती है [क्योंकि तेरी दृष्टि उस ओर जाते ही कुछ और ही सी हो जाती है]॥

नाक मोरि, नाहीं ककै[१] नारि निहोरैं लेइ।
छुवत ओठ बिय आँगुरिनु बिरी बदन प्यौ देइ॥ ६३२॥

अवतरण—नायक नायिका को अपने हाथ से पान खिलाता है। उस समय के नायिका के कुट्टमित हाव तथा नायक की छेड़छाड़ का वर्णन सखी सखी से करती है—

अर्थ— नाक मोड़कर (मड़ोरकर) [तथा] नहीं नहीं करके नारी (नायिका) 'निहोरैं' (उपकार करने की प्रार्थना से) [प्रियतम के द्वारा दी जाती हुई बीड़ी अपने मुख में] लेती है, [और] प्रियतम [उसके] दोनों ओठों को उँगलियों से छूता हुआ [उसके] मुँह में [पान की] बीड़ी देता है॥

गिरै[२] कंपि कछु, कछु रहै कर पसीजि लपटाइ।
लैयौ[३] मुठी[४] गुलाल भरि[५] छुटत झुठी ह्वै जाइ॥ ६३३॥

अवतरण—नायक नायिका होली के खेल में परस्पर गुलाल की मूँठे भर भरकर लाते हैं, पर कुछ गुलाल तो कंप सात्विक से गिर जाता है और कुछ स्वेद से हाथ में लिपट रहता है। अत: दोनों की मूठें छूटने पर रीति सी प्रतीत होती हैं। यह वृत्तांत देखकर दोनों के प्रेम की प्रशंसा करती हुई सखियाँ आपस में कहती हैं—

अर्थ— [फाग के खेल में] गुलाल से भरकर (भली भाँति पूर्ण करके) ली हुई मूठ भी छूटने पर झूठी हो जाती है (ऐसा प्रतीत होता है मानों उसमें गुलाल लिया ही नहीं गया था) [क्योंकि पारस्परिक दर्शन-जनित सात्विक से] कुछ [गुलाल तो] कंप के कारण गिर जाता है, [और] कुछ [स्वेद से] पसीजकर हाथ में लिपटकर रह जाता है [अत: मूठ खुलने पर एक का गुलाल दूसरे पर नहीं पड़ता]॥

देखत कछु कौतिगु इतै; देखौ नैंक[६] निहारि।
कब की इकटक[७] डटि रही टटिया अँगुरिनु फारि॥ ६३४॥

अवतरण—परकीया नायिका अपने द्वार अथवा खिड़की की टट्टी की स्यौरन को अँगुलियों से सरका कर बाहर खड़े हुए नायक को देख रही है, पर नायक का ध्यान किसी

---

१. करै (२)।
२. गयो कंप (४)।
३. लेंयों (३), लीने (४)।
४. मूठि (३, ५)।
५. की (२)।
६. नैन (२)।
७. टग (३, ५)।

अन्य कौतुक में लगा हुआ है। नायिका की कोई अंतरंगिनी सखी उसका ध्यान उस ओर आकर्षित करती हुई कहती है—

अर्थ—[तुम] कुछ कौतिक इस ओर [भी] देखते हो [अथवा उसी ओर ध्यान दिए हुए हो], किंचित निहारकर (दृष्टि देकर) [इधर तो] देखो। [वह बेचारी तुम्हें देखने के लिए] कब की (कब से) टट्टी को उँगलियों से फाड़कर एकटक (निरंतर, बिना ~ फ गिराए देखती हुई) डटी हुई है (एक ही स्थान पर स्थित है)॥

कर लै, चूमि, चढ़ाइ सिर, उर लगाइ, भुज भेटि।
लहि पाती पिय की लखति[१], बाँचति, धरति समेटि॥ ६३५॥

अवतरण—प्रोषितपतिका नायिका को नायक की पत्रिका मिलने से जो अकथनीय हर्ष हुआ है, उसका वर्णन कोई सखी किसी अन्य सखी से, नायिका की चेष्टा का कथन करती हुई, कहती है—

अर्थ—[देख, इस नायिका का कैसा विलक्षण प्रेम है कि वह] प्रियतम की पत्रिका पाकर [मारे प्रेम के विह्वल हो उसको] हाथ में लेकर, चूम, [आदर से] सिर पर चढ़ा, छाती से लगा [और] भुजाओं से भेटकर [बड़े चाव से] देखती, [बड़े उत्साह से] बाँचती [एवं फिर बहुत सँभालकर] समेटकर (तहिया कर, मोड़ कर) रख लेती है॥

चकी जकी सी ह्वै रही, बूझ बोलति नीठि।
कहूँ डीठि लागी, लगी कै काहू की डीठि॥ ६३६॥

अवतरण—पूर्वानुरागिनी नायिका की जड़ता दशा का वर्णन सखियाँ आपस में करती हैं—

अर्थ—[देखो, हमारी यह लाड़ली सखी कैसी] 'चकी' (चिकराई हुई) [तथा] 'जकी' (जकड़ी हुई, स्तंभित) सी हो रही है, [और स्वयं पहले का सा हँसना बोलना तो दूर रहा, हम लोगों के] बूझने (पूछने, छेड़छाड़ करने) पर [भी] नीठि (बड़ी कठिनता से) बोलती है। [जान पड़ता है कि इसकी] दृष्टि कहीं लग गई है (यह किसी पर अनुरक्त हो गई है), अथवा किसी की दृष्टि [इसको] लग गई है॥

भावरि-अनभावरि-भरे करौ कोरि[२] बकवादु।
अपनी अपनी भाँति कौ छुटै न सहजु सवादु॥ ६३७॥

अवतरण—कवि की प्रास्ताविक उक्ति है कि चाहे किसी को अच्छा लगे अथवा बुरा, पर अपना प्राकृतिक स्वभाव छूटता नहीं—

अर्थ—[किसी के स्वभाव के विषय में] 'भावरि-अनभावरि' (पसंद अथवा नापसंद होने के भाव) से भरे हुए [लोग चाहे] करोड़ बकवाद (वृथा की

---

१. लिखी (५)।
२. कोटि (२)।

कहासुनी) किया करो; [पर] अपनी अपनी भाँति (रीति, प्रकार) का सहज (प्रकृति सिद्ध) सवाद (स्वाद, रुचि) नहीं छूटता॥

बकवाद शब्द का प्रयोग यहाँ बिहारी ने पुल्लिगवत् किया है। यह शब्द 'वाक्यवाद' से बना है और इसका अर्थ ऐसा वाद-विवाद है, जिसमें वृथा वाक्यों ही पर झगड़ा किया जाये। संस्कृत में यह शब्द पुल्लिग ही होता है, पर भाषा में स्त्रीलिंग माना जाता है॥

दूर्‌यौ[१] खरे समीप कौ लेत मानि मन मोदु।
होत दुहुनु के दृगनु हीं बतरसु, हँसी-बिनोदु॥ ६३८॥

अवतरण—नायक नायिका दूर दूर खड़े हैं, पर आँखों की सैन से बातचीत एवं हँसी-विनोद करके ऐसे आनन्द में मग्न हैं, मानों दोनों समीप ही हैं। कोई सखी उनके आनन्द को लक्षित करके किसी अन्य सखी से कहती है—

अर्थ—दोनों के दृगों ही में (दृगों की सैनों ही से) बतरस (बातों का आनंद) एवं हँसी का विनोद (हास परिहास की क्रीड़ा) हो रहा है। [अतः दोनों] दूर खड़े हुए भी समीप [होने] का मोद (आनंद) मन में मान लेते हैं॥

मुखु उघारि पिउ[२] लखि रहत रह्यौ न गौ मिस-सैन।
फरके ओठ, उठे पुलक, गए उघरि जुरि नैन॥ ६३९॥

अवतरण—नायिका विनोदार्थ सोने का बहाना करके, मुँह पर कपड़ा डालकर और आँखें बन्द करके लेट रही थी। नायक ने यह सोचकर कि देखें तो सही यह वास्तव में सो गई है अथवा मुझे छकाने के लिए बहाना किए हुए है, उसका मुँह खोलकर देखा। नायक के ऐसा करने पर नायिका से बहाने की निद्रा में रहा न गया। इसी विनोद का वर्णन सखी सखी से करती है—

अर्थ—[उसका] मुख खोलकर प्रियतम के देख रहने पर [उससे] 'मिससैन' (बहाने की नींद) में रहा नहीं गया। [उसके] ओठ फड़क उठे, पुलक (रोमांच) उठ आए, [एवं] नयन खुलकर [प्रियतम के नयनों से] जुड़ (मिल) गए॥

पिय-मन रुचि-ह्वैबौ कठिनु, तन-रुचि होहु[३] सिंगार।
लाखु करौ, आँखि न बढ़ैं बढ़ैं बढ़ाऐं बार॥ ६४०॥

अवतरण—किसी नासमझ राजा अथवा धनी के विषय में कोई गुणी, किसी अनभिज्ञ अथवा नपुंसक कर अन्योक्ति करके कहता है—

अर्थ—प्रिय (प्रियतम) के मन में रुचि (चाह) का होना कठिन है (अर्थात् हमारे प्रभुजी के मन में हमारा आदर होना दुस्तर है), तन की शोभा शृंगार द्वारा [चाहे कितनी ही] बढ़ जाये (अर्थात् हम गुणों से भूषित होकर चाहे कितने ही श्रेष्ठ हो जायें), [क्योंकि कोई लाख [यत्न] करो, [पर] आँखें नहीं बढ़तीं

---

१. दूरि हु (२), दूरौ (३, ५)।
२. लखि पिय (३)।
३. होउ (४)।

(अर्थात् प्रभुजी की आँखों में गुण-ग्राहकता तथा उदारता नहीं बढ़ सकती) बाल बढ़ाने से [भले ही] बढ़ें (अर्थात् हमारे श्रम करने से हमारे गुण चाहे कितने ही बढ़ें)॥

यह अन्योक्ति वैसी ही है, जैसी यह कि—"का पर करौं सिंगार, पिया मोर आँधर"॥

मनमोहन सौं मौहु करि, तूँ घनस्यामु निहारि।
कुंजबिहारी सौं बिहरि, गिरधारी उर धारि॥ ६४१॥

अवतरण—कोई भक्त महात्मा अपने मन से कहता है कि रे मन, जो कुछ तुझे करना है, वह सब श्रीवृंदावनबिहारी ही के संबंध में कर, बिना उनके संबंध के कोई क्रिया न कर—

अर्थ—[रे मन, यदि तुझको किसी पर मोह करना है, तो तू] श्रीमनमोहन से मोहकर [क्योंकि और जितने मोहोत्पादक पदार्थ हैं, वे सब अंत को फीके जँचते हैं पर मनमोहन का मोह सदा चटकीला होता जाता है], [यदि तेरी इच्छा शोभा देखने की है, तो] तू श्रीघनश्याम को देख [क्योंकि वह शोभा की अवधि हैं और उनकी शोभा से मन कभी नहीं भरता], [यदि तेरी लालसा विहार करने की है, तो तू] कुंजबिहारी से विहार कर [क्योंकि और विहारों से चित्त को अंत में उपराम हो जाता है, पर उनके नित्य नए विहार चित्त को सदैव उत्साहमय तथा आनंदित बनाए रखते हैं], [और यदि तेरी अभिलाषा किसी को हृदय में धारण करने की है, तो तू] गिरधारी को उर में धर, [क्योंकि वह परम भक्तवत्सल एवं शरणागत का पालन करने वाले हैं। उन्होंने गोवर्द्धन धारण करके इंद्र के कोप से व्रजवासियों की रक्षा की है]॥

मैं मिसहा सोयौ समुझि[१], मुँहु चूम्यौ ढिग जाइ[२]।
हँस्यौ, खिसानी, गल गह्यौ, रही गरैं[३] लपटाइ॥ ६४२॥

अवतरण—नायिका ने कुछ प्रणय-मान किया था। उसके न मानने पर नायक सोने का बहाना करके लेट रहा। नायिका ने, उसको सोया समझकर और यह सोचकर कि मैं मान भी न छोड़ूँ और मुख-चुंबन का सुख भी प्राप्त कर लूँ, पास जाकर, उसका मुँह चूमा। नायक बहाने से तो सोया ही था, बस फिर उसके मुँह चूमने पर, यह सोचकर कि कहाँ तो यह बुलाए नहीं बोलती थी और कहाँ मुँह चूम रही है, हँस पड़ा, जिससे नायिका खिसिया गई। तब नायक ने उसके गले में गलबाहीं डाल दी और नायिका भी उससे लिपट गई। यही वृत्तांत नायिका अपनी किसी अंतरंगिनी सखी से कहती है—

अर्थ—[हे सखी! कल रात को बड़ी विलक्षण क्रीड़ा हुई] मैंने, [उस] 'मिसहा' (बहाना करने वाले, छली) को सोया हुआ समझ पास जाकर [उसका] मुँह चूमा। [मेरे मुँह चूमते ही वह] हँस पड़ा, [जिससे मैं] खिसिया गई (लज्जित हो गई), [क्योंकि कहाँ तो मैं उसके मनाने से नहीं मानी थी और कहाँ मैंने स्वयं उसके पास जाकर उसका मुँह चूमा। मेरे खिसियाने पर उसने

---

१. **समझि (३, ५)।**
२. **आइ (२)।**
३. **गले (५)।**

मेरा] गला पकड़ लिया (मुझे आश्वासन देने के निमित्त गलबाहीं डाल दी), [तब मैं, अपना खिसियानापन मिटाने के निमित्त, उसके] गले से लिपट रही॥

नीठि नीठि उठि बैठि हूँ प्यौ प्यारी परभात।
दोऊ नींद भरैं खरैं, गरैं लागि, गिरि जात॥ ६४३॥

अवतरण—रात्रि की रति-क्रीड़ा से श्रमित दंपति के प्रात:काल जागने के दृश्य का वर्णन सखी सखी से करती है—

अर्थ—[आलस्य के कारण] प्रात:काल नीठि नीठि (किसी न किसी प्रकार) उठ बैठकर भी प्रियतम [तथा] प्रियतमा दोनों भलीभाँति नींद से भरे हुए होने के कारण [परस्पर] गले लगकर [फिर शय्या पर] गिर जाते हैं (ढुलक पड़ते हैं)॥

तनक झूठ न[१] सवादिली कौन[२] बात परि जाइ।
तिय-मुख रति-आरंभ की नहिं झूठियै मिठाइ॥ ६४४॥

शब्दार्थ—सवादिली = स्वादुता, मिठास॥

अवतरण—नायक अपने अंतरंग सखा अथवा मन से कहता है कि संसार में झूठ से बात का स्वाद जाता रहता है, पर रत्यारंभ में स्त्री के मुख की झूठी ही 'नहीं नहीं' मीठी लगती है—

अर्थ—कौन बात (किस बात) में किंचित्मात्र [भी] झूठ पड़ जाने से (मिल जाने से) [उसकी] 'सवादिली' नहीं जाती रहती (नष्ट हो जाती), [अर्थात् सभी बातें किंचित्मात्र भी झूठ के मेल से फीकी पड़ जाती हैं, पर] स्त्री के मुख से रत्यारंभ की झूठी ही 'नहीं नहीं' मिठाती है (स्वादु लगती है)॥

नहिं अन्हाइ, नहिं जाइ घर, चितु चिहुँट्यौ तकि तीर।
परसि, फुरहरी लै[३] फिरति बिहँसति, धँसति न नीर॥ ६४५॥

शब्दार्थ—फुरहरी = शीत, भय, आनंद इत्यादि के कारण जो कुछ कंप तथा पुलक सा शरीर में हो जाता है॥

अवतरण—नायिका जहाँ स्नान कर रही है, वहीं नायक भी आ गया है। अत: नायिका, उसे देखने के लालच से शीत का ब्याज करके, नहाने में विलंब करती है और फुरहरी ले लेकर लौट पड़ती है, जिसमें उसका मुँह तीर की ओर हो और वह नायक को देख सके। सखी-वचन सखी से—

अर्थ—न [तो यह] नहाती है, [और] न घर को जाती है। [इसका] चित्त [नायक से विभूषित] तीर में [उसको] ताककर 'चिहुँट्यौ' (चिपका, लगा) है। [देख, यह शीत के व्याज से जल को] स्पर्श कर, फुरहरी (कंप तथा पुलक)

---

१. **निसवादिली (२, ४), न सवादली (३), निसवादली (५)।**
२. **क्यौं न (३, ५)।**
३. **लौं (३, ५)।**

लेकर (जान-बूझकर अपने शरीर में उत्पन्न करके) हँसती हुई लौट आती है, [और] जल में नहीं धँसती (पैठती)॥

सटपटाति सैं[१] ससिमुखी मुख घूँघट-पटु ढाँकि।
पावक-झर सी झमकि कै[२] गई झरोखा[३] झाँकि॥ ६४६॥

शब्दार्थ—सैं = यह शब्द 'सी ही' अथवा 'से ही' का लघु रूप बन गया है। 'सी ही' अथवा 'से हो' से 'सीयै' अथवा 'सेयै' और 'सीयै' अथवा 'सेयै' से 'स्यै' बना है। 'स्यै' के यकार के लोप तथा अर्द्धचंद्र के आगम से उसी का 'सैं' रूप हो गया है। काव्य भाषा में बहुधा निरनुनासिक शब्दों का उच्चारण सानुनासिक किया जाता है॥

अवतरण—नायक को खिड़की में से देखकर जिस मनोमोहिनी चेष्टा से नायिका हट है, उसका वर्णन नायक उसकी सखी से अथवा स्वगत करता है—

अर्थ—[वह] शशिमुखी सटपटाती हुई सी ही (भय, अभिलाषा तथा संकोच से यह संशय करती हुई सी ही कि झाँकूँ या न झाँकूँ, अर्थात् यद्यपि उसके हृदय में झाँकने के विषय में हिचक थी, तथापि) [अपने] मुख पर घूँघट का पट ढाँपकर, [और] पावक की झर (लपट) सी झमककर (शीघ्रतापूर्वक लपलपाकर) झरोखे में से झाँक गई॥

'सटपटात सैं' पद को सप्तम्यंत 'मुख' शब्द का विशेषण मानकर भी इस दोहे का अर्थ लग सकता है। उस दशा में दोहे के पूर्वार्द्ध का अर्थ यह होगा—वह शशिमुखी सटपटाते से मुख पर घूँघट पट ढाँपकर॥

इस दोहे का उत्तरार्द्ध ज्यों का त्यों ५७० संख्यक दोहे का भी उत्तरार्द्ध है॥

ज्यौं कर, त्यौं चिकुटी[४] चलति; ज्यौं चिकुटी, त्यौं नारि।
छबि सौं गति सी लै चलति चातुर कातन-हारि॥ ६४७॥

शब्दार्थ—गति = इस शब्द का अर्थ २९१ संख्यक दोहे की टीका में किया गया है। गति लेना वाक्य-व्यवहार में गति नाचने को कहते हैं॥

अवतरण—नायक नायिका को चरखा कातते देखकर उसकी मोहिनी चेष्टा का वर्णन स्वगत करता है—

अर्थ—[अहा!] जिस प्रकार (जिस लय से, जिस मंदता अथवा शीघ्रता से) [इसका दाहिना] हाथ [चरखे के घुमाने में चलता है], उसी प्रकार [इसके बाएँ हाथ की] चुटकी रुई की पिउनी को सरकाती] चलती है, [और] जिस ढंग से चुटकी [चलती है] उसी प्रकार [उसकी] नारि (ग्रीवा) [भी चलती अर्थात् हिलती है]। [यह] चतुर कातने वाली [चरखा क्या कातती है, अपनी इस] छवि (सुंदर चेष्टा) से [नाचने की] गति सी ले चलती है॥

---

१. सी (४)।
२. कइँ (३)।
३. औझखाँ (३), ओझका (५)।
४. चुटकी (२)।

बुधि अनुमान[१], प्रमान श्रुति किएँ[२] नीठि ठहराइ।
सूछम[३] कटि[४] पर ब्रह्म की अलख, लखी नहिं जाइ॥ ६४८॥

शब्दार्थ—अनुमान = तर्क करके किसी वस्तु का निर्धारण करना॥ **प्रमान (प्रमाण)** = वेद, शास्त्र इत्यादि अथवा किसी मनुष्य के वचन को किसी विषय में मान लेना॥ **श्रुति** = इस शब्द में श्लेष है; ब्रह्म-पक्ष में इसका अर्थ वेद है और कटि-पक्ष में कान अथवा सुनना॥ **पर**—इस शब्द को अन्य टीकाकारों ने ब्रह्म के साथ मिलाकर 'परब्रह्म' पाठ माना है, इसी से उनके अर्थों में गड़बड़ पड़ती है। वस्तुतः यह शब्द स्वतंत्र है। इसका अर्थ यहाँ जोड़, प्रतिद्वंद्वी अथवा पर्याय है। 'सूछम कटि पर ब्रह्म की' का अर्थ ब्रह्म की प्रतिद्वंद्विनी, अर्थात् ब्रह्म के समान, सूक्ष्म कटि होता है॥

अवतरण—नायक अथवा सखी नायिका से, उसकी प्रसन्नता के लिए, उसकी कटि की सूक्ष्मता की प्रशंसा करती है—

अर्थ—[तेरी] सूक्ष्म कटि ब्रह्म की पर (प्रतिद्वंद्विनी) अलक्ष है, [वह चर्म-दृष्टि से] देखी नहीं जाती। [जिस प्रकार बुद्धि के द्वारा यह तर्क करने पर कि यदि ब्रह्म है नहीं, तो यह संसार कैसे ठहरा हुआ है और श्रुति में जो ब्रह्म का अस्तित्व बतलाया गया है, उसको प्रमाण मानने से ब्रह्म की सत्ता स्थापित होती है, उसी प्रकार] बुद्धि के द्वारा [यह] अनुमान [करने से कि यदि कटि है नहीं, तो ऊपर तथा नीचे के धड़ के भाग जुड़े कैसे हैं, तथा] कान का [अर्थात् जो जो लोगों को कहते सुना है कि तेरे भी कटि है, उसका] प्रमाण करने से (मानने से) किसी प्रकार [तेरी कटि] ठहरती है (तेरी कटि की सत्ता सिद्ध होती है)॥

खिचैं मान अपराध हूँ चलि गै बढ़ैं अचैन।
जुरत[५] डीठि, तजि रिस खिसी, हँसे दुहुनु के नैन॥ ६४९॥

अवतरण—सखी सखी से नायक नायिका के प्रेमाधिक्य का वर्णन करती है—

अर्थ—[नायिका के नेत्र] मान से [तथा नायक के नेत्र] अपराध से खिंचे (परस्पर देखने से रोके जाते) हुए होने पर भी, [परस्पर न देखने के] अचैन (बेचैनी) के बढ़ने से, [एक के नयन दूसरे की ओर] चले गए, [और] दृष्टि के मिलते [ही] दोनों के नयन, 'रिस' (रोष) [तथा] 'खिसी' (लज्जा) [अर्थात् नायिका के नेत्र रोष एवं नायक के नेत्र लज्जा] छोड़कर, हँस पड़े॥

रूप-सुधा-आसव[६] छक्यौ, आसव पियत बनै न।
प्यालैं[७] ओठ, प्रिया-बदन रह्यौ लगाऐं नैन॥ ६५०॥

---

१. उनमान (२, ३, ५)।
२. किया (२)।
३. सूछिम (३, ५)।
४. गति (२)।
५. जुरति (२, ५)।
६. सबकैं (२), सबु जगु (४)।
७. प्यालौ (२, ३, ५)।

शब्दार्थ—आसव = टपकाई हुई मदिरा॥

अवतरण—नायिका का रूप देखकर ऐसा मोहित हो गया है कि उससे मद्य-पान करते नहीं बनता। सखी-वचन सखी से—

अर्थ—[नायक] सौन्दर्य-रूपी सुधा के आसव से [ऐसा] छक गया (आतृप्त पीकर मस्त हो गया) है [कि उससे] आसव (सामान्य मद्य) पीते नहीं बनता। [वह] प्याले पर ओठ [एवं] प्रिया के वदन पर नयन लगाए हुए रह गया है (स्थगित हो गया है)॥

यौं दलमलियतु, निरदई[१], दई, कुसुम सौ गातु।
करु धरि देखौ, धरधरा उर[२] कौ अजौं न जातु॥ ६५१॥

शब्दार्थ—धरधरा = धड़कन।

अवतरण—सखी नायिका की सुकुमारता तथा नायक की प्रबलता का वर्णन करके नायक के हृदय में उत्साह बढ़ाती है और "करु धरि देखौ इत्यादि" वाक्य से उसको फिर नायिका के पास चलने पर उद्यत करना चाहती है—

अर्थ—हे निर्दयी, [तुमसे] दैव [बचावे], [भला कहीं] कुसुम सा [कोमल] गात इस प्रकार (इस निर्दयता से) दला मला जाता है [कि जैसे तुमने उसके सुकुमार शरीर को दलमल डाला है]। [नैंक उसकी छाती पर] हाथ रखकर देखो [तो सही कि उसके] उर का धरधरा अभी तक नहीं जाता (मिटता) है॥

किती न गोकुल कुलबधू, किहिं[३] न काहि[४] सिख दीन।
कौनैं तजी न कुल-गली ह्वै मुरली-सुर-लीन॥ ६५२॥

अवतरण—सखी नायिका को शिक्षा देती है कि तू उत्तम कुल की वधू है, तुझे वंशीध्वनि सुनकर इस प्रकार विकल हो दौड़ पड़ना उचित नहीं है। नायिका उसको उत्तर देती है कि गोकुल में कुछ एक मैं ही कुलवधू नहीं हूँ, प्रत्युत अनेकानेक कुलवधुएँ हैं और तेरी भाँति सबने सबको शिक्षा भी दी है, पर तू यह तो बतला कि उन शिक्षा देने वालियों तथा पाने वालियों में से कौन ऐसी है, जिसने मुरली के स्वर में लीन होकर कुल की मर्यादा का उल्लंघन नहीं किया है। इस वाक्य से नायिका सखी पर कटाक्ष भी करती है कि तू भी तो अन्य शिक्षा देने वालियों की भाँति कुल-मर्यादा का उल्लंघन कर चुकी है। अतः तुझ पर यह कहावत—"पर उपदेश कुसल बहुतेरे। जे आचरहिं, ते नर न घनेरे"—चरितार्थ होती है—

अर्थ—गोकुल में कितनी कुलवधुएँ नहीं हैं (अर्थात् सब कुलवधू ही तो हैं और तू भी उन्हीं में है), [और] किसने किसको शिक्षा नहीं दी (अर्थात् सबने तेरे समेत सबको अपने अपने अवसर पर शिक्षा भी दी), [पर तू यह तो बतला कि] मुरली के स्वर में लीन (आसक्त) होकर किसने (तेरे सहित किस शिक्षा देने अथवा पाने वाली ने) कुल-गली (कुल की रीति) नहीं छोड़ी॥

---

१. **निर्दई (४)।**
२. **अजौ न उर कौ (२)।**
३. **काहि (२, ४)।**
४. **को (२), किहिं (४)।**

खलित बचन, अधखुलित दृग, ललित स्वेद-कन-जोति।
अरुन बदन छबि मदन[१] की खरी छबीली होति॥ ६५३॥

शब्दार्थ—खलित (स्खलित) = रीते, अर्थशून्य॥ **ललित** = काँपती हुई अथवा सुन्दर॥

अवतरण—अन्यसंभोग-दुखिता नायिका की उक्ति दूती से—

अर्थ— अर्थशून्य वचन, अधखुले (रतिश्रम से अलसाए हुये) दृग, पसीने के कण (बूँद) की ललित (काँपती हुई अथवा सुन्दर) चमक [एवं] अरुण वदन से [तुझपर] मदन की छवि (काम-क्रीड़ा से उपजी हुई शोभा) बड़ी छबीली (सुन्दर) हो रही है॥

यह दोहा खंडिता नायिका का वचन नायक-प्रति अथवा सखी-वचन लक्षिता-रति भी हो सकता है॥

बहकि न[२] इहिं बहिनापुली, जब तब, बीर बिनासु।
बचै न बड़ी सबील हूँ चील-घोंसुवा माँसु॥ ६५४॥

शब्दार्थ—सबील = यह शब्द अरबी भाषा का है। इसका अर्थ रीति, पंथ इत्यादि है। यहाँ इसका अर्थ उपाय समझना चाहिए॥

अवतरण—नायिका की चतुर पड़ोसिन ने उससे बहनापा जोड़ लिया है और इस नाते से नायक को अपने घर बुलाती है। नायिका की चतुर सखी उसको सचेत करने के निमित्त कहती है—

अर्थ—[तू] इस बहनापे से बहक मत, हे वीर! [इसमें] जब तब (कभी न कभी) विनाश (तेरे हित का नाश) [धरा] है, [क्योंकि] बड़ी सबील (उपाय) से भी चील के घोंसले में मांस नहीं बचता॥

लहि रति-सुखु लगियै हियें लखी लजौंहीं नीठि।
खुलति न, मो मन बंधि रही वहै अधखुली डीठि॥ ६५५॥

अवतरण—नायिका की रत्यंत-समय की मोहिनी चेष्टा का स्मरण करके नायक उसकी सखी से कहता हुआ फिर मिलने की अभिलाषा व्यंजित करता है—

अर्थ—[उसने] रति-सुख लेकर [मेरे] हृदय में लगी ही हुई [जो मुझे] लजौंहीं [रीति से] नीठि (किसी न किसी प्रकार, अर्थात् यद्यपि लज्जा से उसकी आँखें सामने नहीं होती थीं, तथापि उनको बरबस कुछ सामने करके) देखा, [सो उसकी] वही अधखुली दृष्टि मेरे मन में [ऐसी] बँध रही है (मन को ऐसा जकड़े हुए है) [कि] खुलती नहीं (मन को अवकाश नहीं मिलने देती)॥

---

१. **मद-छकी (४)।**
२. **निबहि इहि नषु अली (३), नबहि इहि नपु अली (५)।**

कियौ सयानी सखिनु सौं, नहिं[१] सयानु यह, भूल।
दुरै दुराई फूल लौं क्यौं पिय-आगम-फूल॥ ६५६॥

अवतरण—परकीया आगतपतिका नायिका ने अपने मित्र का आगमन सखियों से छिपा रखा है, पर उसकी प्रफुल्लता से लक्षित करके कोई सखी कहती है—

अर्थ—[तूने] सयानी (चतुर) सखियों से जो सयान [अर्थात् मित्र का आगमन छिपाने का चातुर्य] किया, यह सयान नहीं भूल है। [भला] प्रीतम के आगमन की प्रफुल्लता [सुगंधित] फूल की भाँति छिपाई (छिपाने से) कैसे छिप सकती है॥

आयौ मीतु[२] बिदेस तैं काहू कह्यौ[३] पुकारि।
सुनि हुलसीं, बिहँसीं[४], हँसीं दोऊ दुहुनु निहारि॥ ६५७॥

शब्दार्थ—**बिहँसीं** = विशेष रूप से हँसीं, अर्थात् इस रीति से हँसी कि जैसे कोई कुछ छिपी हुई बात को समझकर हँसता है॥ **हँसीं** = प्रसन्नता-पूर्वक हँसीं॥

अवतरण—दो परकीया नायिकाएँ एक ही नायक से अनुरक्त हैं और दोनों में मैत्री भी है, पर दोनों को एक दूसरे के अनुराग का वृत्तांत निश्चित रूप से ज्ञात नहीं है। नायक विदेश गया हुआ था, जिससे दोनों दुखी रहती थीं, अत: दोनों को एक दूसरे पर उसी के विरह में दु:खित होने का संदेह था। एक दिन दोनों साथ ही बैठी हुई थीं कि इतने में किसी ने उनके मित्र का नाम लेकर किसी से पुकार कर कहा कि अमुक व्यक्ति आ गए। यह सुनकर दोनों हुलस उठीं, जिससे वे, एक दूसरे का प्रेम लक्षित करके, अपना लक्षित कर लेना व्यंजित करती हुई, मुस्कुराईं और फिर आपस में समझ बूझकर प्रसन्नता से हँसीं। यही वृत्तांत कोई सखी किसी अन्य सखी से कहती है—

अर्थ—किसी ने [किसी अन्य से] पुकारकर [इनके] मित्र को विदेश से आया हुआ कहा (इनके मित्र का नाम लेकर कहा कि अमुक व्यक्ति विदेश से आ गया)। [यह] सुनकर [दोनों] हुलसीं (उल्लसित हुईं), [जिससे दोनों ने एक दूसरे का अनुराग लक्षित कर लिया और] विहँसीं (अपना लक्षित कर लेना व्यंजित करती हुई हँसीं) [और फिर] दोनों दोनों को देखकर (दोनों दोनों की चेष्टा से आपस में समझ बूझ कर) [प्रसन्नतापूर्वक] हँस दीं॥

जद्यपि सुंदर, सुघर, पुनि सगुनौ दीपक-देह।
तऊ प्रकासु करै तितौ, भरियै जितैं सनेह॥ ६५८॥

अवतरण—मानिनी नायिका को सखी समझाती है कि नायक से स्नेह करने ही में तेरी शोभा है—

अर्थ—दीपक-रूपी देह यद्यपि सुंदर, सुघड़ (अच्छी गढ़न वाली) [और] फिर 'सगुन' (१. बत्ती-सहित; २. शुभगुण-संपन्न) भी हो, तथापि [उसमें इन

---

१. दिन (३, ५)।
२. मित्र (२)।
३. कहति (३), करत (५)।
४. बिघसी (२)।

सब बातों से प्रकाश नहीं हो सकता, वह] प्रकाश उतना ही करती है (१. उतना ही उजाला उसमें होता हैं; २. उतनी ही शोभा उसमें होती है), जितने स्नेह (१. तेल; २. प्रेम) से [उसको] भरा जाता है॥

पलनु प्रगटि, बरुनीनु बढ़ि, नहिं कपोल ठहरात।
अँसुवा प्ररि छतिया, छिनकु छनछनाइ, छिपि जात॥ ६५९॥

अवतरण—सखी अथवा दूती नायक से नायिका का विरह निवेदन करती है—

अर्थ—[उस नायिका के हृदय में विरह-ताप ऐसा बढ़ा हुआ है कि उसके] आँसू [उबलकर] पलकों में प्रकट हो, बरुनियों से बढ़कर [अधिकता के कारण] कपोल पर नहीं ठहरते, [और] छाती पर पड़कर क्षण मात्र छनछना कर (छन छन शब्द, अर्थात् ऐसा शब्द जैसा तप्त-तवे पर पानी की बूँदों के पड़ने से होता है, करके) छिप जाते हैं (अलक्ष हो जाते हैं)॥

इस दोहे में कवि किसी पात्र में उबाले जाते हुए जल की व्यथा दृष्टि में रखकर नायिका के बहते हुए आँसुओं का वर्णन करता है। जब जल अग्नि से तप्त होकर उबलता है, तो वाष्प स्वरूप होकर पात्र के ढकने में जा लगता है और फिर उसकी बारी पर से होकर उसके पेटे पर टपकने लगता है और यदि अधिक टपकता है, तो पेटे पर न ठहरकर चूल्हे में गिरकर छनछनाता हुआ जल जाता है॥

फिरि सुधि दै, सुधि द्याइ प्यौ, इहिं निरदई निरास।
नई नई बहुर्‌यौ, दई! दई उसासि उसास॥ ६६०॥

शब्दार्थ—**निरास** = इस शब्द के यहाँ दो अर्थ लिए गए हैं—(१) निराश, अर्थात् आशा रहित। इस अर्थ में इस शब्द को स्त्रियाँ अब कोसने की रीति पर 'निरसिया' रूप से प्रयुक्त करती हैं और इसी रीति पर इसका प्रयोग इस दोहे में हुआ है। (२) नीरअशन अर्थात् नीर से जीवन निर्वाह करने वाला अथवा नीरआश अर्थात् नीर की आशा, प्रतीक्षा, करने वाला। इन दोनों व्युत्पत्तियों से इसका अर्थ पपीहा ग्रहण किया गया है, पर इन दोनों व्युत्पत्तियों में 'नी' की दीर्घ 'ई' को ह्रस्व करना पड़ता है। इस प्रकार का स्वरों का हेर-फेर प्राकृत तथा अपभ्रंश के लिए कोई अनुचित व्यापार नहीं है, विशेषतः छन्दों में। इन दोनों अर्थों में से पहला अर्थ दूसरे अर्थ, अर्थात् पपीहा, का विशेषण है। ऐसा ही प्रयोग बिहारी ने ९० अंक के दोहे में भी 'चिहुटिनी' शब्द का किया है॥

अवतरण—नायिका अपनी वियोग-व्यथा में बेसुध पड़ी हुई थी, जिससे उसको वेदना का अनुभव नहीं होता था और उसकी उसासें मंद पड़ गई थीं। इतने ही में पपीहा पीउ पीउ बोल उठा, जिसके हौरे से वह चैतन्य हो गई और पीउ पीउ शब्द से उसके हृदय में प्रियतम की सुधि जाग उठी, जिससे विरह व्यथा फिर व्याप्त हो गई और उसासें उभर आईं। उसकी यही दशा कोई सखी किसी अन्य सखी से कहती है—

अर्थ—[यह बेचारी वियोगिनी तो अपने दुःख से बेसुध पड़ी हुई थी, पर] इस निर्दयी 'निरास' (अभागे पपीहा) ने [पीउ पीउ बोलकर अपने हौरे से उसको] फिर से सुधि (चैतन्यता) देकर, [और पीउ पीउ शब्द से] प्रियतम की सुधि (स्मृति) दिलाकर, हे दैव! नई हुई (नमित, मंद पड़ी हुई) उसास 'बहुर्‌यौ' (फिर भी) नई (नूतन, नए सिरे से) उसास दी (उभार दी)॥

समै-पलट[१] पलटै प्रकृति, को न तजै निज चाल।
भौ अकरुन करुनाकरौ इहिं कपूत कलिकाल॥ ६६१॥

शब्दार्थ—कपूत = भाषा में 'कपूत' शब्द 'कुपुत्र' के अर्थ में प्रयुक्त होता है। पर इस दोहे में यह शब्द 'कुपुत्र' का अपभ्रंश नहीं प्रतीत होता, क्योंकि 'कलिकाल' के निमित्त कुपुत्र विशेषण कुछ विशेष चपकता हुआ नहीं है। अतः इसके दो अर्थ यहाँ हो सकते हैं—एक तो वह जो लाला भगवानदीनजी ने किया है, अर्थात् 'कु-पूत' (बुरे प्रकार से पवित्र, अर्थात् अपवित्र) और दूसरा दुष्प्रकृति। 'प्रकृति' शब्द का प्राकृत रूप 'पउति' होता है, जिसके अपभ्रंश 'पोत' शब्द का प्रयोग बिहारी ने ४९१-संख्यक दोहे में किया है। उसी 'पउति' का 'पूत' भी अपभ्रंश माना जा सकता है॥

अवतरण—ईश्वर को अपने ऊपर करुणा न करने का उलाहना देते हुए कवि की प्रास्ताविक उक्ति है कि समय के फेर से सबके स्वभाव बदल जाते हैं—

अर्थ—समय की पलट (फेर) से [सबकी] प्रकृति (स्वभाव) पलट (बदल) जाती है, [और ऐसा] कौन [है, जो] अपनी चाल नहीं तज देता। [देखो,] इस दुष्प्रकृति कलिकाल में करुणाकर (करुणा का आकर अर्थात् परम दयालु ईश्वर) भी अकरुण (दयाहीन) हो गया है [अतः हम लोगों की पुकार नहीं सुनता, जैसा कि और युगों में सुना करता था]॥

पार्‌यौ सोरु सुहाग[२] कौ इनु बिनु हीं पिय-नेह।
उनदौंहीं[३] अँखियाँ ककै, कै अलसौंहीं देह॥ ६६२॥

अवतरण—नायिका, अपनी किसी सपत्नी की आँखों को उनींदी सी एवं देह को अलसाई हुई सी देख अथवा सुनकर, इस अनुमान से दुखित हुई है कि नायक उसको अधिक प्यार करता है और रात को उसी के यहाँ रहा है। उसे दुखित देखकर उसकी हितकारिणी सखी समझाती है कि तेरी सपत्नियाँ बड़ी धूर्त हैं, इन सबने अपनी आँखों को उनींदी सी एवं देह को आलस्य-भरी सी बना बनाकर अपने प्रियतम की प्यारी होने की मिथ्या धूम मचा रखी है, जिसमें तू यह सुन सुनकर कुढ़े और नित्य मान कलह करे, तो फिर प्रियतम का चित्त शनैः शनैः तुझसे फिर जाये और उनकी बन पड़े, इत्यादि। सो तू इन धूर्ताओं के धोखे में आकर वृथा दुखित मत हो। इस दुःख में तेरा अनहित है। सच्ची बात और उनका गुप्त अभिप्राय भलीभाँति समझकर तू इस दुःख का परित्याग कर। भला तू यह तो समझ कि यदि तेरी किसी एक सौत की ऐसी चेष्टा होती, तो किसी प्रकार तेरा अनुमान ठीक भी हो सकता था, पर जब सभी की आँखें उनींदी सी तथा देह अलसाई हुई सी हो रही हैं, तो यह कैसे संभव हो सकता है कि प्रियतम सभी के साथ रात भर रहा हो। अतः ये सबकी सब धूर्त तथा मिथ्या चेष्टा बनाए हुए प्रमाणित होती हैं—

अर्थ—इन्होंने (तेरी धूर्त सौतों ने), बिना प्रियतम के स्नेह ही के [अपनी] आँखों को उनींदी सी करके (बरबस बना बनाकर) [एवं] देह को आलस्य भरी

---

१. **पलटि (२, ३)।**
२. **सोहाग (३)।**
३. **इनदोही (३, ५)।**

सी करके (बनाकर), [अपने] सुहाग (सौभाग्य, अपने ऊपर प्रियतम के स्नेह होने के सौभाग्य) का 'सोरु' (शोर, विख्याति, धूम) [गाँव भर में] डाल रखा है (मचा रखा है) [अत: तू इनकी धूर्तता से सचेत रह और वृथा दुखित होकर इनको अपनी कुटिल नीति से कृतकार्य न होने दे]॥

इन दुखिया[१] अँखियानु[२] कौं सुखु सिरज्यौई नाँहि।
देखैं[३] बनै न देखतै[४], अनदेखैं अकुलाँहि॥ ६६३॥

अवतरण—नायिका की उक्ति अंतरंगिनी सखी से—

अर्थ—[हे सखी, मैं क्या करूँ, मेरी] इन दु:खिनी आँखों के लिए सुख सिरजा ही (बनाया ही) नहीं गया है; [इन बेचारियों से] 'देखैं' (देखने पर, अर्थात् नायक के दृष्टिगोचर होने पर) लज्जावश] देखते ही नहीं बनता, [और] 'अनदेखैं' (न देखने से; अर्थात् नायक के दृष्टिगोचर न होने पर) [ये देखने की लालसा से] व्याकुल होती हैं।

लगी अनलगी सी जु बिधि करी खरी कटि खीन।
किए मनौ वैं[५] हीं कसर[६] कुच, नितंब अति पीन॥ ६६४॥

अवतरण—सखी नायक से नायिका की कटि की क्षीणता तथा कुचों और नितंबों की पीनता की प्रशंसा करती है कि जितनी उसकी कटि क्षीण है, उतने ही उसके कुच तथा नितंब पीन हैं अर्थात् उसकी कटि की क्षीणता तथा कुचों और नितंबों की पीनता यथायोग्य बनाई गई हैं—

अर्थ—[उसकी] कटि जो विधि (ब्रह्मा) ने लगी अनलगी सी (उसके शरीर में लगी हुई अर्थात् विद्यमान है अथवा नहीं लगी हुई अर्थात् अविद्यमान है, इस बात में संदेह उपजाती हुई सी) खरी (अति) क्षीण (पतली) बनाई, [सो] मानो उन्हीं कसरों (कमियों, कटि में जो सामग्री कम लगी, उन्हीं बचतों) से कुच [और] नितंब अति पीन (बड़े) किए (बनाए)॥

छिनकु उधारति, छिनु छुवति, राखति छिनकु छिपाइ।
सबु दिनु पिय-खंडित अधर दरपन[७] देखत[८] जाइ॥ ६६५॥

अवतरण—रात्रि को चुम्बन-समय नायिका के अधर पर नायक का दंतक्षत लग गया है। नायिका प्रेम तथा गर्व के कारण उस क्षत लगे हुए अधर को दर्पण देख देखकर कभी तो खोलती है, कभी छूती है और कभी छिपा लेती है। देखने तथा छूने से उसके दो अभिप्राय

---

१. अँखियाँ (२)।
२. दुखियाँनि (२)।
३. देखत (२)।
४. देखतैं (२, ३)।
५. यैं (२), वें (३), वे (४, ५)।
६. कसरि (२)।
७. दर्पन (२)।
८. देखति (३, ५)।

हैं—प्रथम तो प्रियतम के चिह्न की देख तथा स्पर्श करके मुदित होना और दूसरे सखिंयों तथा सपत्नियों का ध्यान उस ओर आकर्षित करना, जिसमें कि वे जानें कि प्रियतम रात को इसके साथ रहा है। छिपा लेने से वह अपनी लज्जा व्यंजित करती है, जिससे देखनें वालियों को यह निश्चित हो जाये कि उसके अधर पर यह क्षत प्रियंतम के दाँतों ही का है, क्योंकि यदि ऐसा न होता, तो इसको इसे छिपाने की कोई आवश्यकता न थी। सखी वचन सखी से—

अर्थ— [हे सखी, यह तो प्रियतम के प्रेम में ऐसी मग्न और इतराई हुई है कि इसका] सारा दिन प्रियतम द्वारा खंडित (कांटे हुए) अधर (नीचे के ओठ) को दर्पण में देखते हुए [बीत] जाता है। [यह दर्पण देख देखकर] क्षण भर [तो उसको] खोलती है, क्षण भर छूती है, [और फिर] क्षण भर छिपा रखती है [बस, इन्हीं कामों में लगी रहती है]॥

मुँहु पखारि मुड़हरु[१] भिजै, सीस सजल कर छ्वाइ।
मौरु उचै घूँटेनु तैं नारि सरोबर न्हाइ॥ ६६६॥

अवतरण—नायिका के स्नान करते समय की चेष्टा नायक अपने किसी अंतरंग सखा को दिखलाता हुआ कहता है—

अर्थ— [देखो, वह] नारी मुँह धोकर, मुड़हर (साड़ी अथवा ओढ़नी का वह भाग जो सिर पर रहता है) भिगोकर, सिर पर सजल (जल-समेत) हाथों को छुआकर [और] 'मौरु' (मौलि, मस्तक) ऊँचा करके [कैसी शोभा से] घुटनों से (घुटनों के बल स्थिर होकर) सरोवर में नहाती है॥

कोटि जतन कोऊ करौ, तन[२] की तपनि[३] न जाइ।
जौ लौं भीजे चीर लौं रहै न प्यौ[४] लपटाइ॥ ६६७॥

अवतरण—विरह से उत्तप्त प्रौढ़ा नायिका का वचन सखी से—

अर्थ— [हे सखी,] कोई करोड़ यत्न किया करो; [पर मेरे] शरीर की (काम जनित] तपन [तब तक] जाने वाली नहीं, जब तक भीगे हुये वस्त्र की भाँति प्रियतम [मुझसे] लिपट नहीं रहता (रहेगा)॥

भीगा हुआ वस्त्र शरीर में ऐसा लिपट जाता है कि उसमें और शरीर में भेद नहीं रह जाता और ऐसा वस्त्र शरीर में लपेट लेने से ठंडक भी पड़ती है। अतः नायिका यह उपमा दोनों अभिप्रायों से देती है, अर्थात् हृदय को शीतल करने वाला प्रियतम इस प्रकार न लिपट जाये, जैसे गीला कपड़ा ठंडक पहुँचाता हुआ शरीर में एकमएक होकर लिपट जाता है॥

चटक न छाँड़तु[५] घटत हूँ सज्जन-नेहु गँभीरु।
फीकौ परै न, बरु फटै, रँग्यौ चोल-रँग चीरु॥ ६६८॥

---

१. मुँहतरु (३, ५)।
२. मन (२)।
३. तपति (२, ३)।
४. पिउ (२)।
५. छोड़तु (२, ४)।

शब्दार्थ—चोल रँग = चोल एक प्रकार की लकड़ी होती है, जिसे औटा कर लाल रंग निकाला जाता है। इस रंग में कुछ लाख का रस तथा तेल इत्यादि मिलाकर पक्का रंग बनाया जाता है, जिसको चोल का रंग कहते हैं। इसी रंग से खारुआ इत्यादि रंगे जाते हैं। इस रंग में तेल का भी मेल होता है, इसीलिए कवि ने प्रेम, अनुराग इत्यादि न कहकर 'नेहु' (१. अनुराग; २. तेल) शब्द रखा है॥

अवतरण—कवि की प्रास्ताविक उक्ति है—

अर्थ—सज्जन का गंभीर (गहरा, पक्का) स्नेह (१. प्रेम; २. तेल) [स्नेह-पात्र के] घटते हुए भी (हीन अवस्था को प्राप्त होते हुए भी, अर्थात् निर्धन, निर्बल होते हुए भी) [अपनी] चटक (प्रेम के रंग की उत्कर्षता) नहीं छोड़ता (अर्थात् मित्र की हीन दशा में भी सज्जन का प्रेम उस पर वैसा ही चटक रंग का रहता है), [जैसे] चोल के रंग से रंगा हुआ कपड़ा फीका नहीं पड़ता (उसके ऊपर के स्निग्ध रंग की चटक नहीं जाती) चाहे फट [भले ही] जाये॥

दुसह बिरह दारुन दसा, रहै न और उपाइ।
जात जात ज्यौ राखियतु[१] प्यौ[२] कौ नाउँ सुनाइ॥ ६६९॥

अवतरण—नायिका की व्याधि दशा का वर्णन सखी सखी से करती है—

अर्थ—[अब उसके] कठिनता से सहे जाने के योग्य विरह की [बड़ी] दारुण (भयानक) अवस्था है (हो रही है। [उसका प्राण शरीर में] और [किसी] उपाय से नहीं रहता [दिखाई देता]। [अब तो उसका] जाता जाता जीव प्रियतम का नाम सुनाकर (प्रियतम का नाम पुकारकर, जिसमें कि वह जाने कि प्रियतम आ गए हैं) रखा जाता है (जाने से रोका जाता है)॥

फिरि फिरि दौरत देखियत[३], निचले नैंक रहैंन।
ए कजरारे कौन पर करत कजाकी नैन॥ ६७०॥

शब्दार्थ—कजरारे = काजल के रंग से रंगे हुए। यह विशेषण कवि ने यहाँ इसलिए प्रयुक्त किया है कि क़ज्ज़ाकों के वस्त्र बहुधा काले रंग के हुआ करते हैं॥ **कजाकी (क़ज्ज़ाक़ी)** = क़ज्ज़ाक तुर्की भाषा में डाकू को कहते हैं। क़ज्ज़ाकी का अर्थ डाकूपना अर्थात् डाकुओं का सा धावा, हुआ॥

अवतरण—परकीया नायिका अपनी अटारी अथवा खिड़की पर बैठी हुई अपने उपपति को देखने की अभिलाषा से चारों ओर चंचल नयन चला रही है। सखी यद्यपि जानती है कि उसके नयन इसी कारण चंचल हैं, तथापि परिहास करती हुई उसके नयनों को डाकू बनाकर कहती है—

अर्थ—[तेरे नयन] पुनः पुनः दौड़ते देखे जाते हैं, [और] तनिक भी 'निचले' (निश्चल) नहीं रहते। [सो] ये कजरारे (काजल से रंगे हुए) नयन

---

१. **राखियै (२)।**
२. **पिय (२, ४)।**
३. **देखियै (२)।**

[अब] किस पर 'कजाकी' (डाकुओं का सा धावा) कर रहे हैं [उस नायक बेचारे का मन तो पहले ही लूट चुके हैं]॥

को छूट्यौ इहि जाल परि; कत, कुरंग, अकुलात[१]।
ज्यौं ज्यौं सुरझि भज्यौ चहत[२], त्यौं त्यौं उरझत[३] जात[४]॥ ६७१॥

अवतरण—जो मनुष्य ऐसे फँसावड़े में पड़ा हो कि उसमें से निकलना तो असंभव हो, पर उसमें से निकलने के निमित्त वह हाथ पाँव मारता और घबड़ाता हो, उसको ढाढ़स देने के लिए कोई यह अन्योक्ति हरिण पर रखकर कहता है, अथवा अपने मन को धैर्य देने के निमित्त कोई स्वगत कहता है—

अर्थ—इस जाल (फँसावड़े) में पड़कर कौन छूटा है; हे कुरंग (१. हिरण; २. बुरे रंग वाले, बुरी रुचि वाले), [तू] क्यों [वृथा] अकुलाता (छटपटाता) है। [देख,] ज्यों ज्यों [तू] सुलझकर (फँसावड़े से निकलकर) भागना चाहता है, त्यों त्यों [और भी अधिक] उलझता जाता है॥

अब तजि[५] नाउँ उपाव[६] कौ, आए[७] पावस[८]-मास।
खेलु न रहिबौ खेम सौं केम[९]-कुसुम की बास॥ ६७२॥

अवतरण—प्रोषितपतिका नायिका का वचन सखी से—

अर्थ—[अब तक तो तूने अनेक उपायों से मेरे प्राणों की रक्षा की। पर] अब उपाय का नाम [भी] तज दे, [क्योंकि अब] पावस (वर्षाऋतु) के महीने आ गए। [अब] 'केम' (कदंब) के फूलों की बास (सुगंधि) से (कदंब के फूलों की सुगंधि के मारे) 'खेम' (क्षेम, कुशल) से रहना खेल नहीं है॥

हमारी तीन प्राचीन पुस्तकों में 'आयौ पावस-मास' पाठ है और २-संख्यक पुस्तक में 'आयौ सावन मास' है, पर 'आयौ' क्रिया एकवचन है और 'पावस-मास' पद बहुवचन-वाची। 'पावस' एक ऋतु का नाम है, जिसमें दो महीने, अर्थात् सावन और भादों, होते हैं, अतः 'पावस-मास' पद को बहुवचन ही मानना समीचीन है। प्रतीत होता है कि इसी विचार से २-संख्यक पुस्तक में 'पावस' के स्थान पर 'सावन' पाठ कर लिया गया है। इसके अतिरिक्त बिहारी ने जिस परिपाटी का निर्वाह सतसैया भर में किया है, उसके अनुसार 'पावस-मास' पद यदि एकवचन माना जाये, तो उसको उकारांत होना चाहिए। पर इस दोहे में 'पावस-मास' पद उकारांत हो नहीं सकता, क्योंकि इसका तुकांत 'बास' आया है, जो कि स्त्रीलिंगवत् प्रयुक्त

---

१. **अकुलाइ (२, ४)।**
२. **चहै (२)।**
३. **अरुझतु (२)।**
४. **जाइ (२, ४)।**
५. **भजि (३, ५)।**
६. **उपाय (३), उपाइ (४, ५)।**
७. **आयौ (२, ३, ४, ५)।**
८. **सावन (२)।**
९. **कमल (३, ५)।**

हुआ है, तथा करणकारक रूप से आया है, अतः उकारांत नहीं है। बिहारी ने अकारांत एकवचन शब्द के कर्ता तथा कर्मकारक कारकों के रूपों के उकारांत लिखने की परिपाटी अपनी सतसैया भर में निबाही है; अतः इस एक दोहे में उसका भंग होना केवल लेखक का प्रमाद मात्र मानना समुचित है। इसी विचार से इस संस्करण में 'आयौ' के स्थान पर 'आए' पाठ रखा गया है और प्राचीन ग्रंथों के पाठ पाद-टिप्पणी के द्वारा प्रकाशित कर दिए गए हैं॥

लसै[१] मुरासा[२] तिय-स्त्रवन यौं मुकतनु[३] दुति पाइ।
मानहु परस कपोल कैं रहे स्वेद-कन छाइ॥ ६७३॥

शब्दार्थ—मुरासा = जड़ाऊ कर्ण-भूषण विशेष। यह शब्द किसी प्रकार 'मुद्रा' शब्द से बना प्रतीत होता है। एक इसी प्रकार के छोटे कर्ण भूषण को मुरकी भी कहते हैं। हरिचरण दास ने 'मुरासा' शब्द से कदाचित् अरबी शब्द मुरस्सा का विकृत रूप मानकर उसका अर्थ जड़ाऊ किया है और इस दोहे में न्यूनपद दूषण बतलाया है, पर यह उनका भ्रम मात्र है, क्योंकि यदि यह शब्द 'मुरस्सा' शब्द का रूपांतर हो भी, तो भी उसके प्रयोग में न्यूनपद दूषण नहीं कहा जा सकता, क्योंकि लक्षणा शक्ति से यह एक जड़ाऊ कर्ण भूषण विशेष का नाम पड़ गया है। उन्होंने यह भी लिखा है कि यह दोहा बिहारी का नहीं है पर इस कथन का कोई प्रमाण नहीं बतलाया है। यह दोहा हमारी चार प्राचीन पुस्तकों में विद्यमान है, जिनमें एक सन् १७७२ की लिखी हुई है, अतः हमारी समझ में यह दोहा मिलाया हुआ नहीं प्रतीत होता। अनवरचंद्रिका में 'मुरासा' के स्थान पर पाठ ही 'मुरस्सा' पाया जाता है और प्रभुदयालु पांडेजी ने भी 'मुरासा' का अर्थ 'मुंरस्सा' ही माना है॥

अवतरण—सखी नायक से मुरासे की शोभा का वर्णन करके नायिका के कपोलों का सौंदर्य तथा सुख स्पर्श व्यंजित करती है—

अर्थ—[उस] स्त्री के कान में मुरासा (जड़ाऊ कर्ण-भूषण विशेष) मोतियों से द्युति (झलक, चमक) पाकर यों (इस प्रकार) लसता (सुशोभित होता) है, मानो [सुंदर तथा सुख-स्पर्श] कपोल के स्पर्श से [उस पर, सात्त्विक होने के कारण,] स्वेदकण] (बिंदु) छा रहे हैं (आच्छादित हो रहे हैं)॥

मिलि परछाँहीं जोन्ह सौं[४] रहे दुहुन के गात।
हरि राधा इक संग हीं चले गली महिं[५] जात॥ ६७४॥

अवतरण—गलियों में कहीं परछाहीं होती है और कहीं चाँदनी। सखी सखी से श्रीकृष्णचंद्र तथा श्रीराधिकाजी के शरीर की श्यामता तथा गौरता की प्रशंसा करती हुई कहती है कि हरि तथा राधा गली में एक साथ ही चले जा रहे हैं, पर किसी को यह लक्षित नहीं होता कि दोनों साथ हैं, क्योंकि जहाँ परछाहीं होती है, वहाँ श्रीकृष्णचंद्र का शरीर उसमें मिल जाता है, अतः जो वहाँ उनको देखता है, वह केवल राधिकाजी ही को देख पाता है और जहाँ

---

१. लसे (४, ५)।
२. मरासौं (४)।
३. मुकता (२)।
४. मैं (२)।
५. मैं (२)।

चाँदनी होती है वहाँ श्रीराधिकाजी का शरीर उसमें मिल जाता है, अतः जो उनको वहाँ देखता है, वह केवल श्रीकृष्णचंद्र ही को देख पाता है—

अर्थ—[हे सखी, यह बड़ी विलक्षण बात है कि] हरि [तथा] राधा एक साथ ही गली में चले जा रहे हैं, [पर देखने वालों को एक ही एक दिखाई देते हैं; क्योंकि] दोनों के गात्र (शरीर) परछाहीं [और] चाँदनी से (में) मिल रहे हैं (मिलते जाते हैं)॥

बिधि, बिधि कौन[१] करै[२]; टरै नहीं[३] परैं हूँ पानु[४]।
चितै[५] कितै त लै धर्‌यौ इतौ[६] इतैं[७] तन[८] मानु[९]॥ ६७५॥

अवतरण—सखी का वचन मानिनी नायिका से—

अर्थ—[तेरा मान ऐसा गुरु है कि नायक के] पाँव पड़ने से भी नहीं टलता। हे दैव! [अब कोई] कौन विधि (रीति, यत्न, उपाय) करे। [नैक तू इधर तो] देख, तूने इतना (अधिक अथवा बड़ा) मान इतने [छोटे] तन में 'कितै' (कहाँ) ले धरा है (समा लिया है)॥

'चितै' शब्द से सखी नायिका को अपनी ओर दिखलाकर हाथ से मान के प्रमाण का आधिक्य तथा उसके तन की सूक्ष्मता बतलाती है॥

इस दोहे के अर्थ में प्रायः सभी टीकाकारों ने बड़ी गड़बड़ की है॥

मोरचंद्रिका, स्याम-सिर चढ़ि[१०] कत करति[११] गुमानु।
लखिवी[१२] पाइनु पर लुठति, सुनियतु राधा-मानु॥ ६७६॥

शब्दार्थ—चंद्रिका = इस शब्द के विषय में ४१९-संख्यक दोहे की टीका द्रष्टव्य है॥

अवतरण—सखी श्रीकृष्णचंद्र को स्वच्छंद वन-विहार में निरत देखकर मोर चंद्रिका से यह दोहा कहती हुई श्री राधिकाजी के मान की धमकी देकर उनको उनके पास ले जाना चाहती है। 'सुनियतु' शब्द से व्यंजित होता है कि उसका यह धमकी देना उसकी बनावट मात्र है। उसने अपने झूठे ठहरने के बचाव के निमित्त पहले ही से कह दिया है कि

---

१. **कौनि (२, ४)।**
२. **करे टरे (४, ५)।**
३. **परे (३, ४, ५)।**
४. **पान (२, ३, ५)।**
५. **चितैं कितैं (३), चित केते ते (५)।**
६. **इतें (३), इते (४, ५)।**
७. **इते (२, ४, ५)।**
८. **तनु (३, ५)।**
९. **मान (२, ३, ५)।**
१०. **चढ़िए (४)।**
११. **धरति (३, ५)।**
१२. **लखवी (२)।**

राधिकाजी का मान सुना जाता है, जिसमें नायक वहाँ जाने पर उनको मान में न देखकर उसको झूठी न ठहरा सके—

अर्थ—हे मोरचंद्रिका, [तू] श्याम के सिर चढ़कर (१. सिर पर स्थापित होकर; २. श्रीकृष्णचंद्र-द्वारा सम्मानित होकर) क्यों 'गुमान' (अभिमान, घमंड) करती है। [तू शीघ्र ही] पाँवों पर लुटकती देखी जायेगी, [क्योंकि] राधिकाजी का मान सुना जाता है॥

यह दोहा मोरचद्रिका पर अन्योक्ति भी हो सकता है। जहाँ कोई किसी राजा के सम्मान पर गर्व करे वहाँ इस अभिप्राय से यह कहा जा सकता है कि तू इस राजा के सम्मान पर क्या गर्व करता है, इस राजा से भी बड़े बड़े राजा संसार में हैं, जिन्हें प्रसन्न करने के निमित्त यह राजा स्वयं उनके पाँव पड़ता है॥

चिरजीवौ जोरी, जुरै[1] क्यों न सनेह गँभीर।
को[2] घटि; ए बृषभानुजा, वे हलधर के बीर॥ ६७७॥

अवतरण १—इधर तो श्री राधिकाजी की मान करने की प्रकृति है और उधर श्रीकृष्णचंद्र की अपराध करने की कुबान नहीं छूटती। एक दिन श्रीराधिकाजी के मान करके न मानने पर श्रीकृष्णचंद्र भी माष मानकर अलग बैठ गए और श्रीराधिकाजी भौंहें चढ़ाए बैठी रहीं। उन्हें हँसाने तथा समझाने के निमित्त कोई सखी किसी अन्य सखी से, उन दोनों को सुना कर, बड़ी चातुरी से, यह व्यर्थात्मक श्लिष्ट वाक्य कहती है। उसके वाक्य का पहला अर्थ यह होता है—

अर्थ १—[यह] जोड़ी चिरजीवी हो। [यह] गहरे स्नेह से क्यों न जुड़े, [क्योंकि इन दोनों में से] घटकर कौन है (अर्थात् दोनों ही बराबर श्रेष्ठ हैं) यह [तो] वृषभानुजी [ऐसे महापुरुष] की बेटी हैं, [और] वह हलधर (बलदेवजी) [ऐसे प्रभावशाली पुरुष] के भाई॥

इस अर्थ से सखी दोनों की शिष्टजनोचित प्रशंसा करती हुई कहती है कि ये दोनों ही परम श्रेष्ठ हैं। अतः ये यद्यपि क्षण मात्र के निमित्त परस्पर रुष्ट हो गए हैं, तो क्या हुआ—इनमें गम्भीर प्रेम शीघ्र ही जुड़ जायेगा, जैसा कि उत्तम पुरुषों में होता है। इस कथन से वह दोनों को बढ़ावा देकर उनका मान तथा माष छुड़ाना चाहती है॥

अवतरण २—ऊपर लिखे हुए अर्थ से तो सखी ने प्रशंसा की, पर सखियाँ मुँहलगी तथा ढीठ तो होती ही हैं; अतः वह, नीचे लिखे हुए दूसरे अर्थ से, उन दोनों को तप्त तथा उग्र-प्रकृति कहकर यह व्यंजित करती हैं कि ऐसे नित्य के मान तथा भाष से गंभीर स्नेह का जुड़ना असंभव है, अतः एक का इतना शीघ्र शीघ्र मान करना और दूसरे का अपराध करने की कुबान न छोड़ना और उस पर भी माष मानना अनुचित है—

अर्थ २—[इन दोनों की] जोड़ी चिरजीवी हो। [यह जोड़ी] गंभीर (चिरस्थायी) स्नेह से क्यों न जुड़े (अर्थात् चिरस्थायी स्नेह से कैसे जुड़ सकती है); [क्योंकि इन दोनों में से] घटकर कौन है (दोनों ही तो एक से उग्र स्वभाव

१. **जुरें (३, ५)।**
२. **क्यों घटि (५)।**

तथा असहनशील हैं), ये तो वृषभानु (वृष के सूर्य) की बेटी [अतः तद्गुण अर्थात् प्रचंडता तथा प्रदीप्तता से संपन्न] हैं, [और] वे हलधर (अर्थात् शेषनाग के अवतार) के भाई [अतः उनकी उग्रता तथा असहनशीलता से युक्त] हैं॥

अवतरण ३—ऊपर लिखे हुए दूसरे अर्थ से दोनों के क्रोध, कुबान तथा असहनशीलता के कारण प्रेम के टूटने की संभावना व्यंजित करती हुई सखी अब तीसरे अर्थ से परिहास करके उनको ऐसे स्वभाव के कारण पशु कहती हुई व्यंजित करती है कि न तो यह समझाने से अपने रोष की प्रकृति ही छोड़ती हैं और न वह कहने सुनने तथा डाट डपट से अपने अवगुण ही। फिर भला इनमें सज्जनों जैसा गंभीर स्नेह कैसे जुड़ें। इनमें पशुओं का सा क्षणिक प्रेम भले ही हो, पर गंभीर प्रेम का जुड़ना तो असंभव ही है। इस अर्थ से भी सखी परिहास-पूर्वक यह शिक्षा देती है कि दोनों को यदि प्रेम का चिरस्थायी रखना अभीष्ट है; तो अपनी अपनी दुष्प्रकृति छोड़ देनी चाहिए—

अर्थ ३—[इन दोनों की] जोड़ी चिरजीवी हो। [यह जोड़ी] गंभीर (चिरस्थायी) स्नेह से क्यों न जुड़े (अर्थात् चिरस्थायी स्नेह से कैसे जुड़ सकती है) [क्योंकि इन दोनों में से] घटकर कौन है (दोनों ही तो एक ही से पशुवृत्ति, हठी हैं, अर्थात् समझाने बुझाने से नहीं मानते)। यह तो वृषभानुजा (वृषभ अर्थात् बैल की अनुजा अर्थात् बहिन) हैं, [और वह] हलधर (बैल) के भाई (अर्थात् दोनों गाय बैल हैं)॥

औरै गति, औरै बचन, भयौ बदन-रँगु औरु।
द्योसक तैं पिय-चित चढ़ी कहैं चढ़ैं[1] हूँ त्यौरु॥ ६७८॥

अवतरण—कुछ दिनों से नायक नायिका से अधिक प्रेम करने लगा है, जिसे छिपाने के लिए नायिका त्योरी चढ़ाए रहती है, पर उसकी आकृति से यह लक्षित करके सखी कहती है—

अर्थ—[तेरी] और ही [प्रकार की] गति (चाल ढाल), और ही [ढंग के] वचन [तथा] और [ही] हुआ (बदला हुआ) वदन (मुख) का रंग, [ये सब] [तेरा] तेवर चढ़ने पर भी कहते (प्रकाशित करते) हैं [कि तू] दो एक दिन से प्रियतम के चित्त पर चढ़ रही है (अर्थात् प्रियतम के जी को भा गई है)॥

बेंदी भाल, तँबोल[2] मुँह[3], सीस सिलसिले बार।
दृग आँजे, राजै खरी एईं[4] सहज सिंगार॥ ६७९॥

अवतरण—नायिका स्नान करके सहज श्रृंगार से स्थित है। उस समय की उसकी शोभा सखी नायक से कहकर उसको उसके पास लाना चाहती है—

अर्थ—भाल पर बेंदी, मुख में तांबूल, सिर पर भीगे हुए बाल [और] आँजे हुए दृग, इन्हीं सहज श्रृंगारों से [वह इस समय] खरी (पूर्णरूप से) राजती (सुशोभित) है॥

---

१. चढ़ौ है (३), चढ़े हूँ (४)।
२. तमोर (२)।
३. मुख (२)।
४. साजैं (२)।

अंग अंग प्रतिबिंब परि दरपन[१] सैं सब गात।
दुहरे, तिहरे, चौहरे; भूषन जाने जात॥ ६८०॥

अवतरण—सखी नायिका के शरीर की विलक्षण अमलता की प्रशंसा करके नायक के हृदय में रुचि तथा उसे देखने का कौतूहल उपजाना चाहती है—

अर्थ— [उसके] दर्पण-सदृश सब शरीर में एक अंग का प्रतिबिंब दूसरे अंग में [और फिर उस दूसरे अंग का प्रतिबिंब उस पहले अंग में, इसी प्रकार अनंत बार बिंब प्रतिबिंब] पड़कर (पड़ने से) [उसके] भूषण दुहरे, तिहरे, चौहरे (अर्थात् असंख्य) जाने जाते हैं॥

एक दर्पण के सामने दूसरा दर्पण रखने से उन दोनों के मध्य की वस्तु, अपने बिंब, प्रतिबिंब तथा प्रति-प्रतिबिंब इत्यादि का संग्रह उन दर्पणों में होने के कारण, असंख्य दिखाई देती है। यही बात उसके दर्पण से अंगों के मध्यवर्ती भूषणों के विषय में इस दोहे में कही गई है॥

सघनकुंज-छाया सुखद सीतल सुरभि-समीर।
मनु ह्वै जातु अजौं वहै उहि जमुना[२] के[३] तीर॥ ६८१॥

अवतरण—श्रीकृष्णचंद्र के मथुरा चले जाने पर उनके विरह में कातर कुछ गोपियाँ बैठी आपस में बातचीत करती हैं। उनमें से कोई कहती है—

अर्थ— [हे सखी!] श्रीयमुनाजी के उस तीर पर [जहाँ श्रीकृष्णचंद्र के साथ विविध विहार किए गए थे] अब भी (उनके उपस्थित न रहने पर भी) मन [उनके स्मरण में निमग्न होकर] वही (जैसा उनकी उपस्थिति में रहता था, वैसा ही) हो जाता है, [अतः] सघन कुंज की छाया [तथा] सुरभि-समीर [जो विरह में दुःखद तथा तापकर होते हैं] सुखद [तथा] शीतल [हो जाते हैं]॥

मोहिं भरोसौ, रीझिहै उझकि झाँकि[४] इक बार।
रूप-रिझावनहारु वह, ए[५] नैना रिझवार॥ ६८२॥

शब्दार्थ—**रूप-रिझावनहारु** = रूप के द्वारा रिझाने वाला। इस पद में तृतीया-तत्पुरुष समास है॥

अवतरण—दूती ने जब नायक के अनुराग की कहानी तथा उसके रूप की प्रशंसा पर नायिका को विशेष ध्यान देते न देखा, तो उसने सोचा कि बातों से यहाँ काम चलना कठिन है, किसी उपाय से दोनों को चार आँखें करा देना चाहिए। सौन्दर्य का प्रभाव बड़ा विलक्षण होता है और अपने आँखों देखने की कुछ बात ही और है। यह सोचकर वह नायिका से कहती है कि नायक इस समय इस गली में तो खड़ा है, तू नैंक झाँककर देख तो सही—

---

१. दर्पन (२)।
२. कालिंदी (३, ५)।
३. की (२, २, ५)।
४. एक ही (४)।
५. वे (२)।

अर्थ—मुझे [तो] भरोसा है; [तू] एक बार [ही] उझक के झाँककर (झरोखे में उसे देखकर) रीझ जायेगी। [क्योंकि] वह [तो] रूप (सौन्दर्य) के द्वारा रिझाने वाला (लुभा लेने वाला है; [और] ये नयन रिझवार (सौन्दर्य पर रीझने वाले, सौन्दर्य के गुणग्राहक) हैं॥

नायिका के नेत्रों का विशेषण कवि बड़ी लोक-व्यवहार-चातुरी से रखता है। जब किसी पदार्थ का बेचने वाला किसी धनी के यहाँ जाता है, तो प्रायः वह अपना पदार्थ दिखलाने के समय कहता है कि "देखिए तो सही यह क्या अच्छी वस्तु है, आप तो स्वयं इसके गुण के ज्ञाता हैं, मैं आपसे इसकी अधिक प्रशंसा क्या करूँ, आप ही ऐसे गुणज्ञ इस पर रीझते हैं॥"

भौंहनु त्रासति, मुँह नटति, आँखिनु सौं लपटाति।
ऐंचि छुड़ावति[1] करु, इँची आगैं आवति जाति॥ ६८३॥

अवतरण—परकीया नायिका, प्रथम मिलाप के समय नायक के हाथ पकड़ने पर जो चेष्टा कर रही है, उसकी प्रशंसा अंतरंगिनी सखी स्वगत करती है—

अर्थ—[वाह वाह! हमारी प्रवीण सखी इस समय कैसे प्यारे भाव कर रही है]। भौंहों से [तो वह] डराती है (अर्थात् भौंहों को तो वह बनावटी रोष से भरकर नायक पर यह भाव प्रकट करती है कि मुझे जो तुम पकड़ते हो, वह अच्छा नहीं है), [और] मुँह से नटती है (नहीं नहीं कहती है), [पर] आँखों से लिपटती है (ऐसी चेष्टा करती है, जिससे प्रतीत होता है कि उसकी आँखें नायक के रूप पर लुभा कर उससे लिपट रही हैं), [और] खींचकर हाथ को [तो] छुड़ाती है (अर्थात् हाथ छुड़ाने के ब्याज से खींचातानी करती है), [पर उस खींचातानी में स्वयं] खिंची हुई [शनैः शनैः] आगे आती जाती है (नायक की ओर खिसकती आती है)॥

इस दोहे की नायिका की क्रियाएँ बड़ी चातुरी की हैं। उसका खिंचकर नायक के समीपतर होते जाना वैसा ही है, जैसा किसी बड़ी नाव में लंबी रस्सी से बँधी हुई किसी छोटी नाव का, उसपर के मनुष्यों द्वारा रस्सी को छुड़ाने के निमित्त खींचने पर, बड़ी नाव के समीप होते जाना॥

रुक्यौ साँकर कुंज-मग[2], करतु झाँझि[3], झकुरातु[4]।
मंद मंद मारुत-तुरँगु खूँदतु[5] आवतु[6] जातु[7]॥ ६८४॥

शब्दार्थ—**रुक्यौ** = अवरुद्ध हुआ, सघन कुंज तथा संकीर्ण मार्ग के कारण नायिका को बचाकर निकलने का दाँव न पाता हुआ। यदि किसी बहुत पतली गली में कोई खड़ा हो और

---

१. छुड़ावत (३, ५)।
२. मैं (२)।
३. झाझि (४)।
४. झौरातु (२), झुकरातु (४), झकुराति (५)।
५. खूँदनि (२)।
६. आवत (२, ३, ५)।
७. जात (३), जाति (५)।

उसमें कोई बिगड़ैल घोड़ा खूँद करता हुआ आये जाये, तो वह उसकी टापों से अवश्य ही भलीभाँति कुचल जायेगा, क्योंकि स्थान की संकीर्णता के कारण न तो उसको ही बचने का ठौर मिल सकता है और न घोड़े ही को उसे बचाकर आने जाने का मार्ग। यही बात नायिका अपने विषय में कहती है कि मार्ग के संकीर्ण होने के कारण इधर उधर स्थान न पाता हुआ पवन रूपी तुरंग आता जाता मुझे खूँद डालता है॥ **साँकरैं** = संकीर्ण॥ **झाँझिड़ा** = झाँझ, झेंझ, झंझट, अड़ियलपन। यदि सामान्यतः दौड़ता हुआ घोड़ा किसी को रौंदता हुआ निकल जाये, तो उसके ऊपर दो ही एक टाप पड़ने की संभावना होती है, पर यदि वह घोड़ा झँझ और खूँद करता हुआ जाये, तो उस पर टापों का प्रहार बहुत तथा बड़ा प्रबल होगा। पवन रूपी घोड़े का झाँझ करते हुए आना जाना कहकर नायिका उसके द्वारा अपना भलीभाँति विदलित होना व्यंजित करती है॥ **झकुरातु** = यह क्रिया झकोर शब्द से बनी है। इसका अर्थ झकोर लेता, झूमता इत्यादि है। यहाँ घोड़े के पक्ष में इसका अर्थ आगे के दोनों पावों को उठाता और पटकता समझना चाहिए॥ **खूँदतु** = कुचलता है, रौंदे डालता है। घोड़े के सम्बन्ध से इसका अर्थ यहाँ खूँद से रौंदे डालता है होगा। इस शब्द का विशेष अर्थ ५४२-संख्यक दोहे की टीका में द्रष्टव्य है॥

अवतरण—विप्रलब्धा नायिका को, संकेत-निकुंज में नायक को न पाने से, बड़ा ताप हुआ है और सघन कुंज में आता-जाता शीतल, मंद, सुगंध समीर ऐसा दुःखद लगता है, जैसा घोड़े की टापों से कुचला जाना। अतः वह, उसका रूपक खूँद करते हुए घोड़े से करके सखी से कहती है—

अर्थ— [हे सखी, इस संकेतित सघन निकुञ्ज में प्रियतम को न पाकर मुझे बड़ा ही दुःख हो रहा है] कुञ्ज के संकीर्ण मार्ग में अवरुद्ध, झेंझ करता हुआ तथा बलपूर्वक झोंका लेता हुआ पवन रूपी तुरंग मंद मंद आता जाता [मुझे] खूँदे (कुचले, विदलित किए) डालता है॥

जदपि लौंग ललितौ, तऊ तूँ न पहिरि इक आँक।
सदा साँक बढ़ियै रहै, रहै[1] चढ़ी सी नाक॥ ६८५॥

अवतरण—मान ठानने के समय स्त्रियाँ गहने उतार डालती और मैले कुचैले वस्त्र धारण कर लेती हैं, पर नासिका का शून्य रखना सौभाग्यवती स्त्रियों को वर्जित है, अतः नाक के बेध में, मान के समय भी, वे सींक अथवा लवंग-फूल इत्यादि डाल लेती हैं। इस दोहे की मानिनी नायिका ने लवंग फूल डाल रखा है। नायक शठ है। वह मीठी बातें करके अपराध छिपाना तथा नायिका का मान छुड़ाना चाहता है। वह नायिका पर यह नहीं विदित होने देना चाहता कि मैं तेरा मान ठानना समझ गया हूँ। उसके लवंग धारण करने को मानो शोभार्थ समझता है और उसकी नाक के चढ़ी हुई होने के कारण उस लवंग-फूल की पड़पड़ाहट मानता है। इस तरह जान बूझकर अनजान बनने से उसका अभिप्राय यह है कि नायिका यह समझे कि यदि यह अपराधी होता, तो मेरे लवंग धारण करने और नाक चढ़ाने पर डर जाता और इस प्रकार निःशंक होकर बातें न करता, क्योंकि चोर का चित्त सदा खटकता रहता है। इन्हीं विचारों से नायक नायिका से कहता है—

---

१. रही (३, ५)।

अर्थ—[हे प्यारी,] यद्यपि [यह] लवंग-फूल [तेरी नासा में] ललित (सुन्दर) भी [लगता] है, तथापि तू [इसको] 'इक आँक' (निश्चय करके) न पहन (मत पहना कर), [क्योंकि इसके पहननें से इसकी झार के कारण तेरी कोमल] नाक चढ़ी सी रहती है, [जिससे मेरे मन में] सदा शंका (अर्थात् तेरे मान ठाने हुए होने की भीति) बढ़ी ही रहती है॥

बरजैं[1] दूनी हठ चढ़ै, ना सकुचै, न सकाइ।
टूटत[2] कटि दुमची-मचक[3], लचकि लचकि बचि जाइ॥ ६८६॥

शब्दार्थ—दूनी = और भी अधिक॥ **हठ** = हठ पर॥ **चढ़ै** = बढ़ती है। हमारी चार प्राचीन पुस्तकों में 'चढ़ै' के स्थान पर 'बढ़ै' पाठ है और एक संख्यक पुस्तक में यह दोहा है ही नहीं। एक बहुत प्राचीन सटीक सतसई में, जो कि हमको अब मिली है, 'बढ़ै' पाठ मिलता है। इसके अतिरिक्त और सब सटीक ग्रंथों में भी 'चढ़ै' ही पाठ है। अर्थ के विचार से भी 'चढ़ै' पाठ अच्छा है, अतः इस संस्करण में वही पाठ रखा गया है॥ **दुमची** = झूले पर खड़े होकर कटि को लचकाकर पेंग बढ़ाने के निमित्त झोंका देने की क्रिया को दुमची कहते हैं॥

अवतरण—अज्ञातयौवना नायिका, उमंग से पेंग मारकर, झूल रही है और हितकारिणी सखी के वारण करने पर न तो, अज्ञातयौवना होने के कारण, संकुचित होती है और न झूलने के उत्साह के कारण डरती ही है, प्रत्युत वारण करने पर और भी उमंग से हठ-पूर्वक दुमची देती है, जैसा कि थोड़े अवस्था वाले मनुष्यों का प्रायः स्वभाव होता है कि वे किसी कार्य से वर्जित किए जाने पर हठात् और भी विशेषता से उस कार्य में प्रवृत्त होते हैं। कोई सखी उसकी यह व्यवस्था तथा उसकी कटि का सौकुमार्य तथा लचकीलापन नायक से वर्णित करके उसको उस समय की शोभा देखने के निमित्त उत्सुक करना चाहती है—

अर्थ—[उसकी इस समय की बेखटक झूला झूलने की स्वाभाविक शोभा देखने ही योग्य है। वह] न [तो मचकी लेने में अंगों के खुल जाने इत्यादि से] संकुचित होती है, [और] न [सुकुमार कटि के पीड़ित होने अथवा झूले से गिर पड़ने से] डरती है। [हितकारिणी सखियों के] वारण करने पर दूनी (और भी अधिक) हठ पर चढ़ती है (हठ करके झूलती और झोंका देती है)। [उसकी] कटि दुमची की मचक से [परम क्षीण तथा सुकुमार होने के कारण टूट ही जाती, पर] टूटते टूटते लचक लचककर बच जाती है [जैसे कोई लचकीली छड़ी इत्यादि अत्यंत झुकने, मुड़ने और झकझोरे जाने पर भी टूटने से बच जाती है]॥

कर समेट कच[4] भुज उलटि, खएं सीस-पटु टारि।
काकौ मनु बाँधै न यह जूरा[5]-बाँधनहारि॥ ६८७॥

---

१. तूँ बरजैं दूनी बढ़ै (३, ५)।
२. टूटति (३, ४), दूटति (५)।
३. मचिकि (३), मचिक (५)।
४. कुच (२, ३, ५)।
५. जूरौ (२)।

अवतरण—नायिका के जूड़ा बाँधते समय की मनोहारिणी चेष्टा देखकर नायक स्वगत कहता है—

अर्थ— भुजाओं को (पीछे की ओर] उलटे हाथों से बालों को समेट [और] खओं (पखुरों, भुजमूलों) पर सिर का वस्त्र टालकर (हटाकर) यह जूड़ा बाँधने वाली किसका मन नहीं बाँधती (अपने पर आसक्त नहीं कर लेती)॥

पूछैं क्यौं रूखी परति, सगिबगि गई सनेह।
मनमोहन-छबि पर[१] कटी, कहै कँट्यौनी[२] देह॥ ६८८॥

शब्दार्थ—**कटी** = कटना, बोलचाल में अत्यंत आसक्त होने के अर्थ में प्रयुक्त होता है, जैसे "अमुक व्यक्ति को देखकर हम तो कट गए" अर्थात् आसक्त हो गए॥

अवतरण—उपपति नायक को देखकर नायिका के शरीर में स्वेद तथा रोमांच सात्विक हो आए हैं। पर सखियों के यह पूछने पर कि "तेरी यह दशा क्यों हो गई है", वह रूखा सा मुँह बनाकर अंटसंट कह देती है, जिस पर कोई मुँहलगी चतुर सखी, उसकी चेष्टा से सच्ची बात लक्षित करके, कहती है—

अर्थ— [नायक को देखते ही तो तू] स्नेह (१. प्रेम; २. तेल) में सगबग (लतपत) हो गई (अर्थात् उसके स्नेह के कारण पसीने से भीग गई) है, [फिर तू] पूछने पर रूखी क्यों पड़ती है। [तू] मनमोहन (मन के मोहने वाले श्रीकृष्णचन्द्र) की छबि पर कट गई है (आसक्त हो गई है), [यह बात तेरी] 'कँट्यौनी' (कंटकित, रोमांचित) देह कहती (प्रकट करती) है॥

सोहत ओढ़ैं[३] पीतु पटु स्याम, सलौनैं गात।
मनौ नीलमनि-सैल पर आतपु पर्‍यौ प्रभात॥ ६८९॥

अवतरण—सखी अथवा दूती नायक की नील छवि पर पीत पट की शोभा का वर्णन करके नायिका के चित्त में अनुराग उत्पन्न करना चाहती है—

अर्थ— [नायक के] श्याम [तथा] सलोने (सुंदर, चमकीले) गात्र पर ओढ़ने से पीत पट [ऐसा] शोभित होता है, मानो नीलमणि के पर्वत पर प्रातः काल आतप (घाम) पड़ा हुआ है॥

भाल लाल बेंदी, ललन, आखत[४] रहे बिराजि।
इंदुकला कुज[५] मैं बसी[६] मनौ राहु-भय भाजि॥ ६९०॥

शब्दार्थ—**लाल बेंदी** = रोली अथवा सिन्दूर की गोल टिप्पी॥ **ललन** = हे लालन, हे ललन॥ **आखत (अक्षत)** = बिना टूटे चावल, जो कि पूजा इत्यादि में काम आते हैं। अक्षतों

---

१. **परगटी** (३, ५)।
२. **कहानी** (३, ५)।
३. **ओढ्यौ** (३, ५)।
४. आवत (३, ५)।
५. **कँज** (३, ५)।
६. **दुरी** (३, ५)।

की आकृति चंद्र की पतली कलाओं से बहुत मिलती है। किसी शुभ अवसर पर मस्तक में तिलक लगाकर उस पर अक्षत चिपका दिए जाते हैं॥ **कुज** = भौम अर्थात् मंगल ग्रह; जिसका रंग लाल है। यह पृथ्वी से इतनी दूर है कि यदि उसके पास चन्द्रमा चला जांये तो पृथ्वी की छाया उस पर नहीं पड़ सकती, क्योंकि सूर्यबिम्ब पृथ्वी से बहुत बड़ा है, अतः पृथ्वी की छाया सूर्य के विरुद्ध दिशा में सूचिकाकार पड़ती है और सूर्य तथा पृथ्वी की बड़ाई, छुटाई तथा दूरी के अनुसार एक परिमित दूरी से अधिक दूरस्थ पदार्थों पर वह छाया नहीं पड़ती। इसके अतिरिक्त मंगल क्रूर ग्रह है, अतः यह भी कहना संगत है कि राहु उसके समीप जाते डरता है। देवकीनंदन की टीका में यह लिखा भी है कि ''ज्योतिष-मत मैं कह्यौ है, मंगल को राहु डरात है''॥ **भाजि** = इस शब्द का अर्थ अन्य टीकाकारों ने भाग कर लिखा है, पर हमारी समझ में इसका अर्थ विभक्त होकर करना अधिक संगत है, क्योंकि राहु का भय चन्द्र की कलाओं को नहीं होता, प्रत्युत पूर्णचन्द्र को। अतः यह कहना विशेष समीचीन है कि राहु के भय से विभक्त हुई चन्द्र की कलाएँ मंगल में बसी हैं। इस अर्थ में राहु से बचने के निमित्त चन्द्रमा का दो अर्थ करना सिद्ध होता है—एक तो उसका कलाओं में विभक्त हो जाना, क्योंकि उसकी कलाओं पर राहु का आक्रमण नहीं होता; दूसरे उसका कलाओं में विभक्त होकर मंगल ग्रह में बसना, क्योंकि मंगल ग्रह के समीप पृथ्वी की छाया अधिक दूरी के कारण नहीं जातीं, अथवा यह कहिए कि मंगल के पास राहु भय से नहीं जाता॥

अवतरण—नायिका ऋतुस्नान करके गौरी, गणेश इत्यादि के पूजन से निवृत्त हो मस्तक पर लाल तिलक धारण किए, विराजमान है। उस तिलक में पूजन के अक्षत भी लगे हुए हैं। सखी नायक के पास जाकर उसकी शोभा का वर्णन करती हुई तिलक को मंगल तथा अक्षतों को चन्द्र की कलाएँ ठहराकर एक ग्रहसंस्था विशेष पर ध्यान दिला संयोगोपयोगी समय सूचित करती है—

अर्थ—हे ललन, [उसके] भाल पर लाल बेंदी में अक्षत [ऐसे] विराजमान हैं मानो चंद्र की कलाएँ राहु के भय से विभक्त होकर मंगल ग्रह में [आ] बसी हैं॥

इस उत्प्रेक्षा से सखी नायक का ध्यान मंगल ग्रह में चंद्र की अंतरदशा पर दिखलाती है, जिसके केन्द्रस्थ अर्थात् प्रथम, चतुर्थ, सप्तम तथा दशम स्थानों पर होने से दारपुत्रादि-सौख्य की प्राप्ति होती है। यथा—

कुजस्यान्तर्गते चन्द्रे स्वोच्चे स्वक्षेत्रकेन्द्रगे॥
भाग्यवाहनकर्मेशलग्नाधिपसमन्विते ॥७०॥
करोति विपुलं राज्यं गन्धमाल्याम्बरादिकम्॥
तडागं गोपुरादीनां पुण्यधर्मादिसंग्रहम्॥७१॥
विवाहोत्सवकर्माणि दारपुत्रादिसौख्यकृत्॥
पितृमातृसुखावाप्तिं गृहे लक्ष्मीकटाक्षकृत्॥७२॥

(बृहत्पाराशरहोरा शास्त्र, पूर्व खंड, अध्याय ३९)

सखी मंगल के अंतरंग चंद्रमा की कलाओं का नायिका के भाल पर होना कहकर इस ग्रहसंस्था का केन्द्रस्थ होना भी लक्षित कराती है, क्योंकि स्त्री का स्थान सातवाँ है, जो कि केन्द्र के चार स्थानों में से एक है। इसी प्रकार का कथन ७०७वें दोहे में भी है॥

अंग अंग छबि की लपट उपटति[1] जाति अछेह।
खरी पातरीऊ, तऊ लगै भरी सी देह॥ ६९१॥

अवतरण—सखी नायिका के शरीर की द्युति का वर्णन नायक से करती है—

अर्थ—[उसके] अंग में छवि की लपट (चमक, ओप) अछेह (निरंतर) उपटती (उभरती) जाती है। [अत: यद्यपि उसकी] देह अति दुबली भी है, तथापि भरी सी (गदकारी सी) लगती है (प्रतीत होती है)॥

दृग थिरकौहैं, अधखुलैं, देह थकौहैं ढार।
सुरत सुखित सी देखियत[2], दुखित गरभ कैं भार॥ ६९२॥

शब्दार्थ—थिरकौहैं (स्थिरकोन्मुख) = स्थिर हुए से। यहाँ 'थिरकौहैं' शब्द थिरकने से बना हुआ नहीं है, प्रत्युत स्थिर शब्द में 'क' प्रत्यय होकर बना है॥

अवतरण—कोई रसिक किसी गर्भिणी स्त्री की चेष्टा का वर्णन करता है—

अर्थ—[यह] गर्भ के बोझ से दुखित; थिरकौहैं (स्थिर हुए से), अधखुले दृगों से [एवं] देह के थके हुए से ढंग से सुरत करके सुखित [स्त्री] सी दिखाई देती है॥

बिहँसति, सकुचति सी, दिऐं[3] कुच-आँचर-बिच बाँह।
भींजैं पट तट कौं चली, न्हाइ सरोवर माँह॥ ६९३॥

अवतरण—स्नान करके सरोवर में से निकलती हुई नायिका की मनोहारिणी चेष्टा पर लुब्ध होकर नायक, उसे अपने अन्तरंग सखा को दिखाता हुआ, कहता है—

अर्थ—[देखो, वह कैसी शोभा के साथ] सरोवर में स्नान करके, कुचों [और] अंचल के बीच में बाँह दिए हुए [जिसमें उसके कुच भीगे हुए वस्त्र में से दिखाई न दें], विहँसती (मुस्कुराती) [और] सकुचाती हुई सी, भीगे हुए वस्त्र से (भीगा हुआ वस्त्र पहने हुए) तट को (तट की ओर) चली॥

बरन, बास, सुकुमारता, सब बिधि रही समाइ।
पँखुरी लगी गुलाब की गात न जानी जाइ॥ ६९४॥

अवतरण—सखी नायक से नायिका के शरीर की हलकी ललाई, सुगंधि तथा कोमलता का वर्णन करती है—

अर्थ—[उसके] गात्र में गुलाब की 'पँखुरी' (पंखड़ी) लगी हुई (चिपकी हुई) जानी नहीं जाती (लक्षित नहीं होती)-[वह] 'बरन' (वर्ण, रंग), वास (सुगंधि) [तथा] सुकुमारता (कोमलता), [इन] सब [ही] विधियों (व्यवस्थाओं) से [उसके गात्र में] समा रही है (मिल रही है)॥

---

१. उपटी जात (३), उपटी जाति (५)।
२. देखियै (१), देखियत (५)।
३. हियैं (२, ४)।

रंच न लखियति[१] पहिरि यौं[२] कंचन सैं तन, बाल।
कुँभिलानैं[३] जानी परै[४] उर चंपक[५] की माल॥ ६९५॥

अवतरण—सखी नायिका से उसके सुनहरे रंग की प्रशंसा करती है—

अर्थ—हे बाल, [तेरे] कंचन से शरीर में चंपे की माला पहनने पर [शरीर के रंग में ऐसी मिल जाती है कि] 'यौं' (इसी दशा में, जैसी है वैसी ही, अर्थात् बिना कुँभलाए) 'रंच' (तनिक भी) लक्षित नहीं होती, [पर] कुँभलाने पर हृदय पर जान पड़ती है (दिखाई देती है)॥

गोधन, तूँ हरष्यौ[६] हियैं घरियक[७] लेहि[८] पुजाइ।
समुझि परैगी सीस पर परत पसुनु के पाइ॥ ६९६॥

शब्दार्थ—गोधन = गोवर्द्धन। कार्तिक शुक्ल प्रतिपदा के दिन किसान लोग अपने अपने द्वारों पर गोबर से गोवर्द्धन की प्रतिमा बनाकर, बड़े समारोह से उसकी पूजा करते और उत्सव मनाते हैं। पूजा कर चुकने के पश्चात् वे अपने गाय बैलों को उसी प्रतिमा पर खड़ा करके पूजते हैं, जिससे वह प्रतिमा रौंद उठती है॥

अवतरण—किसी व्यक्ति के सम्मान पाकर अभिमान करने पर कोई यह दोहा, गोवर्द्धन पर अन्योक्ति करके, उसको सुनाता है—

अर्थ—[हे] गोवर्द्धन, तू हृदय में हर्षित हुआ (गर्व से आनंद मनाता हुआ) [अपने को] एक घड़ी भर (थोड़ी देर) [भले ही] पुजवा ले (सन्मानित करा ले)। [पर इस पुजवाने की व्यवस्था तुझे थोड़ी देर में अपने] सिर पर पशुओं (गाय-बैलों) के पावों के पड़ते (पड़ने पर) [ही] समझ पड़ेगी (ज्ञात हो जायेगी)। [कि ऐसे सन्मान पर गर्व करने का क्या परिणाम होता है]॥

मुँहु धोवति, एड़ी घसति, हसति, अनगवति तीर।
धसति न इंदीबरनयनि कालिंदी कैं नीर॥ ६९७॥

शब्दार्थ—अनगवति = अन् + अगवति, अर्थात् अगुवाती नहीं। अगुवाना कोई काम करने के निमित्त उद्यत होने, अथवा किसी काम को करने लग जाने, को कहते हैं। व्रज में अनगाना अभी तक जान बूझकर विलंब लगाने के अर्थ में बोला जाता है, जैसे 'अरी? तू अनगाइ कहा रही है, या कामैं करि क्यौं नायँ लै'। कई टीकाकारों ने जो 'अनगवति' का अर्थ 'अनंगवती' लिख दिया है, वह सर्वथा अग्राह्य है॥ **इंदबरनयनि** = नायिका नायक की ओर, टकटकी बाँधकर, अपने अंजन रंजित दृगों से देख रही है, इसीलिए यह विशेषण उसके

---

१. **लखियत (३, ५)।**
२. **ये (३, ५), यो (४)।**
३. **कुम्हिलानैं (२)।**
४. **परति (२)।**
५. **चंपे (३, ४)।**
६. **हरषै (२)।**
७. **निघरक (२, ४), घरीक (३)।**
८. **लेहु (३, ५)।**

निमित्त रखा गया है। टकटकी बाँधकर देखने से नायिका का अनुराग व्यंजित होता है॥

अवतरण—नायिका जमुना स्नान करने आई है। नायक भी वहाँ उपस्थित है। अतः वह मुँह धोने इत्यादि के व्याज से तीर पर बिलंब लगा रही है और स्नान करने के निमित्त यमुना में नहीं पैठती, जिसमें पीठ नायक की ओर न हो और इसी व्याज से उसे नायक को देर तक देखते रहने का अवसर प्राप्त हो। उसकी यह मानसिक अवस्था तथा क्रिया विदग्धता कोई सखी लक्षित करके किसी अन्य सखी से कहती है—

अर्थ—[देख, यह नायिका कभी तो] मुँह धोती है, [कभी] एड़ी घिसती है, [और कभी] हँसती है। [इसी प्रकार चातुरी की अनेक क्रियाएँ करके] तीर पर अनगा रही है (टालमटूल कर रही है, जान बूझकर देर लगा रही है)। [यह] इंदीवरनयनी (नील कमल के समान अनिमेख नेत्रों वाली) कालिंदी (यमुना) के नीर में नहीं धँसती (पैठती)॥

बढ़त[१] निकसि कुच-कोर-रुचि, कढ़त गौर भुजमूल।
मनु लुटि गौ लोटनु चढ़त, चोंटत ऊँचे फूल॥ ६९८॥

शब्दार्थ—कुच-कोर = कुच की नोक अर्थात् ढिपनी॥ **लोटनु** = उदर की बलियों॥ **चोंटत** = नोचते हुए, तोड़ते समय॥

अवतरण—नायक ने नायिका को किसी वृक्ष की ऊँची डाल में से, हाथ ऊँचा करके तथा ग्रीवा को पीछे की ओर झुकाकर, फूल तोड़ते देखा। हाथ ऊँचा करने तथा ग्रीवा को पीछे की ओर झुकाने से उसके कुच आगे को निकल आए एवं अंचल के सरकने से भुजमूल तथा उदर कुछ उघर गए। इस अवस्था में उसकी त्रिवली को देखकर नायक का मन हाथ से जाता रहा। यही व्यवस्था वह नायिका की सखी से कहकर उससे मिलने की उत्कंठा व्यंजित करता है—

अर्थ—[उसके] ऊँचे फूलों को चोंटते समय कुचों की कोरों की शोभा के निकलकर (उभरकर) बढ़ते हुए [तथा] गोरे गोरे भुजमूलों के उघर जाते (खुल जाते) हुए [मेरा] मन लोटों (उदर की बलियों) पर चढ़ते हुए लुट गया॥

अहे, दहेंड़ी जिनि[२] धरै, जिनि तूँ लेहि उतारि।
नीकैं है छींकैं[३] छुवै[४], ऐसैं ई[५] रहि, नारि॥ ६९९॥

अवतरण—छींके पर दहेंड़ी रखते समय की नायिका की चेष्टा नायक को बड़ी प्यारी लगी है। वह चाहता है कि उसी अवस्था में उसे कुछ देर देखता रहे, अतः वह उससे कहता है—

अर्थ—अरी, तू दहेंड़ी को [छींके पर] मत रख, [और] उतार [भी] मत ले [क्योंकि इन दोनों ही क्रियाओं के कर लेने पर तेरी यह प्यारी चेष्टा न

---

१. **बढ़ति (४)।**
२. **जिन (५)।**
३. **छीकौ (२), छींकौ (३), छीको (४), छींको (५)।**
४. **छीयौ (२) छुवे (४, ५)।**
५. **हीं (२)।**

रहेगी]। [तू] छींके को छुए हुए ही 'नीकैं' (अच्छे ढंग से) है, [अतः] हे नारी, [तू] 'ऐसैंई' (इसी मनमोहिनी अवस्था में, इसी सुंदर चेष्टा से) रह (कुछ देर तक स्थित रह)।"

न्हाइ, पहिरि पटु डटि, कियौ[1] बेंदी-मिसि परनामु।
दृग चलाइ घर कौं चली[2] बिदा किए घनस्यामु॥ ७००॥

अवतरण—नायिका यमुना-स्नान करती थी और श्रीकृष्णचंद्र भी वहाँ खड़े उसको देखते और बाँसुरी टेरते थे। जब तक नायिका नहाने-धोने में लगी रही, तब तक तो दोनों आँखों में सैनमटक्की करके रीझते रिझाते रहे; पर चलते समय नायिका ने यह विचारा कि इनका यहाँ डटा रहना अच्छा नहीं, क्योंकि यहाँ अनेक स्त्रियाँ नहाने आती हैं—सभी इनकी मोहिनी मूर्ति पर रीझेंगी और ये भी ऐसे रिझवार हैं कि बहुतों से लगन लगा लेंगे। इस विचार से उसने, पट इत्यादि पहनने के पश्चात्, घर चलते समय, बेंदी लगाने के बहाने उनको प्रमाण करके, आँखों की सैन-द्वारा वहाँ से बिदा कर दिया। यह वृत्तांत लक्षित करके कोई सखी किसी अन्य सखी से कहती है—

अर्थ—[देख, यह कैसी चतुर है कि इसने] स्नान करके [और] पट पहन सुसज्जित हो, बेंदी [लगाने] के व्याज से [हाथों को मस्तक पर ले जाकर] प्रणाम किया, [एवं] आँखों को चलाकर (उपयुक्त सैन करके) घनश्याम (श्रीकृष्णचंद्र) को बिदा किए हुए (यमुना-तट से हटाकर) घर चली॥

हिन्दुओं में प्रणाम करने के लिए दोनों हाथों को मस्तक के समीप ले जाने की चाल है। अतः एक हाथ का बेंदी लगाने के निमित्त और दूसरे का घूँघट हटाने अथवा आरसी देखने के निमित्त मस्तक पर ले जाना समझना चाहिए॥

ज्यौं ह्वैहौं, त्यौं होउँगौ[3] हौं, हरि, अपनी चाल।
हठु न करौ, अति कठिनु है मो तारिबौ, गुपाल॥ ७०१॥

अवतरण—कवि अथवा कोई भक्त श्रीकृष्णचंद्र के वृंदावनबिहारी गोपाल स्वरूप का उपासी है। वह अपनी भावना के अनुसार भगवान को अति कोमलांग समझकर उनको श्रम नहीं देना चाहता। इधर वह, अपनी परम दीनता के कारण, अपने को अत्यंत अधम तथा ऐसा महान् पातकी समझता है कि अपने को तारना भगवान् के लिए भी अति कठिन काम मानता है। अतः वह सच्चे प्रेम तथा निरपेक्ष भक्त की उच्च भावना के अनुसार, अपने कष्ट के निवारण के निमित्त भी, अपने भक्ति-भाजन को इतने कठिन काम में हठ करके प्रवृत्त होने देना नहीं चाहता। भक्ति-भाव से मुग्ध होकर वह उनका सर्वशक्तिमान् होना भी भूल जाता है—

अर्थ—हे हरि! मैं अपनी चाल (क्रिया-प्रणाली) से जैसा हूँगा (होने वाला हूँ), वैसा हूँगा (हो लूँगा अर्थात् अपने भले बुरे कर्म के जो फल होंगे उन्हें भोग लूँगा)। तेरा तारना (कर्मबंधन से छुड़ाना) अति कठिन है, [तुम इस काम में] हठ मत करो (हठ करके प्रवृत्त मत हो) [क्योंकि इसमें तुमको बड़ा श्रम होगा।

---

१. किए (२)।
२. चलत (३, ५), चलति (४)।
३. होहुँ (२)।

इसके अतिरिक्त अपने कामों की अधमता के विचार से मुझे संदेह है कि आपसे भी कदाचित् यह काम न हो सके]॥

परसत[१], पोंछत लखि रहतु, लगि कपोल कैं ध्यान।
कर[२] लै प्यौ पाटल, बिमल प्यारी-पठए[३] पान॥७०२॥

शब्दार्थ—पाटल = गुलाबी॥

अवतरण—नायिका ने नायक के पास सुन्दर गुलाबी रंग लिए हुए पान, प्रेमोपहाररूप से भेजे हैं। नायक उनको पाकर, सादृश्य के कारण नायिका के कपोलों के ध्यान में निमग्न हो, उन्हें स्पर्श करता तथा उन पर हाथ फेरता हुआ देखता रह जाता है। उसकी यह दशा पान ले जाने वाली सखी किसी अन्य सखी से, उसके प्रेम का आधिक्य व्यंजित करती हुई, कहती है—

अर्थ—[नायक के प्रेम का वर्णन मैं क्या करूँ,] प्यारी के भेजे हुए गुलाबी [तथा] विमल पानों को हाथ में लेकर प्रियतम [उसके] कपोलों के ध्यान में लगकर (निमग्न हो), [उनको] स्पर्श करता [तथा] पोंछता हुआ, देखता रह जाता है॥

बामा, भामा, कमिनी कहि बोलौ, प्रानेस।
प्यारी कहत खिसात नहिं पावस चलत बिदेस॥७०३॥

शब्दार्थ—बामा (वामा) = इस शब्द का अर्थ सुन्दर स्त्री है। पर बाम का अर्थ टेढ़ा भी होता है अत: इसका अर्थ कुटिल भी हो सकता है। इस दोहे में नायिका, इस शब्द को साभिप्राय प्रयुक्त करके, इसका अर्थ कुटिला लेती है॥ **भामा** = क्रोधवती स्त्री॥ इस शब्द को नायिका ने साभिप्राय प्रयुक्त किया है॥ **कामिनी** = कामयुक्त स्त्री। यहाँ इस शब्द का अर्थ स्वार्थिनी लिया गया है और यह भी साभिप्राय प्रयुक्त हुआ है॥

अवतरण—नायक वर्षा ऋतु में विदेश चलने को उद्यत है और नायिका को 'प्यारी' शब्द से संबोधित करके धैर्य देता है। उसके 'प्यारी' शब्द प्रयुक्त करने पर नायिका कहती है—

अर्थ—हे प्राणेश (प्राणों के ईश), [तुम मुझको अब प्यारी कहकर मत संबोधित करो, प्रत्युत] बामा (कुटिला), भामा (लड़ाकी), कामिनी (स्वार्थिनी) [इत्यादि शब्द] कहकर बोलो (संबोधित करो)। क्या पावस ऋतु में विदेश चलते समय [तुम मुझे] प्यारी कहते खिसियाते नहीं (लज्जित नहीं होते) [कि मेरे हृदय में और तथा मुँह में और है। तुम्हें इस अवसर पर प्यारी कहते अवश्य लज्जित होना चाहिए, क्योंकि प्यारी का कोई प्राण लेना नहीं चाहता, पर तुम तो वर्षा ऋतु में विदेश जा रहे हो, जिससे मेरा मरण निश्चित है। अत: तुम्हें इस अवसर पर मुझे कुटिला, लड़ाकी, स्वार्थिनी शब्दों से संबोधित करना चाहिए, क्योंकि तुम ऐसा ही तो मुझे समझते हो तभी तो मेरे प्राण हरण करने वाले कार्य पर उद्यत हो। 'वामा' इत्यादि शब्दों से

---

१. सरसत (२)।
२. नंदलाल लालच भरे ताकत तियाँ न आन (४)।
३. पठ्यो (३)।

संबोधित करने से मेरी ओर जो सच्ची भावना तुम्हारे हृदय में है, वही मुख से भी विदित होगी और तुमको 'मुँह में और, पेट में और' वाले बनकर लज्जित न होना पड़ेगा]॥

उठि, ठकु ठकु एतौ कहा पावस कैं अभिसार।
जानि परैगी देखियौ[1] दामिनि घन-अँधियार॥ ७०४॥

अवतरण—नायिका पावस-निशा में अभिसार करने के निमित्त कृष्णाभिसारिका के ठाट ठाट रही है, अर्थात् श्याम साड़ी इत्यादि में सुसज्जित हो रही है, जिससे विलंब हो रहा है। अत: दूती जो उससे शीघ्र अभिसार कराने के निमित्त उत्सुक है, कहती है—

अर्थ—उठ (शीघ्र चलने पर उद्यत हो), पावस के अभिसार में इतने ठकठक (बखेड़े, विधिवत् कृष्णाभिसारिका के पूरे ठाट ठाटने) की क्या आवश्यकता है। [एक तो तूने जो शृंगार कर लिया है, उतना ही बहुत है और दूसरे चारों ओर ऐसे बादल छाए हुए हैं कि तू] 'देखियौ' (देखी जाने पर भी) [अपनी दामिनी सी द्युति के कारण इस] घन के अँधेरे में बिजली जान पड़ेगी॥

कैवा आवत इहिं गली रहौं[2] चलाइ, चलैं न।
दरसन की साधै[3] रहै[4], सूधे रहैं[5] न नैन॥ ७०५॥

अवतरण—परकीया नायिका नयन भरकर नायक की छवि देखने की अभिलाषा में है, परन्तु लज्जावश डटकर देख नहीं सकती—उसकी अभिलाषा जी की जी ही में रह जाती है। अपनी यही व्यथा वह अंतरंगिनी सखी से कहती है—

अर्थ—'कैंवा' (कई बार' [ऐसा होता है कि नायक के] इस गली में 'आवत' (आने पर) [मैं अपने नयनों को] चलाकर (नायक की ओर देखने पर उद्यत करके) रह जाती हूँ (हार जाती हूँ), [पर ये उस ओर लज्जावश]नहीं चलते। [अत: मुझे] दर्शन की साध (श्रद्धा, अभिलाषा) ही रहती है (बनी रहती है), [क्योंकि मेरे] नयन [नायक से सामना होने पर] सीधे (उसके सामने, अथवा मेरे वश में) नहीं रहते॥

बेसरि-मोती, धनि तुहीं; को बूझै कुल, जाति।
पीबौ करि तिय-ओठ कौ रसु निधरक दिन राति॥ ७०६॥

अवतरण—नायक किसी नायिका पर अनुरक्त होकर उसके अधरामृत-पान की अभिलाषा में आतुर हो रहा है। अत:, बेसर-मोती को उसके अधर पर विलास करते देख, उससे ईर्ष्या-सूचक वचन, नायिका को सुनाकर अपनी अभिलाषा व्यंजित करता हुआ, कहता है—

---

१. **देखियों (२, ३)।**
२. **रही (२)।**
३. **साधें (२), सोंधें (३, ५)।**
४. **रही (२)।**
५. **होहिं (३, ५)।**

अर्थ—हे बेसर के मोती! तू ही धन्य है। [तेरे] कुल [तथा] जाति की कौन जाँच करता है [कि तू, कुल तथा जाति के अनुरोध से, इस योग्य है अथवा नहीं कि इस परम सुंदरी के अधर पान का अधिकारी हो सके। यदि इस बात की जाँच होती, तो तू इस योग्य न ठहरता, क्योंकि तेरी उत्पत्ति तो सीप से है, जो कि कोई श्रेष्ठ पदार्थ नहीं है और जाति में तू हड्डी का टुकड़ा मात्र है]। [इस सुंदर] स्त्री के ओठ का रस [ज़ो मुझ ऐसे उच्च कुल तथा श्रेष्ठ जाति वाले को भी अप्राप्य है] दिन रात निधड़क (निशंक अर्थात् इस बात की शंका से रहित होकर कहीं कोई देख न ले और मैं हटा दिया जाऊँ) पिया कर॥

यह दोहा किसी नीच तथा कुजाति मनुष्य के उच्च पद पर पहुँचने पर अन्योक्ति भी हो सकता है॥

तिय-मुख लखि हीरा-जरी बेंदी बढ़ैं बिनोद[1]।
सुत-सनेह मानौ लियौ बिधु[2] पूरन बुधु[3] गोद[4]॥ ७०७॥

शब्दार्थ—**हीरा-जरी** = हीरे के नग से जड़ी हुई॥ **सुत-सनेह** = पुत्र-स्नेह से॥ **बिधु पूरन** = पूर्ण चन्द्र ने॥ **बुधु** = एक ग्रह विशेष जो कि चंद्रमा का पुत्र माना जाता है। इस ग्रह का रंग सामान्यतः हरित कहा गया है, परन्तु मत्स्यपुराण में जन्म के समय इसका 'चन्द्र-सन्निभ' होना लिखा है। यथा—

तारोदराद्विनिष्कान्तः कुमारश्चन्द्रसन्निभः॥
सर्वार्थशास्त्रविद्धीमान् हस्तिशास्त्रप्रवर्तकः॥ २॥

(मत्स्यपुराण, २४वाँ अध्याय)

कदाचित् यही देखकर केशवदासजी ने भी नाक के मोती की उपमा चन्द्र-सुत अर्थात् बुध से दी है। यथा—

किधौं गोद चन्दजू कैं खेलै सुत चन्द कौ॥

(कविप्रिया, प्रभाव १५, छंद ५५)

अवतरण—सखी नायक से नायिका की हीरा-जड़ी बेंदी की शोभा की प्रशंसा करती हुई उत्प्रेक्षा द्वारा उससे मिलने का अति उपयुक्त अवसर व्यंजित करती है—

अर्थ—[इस समय उस] स्त्री के मुख पर हीरा-जड़ी बेंदी देखकर [देखने वालों के] विनोद (आनंद) बढ़ते हैं। [उसकी शोभा ऐसी शुभ तथा सुहावनी लगती है] मानो पूर्ण चंद्रमा ने सुत-स्नेह से बुध को [अपनी] गोद में लिया है। [अतः इस समय उससे मिलने में आपको विविध आनंद, सौख्य तथा पुत्र-प्राप्ति का लाभ है]॥

---

१. **बिनोदु (४)।**
२. **बुध (४)।**
३. **बिधुं (४)।**
४. **गोदु (४)।**

इस उत्प्रेक्षा से चतुर सखी, एक ग्रह-संस्था पर ध्यान दिलाती हुई, नायिका के सौन्दर्य का वर्णन करती है। उसका अभिप्राय यह है कि जो आनंद तथा सुख ऐसी ग्रह-संस्था में होता है, वही इस समय उसके मिलने में सुलभ है। इस ग्रह-संस्था के विषय में ज्योतिष का यह वचन है—

चन्द्रस्यान्तर्गते सौम्ये केन्द्रलाभत्रिकोणगे॥
स्वर्क्षे नवांशके सौम्ये तुङ्गे वा बलसंयुते॥ ३९॥
धानागमं राजमानं प्रियवस्त्रादिलाभकृत्॥
विद्याविनोदसद्गोष्ठी ज्ञानवृद्धिः सुखावहः॥ ४०॥
संतानप्राप्ति संतोषं वाणिज्याद्धनलाभकृत्॥
वाहनच्छत्रसंयुक्तं नाना लंकारभूषितम्॥ ४१॥

(बृहत्पाराशरहोरा, पूर्व खंड, अध्याय ३८)

इस ग्रह-संस्था का होना सखी ने "लियौ बिधु पूरन बुधु गोद" कहकर व्यंजित किया और इस संस्था का केन्द्र में होना स्त्री-मुख में हीरा जड़ी बेंदी का होना कहकर कह दिया, क्योंकि स्त्री का स्थान सातवाँ माना जाता है, जो कि केंद्र-गत है। इसी प्रकार का कथन ६९० अंक के दोहे में भी है॥

गोरी गदकारी परैं हँसत[१] कपोलनु गाड़।
कैसी लसति गवाँरि यह[२] सुनकिरवा[३] की आड़॥ ७०८॥

शब्दार्थ—**सुनकिरवा (स्वर्णकीटक)** = यह एक प्रकार का सुनहला परदार कीड़ा होता है। इसके पर पाँखी के परों के आकार के तथा बड़े चमकीले, हरे रंग के होते हैं जिनको काट काटकर स्त्रियाँ गोल अथवा लंबी बेंदियाँ बना लेती हैं। इनको लोग कारचोब के काम में भी सिलवाते हैं॥

अवतरण—किसी ग्राम वधूटी की स्वाभाविक शोभा का वर्णन कोई रसिक स्वगत करता है—

अर्थ—[अहा!] यह गोरी गदकारी (गुदगुदे, अर्थात् कुछ मांसिल, शरीर वाली) गँवारी (ग्राम-बधूटी) हँसते समय [अपने] कपोलों पर गाड़ (गड़हा) पड़ जाने से [तथा] सुनकिरवा [के पंख] की आड़ [आड़ी बेंदी] से (के कारण) कैसी लसती (शोभा देती) है॥

जौ लौं लखौं[४] न, कुल-कथा तौ[५] लौं ठिक ठहराइ।
देखैं आवत देखि हीं[६], क्यौं हूँ रह्यौ न जाइ॥ ७०९॥

---

१. **हँसति (२)।**
२. **इह (३, ५)।**
३. **सुनकिरवा (२, ५), सनिकिरवा (३)।**
४. **लखैं (३), लखे (४, ५)।**
५. **ठिक तौ लौ (३, ४, ५)।**
६. **हूँ (२)।**

अवतरण—उच्च कुलोपयुक्त आचरण लज्जा, परपुरुष को न देखना इत्यादि—की शिक्षा देती हुई सखी से नायिका कहती है—

अर्थ—[तेरी यह] कुलोचित [आचरण की] कहानी तभी तक ठीक ठहरती है (उचित जान पड़ती है, अथवा हृदय में ठहरती है), जब तक [मैं नायक को] नहीं देखती। [पर नायक के] देखने पर देखे ही आता है (देखते ही बन पड़ता है), [और बिना देखे] किसी प्रकार रहा नहीं जाता॥

सामाँ सेन, सयान को सबै साहि कैं साथ।
बाहुबली जयसाहिजू, फते तिहारैं हाथ॥ ७१०॥

शब्दार्थ—**जयसाहि** = बिहारी कवि के आश्रय दाता, आमेरगढ़ के महाराज जयसिंह। उनको बादशाह के दरबार से 'शाही' की उपाधि मिली थी। 'जयशाही' का शब्दार्थ विजय पर शाही, अर्थात् प्रभुत्व रखने वाले, हो सकता है और बिहारी ने इस दोहे में बादशाह की जय का उनके हाथ में अर्थात् उनके वश में होना कहा है, अत: 'जयसाहि' शब्द का प्रयोग यहाँ साभिप्राय है॥

अवतरण—कवि राजा जयशाही की स्तुति करता है—

अर्थ—[यद्यपि] सेना [तथा] सयानपने (युद्ध-कौशल) [इत्यादि] के सब ही सामान (सामग्री) शाह (दिल्ली के बादशाह शाहजहाँ) के साथ [उपस्थित] हैं। [तथापि,] हे बाहुबली (अपनी भुजाओं के द्वारा बली) जयशाही जी, [बादशाह की] फतह (विजय) तुम्हारे [ही] हाथ में है॥

इस दोहे में कई एक पक्षियों के नाम मुद्रालंकार की रीति पर आए हैं—(१) **सामाँ (श्यामा)** = पक्षी विशेष, जिसको लोग उसकी मीठी बोली सुनने के निमित्त पालते हैं। (२) **सेन (श्येन)** = एक प्रकार का बाज। **(३) सयान (सचान, संचान)** = बहरी। (४) **बै** = बया पक्षी, जो खेल सिखलाने के लिए पाला जाता है। **(५) साहि (शाहीं)** = फारसी में शाही एक प्रकार के बाज को कहते हैं। **(६) फते (फ़तहबाज़)** = फारसी में फ़तहबाज़ एक प्रकार के बड़े बाज़ को कहते हैं॥

यों दल काढ़े बलक तैं तैं, जयसिंह भुवाल।
उदर अघासुर कैं परैं ज्यौं हरि गाइ, गुवाल॥ ७११॥

अवतरण—कवि राजा जयसिंह की शूरता तथा कार्य कुशलता की स्तुति करता है—

अर्थ—हे जयसिंह भूपाल, तूने [बादशाही] दलों (सेनाओं] को [जो कि शत्रुओं से घिर गए थे] बलक (बलख) से इस प्रकार [सकुशल] निकाला, जिस प्रकार अघासुर के उदर में पड़ने पर गायों [तथा] ग्वालों को हरि (श्रीकृष्णचंद्र) ने [निकाला था]॥

सन् १६४७ ईसवी में शाहजहाँ की आज्ञानुसार औरंगजेब ने, जो कि उस समय दक्षिण का सूबेदार था, बलख पर चढ़ाई की थी। उसके साथ मिर्जा राजा जयशाही भी थे। उस चढ़ाई में सफलता प्राप्त नहीं हुई और शत्रुओं के आक्रमणों से ऐसी विपत्ति उपस्थित हुई कि औरंगजेब को अक्टूबर मास के आरंभ में वहाँ से लौटना पड़ा और वह २७ अक्टूबर को काबुल पहुँच गया

पर उसकी सेना मिर्ज़ा राजा जयशाही के साथ पीछे रह गई, जो बड़ी कठिनता तथा आपत्तियाँ झेलने के पश्चात्, १० नवम्बर को काबुल पहुँची। सेना को बर्फ तथा शत्रुओं से बचाकर निकाल लाने में जयशाही ने बड़ी ही बुद्धिमानी तथा वीरता दिखलाई थी॥

घर घर तुरकिनि, हिंदुनी देतिं असीस सराहि।
पतिनु राखि चादर, चुरी तैं राखी, जयसाहि॥ ७१२॥

अवतरण—यह दोहा तथा इसके पूर्व के दो दोहे, ये तीनों परस्पर संबद्ध हैं। पहले (७१०—संख्यक) दोहे से कवि जयसिंह के शौर्य तथा चातुर्य की सामान्यतः प्रशंसा करके दूसरे (७११—संख्यक) से उनके एक विशेष अवसर के शौर्य तथा चातुर्य को लक्षित करके उनकी प्रशंसा करता है और फिर इस दोहे से, उक्त अवसर विशेष पर के कार्य से प्राणदान पाए हुए तुर्कों तथा हिंदुओं की विधवा होने से बची हुई स्त्रियों के द्वारा, उनको आशीर्वाद दिलवाता है, क्योंकि ग्रंथ-समाप्ति है और ऐसे अवसर पर नृप-स्तुति तथा उनको आशीर्वाद देना समीचीन ही है।

अर्थ १—हे जयशाही! [जब तू बलख से बादशाही सेना बचा कर ले आया, तो उसमें जो मुसलमान तथा हिंदू सैनिक थे, उनकी स्त्रियाँ विधवा होने से बच गईं, अतः] घर घर तुर्किनियाँ [तथा] हिंदुनियाँ [तेरी] सराहना कर के—[कि वाह रे!] जयशाही, तूने [हमारे] पतियों की रक्षा करके [हमारी] चादर [तथा] चूड़ी रख ली (हमको विधवा होने से बचा लिया)—[तुझको] असीस (आशीर्वाद) देती हैं॥

अर्थ २—[बलख से निकाल लाने के कारण] घर घर में तुर्किनियाँ [तथा] हिंदुनियाँ [तुझको] सराह कर असीस देती हैं। [क्योंकि उनके] पतियों को बचा कर, हे जयशाही तूने [उनकी] चादर [तथा] चूड़ी रख लीं (उनको विधवा होने से बचा लिया)॥

विधवा होने पर मुसलमानों की स्त्रियाँ चादर तथा हिन्दुओं की स्त्रियाँ चूड़ी उतार डालती हैं॥

हुकुमु पाइ जयसाहि कौ, हरि-राधिका-प्रसाद।
करी बिहारी सतसई भरी अनेक संवाद॥ ७१३॥

अवतरण—ग्रंथ की समाप्ति पर ऊपर लिखे हुए तीन दोहों से नृप-स्तुति करके तथा नृप को आशीर्वाद दिलवाकर अब इस दोहे से कवि ग्रंथ-निर्माण का कारण, निर्माण कराने वाले का नाम, अपना नाम तथा ग्रंथ का नाम विदित करता है—

अर्थ—[राजा] जयशाही का हुक्म पाकर, श्रीहरि (श्रीकृष्णचन्द्र) [तथा] श्रीराधिकाजी के प्रसाद (प्रसन्नता, कृपा) से, [मुझ] बिहारी [नामक कवि] ने [यह] अनेक संवादों (रसों) से भरी हुई सतसई [नाम की पुस्तक] करी (बनाई, रची)॥

यह दोहा हमारी पाँच प्राचीन पुस्तकों में से केवल दो में, अर्थात् तीसरी तथा पाँचवीं पुस्तकों में, है और वास्तव में ये ही दोनों पुस्तकें पूरी और माननीय भी हैं। इसमें से तीसरी पुस्तक, मानसिंह की टीका-सहित, संवत् १७७२ (वैशाख कृष्ण द्वितीया) की लिखी हुई है।

मानसिंह ने इस दोहे की टीका में लिखा है कि बिहारी ने सात सौ तेरह दोहे बनाए हैं। यह दोहा ७१३ के अंतर्गत भी आ जाता है और मानसिंह की टीका भी इस पद पर है, अत: इसके बिहारी-कृत होने में संशय नहीं, यद्यपि, हरिप्रकाश तथा लालचन्द्रिका के अतिरिक्त, अन्य किसी टीकाकार के ग्रंथ में, अथवा बिना टीका के किसी हस्तलिखित ग्रंथ में, यह हमको नहीं मिला॥

ग्रह ऋषि निधि ब्रजचंद पाइ अनुकूल बरष बर।
ऋषिपंचमी पुनीत, सुक्ल भादों, रबि बासर॥
शोभा लखत नसीम-बाग, कसमीर-कुधर की।
करि रचना यह रुचिर 'बिहारी-रत्नाकर' की॥
निज छप्पनवें बयग्रंथि-दिन हरष्यौ रत्नाकर-हियौ।
श्रीजगदंबा-अवधेश्वरी-करकमलनि अर्पित कियौ॥

॥ इति शम्॥

उपस्करण—१

[बिहारी-रत्नाकर-स्वीकृत दोहों की अकारादि-क्रम सूची]

विज्ञप्ति

इस उपस्करण में बिहारी-रत्नाकर-स्वीकृत दोहों की अकारादि क्रम से सूची दी जाती है, जिसमें पाठकों को कोई दोहा विशेष खोज निकालने में सुबीता हो। इसमें अन्य छपी हुई टीकाओं के क्रमों के अनुसार भी दोहों के अंक कोष्ठों में दिये गए हैं, जिसमें उक्त टीकाओं में भी दोहे सरलता से निकाले जा सकें॥

यद्यपि भूमिका में बिहारी-रत्नाकर को मिलाकर सब ५२ टीकाओं का कथन किया गया है, पर उनमें से केवल ये १४ टीकाएँ छपी हैं—

(१) कृष्ण कवि की टीका, (२) हरिप्रकाश-टीका, (३) लाल-चंद्रिका, (४) शृंगार-सप्तशती, (५) रस-कौमुदी, (६) पं० प्रभुदयालजी की टीका, (७) बिहारी-बिहार, (८) पं० ज्वाला प्रसाद मिश्रजी की टीका, (९) गुलदस्तए-बिहारी, (१०) सजीवनभाष्य, (११) बिहारी-बोधिनी, (१२) गुजराती टीका, (१३) पं० रामवृक्ष की टीका और (१४) बिहारी-रत्नाकर।

अत: इस सूची में इन्हीं १४ टीकाओं के अंक देना उचित प्रतीत हुआ। शेष टीकाएँ दुष्प्राप्य हैं, उनके अंक सामान्यत: पाठकों के निमित्त व्यर्थ होते। मानसिंह की टीका के अंक केवल 'बिहारी-रत्नाकर' के क्रम में स्वल्प परिवर्तन दिखाने के निमित्त दिये गये हैं॥

प्रथम कोष्ठ में दोहों के आदि के शब्द अकारादि क्रम से दिए गये हैं और द्वितीय कोष्ठ में मानसिंह की टीका के अंक। शेष सात कोष्ठों में मुद्रित टीकाओं के अनुसार दोहों के अंक हैं॥

कृष्ण कवि की टीका में, जो नवल किशोर-प्रेस से निकली है, बीच बीच के कई दोहे छोड़ दिये गए हैं। हमने जो अंक इस सूची में दिए हैं, वे उक्त टीका की कई प्रतियों के मिलान से शुद्ध करके, अत: छपी हुई पुस्तक के अंकों से हमारे अंकों में कहीं कहीं १-२ तथा कहीं कहीं ८-१० अंकों का अन्तर पड़ गया है। पाठक छपी हुई पुस्तक में दोहा खोजते समय ५-७ दोहे आगे पीछे देख लें। कवि सवितानारायणजी की गुजराती टीका के दोहों का क्रम कृष्ण कवि की टीका के अनुसार ही है॥

गुलदस्तए-बिहारी, बिहारी-बोधिनी तथा श्रीरामवृक्षजी की टीका, इन तीनों ग्रंथों में हरिप्रकाश-टीका का क्रम है॥

बिहारी-बिहार, स्वर्गीय पं० ज्वालाप्रसाद मिश्र की टीका तथा संजीवन-भाष्य में लालचंद्रिका का क्रम स्वीकृत किया गया है।

शृंगार-सप्तशती में सामान्यत: लाल-चंद्रिका का क्रम है, किन्तु उसमें कुछ ऐसा हेर-फेर पाया जाता है कि उसके अंकों के निमित्त एक पृथक् कोष्ठ रखना उचित समझ पड़ा। इसी कारण पं० प्रभुदयालजी की टीका का कोष्ठ भी अलग रखा गया है, यद्यपि उसमें सामान्यत: कृष्ण कवि की टीका के क्रम ही का अनुकरण है॥

दोहों की अकारादि सूची	मान सिंह की टीका	बिहारी-रत्नाकर	कृष्ण कवि की टीका	हरिप्रकाश-टीका	लाल-चंद्रिका	शृंगार-सप्तशती	प्रभुदयालु पाँडे की टीका	रस-कौमुदी
अँगुरिनु उचि	५०५	५०५	५०८	३१८	२०६	२०२	५०२	०
अंग अंग छबि	६९१	६९१	८५	१५४	५३१	४४७	८६	०
अंग-अंग-नग	७०	६९	६७	१४७	५२९	४४५	६६	०
अंग-अंग-प्रतिबिंब	६८०	६८०	८६	१५३	५३०	४४६	८३	६१
अजौं तर्‌यौना	२०	२०	६५४	१२३	६४०	६३६	६४८	२९९
अजौं न आए	२०३	२०३	४१७	४८१	१३०	१२३	४१०	०
अति अगाधु	४११	४११	५९२	६४५	६०३	५९५	५८६	२७०
अधर धरत	४२०	४२०	१६०	२३	६	७	१५६	०
अनत बसे	२८६	२८६	३७५	४०१	१८८	१८४	३६८	०
अनरस हूँ	३३७	३३७	४०३	४४६	३७५	३६६	३९६	२६८
अनियारे, दीरघ	५८८	५८८	६५५	८१	३७१	३६३	६४९	२६९
अनी बड़ी उमड़ी	२२६	२२६	६१०	६३१	६५९	६५४	६०४	०
अपनी गरजनु	४०९	४०९	३२	२१०	३५१	३४२	३१	१०४
अपने अँग के	२	२	१	२९	२०	२१	१	४६
अपनैं अपनैं मत लगे	५४५	५८१	६४३	७१०	६८३	६७७	६३७	०
अपनैं कर गुहि	२०४	२०४	३१७	३६५	५५७	५४८	३१२	०
अब तजि नाउँ	६७२	६७२	५४०	५७५	५७६	५६९	५६४	०
अर तैं टरत	३	३	१०	५२	४५६	४६७	१०	४५
अरी, खरी सटपट	४५९	४५९	३४४	३१४	१६२	१५९	३३७	०
अरुन-बरन	४१८	४१८	२४०	१५८	५१२	५२६	२३६	०
अरुनसरोरुह	४८७	४८७	५४५	०	५७८	५७१	५३९	२६०
अरे, परेखौ	६२०	६२०	६८३	६५०	६१५	०	६७७	०
अरैं परैं न	५२९	५२९	४७६	४९३	३८९	३८०	४६९	०
अलि, इन लोइन सरनु	४५०	४५०	११०	२२९	२६०	२५६	१०८	१२
अहे, कहै न	२७९	२७९	३९९	२९२	१५०	१४७	३९३	०

दोहों की अकारादि सूची	मान सिंह की टीका	बिहारी-रत्नाकर	कृष्ण कवि की टीका	हरिप्रकाश-टीका	लाल-चंद्रिका	शृंगार-सप्तशती	प्रभुदयालु पाँडे की टीका	रस-कौमुदी
अहे, दहेंड़ी	६९९	६९९	०	६०८	२२३	२२१	७०१	६३
आए आपु	१३६	१३६	३५९	४४९	३७९	३७०	३५२	२४४
आज कछू	५२३	५२३	३०४	४१५	१८७	१८९	२९९	०
आड़े दै आले	२८२	२८३	४३९	४९७	३८१	३७२	४३२	२००
आपु दियौ	२९०	२९०	३३१	४६४	१८४	१९५	३२४	०
आयौ मीतु	६५७	६५७	४८६	५४६	१४९	१४६	४७९	०
आवत जात	१७४	१७१	५४९	५८३	५८२	५७५	५४५	२६४
इक भीजैं, चहलैं	४६७	४६१	६८७	२८	६०९	६०२	६८१	२७१
इत आवति	३१७	३१७	४४४	४९९	४१८	४०८	४३७	०
इत तैं उत	२०६	२०६	१३३	१९८	२८६	२८३	१२९	०
इती भीर हूँ	६१२	६१२	९७	६०	५७	५०	९५	२३५
इन दुखिया	६६३	६६३	१२१	२४८	२७०	२६७	११८	१७
इहिंकाँटें	६०४	६०५	३४	२३५	४७	८७	३३	१३६
इहिं द्वैहीं	३०६	३०६	२१२	८९	४७४	४८७	२०८	०
इहि वसंत न	५७४	५७४	२७५	५६१	८९	७९	२७०	२३२
इहीं आस	४३७	४३७	५९८	६५६	६३२	६२६	५९२	३१०
उठि, ठकु ठकु	७०४	७०४	३४६	५७७	१५६	१५४	३३९	०
उड़ति गुड़ी	३७४	३७३	१३६	२१३	२५५	२४६	१३२	१०८
उनकौ हितु	४४७	४४७	३१५	२१४	२८९	२८६	३१०	२१६
उन हरकी	१२८	१२८	१६९	१८१	२८८	२८५	१६५	२१७
उयौं सरद-राका-ससी	२३१	२३१	२६४	३११	२३७	०	२५९	२६१
उर मानिक की	३३९	३३९	२२७	१३०	५०२	५१६	२२३	०
उर लीनें अति	५६०	५६०	१६३	२०७	३१०	०	१५९	०
उरु उरुझ्यौ	५५४	५५४	२४	२०५	२८७	२८४	२४	०
ऊचैं चितै	३७५	३७४	२७६	६१३	७३	६६	२७१	०
एरी, यह तेरी	६०३	६०४	४०१	४३८	८०	७०	४९३	१८२
ऐंचति सी चितवनि	३२१	३२०	१०४	७१	६३	४७९	१०२	०

दोहों की अकारादि सूची	मान सिंह की टीका	बिहारी-रत्नाकर	कृष्ण कवि की टीका	हरिप्रकाश-टीका	लाल-चंद्रिका	शृंगार-सप्तशती	प्रभुदयालु पाँडे की टीका	रस-कौमुदी
ओछे बड़े न	५९०	५९०	६९४	०	६००	५९३	१९१	०
ओठु ऊँचे, हाँसी-भरी	६१४	६१४	५०७	६५२	२८२	२७९	५०१	०
औंधाई सीसी	२१८	२१७	४३४	५१९	३८२	३७३	४२७	१८६
और सबै हरषी	६०१	६०२	६१८	६१५	७६	६८	६१३	२३७
औरै-ओप	४	४	४४	३८०	८८	७८	४३	०
औरै गति, औरै बचन	६७८	६७८	३१९	०	८१	७२	३१४	०
औरै भाँति	८६	८६	४५९	५१२	४१५	४०५	४५२	०
कंचनतन-धन-बरन	३५९	३५९	७६	१४६	५२२	४३९	७३	०
कंज-नयनि मंजनु	७८	७८	४१	६४	६०	५३	४०	०
कत कहियत	५२०	५२०	३५१	४०७	१७९	१७५	३४४	०
कत बेकाज	४४६	४४६	३७१	३९७	१६८	१६५	३६४	१८१
कत लपटैयतु	४९९	४९९	३५०	४११	१९२	१८७	३४३	१६१
कत सकुचत	२८९	२८९	३७४	४०३	१९०	१८५	३६७	०
कनकु कनक तैं	२००	१९२	६८६	६५१	६४८	६४३	६८०	२७३
कन दैबौ सौंप्यौ	२९५	२९५	६५०	१६१	६५१	६४६	६४४	१००
कपट सतर भौंहैं	४१२	४१२	३९४	४२९	१०५	१०४	३८८	०
कब की ध्यान	५८६	५८६	१५८	२९६	६७	५८	१५४	१०५
कब कौ टेरतु	६९	७१	५७२	६९६	६९१	६८५	५६६	६
कर के मीड़े	५१६	५१६	४६३	५०५	४२२	४१३	४५६	१८३
करतु जातु जेती	४५२	४५२	३२४	२१५	२९५	२९१	३१९	०
करतु मलिन	३३४	३३४	७४	१५२	५२५	४४१	७१	०
कर मुँदरी की	६११	६११	३९	३५३	३४७	३३७	३८	०
कर लै चूमि	६३५	६३५	४७९	५४२	४०५	३९६	४७२	१३५
कर लै, सूँघि	६२३	६२४	६००	६६३	६४६	६४१	५९४	०
कर समेटि	६८७	६८७	१७८	३५	४४३	४५५	१७४	६४
करी बिरह ऐसी	१४०	१४०	४३३	५१६	४२४	४१४	४२६	१८५

दोहों की अकारादि सूची	मान सिंह की टीका	बिहारी-रत्नाकर	कृष्ण कवि की टीका	हरिप्रकाश-टीका	लाल-चंद्रिका	शृंगार-सप्तशती	प्रभुदयालु पाँडे की टीका	रस-कौमुदी
करु उठाइ	७०१	४२४	२३२	३४७	५०३	५१७	२२८	०
करे चाह सौं	५४२	५४२	२०३	७९	३३	३३	१९९	०
करौ कुबत जगु	४२४	४२५	६४९	७०३	६९३	६८७	६४३	०
कहत, नटत	३२	३२	१६५	६२	५८	५१	१६१	०
कहत सबै कवि	११९	११८	११३	२४६	२६४	२६१	१११	१९
कहत सबै बेंदी	३२७	३२७	१८७	४१	४४५	४५७	१८३	५४
कहति न देवर की	८५	८५	६२९	५९५	१५	१५	६२४	०
कहलाने एकत	४८९	४८९	५३२	५६५	५६९	५६१	५२६	२५४
कहा कहौं वाकी	१११	१११	४७१	२७७	२९८	२९५	४६४	०
कहा कुसुम	५१२	५१२	८१	१४५	५१९	४३२	७८	८०
कहा भयौ जौ	५७	५७	४७८	५०९	३९७	३८७	४७१	१५०
कहा लड़ैते दृग	१५४	१५४	२५१	२८०	२२७	२५२	२४७	०
कहा लेहुगे	४९	४९	४१५	४४३	३७३	३६४	४०८	०
कहि पठई जिय	२५४	२५४	४९०	५४८	९५	९५	४८३	०
कहि, लहि कौ नु	१३३	१३३	७१	१४१	५२०	४३५	०	०
कहे जु बचन	५३७	५३७	४२७	४९४	३९४	४११	४२०	०
कहैं यहै श्रुति	४२९	४२९	६९३	६३४	६०८	६०१	६९०	२९३
कागद पर लिखत	६०	६०	४८०	५३८	४०२	३९४	४७३	१३४
कारे-बरन डरावने	५१५	५१५	३७	६१४	४५	४६	३६	०
कालबूत दूती	४००	३९९	६७५	३०७	३२२	३१४	६६९	०
किती न गोकुल	६५२	६५२	१६१	२२	७	८	१५७	०
किय हाइलु	२१२	२१२	१९७	१११	५१०	५२४	१९३	०
कियौ जु, चिबुक	५१८	५१८	३२०	३८१	१०८	१०७	३१५	०
कियौ सबै जगु	४९५	४९५	५४६	५८१	५८१	५७४	५४०	२६३
कियौ सयानी	६५६	६५६	४८५	५४५	१४४	१४१	४७८	०

दोहों की अकारादि सूची	मान सिंह की टीका	बिहारी-रत्नाकर	कृष्ण कवि की टीका	हरिप्रकाश-टीका	लाल-चंद्रिका	शृंगार-सप्तशती	प्रभुदयालु पाँडे की टीका	रस-कौमुदी
कीजै चित सोई	२१७	२२१	६२२	६९९	६९९	६९३	६१७	०
कीनें हूँ कोरिक	१८	१८	३५	१७७	२८०	२७७	३४	१०७
कुंज-भवनु तजि	८४	८४	६३	३७४	५४८	५३९	६२	०
कुच-गिरि चढ़ि	२६	२६	२२४	९४	४८४	४९७	२२०	०
कुटिल अलक	४४२	४४२	१८२	३७	४४२	०	१७८	२४
कुढँगु कोपु तजि	४०४	४०४	५३७	५७१	५७३	५६६	५३१	०
केसर केसरि-कुसुम	१९७	१९९	३६	३८८	१९७	१९२	३५	०
केसरि कै सरि क्यौं	१०२	१०२	७८	१३९	५३५	४३१	७५	०
कैवा आवत इहिं	७०५	७०५	१२४	०	३४३	३४०	१२१	०
कैसैं छोटे नरनु	११७	१३१	६६१	६२४	५९९	५९२	६५५	०
कोऊ कोरिक	८७	९१	६३६	७०१	६६७	६६२	६३१	०
को कहि सकै बड़ेनु	४३१	४३१	५९५	६६०	६१९	६१२	५८९	३०८
को छूट्यौ इहिं	६७१	६७१	५८३	६६४	६३८	६३४	५७७	३०७
को जानै, ह्वैहै	१५१	१५०	१३४	१८८	२७१	२६८	१३०	०
कोरि जतन कीजै	३९८	३९७	३१०	२८४	७५	६७	३०५	०
कारि जतन कोऊ करौ, तन	६६७	६६७	२७	३३०	४०८	३९७	२७	१८४
कोरि जतन कोऊ करौ, परै	३४४	३४१	६७८	६२५	५९५	५८८	६७२	२७४
कौं हर सी एड़ीनु की	४४	४४	२३९	११०	५०९	५२३	२३५	०
कौड़ा आँसू-बूँद	२३०	२३०	११२	५२२	४०१	३९१	११०	०
कौन भाँति रहि हैं	३१	३१	५७८	६९३	६८८	६८२	५२७	०

दोहों की अकारादि सूची	मान सिंह की टीका	बिहारी-रत्नाकर	कृष्ण कवि की टीका	हरिप्रकाश-टीका	लाल-चंद्रिका	शृंगार-सप्तशती	प्रभुदयालु पाँडे की टीका	रस-कौमुदी
कौन सुनै	६३	६३	४५४	५११	३९०	३८१	४४७	२०१
क्यौं बसियै	४०७	४०७	१४३	२१९	२७५	२७२	१३९	१०६
क्यौं हूँ सहबात न	३१०	३०९	४०२	४४७	३७६	३६८	३९५	०
खरी पातरी	१४	१४	२५७	४३४	३३७	३५७	२५३	०
खरी लसति	४४०	४४०	२२३	१४९	४९२	५०५	२१९	०
खरैं अदब	३६०	३६०	३८७	४५४	३६१	३५२	३८०	०
खल बढ़ई	४४४	४४४	३२३	२१६	२९४	२९०	३१८	०
खलित बचन	६५३	६५३	५२६	३६०	२१९	२१६	५२०	०
खिचैं मान अपराध	६४९	६४९	४१६	४६१	१०२	१०१	४०९	०
खिन खिन मैं	२०२	२०२	१४९	२५६	३१३	३०५	१४५	०
खेलन सिखए	४५	४५	५२	५१	४५८	४६९	५१	३२
खौरि पनिच	१०४	१०४	१८३	४९	४५३	४६५	१७९	०
गड़ी कुटुम	५९८	५९८	९८	६९	४३८	४२८	९६	०
गड़े बड़े छबि छाक	४४८	४४८	३७३	१००	१७६	१७८	३६६	०
गढ़ रचना	३१६	३१६	६९०	४७	५९६	५८९	६८४	२९६
गदराने तन	९३	९३	५१२	५९८	२४८	२३९	५०६	०
गनती गनिबे	२७५	२७५	४३७	५३१	४३१	४२०	४३०	०
गली अँधेरी	२५३	२५३	२६३	३२७	२२१	२१८	३८१	०
गहकि, गाँसु	६५	६५	३५६	३८४	२००	०	३४९	०
गहिली, गरबु	३१३	३१३	२५३	४४२	३६९	३६०	२४९	२७५
गहै न नेकौ	३७८	३७७	५९१	६७२	६४२	०	५८५	०
गह्यौ अबोलौ	५९१	५९१	३८०	४३३	११९	११८	३७३	०
गाढ़ैं ठाढ़ैं	४६१	४६२	१२	०	४९८	५१२	१२	०
गिरि तैं ऊँचे	२५१	२५१	६६५	६१८	६२६	६१९	६५९	२७६
गिरै कंपि	६३३	६३३	५५९	५५८	५६२	५५३	५५३	२२४
गुनी गुनी	३५१	३५१	६८०	६३६	६१०	६०३	६७४	२७८
गोधनं, तूँ	६९६	६९६	६०२	१७	६२९	६२३	५९६	३०३

दोहों की अकारादि सूची	मान सिंह की टीका	बिहारी-रत्नाकर	कृष्ण कवि की टीका	हरिप्रकाश-टीका	लाल-चंद्रिका	शृंगार-सप्तशती	प्रभुदयालु पाँडे की टीका	रस-कौमुदी
गोप अथाइनु	१७७	१७६	३४८	३०८	१५७	१५५	३४१	२४०
गोपिनु कैं	२९३	२९३	४८४	५२६	६५५	६५०	४७७	०
गोपिनु सँग	२९१	२९१	५७	१९	१०	९	५६.	०
गोरी गदकारी	७०८	७०८	०	५९७	५४३	५३४	६९८	०
गोरा छिगुनी	३३८	३३८	२३०	१२५	४९६	५०९	२२६	०
घन-घेरा	४८५	४८५	५४४	५७९	५७७	५७०	५३८	२५९
घर घर तुरकिनि	७१२	७१२	६१२	०	७०५	६९८	६०६	०
घरु घरु डोलत	१४९	१५१	६७४	६९८	६०६	५९८	६६८	०
घाम घरीकु	१२७	१२७	१७३	३६३	४८	८६	१६९	२२६
चकी जकी सी	६३६	६३६	१२२	२०१	४२९	४१८	११९	०
चटक न छाँड़तु	६६८	६६८	६८५	६१९	५९१	५८४	६७९	०
चमक तमक	७६	७६	२९२	३३८	५४५	५३६	२८७	०
चमचमात	५७६	५७६	२०२	८२	४६८	४८१	१९८	२६
चलत चलत	१७२	१७२	४८३	४८०	१३३	१२७	४७६	१८८
चतल देत	५५१	५५१	५३	४७४	१३९	१३३	५२	२३६
चलत पाइ	१५६	१५६	६०७	६२७	७०२	६९६	६०१	०
चलतु घैरु	४६०	४६०	१३७	१९३	२४६	२३७	१३३	०
चलन न पावतु	८८	८७	२२५	१०४	४९७	५११	२२१	९०
चलित ललित	४०३	४०३	५४२	३६४	५५५	५४६	५३६	०
चलौ चलैं	५३६	५३६	४१०	४४५	३७४	३६५	४०३	०
चल्यौ जाइ	४३९	४३९	६०४	६७५	६२२	६१५	५९८	३०५
चाले की बातैं	१३४	१३४	२३	३१९	२९	२९	२३	०
चाहभरीं	६२१	६२२	४२३	४८३	१३७	१३१	४१५	२२३
चितई ललचौहैं	१२	१२	१०१	१७६	५४	९३	९८	०
चित पितमारक	५७५	५७५	६१५	६४९	६५३	६४८	६१०	०
चितवत जितवत	५१७	५१७	१७२	६०५	५१	९०	१६८	२१८
चितवनि भोरे	३०५	३०५	९६	२५५	३१२	३०४	९४	०
चितवनि रूखे	२९	२९	३९३	४२३	३५८	३४९	३८७	०
चितु तरसतु	२६२	२६२	५१९	२२३	१२८	०	५१३	१८७

दोहों की अकारादि सूची	मान सिंह की टीका	बिहारी-रत्नाकर	कृष्ण कवि की टीका	हरिप्रकाश-टीका	लाल-चंद्रिका	श्रृंगार-सप्तशती	प्रभुदयालु पाँडे की टीका	रस-कौमुदी
चित दै देखि	५४७	५४७	६५७	२९५	६२१	६१४	६५१	२९५
चितु वितु बचतु	१७५	१७४	१५६	२३३	२७८	२७५	१५२	१५१
चिरजीवौ	६७७	६७७	३८९	८	२२६	२२३	३८३	०
चिलक चिकनई	१९४	१९६	१०७	२५१	३१४	३०६	१०५	६५
चुनरी स्याम	३२६	३२६	९३	२५७	३१८	३१०	९०	६६
चुवतु स्वेद	३९२	३९०	५६१	५९२	५८८	५८१	५५५	२७५
छकि रसाल	४९६	४९६	५२७	०	५६५	५५७	५२१	२५१
छतौं नेहु	४५७	४५७	४५१	५०४	१२७	१३६	४४४	१८९
छला छबीले	१२३	१२३	२२	१७९	१११	११०	२२	१०९
छला परोसिनि	३८१	३७९	३७९	४७५	११६	११५	३७२	०
छाले परिबे कैं	४८३	४८३	२४७	१५९	५३९	५३०	२४३	५०
छिनकु उघारति	६६५	६६५	२८	३७९	११०	१०९	२८	०
छिनकु चलति	३८६	३८४	३३७	५६९	२४४	२३५	३३०	०
छिनकु, छबीले	५०४	५०४	१९८	२६५	३३६	०	१९४	०
छिपैं छिपाकर	५८०	५८०	३४५	३१३	१५८	१५३	३३८	०
छिप्यौ छबीलौ	५३८	५३८	१९६	११९	४९०	५०३	१९२	३७
छिरके नाह	१५३	१५३	४९५	३६७	५५४	५४५	४४८	०
छुटत मुठिनु	३५२	३५२	५५६	५५५	५६१	५५२	५५०	२१९
छुटन न पैयतु	३२५	३२५	१४२	२१७	३५३	३४४	१३८	०
छुटी न सिसुता की	७१	७०	८	२४	१७	१८	८	६७
छुटे छुटावत	५७३	५७३	१८१	३६	४४१	४५३	१७७	०
छुटैं न लाज	५२४	५२४	१९	७८	३८	३४	१९	०
छुवै छिगुनी	१५९	१५९	१७४	२३९	२२५	२२०	१७०	०
जंघ जुगल	२१०	२१०	२३६	१०७	५०६	५२०	२३२	०
जगतु जनायौ	४२	४१	६४७	६७९	६७०	~~६६५~~	६४१	०
जज्यौं उझकि	५०२	५०३	५५७	५५६	५५८	५४९	५५१	6
जटित नीलमनि	१४२	१४३	२१३.	८५	४७२	४८५	२०९	५७
जदपि चवाइनु	३३६	३३६	१७०	८४	६५	५६	१६६	०
जदपि तेज	१४४	१४५	४९४	५५०	१५१	१४८	४८७	०

दोहों की अकारादि सूची	मान सिंह की टीका	बिहारी-रत्नाकर	कृष्ण कवि की टीका	हरिप्रकाश-टीका	लाल-चंद्रिका	शृंगार-सप्तशती	प्रभुदयालु पाँडे की टीका	रस-कौमुदी
जदपि नाहिं	३२४	३२४	२९१	३३९	७२१	०	२८६	०
जदपि लौंग	६८५	६८५	२१४	८७	४७३	४८६	२१०	०
जद्यपि सुन्दर	६५८	६५८	६८२	२२५	३२७	३१९	६७६	२८७
जनमु जलधि	३७७	३७६	५९०	०	६४१	६३७	५८४	३०१
जपमाला, छापैं	१४५	१४१	६४२	६८०	६६९	६६३	६३६	२
जब जब वै	६१	६२	१५१	५१०	४१०	४००	१४७	१६
जम-करि-मुँह-तरहरि	२१	२१	६३५	६७८	६६८	६६४	६३०	०
जगी कोर	३०४	३०४	१९९	१३१	४९१	५०४	१९५	०
जसु अपजसु	१५७	१५७	१२८	२३७	२६८	२६५	१२४	१३
जहाँ जहाँ ठाढ़ौ	१८२	१८२	१५२	७	४१२	४०२	१४८	०
जाकैं एकाएक	४७३	४७१	६७९	६६९	६१८	६१०	६७३	०
जात जात बिनु	२३५	२३५	६३७	६८९	६७६	६७०	६३२	०
जात सयान	६२९	६२९	३३	२३६	२७६	२७३	३२	१३७
जाति मरी बिछुरी	२७७	२७७	३२९	५३२	२४९	२४०	७१३	१११
जालरंध्र-मग	२६३	२६३	५१४	२२४	३२६	३१८	५०८	०
जिन दिन देखे	२५५	२५५	५८७	६५५	६३१	६२५	५८१	३०९
जिहिं निदाघ	२४४	२४४	४३५	५२३	३८३	३७४	४२८	२०३
जिहिं भामिनि	६०७	६०८	३५३	४२२	१७५	१७१	३४६	०
जुरे दुहुनु के	१९६	१९८	१६७	६६	६१	५४	१६३	०
जुवति जोन्ह	७	७	३४७	३१५	१६०	१५७	३४०	६८
जे तब होत	६१५	६१५	१४७	२०८	४७०	४८३	१४३	१९०
जेती संपति	१०६	१११	६७२	६२२	५९३	५८६	६६६	०
जोग-जुगति	१३	१३	२०७	५४	४५७	४६८	२०३	२७
जो तिय तुम	५५८	५५८	३८८	४१७	१९४	०	३८२	०
जोन्ह नहीं	२३४	२३४	६८४	५८९	४२०	४१०	६७८	०
जो सिर धरि	४३०	४३०	६५६	६७४	६१४	६०७	६५०	०
जौ चाहत	३९७	३९६	६५३	६४४	३६५	३५६	६४७	१३८
जौं न जुगति	७५	७५	६८९	१८६	५४७	५३८	६८३	११२

दोहों की अकारादि सूची	मान सिंह की टीका	बिहारी-रत्नाकर	कृष्ण कवि की टीका	हरिप्रकाश-टीका	लाल-चंद्रिका	शृंगार-सप्तशती	प्रभुदयालु पाँडे की टीका	रस-कौमुदी
जौं लौं लखौं	७०९	७०९	२६०	२३१	१०४	१०३	२५६	११०
जौं वाके तन	१४१	१४२	४६५	२७६	३०८	३०३	४५८	२०२
ज्यौं कर, त्यौं	६६१	६४७	५०१	६०७	५४१	५३२	४९५	०
ज्यौं ज्यौं आवति	५४३	५४३	१४०	३१६	१५४	१५१	१३६	०
ज्यौं ज्यों जोबन	११२	११२	१६	१०५	२२	२३	१६	४०
ज्यौं ज्यौं पटु	३५३	३५३	५५५	५५९	५६३	५५४	५४९	६९
ज्यौं ज्यौं पावक	३५४	३५४	०	५५२	१४८	१४५	७१४	१५४
ज्यौं ज्यौं बढ़ति	४९२	४९२	५४७	५८०	५७९	५७२	५४१	०
ज्यौं है, हौं, त्यौं	४२३	७०१	५७६	७०२	६९२	६८६	५७०	०
झटकि चढ़ति	१९२	१९४	१४४	१९५	२८५	२८२	१४०	११३
झीने पट मैं	१६	१६	१८५	१३७	४८२	४९५	१८१	०
झुकि झुकि	५८९	५८९	३४२	३१७	१५३	१५०	३३५	२२७
झूठे जानि	३४५	३४५	१७१	५८	४६१	४७२	१६७	०
टटकी धोई	४७८	४७७	४९९	६४७	२४३	२३४	४९२	९१
टुनहाई	३४८	३४८	३३८	२६९	१२४	१२०	३३१	०
डगकु डगति सी	१३९	१३९	१०३	२५०	३१५	३०७	१००	०
डर न टरै	३१८	३१८	१३५	१९४	२७७	२७४	१३१	१२७
डारी सारी नील की	५०	५०	१४६	१२७	४६४	४७५	१४२	३१
डारे ठोड़ी-गाड़	१७	१७	२२१	९६	४८५	४९८	२१७	९५
डिगत पानि	६१०	६०१	२६५	१३	६६१	६५६	२६०	०
डीठि न परत	३३३	३३३	७३	१५१	५२८	४४४	७०	०
डीठि-बरत	१९१	१९३	१६६	६५	५९	५२	१६२	०
ढरे ढार	२३२	२३२	११५	२००	२६३	२६	११३	०
ढीठि परोसिनि	३८४	३८३	५१८	७३	११८	११७	५१२	०
ढीठ्यौ दै	३८९	३८७	५२०	१७४	२८	२१३	५१४	०
ढोरी लाई	५२२	५२२	२५९	२९४	३३७	३२८	२५५	०
तंत्री-नाद	९४	९४	६९७	६१७	५९७	५९०	६९४	२८०
तच्यौ आँच	३९१	३७८	२६९	५२४	४२८	०	२६४	१९२

दोहों की अकारादि सूची	मान सिंह की टीका	बिहारी-रत्नाकर	कृष्ण कवि की टीका	हरिप्रकाश-टीका	लाल-चंद्रिका	शृंगार-सप्तशती	प्रभुदयालु पाँडे की टीका	रस-कौमुदी
तजतु अठान	१७१	१७०	४६६	१८९	७१७	०	४५९	०
तजि तीरथ	२०१	२०१	३१४	४	६८२	६७६	३०९	०
तजी संक	२१९	२१८	२७९	१९९	४२१	४१२	२७४	०
तनक झूठ	६४४	६४४	०	३३१	५४६	५३७	७०८	२७९
तन भूषन	२३६	२३६	२५५	१२८	५१४	४३३	२५१	०
तपन-तेज	३४२	३४३	५५१	५८५	५८३	५७६	५४५	२६६
तर झरसी	३२८	३२८	४८१	५४१	४०३	३९२	४७४	१९१
तरिवन-कनकु	८२	८२	२१७	१२६	९३	८१	२१३	०
तरुनकोकनद	१७०	१६९	३६४	३८७	१८०	१७७	३५७	०
तिय, कित	३५६	३५६	६३१	७६	४६७	४७८	६२६	३३
तिय तरसौंहैं	४८४	४८४	५४१	५६७	५७२	५६५	५३५	०
तिय तिथि	२७४	२७४	७	२५	१८	१९	७	१०२
तिय निय हिय	२९८	२९८	४३०	६१०	२९१	१७३	४२३	०
तिय-मुख	७०७	७०७	१८६	४६	४४८	४५९	१८२	५५
तीज-परब	३१५	३१५	३१८	१३३	३३३	३२५	३१३	९६
तुरत सुरत	१८५	१८५	३६१	३९३	१६९	१७६	३५४	०
तुहूँ कहति	५४८	५४८	४११	४५९	९९	९९	४०४	०
तूँ मति मानै	२५०	२५०	६५८	२८६	७८	६४	६५२	०
तू मोहन-मन	६०८	६०९	३४०	२८१	३२४	३१६	३३३	०
तूं रहि, हौं हीं	२६८	२६८	२४९	२८९	२३२	२५०	२४५	७०
तेह-तरेरौ	११३	११३	३५८	३८५	१९१	१८३	३५१	१६२
तो तन अवधि	५६७	५६७	२६२	१६६	५३६	४५१	२५८	०
तो पर वारौं	२५	२५	३३९	२५९	३९३	३१५	३३२	७१
तो रस-राँच्यौ	१९५	१९७	२५८	४४०	३६८	३५१	२५४	११४
तो लखि मो मन	५५६	५५६	ःउउ	९७	४८६	४९९	६२८	०
तोहीं निरमोही	३६	३६	३२७	२४३	३५२	३४३	३२२	१३९
तो ही कौ छुटि	३११	३१०	४०९	४५७	१००	१०६	४०२	१५२
तौ अनेक	४२७	४२१	६४५	७०६	६८४	६७८	६३९	०
तौ बलियै	६२५	६२१	०	७०८	६९६	६९०	७१७	०
तौ लगु या मन	३६१	३६१	६४८	६८३	६७९	६७३	६४२	०
त्यौं त्यौं प्यासे	४१७	४१७	११०	१६२	५३३	४४९	१०७	०

दोहों की अकारादि सूची	मान सिंह की टीका	बिहारी-रत्नाकर	कृष्ण कवि की टीका	हरिप्रकाश-टीका	लाल-चंद्रिका	शृंगार-सप्तशती	प्रभुदयालु पाँडे की टीका	रस-कौमुदी
त्रिबली नाभि	८९	८८	१०२	१६७	४१	४३	९९	८९
थाकी जतन	१२५	१२५	४७४	१८०	३०६	३०१	४६७	१४०
थोरैं हीं गुन	६८	६८	५७५	६९५	६९०	६८४	५६९	९
दच्छिन पिय	२६०	२६०	३३३	४६३	२०२	१९८	३२६	०
दिन दस	४३४	४३४	५९६	६६७	६३५	६२९	५९०	३१२
दियौ अरघु	२६९	२६९	२५०	२९०	२३३	२५१	२४६	०
दियौ जु पिय	२८०	२८०	५५३	५५४	५६०	५५१	५४७	०
दियौ, सु ससि	८१	८१	६२१	२७९	६८६	६८०	६१६	०
दसि दिसि कुसुमित	४७६	४७६	५३०	५२८	५६६	५५८	५२४	२५०
दीप उजेरैं	४६२	४६३	२९०	३३३	३१	३१	२८५	०
दीरघ साँस	५१	५१	६२०	६९२	६८५	६७९	६१५	०
दुलहाइनु	५९२	५९२	२९	२४४	३५५	३४६	२९	१८
दुचितैं चित	२९४	२९४	६५९	२२६	३४६	३३६	६५३	०
दुरत न कुच	१८८	१८८	२२६	११४	४९९	५१३	२२२	३८
दुरैं न निघरघट्यौ	४८२	४८२	३७२	४२१	१३	१३	३६५	१६३
दुसह दुराज	३५७	३५७	६९९	६३२	६०५	५९७	६९६	२८१
दुसह बिरह	६६९	६६९	४२८	४८५	३९३	३८२	४२१	०
दुसह सौति	६००	६००	३२२	१६४	११२	१११	३१७	०
दूरि भजत	४२८	४२८	६४४	६८८	६७४	६६९	६३८	०
दूर्‌यौ खरे	६३८	६३८	१६८	७७	६४	५५	१६४	२२१
दृग उरझत	३६३	३६३	६३२	१९२	२७३	२७०	६२७	१४२
दृग थिरकौहैं	६९२	६९२	५००	६०६	५४२	५३३	४९४	०
दृगनु लगत	३४९	३४९	११२	५७	४६२	४७३	१०९	०
दृग मिहचत	१९८	२००	५१६	३५१	२१३	२०८	५१०	१५८
देखत कछु	६३४	६३४	१२०	२७०	४२	४४	११७	१४१
देखत बुरै	९०	८९	४६९	२६४	२९७	२९३	४६२	०
देखी सो न जुही	३३०	३३०	७२	१३२	५१७	४३७	६९	०

दोहों की अकारादि सूची	मान सिंह की टीका	बिहारी-रत्नाकर	कृष्ण कवि की टीका	हरिप्रकाश-टीका	लाल-चंद्रिका	शृंगार-सप्तशती	प्रभुदयालु पाँडे की टीका	रस-कौमुदी
देखौं जागत	४२२	४२३	९०	२१२	३४४	३३४	८७	०
देख्यौ अनदेख्यौ	६१८	६१८	१०६	१६८	४४	४७	१०४	०
देवर फूल-हने	२४६	२४६	६१७	६०९	४६	४८	६१२	०
देह दुलहिया	४०	४०	१५	३०	२५	२६	१५	०
देह-लग्यौ	४६६	४६७	६६०	२२०	३२०	३१२	६५४	०
दोऊ अधिकाई	५५९	५५९	३९०	४३१	३६२	३५३	३८४	०
दोऊ चाह-भरे	५८१	५४५	१७७	३२५	२३६	२२७	१७३	०
दोऊ चोर	५३०	५३०	५१५	३७०	२१६	२१०	५०९	०
द्वैज-सुधा	९२	९२	५६६	५८७	२५०	२४१	५६०	०
धनि यह द्वैज	३८७	३८५	५६७	५८८	७९	६९	५६१	०
धुरवा होहिं न	५४९	५४९	५३८	५७२	३८६	३७७	५३२	२५६
ध्यान आनि	५९४	५९४	२६७	४९०	३४८	३३९	२६२	०
नई लगनि	२०५	२०५	२१	१९७	२८४	२८०	२१	११५
न ए बिससियहिं	३०९	३११	६९६	६२१	५९२	५८५	६९३	०
न करु, न डरु	३९५	३९४	३६९	४०६	१८१	१८१	३६२	१६४
नख-रुचि-चूरनु	५५०	५५०	२२९	२३०	२७९	२७६	२२५	१२६
नख-रेखा	२४१	२४०	३६३	४०८	१७२	१६९	३५६	०
नख-सिख-रूप	१५८	१५८	२१९	२३८	२६७	२६४	२१५	१४
न जक घरक	४०५	४०५	२४६	१५७	५३८	५२९	२४२	०
नटि न सीस	६०६	६०७	३०७	३७५	८५	७५	३०२	०
नभ-लाली	११५	११५	३४१	४६२	१५२	१४९	३३४	२१५
नयैं बिरह	४५६	४५६	३७७	५०३	१३८	१३७	३७०	०
नर की अरु नल-नीर	३२०	३२१	०	६४२	६२३	६१६	७०२	२८२
नव नागरितन	२२१	२२०	१७	३१	२१	२२	१७	४७
नहिं अन्हाइ	६४५	६४५	५०३	६००	५३	९२	४९७	०
नहिं नचाइ	३६४	३६४	९९	२५३	१०६	१०५	९७	०
नहिं परागु	३८	३८	३	२६८	६३०	६२४	३	३१५

दोहों की अकारादि सूची	मान सिंह की टीका	बिहारी-रत्नाकर	कृष्ण कवि की टीका	हरिप्रकाश-टीका	लाल-चंद्रिका	शृंगार-सप्तशती	प्रभुदयालु पाँडे की टीका	रस-कौमुदी
नहिं पावसु	४७७	४७४	५८२	६७०	६३९	६३५	५७६	३०४
नहिं हरि लौं	४९४	४९४	५६	३२२	३४१	३३२	५५	११६
नाउँ सुनत	५९९	५९९	४८	३०२	७०	६१	४७	०
नाक चढ़ै	६०५	६०६	५१३	३००	२३४	२२४	५०७	७३
नाक मोरि	६३२	६३२	५१०	३४९	२४७	२३८	५०४	१६०
नागरि बिबिध	५०६	५०६	६०३	२६६	३३१	३२३	५९७	०
नाचि अचानक	४६९	४६९	४९१	११	४०७	३९८	४८४	०
नावक सर	५७०	५७०	१५७	८०	२३८	२२९	१५३	०
नासा मोरि	४०६	४०६	२००	४८	४५४	४६४	१९६	७२
नाह गरजि	२१५	२१५	५८१	६३७	६६०	६५५	५७५	०
नाहिं न ए	४८८	८८	५३४	५६४	५६८	५६०	५२८	२५३
निज करनी	४२५	४२६	५८०	७०५	६९८	६९२	५७४	०
नित प्रति एकत हीं	२३८	२३८	३१२	९	९	१०	३०७	२३
नित संसौ हंसौ	१२४	१२४	४४८	५१५	४२५	४१५	४४१	०
निपट लजीली	३७०	३६८	५२३	३६१	२१८	२१४	५१७	१५७
निरखि नवोढ़ानारि	२९६	२९६	११	१७३	२७	२८	११	०
निरदय नेहु	३७२	३७०	४०६	२१८	३५४	३४५	३९९	१२८
निसि अँधियारी	२०७	२०७	३४३	३१२	१६१	१५८	३३६	०
नीकी दई	१०	११	५७३	६९१	६८७	६८१	५६७	५
नीकौ लसतु	१०५	१०५	१८४	३९	४४४	४५६	१८०	०
नीच हियैं	४९१	४९१	६७७	६२३	५९४	५८७	६७१	०
नीचीयै नीची	२५७	२५७	०	७५	४६५	४७६	७०५	०
नीठि नीठि उठि	६४३	६४३	२९५	३७२	२०८	२०४	२९०	१५६
नेहु न नैननु कौं	३७	३७	१२३	१७८	२५९	२५७	१२०	०
नैंकु उतै	५००	५००	२७१	३५७	३५७	३४८	२६६	०
नैंकु न जानी	११४	११४	४६४	२७८	३०१ ४२३	२९७	४५७	१९३

दोहों की अकारादि सूची	मान सिंह की टीका	बिहारी-रत्नाकर	कृष्ण कवि की टीका	हरिप्रकाश-टीका	लाल-चंद्रिका	शृंगार-सप्तशती	प्रभुदयालु पाँडे की टीका	रस-कौमुदी
नैंकु न झुरसी	९८	९८	४७५	५१३	२९३	२८९	४३८	०
नैंकु हँसौं हीं	१००	१००	२२०	१०३	४८३	४९६	२१६	०
नैंकौ उहिं न	६१६	६१६	१४८	३०३	३३८	३३०	१४४	०
नैन लगे	३७३	३७२	११७	२२७	७७	७१	७०६	२२
नैना नैंकुन	१६०	१६०	१२९	२४०	२६२	२५९	१२५	१५
न्हाइ पहिरि	७००	७००	४२	६०४	५०	८९	४१	०
पँचरँग-रँग वेंदी	६२६	६२६	१८८	१३४	४५२	४६३	१८४	०
पग पग मग	४९०	४९०	२४१	११३	५१३	५२७	२३७	०
पट की ढिग	२१४	२१४	३०३	३९०	९४	८५	२९८	२३८
पट सौं पोंछि	५५५	५५५	३५२	४१९	१७४	१७०	३४५	१६७
पटु पाँखै	६११	६११	५९९	६६५	६३४	६२८	५९३	३१४
पतवारी माला	३८५	३९१	६३९	६८६	६७२	६६७	०	०
पति रति की	२४	२४	२८६	३३७	३६	३६	२८१	२२८
पति-रितु औगुन	४१६	४१६	६९२	४२८	३५९	३५०	६८६	०
पत्रा हीं तिथि	७३	७३	०	१०२	४८९	५०२	७००	३६
परतिय-दोषु	२६४	२६४	६१४	६३९	६५२	६४७	६०९	०
परसत पोंछत	७०२	७०२	१५९	३०४	४३९	४२७	१५५	०
परयौ जोरु	१२९	१२९	३००	३४०	२०७	२३	२९५	१५८
पल न चलैं	५३४	५३४	१३९	२९९	६९	६०	१३५	१२९
पलनु प्रगटि	६५९	६५९	४४१	४८७	४२६	४१६	४३४	०
पलनु पीक	२२	२२	३५४	३८३	१६५	१६२	३४७	१६५
पल सोहैं	४९८	४९८	३४९	४१०	१७३	१६८	३४२	१६९
पहिरत हों	५१३	५१३	२७२	१४४	४९३	५०६	२६७	०
पहिरि न भूषन	३३५	३३५	७५	११६	५२६	४४२	७२	०
पहुँचति डटि	१७८	१७७	३०	६८	६२	५७	३०	०
पहुला-हारु	२४८	२४८	४९८	५१६	५४४	५३५	४९१	०
पाइ तरुनिकुच	२३७	२३७	५८५	१२९	६४४	६३९	५७९	०
पाइ महावरु	३५	३५	२३८	१०९	५०८	५२२	३३४	४३
पाइल पाइ	४४१	४४१	६५२	४३	७१८	६२०	६४६	३०२

दोहों की अकारादि सूची	मान सिंह की टीका	बिहारी-रत्नाकर	कृष्ण कवि की टीका	हरिप्रकाश-टीका	लाल-चंद्रिका	शृंगार-सप्तशती	प्रभुदयालु पाँडे की टीका	रस-कौमुदी
पार्‍यौ सोरु	६६२	६६२	३८४	६११	१६	६	३७७	०
पावक-झर तैं	४०२	४०२	४२६	५७०	३८७	३७८	४१९	२०४
पावक सौ	७९	७९	३५७	३९८	१७०	१६६	३५०	१६६
पावस-धन अँधियार	४८६	४८६	५३६	५६८	५७१	५६४	५३०	२५७
पिय कैं ध्यान	५८३	५८३	४७५	२०२	३४९	३३८	४६८	०
पिय तिय सौं	४३	४३	१९५	९९	४७८	४९१	१९१	०
पिय-प्राननु की	२७८	२७८	४२५	४९६	१२३	१२१	४१८	०
पिय बिछुरन	१५	१५	६७३	५३७	३५	३५	६६७	०
पिय-मन रुचि	६४०	६४०	२५२	२६७	३२५	३१७	२४८	२८३
पीठि दिये हीं	३५०	३५०	५५४	५५३	५५९	५५०	५४८	७४
पूछैं क्यौं रूखी	६८१	६८८	४३	२८५	७१	६२	४२	०
पूस-मास सुनि	१४६	१४६	४०	४७७	१३१	१२४	३९	२२९
प्यासे दुपहर	३६७	३६६	५९४	०	६०१	५९४	५८८	०
प्रगट भए	१०१	१०१	०	६९७	७००	६९४	७१८	०
प्रजर्‍यौ आगि	५५३	५५३	४५२	४८६	४२७	४१७	४४५	०
प्रतिबिंबित	१६८	१६७	६०६	६३०	७०४	०	६००	०
प्रलय-करन	५२६	५४१	६२८	१२	६६२	६५७	६२३	०
प्रानप्रिया हिय	२९७	२९७	३६६	४०४	१७१	१६७	३५९	१६८
प्रीतम दृग	४२२	४२२	५१७	३५२	२११	२०७	५११	१५९
प्रेम अडोलु	६३१	६३१	४५	२२२	७२	६३	४४	०
फिरत जु अटकत	५२८	५२८	३३४	४१६	१८९	१८६	३२७	०
फिरि घर कौं	५९७	५९७	५२८	५६२	५६७	५५९	५२२	२५२
फिरि फिरि चितु	११	१०	१३२	१३८	२८१	२७८	१२८	११७
फिरि फिरि दौरत	६७०	६७०	५१	५९	४६३	४७४	५०	२३९
फिरि फिरि बिलखी	१३८	१३८	५५	६४१	९६	०	५४	०

दोहों की अकारादि सूची	मान सिंह की टीका	बिहारी-रत्नाकर	कृष्ण कवि की टीका	हरिप्रकाश-टीका	लाल-चंद्रिका	शृंगार-सप्तशती	प्रभुदयालु पाँडे की टीका	रस-कौमुदी
फिरि फिरि बूझति	२२०	२१९	१५४	२४२	४१९	४०९	१५०	१२५
फिरि सुधि दै	६६०	६६०	४४२	५७८	३९१	३८३	४३५	०
फुलीफाली	४५८	४५८	२५४	३१०	१५५	१५२	२५०	०
फूले फदकत	२४७	२४७	१६४	८३	४६६	४७७	१६०	०
फेरु कछू	१४३	१४४	९६	१८२	३१९	३११	९३	०
बधु भए	६२	६१	५७४	६९४	६८९	६८३	५६८	७
बड़े कहावत	२२९	२२९	२२८	२८२	४९४	५०७	२२४	०
बड़े न हूजै	१९९	१९१	६६४	६३५	६४९	६४४	६५८	२८४
बढ़त निकसि	६९८	६९८	२३१	३६२	५५६	५४७	२२७	७७
बढ़त बढ़त	३३१	३३१	६६८	६४३	६२४	६१७	६६२	०
बतरस-लालच	४७१	४७२	५११	३५६	२५४	२४५	५०५	११८
बन-तन कौं	१४७	१४७	१५०	२३२	२७२	२६९	१४६	०
बन-बाटनु	४७५	४७५	५२९	५२७	३९२	३८४	५२३	०
बर जीतें सर	६७	६७	२०५	५५	४६०	४७१	२०१	०
बरजैं दूनी हठ	६८६	६८६	५४३	३६९	५५०	५४१	५३७	०
बरन, बास	६९४	६९४	७९	९१	४७६	४८९	७६	०
बसि सकोच	७४	७४	४३२	०	२९२	२८८	४२५	०
बसै बुराई	३८०	३८१	६९१	६३३	६०७	५९९	६८५	२८८
बहकि न इहिं	६५४	६५४	६७६	२७३	२३१	०	६७०	०
बहकि बड़ाई	२८१	२८२	५८८	६५८	३७०	३६२	५८२	०
बहके, सब जिय	९	९	४७	२४५	३५६	३४७	४६	०
बहु धन लै	४८०	४७९	६१६	६१२	६५४	६४९	६११	०
बाढ़तु तो उर	४४९	४४९	१३	४७२	२३	२४	०	३९
बाम बाँह	५७२	५७२	४९२	५४४	१४२	१३९	४८५	१२३
बामा, भामा	७०३	७०३	४२४	५७६	१३५	१२९	४१७	१७१
बाल, कहा	१६९	१६८	५९	३८६	१२	११	५८	१७०
बाल छबीली	६०२	६०३	८७	१५०	५२४	४२९	८४	०
बाल-बेलि	२६१	२१६	४६७	२८७	२९६	२९२	४६०	१९५

दोहों की अकारादि सूची	मान सिंह की टीका	बिहारी-रत्नाकर	कृष्ण कवि की टीका	हरिप्रकाश-टीका	लाल-चंद्रिका	शृंगार-सप्तशती	प्रभुदयालु पाँडे की टीका	रस-कौमुदी
बालमु बारैं	१८७	१८७	२८५	४६८	२०३	१९९	२८०	१२०
विकसित-नवमल्ली	१७६	१७५	५६२	५१८	३८४	३७५	५५६	२४९
विषम वृषादित	३६८	३६७	५९३	६७७	३०२	०	५८७	०
बिछुरैं जिए	५७८	५७८	४९३	५५१	१४७	१४४	४८६	२२०
बिथुरयौ जावकु	५०७	५०७	३८२	४७१	११५	११४	३७५	०
बिधि, बिधि कौन	६७५	६७५	३९८	४३९	२५३	२४४	३३२	०
बिनती रति	१३०	१३०	२९९	३४१	२०९	२०५	२९४	२३०
बिय सौतिनु	१२२	१२२	३१६	४६७	१०९	१०८	३११	०
बिरह-जरी	५९६	५९६	४४३	४९२	३८५	३७६	४३६	१९४
बिरह बिकल	५४१	५२६	४८२	५३९	४०४	३९३	४७५	२०५
बिरह-बिथा-जल	४१४	४१४	३३२	५३५	३९८	३८८	३२५	०
बिरह-बिपति-दिनु	४५५	४५५	४५०	५०२	४३२	४२१	४४३	०
बरह सुकाई	३२९	३२९	४४९	५००	३९६	३८६	४४२	०
बिलखी डभकौंहैं	१६७	१६६	४१८	४७९	१३४	१२८	४११	०
बिलखी लखै	५८७	५८७	३७६	४२४	११७	११६	३६९	०
बिहँसति, सकुचित	६९३	६९३	५०५	६०२	५५२	५४३	४९९	७६
बिहँसि बुलाइ	६१७	६१७	२६	१६९	३९	३९	२६	०
बुधि अनुमान	६४८	६४८	२३५	६८२	६८०	६७४	२३१	०
बुरौ बुराई	५८४	५८४	०	६५३	६१६	६०८	७०४	२८६
बेंदी भाल, तँबोल	६७९	६७९	२५६	१३५	२५२	२४३	२५२	७५
बेधक अधियारे	२७	२७	२१०	८६	४७१	४८४	२०६	३५
बेसरि-मोती दुति	१७३	१७३	२११	८८	२४२	२३३	२०७	९९
बेसरि मोती, धनि	७०६	७०६	५८४	९०	४७५	४८८	५७८	३००

दोहों की अकारादि सूची	मान सिंह की टीका	बिहारी-रत्नाकर	कृष्ण कवि की टीका	हरिप्रकाश-टीका	लाल-चंद्रिका	शृंगार-सप्तशती	प्रभुदयालु पाँडे की टीका	रस-कौमुदी
बैठि रही अति	१३१	५२	५३३	५६६	५७०	५६२	५२७	२५५
ब्रजबासिनु	५४४	५६१	६२६	६९०	६७७	६७१	६२१	०
भई जु छबि	१८९	१८९	६९	११५	५००	५१४	६८	०
भए बटाऊ	२७२	२७२	३२६	४१२	१४०	१३२	३२१	०
भजन कह्यौ	३६५	३७१	६२३	६८५	६७१	६६६	६१८	४
भाल-लाल बेंदी-छए	३५५	३५५	१९०	४२	४४९	४५८	१८६	२
भाल लाल बेंदी, ललन	६९०	६९०	१८९	४४	४४६	४६०	१८५	५३
भावकु उभरौंहौं	२५२	२५२	६	२७	२४	२५	६	०
भावरि-अनभावरि-भरे	६३७	६३७	६७१	६५४	६१७	६०९	६६५	०
भूषन-भारु	३२२	३२२	२४४	१५६	५३७	५२८	२४०	४८
भृकुटि मटकनि	३००	३०२	१४१	१९१	४१४	४०४	१३७	०
भेटत बनै न	५६४	५६४	१८	३२९	१४६	१४३	१८	११९
भौ यह ऐसोई	५१९	५१९	४५७	५३०	७२०	२२८	४५०	०
भौंह ऊँचै, आँचरु	२४२	२४२	१०३	७०	३१६	३०८	१०१	९७
भौंहनु त्रासति	६८३	६८३	२८९	३३२	४३	४५	२८४	०
मंगलु बिन्दु सुरंगु	४१	४२	१९१	१२४	४५१	४६२	१८७	८२
मकराकृति गोपाल	१०३	१०३	५७०	१६	४	४	५६४	०
मन न घरति	२३९	२३९	१५५	२७२	२३०	२४९	१५१	१३१
मनमोहन सौं	६४१	६४१	६४१	३०५	६७८	६७२	६३५	२३१
मनु न मनावन	४५४	४५४	३९५	४५२	२४८	२२२	३८९	१३२
मरकत-भाजन-सलिल	१८६	१८६	३६२	३९४	१६६	१६३	३५५	१७५
मरतु प्यास	४३५	४३५	५९७	६६८	६३७	६३१	५९१	३१३
मरनु भलौ	१४८	१४८	४६२	५१७	४३३	४२२	४५५	१९६

दोहों की अकारादि सूची	मान सिंह की टीका	बिहारी-रत्नाकर	कृष्ण कवि की टीका	हरिप्रकाश-टीका	लाल-चंद्रिका	शृंगार-सप्तशती	प्रभुदयालु पाँडे की टीका	रस-कौमुदी
मरिवे कौ	५८५	५८५	४३१	४८९	४३४	४२३	४२४	०
मरी डरी	५६	५६	४६१	५०८	४३०	४१९	४५४	०
मलिन देह	१६४	१६३	४८८	५४७	१४३	१४०	४८१	१३०
मानहु बिधि	४१३	४१३	८८	११७	५१५	४३६	८५	६२
मानहु मुँह-दिखरावनी	२८८	२८८	१४	१७२	२६	२७	१४	७८
मानु करत	२७३	२७३	३११	४३५	३६४	३५५	३८५	०
मानु तमासौ	५३९	५३९	५२४	३५८	७१९	२१५	५१८	०
मार सुमार-करी	३०८	३०८	४४०	५३३	३८८	३७९	४३३	१९७
मार्‍यौ मनुहारिनु	४६८	४६८	६१	४६६	४३६	४२६	६०	८१
मिलि चन्दन बेंदी	१८१	१८०	५२२	४५	४५०	४६१	५१६	५६
मिलि चलि	६२४	६२५	४२३	४८४	१३६	१३०	४१६	२२२
मिलि परछाँहीं	६७४	६७४	३१३	१८	१६४	१६१	३०८	०
मिलि बिहरत	४९७	४९७	५४८	५८२	५८०	५७३	५४२	२६२
मिसि हीं मिसि	५३१	५३१	४९६	३२०	१६३	१६०	४८९	०
मीत, न नीति	४७७	४८१	६८१	६४६	६०४	५९६	६७५	०
मुखु उघारि	६३९	६३९	५०२	३५५	२१५	२२५	४९६	०
मुँह मिठासु	३२३	३२३	३८६	४२७	२०४	२००	३७९	०
मुँहु धोवति	६९७	६९७	५०६	६०३	५२	९१	५००	०
मुँहु पखारि	६६६	६६६	५०४	६०१	५५३	५४२	४९८	०
मूड़ चढ़ाएऊँ	४३६	४५१	६७०	६७३	६४३	६३८	६६४	०
मृगनैनी दृग	२२२	२२२	४८७	५४३	१४१	१३८	४८०	१२४
मेरी भव बाधा	१	१	१	१	१	१	१	१
मेरैं बूझत बात	१३७	१३७	३०१	३४२	९०	८०	२९६	२४२
मैं तपाइ	२८३	२८१	६२५	४१४	१९३	१८८	६२०	८
मैं तोसौं	६६	६६	१७५	२७४	२२९	२४८	१४१	०
मैं बरजी	२५६	२५६	२४५	१६०	५४०	५३१	२४१	४९

दोहों की अकारादि सूची	मान सिंह की टीका	बिहारी-रत्नाकर	कृष्ण कवि की टीका	हरिप्रकाश-टीका	लाल-चंद्रिका	शृंगार-सप्तशती	प्रभुदयालु पाँडे की टीका	रस-कौमुदी
मैं मिसहा सोयौ	६४२	६४२	६९५	३५४	२१४	२०९	६९२	०
मैं यह तोहीं मैं	४७०	४७०	२७०	२९३	७४	६५	२६५	१४३
मैं लखि नारी ज्ञानु	५५७	५५७	४५३	४८८	३९५	३८५	४४६	१९९
मैं लै दयौ	५३५	५३५	४७३	२५८	३०२	२९८	४६६	२०८
मैं समुज्यौ	१६२	१८१	६२४	६८१	६६६	६६१	६१९	०
मैं हो जान्यौ	६४	६४	१०९	१८५	२५७	२५४	१०६	२१
मोरचन्द्रिका	३७६	६७६	५८६	२०	६२८	६२२	५८०	२९८
मोर मुकुट	४१९	४१९	५६९	१०	३	३	५६३	०
मोसौं मिलवति	५०८	५०८	३०६	३७६	८६	७६	३०१	२४१
मोहन-मूरति	१६१	१६१	६३०	३	६६४	६५९	६२५	०
मोहिं करत	५७९	५७९	३०८	४१८	११	१२	३०३	०
मोहिं तुम्हें	४२६	४२७	५७७	४०७	६९४	६८८	५७१	०
मोहिं दयौ	८३	८३	३२५	४६५	१८५	१९६	३२०	१२१
मोहिं भरोसौ	६८२	६८२	६५	३०६	३३९	३२९	६४	७९
मोहिं लजावत	५६६	५६६	४१२	४६०	१०१	१००	४०५	१२२
मोहूँ दीजै	२१६	२६१	५७९	७००	७०१	६९५	५७३	०
मोहूँ सौं तजि	७७	७७	१२६	१८७	२६६	२६३	९२	०
मोहूँ सौं बातनु	५६९	५६९	३९७	३९१	१९९	१९३	३९१	०
यह बरिया	३६९	४०१	६३८	६८७	६७३	६८६	६३६	३
यह बिनसतु	१२१	१२०	४७२	५१४	३००	२९६	४६५	०
या अनुरागी	५२	१२१	६३४	१८३	६६५	६६०	६२९	१०३
याकैं उर	४८	४८	४४६	५०७	२९०	२८७ ३००	४३९	१९८
या भव-पारावार	४३३	४३३	६७६	६८४	६८१	६७५	६४०	०
यौं दल काढ़े	७११	७११	६११	६२८	६६३	६५८	६०५	०
यौं दलमलियतु	६५१	६५१	२९७	३७८	२२८	२५३	२९२	५१
रँगराती	१६५	१६४	४७७	५४०	४०६	३९५	४७०	१३३
रँगी सुरत-रँग	१८३	१८३	२९६	३७५	९२	८३	२९१	९२

दोहों की अकारादि सूची	मान सिंह की टीका	बिहारी-रत्नाकर	कृष्ण कवि की टीका	हरिप्रकाश-टीका	लाल-चंद्रिका	शृंगार-सप्तशती	प्रभुदयालु पाँडे की टीका	रस-कौमुदी
रंच न लखियति	६९५	६९५	८२	१५५	५३२	४४८	७९	०
रनित-भृंग घंटावली	३९०	३८८	५६५	५९०	५८६	५७९	५५९	२४१
रब बंदौ	२२४	२२४	६१३	६१६	६५०	६४५	६०८	०
रमन कह्यौ	३१९	३१९	३०२	३४४	२१०	२०६	२९७	०
रस की सी रुख	२४३	२४३	३९२	४२६	१९८	११४	३८६	०
रस-भिजए दोऊ	५१४	५१४	५५८	५५७	५६४	५५५	५५२	०
रस-सिंगार-भजनु	४६	४६	२०६	५०	४५५	४६६	२०२	२९
रहति न रन	८०	८०	६०८	६२१	७०३	६७७	६०२	०
रहि न सकी	३४३	३४४	५५०	५८६	५८५	५७८	५४४	२६५
रहहि न सकय	४४३	४४५	२६१	१४३	५२१	४३८	२५७	०
रहि मुँहु फेरि	५७७	५७७	४३२	३२४	८२	७३	४८	०
रहिहैं चंचल	३९६	३९५	४२१	४७६	१२९	१२२	४१४	०
रही अचल	५३३	५३३	०	२९७	६८	५९	७०७	०
रही दहेंड़ी	२४५	२४५	२८०	२८३	२४१	२३२	२७५	१४५
रही पकरि	२११	२११	३७८	३९९	२०५	२०१	३७१	१७६
रही पैज	५६१	५४४	१७६	३२३	३४२	३३३	१७२	०
रही रुकी क्यौं हूँ	३९१	३८९	५६०	५९१	५८९	५८२	५५४	२४३
रही लटू ह्वै	४७२	४७३	६४	२६१	३३२	३२४	६३	०
रहे बरोंठे	२२३	२२३	४८९	५४९	१४५	१४२	४८२	०
रहैं निगोड़े	५६८	५६८	४१३	४५८	१००	८९	४०६	११
रहौ गुही	४८१	४८०	२७७	१७०	१२२	११९	२७२	०
रह्यौ ऐंचि	४०१	४००	४२९	५३४	१२५	१३४	४२२	२०९
रहौ चकितु	४१०	४१०	३७०	४००	१८३	१८०	३६३	०
रह्यौ ढीठु	२०८	२०८	२३७	१०८	५०७	५११	२३६	४२
रह्यौ मोहु	४९३	४९३	३८	२५२	३१७	३०९	३७	०

दोहों की अकारादि सूची	मान सिंह की टीका	बिहारी-रत्नाकर	कृष्ण कवि की टीका	हरिप्रकाश-टीका	लाल-चंद्रिका	शृंगार-सप्तशती	प्रभुदयालु पाँडे की टीका	रस-कौमुदी
राति द्यौस	४५३	४५३	२	४५५	१०३	१०२	२	१४४
राधा हरि	१५५	१५५	२७८	३४३	२४५	२६६	३७२	०
रुक्यौ साँकरैं	६८४	६८४	५६३	५९४	५८७	५८०	५५७	२४६
रुख रूखी	४१५	४१५	४६	४३६	७२२	०	४५	०
रूप-सुधा	६५०	६५०	५२५	१६३	२२०	२१७	५१९	०
लई सौं हसी	२४९	२४९	१६२	१९०	३०९	०	१५८	०
लखि गुरुजन	३४	३४	२८३	४५१	२५६	२४७	२७८	२३४
लखि दौरत	४६३	४६४	२८७	३३४	३०	३०	२८२	०
लखि लखि	६३०	६३०	२९४	३७१	२३५	२२६	२८९	८४
लखि लोने	५८	५८	५०	२७१	३२९	३२१	४९	०
लगत सुभग	३४१	३४२	५५२	५८४	५८४	५७७	५४६	२६७
लगी अनलगी	६६४	६६४	२३३	१०६	५०५	५११	२२९	४१
लग्यौ सुमनु	१९	१९	२४८	४३२	७२३	०	२४४	०
लटकि लटकि	१६३	१६२	९२	२४१	२२२	२११	८९	०
लटुवा लौं	५०३	५०१	०	६७६	६७५	०	६०७	०
लपटी पुहुप	३९३	३९२	५६४	५९३	५९०	५८३	५५८	२४८
लरिका लैबे	३८८	३८६	६८	२४९	२८३	२८१	६१	२३३
ललन-चलनु सुनि चुपु	४०८	४०८	४१९	४७८	७२४	१२५	४१२	०
ललनु-चलनु सुनि पलनु	३५८	३५८	४२०	४८५	१३२	१२६	४१३	०
ललन सलोने	३९४	३९३	३३०	४०९	१८६	१८२	३२३	३४
ललित श्याम	२७०	२७०	२२२	६५	४८७	५००	२१८	५८
लसतु सेत	१०७	१०६	२१६	९२	४७९	४९२	२२२	०
लसै मुरासा	६७३	६७३	२१८	१२०	४८०	४९३	२१४	०
लहलहाति तनु	५३२	५३२	२३४	३२	५०४	५१८	२३०	०
लहि रति सुखु	६५५	६५५	२९८	३४६	४३७	४२५	२९३	०
लहि सूनैं घर	५८२	५८२	२८१	३२६	३२१	३१३	२७६	८५
लाई लाल	६१३	६१३	१७५	३२१	३४०	३३१	१७१	०
लागत कुटिल	३७५	३७५	२०९	७३	३३०	३२२	२०५	०

दोहों की अकारादि सूची	मान सिंह की टीका	बिहारी-रत्नाकर	कृष्ण कवि की टीका	हरिप्रकाश-टीका	लाल-चंद्रिका	शृंगार-समशती	प्रभुदयालु पाँडे की टीका	रस-कौमुदी
लाज-गरब	२३	२३	३०९	३७३	८४	८४	३०४	०
लाज गहौ	१२६	१२६	४९७	१५	५५	९४	४९०	०
लाज-लगाम	६०९	६१०	१३१	२४७	२६९	२६६	१२७	१०
लाल अलौकिक	१६६	१६५	४	२६	१९	२०	४	०
लाल, तुम्हारे बिरह	३९	३९	४६८	५०६	३०७	२०३	४६१	२१०
लाल, तुम्हारे रूप	३६९	३९८	११९	२०९	३०५	४४२	११५	११६
लालन, लहि	१८४	१८४	३६०	३९२	१८२	१७९	३५३	०
लिखन बैठि	३४७	३४७	८४	१६५	५३४	४५०	८१	८६
लीनैं हूँ साहस	१२३	२१३	८९	६७	५२७	४४३	८६	०
लै चुटकी	१५२	१५२	५३५	३६६	५५१	५४४	५२९	०
लोपे कोपे	५२१	५२१	६२७	१४	६५७	६१२	६२२	०
लोभ-लगे	१९३	१९५	११७	११६	२५१	२५८	१२३	०
लौनें मुँह	२८	२८	१९३	९८	४४७	४९०	१८९	५९
वारौं, बलि	६२८	६२८	२०१	२६३	४६९	४८२	१९७	३०
वाहि लखैं	११०	१०९	६८	१४०	५१८	४३४	६७	८७
वाही की चित	३३	३३	३५५	३९६	२०१	१९७	३४८	०
वाही दिन तैं	५६५	५६५	३९६	४४८	३६०	३५१	३९०	१८०
वेई कर, ब्यौरनि	४५१	४३६	१८०	३४	४९५	५०८	१७६	०
वेई गड़ि गाड़ैं	९७	९७	५८	३८२	१७७	१७२	५७	१७३
वेऊ चिरजीवी	५६३	५६३	५३९	५७४	५७५	५६८	५३३	३०६
वे ठाढ़े	३८३	३८२	१०५	१११	८३	७४	१०३	०
वे न इहाँ	४३८	४३८	६०१	६६२	६४५	६४०	५९५	०
वैसीयै जानी	३६६	३६५	३६८	३९५	१६७	१६४	३६१	१०७
संगति दोषु	३०३	३०३	६६६	५६	६२७	६२१	६६०	२९४
संगति सुमति	२२८	२२८	६६७	६३८	६११	६०४	६६१	२८९
संपति केस	११८	११७	६६२	६२०	५९८	५९१	६५६	२९२
सकत न	१३२	१३२	६०	४५३	३७७	३६७	५९	०
सकुचि न	७२	७२	४१४	४४४	३७८	३६९	४०७	०

दोहों की अकारादि सूची	मान सिंह की टीका	बिहारी-रत्नाकर	कृष्ण कवि की टीका	हरिप्रकाश-टीका	लाल-चंद्रिका	शृंगार-सप्तशती	प्रभुदयालु पाँडे की टीका	रस-कौमुदी
सकुचि सरकि	४६५	४६६	२९३	३३५	२५१	२७२	२८८	९४
सकुचि सुरत	४६४	४६५	२८८	३३६	३७	३७	२८३	०
सकै सताइ	५९५	५९५	१३०	४९१	७२५	०	१२६	०
सखि, सोहति	३१२	३१२	३८५	६	८	६	३७८	०
सघनकुंज छाया	६८८	६८१	१५३	५	४११	४०१	१४९	०
सघन कुंज, धन	३०१	२९९	८३	३०९	१५९	१५६	८०	०
सटपटाति	६४६	६४६	२५	७२	६६	४८०	२५	०
सतर भौंह	१०९	१०८	४०८	४५६	.९८	९७	४०१	०
सदन सदन के	५४०	५४०	३३६	३८९	१९५	१९०	३२९	०
सनि कज्जल	५	५	९४	१७५	२३८	३२०	९१	८३
सनु सूक्यौ	१३५	१३५	५४	२७५	९७	६९	५३	०
सब अँग करि	२८४	२८४	२०८	६३	३८	३८	२०४	०
सब ही त्यौं	३०	३०	११४	६१	५६	४९	११२	१४७
सबै सुहाएई	२७१	२७१	६५१	४०	४४७	६००	६४५	०
सबै हँसत	२७६	२७६	६९८	६४०	६१२	६०५	६९५	०
समरस-समर-सकोच	५२७	५२७	२०	२०४	३२	३२	२०	०
समै-पलट	६४७	६६१	६१९	७०९	६९५	६८९	६१४	०
समै समै	४३२	४३२	६६९	०	६२५	६१८	६६३	०
सरस कुसुम	३७१	३६९	२४३	६५७	६३३	६२७	२३९	२९१
सरस सुमिल	१७९	१७८	३२८	३५०	२१२	२११ ५५६	७०९	३१६
सहज सचिक्कन	५९	९५	१७९	३३	४४०	४५२	१७५	०
सहज सेतु	३४०	३४०	०	१२१	५१६	४३०	०	०
सहित सनेह	२६५	२६५	२७४	२५४	२४०	२३१	२६९	०
सही रँगीलैं	५११	५११	३११	३७७	८७	७७	३०६	१७८
साजे मोहन	४७	४७	१२५	२२८	२६५	२६२	१२२	०
सामाँ सेन	१७०	७१०	६०९	०	७०६	०	६०३	०
सायक-सभ	५५	५५	२०४	५३	४५९	४७०	२००	०

दोहों की अकारादि सूची	मान सिंह की टीका	बिहारी-रत्नाकर	कृष्ण कवि की टीका	हरिप्रकाश-टीका	लाल-चंद्रिका	शृंगार-सप्तशती	प्रभुदयालु पाँडे की टीका	रस-कौमुदी
सालति है	६	६	२१५	१२२	४८१	४९४	२११	०
सीतलताऽरु	५९	५९	६६३	६७१	६२०	६१३	६५७	२९०
सीरैं जतननु	२६६	२६६	४३६	४९५	३८०	३७१	४२९	२११
सीस-मुकुट	२९९	३०१	५६८	२	२	२	५६२	०
सुख सौं बीती	५७१	५७१	६८८	२११	३४५	३३५	६८२	०
सुघर-सौति-बस	३४६	३४६	३२१	४६९	११३	११२	३१६	०
सुदुति बुराई	९६	९६	३०५	६३	९१	८२	३००	०
सुनत पथिक	२८५	२८५	४३८	४९८	४३५	४२४	४३१	[illegible]
सुनि पग धुनि	६२२	६२३	२८४	५९९	२३९	२३०	२७९	०
सुमरु भर्‌यौ	५४६	५४६	३३५	४१३	११६	१९१	३२८	१९७
सुरुँगु महावरु	२८७	२८७	३८१	४०२	१२१	४०	३७४	०
सुरति न ताल	५५२	५५२	२६६	२३४	३११	[illegible]	२६१	०
सूर उदित	२५८	२५८	१९४	१०१	४८८	५०१	१९०	०
सोनजुही सी	१९०	१९०	७०	११८	५०१	५२५	६९९	०
सोवत, जागत	२२७	२२७	४५६	५२१	४२६	४०३	४४९	१४८
सोवत लखि	२३३	२३३	३१	४३०	४०	४०	७११	०
सोवत सुपनैं	११६	११६	९१	५३६	४०९	३९९	८८	०
सोहतु अँगुठा	२०९	२०९	२४२	११२	५११	५२५	२३८	६०
सोहतु औंढ़ैं	६८९	६८९	५७१	२१	५	५	५६१	०
सोहति धोती	४७९	४७८	८०	२६२	३३४	३२६	७७	८८
सोहतु संगु	२६७	२६७	३०५	६९८	६१३	६०६	३५८	२९७
सौंहैं हूँ	५०९	५०९	४०५	४३७	३६६	३५८	३९८	०
स्याम सुरति	२९२	२९२	४५५	५२५	६५६	६५१	४४८	०
स्यौं बिजुरी	४०५	४०५	०	५०१	४००	३९०	७१२	०
स्वारथु, सुकृतु	३०२	३००	५८९	६६६	६३६	६२०	५८३	३११
स्वेद सलिलु	२५९	२५९	२६८	१७१	१४	१७	२६३	२२५
हँसि उतारि	९१	९०	४७०	२६०	३०४	०	४६३	०
हँसि ओठनु	६२७	६२७	५०९	३४८	११४	११३	५०३	१०१

दोहों की अकारादि सूची	मान सिंह की टीका	बिहारी-रत्नाकर	कृष्ण कवि की टीका	हरिप्रकाश-टीका	लाल-चंद्रिका	शृंगार-सप्तशती	प्रभुदयालु पाँडे की टीका	रस-कौमुदी
हँसि, हँसाइ	३१४	३१४	४००	४२५	३६३	३५४	३९४	०
हँसि हँसि	१८०	१७९	५२१	३५९	२१७	२१२	५१५	०
हठि, हितु करि	३८२	३८०	२८३	४७०	१२०	४१	३७६	०
हठु न हठीली	५६२	५६२	४०७	५७३	५७४	५६७	४००	०
हम हारीं	१०८	१०७	४०४	४५०	६५८	६५३	३९७	०
हरषि न	१५०	१४९	२८२	३२८	४९	८८	२७७	०
हरि कीजति	२४०	२४१	६४०	७०७	६९७	६९१	६३४	०
हरि छबि जल	३०७	३०७	११६	१४२	२५८	२५५	११४	२०
हरि हरि	२०१	११९	४६०	२८८	२९९	२९४	४५३	२१२
हा हा! बदनु	५३	५३	१९२	४४१	३७२	३६१	१८८	०
हितु करि	५९३	५९३	२७३	३२१	३०३	२११	२८६	१५३
ही औरै सी	५१०	५१०	५३१	५२९	१२६	१३५	५२५	०
हुकुम पाइ	७१३	७१३	०	७११	७०७	६११	०	०
हेरि हिंडौरें	९९	९९	५	३६८	५४९	५४०	५	०
है हिय रहति	५०१	५०२	११९	२२१	२७४	२७१	११६	१४९
हांमति सुखु	५४	५४	४४७	१८४	३०५	०	४४०	२१४
हौं हौं बौरी	२२५	२२५	४५८	५२०	४१६	४०६	४५१	२१३
हौं रीझी	८	८	६६	१३६	३३५	३२७	६५	०
ह्याँ तैं हाँ	५२५	५२५	१३८	२०३	४१७	४०७	१३४	०
ह्याँ न चलै	३२२	३३२	३६७	४५	१७८	१७४	३६०	०
ह्वै कपूर मनि	३६२	६६२	७७	१४८	५२३	४४०	७४	९

■

उपस्करण—२

[बिहारी-रत्नाकर-स्वीकृत दोहों के अतिरिक्त, बिहारी-सतसई की भिन्न-भिन्न प्रतियों में प्राप्य, दोहों का संग्रह]

विज्ञप्ति

इस उपस्करण में वे दोहे एकत्र कर दिए गए हैं, जो बिहारी-रत्नाकर में तो नहीं स्वीकृत किए गए हैं, पर बिहारी-सतसई की भिन्न-भिन्न मूल अथवा सटीक प्रतियों में मिलते हैं। इनमें से कुछ दोहे तो प्रत्यक्ष ही मतिराम, रसलीन इत्यादि कवियों के हैं और शेष में से पाँच-सात को छोड़कर अन्य की न तो भाषा बिहारी की परिमार्जित भाषा से मिलती है और न रचना-प्रणाली उनकी सुगठित रचना-प्रणाली से।

इन दोहों की पाठ-शुद्धि में विशेष श्रम नहीं किया गया है। दो-एक पुस्तकों के आधार पर उनके पाठ रखे गए हैं। किसी किसी के पाठान्तर भी पाद टिप्पणी में दिए गए हैं।

अधिक दोहे

हौं आई सुनि कै सखी, डलिया दाबि दुकूल।
हा! हा! हँसि, देखौं झरत कौन भाँति के फूल॥ १॥

मोहीं सौं सतराति हौ, जान देहु यह जामु।
हाथ पकरि कै सौंपिहै कामी कैं कर कामु॥ २॥

वाकौ मनु फाट्यौ हुतौ, हौं दै लाई टीभ।
बोलत हीं जिहिं बिसु बयौ, निपट पातरी जीभ॥ ३॥

नेहु निबाहें हीं बनै, सोचैं बनै न आन।
तनु दै, मनु दै, सीसु दै, प्रेमु न दीजै जान॥ ४॥

गही टेक सो ना तजै, चैंचु जीभ जरि जाइ।
मीठौ कहा अँगार कौ, ताहि चकोर चबाइ॥ ५॥

क्यौं कै रूठौ, क्यौं झुकौ, क्यौं कै होउ उदास।
प्रेम-पराए प्रान ए परे रहौ पिय-पास॥ ६॥

औंड़े परिहैं, खेलतै बुरी भाँति है चाल।
बासी रिस न बसाइयैं, हाँसी होइ न, लाल॥ ७॥

बिधुबदनी[१] मोसौं कहत, मैं[२] समुझी निज बात।
नैन-नलिन पिय, रावरे न्याइ[३] निरखि नै जात॥ ८॥

मैं तब तूँ बरजी हुती, नहीं रोस[३] कौ काम।
ताती बातैं तैं कहीं, सीरे ह्वै गए स्याम॥ ९॥

---

१. ससि। २. तुम साँची यह। ३. निरखत हीं।
४. क्रोध।

कोटि कुटिलता छाँड़ि कै कियौ प्रेम-प्रतिपाल।
टेढ़ी भौंहें तैं करीं, सूधे ह्वै गए लाल॥ १०॥
आनन उपटै ओप अति, कसे कंचुकी लेति।
का पर कोपैं कामिनी काजरु नैनन देति॥ ११॥
कहा बबन बिसु ही गई फिरि चितवनि इहिं ओर।
कुँवर-करेजैं गड़ि रही ए कजरारी कोर॥ १२॥
मानति मोसौं क्यौं नहीं छई छबीली छाँह।
प्रेम प्रगट भयौ हे सखी, आभा आँखिनि माँह॥ १३॥
प्रेम दुरायौ ना दुरै, नैना देहि बताइ।
छेरी[१] कैं मुँह री सखी, क्यों[२] हुँ न कुम्हड़ौ माइ॥ १४॥
ऐसैं अंतर-नेह की अंग अंग दुति होति।
जैसैं पट फानूस कैं दुरै न दीपक-जोति॥ १५॥
मैं समुझाई ही सखी, प्रेम न होई खेलु।
अपनी ओराँ[३] सीस हूँ प्रेम पाँवड़ैं मेलु॥ १६॥
तब मैं तोसौं हो कह्यौ, माने नाहिंन बैन।
सोरु[४] बसायौ लै हियैं, हियहीं लाग्यौ लैन॥ १७॥
कह्यौ[५] न करु, मेरैं कहैं दियो प्रेम पिय नाखि।
फेरि घरी लौं को धरै आँसुनि[६] मैं तैं आँखि॥ १८॥
लोइन लोहू किन बहौ, जौ जिय[७] साँचौ हेत।
आँसुनि कैं मिसि नैन-मग प्रेमहिं पानी देत॥ १९॥
आऐं[८] जोबन कै, सुन्यौ, जो गति कीनी मैन।
तिया-अंग के भेद सब कसबाती कहैं नैन॥ २०॥
जियत न जिय की जानियै, हठ हीं सौं ज्यौ लेइँ।
कौन रीति यह तियनि की, जियहिं गऐं ज्यौं देइँ॥ २१॥
करु गहि नाइक हँसि कह्यौ कछू बचन रति-काज।
पलकनि कौ घूँघटु कियौ प्रिया प्रेम की लाज॥ २२॥
भली बुरी जैसी परौ, बानि न ताकि जाइ।
अम्रित पियै चकोर वहि, वहै अँगार चबाइ॥ २३॥
लाज घोरि अँचइ सबै, अरु डरु दीनौ नाखि।
ताही सौं बातनि लगौ, जासौं लागी आँखि॥ २४॥

---

१. अजया। २. क्यौं रु कुम्हैड़ौ। ३. औरें। ४. समरु सजायौ।
५. कहि न कहै मेरौ कह्यौ। ६. आँखिनि। ७. पिय।
८. आयौ जोबन आ मिल्यौ जो गति।

बिधि हूँ बारक पूछियौ-मिलै तु सिर तिनु नाखि।
तैं हूँ देखीं हैं कहूँ, आँखिनि ऐसी आँखि॥ २५॥
और कछू सूझै नहीं, देई दुहाई मैन।
वाही कैं सँग ह्वै गए नैननि लागे नैन॥ २६॥
कटि छोटी, छाती बड़ी ताँख्यौ लागतिं कान।
छीवरबारी छोहरी लेति छुड़ाऐं प्रान॥ २७॥
ताही तिनु दै बूझियै, कहैं[1] पतीजै साँच।
आँगहिं लागिहि आगि सी, मेटै तन की आँच॥ २८॥
चंदन, चंपक, चंद-रस, चंद चुर्‌यौ तन जाइ।
बारक आली, आँग सौं आँग्यौ देखि[2] लगाइ॥ २९॥
बार्‌यौ बिरह हियौ हुतौ, रह्यौ जु भीतर लागि[3]।
छिरकैं उठी गुलाब के चूना की सी आगि॥ ३०॥
बार बार कहौं बावरी, तनक पीर नहिं तोहिं।
जरी जाति हौं जोन्ह मैं, लै परछाँहीं मोहिं॥ ३१॥
ग्रीषम जारति ही जरी, पावस जारति क़ाहि।
बिरह बिरह की बिरह की आगि अंग मैं ताहि॥ ३२॥
बूढ़ परी बसुधा लखी, बहिक उठी सै बार।
पावस जरियै क्यौं नहीं, पानी माँझ अँगार॥ ३३॥
सूखि मिरच तनु ह्वै रह्यौ, जौ देखैगी टोइ।
प्रान उड़ैं घनसार लौं, अवधि घूँघची[4] होइ॥ ३४॥
सकुच-सहित बातनि लगी, आननु फेरति नाहिं।
नैना हीं चित-चोर लौं निरखि-निरखि नै जाहिं॥ ३५॥
कोटि अपछरा वारियै, यौं सुकिया सुखु देइ।
ढीली आँखनि हीं चितै, गाढ़ैं गहि मनु लेइ॥ ३६॥
औगुन अगनित देखियै, पलकौ देहि न नाखि।
नीचैं नीचैं कर्म सब, ऊँचैं ऊँचैं आँखि॥ ३७॥
बुरौ न कोऊ कहि सकै बड़े बंस[5] की कानि।
भलौ भलौ सब कहि उठैं धुवाँ अगर कौ जानि॥ ३८॥
अपनैं हीं गुन पाइयै, उपकारी जसु लेइ।
घर हूँ कैं हाथी चढ़ैं, टेक महावत देइ॥ ३९॥

---

१. कहौं।
२. दै पिघलाइ।
३. भागि।
४. न घुंघची।
५. मित्र।

नख सिख निरखत हौं तुम्हैं टेढ़ेई सब गात।
भगत[१]-हृदय मैं कौन विधि सूधे ह्वै जु समात॥ ४०॥
हरि कौ फिर्‌यौ न तैंड़ ह्वै, लोभ फिर्‌यौ सब देस।
मनु न भयौ कहुँ ऊजरौ, भए थजरे केस॥ ४१॥
कर कंपै, लेखिनि डिगै, अंग अंग अकुलाइ।
सुधि आऐं छाती जरै, पाती लिखी न जाइ॥ ४२॥
सुरत-अंत पीतम चले, नख लागे हिय नारि।
जौ लै डारी जोन्ह मैं, तौ गइ चाँदनि मारि॥ ४३॥
सरवर की छाती फटी[२], और कछू दुखु नाहिं[३]।
पारि देखि पंथी धसैं[४], नीर-हीन फिरि जाहिं[५]॥ ४४॥
दुखी सुखी दिन काटियै, घाम बारि हूँ सोइ।
छाँह न तांकी ताकियै[६], पेड़ पातरौ जोइ॥ ४५॥
डघें डगें, छूटि लटैं, लटैं लटपटे बैन।
तेरौई[७] चहचर करैं नेह—चीकने नैन॥ ४६॥
भौन भीर, गुरजन भरे, सकैं न कहि कै बैन।
दंपति डडा कटाच्छ भरि चाँचरि खेलैं नैन॥ ४७॥
बिधुबदनी मौसौं कहत कत उपजावत दाहु।
नैन-नलिन फूले जहाँ रबि-बदनी कैं जाहु॥ ४८॥
नैन, स्त्रवन, मन ढरि मिलै, अंग न रही सँभार।
रूठन-हारी एक है, सबै मनावन-हार॥ ४९॥
निसि बोलौ नहिं नाह स, उँदै होन दै भानु।
हीरा हीरा सौ करै, ता पीछैं करु मानु॥ ५०॥
लाख भाँति नेवजु करै, माँगै, महरि न देइ।
मोहन मुखु देखत रहे, जाखु गुरैया लेइ॥ ५१॥
ब्रज-बासिनि कौ बनि गतौ याही मैं सब सूतु।
गहकि[८] गुरैया पूजियै[९] गोद गदाधर पूतु॥ ५२॥
बेद भेद जानैं नहीं, नैति नेति कहैं बैन।
ता मोहन पैं राधिका कहै महावरु दैन॥ ५३॥
जग्य न पायौ ब्रह्म हूँ, जोग न पायौ ईस।
ता मोहन पैं राधिका सुमन गुहावति सीस॥ ५४॥

---

१. भजहुँ। २. फटै। ३. पाइ। ४. थकें।
५. जाइ। ६. बिरमियै। ७. तेरे यह। ८. बहकि।
८. गाइयै।

सिव, सनकादिक, ब्रह्म हूँ भरि देख्यौ नहिं डीठि।
ता मोहन-तन राधिका दै दै बैठति पीठि॥ ५५॥
मनु मार्‌यौ केते[१] मुनिनि, मनु न मनायौ आइ।
ता मोहन पैं राधिका मान गहावति पाइ॥ ५६॥
जिन सिगरौ बसुधा रची तत्व मिलै कै पाँच।
ता मोहन कौं राधिका किते नचावति नाँच॥ ५७॥
देव अदेव सबै जपैं अपनैं अपनैं ऐन।
ता मोहन-तन राधिका चितवति आधैं नैन॥ ५८॥
गाइ दुहावन हौं गई, लखे खरिक हरि साँझ।
सखी, समोवन[२], ह्वै गई, आँखैं आँखिनि माँझ॥ ५९॥
कहा हुतौ[३] मोसौं कह्यौ, कत डारत बहराइ।
गोऐं गुऐ न सुरत-सुख, कोए कहत गुराइ॥ ६०॥
पलकनि दाबत नैन पिय, उघरि उघरि ते जाहिं।
राते माते रूप-रस, कोए सोए नाहिं॥ ६१॥
चलौ चलैं हीं मानिहै, मत[४] मतौ नहिं आन।
रह्यौ, रावरी सौंह, है भाइक भौंहनि मान॥ ६२॥
तुम रूठीं, उत वे झुकैं, थकैं हमारे पाइ।
पाथर लागै लोह सौं, रुई बीचि जरि जाइ॥ ६३॥
पिय की पुतरी देखि कै कर-बीरी दइ नाखि।
मोहिं दिखावति देखि[५] यौं आँखिनि मैं कि आँखि॥ ६४॥
मनु मिलवति हम सौं नहीं, मानु दिखावति नारि।
नेह-चीकनी[६] देखियै रूखी[७] रूठन-हारि॥ ६५॥
ललकि लोल सोचन भए सुनत नाह के बोल।
ऊपर की रिस क्यौं दुरै हाँसी भरैं कपोल॥ ६६॥
कामिनि कैं बर रूठनौ, तमकि चढ़ावन भौंह।
कामी कौ साहस यहै—कै हा-हा, कै सौंह॥ ६७॥
बालम, तुम सौं रूठियै, मन सौं कछु न बसाइ।
ज्यौं ज्यौं खैंचौं आप त्यौं, त्यौं त्यौं तुन-तन जाइ॥ ६८॥
आँखिनि सौं आँखैं लगीं, मनु लाग्यो ता साथ।
जैसैं पंथी पंथ मैं ठगु बेचै ठग-हाथ॥ ६९॥

---

१. जुमुनीनि मन। २. सबै बस। ३. कहत मोसौं कहत।
४. मतौ मतौहीं। ५. है भटू। ६. चिकनैं।
७. रूखैं हूँ अनुहार।

पाऐं अन पाऐं भलौ, दाताई नरु अंत।
पातु न देइ करील कौं, फूलै तऊ बसंत॥ ७०॥
मानु दुरावति सखिनि हूँ, हँसि हँसि बोलति बैन।
प्रेम-परेखौ हिय कछू, भरि भरि आवत नैन॥ ७१॥
और हँसनि, औरै लसनि, और कसनि कटि-ठौर।
नैन चुगल काननि लगे, मनु करि डार्‌यौ और॥ ७२॥
बामन लौं पिय छलु कियौ, मैं बलि लौं कह्यौ दैन।
प्रेम पैंड़ द्वै माँगि कै लागे सरबसु लैन॥ ७३॥
मान छुटैगौ मानिनी, पिय-मुख देखि[1] उदोत।
जैसैं लागैं घाम के पाला पानी होत॥ ७४॥
प्यौ बिछुरत तनु थकि रह्यौ, लागि चल्यौ चितु गैल।
जैसैं चीर चुराइ लै चलि नहिं सकै चुरैल॥ ७५॥
बलया, पीक, उगार मुख गिर्‌यौ सँजोग-निवास।
मार्‌यौ बिरह, मनौ पर्‌यौ पंजर, लोहू, मास॥ ७६॥
धुनि सुनि, सहित सनेह लखि, हरैं हियौ मुसुकाइ।
क्यौं यह बात बनै, सखी, क्यौं जिय कौ दुखु जाइ॥ ७७॥
नहिं टीकौ, न गुलीबँदौ, नहिं हुमेल, नहिं हारु।
सुरति-समै इक[2] नाहिंयै नख-सिख होति सिंगारु॥ ७८॥
पावस कठिन जु पीर, अबला क्यौं करि सहि सकै।
तेऊ धरत न धीर, रकत-बीज-सम ऊपजैं॥ ७९॥
मोसौं मति बोलौ हहा, सखि, आए नँदलाल।
मोहन कित, यौं कहि उठति भई बिकल अति वाल॥ ८०॥
हनी पूतना अरु दियी जग मुँह मैं दिखराइ।
कहा जानियै, को भयौ [3]प्रगट नंद-घर आइ॥ ८१॥
करि फुलेल कौ आचमन, मीठो कहत सराहि।
रे गंधी, मति-अंध तूँ, अतर दिखावति काहि॥ ८२॥
अंत मरैंगे, चलि जरैं चढ़ि पलास की डार।
फिर न मरैं मिलिहैं अली, ए निरधूम अँगार॥ ८३॥
अहो पथिक, कहियौ तुरत गिरधारी सौं टेरि।
दृग-झर लाई राधिका, अब बूड़त ब्रज फेरि॥ ८४॥

---

१. दीप्ति। २. एकै नहीं। ३. अवतरे।

कालि्ह दसहरा बीतिहै, धरि मूरख, जिय लाज।
दुर्‌यौ फिरत कत द्रुमनि मैं नीलकंठ बिनु काज॥ ८५॥
गुरुजन दुजैं ब्याह कौं निसि[1]-दिन रहत रिसाइ।
पति की पति राखति बधू आपुन बाँझ कहाइ॥ ८६॥
चंप-कली कर गहि कुँवरि हुती सखी कौं देति।
वह बौरी धोखैं परी अँगुरी गहि गहि लेति॥ ८७॥
जदपि पुराने बक तऊ सरवर, निपट कुचाल।
नए भए तु कहा भयौ, ए मन[2] हरत मराल॥ ८८॥
जुरत सुरति कै सुरति की खिन खिन हियौ सकात।
त्यौं त्यौं नायक कमल के कमलइत ह्वै जात॥ ८९॥
कहा अरगनी तकत हौ, अहा[3] अनोखे नाह।
अहि कारी प्यारी लगै गरुड़-पच्छ की छाँह॥ ९०॥
कुच ढाँपन यातैं बनै, दुति-सुमेर हरि लीन।
बदन-दुराबन क्यौं बनै, चंद कियौ जिहिं दीन॥ ९१॥
गति दै, मति दै, हेतु दै, रसु दै, जसु दै दान।
तनु दै, मनु दै, सीसु दै नेह न दीजै जान॥ ९२॥
बिनु बरजैं धौं का कहै, बरज्यौ कापैं जाइ।
जो जिय मैं ठाढ़्यौ रहै, तासौं कहा बसाइ॥ ९३॥
सपत बड़े फूलत सकुचि सब-सुख केलि-निवास।
अपत कैर फूलत बहुत मन मैं मानि हुलास॥ ९४॥
सतसैया के दोहरे ज्यौं नाव्रक के तीर।
देखत अति छोटे लगैं, घाव करैं गंभीर॥ ९५॥
मुँदत, खुलत दृग तीय के, हौं रीझी इहिं भाइ।
स्त्रमित भए पिय जानि कै मानौ ढोरत बाइ॥ ९६॥
छपि छपि देखति कुचनि-तन कर सौं अँगिया टारि।
नैनि मैं निरखति रहै, भई अनोखी नारि॥ ९७॥
सखियनि मैं बैठी रहै, पूछै प्रीति-प्रकार।
हँसि हँसि आपुस में कहैं प्रकट भयौ है मार॥ ९८॥
चित मैं तौ कछु चोप सी, निपट न लाग्यौ नेह।
कहूँ दुरै देखै कहूँ, कहूँ दिखावै देह॥ ९९॥

---

१. नित उठि; नित प्रति। २. मन हरन। ३. जेठ दुपहरी माँह।

लटू भयौ वासौं रहत वाही सौं झुकि रंग।
मन मोसौं मानी भयौ वाही तिय कैं संग॥ १०० ॥
होति कहा कहि, हो सखी, दंपति की रस-रीति।
वा समए की देखि छबि गयौ मदन-मुँह जीति॥ १०१ ॥
नैन परे पिय-रूप मैं, रूप पर्‌यौ हिय माहिं।
बात परी सब कान मैं, मोहिं परै कल नाहिं॥ १०२ ॥
घूँघट-पट की ओट तैं निडर रहै मति कोइ।
कुही बाज कुलही दियैं अधिक सिकारी होइ॥ १०३ ॥
सूक्यौ बारिज, कुसुम-बन, पुहुप मालती-बृंद।
मधुप कहा जीवन जियै मूली कैं मकरंद॥ १०४ ॥
मन-मरकट कैं फग खुभ्यौ निपट निरादर-खोभ।
तदपि नचावत सठ, हठी, नीच कलंदर लोभ॥ १०५ ॥
रह्यौ न काहू काम कौ, सेंत न कोऊ लेत।
बाजू टूटे बाज कौं साहब चारा देत॥ १०६ ॥
तीन बार लाला, तुम्हैं पठै दई अलि-साथ।
चोरी प्रेम-सुगंधि की उघरि गई तिहिं हाथ॥ १०७ ॥
फूल आगि दै, गोद लै, पतरी दै घर आव।
लाल, कही बारी नहीं करन फूल पहिराव॥ १०८ ॥
गाइ न ए गाइन बड़े, लै बैठो कर बीन।
ए गाहक करबीन के, रागौ राग नवीन॥ १०९ ॥
चिनग फुही, लपटैं छटा, घटा धूम-बिस्तार।
पावस-रितु प्रानेस बिनु होत सकार ककार॥ ११० ॥
गुंजत अंगुलि दै दसन, लखि कंजनि सकुचाइ।
मूँदति पति-दृग दाहिनै, रति विपरीत लखाइ॥ १११ ॥
एरी दे री स्त्रवन, सुनि, तेरी अलक बटोरि।
चढ़ि न सकत है चित्त-नट निपट चीकनी डोरि॥ ११२ ॥
जे हरि खगपति सीस धरि, हर ध्यावत धरि ध्यान।
ते हरि जेहरि-तर किए तूँ राधे करि मान॥ ११३ ॥
नैन किरकिरी जौ परै, कर मींजत जिय जाइ।
देखहु प्रेमसुभाव रसमूरति नैन समाइ॥ ११४ ॥
परी परी लौं चढ़ि अटा, निपट परी बढ़ी जोति।
फिरती दीठि दई छिनकु, दीठि बिचल चल होति॥ ११५ ॥
बधू-अधर की मधुरता बरनत मधु न तुलाइ।

लिखत लिखक के हाथ की किलिक ऊख ह्वै जाइ॥ ११६॥
मारे काहू मीत के भूलि गए सब जेब।
आप कहूँ, आसा कहूँ, तसवी कहूँ कितेब॥ ११७॥
हँसि हँसि रस-बस करि लयौ लँगर छोहरी-दीठि।
निपट कपट उर देखियत आँखिनि हूँ मैं पीठि॥ ११८॥
सखी सिखावति मान-बिधि, सैननि बरजति बाल।
हरैं कहै, मो हीय मैं बसत बिहारी लाल॥ ११९॥
बारनि कौ बुरका कियौ सब अँग लियौ छिपाइ।
अगुठा देखि पर्‌यौ नहीं, अँगुठा गई दिखाइ॥ १२०॥
जा दिन तैं देखे दृगनि, भाजी लाज बजाइ।
सखी, साँवरे रूप की सोभा कही न जाइ॥ १२१॥
निकट पाट कंदावली बँधी कनक सुभ-बेष।
सोहत जनु बिजुरी किये सारद-ससि-परबेष॥ १२२॥
अमी, हलाहल, मद-भरे, सेत, स्याम, रतनार।
जियत, मरत, झुकि झुकि परत, जिहिं चितवत इक बार॥ १२३॥
सघन कुंज जमुहाति तिय, उठी[1] प्रात तजि सैन।
लगे गुलाब खुसामदी चट चट चुटकी दैन॥ १२४॥
ठाढ़ी मन्दिर पै लखै मोहन-दुति सुकुमारि।
तन थाकैं हूँ ना थकै चख चित चतुर निहारि॥ १२५॥
गुहि लैहौं अपनौ हरा, छोड़ौ लाल, सुभाउ।
मेरौ टुनहाई बहू पर्‌यौ जात है नाउ॥ १२६॥
जौ संपति बहुतै बढ़ै, आनँद उपजै चित्त।
ए तीनौं न बिसारियै हरि, अरि, अपनो मित्त॥ १२७॥
नैन-तुरंगम अलक-छबि-छरी, लगी जिहिं आइ।
तिहिं चढ़ि मन चंचल भयौ, मति दीनी बिसराइ॥ १२८॥
अरे हंस, या नगर मैं जैयौ आपु बिचारि।
कागनि सौं जिन प्रीति करि कोकिल दई बिडारि॥ १२९॥
नंद-नंद, गोविन्द जै, सुख-मन्दिर गोपाल।
पुंडरीक-लोचन ललित, जै जै कृष्ण रसाल॥ १३०॥
ताहि देखि मन, तीरथनि बिकटनि जाइ बलाइ।
जा मृगनयनि के सदा बेनी परसति पाइ॥ १३१॥

---

१. चली भोर।

कहौ बात सब तैं भली, जौ कहि आवै दाइ।
एक बात हाथी बँधे, एक बाँधियतु पाइ॥ १३२॥
साहस करि कुंजनि गई, लख्यौ न नन्द-किसोर।
दीप-सिखा सी थरहरी लगैं बयार-झकोर॥ १३३॥
मनमोहन के मिलन कौं करति मनोरथ नारि।
धरै पौन के सामुहैं दिया भौन कौ बारि॥ १३४॥
केलि करैं मधु-मत्त जहँ घन मधुपन के पुंज।
सोंच न करि तौ सासुरैं सखी, सघन, बन-कुंज॥ १३५॥
छरी सपल्लव-लाल कर लखि तमाल की हाल।
कुँभिलानी उर साल धरि फूलमाल ज्यौं बाल॥ १३६॥
तेरी चलनि, चितौनि मृदु मधुर मंद मुसकानि।
छाइ रही सखि, लाल की लखि अनिमिष अँखियानि॥ १३७॥
नथुनी गजमुकतानि की लसत चारु सिंगार।
जिन पहिरै सुकुमारि तन और आभरन भार॥ १३८॥
झूँठैं हीं ब्रज मैं लग्यौ मोहिं कलंक गुपाल।
सपनैं हूँ कबहूँ हियैं लगे न तुम, नँदलाल॥ १३९॥
प्रीतम कौं मनभावती मिलति बाँह दै कंठ।
वाहीं छुटी न कंठ तैं, नाहीं छुटी न कंठ॥ १४०॥
प्रान-पियारौ पग पर्‌यौ, तूँ न तकति इहिं ओर।
ऐसौ उर जु कठोर, तौ न्यायहिं उरजु कठोर॥ १४१॥
चली अली, कहि, कौन पैं, बड़ौ कौन कौ भाग।
उलटी कंचुकी कुचनि पैं कहैं देति अनुराग॥ १४२॥
सिसुता-अमल-तगीर सुनि भए और मिलि मैन।
कहौ होत हैं कौन के, ए कसबाती नैन॥ १४३॥

अधिक दोहों की अकारादि सूची